陕西师范大学优秀学术著作出版资助

陕西师范大学史学丛书

知止斋文集

袁林 著

The Collected
Works of Zhizhizhai

中国社会科学出版社

图书在版编目（CIP）数据

知止斋文集 / 袁林著. -- 北京：中国社会科学出
版社，2024. 6. --（陕西师范大学史学丛书）. -- ISBN
978 - 7 - 5227 - 3787 - 4

Ⅰ. C53

中国国家版本馆 CIP 数据核字第 2024MX7754 号

出 版 人	赵剑英
选题策划	宋燕鹏
责任编辑	金 燕 宋燕鹏
责任校对	李 硕
责任印制	李寡寡

出 版	中国社会科学出版社
社 址	北京鼓楼西大街甲 158 号
邮 编	100720
网 址	http：//www.csspw.cn
发 行 部	010 - 84083685
门 市 部	010 - 84029450
经 销	新华书店及其他书店

印刷装订	北京君升印刷有限公司
版 次	2024 年 6 月第 1 版
印 次	2024 年 6 月第 1 次印刷

开 本	710 × 1000 1/16
印 张	45
字 数	670 千字
定 价	258.00 元

目　　录

自　序

　　人生就是一次旅行，而且是不得不为之的旅行，起点不由自己决定，终点也不由自己决定。既然是旅行，那肯定会看到高山流水，得到愉悦的体验，但也肯定会感觉疲累，或者摔跤流血，甚至跌断了腿，丧命于荒原。能留下什么？好像留下了一串脚印，但很快就不见了，保留至今的恐龙脚印是极为罕见的。好像捡到了几块钻石，似乎能够传之后世，但谁又知道会不会是赝品玻璃呢？我们雄心勃勃，好像能做许多了不起的大事，但在上帝眼里，不过是自以为得计的顽童。其实，对自己来说，不必考虑那么多，人生就是一个过程，其意义就在于过程本身。只要自己走过了，留过脚印就行了，能不能保留下来，听天由命吧。捡到的是钻石还是玻璃，由后人去判断吧，只要自己费心出力去捡过、去开掘过就行了。

　　年逾古稀，本来尚不自觉，好像还能做许多事，妻子遽然离去，才恍然大悟，其实时日不多，快到旅行的终点了。回首一望，似乎还有一些脚印，察看囊中，好像也有几块钻石，像生产队的会计，该做一下年终结算了，收入肯定不是空白，但支出却是自己的一生，收支是否平衡，恐怕很难算清，不过问心无愧，我努力过了，我奋斗过了。

　　回想自己走过的路，虽然坎坷崎岖，但也福运叠至，最大的福运就是遇到了邓小平先生的改革开放政策。我高中只读了一年，高一尚未结束，"文化大革命"开始，然后当插队知青三年，煤矿井下工人八年，在最应当学习的年纪失去了学习的机会，感谢邓小平先生重启高考，借他老人家的福荫和恩泽，我在 29 周岁时进入大学校门，又一次得到学习的机会，我十分珍惜这个机会，拼命读书，竭力思考，我觉得自己没有辜负邓小平先生给我的这个机缘。

汇集在这里的是我的学术论文，除了少数被剔除的，都在这里了。加上三本著作：《西北灾荒史》《两周土地制度新论》《人类认识新探——认识是人的一种生存方式》，再加上两个数据库："汉籍全文检索系统""汉籍数字图书馆"，另外还有翻译、主编和参与编写的八本著作，以及有关学术的一些小文章，这就是我在学术方面所做出的全部努力。看着这些东西，我感觉自己其实不像一个历史学者，倒好像一个拙劣的自驾游者，开着一辆破车，闯荡在学术园地，随心所欲，到处漫游。正儿八经的历史学者都有一个老营盘，或是两汉，或是隋唐，深耕细掘，根基雄厚，而我则是信马由缰，兴之所至，不顾利害，不计后果，想去哪就去哪，想研究什么就研究什么，游荡于历史学、经济学、哲学、信息技术等各个领域，在这个门缝里偷窥美景，在那个花园里采撷鲜花，看到了绚丽多彩的景色，得到了极大的精神享受，尽管付出了一些实际利益的代价，但我知足了，衷心感谢上帝给我做了这样的安排。

不过，尽管涉猎庞杂，但还是有一条主线，这就是以所有制问题为中心的中国古代经济史研究，其他许多研究都是从这个主线发散出去的。选择这一条道路，与我当农民、当矿工的经历直接相关。我当农民虽然是插队知青，但极能吃苦，位列头等劳力，拿最高一等工分，但年终决算，工值却非常低，是 0.11 元，当时国家粮库征收购粮，1 斤小麦 0.135 元，也就是说，我这个头等劳力，辛苦一天还挣不到 1 斤小麦，黑市小麦价格在 0.38 元左右，按此计算则连 3 两小麦都没有。我当矿工试用期是 3 级工，定级后升为 4 级工，拿日工资，上一个班工资 2.39 元，另加 0.60 元下井补贴，总计 2.99 元，相当于农民时收入的 27 倍多，如果是夜班，还有 0.30 元夜班补贴，这样巨大的差别让我无法理解。"文化大革命"中"割资本主义尾巴"，对农民限制特严，养鸡都限制了不能超过 4 只，理由是列宁的话："小生产是经常地，每日每时地，自发地和大批地产生着资本主义和资产阶级的。"和农民聊天，有人就曾说过，他真心想当无产阶级，不想做小资产阶级，但当不上，没有办法。不但他当不上，我也当不上，大队来了一个兰州钢厂的招工指标，大队书记的儿子去了，光荣地降低为无产阶级，我还只能处于小生产者的行列。我曾经思考过，当时是公有制，有两种形式，全民所有制和集体所有制，工人最多只能占全民所有制那一份，而农民却是占两份，全民所有制中有一份，集体所有制中又有一份，那为什么农民的收入却比工人少那么多？这个问题一直萦绕在我的脑中。进入大学历史专业学习以后，这些经历和思考使我把目光集中到经济史方面，并扩散至相关的各个领域。

回顾自己的学术生涯，自以为还是捡到了不少钻石，有一些自己独到的见解，既然是年终结算，就有必要把这些见解清理一下，审视一下，也好给自己的一生做个交代。下面将自以为比较重要的见解和成果罗列出来，分项予以陈述。

一　历史理论研究

（一）所有制

依据马克思、恩格斯的论述，笔者得到了如下基本认识。所有制不过是生产关系的法律用语，它是由生产关系决定的，对它的解释取决于对生产关系整体的了解。所有制并不是人与物的关系，而是以物为中介的人与人之间的社会关系。这种关系必须以物作为中介才能实现，这就意味着发生关系的双方针对这个物存在着某种差别，也即一定的排他性，如果没有这种差别，一切人对这个物地位相同，那么它就无法成为人与人之间社会关系的中介，例如在一般情况下，阳光和空气不可能成为所有制的对象，因为它们无法成为人与人社会关系的中介物，尽管对于人类生活和物质生产来说，它们都是必需的自然物，是极其重要的生活资料和生产资料。

既然排他性是所有制的必需要素，那么就有两个推论。一是不存在无条件、无限制的公有制，一个公社的公有制必然排斥其他公社，一个国家的公有制必然排斥其他国家，没有任何差别的属于全人类的公有制不可能存在，或者说它没有任何意义，就像谈论空气和阳光的所有制问题一样。二是公有制与私有制并没有一个截然清晰的界限，二者之间存在着各种中间形态，例如，个人的财产所有是极端的私有，但家庭的私有便是家庭内多个人的公有，家族的私有是多个家庭成员的公有，等等，又例如，国家的财产所有就国家范围之内而言是极端的公有，但国家之下又有缩小范围的公有，例如美国的州、县、市、镇各级行政区域的公有财产，就全国范围而言，这些财产又可视为扩大化的私有。由于上述特性，公有制与私有制在它们存在的整个过程中不仅互为依据，也相互补充，当公有制占据主导地位时，私有制是必要补充，相反，当私有制占据主导地位时，公有制又成为它的必需补充。

从起源的角度观察，早期社会不仅没有公有制，而且没有所有制，原因就在于还不存在以物作为中介的社会关系，或者说，人与人之间的社会关系不需要以物作为中介。在马克思、恩格斯看来，构成人类早期社会的社会关系并不是经济关系，而是婚姻、血族的关系，即人自身生产关系，这种关系"起初是唯一的社会关系"①，它"直接就是人同自然界的关系，就是他自己的自然的规定"②。这时的社会结构是"以血族关系为基础的"③。而从物的角度看，人借以进行物质生产的自然界直接就"是人的无机的身体"④，人"本身不但是有机体，而且还是这种作为主体的无机自然"⑤。因此，物并不反映人与人之间的社会关系。

所有制产生于战争这种现实的排他性活动之中，马克思说："战争

---

① 马克思、恩格斯：《德意志意识形态》，载《马克思恩格斯全集》第3卷，人民出版社2006年版，第32页。

② 马克思：《1844年经济学哲学手稿》，载《马克思恩格斯全集》第42卷，人民出版社2006年版，第119页。

③ 恩格斯：《家庭、私有制和国家的起源》，载《马克思恩格斯全集》第21卷，人民出版社2006年版，第30页。

④ 马克思：《1844年经济学哲学手稿》，载《马克思恩格斯全集》第42卷，人民出版社2006年版，第95、97页。

⑤ 马克思：《经济学手稿（1857—1858年）》，载《马克思恩格斯全集》第46卷上册，人民出版社2006年版，第487页。

就是每一个这种自然形成的共同体的最原始的工作之一，既用以保护财产，又用以获得财产。"① 因此，"建立在部落制度（集体的结构最初归结为部落制度）上的财产的基本条件"，就是"使得被一部落所征服和服从的那个别的部落丧失财产，而且使这个部落本身沦落于集体把它们当作自己的来对待的那些再生产的无机条件之列"②。这就使所有制在产生时就必然带有掠夺、剥削和奴役的性质。"假如把人本身也作为土地的有机附属物而同土地一起加以夺取，……这样便产生奴隶制和农奴制"，"所以奴隶制和农奴制只是这种以部落体为基础的财产的继续发展"③。剥削与所有制是同一个硬币的两面，不可分离，这与所有制的具体形态无关。从起源的角度看，一定的所有制形式必定伴随一定的剥削关系。

（二）社会形态

直至目前，五种社会形态说仍然是占主导地位的学说，但它并非马克思、恩格斯的思想，存在着三大缺陷。

一是逻辑缺陷。从逻辑角度看，社会形态问题实质上是大概念从上而下的划分或小概念由下而上的分类，这两个过程就概念关系而言是等价的。仅从概念划分的角度看，它有两个缺陷：（1）违反了概念划分中每一次划分应当使用同一划分标准的规则，将不等位概念并列于同一等级；（2）违反了概念划分中各子项必须穷尽母项的规则，误将各社会形态间的对立（反对）关系视为矛盾关系，忽视了它们之间过渡时期或中间类型的存在。纠正第一个缺陷，社会形态的划分至少应改造为两个层次的划分系列。首先根据有无剥削等标准，划分出原始社会、阶级社会、共产主义社会，然后再按剥削压迫形式的不同，将阶级社会划分为

① 马克思：《经济学手稿（1857—1858 年）》，载《马克思恩格斯全集》第 46 卷上册，人民出版社 2006 年版，第 490 页。

② 马克思：《资本主义生产以前各形态》，日知译，人民出版社 1956 年版，第 29 页。

③ 马克思：《经济学手稿（1857—1858 年）》，载《马克思恩格斯全集》第 46 卷上册，人民出版社 2006 年版，第 490—492 页。

奴隶社会、封建社会、资本主义社会，它们应当与原始社会、共产主义社会的相类划分处于同一层位，例如与蒙昧时代和野蛮时代、共产主义低级阶段和高级阶段等等。纠正第二个缺陷，至少应当声明，各种社会形态之间被相应的中间形态分隔开，它们并不是连续的，这些中间形态在社会形态分类系列中也占有一席之地。或者再进一步，对这些中间形态的内涵规定性作出明确限定，然后排列于相应的社会形态分类层次上。

二是误以社会经济形态概括社会形态。经济形态的社会，其基础是经济关系，但在马克思、恩格斯看来，人类最早的社会关系是婚姻、血族的关系，即人自身生产关系，而并非经济的关系，这时的社会结构是"以血族关系为基础的"①。只有当所有制产生之后，经济关系才逐渐成为基础性的、支配性的社会关系，社会才过渡到了经济形态的社会。

三是误以"单线"历史观描述"多线"历史过程。五种社会形态说以五种社会形态依次更替的单一模式描述人类社会历史，而马克思、恩格斯则十分重视历史发展的多样性，认为部落共同体所有制必然产生奴隶制和农奴制，由此便形成了亚细亚的、古典古代的、日耳曼的、斯拉夫的等等以奴隶制和农奴制为基础、又保存着共同体的所有制形态。而且，资本原始积累所面临的历史前提也并非单纯划一的社会形态或剥削形态，而是一个多样化的历史前提，"在现实的历史上，雇佣劳动是从奴隶制和农奴制的解体中产生的，或者像在东方和斯拉夫各民族中那样是从公有制的崩溃中产生的，而在其最恰当的、划时代的、囊括了劳动的全部社会存在的形式中，雇佣劳动是从行会制度、等级制度、劳役和实物收入、作为农业副业的工业、仍为封建的小农业等等的衰亡中产生的"②。

---

① 恩格斯：《家庭、私有制和国家的起源》，载《马克思恩格斯全集》第21卷，人民出版社2006年版，第30页。

② 马克思：《经济学手稿（1857—1858年）》，载《马克思恩格斯全集》第46卷上册，人民出版社2006年版，第14页。

（三）亚细亚生产方式

这是一个纠缠了近百年的问题，笔者认为它应由两个问题群取而代之。一个问题群应局限于思想史的范围之内，即研究清楚马克思、恩格斯在怎样的历史背景下提出了亚细亚生产方式的概念，又对它进行了怎样的论述，暂时不必考虑它与历史事实本身的对应程度。另一个问题群则应局限于历史事实范围之内，即我们应当如何对历史上出现的各不相同的社会实体进行恰当的横向与纵向分类、也即分型和分期，怎样把握其社会结构的同一性与差异性，而暂时不必考虑马克思、恩格斯的具体论述。

从思想史的角度进行研究，笔者认为马克思、恩格斯所说的亚细亚生产方式可以作如下界定。

1. 最早的社会形态不是经济的社会形态，而是建立在婚姻、血族等人自身生产关系基础上的社会形态。亚细亚生产方式是经济的社会形态，因此它不是最早的社会形态。

2. 最早的所有制形态是部落共同体所有制，以这种生产关系为基础的社会是最早的经济的社会形态。亚细亚生产方式从部落共同体所有制发展而来，因此它不是最早的社会经济形态。

3. 亚细亚的、古代的、日耳曼的、斯拉夫的所有制形态是同时并存的以奴隶制和农奴制为基础、但又保留着共同体的社会经济形态，它们同样可以作为资本主义生产方式的历史前提。

4. 亚细亚生产方式区别于同时期与它并列的生产方式的基本特点可归纳如下：（1）所有制形式"表现为公有制"，"决不存在土地的私有制"[1]；（2）剥削和统治的形式是"普遍奴隶制"，共同体内的个人实质上"是作为公社统一体的体现者的那个人的财产，即奴隶"[2]；（3）由

---

[1]　马克思：《经济学手稿（1857—1858年）》，载《马克思恩格斯全集》第46卷上册，人民出版社2006年版，第484页。

[2]　马克思：《经济学手稿（1857—1858年）》，载《马克思恩格斯全集》第46卷上册，人民出版社2006年版，第496、493页。

于采取了普遍奴隶制，因而对原始共同体"所能改变的最少"，"必然保持得最顽强也最持久"①。

从现实社会历史这一问题群着眼，亚细亚生产方式问题被融解于社会形态问题之中，也就是说，亚细亚生产方式问题的解决，有待于我们对历史上存在过的所有社会形态进行正确的分期和分型。

（四）前资本主义公社

通常把土地公有制作为前资本主义公社的基本特征，将其视为原始社会的组织形式，或这种组织形式在阶级社会的遗存，但这种理解与马克思、恩格斯的论述直接矛盾。笔者汇集了马克思、恩格斯所有谈及前资本主义公社的言论，并对其中论述较多的九种公社的特征进行了归纳，发现其土地所有制形态各异，有的是公社所有制，有的是公社所有制与个人所有制相并列的双重形式，有的是个人所有制为主、公社所有制为辅，有的则公社及其成员均无土地所有权，所有权归于"最高的统一体"，或归于公社之外的地主。因此，马克思、恩格斯所说的前资本主义公社基本特征并不在于土地公有制，而是内部自成系统，自我调节，作为整体与外部社会发生经济的以及社会的关系。

二 中国古代史研究

（一）中国古代社会经济结构与土地制度变迁

1. 西周社会经济结构与土地制度

西周社会由两极构成，一极是剥削者贵族，他们由血族关系联结为一个整体，并掌握着政治权力，另一极是被剥削者，他们主要是以血族关系联结而成的集团整体，有"族""宗""人""尸（夷）""生（姓）"等。剥削关系有如下基本特征：（1）被剥削者以集团整体的形

---

① 马克思：《经济学手稿（1857—1858 年）》，载《马克思恩格斯全集》第 46 卷上册，人民出版社 2006 年版，第 493、484 页。

式接受剥削，剥削者并不干预其内部事务；（2）剥削主要采取劳役形式，其方式和额度是确定的；（3）剥削的实施经过了一个中间层次，这就是被剥削者集团整体的负责人，并非直达被剥削者个人。这种剥削关系决定了剥削者直接占有、控制的土地是少数，是被剥削者实现剩余劳动的所在，其功能主要是确定剥削额度，它在西周金文中有一个专有名词"田"。大部分土地则为被剥削者集团直接占有。

2. 西周后期到战国社会经济结构与土地制度的变化

宣王"料民"标志着剥削者开始干预被剥削者内部事务，从而改变了原有的剥削关系。从管仲直到商鞅的各国变革，则彻底打破了被剥削者集团旧有的血族关系纽带，将被剥削的基本经济单位缩小为核心家庭，与此相应，剥削管理不再经过中间层次，而是通过严密户籍、什伍连坐、建立各级行政组织直接管理到人头，国家控制全部土地，实施国家授田制度，同时主要剥削收入改劳役为实物。与此对应，剥削者方面的血族关系也有一定程度的破坏。

商鞅田制是春秋战国各国经济变革之集大成，它是一个综合性的制度，包括了农田规划、生产技术、社会关系三个方面。农田规划方面，一是确定顷的固定形制，为授田制度服务，一是确定亩的形制，为农业技术变革服务。生产技术方面，推行以铁犁牛耕为基础的垄畎耕作制。社会关系方面，实行国家授田制度，其基本特征为：（1）土地国有；（2）授民定额土地，一般为一夫百亩；（3）设立户籍及相应管理劳动力的严密制度；（4）以人头为基本依据征收赋税徭役；（5）国家以奖惩等手段直接干预生产过程。

3. 战国至唐社会经济结构与土地制度的基本格局

春秋战国变革并未改变西周社会的两极经济结构，只是不再以血族集团整体的方式发生相互之间的经济关系，国家和"编户齐民"成为新的两极，这种状况一直延续到唐。在这种关系下，作为剥削者的国家通过严密户籍等各种手段直接控制劳动力，同时控制土地，通过"授田"和"限田"两方面措施，保证所有劳动力能得到充足的土地。由于这种经济结构，人身控制是实现剥削的首要条件，土地只是辅助手段，它的主要作用是使被剥削者能够进行生产并提供剩余劳动。与此相应，剥削收入和国税合一的赋税徭役按人头征收，其中的剥削收入部分又以多种方式分配于组成国家的各个剥削者手中，其中的主要方式是根据政治等级占有一定数量的劳动力和土地。

4. 唐宋社会经济结构与土地制度变革

自唐两税法开始的制度变革打破了社会经济两极结构，形成了国家、地主、农民三极结构。这一变革在历史上的重要性远高于春秋战国。它主要有两点：（1）解脱农民身上的人身控制关系，使之可以自由流动；（2）"田制不立"，土地私有化，国家不再控制全部土地。这种状况下，剥削的基本依据不再是人身控制，而变为土地。劳动力的市场化充分发挥了农民的积极性，使之在与地主的博弈中较好维护了自己的利益。土地变为剥削基本依据并市场化，使地主成为土地的人格化，从而迫使地主积极参与经营，扩大积累，并淘汰自身的腐朽部分。国家一方面作为经济集团参与到社会经济活动之中，谋求自身利益，另一方面则较好实现了自己的政治职能，主要以税收等经济手段平衡社会经济关系，缓和阶级冲突。这种三极结构一直延续到民国时期。

（二）国家在中国古代社会经济结构中的地位和作用

国家在社会经济活动中起着主导性的甚至是决定性的作用。它具有双重身份，一方面，它是政治机构，职能是调节社会经济关系，缓和阶级冲突，提供制度服务和公共事务服务。另一方面，国家机器由活生生的人所组成，必然谋求自己的经济利益，由此形成一个独立的经济利益集团。国家职能和国家利益的对立是国家机器的基本矛盾，决定了它在社会经济活动中所起的作用。如果能够强化国家职能、限制国家利益，则社会经济得到发展，形成"盛世"，如果国家职能衰弱、国家利益失控，则必然使社会经济停滞、衰退甚至崩溃，并导致社会动荡乃至国家的瓦解。因此，当我们考察农民起义原因或王朝崩溃理由时，最终都会追寻到国家身上，主要原因是国家利益的失控，向社会索取太多，使农民甚至地主都无法生存，而与所谓"地主兼并土地"之类没有什么直接关系。

（三）中国古代的商业与抑商政策

只要社会存在分工，而且分工发生于不同的所有权之间，那么，社会生产必须通过交换才能完成，因此，商业是必需的，这与社会形态无关。在中国古代各个时期，都有与其相适应的商业，它既不可能过度发展，也不可能被限制。中国古代某些时期商品经济繁盛，例如两汉、两宋，其原因在于小农占据了主导地位。小农自给程度最低、市场依赖性最强，因此当小农占据主导地位时，市场发展水平就比较高，小农衰落时市场也随之衰落。国家财政需求形成所谓"财政市场"，但这只对农民直接进入市场的规模有较大影响，而对整个市场的规模和发展并无多大作用，因为市场总体规模是由经济总需求所决定的。

中国古代商品经济是当时社会经济结构的必需组成部分，并不具有资本主义性质，因此，中国古代不存在"资本主义萌芽"。资本主义经济结构是一个完整的经济体系，并非有了资本和雇佣劳动就可以形成，除此之外，还需要全社会明晰的私有产权、规模化的工业生产、健全的交易秩序，这些要素在中国古代始终是缺失的。近代以来许多人试图建立西方式的资本主义经济模式，但一直未能如愿，关键就在于缺少全社会明晰的私有产权和健全的交易秩序。

中国古代的"抑商"政策由两方面组成，一方面，抑制私人商业的发展，一方面，保护和发展国营商业，商业的总体规模是适应社会经济需求的。因此"抑商"政策并非抑制商业，而是调整商业利益分配，减少私商所获，扩大国家所得份额，实质是国家从私商那里夺取商业利益。国家的抑商活动部分采取暴力掠夺的方式，如汉武帝时的算缗告缗，部分采取经济的手段，如汉武帝时的盐铁官营、均输平准。经济的手段有时比较隐晦，如《管子·侈靡篇》就提出引导商人侈靡消费，从而达到削弱私商的目的。

由于私商具有促进农业手工业生产、加强区域分工、实现社会储备、帮助国家财政货币化等重要经济功能，这使它有条件与国家进行博弈。在博弈过程中，作为主导一方的国家通过"试错"找到了最佳策略，在国家与私商之间实现了均衡，使国家利益最大化，从而在抑商政策下仍然为私商留出了一定的活动空间。

（四）大禹治水

持续于尧舜禹时代的"洪水"不是别的，正是我国南方潮润多雨的气候，遍布的江河湖沼，茂密的森林。华夏族的南征，从黄河中下游一直打到长江中下游。北方干燥，南方多水，对于习惯于北方自然环境的华夏族征战者来说，南方这种多水的自然环境，便成为可怕的险阻与灾害，从而逐渐敷衍为滔天洪水的传说。大禹治水的传说，则是华夏族南征成功、征服了三苗等南方居民这一历史事实的折光反映。随着华夏族南征的完成，"洪水"也就消失了。禹是我国第一个现代政治意义上的国家的奠基者，这种历史地位，使他从南征的主要领导者变为滔天洪水的唯一制服者。这一史实说明，原始的征服它民族的战争，对于国家的孕育和形成有着极其重要的作用。

（五）"史"义变迁

"史"字初为兵器象形，商代史类官为武官，战争的重要性使之占据着非常重要的位置。商至西周，史官职掌不断变化，但武事始终是其重要职责，职掌扩大基本限于政事范围以内。春秋以降，史官职掌中文化内容逐渐增多，但政事仍为其主要职责，且有关文化的职责中涉及历史和史学的内容也不占据主要地位。汉代以后，"史"字才逐渐用以专指历史和史学，史官也才逐渐以修史之类为主要职掌，并进而产生以修史为主要事务的机构史馆。随着史官职责逐渐转向文化内容，其政治地位便直线下降，不再具有商周时的那种赫赫声威。以为从事文化工作的知识分子自古就居于要职，这显然是一种误解，在精神生产尚不能发挥巨大作用的社会中，知识分子难以期望较高的社会地位。

（六）"爰田"

"作爰田"是一场农业技术革命，其核心是推广铁犁牛耕，并在此基础上实行垄畎耕作制，这是我国最早的农业精耕细作技术。它首先发生于土质松软的秦、晋黄土高原地区，并先后导致了晋、秦两国的强盛。

（七）"黔首"

"黔首"是战国后期流行于秦地的一种称呼，它表示了一个地位较低的至少失去部分人身自由的社会阶层。商鞅治民政策包含两个方面，对秦民是酷苛的"弱民""制民"政策，对迁徙秦国的移民则是较优惠的"徕民"政策。统一六国后，秦将战国后期治理秦民的酷苛政策推及新统治地区，这就是"更名民曰黔首"的核心内容，这种政策是秦二世而亡的重要原因之一。

三　哲学认识论与史学理论、方法论研究

（一）哲学认识论

从信息角度观察，人类认识有一个基本的矛盾，即人类接收、处理信息的能力有限，而外部世界信息无限。"没有两片树叶完全相同"，"人不能两次踏进同一条河流"，没有任何两个事物完全相同，不具备重复性，因而外部世界信息无限。对此，人类只能化繁为简，以"映射"的方式，用人脑中的简单信息对应于复杂的外部世界，以满足自己的生存需求，因此，人脑中的世界与外部世界并不相同，只是具有一种对应关系。自我意识到自身确定性的人的存在，确定了对立的繁复多样的外部世界的同一性，由此，世界方成为可以认识的对象。人的生存决定了人的认识，因而必然使之具有个性特色和不确定性，认识的正确与否最终只能依据价值性判定，即人的实践活动。社会在其运行过程中，形成了超越个人认识的社会化认识，并以此维持社会的生存。传统形而上学

将客观事物视为认识过程的核心，而实际上人才是认识活动中的决定性因素，由于人的存在，世界才成为可认识的。传统形而上学设置在事物背后的理念、绝对观念、本质、规律、真理等等，都不是客观真实的存在，而只是人脑中的映像，也即认识成果的折光表现。

（二）史学研究的本质

以为历史研究可以恢复历史的本来面目，这是一种幻想，它本质上是主体与相应客体的相互关系，因此，它不是将实际的历史过程复现于人的意识之中，而是在文字史料、实物史料、现存知识体系之间求取无矛盾的共同点。由于不同的主体反映着不同的现存知识体系，也由于现存知识体系内部必然存在的矛盾，即使基于相同的史料也会形成不同的描述和解释，这就意味着历史研究结果有可能出现同时或异时的互相矛盾的"真"。由于主客体关系的变化，历史有三种互相联系但又互相隔绝的基本表现形式，一是实际发生的历史过程，二是前人认识中的历史过程，三是作为历史研究者的我们认识之中的历史过程，这种历史必然与前两种历史不同，它是新的历史，属于现在。

（三）中国传统史学的宗教职能

在典型宗教不占主导位置的中国古代社会，史学执行了一部分宗教职能，通过道德价值审判与舆论导向发挥着重要社会作用，这是史学得以与经学并列成为显学的基础。主流史学道德价值观本质上与社会统治集团一致，反映了其利益取向，因而很难对其行为产生根本性的控制。传统史学的宗教职能，使其成为一种关心社会现实的入世的学问，而积极的入世使其获得了强盛的生命力。

（四）汉字古籍的数字化

汉字古籍是研究中国古代历史与文化的基本依据，数字化则为汉字古籍的管理和利用提供了全新的手段。总体来说，它需要一个功能强大的基础平台，还应当包含四个子系统：（1）目录数据库，应全部收入汉字古籍目录，可通过文献名、作者、分类、版本、子目等多种渠道进行检索查询；（2）图版数据库，应具有传统纸本图书馆的全部功能，同时具有数字文献的各种优点；（3）全文数据库，可深度检索古籍文献，并通过信息技术进行更广泛、深入的信息开掘；（4）高级服务平台，除了为研究者交流成果提供方便外，应使以汉字古籍为基础的各种研究工作实现一定程度的自动化，如文献校勘、文字考证、史实考证、史学论文初稿自动写作等。

笔者从事汉字古籍数字化近二十年，正在实现上述整体构想。早在1997年，即开始主持制作"汉籍全文检索系统"，至2004年改进为4.20版，因资金短缺，无以为继，工作终止。最后版本共收入文史哲类古籍文献11亿字，其中简体字本收入文献2159种、7.4亿字，繁简双体本9种、3.9亿字。该系统可以任意选择文献，可以任意浏览，可以对正文和注释中的任意字符或字符串进行检索，除一般检索外，还可有或、与、非、同段、同句、靠近等多种组合检索，检索结果可以多种方式浏览，亦可输出为卡片文件。

2008年开始主持制作"汉籍数字图书馆"，目前正在进行第三期建设。总体计划由1个主库和8个专库组成，主库为传世文献库，专库为甲骨文献、金文文献、石刻文献、敦煌文献、明清档案、书画文献、舆图文献、中医药文献数据库，每个数据库都按照目录数据库、图版数据库、全文数据库三个层次展开。目前已建成较完善的基础平台，整个系统实现了从PC端到移动端的全覆盖，有多种版本，可直接通过电脑或手机使用。已建成1个主库和2个专库。传世文献库2.0版收入目录201371条，是目前最大的汉字古籍目录数据库；收入古籍图版6400余万页，数据量7.4T，按种类计，接近全部汉字古籍的40%；全文数据库和高级服务平台已完成了部分基础工作。敦煌文献数据库已完成1.0版，入库文献涉及编号72513个，不同印本97046个，收入图片文件517022个，数据量约1T。中医药文献数据库已完成1.0版，目录数据库收录文献22731种，图版数据库已收入文献原件4914种，约470万页，数据量约1T。

四 灾荒史与史学计量研究

（一）西北灾荒史

近代以来，已有许多学者研究灾荒历史，但一般搜集资料范围有限，分析仅限于简单统计。笔者研究西北灾荒历史，就史料方面来说，初步做到了竭泽而渔，并分旱、水、虫等灾害和饥荒，按照灾时、灾区、灾况、资料来源四项加工整理，形成系统的资料系列。在此基础上，笔者创立了一套用数理统计手段研究历史灾荒的办法。首先按照"以灾区大小为基本依据，灾情奇重者适当加等"的等级式量化方法，将史料转化为数值化的时间序列。然后对此时间序列按一般统计学办法进行了频次分析、阶段分析。最后采用谱分析手段，通过计算机计算，得出灾荒发生的统计周期。这样分析所得出的结论，不仅对灾荒机理研究具有更大的参考价值，也在一定程度上为灾荒预测提供了统计性依据。许多历史现象与灾荒类似，因此，这一套方法提供了对缺乏量化内容的历史现象进行定量分析的手段。

（二）历史事物的模糊数学分析

历史事物量化内容缺乏，很难进行定量的精确研究。笔者尝试将模糊数学引入史学，以中国古代奴婢作为对象，探索史学研究运用数学方法的可行性。笔者以秦、汉、唐奴婢为基本对象，以斯大林所作奴隶和农奴的定义、斯巴达"黑劳士"、古雅典罗马奴隶、近代美国黑奴作为参照对象，进行了模糊聚类分析和模糊相似优先比分析，得到了几点新的认识：（1）如果仅仅从奴隶与农奴差别的角度来观察，秦代臣妾与汉唐奴婢是截然不同的；（2）简单地以斯大林定义的奴隶和农奴两个概念去涵盖前资本主义阶级社会主要的被压迫被剥削阶级，无法完整涵盖，有些类型游离于奴隶和农奴概念之外；（3）同样为奴隶或农奴概念所涵盖的历史事物，它们接近于概念的相似程度有层次上的差别。这个尝试也具有方法论价值，说明数学方法可以应用于史学研究，不仅使史学研究更加准确，也有可能使之得出一些定性分析所不曾注意到的新结果。当然，在计算机技术迅猛发展的今天，也有可能为史学研究自动化找到突破口。

五　政治经济学研究

（一）两大部类生产之间关系、积累与消费之间关系

最早提出生产资料生产优先增长为客观规律的是列宁，相应认为积累的重要性高于消费。在这种观点的指导下，苏联、中国等国家的计划经济时代，都是生产资料生产发展过快而生活资料生产发展过慢，相应实施高积累政策，社会经济为此付出了巨大的代价。遗憾的是，这种观点似乎仍然是主流观点，充斥于大学政治经济学教材。

笔者认为，两大部类之间关系可以用公式 $I\left(v + \Delta v + \frac{m}{x}\right) = II\left(c + \Delta c\right)$ 来总括，由此进行数学推导可知，生产资料生产优先增长并非客观规律，两大部类各自积累量与社会总积累量三者间存在着定量的相关关系，确定了三者中的任何一个量，都直接限定了另外两个量，从而确定了整个社会扩大再生产图式。社会总积累量与积累资本有机构成较低部类的积累量呈同向变动，与积累资本有机构成较高部类的积累量呈反向变动。在第一部类资本有机构成高于第二部类的条件下，如果将更多的积累投向生产资料生产，则社会总积累量下降，更多投向生活资料生产，社会总积累量会上升，相应，如果希望多积累一些，那么其分配于生活资料生产就必须更多一些，为扩大消费创造条件，如果社会希望多消费一些，那么积累就必须更多分配于生产资料生产，从而为扩大生产创造条件，其间都存在着定量的数值关系。这种相关关系同时给定了社会总积累的变化限界，不能过高，也不能过低。

六　其他

（一）光波粒二象性

这不能称之为完整的研究，只是一个新的解释思路，认为光波粒二象性根本原因是光粒子以螺旋状运动。因其实体为粒子，故呈现粒子性。因其运动轨迹为螺旋状，故表现波动性。以光粒子螺旋状运动可以解释光的折射、衍射、干涉、偏振等现象。此思路可作为自己哲学认识论的一个实践尝试。

"人生天地之间，若白驹之过隙，忽然而已。"（《庄子·知北游》）人生短暂，可做事极其有限，虽花甲又一纪，但还想借余生再做点事，这就算一个阶段性总结，此后勉力而为，再做一点自己想做的事。

袁林于西安知止斋

2021 年 1 月 30 日

五种社会形态说的逻辑缺陷与
马克思恩格斯的社会形态演化思想

五种社会形态说，是目前我们把握人类社会历史的一个总的框架。它虽然比马克思主义以前一切学者关于社会历史所设计的框架都高明得多，但在逻辑上却并不完善，存在一些为人忽视而又显而易见的缺陷，这个框架影响我们正确理解马克思、恩格斯的社会形态演化思想，妨碍我们更准确地从宏观上把握人类社会演化史。笔者想谈谈有关的肤浅看法，以就教于对此问题感兴趣的同志。

一 五种社会形态说的两个逻辑缺陷

五种社会形态说认为，随着社会生产力的变化和发展，人们的生产关系也相应地变化和发展，从而形成原始社会的、奴隶制的、封建制的、资本主义的、共产主义的五种生产方式，它们依次发展，循序更替，这是人类社会发展的一般进程。

如果暂不考虑哲学的、历史的、社会的等方面内容，仅从逻辑上看，五种社会形态的区分问题，实质就是概念的划分和分类问题。它意味着将社会形态这一属概念（上位概念），根据某个标准划分为五种社会形态的种概念（下位概念），或者说，是将各种各样具体的社会形态归纳分类为五种社会形态的概念。

从概念划分角度看，五种社会形态说有两个缺陷：（1）违反了概念划分中每一次划分应当使用同一个划分标准的规则，将不等位的概念并列于同一等级；（2）违反了概念划分中各子项必须穷尽母项的规则，误将各社会形态间的对立（反对）关系视为矛盾关系，忽视了它们之间中间类型或过渡时期的存在。

先看第一个缺陷。五种生产方式概念内涵的基本规定可用下表表示。

	生产资料所有制形式	有无剥削有无阶级	社会成员在生产中的关系	剥削者剥削压迫被剥削者的形式
原始社会生产方式	公有制	无	平等的互助关系	
奴隶制生产方式	私有制	有	不平等的压迫关系	奴隶人身被奴隶主占有，奴隶主强迫奴隶劳动
封建制生产方式	私有制	有	不平等的压迫关系	农奴人身依附于封建主，封建主逼迫农奴劳动
资本主义生产方式	私有制	有	不平等的压迫关系	工人人身自由，资本家迫使工人劳动
共产主义生产方式	公有制	无	平等的互助关系	

原始社会的、共产主义的生产方式的基本规定是：生产资料公有制，无剥削，无阶级，社会成员在生产中的关系是平等的互助关系。相对于这个规定，奴隶制、封建制、资本主义生产方式的内涵规定是相同的：生产资料私有制，有剥削，有阶级，社会成员在生产中的关系是不平等的压迫关系。区分这三种生产方式的标准，仅在于剥削者剥削压迫被剥削者形式的不同，而这个标准根本不可能使用于原始社会的和共产主义的生产方式。显然，五种社会形态说在对社会生产方式概念的一次划分中，使用了不同的两套标准，从而造成并列的这五个概念并不等位的现象。相对于原始社会的和共产主义的生产方式，奴隶制、封建制、

资本主义生产方式只有合并为阶级社会生产方式，方能与之并列，成为等位概念。奴隶制生产方式等等只是阶级社会生产方式这一属概念的划分，是其下的种概念。

不遵从概念划分中一次划分应使用同一标准的规则，将不等位概念同等并列，必然造成逻辑混乱。例如，我们划分人这一概念，可根据性别得到男人、女人、两性人三个种概念，这是合理的，但如果不使用同一标准，混淆概念等位，划分为男人、女婴、少女、青年妇女、……两性人等概念，这当然显得不伦不类，闹出笑话。

纠正这个缺陷，社会形态的区分至少应改造为两个层次的划分系列。首先，根据生产资料是公有制还是私有制、有无剥削、有无阶级、社会成员在生产中的关系是否平等的标准，划分出原始无阶级社会（原始公有制生产方式）、阶级社会（私有制生产方式）、发达无阶级社会（共产主义生产方式）。然后再按剥削者剥削压迫被剥削者形式的不同，将私有制生产方式划分为奴隶制、封建制、资本主义等生产方式。它们应当与原始无阶级社会、发达无阶级社会的相类划分处于同一等级，例如与蒙昧时代和野蛮时代、共产主义低级阶段和高级阶段同级。

再看第二个缺陷。五种社会形态说的五种生产方式概念，两两之间都是全异（平行）关系，它们的外延边界清晰，互相间断，例如，我们不能说封建制生产方式同时又可以作为资本主义生产方式。然而，事物发展过程中必然存在中间形态，辩证法十分重视这一点。恩格斯说："一切差异都在中间阶段融合，一切对立都经过中间环节而互相过渡，……辩证法不知道什么绝对分明的和固定不变的界限，不知道什么无条件的普遍有效的'非此即彼！'，它使固定的形而上学的差异互相过渡，除了'非此即彼！'，又在适当的地方承认'亦此亦彼！'，并且使对立互为中介。"① 各种生产方式之间同样存在中间形态。例如，从生产资料所有制形式看，公有制与私有制之间有一个明显的中间形态，以具有

① 恩格斯：《自然辩证法》，载《马克思恩格斯全集》第 20 卷，人民出版社 2006 年版，第 554—555 页。

公有制和私有制二重性为基本特征的农村公社曾长期存在。斯大林明确谈到过中间形态的存在，他将生产关系分为三类："这些关系可能是不受剥削的人们彼此间的合作和互助关系，可能是统治和服从的关系，最后，也可能是从一种生产关系形式过渡到另一种生产关系形式的过渡关系。"① 但是，这些"过渡关系"应当归入哪一种生产方式之内呢？他并没有予以考虑。显然，"过渡关系"是"亦此亦彼"的，不能归入五种生产方式中某一生产方式的外延之内，因而，五种社会形态的总和，并不能满足社会形态这一概念的外延，其中遗漏了中间形态和过渡时期。这就将各种社会形态概念间的对立关系误当成矛盾关系，从而违反了概念划分中各子项必须穷尽母项的规则。

忽视中间形态的存在，不仅妨碍对事物运动变化的把握，而且进一步增加了分类的人为性，易于造成混乱。例如，早期生物分类采用林奈的动物、植物二界分类法，这种方法在中间物种上碰了壁。有一种低级生物眼虫，它有叶绿体，能进行光合作用，这是植物特征；它有鞭毛，能游泳，有眼点，能感光，能通过细胞膜吸取环境中的有机养分，这是动物特征。因而植物学家将它看作植物，归入鞭毛藻一类，动物学家将它看作动物，归入鞭毛虫一类，使分类陷入混乱。后来海克尔在动物、植物两界之间添加了原生生物界，才开始使这些中间形态有了较合理的归宿。

纠正这个缺陷，社会形态的划分至少应当声明：各种社会形态之间被相应的中间形态分隔开，它们并不是连续的，这些中间形态在社会形态的分类中也占有一席之地。或者进一步，对这些中间形态的内涵规定性再作更深一层的确定，然后排列于相应的社会形态分类层次上。

二　马克思、恩格斯的社会形态演化思想

通常，五种社会形态说被认为是马克思的发明，这并不是事实。但

---

① 斯大林：《论辩证唯物主义和历史唯物主义》，载《列宁主义问题》，人民出版社 1964 年版，第 646 页。

是，在五种社会形态说成为占统治地位的学说之后，就使人们的思维产生一种定势，总是按照它的框架去理解马克思、恩格斯的有关论述，从而造成许多误解，形成偏见。为此，有必要完全抛开五种社会形态说的框架，重新系统地考察一下马克思、恩格斯的社会形态演化思想。

在马克思、恩格斯的论著中，许多地方涉及社会形态的区分和演化，其提法不尽相同。其中论述最多最系统的是马克思《经济学手稿（1857—1858 年）》（以下简称《手稿》），它专门有一节论述"资本主义生产以前的各种形式"。这里，我们以《手稿》为中心进行分析，延及其他论述。马克思、恩格斯的有关思想要点可归纳如下。

（一）最早的社会形态不是经济形态

五种社会形态说将社会形态理解为社会经济形态，即生产方式，也就是一定的生产力和与其相适应的一定生产关系的总和，生产资料所有制形式是其核心部分。这种理解把生产关系即经济的关系作为社会的基本关系，看作社会形态的基本内容。然而，在马克思、恩格斯看来，最早的社会关系是血族关系而非经济关系。当然，由血族关系作为基本社会关系联结而成的社会，只能是非经济形态的社会。

在《手稿》中，马克思说："部落共同体，即天然的共同体，并不是共同占有（暂时的）和利用土地的结果，而是其前提。"这种自然形成的共同体，是"家庭和扩大成为部落的家庭，或通过家庭之间互相通婚［而组成的部落——《马克思恩格斯全集》编者所加］，或部落的联合"[①]。显然，最早的社会体部落共同体是由血族关系联结而成的，它是占有土地的前提，经济关系——例如共同占有土地——这时并不是构成它的因素，也还没有形成对一定生产资料的所有权和所有制，因而它是一种非经济的社会形态。

那么，在这种形态中，人与作为生产条件的自然界处于怎样的关系

[①] 马克思：《经济学手稿（1857—1858 年）》，载《马克思恩格斯全集》第 46 卷上册，人民出版社 2006 年版，第 472 页。

之中呢？马克思说："正象劳动的主体是自然的个人，是自然存在一样，他的劳动的第一个客观条件表现为自然，土地，表现为他的无机体；他本身不但是有机体，而且还是这种作为主体的无机自然。"① 这就是说，在这种原始的形态之中，自然界与人是直接的统一体，自然界就是"自然的个人"的"无机体"，是他的组成部分。这种关系只包含人与自然界关系的内容，因而不具有所有权或所有制的性质。我们知道，生产资料的所有制，其实质就是通过一定的生产资料所实现的或以一定生产资料为中介的人与人之间的关系，是社会关系。马克思曾批判过黑格尔认为私有权是人作为人格对于自然界的关系的观点，指出私有权只是"一种确定的社会关系"②。公有制同样也只是一种确定的社会关系。以所有制为重要研究内容之一的马克思的政治经济学，正是在资产阶级经济学家看到物与物之间关系的地方，"揭示了人与人之间的关系"③。既然在生产条件上只表现出人与自然界的关系，不反映人与人之间的社会关系，因而还不存在生产资料的所有制，那么，以所有制形式为主要内容的社会经济形态当然也不存在。

《手稿》中，马克思还明确指出了资产阶级经济学家在所有权问题上的错误观点。他说："所有现代的经济学家……都把个人自己的劳动说成最初的所有权依据"，这样，他们就导致出一个奇怪的结果，"所有权的基本规律不得不被搬到还没有所有权的那个时代去"④（着重号为引者所加）。人的劳动，并非直接导致所有权产生的原因。曾经有过没有所有权的时代，在这个时代，社会当然只能是并非经济形态的社会。

这个思想是马克思、恩格斯一贯的思想。

---

① 马克思：《经济学手稿（1857—1858 年）》，载《马克思恩格斯全集》第 46 卷上册，人民出版社 2006 年版，第 487 页。

② 马克思：《资本论》第 3 卷，载《马克思恩格斯全集》第 25 卷，人民出版社 2006 年版，第 695 页。

③ 列宁：《马克思学说的历史命运》，载《列宁全集》第 23 卷，人民出版社 1989 年版，第 5—6 页。

④ 马克思：《经济学手稿（1857—1858 年）》，载《马克思恩格斯全集》第 46 卷下册，人民出版社 2006 年版，第 464 页。

早在《1844年经济学哲学手稿》中，马克思就指出："人和人之间的直接的、自然的、必然的关系是男女之间的关系。在这种自然的、类的关系中，人同自然界的关系直接就是人和人之间的关系，而人和人之间的关系直接就是人同自然界的关系，就是他自己的自然的规定。"① 这就是说，人与人之间最早的社会关系是男女之间的关系，即婚姻与血族的关系，它同时也是人同自然的关系，是人的自然的规定。关于人和生产条件自然界的关系，马克思说："自然界，……是人的无机的身体。……是人为了不致死亡而必须与之不断交往的、人的身体。"② "异化劳动……从人那里夺走了他的无机的身体即自然界。"③ 也就是说，在异化劳动产生之前，人与生产条件之间的关系只是人同自然界的关系，还不包含人与人之间的社会关系的内容。

在《德意志意识形态》中，这个思想进一步明确化："家庭（即"夫妻之间的关系，父母和子女之间的关系"——引者注）起初是唯一的社会关系，后来，当需要的增长产生了新的社会关系，而人口的增多又产生了新的需要的时候，家庭便成为从属的关系了"④（着重号为引者所加）。这里是说，最初联结个人使之组成社会的关系，只有婚姻和血族的关系，它是唯一的社会关系。

在《家庭、私有制和国家的起源》第一版序言中，恩格斯又明确提出了"以血族关系为基础的社会结构"的概念，他说："劳动愈不发展，劳动产品的数量、从而社会的财富愈受限制，社会制度就愈在较大程度上受血族关系的支配。""以血族关系为基础的这种社会结构"，"由于新

---

① 马克思：《1844年经济学哲学手稿》，载《马克思恩格斯全集》第42卷，人民出版社2006年版，第119页。

② 马克思：《1844年经济学哲学手稿》，载《马克思恩格斯全集》第42卷，人民出版社2006年版，第95页。

③ 马克思：《1844年经济学哲学手稿》，载《马克思恩格斯全集》第42卷，人民出版社2006年版，第97页。

④ 马克思、恩格斯：《德意志意识形态》，载《马克思恩格斯全集》第3卷，人民出版社2006年版，第32页。

形成的社会各阶级的冲突而被炸毁。"①

可见，在马克思、恩格斯看来，阶级冲突产生以前，作为社会构成基础的唯一的或主要的社会关系不是经济关系，而是婚姻和血族的关系，因此最早的社会形态并非经济的形态。

这里还有个旁证。19世纪90年代，拉法格在献给恩格斯的《财产及其起源》一著中，多次谈到所有制的产生问题，他说：至今还有野蛮部落"一点也不知道什么是土地所有制（不论是个人的或是集体的）"；"关于建立猎场的公有制——土地所有制的第一种形态，他们连想都没有想过"；"'谁有土地，谁就要打仗'这句封建时代的谚语还在野蛮时代和公有制产生时代就被证实了"②（着重号为引者所加）。恩格斯读过这部著作后复信拉法格，对个别部分提出了不同意见，但对上述观点并无异议。③

（二）第一种所有制形态是部落共同体所有制

既然有不存在所有制关系的非经济形态的社会形态，那么，所有制又是怎样产生的呢？马克思在《手稿》中是这样阐述的："某一个共同体，在它把生产的自然条件……当作自己的东西来对待时，会碰到的唯一障碍，就是业已把这些条件当作自己的无机体而加以占据的另一共同体。因此战争就是每一个这种自然形成的共同体的最原始的工作之一，既用以保护财产，又用以获得财产。"④ 可见，只有当一个部落共同体排斥其他部落而使用一定的生产自然条件时，所有制才得以形成，它产生于部落间现实的互相排斥与战争之中。在这种排他的现实关系中，以前

① 恩格斯：《家庭、私有制和国家的起源》，载《马克思恩格斯全集》第21卷，人民出版社2006年版，第30页。

② ［法］拉法格：《财产及其起源》，生活·读书·新知三联书店1962年版，第35、51、52页。

③ 恩格斯：《恩格斯致保尔·拉法格（1895年4月3日）》，载《马克思恩格斯全集》第39卷，人民出版社2006年版，第433—434页。

④ 马克思：《经济学手稿（1857—1858年）》，载《马克思恩格斯全集》第46卷上册，人民出版社2006年版，第40页。

作为某一部落成员"无机体"的生产自然条件，开始反映出一部落与他部落之间的社会关系，从而具有了所有权和所有制的性质。

这样产生的第一种所有制形态，是部落共同体所有制。"建立在部落制度（集体的结构最初归结为部落制度）上的财产的基本条件，——是作为部落的一个成员，——使得被一部落所征服和服从的那个别的部落丧失财产，而且使这个部落本身沦落于集体把它们当作自己的来对待的那些再生产的无机条件之列。"① 这种所有制的基本特征，是以部落共同体为单位，排斥他部落使用一定的生产资料，并夺取作为他部落"无机体"的生产资料，甚至统治和奴役其他部落。

正是由于所有制在一开始产生时就带有剥夺他部落生产资料甚至奴役他部落的性质，因此，马克思将剥削和压迫视为所有制、社会经济形态的必然内容。在《手稿》中他说："一切先前的所有制形式都使人类较大部分，奴隶，注定成为纯粹的劳动工具"② （着重号为引者所加）。十年后，在《资本论》第一卷中，他又说："使各种社会经济形态例如奴隶社会和雇佣劳动的社会区别开来的，只是从直接生产者身上，劳动者身上，榨取这种剩余劳动的形式"③（着重号为引者所加）。

---

① 马克思：《资本主义生产以前各形态》，日知译，人民出版社1956年版，第29页。这段话前半部分另两种译文为："以部落制（这是社会最初的表现形态）为基础的所有制，其最基本的条件是作部落底成员，这就使得那被本部落所侵占所征服的其它部落丧失财产，……"（刘潇然译：《政治经济学批判大纲》第3分册，人民出版社1975年版，第111页。）"以部落体（共同体最初就归结为部落体）为基础的财产的基本条件就是：必须是部落的一个成员。这就使被这个部落所征服或制服的其他部落丧失财产，……"［马克思：《经济学手稿（1857—1858年）》，中共中央编译局译：《马克思恩格斯全集》第46卷上册，人民出版社2006年版，第492页］从文意看，个人作为部落成员和使部落丧失财产并没有逻辑上的联系，不能由前者导出后者，作为部落共同体所有制的基本条件，当是使他部落丧失财产，而不是个人作为部落成员，因此，日知的译文似更妥当。

② 马克思：《经济学手稿（1857—1858年）》，载《马克思恩格斯全集》第46卷下册，人民出版社2006年版，第88页。参见依据［苏联］B. Π. 库兹明《马克思理论和方法论中的系统性原则》俄文的译文："以前的一切所有制形态都为大部分的人类带来苦难，使他们成为奴隶或成为纯粹的劳动工具。"（生活·读书·新知三联书店1980年版，第124页）

③ 马克思：《资本论》第1卷，载《马克思恩格斯全集》第23卷，人民出版社2006年版，第244页。

（三）亚细亚所有制形态是由部落共同体所有制发展而来的包容着奴隶制与农奴制的所有制形态之一

亚细亚生产方式问题，是马克思历史理论中为人瞩目的大问题，目前看法尚未统一。有的同志将它视为所有制的第一种形态，我认为这并不符合马克思的本意。从《手稿》中看，部落共同体所有制与亚细亚形态的所有制有明显不同，它以部落为所有者的单位，不存在高于部落的其他所有者，不包容奴隶制和农奴制。而"在大多数亚细亚的基本形式中，凌驾于所有这一切小的共同体之上的总合的统一体表现为更高的所有者或唯一的所有者"，他由"专制君主所体现"，是"公共财产的真正前提"，社会剩余产品归属于他。① 共同体中的个人，是他的"财产，即奴隶"②。很清楚，部落共同体所有制比亚细亚形态的所有制更为古老和原始。

马克思明确将亚细亚形态的所有制归结为包容着奴隶制和农奴制的所有制形态之一，认为它是由部落共同体所有制发展而来的。他说："奴隶制和农奴制只是这种以部落体为基础的财产的继续发展。它们必然改变部落体的一切形式。在亚细亚形式下，它们所能改变的最少。"因为在这种形态下，个人"本身就是作为公社统一体的体现者的那个人的财产，即奴隶，所以奴隶制在这里并不破坏劳动的条件，也不改变本质的关系"③。这就是说，奴隶制和农奴制是从部落共同体所有制发展而来的，它们都要改变部落体的原始形态，但是，在包容奴隶制和农奴制的各种派生的形态中，亚细亚形态对共同体所能作的改变最小，它采取了普遍奴隶制的形式，因而对部落共同体本身的结构触动甚少。

部落共同体所有制一经形成，就必然导致奴隶制和农奴制，"它们

---

① 马克思：《经济学手稿（1857—1858 年）》，载《马克思恩格斯全集》第 46 卷上册，人民出版社 2006 年版，第 473 页。

② 马克思：《经济学手稿（1857—1858 年）》，载《马克思恩格斯全集》第 46 卷上册，人民出版社 2006 年版，第 493 页。

③ 马克思：《经济学手稿（1857—1858 年）》，载《马克思恩格斯全集》第 46 卷上册，人民出版社 2006 年版，第 492—493 页。

是以共同体为基础的和以共同体下的劳动为基础的那种所有制的必然的和当然的结果"①。部落共同体所有制与奴隶制、农奴制其实只有一步之遥，因为它的基本条件是占有作为另一部落"无机体"的土地等生产条件。"假如把人本身也作为土地的有机附属物而同土地一起加以夺取，……这样便产生奴隶制和农奴制，而奴隶制和农奴制很快就败坏和改变一切共同体的原始形式，并使自己成为它们的基础。"② 在占有他部落"无机体"土地的同时占有了人，马上便产生奴隶制和农奴制，使部落共同体所有制逐渐瓦解，改变共同体的原始形式，从而形成了亚细亚的、古典古代的、日耳曼的等等既保存着共同体、又包容着奴隶制和农奴制的所有制形态。

这里还需要说明两点：（1）奴隶制和农奴制是可以同时产生、同时并存的两种剥削形式，它们存在于部落共同体所有制与资本原始积累时期的中间；（2）奴隶制和农奴制与共同体的存在并不矛盾。

先看第一点。马克思、恩格斯很多时候都是把奴隶制与农奴制同列并称的。马克思在论及文明起源和现代个体家庭的产生时说过："现代家庭在萌芽时，不仅包含着奴隶制，而且也包含着农奴制，因为它从一开始就是同田间耕作的劳役有关的。"③ 恩格斯也说过："农奴制和依附关系并不是某种特有的中世纪封建形式，在征服迫使当地居民为其耕种土地的地方，我们到处，或者说几乎到处都可以看得到。"④ 在《手稿》中，马克思论及相对于资本的劳动的产生时，将奴隶制和农奴制关系的解体，即"劳动者本身"作为"属于生产的客观条件"而"被人占有"

---

① 马克思：《经济学手稿（1857—1858年）》，载《马克思恩格斯全集》第46卷上册，人民出版社2006年版，第496页。

② 马克思：《经济学手稿（1857—1858年）》，载《马克思恩格斯全集》第46卷上册，人民出版社2006年版，第490—491页。

③ 恩格斯：《家庭、私有制和国家的起源》，载《马克思恩格斯全集》第21卷，人民出版社2006年版，第70页。

④ 恩格斯：《恩格斯致马克思（1882年12月22日）》，载《马克思恩格斯全集》第35卷，人民出版社2006年版，第131页。

关系的解体视为前提之一①。在《巴师夏与凯里》手稿中，马克思明确说："在现实的历史上，雇佣劳动是从奴隶制和农奴制的解体中产生的，……"② 这就是说，奴隶制和农奴制同样可以作为资本主义生产方式产生的历史前提。可见，就这两种剥削形式而言，马克思和恩格斯并不像五种社会形态说那样认为它们有必然的前后承继的关系，它们可以同时产生，也可以同时存在到资本原始积累之前。

再看第二点。在马克思和恩格斯看来，共同体的存在与奴隶制和农奴制并不矛盾，它们可以是同一事物的两个方面。共同体关系，是从个人与共同体的关系、即共同体内部的关系来看的，并不涉及它与外部有什么关系，而奴隶制与农奴制则是就共同体成员与外部世界的关系而言，因此，共同体的所有制形态可以是包容奴隶制与农奴制的所有制形态。在《手稿》的"资本主义生产以前的各种形式"一节中，马克思把亚细亚的、古代的、日耳曼的等等所有制形态，都视为保存着公社共同体而又包容着奴隶制和农奴制的形态。此外，还有一些更明确的论述。《资本论》第三卷中，马克思谈到交换开始产生于不同的共同体之间时说："这一点，正象它适用于这种原始状态一样，也适用于后来以奴隶制和农奴制为基础的状态"③，这里说的就是以奴隶制和农奴制为基础的共同体。在《手稿》中，马克思又说："古代世界的基础是直接的强制劳动，当时共同体就建立在这种强制劳动的现成基础上"④，这是指建立在奴隶制上的共同体。恩格斯也提到过"以奴隶制为基础的生产和以这种生产为基础的公社"⑤。在《德意志意识形态》中，马克思和恩格斯

---

① 马克思：《经济学手稿（1857—1858 年）》，载《马克思恩格斯全集》第 46 卷上册，人民出版社 2006 年版，第 409 页。

② 马克思：《经济学手稿（1857—1858 年）》，载《马克思恩格斯全集》第 46 卷上册，人民出版社 2006 年版，第 14 页。

③ 马克思：《资本论》第 3 卷，载《马克思恩格斯全集》第 25 卷，人民出版社 2006 年版，第 198 页。

④ 马克思：《经济学手稿（1857—1858 年）》，载《马克思恩格斯全集》第 46 卷上册，人民出版社 2006 年版，第 197 页。

⑤ 恩格斯：《自然辩证法》，载《马克思恩格斯全集》第 20 卷，人民出版社 2006 年版，第 376 页。

谈到"封建的或等级的所有制"时说，这种所有制"也是以某种共同体为基础的"，"但是作为直接进行生产的阶级而与这种共同体对立的……是小农奴"，这种共同体"是一种联合，其目的在于对付被统治的生产阶级"①。可见，在马克思、恩格斯看来，共同体与奴隶制和农奴制并非完全对立的存在，他们并不像五种社会形态说那样，一谈到公有制、公社、共同体，就马上与原始社会挂起钩来。

四　亚细亚的、古典古代的、日耳曼的等等所有制形态是同等并列的形态，它们以后的发展道路有所不同

在《手稿》"资本主义生产以前的各种形式"一节的通篇论述中，马克思一直是把亚细亚的、古典古代的、日耳曼的等等所有制形态作为同等的形态并列加以论述，从来不认为其中的某一种形态是从另一种形态发展而来的。

在分析这些所有制形态时，马克思统称其为"以公社成员身份为媒介的所有制"。它们的区别在于：亚细亚的形态"表现为公有制"，"单个人只是占有者，决不存在土地的私有制"；古典古代的形态"表现为国家（也即公社——引者注）所有同私人所有相并列的双重形式"；而在日耳曼的形态下，"个人所有制表现为公社所有制的基础"，"公社所有制仅仅表现为个人所有制的补充"。这种种不同形态形成的原因，"部分地取决于部落的天然性质，部分地取决于部落在怎样的经济条件下实际上以所有者的资格对待土地，……而这一点本身又取决于气候，土壤的物理性质，受物理条件决定的土壤开发方式，同敌对部落或四邻部落的关系，以及引起迁移、引起历史事件等等的变动"②。在马克思看来，这些形态的差异形成的原因，一是作为占有土地前提的部落共同体本身结构上的差别，二是自然条件等方面的差别。这些因素，并非来自社会

---

①　马克思、恩格斯：《德意志意识形态》，载《马克思恩格斯全集》第3卷，人民出版社2006年版，第27页。

②　马克思：《经济学手稿（1857—1858年）》，载《马克思恩格斯全集》第46卷上册，人民出版社2006年版，第484页。

发展程度的不同，而是出于环境等等带有相当偶然性的不同。

马克思在谈到最初的财产形态时，曾同等并列地称呼这些形态说："在亚细亚的、斯拉夫的、古代的、日耳曼的所有制形式中就是这样，……"① 马克思之所以称它们为最初的财产形态，是因为它们都在一定程度上保存有原始共同体的形式。当然，这种种共同体，与非经济形态的共同体、部落共同体所有制下的共同体已有所不同，是派生的或后生的形态，它们中间，包容着奴隶制和农奴制。所不同的是，在亚细亚形态下，是"普遍奴隶制"，而"从欧洲的观点来看"，即在古代的、日耳曼的等形态下，奴隶制和农奴制的形式是"劳动者本身表现为服务于某一第三者个人或共同体的自然生产条件之一"②。它们都是从原始部落共同体发展而来，但是，亚细亚形态对原始部落体所能作的改变最小，古典古代形态的公社共同体"是原始部落更为动荡的历史生活、各种遭遇以及变化的产物"③，而日耳曼形态保留原始部落的特征就更少，公社除了"作为语言、血统等等的共同体"而外，"事实上只存在于公社为着公共目的而举行的实际集会上"④。

对于这几种所有制形态，马克思既看到了它们的共性，又看到了个性，充分放置于运动变化的过程中去考察。马克思认为，它们都是从部落共同体所有制演化而来，都保存有共同体，同时，又都包容着奴隶制和农奴制，而"奴隶制和农奴制很快就败坏和改变一切共同体的原始形式"⑤。在这个运动变化过程中，奴隶制和农奴制的因素逐渐增长，与共同体相对立的私有制等等因素也在增长，共同体逐渐被削弱以至瓦解。

---

① 马克思：《经济学手稿（1857—1858年）》，载《马克思恩格斯全集》第46卷上册，人民出版社2006年版，第496页。

② 马克思：《经济学手稿（1857—1858年）》，载《马克思恩格斯全集》第46卷上册，人民出版社2006年版，第496页。

③ 马克思：《经济学手稿（1857—1858年）》，载《马克思恩格斯全集》第46卷上册，人民出版社2006年版，第474页。

④ 马克思：《经济学手稿（1857—1858年）》，载《马克思恩格斯全集》第46卷上册，人民出版社2006年版，第432页。

⑤ 马克思：《经济学手稿（1857—1858年）》，载《马克思恩格斯全集》第46卷上册，人民出版社2006年版，第491页。

但是，由于它们具体结构和条件的差别，演化过程并非完全相同。亚细亚形态由于采取了普遍奴隶制的形式，对原始部落体所作的改变最小，又是建立于自给自足的工农业统一之上，"必然保持得最顽强也最持久"①。它和作为它"有所变形"的斯拉夫形态②一直存在到了资本原始积累之前。马克思在谈到雇佣劳动与资本关系的产生时说："雇佣劳动……或者象在东方和斯拉夫各民族中那样是从公有制的崩溃中产生的。"③ 古典古代的形态是公有制与私有制的双重形态，又建立于奴隶制之上，随着奴隶制和私有制的发展，共同体逐渐瓦解，这种形态趋于崩溃。不过，蛮族入侵打断了它原有的独立发展过程。在日耳曼形态中，"用农奴耕作是传统的生产"④。这种形态在它的故乡时就采用"比较温和的隶属形式"，即农奴制，从而它"没有达到充分发展的奴隶制：既没有达到古代的劳动奴隶制，也没有达到东方的家庭奴隶制"⑤。当日耳曼人占领罗马帝国的领土之后，在两种形态的相互作用下，产生了"一种新的、综合的生产方式"⑥，形成封建制的社会，它的主要剥削形式是农奴制和徭役劳动。⑦ 封建社会也在不断地运动变化之中，它所保存的

① 马克思：《经济学手稿（1857—1858年）》，载《马克思恩格斯全集》第46卷上册，人民出版社2006年版，第484页。

② 马克思：《经济学手稿（1857—1858年）》，载《马克思恩格斯全集》第46卷上册，人民出版社2006年版，第498页。

③ 马克思：《经济学手稿（1857—1858年）》，载《马克思恩格斯全集》第46卷上册，人民出版社2006年版，第14页。

④ 马克思：《经济学手稿（1857—1858年）》，载《马克思恩格斯全集》第46卷上册，人民出版社2006年版，第35页。

⑤ 恩格斯：《家庭、私有制和国家的起源》，载《马克思恩格斯全集》第21卷，人民出版社2006年版，第177—178页。

⑥ 马克思：《经济学手稿（1857—1858年）》，载《马克思恩格斯全集》第46卷上册，人民出版社2006年版，第35页。

⑦ 欧洲封建社会主要的剥削形式除农奴制外还有徭役劳动，比如在斯拉夫国家和罗马人占领的多瑙河地区，徭役劳动就是"占统治地位的生产关系"，它"建立在公社的基础上"，公社成员的"剩余劳动逐渐地变成替那些把准备金以及政治的和宗教的职务作为他们的私有财产来侵占的家庭进行的徭役劳动"。"徭役劳动不是在农奴制的基础上产生的，正好相反，农奴制是从徭役劳动产生的"（《马克思恩格斯全集》第47卷，第233页）另参见《马克思恩格斯全集》第23卷，第625页。

共同体逐渐削弱瓦解，剥削形式经历了劳役、实物、货币等地租形态，还产生了诸如行会制度、独立的封建小自耕农等等新的内容。

这样，我们可以看到，资本原始积累所面临的历史前提并非一种单纯划一的社会形态或剥削形态，而是一个非常复杂的多样化的现实。因此，马克思在谈到资本与雇佣劳动这种关系的产生时说："在现实的历史上，雇佣劳动是从奴隶制和农奴制的解体中产生的，或者象在东方和斯拉夫各民族中那样是从公有制的崩溃中产生的，而在其最恰当的、划时代的、囊括了劳动的全部社会存在的形式中，雇佣劳动是从行会制度、等级制度、劳役和实物收入、作为农业副业的工业、仍为封建的小农业等等的衰亡中产生的。"[①] 随着资本主义的发展，世界才逐渐倾向于统一的模式。

（五）马克思、恩格斯的社会形态演化观

根据以上考察，以《手稿》为中心，马克思、恩格斯的人类社会演化观可以用下述简图来表示。

以上述考察为基础，可以较好地解释马克思、恩格斯在其他著作中的有关叙述。需要说明一点，这些叙述都十分简略，大部分在《手稿》以前或同时，因此，应当以论述较详细的《手稿》作为理解它们的基础，而不是相反。

《手稿》以前，在《德意志意识形态》中，马克思、恩格斯开始将

---

① 马克思：《经济学手稿（1857—1858 年）》，载《马克思恩格斯全集》第 46 卷上册，人民出版社 2006 年版，第 14 页。另参见马克思一些类似的叙述："如果说这种统治和从属关系（即资本与雇佣劳动的关系——引者注）的产生代替了奴隶制，农奴制，臣仆的、宗法的从属关系，那么转化只是发生在它的形式上。"（《马克思恩格斯全集》第 48 卷，人民出版社 2006 年版，第 6 页）"这种关系（资本与劳动的关系——引者注）最初得以表现的条件，……一方面是活劳动的比较低级形式的解体，另一方面对直接生产者来说是比较幸福的关系的解体。一方面是奴隶制和农奴制的解体。另一方面是这样一种形式的解体，在这种形式中，生产资料是直接作为直接生产者的财产而存在的，……最后，是这样一种公社形式的解体，在这种形式中，劳动者作为这种自然发生的公社的器官同时成为自己的生产资料的所有者或占有者。"（《马克思恩格斯全集》第 48 卷，人民出版社 2006 年版，第 101 页）还可参见《马克思恩格斯全集》第 46 卷上册，人民出版社 2006 年版，第 498—499 页的有关论述。

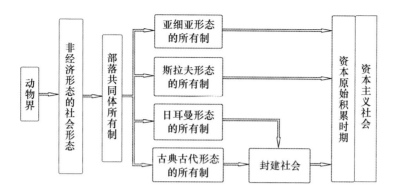

资本主义以前的所有制划分为三种形态：部落所有制、古代公社所有制
和国家所有制、封建的或等级的所有制。^① 就欧洲而言，它们基本对应
于《手稿》的叙述。这里所说的"部落所有制"，"社会结构只限于家
庭的扩大"；奴隶制是隐蔽的，只是随着同外界战争和交易的扩大才逐
渐发展起来。这与《手稿》中的部落共同体所有制大体上是对应的。这
里所说的"古代公社所有制和国家所有制"，保存有公社共同体；所有
制除公社所有制外，私有制已经开始发展起来；"保存着奴隶制"；以城
市为中心。这与《手稿》中的古典古代形态相同。这里所说的"封建的
或等级的所有制"，"以某种共同体为基础"，这种共同体是为了对付被
统治的直接生产者小农奴的一种联合；所有制主要是私人所有制，土地
占有呈等级结构；以乡村作为起点；在城市中有行会制度。这些都是封
建社会的特征。因此，这些叙述与上述考察的结果并不矛盾。

在《雇佣劳动与资本》中，马克思说："古代社会、封建社会和资
产阶级社会都是这样的生产关系的总和，而其中每一个生产关系的总和
同时又标志着人类历史发展中的一个特殊阶段。"^② 他没有明确阐述这些
社会的具体内涵，但就欧洲来说，它与《手稿》的叙述一致。这里没有
提起部落共同体所有制，可能因为这种形态还只是理论上推导的结果，

---

① 马克思、恩格斯：《德意志意识形态》，载《马克思恩格斯全集》第 3 卷，人民出版社
2006 年版，第 25—29 页。
② 马克思：《雇佣劳动与资本》，载《马克思恩格斯全集》第 6 卷，人民出版社 2006 年
版，第 487 页。

已知历史知识中尚无与之相对应的实体。

在以《手稿》为基础撰成的《〈政治经济学批判〉序言》中，马克思说："大体说来，亚细亚的、古代的、封建的和现代资产阶级的生产方式可以看做是社会经济形态演进的几个时代。"① 这里所说仅限于社会经济形态，就欧洲来说，它与《手稿》的区别只在于第一种形态。为什么以亚细亚生产方式取代部落共同体所有制呢？这可能是因为部落共同体所有制在当时仍属理论上推导的结果，尚无与此对应的历史实体，而在已知的各种所有制形态中，亚细亚形态与之最贴近。在亚细亚形态中，"单个人对公社来说不是独立的，生产的范围仅限于自给自足，农业和手工业结合在一起，等等"②，决定着它对原始部落共同体所能作的改变最小，它所采取的普遍奴隶制形式，使奴隶制"在这里并不破坏劳动的条件，也不改变本质的关系"③，这样，以它来表示部落共同体所有制的基本的内涵，在很大程度上是可以的。因此，马克思在这里用亚细亚生产方式来表示部落共同体所有制，用以描述人类社会经济形态的演化史。

四分之一世纪之后，在《家庭、私有制和国家的起源》中，恩格斯又一次对人类社会历史作了阶段划分。首先，他依从摩尔根《古代社会》的论述，根据社会生产水平的不同，将人类历史分为蒙昧、野蛮、文明三个时代，然后依据主要剥削形式是奴隶制、农奴制还是雇佣劳动制，把文明时代分为古代、中世纪、近代三大时期。④ 这个划分的标准显然与《手稿》有所不同，它采用了两套划分标准，从而得到了两个层次的划分系列，而且并未着意于所有制形式。它的划分范围也限于欧

① 马克思：《政治经济学批判》，载《马克思恩格斯全集》第 13 卷，人民出版社 2006 年版，第 9 页。

② 马克思：《经济学手稿（1857—1858 年）》，载《马克思恩格斯全集》第 46 卷上册，人民出版社 2006 年版，第 484 页。

③ 马克思：《经济学手稿（1857—1858 年）》，载《马克思恩格斯全集》第 46 卷上册，人民出版社 2006 年版，第 493 页。

④ 恩格斯：《家庭、私有制和国家的起源》，载《马克思恩格斯全集》第 21 卷，人民出版社 2006 年版，第 38、200 页。

洲，古代、中世纪之类的称呼说明了这一点。尽管如此，这个划分系列与《手稿》也并不矛盾，因为它的文明时代与阶级产生以后的社会是统一的，这样，就把部落共同体所有制及其以前时期划入了非文明时期，文明时代的三大时期与《手稿》中欧洲的古典古代形态、封建社会、资本主义社会的演化历史是统一的。

人类社会的演进究竟经历了怎样一些形态？这是一个十分复杂的问题。对它的研究，需要沿着两条并行的道路前进：一是探讨马克思主义经典作家的有关思想，力求恢复其本来面目；一是研究现实的社会历史进程，以从中得到一些归纳性的成果。这两方面相辅相成，不可偏废。本文只是在前一方面的浮浅试探，但似乎已可得到两点结论：（1）五种社会形态说是不完善的；（2）五种社会形态说并非马克思、恩格斯的思想。

（原载《史学理论》1988 年第 3 期）

所有制的本质与起源

自我国学术界有意识将马克思主义运用于中国社会与历史的研究时开始，就形成了一种思维定式，学者们对所有制极为重视，把它视为社会的基础与核心。它决定了生产关系总体，即决定了社会的经济基础，从而也就决定了社会形态与社会结构。然而，什么是所有制，却被视为一个不成问题的问题，学者们含混地使用这一概念，把它理解为人对生产资料的一种控制，理解为国家关于一定的人对一定的生产资料的控制的法律规定。这种思想无论对于理论还是实践，都已成为桎梏，有必要重新深入探讨。以马克思、恩格斯的理论为基础，从起源角度进行观察，不失为一个新的切入点，本文即试图由此作一些探讨。

一 所有制与生产关系

目前对于所有制概念的流行理解，源于斯大林。1938 年，斯大林在《辩证唯物主义与历史唯物主义》中谈到生产关系时说："生产关系的状况所回答的则是另一个问题：生产资料……归谁所有，生产资料由谁支配"，开始将所有制解释为生产关系的基础和核心，在谈到历史上各种具体生产关系时，也明确将不同所有制作为其基础。①

1952 年，斯大林更明确地对生产关系下了一个定义："政治经济学

---

① 斯大林：《论辩证唯物主义和历史唯物主义》，载《列宁主义问题》，人民出版社 1964 年版，第 648 页。

的对象是人们的生产关系。这里包括：（1）生产资料的所有制形式。（2）由此产生的各种不同社会集团在生产中的地位以及他们的相互关系，或如马克思所说的，'互相交换其活动'；（3）完全以它们为转移的产品分配形式。"① 更明确地将所有制确定为生产关系的核心和基础，认为人在生产中的不同地位、互相之间的关系、交换、产品分配形式等等都以所有制为基础和前提。1949 年以后，这个定义充斥于各种哲学、经济学、史学著作与教材之中，可以说是一统天下，深入人心。但是，这个定义是不是正确呢？是不是马克思主义的定义呢？答案却是否定的。

斯大林这个定义的错误，核心就在于他将所有制脱离于生产、交换（流通）、分配、消费全过程之外，形成一个独立的范畴，并以此来把握、理解、解释整个生产关系，而不是通过生产关系去把握、理解、解释所有制，因果、主次完全被颠倒了。这个思想与蒲鲁东类同，早已为马克思所批驳。马克思说："最后，所有制形成蒲鲁东先生的体系中的最后一个范畴、在现实世界中，情形恰恰相反：分工和蒲鲁东先生的所有其他范畴是总合起来构成现在称之为所有制的社会关系，在这些关系之外，资产阶级所有制不过是形而上学的或法学的幻想。"② 在《哲学的贫困》中，马克思还指出："在每个历史时代中所有权以各种不同的方式、在完全不同的社会关系下面发展着。因此，给资产阶级的所有权下定义不外是把资产阶级生产的全部社会关系描述一番。"③ 在《资本论》中，马克思以土地所有权为例分析了各种所有权存在的理由，他说："土地所有权的正当性，和一定生产方式下的一切其他所有权形式的正当性一样，要由生产方式本身具有的历史的暂时必然性来说明，因而也要由那些由此产生的生产关系和交换关系具有的历史的暂时的必然性来说明。当然，像我们以后会看到的那样，土地所有权同其他各种所有权

---

① 斯大林：《苏联社会主义经济问题》，人民出版社 1964 年版，第 58 页。

② 马克思：《马克思致巴维尔·瓦西里也维奇·安年柯夫（1846 年 12 月 28 日）》，载《马克思恩格斯全集》第 27 卷，人民出版社 2006 年版，第 481 页。

③ 马克思：《哲学的贫困》，载《马克思恩格斯全集》第 4 卷，人民出版社 2006 年版，第 180 页。

的区别在于：在一定的发展阶段，甚至从资本主义生产方式的观点来看，土地所有权也是多余而且有害的。"① 任何所有权存在的理由，都必须以一定历史条件下具体存在的生产方式来加以说明，当条件发生一定变化时，它就可能失去存在依据。具体到资本主义所有制，它只是资本主义社会生产关系总和的表现，只能在后者之中得到解释和把握，如果反过来，那只能是"形而上学的或法学的幻想"。蒲鲁东类型的这个错误必然导致一种误解，即所有制首先是人与物之间的一种关系，是人对一定生产资料的占有，只是在这个基础之上，才形成了生产、交换、分配、消费全过程中的人与人之间的社会关系。

与此成为对照的是恩格斯的定义。在《反杜林论》中，恩格斯指出："政治经济学，从最广的意义上说，是研究人类社会中支配物质生活资料的生产和交换的规律和科学"，"政治经济学作为一门研究人类各种社会进行生产和交换并相应地进行产品分配的条件和形式的科学，——这样广义的政治经济学尚有待于创造"②。显然，恩格斯所说政治经济学的对象即生产关系包括生产、交换、分配三个方面，其中并不包含一个独立的所有制范畴。

是所有制决定生产关系，还是生产关系决定所有制，表面看似乎不是特别重大的问题，但实际上却具有极其重要的理论与实践意义。几十年来我国经济发展的曲折与迟缓，斯大林定义是主要理论原因。中国古代社会结构研究的长期混乱与停滞，也与此有密切关系。例如，关于中国奴隶社会与封建社会的界限，目前占主流地位的战国说，就是以鲁国的"初税亩"为标志，认为这是合法承认公田和私田的私有权，土地私有制正式确立，由此地主阶级正式形成，中国转变为封建社会。孙冶方先生针对这种观点说："不在于有没有土地私有权，而在于有没有剥削关系"，"土地所有制本身是不能作为这种划分的标志的"，"斯拉夫公

---

① 马克思：《资本论》第 3 卷，载《马克思恩格斯全集》第 25 卷，人民出版社 2006 年版，第 702 页。

② 恩格斯：《反杜林论》，载《马克思恩格斯全集》第 20 卷，人民出版社 2006 年版，第 160、164 页。

社、印度公社、俄国的村社等等历史事实告诉我们，在土地公有制下，既可以是奴隶制社会，也可以是封建制社会"①。

斯大林和恩格斯关于生产关系所下定义的根本性区别，早已为经济学家们所发现并阐述，如成书于 20 世纪 60 年代的捷克斯洛伐克学者奥塔·锡克《经济—利益—政治》一书，据作者说，他对此问题的思考和撰写应追溯于 1956 年，即东欧社会开始发生变动的时期。又如我国著名经济学家孙冶方发表于 20 世纪 70 年代末 80 年代初的许多论文。但有关所有制理论研究的这些进展，似乎并未引起学术界充分的注意。

二　两个概念——"使用"与"所有"

人是一个两重性的存在。人要生存，就要进行物质资料的生产，这表现了人同自然界的对立统一关系。而人要从事生产，又必须和其他人发生一定的社会关系，结成各种各样的社会实体，这表现了人与人之间的对立统一关系。由人所组成的社会，同样带有这种两重性。一方面，社会必须作为一个整体进行生产活动，同自然界发生关系。另一方面，社会又必须具有一定的内部结构，即一定的社会关系。有了这两方面的内容，社会才能存在。一定的生产资料，由于它是与人、与社会发生着确定关系的物，因而在一定条件下，它也带有两重性。一定的生产资料，首先是人"使用"的对象。人们通过对它的"使用"，进行物质生产，提供维持自己生存和发展的物质资料。在这里，它作为一定的物，是人与自然界关系的具体体现者。其次，在一定条件下，它又是人"所有"的对象。人们通过对它的"所有"，以其作为中介，相互间发生一定的物质生产关系，从而把人们联结成社会整体，去从事社会性的物质生产。在这里，它又成为人与人社会关系的体现者。

这样，一定的人对一定的生产资料就有着两重关系，一是"使用"，一是"所有"。使用，是指人们实际地利用着某些生产资料进行物质生

①　孙冶方：《社会主义经济论稿》，人民出版社 1985 年版，第 390、403 页。

产，由此从自然界得到相应的物质生产品。它并不涉及是否通过相关的
生产资料及生产品与他人发生了社会关系。因此，所谓"使用"，实际
上是人们物质生产活动的同义语。"所有"，则是指相关的人们相对于一
定的生产资料存着某种社会差别，由此在物上存在和表现出一定的社
会关系。更具体地说，"所有"是指一定的生产资料成为一定的个人、
家庭、集体或群体的意志专有领域，排斥未经所有者同意的他人的"使
用"。它包含着针对一定的生产资料而与他人发生矛盾，需要从法律上
（有形的或无形的、成文的或习惯的）加以确定的内容。至于所有者是
否实际地"使用"了这些生产资料，在这里没有意义。马克思曾严格地
区别了生产资料的这种两重性，他说："劳动本身，就它作为有目的的
生产活动这个简单的规定性而言，不是同具有社会形式规定性的生产资
料发生关系，而是同作为物质实体、作为劳动材料和劳动资料的生产资
料发生关系。"①

　　一定的生产资料要成为人与人之间社会关系的表现物，就必然是这
种社会关系得以实现的中介物，它使与其发生关系的人们之间产生某种
差别，也就是一定的排他性。如果没有这种差别，一切人对这个物地位
相同，人与人之间关系的实现就不需要以这个物作为中介，它不可能体
现社会关系，因而也不可能成为"所有"的对象。例如在一般情况下，
空气不可能成为"所有"的对象，尽管对于人类生活和物质生产来说，
空气都是必需的自然物，是极其重要的生活资料和生产资料，但由于它
的特殊性质，人在它面前不可能产生差别，即不可能产生排他性，因而
它不可能成为人与人之间关系的中介或表现实体。当然，这种排他性是
相对的，在一定的生产资料上既能表现某些人之间的差别，也可以表现
某些人之间的无差别。被一个社会集团"所有"的一定生产资料，通过
对他人的排斥，一方面表现了该集团与他人的不同社会位置，实现了其
间的一定社会关系，实现了一定的所有制；另一方面又相对于集团外的

---

① 马克思：《资本论》第 3 卷，载《马克思恩格斯全集》第 25 卷，人民出版社 2006 年
版，第 932 页。

他人，表现了该集团内部不同个人的相同社会位置，从而也实现了其间的社会关系，实现了一定的所有制。如果没有排他性，物不仅不可能表现集团与他人之间有差别的社会关系，也无法表现集团内部个人之间无差别的社会关系，某个集团内部人与人之间相对于一定的生产资料所呈现的相同社会位置，必须以对外的排斥、即与外人社会位置不同为条件，否则便无法存在，就像没有"上"作为参照系，便不可能有"下"一样。

显然，排他性是"所有"的前提和基础。马克思在分析土地所有权问题时说："土地所有权的前提是，一些人垄断一定量的土地，把它作为排斥其他一切人的、只服从自己个人意志的领域。"在这段话的脚注中，马克思还批判了黑格尔认为私有权是人作为人格对于自然界的关系、是人对一切物的绝对占有权的观点，指出，这种私有权只是"一种确定的社会关系"①。马克思在谈到最早产生的所有权时也说："某一个共同体，在它把生产的自然条件当作自己的东西来对待时，会碰到的惟一障碍，就是业已把这些条件当作自己的无机体而加以占据的另一共同体。因此战争就是每一个这种自然形成的共同体的最原始的工作之一，既用以保护财产，又用以获得财产。"②

"使用"和"所有"是对立统一的两个方面，在一定条件下，一个会成为另一个存在的前提，考察其间的对立统一关系，可以加深我们对这两个概念的理解，但是它们毕竟属于两个不同的范畴。对于"使用"的理解，可以从考察人类征服自然的历史中得到，对于"所有"的理解，则可以从考察人类社会发展的历史中得到。只要有人存在，就有"使用"存在，这无须说明。而"所有"，只有在人们针对一定的生产资料产生了一定的排他性活动之后，才能存在。显然，从原始的状态说，"使用"是"所有"的前提，如果人们还没有"使用"一定的生产资

---

① 马克思：《资本论》第 3 卷，载《马克思恩格斯全集》第 25 卷，人民出版社 2006 年版，第 695 页。

② 马克思：《经济学手稿（1857—1858 年）》，载《马克思恩格斯全集》第 46 卷上册，人民出版社 2006 年版，第 490 页。

料，针对这些生产资料的排他性活动则无从产生。在阶级社会里，"所有"又成为"使用"的前提，任何一个"使用"事实的存在，或者"使用"者同时就是"所有"者，他的"使用"必须在现实的排他性活动条件下方能实现，或者"使用"者没有所有权，他必须为其"使用"付出某些代价，如缴纳地租，作为对所有者权利的承认。

三　早期社会不存在所有制

早期社会是否存在所有制，这个问题向来为人们所忽视，似乎不言自明：人一经产生就存在着所有制。通过前述分析，我们已经知道，所有制并非人与物之间的关系，而是物质生产中人与人之间社会关系的物化表现，如恩格斯所说："经济学所研究的不是物，而是人和人之间的关系，……可是这些关系总是同物结合着，并且作为物出现。"① 因此，所有制有两个必需的要素：（1）它必须是人与人之间的社会关系，（2）它的实现必须以生产资料这种物作为中介或表现实体。当然，自人产生伊始，就存在着人与人之间的社会关系，但它是否一开始就与生产资料结合在一起，以物作为中介或表现实体呢？自人产生伊始，人就必须与一定的生产资料发生关系，但是这个物是不是人们之间社会关系的实现中介或表现实体呢？我们先看看马克思和恩格斯是怎样论述的。

在他们看来，人类最早的社会关系是婚姻、血族的关系，即人自身生产关系，而并非经济的关系，也就是说，人与人之间的社会关系的实现不需要以生产资料作为中介。因此，这个时期不可能存在所有制。

早在《1844年经济学哲学手稿》中，马克思就指出："人和人之间的直接的、自然的、必然的关系是男女之间的关系。在这种自然的、类的关系中，人同自然界的关系直接就是人和人之间的关系，而人和人之

---

① 恩格斯：《卡尔·马克思〈政治经济学批判〉》，载《马克思恩格斯全集》第13卷，人民出版社2006年版，第533页。

间的关系直接就是人同自然界的关系，就是他自己的自然的规定。"① 这就是说，人与人之间最早的社会关系是男女之间的关系，也即婚姻与血族的关系，它同时是人和自然界的关系，是人的自然规定。一年以后的《德意志意识形态》中，马克思、恩格斯将这个思想进一步明确化："家庭（即'夫妻之间的关系，父母和子女之间的关系'——引者注）起初是惟一的社会关系，后来，当需要的增长产生了新的社会关系，而人口的增多又产生了新的需要的时候，家庭便成为从属的关系了。"②（着重号为引者所加）这里是说，最初使社会得以构成的只有婚姻与血族的关系，它是唯一的社会关系，其他社会关系如经济关系等等是后来才产生的。十多年以后，马克思在其"一生的黄金时代的研究成果"③ 政治经济学手稿中，又重申了这个观点。在《〈政治经济学批判〉导言》中，马克思说："黑格尔论法哲学，是从主体的最简单的法的关系即占有开始的，这是对的。但是，在家庭或主奴关系这些具体得多的关系之前，占有并不存在。"④ 在《经济学手稿（1857—1858年）》（以下简称《手稿》）中，马克思又说："部落共同体，即天然的共同体，并不是共同占有和利用土地的结果，而是其前提。""这些前提本身并不是劳动的产物，而是表现为劳动的自然的或神授的前提。"作为劳动前提的这种自然形成的共同体，是"家庭和扩大成为部落的家庭，或通过家庭之间互相通婚［而组成部落——《马克思恩格斯全集》编者所加］，或部落的联合"⑤。最早的社会即部落共同体由婚姻血族关系联结而成，它是占有土地的前提，经济关系例如部落共同体成员共同占有土地的这种关系，

---

① 马克思：《1844年经济学哲学手稿》，载《马克思恩格斯全集》第42卷，人民出版社2006年版，第119页。

② 马克思、恩格斯：《德意志意识形态》，载《马克思恩格斯全集》第3卷，人民出版社2006年版，第32页。

③ 马克思：《马克思致斐迪南·拉萨尔（1858年11月12日）》，载《马克思恩格斯全集》第29卷，人民出版社2006年版，第546页。

④ 马克思：《经济学手稿（1857—1858年）》，载《马克思恩格斯全集》第46卷上册，人民出版社2006年版，第39页。

⑤ 马克思：《经济学手稿（1857—1858年）》，载《马克思恩格斯全集》第46卷上册，人民出版社2006年版，第472页。

则是后来才产生的，此时它并非使社会得以构成的因素。既然以生产资料为中介的社会关系尚未产生，所有制当然无从谈起。又过了二十多年，在《家庭、私有制和国家的起源》第一版序言中，恩格斯明确提出了"以血族关系为基础的社会结构"的概念，他说："劳动愈不发展，劳动产品的数量、从而社会的财富愈受限制，社会制度就愈在较大程度上受血族关系的支配"，"以血族关系为基础的这种社会结构"（着重号为引者所加），"由于新形成的社会各阶级的冲突而被炸毁"①。由上述可见，马克思、恩格斯一贯认为，在阶级冲突产生之前，作为社会构成基础的唯一的社会关系是婚姻与血族的关系，即人自身生产关系，而不是经济的关系，因此，这个时期当然不存在所有制。

那么，这个时期人与作为生产物质条件的自然界之间究竟有着怎样的关系呢？马克思对此作过许多论述。在《1844 年经济学哲学手稿》中，他说："自然界，……是人的无机的身体，……是人为了不致死亡而必须与之不断交往的、人的身体。"②他把此时的自然界规定为人的组成部分，人的无机的身体，认为人与自然界是直接的统一体。他又说："异化劳动从人那里夺去了他的生产的对象，……夺走了他的无机的身体即自然界。"③也就是说，在异化劳动产生之前，人与生产条件之间只是人同自然界的关系，等到异化劳动开始剥夺了一部分人的无机身体的时候，在生产物质条件上才开始反映出人与人之间社会关系的内容。在《手稿》中，马克思又作了阐述："正像劳动的主体是自然的个人，是自然存在一样，他的劳动的第一个客观条件表现为自然、土地，表现为他的无机体，而且还是这种作为主体的无机自然。"④这时的生产条件只是

---

① 恩格斯：《家庭、私有制和国家的起源》，载《马克思恩格斯全集》第 21 卷，人民出版社 2006 年版，第 30 页。

② 马克思：《1844 年经济学哲学手稿》，载《马克思恩格斯全集》第 42 卷，人民出版社 2006 年版，第 95 页。

③ 马克思：《1844 年经济学哲学手稿》，载《马克思恩格斯全集》第 42 卷，人民出版社 2006 年版，第 97 页。

④ 马克思：《经济学手稿（1857—1858 年）》，载《马克思恩格斯全集》第 46 卷上册，人民出版社 2006 年版，第 487 页。

人的组成部分，不反映人与人之间的社会关系，因而还不可能具有所有制的内容。

由于以上原因，马克思曾明确提出早期社会不存在所有制的观点。在《手稿》中，马克思批判了资产阶级经济学家在所有权问题上的错误观点，"所有现代的经济学家，……都把个人自己的劳动说成最初的所有权依据"，于是，他们就导致出一个奇怪的结果，"所有权的基本规律不得不被搬到还没有所有权的那个时代去"①。这就是说，人的劳动并非导致所有权产生的直接原因，而历史上也曾有过还不存在所有权的时代。不仅如此，马克思还谈到将来社会中所有制的消亡问题，他说："从一个较高级的社会经济形态的角度来看，个别人对土地的私有权，……是十分荒谬的。甚至整个社会，一个民族，以至一切同时存在的社会加在一起，都不是土地的所有者。"② 土地失去了所有者，便不再反映出所有制关系，不再是所有制的实现物。土地是这样，土地以外的生产资料也可以这样。我们对马克思思想的这种理解还有一个旁证。1895 年，马克思的女婿拉法格在献给恩格斯的《财产及其起源》一书中，多次谈到了人类社会早期阶段并不存在所有制，至今还有野蛮部落"一点也不知道什么是土地所有制（不论是个人的或集体的）"，"关于建立猎场的公有制——土地所有制的第一种形态，他们连想都没有想过"，"'谁有土地，谁就要打仗'这句封建时代的谚语还在野蛮时代和公有制产生时代就被证实了"。（着重号为引者所加）③ 恩格斯读过这部著作后，虽对其中个别问题提出了不同意见，但对上述观点并无异议。④

综上所述，在马克思和恩格斯看来，最早的唯一的社会关系是婚姻与血族的关系，所有制等经济关系是后来才产生的，而生产的物质条件

---

① 马克思：《经济学手稿（1857—1858 年）》，载《马克思恩格斯全集》第 46 卷上册，人民出版社 2006 年版，第 464 页。

② 马克思：《资本论》第 3 卷，载《马克思恩格斯全集》第 25 卷，人民出版社 2006 年版，第 875 页。

③ ［法］拉法格：《财产及其起源》，生活·读书·新知三联书店 1962 年版，第 35 页。

④ 恩格斯：《恩格斯致保尔·拉法格（1895 年 4 月 3 日）》，载《马克思恩格斯全集》第 39 卷，人民出版社 2006 年版，第 434—436 页。

自然界起初直接就是人的组成部分，是人的无机体，在它上面并不表现出人与人之间的社会关系。也就是说，在早期人类社会中，人的物质生产活动是人的直接存在形式，一个人在物质生产活动中与相应的自然界直接统一为一体，这样才成为一个现实的人。由于这时人的存在由两部分即作为有机体的人本身和作为无机体的相应自然界而组成，因此，人的物质生产活动只是人自身的运动形式之一，它并不成为当时社会的构成依据。早期社会的形成首先在于人在自身生产中所必然结成的关系，即婚姻与血族的关系，这种关系将个人联结起来构成具体的社会，而这种社会的存在又将作为个人存在形式的物质生产活动联结成为社会的物质生产活动，在这一过程中，人与人之间的关系直接就是婚姻与血族的关系，它不需要以任何生产资料为中介，因而社会的经济关系还不存在，使个人的物质生产活动转化为社会的物质生产活动的社会职能由人自身生产关系来执行，因此，婚姻与血族的关系就成为早期社会唯一的社会关系，成为社会结构的基础。在这样的社会之中，所有制当然不会产生。

四 所有制的产生过程

那么，所有制究竟是如何产生的呢？马克思在《手稿》中有详细阐述，他说："某一个共同体，在它把生产的自然条件——土地……——当作自己的东西来对待时，会碰到的惟一障碍，就是业已把这些条件当作自己的无机体而加以占据的另一共同体。因此战争就是每一个这种自然形成的共同体的最原始的工作之一，既用以保护财产，又用以获得财产。"① 以人自身生产关系为基础的原始共同体在不与其他共同体发生针对生产自然条件的排他性关系时，并不存在所有制，只有当它排斥其他共同体使用一定的生产自然条件时，所有制才得以产生，它形成于部落

① 马克思：《经济学手稿（1857—1858年）》，载《马克思恩格斯全集》第46卷上册，人民出版社2006年版，第490页。

共同体之间现实的互相排斥的战争中。在这种现实的排他性关系中，以前作为某一部落共同体成员"无机体"的生产自然条件，开始反映出一个部落和其他部落的人与人之间的社会关系，从而使之具有了所有制的性质。

通过战争等现实的排他性活动所产生的第一种所有制形态是部落共同体所有制。"建立在部落制度（集体的结构最初归结为部落制度）上的财产的基本条件，——是作为部落的一个成员，——使得被一部落所征服和服从的那个别的部落丧失财产，而且使这个部落本身沦落于集体把它们当作自己的来对待的那些再生产的无机条件之列。"① 这种最早产生的所有制的基本特征，就是以部落共同体为单位排斥其他部落使用一定的自然物，并夺取作为他部落"无机体"的自然物，甚至更进一步统治和奴役其他部落共同体。正是由于这种现实的排他性活动，所有制在产生时便必然带有掠夺、统治的性质，并迅速向一定的剥削关系过渡。《手稿》中，马克思在叙述了战争是原始共同体的最原始工作之一后，紧接着说："假如把人本身也作为土地的有机附属物而同土地一起加以夺取，那么，这也就是把他作为生产的条件之一而一并加以夺取，这样便产生奴隶制和农奴制，而奴隶制和农奴制很快就败坏和改变一切共同体的原始形式，并使自己成为它们的基础。"② 在占有其他部落"无机体"的同时占有了"有机体"人本身，将其作为物质生产的条件，就会

① 马克思：《资本主义生产以前各形态》，日知译，人民出版社1956年版，第29页。这段话前半部分另两种译文为："以部落制（这是社会最初的表现形态）为基础的所有制，其最基本的条件是作部落底成员，这就使得那被本部落所侵占所征服的其它部落丧失财产，……"（刘潇然译：《政治经济学批判大纲》第3分册，人民出版社1975年版，第111页）"以部落体（共同体最初就归结为部落体）为基础的财产的基本条件就是：必须是部落的一个成员。这就使被这个部落所征服或制服的其他部落丧失财产，……"[马克思：《经济学手稿（1857—1858年）》，中共中央编译局译：《马克思恩格斯全集》第46卷上册，人民出版社2006年版，第492页] 从文意看，个人作为部落成员和使他部落丧失财产并没有逻辑上的联系，不能由前者导出后者，作为部落共同体所有制的基本条件，当是使其他部落丧失财产，而不是个人作为部落成员，因此，日知的译文似更妥当。

② 马克思：《经济学手稿（1857—1858年）》，载《马克思恩格斯全集》第46卷上册，人民出版社2006年版，第490—491页。

产生奴隶制和农奴制，它们改变了部落共同体的原始形式，从而形成了种种既保存着部落共同体，又包含着奴隶制和农奴制的所有制形态。马克思在论述了部落共同体所有制的基本特征之后，说："所以奴隶制和农奴制只是这种以部落体为基础的财产的继续发展。"①

因为所有制在它一开始产生时就必然带有的剥夺其他部落"无机体"自然物，并必将发展到统治和奴役其他部落的独特性质，马克思和恩格斯把剥削和压迫视为所有制、社会经济形态以及物质生产方式的必然内容。早在《德意志意识形态》中，他们就说："所有制的萌芽和原始形态在家庭中已经出现，在那里妻子和孩子是丈夫的奴隶。家庭中的奴隶制是最早的所有制，但就是这种形式的所有制也完全适合于现代经济学家所下的定义，即所有制是对他人劳动的支配。"② 在《手稿》中马克思又说："一切先前的所有制形式都使人类较大部分，奴隶，注定成为纯粹的劳动工具。"③ 在《资本论》第一卷中，马克思明确说："使各种社会经济形态例如奴隶社会和雇佣劳动的社会区别开来的，只是从直接生产者身上，劳动者身上，榨取这种剩余劳动的形式。"④ 在《剩余价值理论》中他也说："'社会'本身……是所有权、建立在所有权基础上的法律以及由所有权必然产生的奴隶制的根源。"⑤ "资本的生产性，……首先在于强迫进行剩余劳动，强迫进行超过直接需要的劳动。

---

① 马克思：《经济学手稿（1857—1858 年）》，载《马克思恩格斯全集》第 46 卷上册，人民出版社 2006 年版，第 492 页。

② 马克思、恩格斯：《德意志意识形态》，载《马克思恩格斯全集》第 3 卷，人民出版社 2006 年版，第 37 页。

③ 马克思：《经济学手稿（1857—1858 年）》，载《马克思恩格斯全集》第 46 卷下册，人民出版社 2006 年版，第 88 页。参见依据［苏联］B. Π. 库兹明《马克思理论和方法论中的系统性原则》俄文的译文："以前的一切所有制形态都为大部分的人类带来苦难，使他们成为奴隶或成为纯粹的劳动工具。"（生活·读书·新知三联书店 1980 年版，第 124 页）

④ 马克思：《资本论》第 1 卷，载《马克思恩格斯全集》第 23 卷，人民出版社 2006 年版，第 244 页。

⑤ 马克思：《剩余价值理论》第 1 册，载《马克思恩格斯全集》第 26 卷第 1 册，人民出版社 2006 年版，第 368 页。

这种强迫，是资本主义生产方式和以前的生产方式所共有的。"①

五　公有制与私有制是对立统一体

从上述分析出发进行推论，马上就可以得到这样的结果：公有制和私有制不仅是对立的，也是统一的，和一切对立统一体一样。这里说它们是统一的，不仅指它们像"上"与"下"、"无产阶级"与"资产阶级"一样，互为存在条件，互为参照系，互为补充，而且也是说它们在历史上是同时产生和确立的。这个说法有两方面的含义。

一方面，公有制与私有制互为存在的依据。由于所有制必须含有的排他性因素，任何公有制都只能是有限制的公有，它以排斥一个集团之外的其他人占有为前提和基础，因而并非该集团内外人们的公有。一定的物是"我们的"而不是"你们的"，在"我们"这一集团内部相对于集团以外的他人来说是公有的，但如果超越这种集团的界限来看，却不过是扩大化的私有而已。当然，"我们的""你们的"生产资料一经产生，随着社会本身的扩大以及其中社会关系的多样化，随着个人的生产活动从可能逐渐变为现实，其中必然会逐渐产生"我的""你的"生产资料，原始的公有制与私有制混沌为一体的所有制形态，必然分裂为公有制与私有制两极，并以这种对立的形态持续至今。公有制与私有制的分化是一个漫长的过程，它只是在近现代社会才达到顶点，发展成为极端对立的形态。

另一方面，公有制与私有制在它们对立存在的整个过程中是互相补充的。在公有制占主导地位的时代，私有制是公有制的必要补充，如拉法格所说："个人财产是在原始公有制之下产生出来的，它不仅不与原始公有制相矛盾，像经济学家所说那样，而且是它的必要的补充。"② 而

---

① 马克思：《剩余价值理论》第 1 册，载《马克思恩格斯全集》第 26 卷第 1 册，人民出版社 2006 年版，第 419 页。

② ［法］拉法格：《财产及其起源》，生活·读书·新知三联书店 1962 年版，第 51—52 页。

在私有制占主导地位的时代，公有制又成为它的必须补充。例如在奴隶制和封建制的社会之中，不仅有拉法格称为"古代起源的公有财产"①的国有财产等等存在，而且还广泛存在过各种形式的农村公社，这种公社中有相当一部分其内部土地公有，它的公有制从爪哇、印度到俄国，"给剥削和专制制度提供最好的、最广阔的基础"②。又例如在近现代资本主义社会，国家掌握着大量的资产和企业，拉法格称此为"现代起源的公有财产"③，它在当代已经达到相当高的比例。20 世纪 70 年代，英国国有经济产值在国民总产值中已占一半以上，国营企业投资已占全国投资总额的 40% 以上；法国国有经济在国民总产值中已占 42%，国营企业投资额已占全国投资额的 38%；联邦德国国有经济在国民收入中已占 47.2%，在投资总额中占 31%；美国国家资产价值已占全国国民财富的 30% 以上；日本国有经济在国民收入中已占 25.3%，国有固定资本已占全国总固定资本的 19.9%。④ 国有经济的很大一部分用于生产基础设施和社会基础设施的建设，对资本主义社会的生产以及社会发展起着极其重要的组织和调节作用。这种以国家所有制表现出来的公有制是资本主义私有制的必须补充，缺少了它们，资本主义社会无法运转，资本主义私有制也难以维持。上面我们集中说明了公有制与私有制统一的一面，这并不是要抹杀或冲淡它们的对立，而只是想全面说明它们是对立统一体。公有制与私有制之间的辩证关系决定了它们互为存在的条件和依据，哪一方也不可能单独存在。

六　剩余产品导致私有制以及剥削、阶级产生说试析

有一种传统说法：原始社会末期，由于生产力水平的提高，开始产

---

① ［法］拉法格：《财产及其起源》，生活·读书·新知三联书店 1962 年版，第 41 页。
② 恩格斯：《恩格斯致卡尔·考茨基（1884 年 2 月 16 日）》，载《马克思恩格斯全集》第 36 卷，人民出版社 2006 年版，第 112 页。
③ ［法］拉法格：《财产及其起源》，生活·读书·新知三联书店 1962 年版，第 29 页。
④ ［苏联］迈博罗达：《当代资本主义：所有制、管理和权力》，江苏人民出版社 1984 年版，第 112—125 页。

生剩余产品，氏族首领等人物逐渐将其据为己有，由此产生私有财产，剩余产品也使剥削有了可能并转变为现实，在此基础上形成了最早的阶级对立。笔者以为，这种说法似是而非，其关键在于对剩余产品的理解。为了更好把握所有制概念，必须对这种说法也作一些分析。

对于"剩余产品"这一概念，同样可以从人与物的自然关系、人与人的社会关系两个方面来进行分析。

从人与物这一自然关系角度看，人类物质生产品不可能有剩余。

首先，人类消费水平是随着生产的发展而不断提高的。仅就必需消费品来说，今天的必需消费品，若干年前可能是奢侈品，而今天的奢侈品，以后可能变为必需消费品。社会作为一个整体，可以通过改变消费方式消费掉它所可能创造的一切生产品。

其次，不仅生产决定了消费，消费也决定了生产，二者互为前提。如马克思所说："没有消费，也就没有生产"，因为"消费创造出生产的动力"，"创造出在生产中作为决定目的的东西而发生作用的对象"①。在一定的生产方式之下，人们有一定的消费需要，反过来，一定的消费需要又确定了一定的生产。如果没有社会因素的作用，人们不会在自己的需要已经满足之后再去主动生产什么东西。例如澳大利亚中部土著阿兰达人，从不知道珍惜时间，"男人和女人会因观看孩子们嬉戏而耽误数小时之久"，只有在急需食物时，他们才去寻找。他们一般也不储蓄食物，如果食物充裕，客人们便会聚拢来，每个人尽量吃饱，只有在节日的前几天才储蓄一些食物。又如塔斯马尼亚岛上的塔斯马尼亚人，"当食物充裕时，他们就高高兴兴地大吃大喝，并不留点储蓄，如遇寒冷的冬天，就要感到饥饿的痛苦，有时被迫去啃袋鼠皮"②。类似的现象在原始民族中比比皆是。这种很少变化的消费方式，不能为生产提供新的需求，因而剩余产品无从产生。

---

① 马克思：《经济学手稿（1857—1858 年）》，载《马克思恩格斯全集》第 46 卷上册，人民出版社 2006 年版，第 28—29 页。

② ［美］乔治·彼得·穆达克：《我们当代的原始民族》，童恩正译，四川民族研究所印行，1980 年，第 20、22、16 页。

从人与人社会关系角度看，剩余产品的产生只有在所有制这种排他性关系确立之后才有可能。对尚未产生所有制的原始共同体来说，它能够通过变换消费方式消费掉自己所可能生产的一切，也不会生产自己消费需要以外的任何东西。而当所有制产生之后，第一种所有制形态部落共同体所有制便以剥夺其他部落生产品为基本条件，被掠夺或被剥削的生产品成为被征服和服从部落的剩余产品，交付与征服者。因此，不是剩余产品导致所有制产生，而是所有制产生导致剩余产品的形成。部落间的交换是派生的社会现象，因为原始的部落（甚至也可以包括后来的农村公社）是历史形成的自给自足共同体，如果没有强大的外部力量，例如部落之间的战争、英国殖民者对付印度农村公社的洋货和枪炮，交换是无从产生并发展的。

所有制、剩余产品必然包含掠夺与剥削，而实现掠夺与剥削，就必须有强制。马克思谈到亚洲群岛东部的一些岛屿上，居民们可以从西米树上轻易地得到面包，闲暇时间很多时说："要他把这些闲暇时间用于为自己生产，需要一系列的历史条件，要他把这些时间用于为别人从事剩余劳动，需要外部的强制。"他还指出："良好的自然条件始终只提供剩余劳动的可能性，从而只提供剩余价值或剩余产品的可能性，而绝不能提供它的现实性。"① 马克思在谈到地租时也说：直接生产者在"有可能从事剩余劳动"的时候，"这种可能性不会创造地租，只有把这种可能性变为现实性的强制，才创造地租"②。这也就是说，当自然条件优越，人们存在大量闲暇时间时，他们不会在满足消费需要之后再去生产什么东西。要他们把闲暇时间通过生产为自己所利用，必须同时改变自己的生产方式和消费方式；要把闲暇时间用来从事剩余劳动，基本条件是外部的强制。因此，从人与人社会关系角度看，剩余劳动所创造的剩余产品不过是被他人掠夺或剥削的劳动产品的代名词。

---

① 马克思：《资本论》第 1 卷，载《马克思恩格斯全集》第 23 卷，人民出版社 2006 年版，第 562 页。

② 马克思：《资本论》第 3 卷，载《马克思恩格斯全集》第 25 卷，人民出版社 2006 年版，第 892—893 页。

有人会说，由于原始共同体内部的分工，在某些人手里，某些产品是剩余的，这些剩余产品必然要导致交换，从而导致私有财产和阶级的产生。但是，他们忽略了一点，分工只有发生在不同的所有权之间，产品才有可能成为剩余的产品并互相交换。在共同体内部，只有当私有权已经产生并有相当发展的时候，分工才能使某些人手中的某些产品成为剩余的产品，进而产生不同所有权之间的交换。如果共同体内私有权还没有产生，不论内部分工发展到何种程度，生产品都是属于共同体的，不存在个人手中剩余的产品，也不会有他们之间的交换。甚至在中世纪和近代的斯拉夫与印度农村公社中也可以看到，由于公社内部的私有权还没有得到比较充分的发展，相当的分工并没有导致广泛的交换，而只是形成了一个自给自足的经济体系。因此马克思说："在古代印度公社中就有社会分工，但产品并不成为商品。……只有独立的互不依赖的私人劳动的产品，才作为商品互相对立。"①

概括上述两个方面的分析，私有财产以至于阶级，不是剩余产品产生的结果，而是其原因。

（原载《兰州大学学报》2000 年第 5 期）

---

① 马克思：《资本论》第 1 卷，载《马克思恩格斯全集》第 23 卷，人民出版社 2006 年版，第 55 页。

历史视野下的公有制

中国经济改革 40 年，成绩卓著，举世瞩目，改革的目标是建成统一开放、竞争有序的现代市场经济体系，但目前距离这一目标依然路途遥远。无论在理论还是实践层面，都存在着一个难点，这就是公有制与市场经济的关系问题。要解决这个问题，需要打破思维定式，重新考察公有制的概念及其存在形态，避免将公有制神化，而要实现这一点，在历史视野下通过实例进行研究是一条可行的路径，本文试图从这一方面做些努力。

一　公有制基本形态之一：公社所有制

公有制并不是抽象的，而是活生生的经济现象，它有两种基本形态：集体所有制和国家所有制，集体所有制在历史上主要表现为公社所有制。这两种所有制形态在中国历史上都长期存在过。

史料表明，至少西周和春秋时期存在过公社所有制，但有关史料稀少，不足以充分了解其存在条件、内部结构和运行机制，近代西双版纳傣族社会是一个很好的范例，[①]　由此可以比照了解中国古代的公社所

---

① 详细情况请参见《傣族社会历史调查》"西双版纳之一"至"西双版纳之八"，云南民族出版社 1983—1985 年版；《西双版纳傣族社会综合调查》（一）、（二），云南民族出版社 1983—1984 年版；曹成章：《傣族农奴制和宗教婚姻》，中国社会科学出版社 1986 年版；马曜、缪鸾和：《西双版纳份地制与西周井田制比较研究》，云南人民出版社 1989 年版；江应樑：《傣族史》，四川民族出版社 1983 年版。

有制。

近代西双版纳傣族社会耕地主要由村寨成员集体所有，占西双版纳全部耕地的77%。有两种基本形态，一是"纳曼"（寨公田），由村寨成员分配使用，这部分土地约占总耕地面积的58%。二是"纳哈滚"（家族田），是村寨中某些家族集体占有的土地，只有该家族成员才可分配使用，这部分土地占总耕地面积的19%，个别村寨比例较高，如勐混、勐笼部分地区达到30%—40%。

14%的耕地由召片领、召勐之类剥削者所有，又可细分为三类。一是"纳召片领"（宣慰田）和"纳召勐"（土司田），为召片领（西双版纳最高统治者）及各勐召勐（土司）直接占有，是世袭土地。二是"纳波郎"（波郎田），为召片领和召勐分赐给其属官或家臣波朗在职期间的薪俸田，不可世袭，卸职须交回。三是"纳道昆"（头人田）和"纳陇达"（陇达田），前者为召片领或召勐划分给各村寨"头人"作为薪俸的土地，后者为召勐等人选派对"宣慰田""土司田"及"波郎田"等等之耕作、收获进行监督的"陇达"（直译"下面的眼睛"）之薪俸田，均不可世袭，卸职须交回。

此外还有9%耕地为个体农民直接占有，称"纳辛"（私田）。其中一部分土地具有私有财产性质，可以自由承袭转让，称为"纳召庄"（召庄田），属于从贵族中分化出来的"自由农民"召庄所有。一部分由"傣勐""滚很召"等级的被剥削者占有，这些土地往往是在沟渠附近、房前屋后以及荒地上开垦出来的零星土地，只能暂时占有。还有一些是某些村寨头人开垦出来的私田，他们可以利用其特权，较长时期占有。后两种土地不允许典当买卖，主人离开村寨则不能继续占有，而且依据习惯，往往在数年后被并入"寨公田"，因此它可以说是村寨成员集体占有土地的一种变化形态。①

---

① 曹成章：《傣族农奴制和宗教婚姻》，中国社会科学出版社1986年版，第77—87页。马曜的数据与此略有不同，"在全部耕地中各种领主直属土地占全部土地13%，农民份地占全部土地86%"。马曜：《西双版纳傣族社会经济调查总结报告》，载《傣族社会历史调查（西双版纳之二）》，云南民族出版社1983年版，第13页。

这种土地占有状况取决于社会经济结构。近代西双版纳傣族社会经济结构由两极构成，一极是召片领、召勐等剥削者，他们同时是政治权力的掌握者，另一极是傣勐、滚很召等被剥削者，他们同时在政治上是被统治者，以村寨集团整体的形式参与社会经济活动。连接这两极的是一种剥削关系。宣慰田等剥削者所占有的土地，由村寨成员携带自己的耕牛农具无偿代耕，召片领等剥削者坐享全部收获物。代耕承担者以村寨为基本单位，被代耕土地按面积大小和离村寨的远近，分别划给一个或数个村寨负责。例如宣慰街附近有召片领的一块土地"纳永"，由曼纽、曼莫、曼侬坎、曼景兰、曼火勐各寨代耕，其中曼纽寨子代耕二份，其余寨子代耕一份，由曼景兰寨子头人担任"陇达"，收获量按曼莫寨子成员自种土地收获量为标准，每份至少缴纳谷子 80 挑，产量不足 80 挑则须补足。① 也有以村寨为单位，各村寨承担不同分工者，如某寨犁田、某寨插秧等等。每到农作时节，召片领议事庭即发布命令，通知各代耕村寨，代耕村寨则每一负担户派出一个劳动力，自带农具耕牛到宣慰田之类土地上去耕作，如因某种原因不能出工，则须雇人代替，否则要受处罚。耕种和收获期间，召片领、召勐等则派"陇达"到田间督耕，有时召片领、召勐等人在官员和侍从陪同下亲自到田间视察，还送去酒肉，待耕作完毕后给代耕农民食用，以示"犒劳"。② 除代耕而外，村寨成员还要承担修路、造桥、修水渠、建宫室、服兵役等各种公共劳役，以及召片领、召勐等剥削者家内的各种劳役。据统计，全西双版纳 1948 年各等级农民共 19145 户，包括代耕在内共服各种劳役277000 个劳动日，平均每户 15 个劳动日。各地情况略有差别，高者可达 30 个劳动日，最低者 12 个劳动日。③

---

① 刀国栋等：《勐景洪的土地情况调查》，载《傣族社会历史调查（西双版纳之四）》，云南民族出版社 1983 年版，第 101 页。

② 曹成章：《傣族农奴制和宗教婚姻》，中国社会科学出版社 1986 年版，第 100 页。有村寨农民代耕完官田后共同坐于田间食用被犒劳酒肉的照片，生动反映出代耕农民集体耕作的场面，类似于《诗经·小雅·甫田》"曾孙来止，以其妇子。馌彼南亩，田畯至喜。"

③ 曹成章：《傣族农奴制和宗教婚姻》，中国社会科学出版社 1986 年版，第 104 页。

这种剥削关系仅仅发生于召片领等剥削者与村寨之间，并未深入村寨内部，村寨成为一个相对独立的自调节经济系统。各个村寨占有的土地有着严格的地域界限，由村寨成员共同把守。不同村寨人均占有土地并不均等，差距较大，如勐景洪曼暖典 26 寨占有土地户均 61.6 纳，人均 12 纳，但其中占有土地最高者曼东老户均 95.5 纳，人均 23.8 纳，最少者曼海户均 32.5 纳，人均 5.1 纳，最多者相当于最少者三、四倍。① 村寨内部土地的分配形式各种各样，但大多数村寨采用在原耕地占用基础上定期抽补调整的办法。村寨也作为一个整体对外发生各种经济行为，诸如吸收人口、阻止人口外流、租出或租进土地等。例如，代耕"纳永"的曼纽寨子，将应由自己代耕的两份田地租给曼景兰寨子耕种，后者每份田地交租 25 挑，然后由曼纽寨子补足 80 挑再行上交。②

土地公有制在这里占据主导地位，取决于制约着剥削关系的两个因素。一是就自然环境而言，这是较好的制度选择。西双版纳气候温暖，水稻一年可二三熟，但人们仅种一季，主要原因就是地广人稀。"即使如此，仍有未被利用的大量荒田存在，例如景洪盆地拥有水田 11 万亩，但每年仅栽 55000 亩，仅占水田面积之一半，勐遮盆地拥有 181500 亩地，其中休耕的荒田荒地为 67000 余亩，占田地总面积的 36.9%。"③ 在这种情况下，剥削者如果掌控全部土地，管理成本必然很高，得不偿失，不如只控制用以实现剩余劳动的那 14% 耕地，其余土地由被剥削者自行利用，这样并不影响剥削收入，而且免去了土地管理的麻烦。二是剥削关系形成于多重的征服，不打破被征服者原有社会组织结构是成本较低的制度选择。西双版纳最早定居的民族是布朗族和爱尼族，傣族是后来的征服者，占据了平坝，把布朗族和爱尼族赶到周边山区。约 800

---

① 刀国栋等：《勐景洪的土地情况调查》，载《傣族社会历史调查（西双版纳之四）》，云南民族出版社 1983 年版，第 104 页。

② 刀国栋等：《勐景洪的土地情况调查》，载《傣族社会历史调查（西双版纳之四）》，云南民族出版社 1983 年版，第 101 页。

③ 宋恩常：《西双版纳自然概况》，载《西双版纳傣族社会综合调查（一）》，云南民族出版社 1983 年版，第 4 页。

年前，外来傣族叭真"入主勐泐"，建立政权，土著傣族成为被征服者，召片领把自己的宗室亲信派到各勐作"召勐"，同时保留被征服者原有社会组织结构，虽然存在着统治和剥削关系，但被征服者村寨依然是独立的经济单位，内部经济活动自成系统。

二　公有制基本形态之二：国家所有制

公有制的另一种基本形态是国家所有制。在中国古代，这种所有制形式一度非常强大，从战国授田制开始，两汉有名田制，三国有屯田制，西晋有占田制，北朝隋唐有均田制。均田制实施了近 400 年时间，可以作为我们分析中国古代国家所有制的典型，当然，因篇幅限制，这里只能笼统而言，略去各种特殊情况和历史变化。

在均田制下，国家掌握着全部土地，然后分授予"编户齐民"耕作。凡有户籍者，北魏一般情况下男丁露田 40 亩、倍田 40 亩、桑田 20 亩，妇人露田 20 亩、倍田 20 亩，不计其他，按核心家庭计算，一家 140 亩；北齐男丁露田 80 亩、桑田 20 亩，妇人露田 40 亩，一家亦 140 亩；隋唐男丁口分田 80 亩、永业田 20 亩，一家有 100 亩。商鞅变法后亩积改为 240 步，隋唐承续此制，百亩合旧市亩约 70 亩，在牛耕农业时代，这些土地足够小农家庭耕作，即使休耕轮作也可以满足，民国年间说北方小农"三十亩地一头牛、老婆孩子热炕头"，70 亩相当于此数额两倍多。

这种土地占有状况当然也取决于社会经济结构。自秦汉到隋唐，社会经济结构由两极构成，被剥削者一极的主体是"编户齐民"，他们同时是被统治者，其基本经济单位是核心家庭，主要劳动力是一对夫妻，经济类型是自给自足程度较低的小农经济。剥削者一极与国家机器融合为一，即剥削者必然掌握着政治权力。在这种两极关系中，要实现剥削，首要条件就是对被剥削者的人身控制，这种控制借助国家权力最为有效。自商鞅变法之后，国家控制人口的措施严密而又全面，就是为这种剥削关系服务的，而被剥削者反抗的基本手段就是逃亡，摆脱国家的控制。因此，土地等生产资料只是实现剥削的辅助手段，它的主要作用不是迫使被剥削者接受剥削，而是使之能够进行生产并提供剩余劳动，适应这种需求，战国至隋唐的基本土地制度是国家授田制度，而被剥削者的反抗自然是抛弃国家授予的田土，从而脱离国家的剥削。

由于土地并不是实现剥削的基本依据，因此赋税徭役主要按人头征收，史料所见大体额度，北魏、北齐、唐一夫一妇小家庭每年缴纳粟2石，绢1匹，绵8两。另有一定数量的徭役，北朝不见明文记载，可能随需而定，隋明文规定每年30天，唐减为20天，且可以绢代役。当然，在此之外还有各种附加税和杂税，这类税收变化较多，税额亦相当庞大，有时甚至接近正税租庸调，为节约篇幅，此不赘述。

从用途看，国家直接征收的赋税徭役由两部分组成，一部分用于公共事务，一部分则是组成国家的那些剥削者的剥削收入。据李锦绣研究唐代前期财政数据，国家财政年支出总额3306.43万贯，其中明确使用于公共事务的有：军事费用、礼仪支用、交通运输费、行政费、赈恤费、物价费、水利土木兴建费、教育图书修史费、宗教费等，总额为2601.52万贯，占总支出的78.68%，[①] 此外项目有皇家费用、官吏待遇等，这部分支出应当包含了公用和剥削收入两部分内容，但其界限很难划清，例如皇帝的奢侈消费。总体来说，国家财政直接收入大部分服务于公共事务，属于剥削收入的部分是比较小的。

不过，上述并非赋税徭役的全部，另有很大部分通过各种渠道直接归入组成国家的各个剥削者手中。一是"食邑"，直接合法截流赋税徭役，如唐裴寂"食邑三千户"，"长孙无忌、王君廓、尉迟敬德、房玄龄、杜如晦等五人食邑一千三百户"[②]。二是"免课"，权势之家除自身免除赋税徭役外，还荫庇大量人口"免课"，这些人应交纳的赋税徭役也进入剥削者手中，其数量颇大，唐天宝十四载（755）在籍户口891万余户中，"应不课户"356万余户，占三分之一强，乾元三年（760）

---

① 李锦绣：《唐代财政史稿》上卷，北京大学出版社1995年版，第1277页。

② 《旧唐书》卷57《列传第七》，中华书局1975年标点本，第2286、2294页。

在籍户口仅 193 万余户，其中"不课户"117 万余户，占 60% 多。① 三是依据政治身份地位，直接占有大量人口土地，将他们应当缴纳国家的赋税转移到自己手中。北朝隋唐，贵族官员占有大量奴婢，如唐冯盎"奴婢万余人"②，郭子仪"家人三千"③。北魏初定均田制，规定授田时"奴婢依良"④，与在籍人口同样获得足额耕地，且无人数限制。北齐相同，但受田人数依据政治身份地位有所限制，"奴婢受田者，亲王止三百人，嗣王止二百人，……"⑤ 到唐，虽不见奴婢受田规定，但国家给予贵族官员大量土地。唐开元二十五年令，"永业田，亲王百顷，职事官正一品六十顷，郡王及职事官从一品各五十顷……"⑥ 或通过赏赐，如唐裴寂获"赐良田千顷、甲第一区"⑦，武则天父亲武士彟获"赐田三百顷"⑧。所有这些，都是国家赋税徭役的分割，属于剥削收入，其依据是政治身份地位，即所谓"贵者富"，并非因为他们占有的土地等生产资料。

三　公有制与剥削关系并存

在以往的思维定式中，公有制往往被神化，好像只要实现公有制，就意味着公平，没有剥削，没有压迫，但上述两种公有制形态却告诉我们，历史事实并非如此，它们都存在于一定的剥削关系之内。其实，马克思、恩格斯早在 19 世纪 50 年代就指出，在东方，公有制是剥削、压迫、专制统治的基础。他们说，"不存在土地私有制，的确是了解整个东方的一把钥匙"⑨；"在整个东方，公社或国家是土地的所有者，在那

① 《通典》卷 7《食货七》，中华书局 1988 年标点本，第 153 页。
② 《旧唐书》卷 109《列传第五十九》，中华书局 1975 年标点本，第 3288 页。
③ 《旧唐书》卷 120《列传第七十》，中华书局 1975 年标点本，第 3467 页。
④ 《魏书》卷 110《食货志》，中华书局 1974 年标点本，第 2853 页。
⑤ 《隋书》卷 24《食货志》，中华书局 1973 年标点本，第 677 页。
⑥ 《通典》卷 2《食货二》，中华书局 1988 年标点本，第 29 页。
⑦ 《旧唐书》卷 57《列传第七》，中华书局 1975 年标点本，第 2286 页。
⑧ 《文苑英华》卷 875《攀龙台碑》，中华书局 1966 年影印本，第 4617 页上栏。
⑨ 恩格斯：《恩格斯致马克思（1853 年 6 月 6 日）》，载《马克思恩格斯全集》第 28 卷，人民出版社 2006 年版，第 260 页。

里的语言中甚至都没有地主这个名词"①;"东方的专制制度是基于公有制"②;爪哇"的原始共产主义,象在印度和俄国一样,今天正在给剥削和专制制度提供最好的、最广阔的基础"③;"古代的公社,在它继续存在的地方,在数千年中曾经是从印度到俄国的最野蛮的国家形式即东方专制制度的基础"④;"这些田园风味的农村公社不管初看起来怎样无害于人,却始终是东方专制制度的牢固基础"⑤。在《资本论》前身的经济学手稿中,马克思还从所有制的变迁历史做了分析,指出,部落共同体所有制之后,形成了亚细亚的、古典古代的、日耳曼的等等以奴隶制和农奴制为基础、又保存着共同体的所有制形态,他统称其为"以公社成员身份为媒介的所有制"。仅就所有制形态而言,它们的区别在于:亚细亚形态"表现为公有制","单个人只是占有者,决不存在土地的私有制";古典古代形态"表现为国家所有同私人所有相并列的双重形式","后者被前者所制约";而在日耳曼形态中,"个人所有制表现为公社所有制的基础","公社所有制仅仅表现为个人所有制的补充"⑥。

要理解公有制与剥削关系并存这一社会现象,有必要再探讨一下所有制的概念。

所有制离不开人与物两个方面,但它绝不是人与物的关系,不是人对于物的掌握、控制、利用。黑格尔认为,所有制是人作为人格对于自然界的关系,是人对一切物的绝对占有权,从而使自己的意志具有现实

① 恩格斯:《反杜林论》,载《马克思恩格斯全集》第 20 卷,人民出版社 2006 年版,第 215 页。

② 恩格斯:《〈反杜林论〉的准备材料》,载《马克思恩格斯全集》第 20 卷,人民出版社 2006 年版,第 681 页。

③ 马克思:《致卡尔·考茨基(1884 年 2 月 16 日)》,载《马克思恩格斯全集》第 36 卷,人民出版社 2006 年版,第 112 页。

④ 恩格斯:《反杜林论》,载《马克思恩格斯全集》第 20 卷,人民出版社 2006 年版,第 220 页。

⑤ 马克思:《不列颠在印度的统治》,载《马克思恩格斯全集》第 9 卷,人民出版社 2006 年版,第 148 页。

⑥ 马克思:《经济学手稿(1857—1858 年)》,载《马克思恩格斯全集》第 46 卷上册,人民出版社 2006 年版,第 484 页。

性。马克思对此予以批驳，"很明显，一个人格不能单凭自己的'意志'硬说自己是一块土地的所有者，而不顾他人也要在这块土地上体现的意志"，而且，"人格"也无法"确立实现自己意志的界限"，因为事物之间具有广泛的联系，从而使这个界限趋于无限。马克思指出，所有制只是"一种确定的社会关系"，"土地所有权的前提是，一些人垄断一定量的土地，把它作为排斥其他一切人的、只服从自己个人意志的领域"①。

　　所有制是人与人之间的社会关系，但并非直接的社会关系，而是以一定的物作为中介，即人通过一定的物与其他人发生了社会关系。物能够成为社会关系的中介，前提是发生关系的人针对这个物存在着某种差别，也即一定的排他性，如果没有这种差别，一切人对这个物地位相同，那么这个物就无法成为人与人之间社会关系的中介，例如在一般情况下，阳光和空气不可能作为所有制的对象，无法成为人与人社会关系的中介物，尽管对于人类生活和物质生产来说，它们都是必需的自然物，是极其重要的生活资料和生产资料，但由于它们的特殊性质，人在它面前不可能产生差别，即不可能产生排他性。因此，所有制有几个必需的要素：它是人与人之间的社会关系；这种社会关系必须以物作为中介才能实现；人针对一定的物存在某种差别，即一些人排斥其他所有人。

　　既然排他性是所有制的必需要素，那么就不存在无条件、无限制的公有制，一个公社的公有制必然排斥其他公社，一个国家的公有制必然排斥其他国家，没有任何差别的属于全人类的公有制不可能存在，或者说它没有任何意义，就像谈论空气和阳光的所有制问题一样。另外，由于排他性是必需要素，公有制与私有制并没有一个截然清晰的界限，二者之间存在各种中间形态，可以说形成了一个连续的序列。例如，个人的财产所有是极端的私有，但家庭的私有便是家庭内多个人的公有，家族的私有是多个家庭成员的公有，等等，又例如，国家的财产所有就国

------

① 马克思：《资本论》第3卷，载《马克思恩格斯全集》第25卷，人民出版社2006年版，第695页。

家范围之内而言是极端的公有，但国家之下又有缩小范围的公有，例如美国的州、县、市、镇各级行政区域的公有财产，就全国范围而言，这些财产又可视为扩大化的私有。显然，公有制不可能单独存在，或者说，单独谈论公有制没有意义，它必须存在于一定的社会经济关系之中，并从这种社会经济关系得到其存在的理由。因此，它的地位和作用不取决于其自身，而取决于它所参与的社会经济关系，它的性质也不能由其自身得到说明，必须通过社会经济关系才能予以解释。

自从斯大林式的历史唯物主义理论传入中国后，社会上形成一种思维定式：所有制是生产关系的核心和基础，它决定了生产中人与人之间的关系，决定了产品的分配，因而决定了生产关系的总体状况，生产关系的总和构成经济基础，经济基础又在一般意义上决定了上层建筑，这样，所有制就成为社会关系中最重要的因素，它决定了生产关系，即决定了经济基础，进而决定了上层建筑，社会一切现象最终都取决于所有制。正是由于这种思维定式，1949 年革命成功后，国家着力于所有制的公有化改造，以为实现了公有制，经济基础乃至上层建筑就必然会发生变化，使社会逐步进入共产主义社会。

斯大林式思维定式的错误，核心就在于他将所有制脱离于生产、流通、分配、消费全过程之外，形成一个独立的范畴，并以此来解释生产关系，而不是通过生产关系去把握、解释所有制，因果、主次完全被颠倒了。这个思想与蒲鲁东类同，早已为马克思所批驳。马克思说："最后，所有制形成蒲鲁东先生的体系中的最后一个范畴。在现实世界中，情形恰恰相反：分工和蒲鲁东先生的所有其他范畴是总合起来构成现在称之为所有制的社会关系；在这些关系之外，资产阶级所有制不过是形而上学的或法学的幻想。"[1] 他还说："在每个历史时代中所有权以各种不同的方式、在完全不同的社会关系下面发展着。因此，给资产阶级的

---

① 马克思：《马克思致巴维尔·瓦西里也维奇·安年柯夫（1846 年 12 月 28 日）》，载《马克思恩格斯全集》第 27 卷，人民出版社 2006 年版，第 481 页。

所有权下定义不外是把资产阶级生产的全部社会关系描述一番。"① 任何所有制都必须以一定历史条件下的生产关系加以说明，都是当时社会生产关系总合的表现，如果反过来，试图以所有制解释生产关系，那只能是"形而上学的或法学的幻想"。也就是说，所有制并不是独立于生产关系之外的一个范畴，它只能存在于一定的生产关系之内，并且由生产关系的总体状况得到解释。在一种剥削关系占据主导地位的社会经济结构中，只要存在需要，就会有一定的公有制，而且从历史事实来看，所有剥削关系占据主导地位的社会中，都会存在一定的公有制，例如今天，在所有资本主义国家中，都存在着以国家所有制为表现形式的公有制。

斯大林式的所有制定义，使苏联、东欧乃至中国的经济发展走了不少弯路，从而引发了经济学家的思考和批判。早在 20 世纪 50 年代，东欧一些经济学家就对斯大林定义提出疑问，捷克斯洛伐克学者奥塔·锡克就是其中之一，他说：马克思"总是把生产关系理解为所有制的本质"，而"斯大林的概念"不仅是同马克思"的看法相矛盾的和违反实际的，而且也是正确解决各种其他重要理论问题、特别是社会主义经济学的主要障碍"。"已经到了"必须"克服"的时候了。② 在中国，著名经济学家孙冶方也把这个问题作为经济改革的首要理论问题，他指出："多年来，斯大林的这种传统观点几乎统治着整个经济学界，并对实践造成了危害。例如在我国农业等的社会主义改造中，三步并做一步走，以及后来的'穷过渡'，造成生产力的巨大破坏。""这种认为公有制规模越大"，"社会主义就越完善，只要不断在所有制的法律规定上不断升级，就可以飞速奔向共产主义'天堂'的观点，是一种形而上学或法学的幻想"。他分析了历史上的公有制，说："不在于有没有土地私有权，而在于有没有剥削关系"，"斯拉夫公社、印度公社、俄国的村社等等历史事实告诉我们，在土地公有制下，既可以是奴隶制社会，也可以是封

<hr>

① 马克思：《哲学的贫困》，载《马克思恩格斯全集》第 4 卷，人民出版社 2006 年版，第 180 页。

② ［捷］奥塔·锡克：《经济—利益—政治》，王福民等译，中国社会科学出版社 1984 年版，第 204、245 页。

建制社会"。他还指出，形形色色的社会主义"都实行公有制"，但有些公有制不过是"挂着社会主义招牌的封建所有制"①。在那个拨乱反正的年代，孙冶方独具慧眼，点出了经济改革的关键所在。

四 早期社会不存在公有制

在斯大林式的历史唯物主义理论中，人类社会一产生就形成了公有制，这也已经成为思维定式，但仔细考察，早期社会不仅没有公有制，而且没有所有制，原因就在于这时经济关系甚至还不是一个独立的社会关系，当然也就没有必须以物作为中介的经济关系。马克思、恩格斯在开始创立历史唯物主义体系的时候就注意到了这一点，并贯穿于他们思想的始终。

马克思、恩格斯认为，构成人类早期社会的社会关系是婚姻、血族的关系，即人自身生产关系，而并非经济关系。早在《1844 年经济学哲学手稿》中，马克思就指出："人和人之间的直接的、自然的、必然的关系是男女之间的关系。在这种自然的、类的关系中，人同自然界的关系直接就是人和人之间的关系，而人和人之间的关系直接就是人同自然界的关系，就是他自己的自然的规定。"② 这就是说，人与人之间最早的社会关系是男女之间的关系，也即婚姻与血族关系，它同时是人和自然界的关系，是人的自然规定。一年以后的《德意志意识形态》中，他们将这一思想进一步明确化："家庭（即"夫妻之间的关系，父母和子女之间的关系"——引者注）起初是唯一的社会关系，后来，当需要的增长产生了新的社会关系，而人口的增多又产生了新的需要的时候，家庭便成为从属的关系了。"③ 这里是说，最初的社会关系只有婚姻与血族的

① 孙冶方：《社会主义经济论稿》，人民出版社 1985 年版，第 389、390、402、403 页。
② 马克思：《1844 年经济学哲学手稿》，载《马克思恩格斯全集》第 42 卷，人民出版社 2006 年版，第 119 页。
③ 马克思、恩格斯：《德意志意识形态》，载《马克思恩格斯全集》第 3 卷，人民出版社 2006 年版，第 32 页。

关系，它是唯一的社会关系，其他社会关系如经济关系等等是后来才产生的。十多年后，马克思在其"一生的黄金时代的研究成果"① 经济学手稿中说："黑格尔论法哲学，是从主体的最简单的法的关系即占有开始的，这是对的。但是，在家庭或主奴关系这些具体得多的关系之前，占有并不存在。"② 他又说："部落共同体，即天然的共同体，并不是共同占有和利用土地的结果，而是其前提。""这些前提本身并不是劳动的产物，而是表现为劳动的自然的或神授的前提。"作为劳动前提的这种自然形成的共同体，是"家庭和扩大成为部落的家庭，或通过家庭之间互相通婚［而组成部落］，或部落的联合"③。由婚姻血族关系联结而成的部落共同体是占有土地的前提，经济关系是后来才产生的，既然如此，所有制当然无从谈起。又过了二十多年，在《家庭、私有制和国家的起源》中，恩格斯明确提出了"以血族关系为基础的社会结构"的概念，他说："劳动愈不发展，劳动产品的数量、从而社会的财富愈受限制，社会制度就愈是在较大程度上受血族关系的支配"，"以血族关系为基础的这种社会结构"，"由于新形成的社会各阶级的冲突而被炸毁"④。由上述可见，马克思、恩格斯一贯认为，在阶级冲突产生之前，作为社会得以构成的唯一社会关系是婚姻与血族的关系，即人自身生产关系，而不是经济的关系，因此，这个时期不可能存在所有制。

人要生存，必须进行物质生产，要生产就无法离开一定的物，无法离开自然界，那么，早期社会人与自然界之间究竟是怎样的关系呢？马克思直接把它视为人的身体的组成部分。在《1844 年经济学哲学手稿》中，他说："自然界，……是人的无机的身体，……是人为了不致死亡

---

① 马克思：《马克思致斐·拉萨尔（1858 年 11 月 12 日）》，载《马克思恩格斯全集》第 29 卷，人民出版社 2006 年版，第 546 页。

② 马克思：《经济学手稿（1857—1858 年）》，载《马克思恩格斯全集》第 46 卷上册，人民出版社 2006 年版，第 39 页。

③ 马克思：《经济学手稿（1857—1858 年）》，载《马克思恩格斯全集》第 46 卷上册，人民出版社 2006 年版，第 472 页。

④ 恩格斯：《家庭、私有制和国家的起源》，载《马克思恩格斯全集》第 21 卷，人民出版社 2006 年版，第 30 页。

而必须与之不断交往的、人的身体。""异化劳动从人那里夺去了他的生产的对象，……夺走了他的无机的身体即自然界。"① 自然界是人的无机身体，因此并不包含社会关系的内容，所有制当然无从谈起，异化劳动也即剥削产生之后，这个无机的身体才被剥夺，从此反映出人与人之间社会关系的内容。在十多年以后的经济学手稿中，他又重复了这一思想："正像劳动的主体是自然的个人，是自然存在一样，他的劳动的第一个客观条件表现为自然，土地，表现为他的无机体；他本身不但是有机体，而且还是这种作为主体的无机自然。"②

由于以上原因，马克思曾明确提出早期社会不存在所有制的观点，他在经济学手稿中说："所有现代的经济学家，……都把个人自己的劳动说成最初的所有权依据"，于是，他们就导致出一个奇怪的结果，"所有权的基本规律不得不被搬到还没有所有权的那个时代去"③。这就是说，人的劳动并非导致所有权产生的直接原因，而历史上也曾有过还不存在所有权的时代。不仅如此，马克思还谈到了将来社会中所有制的消亡问题，他说："从一个较高级的社会经济形态的角度来看，个别人对土地的私有权，……是十分荒谬的。甚至整个社会，一个民族，以至一切同时存在的社会加在一起，都不是土地的所有者。"④ 既然土地失去了所有者，便不再反映社会经济关系，不再是所有制的实现物。我们对马克思思想的这种理解还有一个旁证。1895 年，马克思的女婿拉法格在"献给恩格斯"的《财产及其起源》一书中，多次谈到了人类社会早期阶段并不存在所有制，他说：至今还有野蛮部落"一点也不知道什么是土地所有制（不论是个人的或集体的）"；"关于建立猎场的公有制——

---

① 马克思：《1844 年经济学哲学手稿》，载《马克思恩格斯全集》第 42 卷，人民出版社 2006 年版，第 95、97 页。

② 马克思：《经济学手稿（1857—1858 年）》，载《马克思恩格斯全集》第 46 卷上册，人民出版社 2006 年版，第 487 页。

③ 马克思：《经济学手稿（1857—1858 年）》，载《马克思恩格斯全集》第 46 卷下册，人民出版社 2006 年版，第 464 页。

④ 马克思：《资本论》第 3 卷，载《马克思恩格斯全集》第 25 卷，人民出版社 2006 年版，第 875 页。

土地所有制的第一种形态，他们连想都没有想过"；"'谁有土地，谁就要打仗'这句封建时代的谚语还在野蛮时代和公有制产生时代就被证实了"①。恩格斯读过这部著作后，虽对其中个别问题提出了不同意见，但对上述观点并无异议。②

五　公有制在产生时就意味着剥削和压迫

既然早期社会不存在公有制，那么，它究竟是在什么条件下产生的呢？马克思指出，它产生于现实的排他性活动之中，在经济学手稿中，他说："某一个共同体，在它把生产的自然条件——土地……——当作自己的东西来对待时，会碰到的唯一障碍，就是业已把这些条件当作自己的无机体而加以占据的另一共同体。因此战争就是每一个这种自然形成的共同体的最原始的工作之一，既用以保护财产，又用以获得财产。"③ 以人自身生产关系联结起来的原始共同体，在未与其他共同体发生冲突之前，生产条件自然界还是人的无机的身体，而当这种排他性的冲突发生之后，不同的共同体之间，针对一定自然物产生了矛盾，作为人身体组成部分的无机体自然界被剥夺了，在一定的物上产生了排他性的人与人之间的社会关系，物开始成为人与人社会关系的中介，从而具有了所有制的性质。

通过战争等现实的排他性活动所产生的第一种所有制形态是公有制，即部落共同体所有制，它不仅排斥其他部落使用一定的自然物，并夺取作为其他部落"无机体"的自然物，甚至更进一步统治和奴役其他部落共同体，使之成为自己的"无机体"。正因为最早的公有制产生于

---

① ［法］拉法格：《财产及其起源》，生活·读书·新知三联书店1962年版，第35、51、52页。

② 恩格斯：《致保尔·拉法格（1895年4月3日）》，载《马克思恩格斯全集》第39卷，人民出版社2006年版，第434—436页。

③ 马克思：《经济学手稿（1857—1858年）》，载《马克思恩格斯全集》第46卷上册，人民出版社2006年版，第490页。

战争等现实的排他性活动中，必然带有掠夺、剥削和奴役的性质，因此，它自然而然会向奴隶制、农奴制等比较成熟的剥削关系过渡。马克思接着说："假如把人本身也作为土地的有机附属物而同土地一起加以夺取，那么，这也就是把他作为生产的条件之一而一并加以夺取，这样便产生奴隶制和农奴制，而奴隶制和农奴制很快就败坏和改变一切共同体的原始形式，并使自己成为它们的基础。"如果在占有其他部落"无机体"的同时占有了"有机体"人本身，将其作为自己的"无机体"，即自己的物质生产条件，这就产生奴隶制和农奴制，形成公有制与奴隶制、农奴制并存的局面。由于最早的公有制必然带有的掠夺、剥削与奴役的特征，因此马克思认为，最早的公有制必然发展为奴隶制和农奴制，他说："所以奴隶制和农奴制只是这种以部落体为基础的财产的继续发展。"①

所有制产生于现实的排他性活动之中，必然带有掠夺、剥削和压迫的性质，因此马克思和恩格斯把剥削和压迫视为所有制、社会经济形态以及物质生产方式的必然内容。早在《德意志意识形态》中，他们就说："所有制……的萌芽和原始形态在家庭中已经出现，在那里妻子和孩子是丈夫的奴隶。家庭中的奴隶制是最早的所有制，但就是这种形式的所有制也完全适合于现代经济学家所下的定义，即所有制是对他人劳动力的支配。"② 在经济学手稿中，马克思又说："一切先前的所有制形式都使人类较大部分，奴隶，注定成为纯粹的劳动工具。"③ 在《资本论》中，马克思明确说："使各种社会经济形态例如奴隶社会和雇佣劳动的社会区别开来的，只是从直接生产者身上，劳动者身上，榨取这种

---

① 马克思：《经济学手稿（1857—1858年）》，载《马克思恩格斯全集》第46卷上册，人民出版社2006年版，第490—492页。

② 马克思、恩格斯：《德意志意识形态》，载《马克思恩格斯全集》第3卷，人民出版社2006年版，第36—37页。

③ 马克思：《经济学手稿（1857—1858年）》，载《马克思恩格斯全集》第46卷下册，人民出版社2006年版，第88页。参见依据［苏联］В.П.库兹明《马克思理论和方法论中的系统性原则》俄文的译文："以前的一切所有制形态都为大部分的人类带来苦难，使他们成为奴隶或成为纯粹的劳动工具。"（生活·读书·新知三联书店1980年版，第124页。）

剩余劳动的形式。"① 在《剩余价值理论》中他也说:"'社会'本身……是所有权、建立在所有权基础上的法律以及由所有权必然产生的奴隶制的根源。""资本的生产性,……首先在于强迫进行剩余劳动,强迫进行超过直接需要的劳动。这种强迫,是资本主义生产方式和以前的生产方式所共有的。"②

六 阶级社会经济结构必然包含公有制

按照斯大林式的历史唯物主义观点,自从阶级产生之后,就是私有制的社会,阶级剥削和压迫以私有制为基础,但纵观历史,从来就没有过纯粹的私有制社会,只要社会存在私有制,就必然存在公有制,二者相辅相成,共同作为社会经济结构的组成部分,维护着社会经济的正常运行。

如前所述,在古代社会,公有制以公社所有制和国家所有制两种形态存在着,随着社会经济的发展,公社所有制逐渐消失,但国家所有制一直存在,拉法格把古代的国有财产称为"古代起源的公有财产"③。从中国古代历史看,这种公有制一度非常强大,例如从战国到隋唐,全国最基本的生产资料土地全部控制在国家手中,唐宋变革之后,全部土地国家所有的制度崩溃,但即使如此,国有土地依然数量庞大。例如宋神宗时,国有的官田达到44万余顷,占当时全国垦田440余万顷的十分之一。④ 又例如明初,国有的屯田为89万余顷,⑤ 永乐元年(1403)所收

---

① 马克思:《资本论》第1卷,载《马克思恩格斯全集》第23卷,人民出版社2006年版,第244页。

② 马克思:《剩余价值理论》第1册,载《马克思恩格斯全集》第26卷第1册,人民出版社2006年版,第368、419页。

③ [法]拉法格:《财产及其起源》,生活·读书·新知三联书店1962年版,第29页。

④ 《文献通考》卷7《田赋考七》,中华书局1986年影印本,第80页上栏;卷4《田赋考四》,第58页上栏。

⑤ 《明史》卷77《食货志一》,中华书局1974年标点本,第1886页:"万历时,计屯田之数六十四万四千余顷,视洪武时亏二十四万九千余顷。"

"屯田子粒" 2345 万余石，① 同期 "天下官民田" 约 400 万顷，② 民田所收田赋米麦约 3130 万石，③ 国有土地占全部耕地近四分之一，而其收入则相当于民间田赋的三分之二强。

同样，在现代社会中，国有财产、国有企业、国有经济依然占有很大份额，拉法格称此为 "现代起源的公有财产"④。在现代欧美资本主义社会，国家掌握着大量的资产和企业，其产出在国民经济中占有重要地位，这种公有制曾经在社会经济中占有相当高的比例。20 世纪 70 年代，英国国有经济在国民总产值中占一半以上，投资占全国投资总额的 40% 以上；法国国有经济在国民总产值中占 42%，投资额占全国投资额的 38%；联邦德国国有经济在国民收入中占 47.2%，在投资总额中占 31%；美国国有资产占全国国民财富的 30% 以上；日本国有经济在国民收入中占 25.3%，固定资本占全国总固定资本的 19.9%。⑤ 在 20 世纪末的私有化浪潮中，发达国家的国有企业数量大大减少，但经济总额仍然保持相当份额，1995 年，意大利、德国、奥地利、法国国有企业产值占国内生产总值的比例分别为 24.7%、20%、24%、15%，占投资总额的 47.1%、22.7%、14%、21.3%。⑥ 发展中国家情况类似，虽然也存在着私有化进程，但国有经济依然占有相当份额，据世界银行统计，20 世纪 80 年代初，国有企业投资占全部投资的 22%，后来有所下降，到 90 年代初下降为 19%。分地区来看，非洲从

---

① 《明太宗实录》卷 26 《永乐元年十二月》，台北 "中央" 研究院历史语言研究所 1962 年影印本，第 489 页。

② 永乐年间垦田数额无明确记载，梁方仲据 《明实录》 开列前后各朝数据为：洪武为 366.8—387.5 万顷，洪熙为 416.8 万顷，宣德为 394.3—450.2 万顷，正统为 415.3—437.3 万顷 （梁方仲：《中国古代户口、田地、田赋统计》，上海人民出版社 1980 年版，第 185—189 页），据此推断永乐时应为 400 万顷左右。

③ 《明太宗实录》卷 26 《永乐元年十二月》，台北 "中央" 研究院历史语言研究所 1962 年影印本，第 488 页。

④ ［法］拉法格：《财产及其起源》，生活·读书·新知三联书店 1962 年版，第 29 页。

⑤ ［苏联］迈博罗达：《当代资本主义：所有制、管理和权力》，江苏人民出版社 1984 年版，第 112—125 页。

⑥ 有林：《剖析资本主义国家的国有企业》，《北京社会科学》 2000 年第 4 期。

30%下降到25%，拉丁美洲从17%下降到13%，亚洲（不含中国）则比较稳定，平均为24.6%。①

现代资本主义社会以国有经济形式出现的公有制，是其经济结构所必需。私人资本以营利为目标，但是，一些关乎国计民生的基础设施和公共事业投资，往往规模大，建设周期长，利润低，私人资本没有兴趣，只好由国家来承担。例如在许多欧美发达国家，铁路、邮政、电信等重要行业，往往是全部由国家来经营。同时，国家还必须投资于一些风险较大的行业，例如航天等一些重要的高科技行业，耗资多，风险大，无盈利把握，而且需要一个从开发、研制、实验直至转化为现实生产力的较长过程，私人资本对此不感兴趣，也只好由国家来承担。另外，在一些特殊时期，国家收购濒临破产的私人企业，以避免企业破产、工人失业所导致的社会动荡和危机，例如在二战之后的欧洲，国有企业因此大大增加，成为国营经济发展的一个高峰。

当然，欧美发达国家国有企业普遍存在经济效益差，亏损严重，缺乏活力等问题，导致国家财政补贴增加、财政负担加重。例如，英国政府对煤炭、铁路、钢铁等部门的补贴，1979—1980 年为 18 亿英镑，1984—1985 年增至 40 亿英镑。又例如日本国有铁路从 1964 年以后连年亏损，据 1980 年度决算，亏损总额达 10084 亿日元，实际上已陷入完全破产的境地。② 由于这个原因，20 世纪 80 年代开始，欧美发达国家掀起了一股私有化浪潮，使国有经济在全部经济中所占比例减少，但即使如此，国有经济仍然占有 20% 上下的份额，因为这部分经济职能是私人经济所无法或不愿承担的，必须由国家来执行。也就是说，这部分公有制是欧美资本主义社会经济结构所必需的，无可替代。

---

① 世界银行：《官办企业问题研究：国有企业改革的经济学和政治学》，中国财政经济出版社1997 年版，第 23 页。

② 刘铁明：《试论发达国家的国有企业管理》，《财苑》（湖南财经高等专科学校学报）1995 年第 2 期。

七 公有制的价值性判定

既然公有制与剥削、统治关系并存，是阶级社会经济结构的必需组成部分，就此而言，它与私有制并没有根本性的差别，那么，如何对其做出价值性判定呢？或者说，公有制和私有制究竟谁好谁坏呢？

社会采取什么样的所有制形态，选择公有制或者私有制占据主导地位，不取决于所有制本身，也不取决于人们的主观意志，而取决于生产关系、社会经济结构。因此，对所有制形态做价值性判定，必须以对生产关系、社会经济结构的价值性判断作为前提，仅仅针对所有制形态是无法做出判定的，不能说公有制一定就好，私有制一定就坏。而判断一种生产关系、社会经济形态的好坏，标准无非两个。一是从经济本身观察，看其是否充分发挥了劳动力、生产资料两方面的积极性，是否促进了社会经济的发展，二是从社会角度观察，看它是否缓和了社会矛盾，是否在一定条件下促进了社会的稳定与和谐。对于所有制的价值判定来说，唐宋经济变革可以作为一个很好的分析实例。①

就所有制形态而言，唐宋经济变革是从公有制占主导地位变为私有制占主导地位。北朝隋唐实行均田制，土地属国家所有，这种所有制形态适应于由剥削者国家与被剥削者"编户齐民"两极所构成的社会经济结构，国家对"编户齐民"的人身控制是实现剥削的基本依据，土地只是辅助手段，国家通过授田保证农民有充足的生产资料以完成生产，然后征收以人头为依据的租庸调及各种杂税，一方面使国家机器得到运转经费，另一方面使组成国家的剥削者成员获得剥削收入。这种制度在唐代逐渐走向末路，安史之乱是压死骆驼的最后一根稻草，两税法宣布了剥削关系的根本性变化。此后，剥削者对被剥削者的人身控制逐渐消亡，实现剥削的主要依据变为土地，与此相应，国家税收由人头税逐渐

---

① 详细叙述参见袁林《唐宋社会经济结构变革》，《唐史论丛》第 33 辑，三秦出版社 2021 年。

变为财产税，同时放弃了国家控制全部土地的制度，"不抑兼并"，私有
制占据了主导地位，开始了"田制不立"的新时代。在这个时代，社会
经济结构由国家和"编户齐民"两极，变为国家、地主、农民三极。

唐宋经济变革的核心是制度变革，即社会经济关系的调节职能从国
家手中转移于社会，"有形的手"变为"无形的手"，各种生产要素、特
别是劳动力和土地实现了市场化调节，与此相适应，社会所有制的主导
形态由公有制变为私有制。

到宋代，在国家的推动之下，人身控制关系逐渐解脱，劳动力成为
市场化的生产要素，农民可以自由流动，使他们有了与地主进行博弈的
资本，并进而有了改善自己经济收入的条件，这就大大提高了农民的生
产积极性。对于佃农来说，"租额稍轻"则接受租约，若"租额稍重"
则拒绝租种，使土地"复为荒田"①，让地主蒙受更大损失，从而迫使地
主降低租额。同时，随着土地流动性增强，土地所有权转移渠道畅通，
农民也有可能"勤劳致富"，购买土地，从而改变自己的处境。客户
"或丁口蕃多，衣食有余，稍能买田宅三五亩，出立户名，便欲脱离主
户而去"②。北宋谢逸描述这种状况说："余自识事以来几四十年矣，见
乡闾之间，曩之富者贫，今之富者，曩之贫者也。"③ 这种制度变革大大
激发了农民的积极性，使经济效益大大提高，不仅农民获益，也使地主
获益。

唐宋经济变革使土地成为剩余劳动的直接依据，其边际效用迅速提
高，这就推动、迫使地主将剥削所得积累下来，开发新的土地，改善土
地经营，从而直接推动了社会经济的发展。宋代开发新土地之广泛，种
类之繁多，为前代所未见，仅从田土名称即可看出，如"梯田""圩田"
"山田""淤田""湖田""沙田""架田"等等。土地深度开发的一个

---

① 《宋会要辑稿·食货三》，中华书局1957年影印本，第4844页下栏。
② 胡宏：《五峰集》卷2《与刘信叔书》，文渊阁《四库全书》，台湾商务印书馆1983年
影印本，第1137册，第128页上栏。
③ 谢逸：《溪堂集》卷9《黄君墓志铭》，文渊阁《四库全书》，台湾商务印书馆1983年
影印本，第1122册，第539页上栏。

重要表现是围湖造田，开发之广甚至破坏了环境，引发了生态灾难。"隆兴、乾道之后，豪宗大姓相继迭出，广包强占，无岁无之，陂湖之利日朘月削，已亡几何？而所在围田则遍满矣。以臣耳目所接，三十年间，昔之曰江、曰湖、曰草荡者，今皆田也。"① 大量湖泊消失，水源调节功能下降，许多地方"废湖为田，自是岁有水旱之患"②。因此政府不得不屡屡采取行政手段，强制废田还湖。

劳动力和土地两大要素积极性的充分发挥，使宋代经济达到了中国古代少有的高峰，其重要标志有两个。一是人口急剧增加，成为中国古代三个高峰之一，西汉末年总人口约 1223 万余户、5959 万余人，③ 此后一直未能超过这个水平，唐代极盛时天宝十四载（755），人口约 891 万余户、5291 万余人，④ 而宋代尽管疆域面积逊于汉唐，但极盛时人口却相当于汉唐两倍，大观三年（1109）总人口约 2088 万余户、11275 万人。⑤ 二是税收大大增加，也达到了一个高峰，尽管疆域缩小，税收却成倍增加。北宋太宗说："国家岁入财赋，两倍于唐室。"⑥ 南宋孝宗时，叶适说："尝试以祖宗之盛时所入之财，比于汉、唐之盛时一再倍。"⑦ 南宋宁宗时，章如愚说："以今天下较财用于汉、唐，所入十倍于汉、五倍于唐。"⑧

唐宋经济变革在大大推动社会经济发展的同时，也缓和了社会矛盾。由于农民可以与地主进行自由博弈，"用脚投票"，而国家以财产税

① 卫泾：《后乐集》卷13《论围田劄子》，文渊阁《四库全书》，台湾商务印书馆1983年影印本，第1169册，第654页上栏。
② 《宋史》卷97《河渠志七》，中华书局1977年标点本，第2403页。
③ 《汉书》卷28下《地理志下》，中华书局1962年标点本，第1640页。
④ 《通典》卷7《食货七》，中华书局1988年标点本，第153页。
⑤ 吴松弟：《中国人口史》第3卷《辽宋金元时期》，复旦大学出版社2000年版，第349页。
⑥ 《续资治通鉴长编》卷37"至道元年五月"，中华书局1992年标点本，第814页。
⑦ 叶适：《水心集》卷4《财总论二》，文渊阁《四库全书》，台湾商务印书馆1983年影印本，第1164册，第100页下栏。
⑧ 章如愚：《群书考索续集》卷45《宋朝财用》，文渊阁《四库全书》，台湾商务印书馆1983年影印本，第938册，第569页下栏。

为主的税收政策在一定程度上又抑制了地主，这样，地主和农民之间关系达到了一种动态的均衡，它表现在两个方面。一方面，地主对佃农的剥削必须维持在适度的范围内，为佃户可以接受，否则佃户就会离去。另一方面，在地主和佃农之间，形成了一个比较广泛的自耕农阶层，这种状况从宋代一直延续到民国。郑学檬等人计算得出，北宋前期，各类地主占全国总户数的 4.86%，占有全国总耕地的 43.8%，农民占总户数的 95.14%，占有总耕地的 56.2%。① 此后各朝情况类似，如清代自耕农"不论是在清前期，或是清后期，仍然占据重要地位"，一般占有总耕地面积的 50% 上下。个别地区更高，如直隶获鹿县，"乾隆中期以前，耕地的 70% 左右掌握在农民手中，地主阶级占有的耕地只有 20% 至 30% 之间"。陕西关中、安徽休宁、浙江遂安等地相似。② 民国时期的数据也支持这一结论，"1950 年国家统计局根据农业生产资料及土改前的阶级构成推算出，全国土改前，地富占户数 6.87%，占人口 9.41%，占土地总数 51.92%；中农、贫农及其他劳动者占户数 93.13%，占人口 90.59%，占土地总数的 48.08%"。1950 年前后，华东、中南等各大行政区军政委员会所做的调查也都支持这一结论。③ 另外，根据温铁军对民国时期农村土地所有权分配状况的研究，无论从户数还是占地数量上看，其分布都接近于正态分布，④ 也就是说，在农村中，无论占地比重还是户数比重，都以自耕农或半自耕农为主，占有较多土地的地主和无地农民都是少数。

从发展社会经济和缓和社会矛盾两个方面衡量，宋代社会经济结构

---

① 郑学檬、杨际平、陈明光、陈衍德：《中国经济通史》第 4 卷，湖南人民出版社 2002 年版，第 223—225 页。

② 方行、经君健、魏金玉主编：《中国经济通史·清代经济卷》下册，经济日报出版社 2000 年版，第 1532、1546—1548 页。

③ 温铁军：《中国农村基本经济制度研究——"三农"问题的世纪反思》，中国经济出版社 2000 年版，第 79 页。

④ 温铁军：《中国农村基本经济制度研究——"三农"问题的世纪反思》，中国经济出版社 2000 年版，第 83—84 页。温铁军据冯和法对河北省 2500 户调查数据所做计算，冯和法调查数据见《中国农村经济资料续编》，台北：华世出版社 1978 年版，第 145—146 页。

都应当得到肯定，因此，唐宋之际所有制主导形态由公有制变为私有制也应当得到肯定。

从上述讨论可见，要实现我国经济改革的目标，还是得回到孙冶方先生那里，抛开关于所有制的思维定式，着力于改革生产关系，建立起一个全新的社会经济结构。

（2019 年 1 月 30 日完稿，未发表）

论前资本主义公社的本质特征

在古代社会历史的研究中，在亚细亚生产方式等理论问题的讨论中，公社是被经常使用的一个概念。前资本主义公社的本质究竟是什么？这似乎不成问题，通常都把土地公有制作为其基本特征，从而将其视为原始社会的组织形式或这种组织形式在阶级社会的遗存。然而，这种理解与马克思、恩格斯的一些论述直接矛盾。例如，马克思说，在日耳曼的公社中，"公社所有制仅仅表现为个人所有制的补充"①，恩格斯说，马尔克可以通过移民在地主的土地上定居下来，土地所有权归地主，公社成员必须缴纳代役租。② 他们认为，公社在前资本主义社会中一直存在着，恩格斯说，公社"在数千年中曾经是从印度到俄国的最野蛮的国家形式即东方专制制度的基础"③。看来，他们并不认为土地公有制是公社的必需基本特征，也不认为公社仅仅是原始社会的特征性存在。那么，前资本主义公社的本质特征究竟是什么呢？

一 马克思、恩格斯论述过的公社

马克思、恩格斯在谈到前资本主义社会时，提到了许多公社名称，

---

① 马克思：《经济学手稿（1857—1858 年）》，载《马克思恩格斯全集》第 46 卷上册，人民出版社 2006 年版，第 484 页。
② 恩格斯：《马尔克》，载《马克思恩格斯全集》第 19 卷，人民出版社 2006 年版，第 363 页。
③ 恩格斯：《反杜林论》，载《马克思恩格斯全集》第 20 卷，人民出版社 2006 年版，第 197 页。

如"原始公社""最古的自发的公社""古代自然形成的公社""氏族公社""家庭公社""亚细亚的公社""古代的公社""古代的城市公社""日耳曼的公社""印度公社""亚洲村社""农村公社""农业公社""马尔克公社""斯拉夫公社""小规模的经济公社""以奴隶生产为基础的公社""小农组成的带有一定自发性质的公社",等等。有时候,他们还用"共同体""古代的共同体""公社共同体"等词称呼公社。那么,这些形形色色的公社有什么共同的特征呢?下面,笔者选取马克思、恩格斯论述较多的公社形态,罗列其主要特点,寻找其共同的规定性。为使分析简明,我们只探寻与公社概念内涵有关的内容,而不考虑这些具体公社概念外延的互相包容之处,也不考虑公社在不同发展阶段上的形态差别。

马克思、恩格斯作过较多论述的公社有如下一些。

(一)印度公社

在《不列颠在印度的统治》等著作中,马克思、恩格斯论述过这种公社。它有如下特征:

1. "土地公有。"[1] "在某些这样的村社中,全村的土地是共同耕种的,但在大多数情况下是每个土地所有者耕种自己的土地。""荒地作为公共牧场。"[2]

2. 公社的经济是"建立在土地公有、农业和手工业直接结合以及固定分工之上的"自给自足自然经济,因而各个公社是孤立的、分散的、互不联系的,过着闭关自守的生活,"不为政治领域的风

---

① 马克思:《资本论》第1卷,载《马克思恩格斯全集》第23卷,人民出版社2006年版,第395页。

② 马克思:《马克思致恩格斯(1853年6月14日)》,载《马克思恩格斯全集》第28卷,人民出版社2006年版,第272页。

暴所触动"①。

3. 公社必须向专制国家缴纳赋税，"为了获得纳税的钱，必须卖掉它们的一部分产品"②。

4. "在这种村社内部存在着奴隶制和种姓制。"③

5. 这些"田园风味的农村公社"，"始终是东方专制制度的牢固基础"④。

（二）亚细亚的公社

马克思在《经济学手稿（1857—1858年)》中，与古典古代的公社、日耳曼的公社同等并列论述过这种公社。它有下面的特征：

1. "自然形成的共同体"，即通过血族关系联结而成的共同体，是公社占有土地的前提。⑤

2. 就公社内部来说，土地公有，个人只是占有者，这种占有必须以"公社成员的身份为媒介"。各个家庭"独立地在分配给他的份地上从事劳动"。个人对公社来说是不独立的，"只表现为偶然因素"⑥。

3. 公社经济是自然经济，"生产的范围仅限于自给自足，农业

---

① 马克思：《资本论》第1卷，载《马克思恩格斯全集》第23卷，人民出版社2006年版，第395、397页。

② 马克思：《资本论》第3卷，载《马克思恩格斯全集》第25卷，人民出版社2006年版，第818页。

③ 马克思：《马克思致恩格斯（1853年6月14日)》，载《马克思恩格斯全集》第28卷，人民出版社2006年版，第272页。

④ 马克思：《不列颠在印度的统治》，载《马克思恩格斯全集》第9卷，人民出版社2006年版，第148页。

⑤ 马克思：《经济学手稿（1857—1858年)》，载《马克思恩格斯全集》第46卷上册，人民出版社2006年版，第472页。

⑥ 马克思：《经济学手稿（1857—1858年)》，载《马克思恩格斯全集》第46卷上册，人民出版社2006年版，第484、473、482页。

和手工业结合在一起"。"各个小公社彼此独立地勉强度日。"①

4. 凌驾于公社之上的是"更高的所有者或唯一的所有者",他不仅是公社土地的实际所有者,是"公社财产的真正前提",也是公社成员人身的所有者。他把公社成员作为自己的财产,即奴隶,"普遍奴隶制"下的奴隶。公社剩余产品"不言而喻地属于这个最高统一体"②。

(三) 古典古代的公社

这种公社的基本特征有:

1. "土地为公社所占领","一部分土地留给公社本身支配",成为公有地,另一部分则被分割,成为每一个公社成员的"私有财产"。公社成员的身份是他占有土地的前提。公社财产(作为国有财产)和私有财产是分开的。"所有制表现为国家所有同私人所有相并列的双重形式",但"后者被前者所制约"③。

2. 个人生产的目的"不是发财致富,而是自给自足,把自己作为公社成员再生产出来"④。

3. 这种公社把城市作为自己的基础,这种城市"是以土地财产和农业为基础的城市"⑤。

① 马克思:《经济学手稿(1857—1858年)》,载《马克思恩格斯全集》第46卷上册,人民出版社2006年版,第484、473页。
② 马克思:《经济学手稿(1857—1858年)》,载《马克思恩格斯全集》第46卷上册,人民出版社2006年版,第473、493、496页。
③ 马克思:《经济学手稿(1857—1858年)》,载《马克思恩格斯全集》第46卷上册,人民出版社2006年版,第478、475、484页。
④ 马克思:《经济学手稿(1857—1858年)》,载《马克思恩格斯全集》第46卷上册,人民出版社2006年版,第477页。
⑤ 马克思:《经济学手稿(1857—1858年)》,载《马克思恩格斯全集》第46卷上册,人民出版社2006年版,第474、480页。

（四）日耳曼的公社

这种公社基本特点有：

1. 公社表现为以土地所有者为独立主体的一种联合，它只"存在于公社成员的集会中和他们为公共目的的联合中"。同时，公社本身又"作为语言、血统等等共同体，是个人所有者存在的前提"①。

2. 土地基本为个人所有，"个人所有制表现为公社所有制的基础"。公有土地作为猎场、牧场、采樵地等，"仅仅表现为个人所有制的补充"，只是个人占有土地的"公共附属物"，"并且只有在必须把它当作一个部落的共同占有物来保卫，使之免遭敌对部落侵犯的情况下，它才表现出是财产"②。

3. "每一个单独的家庭就是一个经济整体，它本身单独地构成一个独立的生产中心（工业只是妇女的家庭副业等等）"。公社及其财产的存在只表现为这些独立主体之间的联系。③

（五）较古类型的原始公社

在《给维·伊·查苏利奇的复信草稿》中，马克思对比分析了较古类型的原始公社和农村公社（农业公社）。较古类型的原始公社有以下基本特征：

1. "所有较早的原始公社都是建立在自己社员的血统亲属关系

---

① 马克思：《经济学手稿（1857—1858年）》，载《马克思恩格斯全集》第46卷上册，人民出版社2006年版，第480、484、482页。

② 马克思：《经济学手稿（1857—1858年）》，载《马克思恩格斯全集》第46卷上册，人民出版社2006年版，第484、482、481页。

③ 马克思：《经济学手稿（1857—1858年）》，载《马克思恩格斯全集》第46卷上册，人民出版社2006年版，第481页。

上的。"①

2. "公共房屋和集体住所是……公社的经济基础。"②

3. 耕地是公共财产，生产是"共同进行的"，"共同的产品，除储存起来以备再生产的部分外，都根据消费的需要陆续分配"③。

（六）农村公社（农业公社）

农村公社基本特征如下：

1. 这种公社"是最早的没有血统关系的自由人的社会联合"④。

2. 公社的"耕地是不准买卖的公共财产，定期在农业公社社员之间进行重分，因此，每一个社员用自己的力量来耕种分给他的地，并把产品留为己有"⑤。

3. "房屋及其附属物——园地，是农民私有的。"⑥

4. "农村公社的孤立性、公社与公社之间的生活缺乏联系、保持与世隔绝的小天地，并不到处都是这种最后的原始类型的内在特征，但是，在有这一特征的任何地方，它总是把集权的专制制度矗立在公社的上面。"⑦

5. 公社以外还有大量的非公社所有的土地。以俄国而言，"除

---

① 马克思：《给维·伊·查苏利奇的复信草稿》，载《马克思恩格斯全集》第19卷，人民出版社2006年版，第434页。
② 马克思：《给维·伊·查苏利奇的复信草稿》，载《马克思恩格斯全集》第19卷，人民出版社2006年版，第449页。
③ 马克思：《给维·伊·查苏利奇的复信草稿》，载《马克思恩格斯全集》第19卷，人民出版社2006年版，第449页。
④ 马克思：《给维·伊·查苏利奇的复信草稿》，载《马克思恩格斯全集》第19卷，人民出版社2006年版，第449页。
⑤ 马克思：《给维·伊·查苏利奇的复信草稿》，载《马克思恩格斯全集》第19卷，人民出版社2006年版，第449页。
⑥ 马克思：《给维·伊·查苏利奇的复信草稿》，载《马克思恩格斯全集》第19卷，人民出版社2006年版，第449页。
⑦ 马克思：《给维·伊·查苏利奇的复信草稿》，载《马克思恩格斯全集》第19卷，人民出版社2006年版，第445页。

国有土地外，掌握着将近一半土地，而且是优等地的土地所有制，是和公社对立的"①。

（七）马尔克公社

在《马尔克》《法兰克时代》等著作中，恩格斯对这种公社作了较多的论述。其基本特征如下：

1. 早期全部土地归公社所有，或共同耕种，或分配给各个家庭使用，定期分配和更换。后来，"耕地和草地的各个份地，已成为自主地，成为占有者的自由财产"。但公社对这些土地仍具有最高统治权，必要时加以"监督和调整"。森林、牧场、荒地、犁头所不能及的地下埋藏的财富，都归公社所有。②

2. 在公社内占有份地的个人，必须对公社负担一定的赋役。③

3. "每个马尔克都是自给自足的。""邻近的各个马尔克的产品，差不多是完全相同的。因而它们之间的交换，便几乎不可能了。"各个公社之间"没有、或者几乎没有任何经济上的联系"④。

4. 当地主得到了马尔克的土地、使马尔克服从自己的统治时，"旧的马尔克公社仍然继续存在下去"。马尔克也通过移民在地主的土地上定居下来，"土地所有权还是地主的，移民必须世世代代向地主付一定的代役租，为地主服一定的徭役"⑤。

---

① 马克思：《给维·伊·查苏利奇的复信草稿》，载《马克思恩格斯全集》第19卷，人民出版社2006年版，第437页。

② 恩格斯：《法兰克时代》，载《马克思恩格斯全集》第19卷，人民出版社2006年版，第541、358—359页。

③ 恩格斯：《法兰克时代》，载《马克思恩格斯全集》第19卷，人民出版社2006年版，第541页。

④ 恩格斯：《法兰克时代》，载《马克思恩格斯全集》第19卷，人民出版社2006年版，第540页。

⑤ 恩格斯：《马尔克》，载《马克思恩格斯全集》第19卷，人民出版社2006年版，第363页。

5. 在开始数百年间，马尔克"曾经是体现各日耳曼部落的自由的形式。后来它却变成了上千年之久的人民受奴役的基础"。"在整个中世纪里，它是一切社会制度的基础和典范。"①

（八）"最古的自发的公社"或"古代自然形成的公社"

在《反杜林论》中，恩格斯多次提到上述公社名称，不过，他这里说的可能是多种公社形态的总称，在有些地方，他使用氏族公社或农村公社的称呼，有些地方还以印度的、斯拉夫的、俄国的公社作为实例。其主要特征为：

1. 在"古代的自发的公社中，私有财产已经存在了，虽然只限于某几种物品。早在这种公社的内部，最初是在同外地人交换时，它就发展成商品的形式"②。

2. "在最古的自发的公社中，最多只谈得上公社成员之间的平等权利，妇女、奴隶和外地人自然不在此列。"③

3. "古代的公社，在它继续存在的地方，在数千年中曾经是从印度到俄国的最野蛮的国家形式即东方专制制度的基础。"④

（九）家长制家庭公社

恩格斯在《家庭、私有制和国家的起源》一书中，分析了这种公社。其主要特征如下：

---

① 恩格斯：《法兰克时代》，载《马克思恩格斯全集》第19卷，人民出版社2006年版，第539、353页。

② 恩格斯：《反杜林论》，载《马克思恩格斯全集》第20卷，人民出版社2006年版，第176页。

③ 恩格斯：《反杜林论》，载《马克思恩格斯全集》第20卷，人民出版社2006年版，第113页。

④ 恩格斯：《反杜林论》，载《马克思恩格斯全集》第20卷，人民出版社2006年版，第197页。

1. 公社由"一个父亲所生的数代子孙和他们的妻子"组成。①

2. "他们住在一起,共同耕种自己的土地,衣食都出自共同的储存,共同占有剩余产品。"②

3. 公社内包含有一定数量的"非自由人"③。

4. "公社处于一个家长的最高管理之下,家长对外代表公社,……他是选举产生的。"④

二 马克思、恩格斯所说公社的共同特征

上面,我们罗列了马克思、恩格斯论述较多的九种具体公社形态的特点,其间差异明显是多方面的。

从土地所有制方面看,形态各异,有的是公社所有制,有的是公社所有制与个人所有制相并列的双重形式,有的是个人所有制为主、公社所有制为辅,有的则公社及其成员均无土地所有权,所有权归于"最高的统一体",或归于公社之外的地主。

就生产的形式来看,有的以公社为单位集体劳动,有的则以家庭为单位进行个体生产。

就公社成员之间的血族关系来看,有的公社以成员间的血族关系为前提,有的则完全是没有血族关系的自由人的社会联合。

就个人与公社的关系来看,在有的公社中,个人对公社只是一个不独立的存在,他对土地的占有必须以公社成员的身份为媒介,而在有的公社中,公社只是作为土地所有者的独立个人的联合。

---

① 恩格斯:《家庭、私有制和国家的起源》,载《马克思恩格斯全集》第 21 卷,人民出版社 2006 年版,第 70 页。

② 恩格斯:《家庭、私有制和国家的起源》,载《马克思恩格斯全集》第 21 卷,人民出版社 2006 年版,第 70—71 页。

③ 恩格斯:《家庭、私有制和国家的起源》,载《马克思恩格斯全集》第 21 卷,人民出版社 2006 年版,第 69 页。

④ 恩格斯:《家庭、私有制和国家的起源》,载《马克思恩格斯全集》第 21 卷,人民出版社 2006 年版,第 71 页。

就公社所涉及的阶级关系来看，有的公社内部包含有奴隶等非自由人，有的则不包含非自由人，有的公社，其成员是完全的自由人，而有的公社，其成员只是对公社具有所有权的最高所有者的财产，是"普遍奴隶制"下的奴隶。

就公社对外部的关系来说，虽然大部分公社是孤立、分散、互不联系、闭关自守的，但并非所有的公社都这样。在整个社会中，有的时候公社是唯一的社会基层组织，有的时期它只是社会中一部分地区的基层组织。

就公社之上的上层建筑来看，有的公社之上尚无国家等政治机构，有的公社之上则矗立着集权的专制制度。

在上述这些方面，我们找不到它们的共同规定性。就以前学者所特别看重的土地所有制方面来说，公社所有制也并非其必然内涵，因此，我们不能将其作为前资本主义公社的质的规定。固然，在上述的罗列中，可以看出一项共同特征，即它们的经济形式都是农业和手工业相结合，或在内部有固定分工的自给自足自然经济，但这并不能作为公社概念的特征性内涵，因为在各种形态的封建社会中，当公社已经不存在的时候，它仍然是社会基本的经济形式。

那么，马克思和恩格斯究竟在什么意义上使用公社这一概念呢？笔者以为，在马克思和恩格斯的理解中，公社首先是一个自成系统的社会基层组织，在社会中作为一个相对独立的有机的整体而存在。马克思曾称公社是一个"自治制的组织"①，"它们有完全独立的组织，自己成为一个小天地"②。它的内部关系由公社自我调节，有着自己确定的内部规则，不论它与外界的关系怎样，在其内部都按自己的规则办事。例如，当马尔克公社完全丧失了土地所有权，移居在地主的土地上接受地主剥削时，它内部的活动仍然是"按照日耳曼的法律，即古代的马尔克法律

---

① 马克思：《不列颠在印度统治的未来结果》，载《马克思恩格斯全集》第9卷，人民出版社2006年版，第249页。

② 马克思：《马克思致恩格斯（1853年6月14日）》，载《马克思恩格斯全集》第28卷，人民出版社2006年版，第271页。

进行的"①。对于外部社会，它作为一个整体与之发生关系，例如国家向公社征收赋役、地主或领主向公社征收地租、徭役，都是以公社为单位，外部社会与公社中具体成员之间的关系，必须通过公社这个中介。因此，我们说，公社首先是一个社会组织的概念。

其次，公社也是一个经济的概念，它意味着公社内部有自己相对独立于外部社会的经济关系，这包含四个方面的内容。（1）不管公社对土地是否具有或具有何种程度的所有权，不管公社对外来说参与了怎样的社会经济关系，公社成员总有对于某些土地的平等使用权。例如在土地基本上为个人所有的日耳曼公社中，仍然有公共的猎场、牧场、采樵地供公社成员平等使用。在土地所有权实际归于"唯一的所有者"的亚细亚公社中，公社成员可以平等地得到份地的使用权。就是移居于地主土地的马尔克公社，在其内部各个成员间也具有平等的使用权，"每个人都分到家宅和园地，分到了一块同样大小的、用古代抽签方法决定的村有土地。每个人都有利用森林和牧场的权利，这多半是地主的森林，专用的马尔克的比较少"②。（2）不论公社形态有何种差别，其成员都有着共同的经济利益。例如，在亚细亚公社等公社中，个人只有作为公社成员才能占有土地，他必须"以公社为媒介才发生对土地的关系"③。在日耳曼的公社中，"拥有小块土地的农民的独立性是由他们作为公社成员的相互关系来维持的，是由确保公有地以满足共同的需要和共同的荣誉等等来维持的"④。（3）公社"经济的目的是生产使用价值，是在个人对公社的一定关系中把个人再生产出来"⑤。因此，它排斥商品经济，

---

① 恩格斯：《马尔克》，载《马克思恩格斯全集》第 19 卷，人民出版社 2006 年版，第 363 页。

② 恩格斯：《马尔克》，载《马克思恩格斯全集》第 19 卷，人民出版社 2006 年版，第 363 页。

③ 马克思：《经济学手稿（1857—1858 年）》，载《马克思恩格斯全集》第 46 卷上册，人民出版社 2006 年版，第 484 页。

④ 马克思：《经济学手稿（1857—1858 年）》，载《马克思恩格斯全集》第 46 卷上册，人民出版社 2006 年版，第 476 页。

⑤ 马克思：《经济学手稿（1857—1858 年）》，载《马克思恩格斯全集》第 46 卷上册，人民出版社 2006 年版，第 483 页。

尽管在印度公社等形态中，公社为了缴纳国家赋税，必须出卖一部分产品，但这并不影响公社内部的经济活动和经济关系。（4）在经济方面，公社对于外部社会当然也是作为一个整体发生关系的，公社成员个人与外部社会的经济关系，也同样必须通过公社这个中介方能实现。

总括上述，如果要对马克思、恩格斯论述过的前资本主义公社概念内涵作出某些确定的话，那么可以说，内部自成系统，自我调节，作为整体与外部社会发生经济以及社会的关系，这是它的基本特征。这个基本特征，可以作为我们判定是否公社以及其在社会中的地位与作用的依据。显然，依据这个结论重新察看古代历史，关于公社是否存在、取何种表现形式等问题，必然会得出与以前学者所不同的认识。

在以前的古史社会性质及土地制度的讨论中，许多学者喜欢使用"公社残余"一词来解释历史现象。依据上述对于前资本主义公社的理解，这种说法显然不够妥当。这种说法以斯大林的理论为根据，将公社的公有制看为前资本主义公社的基本规定性，同时又将公有制看作与阶级社会截然对立的东西，因此，面对阶级社会中存在的公社无法自圆其说，无法对其作出合理的解释，于是只好用"残余"来搪塞。"凡是存在的都是合理的"，阶级社会中存在的公社自有它存在的理由和依据，它作为该社会有机的组成部分，是该社会质的规定性之一。正像人身体里的阑尾，它比起食草动物要短得多，而且失去了消化功能，于是人们将其视为"残余"，甚至在有的国家曾经实行婴儿一出生就割去阑尾的作法，但现代科学已经证明，阑尾是人体免疫系统的一个重要组成部分，并非赘物，当然也不能视其为"残余"。

（原载《陕西师范大学学报》2001 年第 1 期）

亚细亚生产方式问题讨论的
回顾与展望

一百三十年前，马克思在《〈政治经济学批判〉序言》中，第一次公开提出了"亚细亚生产方式"的概念，说："大体说来，亚细亚的、古代的、封建的和现代资产阶级的生产方式可以看做是社会经济形态演进的几个时代。"① 在此前后的手稿和通信中，马克思和恩格斯对此做过大量论述。由于"亚细亚生产方式"问题具有很高的理论与实践价值，既牵扯到怎样认识人类社会的发展规律，怎样正确完整地理解马克思主义的历史科学理论，又涉及如何正确研究并解决我国及其他东方国家革命与建设的实践问题，因而在马克思、恩格斯逝世之后，它为学者们普遍注意，不断进行探索，掀起了一次又一次的讨论高潮。

就世界范围来说，有两次国际规模的大讨论。第一次发生于20世纪二三十年代，开始于苏联学术界，很快波及中国、日本等国。这与当时共产国际指导下的中国等国家革命的失败有关，对中国和其他东方国家的社会性质及革命道路的种种歧见引起人们对"亚细亚生产方式"问题的浓厚兴趣。这次讨论由于和苏联党内的政治斗争联系了起来，也由于第二次世界大战的爆发而中断。第二次开始于60年代，70年代达到高潮，至今仍在延续，波及许多国家的学术界，它与第三世界的兴起有着密切的关系。这次讨论中形成了对立的两大派观点：一派是以法国的

① 马克思：《政治经济学批判》，载《马克思恩格斯全集》第13卷，人民出版社2006年版，第9页。

谢诺、匈牙利的托凯和苏联的瓦西利耶夫为代表的亚细亚生产方式论者，他们认为亚细亚生产方式是前资本主义社会的有阶级的社会形态之一，不能归入五种社会形态的范畴之内；另一派是以苏联的尼基福罗夫为代表的"五阶段"论者，他们认为，无论是东方还是西方，社会历史都是按照五种社会形态的进程发展的。

在国内，则有三次规模较大的讨论。第一次在二三十年代，是第一次国际大讨论的组成部分，中国革命的现实问题是其直接诱因，老一辈著名学者如：何干之、李达、吕振羽、郭沫若、侯外庐等都参加了讨论。第二次在 50 年代，1951 年发表的童书业的《论亚细亚生产方式》是第一篇论文，而后很多学者纷纷撰文，展开了热烈讨论，但由于种种原因，进入 60 年代后讨论逐渐停息了下来。第三次在粉碎"四人帮"之后，由于总结历史经验教训的迫切需要，大量介绍国外学者研究"亚细亚生产方式"的论著对国内学术界的影响，以及国内学术界多年禁锢的初步解脱，使我国对"亚细亚生产方式"问题的讨论再度热烈起来，并于 1981 年 4 月在天津召开了第一次全国性的亚细亚生产方式讨论会。此后，由于种种原因，讨论一度沉寂，但近几年来这方面的文章又逐渐多起来，似乎预示将产生一个新的高潮。据不完全统计，自 1978 年至 1988 年，发表的论文及译文已达一百数十篇。本文将对讨论中的不同观点予以介绍。并简述笔者对亚细亚生产方式问题研究的展望。

一 关于亚细亚生产方式的涵义

（一）原始社会说

早在五六十年代，就有童书业、田昌五主张此说。近十年中，原始社会说得到不少人赞同，其中志纯、学盛的《怎样理解马克思说的"亚细亚生产方式"？》[1] 和《世界上古史纲》编写组的《亚细亚生产方

---

[1] 志纯、学盛：《怎样理解马克思说的"亚细亚生产方式"？》，《世界历史》1979 年第 2 期。

式——不成其为问题的问题》① 具有代表性。他们认为，根据《〈政治经济学批判〉序言》（以下简称《序言》），亚细亚生产方式是社会经济形态演进的第一个时代，自然是指原始社会或氏族社会形态。它有两个特点：一是原始性，即其为人类历史上第一个社会经济形态；一是普遍性，即其为全人类历史发展的必经阶段。

持此说的学者在具体的理解上又有很大差异。在天津讨论会上，徐若木认为，亚细亚生产方式并非原始社会的总体，而仅指其最后阶段，即原始公社的农业公社阶段。佘树声认为，原始社会存在氏族部落阶段和氏族公社阶段，后者是由公有制转变为私有制的过渡阶段，亚细亚生产方式着重指后者。侯方岳认为，亚细亚生产方式的原生形态是原始公社最后阶段以定居农业和地缘联系为基础的农村公社，它与以血缘联系为基础的氏族公社有质的差别，但其基本生产资料土地仍为公有，因此应归入原始公社范围内。田昌五认为，从它作为一种原生的财产形态来说，是指原始社会，但按马克思原意，这种财产形态一直延续到资本主义侵入东方之前，奴隶制和农奴制在这里既不改变劳动条件，也不改变基本的社会关系，因此，它又可以解释成一种特殊的生产方式。②

对以上说法的责难主要有：马克思在《资本主义生产以前的各种形式》（以下简称《形式》）中明确说，在大多数"亚细亚的基本形式"中存在着对公社剩余劳动进行剥削的"东方专制制度"和"专制君主"，显然，将亚细亚生产方式归入前阶级社会是不恰当的。另外，《形式》将亚细亚的、古代的、日耳曼的所有制形式，视为由原始状态演化而来的三种类型，这说明它们的排列不只有时代先后的含义，也有类型不同的含义，马克思和恩格斯多次谈到亚细亚形态在许多东方国家一直存在到 19 世纪中叶，因此，亚细亚生产方式不是指原始社会。

---

① 《世界上古史纲》编写组：《亚细亚生产方式——不成其为问题的问题》，《历史研究》1980 年第 2 期。

② 《"亚细亚生产方式"学术讨论会纪要》，《中国史研究》1981 年第 3 期。

（二）奴隶社会说

此说最早为苏联斯特鲁威等人所创立，在国内 50 年代讨论中占据统治地位，日知、王亚南、侯外庐、吴泽等人都持此说，认为亚细亚生产方式是古代东方的奴隶社会。近十年讨论中持此观点的人也很多。如黄松英认为，根据《序言》，亚细亚生产方式是对抗性的社会，并非无阶级的原始社会，它是指东方大多数国家的奴隶社会，即恩格斯所说："东方的家庭奴隶制"，这些国家的奴隶制有一些区别于希腊、罗马（即古典的）奴隶制的共同特点。[①] 林甘泉认为，马克思最初提出亚细亚生产方式时是将其视为原始的社会形态的，但这与今天所理解的原始社会并不相同，虽然其基础是原始的公社所有制，但已经产生了统治和奴役的关系，有了专制君主，公社成员成为专制君主的财产和奴隶，因此，它可以说是的奴隶社会的一种形态。[②]

对此说的责难主要来自两方面。持原始社会说者认为，马克思和恩格斯多次明确提到亚细亚生产方式是"原始共产主义"的，因此它并非奴隶社会。另一些反对此说的学者则强调，马克思和恩格斯曾指出奴隶制在东方未曾占据过主导地位，未曾直接构成社会生产的基础，因而此说不能成立。

（三）封建社会说

此说是近十年中才明确提出的。庞卓恒、高仲君认为，在马克思和恩格斯的著作中，封建制有狭义、广义之分，狭义仅指西欧的采邑加农奴的制度，后者则包括一切形式的"土地的赋役"关系。马克思和恩格斯多次论证过亚细亚生产方式或东方社会的主要土地关系是个人占有制和村社所有制以及国家的最高土地所有制，主要剥削关系是贡赋关系，

[①] 黄松英：《亚细亚生产方式是东方诸国的奴隶占有制形态》，《中国史研究》1981 年第 3 期。

[②] 林甘泉：《亚细亚生产方式与中国古代社会》，《中国史研究》1981 年第 3 期。

产品地租或地租与赋税合一的关系，因此，他们所指的主要是不同于
"拉丁—日耳曼"型封建制的东方型封建社会形态。① 郭圣铭等人也持此
说，认为马克思所说印度等地的亚细亚生产方式一直延续到 19 世纪上
半期，同样证明了这一点。②

这种观点所受到的责难主要有：恩格斯在《美国工人运动》中说，
"在亚细亚古代和古典古代，阶级压迫的主要形式是奴隶制"③，因此它
并非封建社会；如果此说成立，则必然导致东方各国自古以来停留在亚
细亚生产方式阶段的错误结论。

（四）混合阶段说

50 年代讨论中吴大琨曾一度提出过渡社会形态说，但不甚明确系
统。近十年讨论中许多学者持此观点，但具体见解与表述则距离很大。
项观奇认为，19 世纪 50 年代马克思提出亚细亚生产方式概念时，把它
排在以游牧为生的部落共同体之后，又在"古代的"奴隶制之前，恩格
斯《家庭、私有制和国家的起源》发表之后，东方社会被区分为原始社
会和奴隶社会，亚细亚生产方式中包含的混杂内容才被合理区分开来。④
苏凤捷认为，亚细亚生产方式分别属于东方一些国家私有制社会形态下
的奴隶制和农奴制阶段，在奴隶制阶段，它属于"普遍奴隶制"范畴，
在亚细亚式封建制阶段，一般不存在欧洲中世纪的农奴制度，实际上是
整个封建地主阶级的所有制。⑤ 赵克尧亦同意此说，但他认为亚细亚形
态的社会贯穿于前资本主义的原始公社制、奴隶制和封建制三个社会
阶段。⑥

---

① 庞卓恒、高仲君：《有关亚细亚生产方式几个问题的商榷》，《中国史研究》1981 年第
3 期。

② 《"亚细亚生产方式"学术讨论会纪要》，《中国史研究》1981 年第 3 期。

③ 恩格斯：《美国工人运动》，载《马克思恩格斯全集》第 21 卷，人民出版社 2006 年
版，第 387 页。

④ 《"亚细亚生产方式"学术讨论会纪要》，《中国史研究》1981 年第 3 期。

⑤ 苏凤捷：《关于社会形态问题的质疑和探索》，《中国史研究》1981 年第 3 期。

⑥ 《"亚细亚生产方式"学术讨论会纪要》，《中国史研究》1981 年第 3 期。

对此说的责难主要是：马克思在《序言》中将亚细亚生产方式与其他生产方式并列，并称之为社会经济形态演进的一个特定时代，混合阶段说显然与《序言》相抵触。

（五）东方特有阶级社会形态说

此说是近年来影响较大的一派观点。发表较早的于可、王敦书《试论亚细亚生产方式》① 一文认为，亚细亚生产方式的根本特征是：从远古时代到 19 世纪初，它一直保持着原始的公社所有制，但在东方进入阶级社会以后，这种农村公社已不同于原生的农村公社，因为与此同时，还存在着专制君主的最高所有制等各种因素，这样的社会形态，既不是原始社会，也不是奴隶社会或封建社会。在《再谈"亚细亚生产方式"问题》② 一文中，他们更明确地说："亚细亚生产方式的概念，是马克思在十九世纪五、六十年代对保留了农村公社所有制的东方阶级社会的生产方式的概括。"许多学者同意这种看法，如胡钟达认为，它是东方前资本主义时代的一种社会经济形态，与欧洲"古代的"和"封建的"生产方式都处于同一社会发展阶段。③ 吴大琨亦同意此说，但主张把它分为"古代东方国家"和"亚细亚的封建制"两个阶段。④ 持此观点的学者往往都否定五种社会形态说。

反对此说的一些人认为，这种观点可能导致否认历史发展规律的统一性。另一些反对者认为，它的主要缺陷是没有从主导的生产关系和剥削关系上去确定其社会性质。

（六）经济形式说

在 50 年代的讨论中，杨向奎已经提出了类似观点，他认为，亚细

---

① 于可、王敦书：《试论亚细亚生产方式》，《吉林师大学报》1979 年第 4 期。

② 于可、王敦书：《再谈"亚细亚生产方式"问题》，《中国史研究》1981 年第 3 期。

③ 胡钟达：《试论亚细亚生产方式兼评五种生产方式说》，《中国史研究》1981 年第 3 期。

④ 吴大琨：《从广义政治经济学看历史上的亚细亚生产方式》，《中国史研究》1981 年第 3 期。

亚生产方式并不是独立的经济形态，而是一种生产方式或制度，它实际上是指残留在奴隶社会或封建社会里的原始公社制度。① 近十年讨论中，张雅琴、白津夫明确提出：把亚细亚生产方式看作一种社会制度或一个社会阶段是不妥当的，它属经济范畴，而非历史范畴；它作为一种对抗的经济形式和古代的、封建的、资产阶级的生产方式一样，都是以私有制为基础的，但不同的是它尚未摆脱共同体的影响，在历史上也从未取得支配地位，在原始社会依附于氏族公有制形式下，在阶级社会依附于国有形式的大私有制之下。②

持不同意见的同志则认为，此说割裂了马克思主义社会经济形态学说的逻辑和历史的联系，割裂了经济基础与上层建筑的联系，把社会经济形态与社会形态两个概念对立起来，是不恰当的。

二 关于马克思、恩格斯是否在晚年放弃了"亚细亚生产方式"概念

在 50 年代的讨论中，对此就有对立的两种意见。童书业等人认为，亚细亚生产方式只是马克思探索原始公社制社会时暂时使用的一个概念，在原始社会的研究得出科学结论之后，马克思就不再使用这一概念了。吴泽等人则认为，亚细亚生产方式是马克思、恩格斯在探索原始社会奥秘时自始至终使用的一个科学术语。

近十年讨论中的不同意见基本上亦此两种。如于可、王敦书认为，亚细亚生产方式概念是马克思在 19 世纪五六十年代对保留了农村公社所有制的东方阶级社会的生产方式的概括，他当时认为这是一种既不同于希腊、罗马的古代社会，也不同于欧洲中世纪的封建社会和近代资本主义社会的特殊形态，而对原始社会尚未形成确切的概念，随着认识的深入与发展，70 年代中期以后马克思和恩格斯不再使用这一名词和概

---

① 杨向奎：《中国历史分期问题》，《文史哲》1953 年第 1 期。
② 张雅琴、白津夫：《亚细亚生产方式的症结点在哪里?》，《世界历史》1981 年第 4 期。

念，而更加强调东西方的一致性和共同规律。① 持类似观点的学者比较多，在天津讨论会上多数人倾向此说。反对此说的则有林志纯、吴大琨等人。志纯、学盛认为，无论是"亚细亚生产方式"还是"史前各文化阶段"，都是马克思主义奠基人对原始社会的科学称呼，它们出现有先后，但决不互相排斥，马克思和恩格斯从未放弃亚细亚生产方式的概念。② 吴大琨根据恩格斯的《反杜林论》和马克思的民族学笔记，肯定他晚年并未放弃亚细亚生产方式的概念。③

三　关于五种社会形态说的不同意见

人类的演进必然经过原始社会、奴隶社会、封建社会、资本主义社会和共产主义社会，这种观点在国内学术界很长时间占据着绝对的统治地位。50 年代有个别学者否认中国经历奴隶社会，结果被作为右派言论予以批判。粉碎"四人帮"以后情况逐渐发生变化，亚细亚生产方式问题讨论的深入使人们着意研究马克思的社会形态理论，不少人对五种社会形态说予以批评，并提出了一些不同的社会形态演进序列。下面分项予以介绍。

（一）对五种社会形态说的批评

凡是批评五种社会形态说的学者都认为这种学说并非马克思、恩格斯所确立。苏凤捷认为，这种学说肇因于斯大林《辩证唯物主义和历史唯物主义》一文。④ 胡钟达说，马克思和恩格斯从未对人类社会经济形

---

① 于可、王敦书：《试论亚细亚生产方式》，《吉林师大学报》1979 年第 4 期；《再谈"亚细亚生产方式"问题》，《中国史研究》1981 年第 3 期。
② 志纯、学盛：《怎样理解马克思说的"亚细亚生产方式"?》，《世界历史》1979 年第 2 期。
③ 吴大琨：《关于"亚细亚生产方式"研究的几个问题》，《学术研究》1980 年第 1 期；《从广义政治经济学看历史上的亚细亚生产方式》，《中国史研究》1981 年第 3 期。
④ 苏凤捷：《关于社会形态问题的质疑和探索》，《中国史研究》1981 年第 3 期。

态的发展和更替做过"集中的全面系统的论述"①。刘佑成则说:"五种形态理论是后人对马克思主义的附加和庸俗化。"② 对它的具体批评,除了认为它没有反映出社会历史发展的多样性之外,苏凤捷认为它将私有制的不同发展阶段(奴隶、农奴和资本主义)分别独立为三种不同的社会形态,与原始社会和未来共产主义社会放置在同一级别地互相并列,这是错误的。③ 胡钟达认为根据马克思的论述以及历史现实,"前资本主义阶级社会没有必要也没有可能分为奴隶社会和封建社会两个有前后高低之分的不同的社会经济形态"④。袁林认为,仅从逻辑的角度看,五种社会形态说有两个缺陷,一是违反了概念划分中每一次划分应当使用同一个划分标准的规则,将不等位概念并列于同一等级;二是违反了概念划分中各子项必须穷尽母项的规则,误将各社会形态间的对立关系视为矛盾关系,忽视了其间中间类型或过渡时期的存在。⑤

(二)三种社会形态说的提出

在天津讨论会上,有些学者就主张用"公有制——私有制——公有制"或"原始社会——阶级社会——共产主义社会"的发展公式来代替五种社会形态。如苏凤捷认为,奴隶社会、封建社会和资本主义社会,实际上不过是私有制和与之相应的家庭、阶级和国家正式确立、发展和完成的一个完整过程的三个阶段,它们之间的区别是量的而不是质的,不应也不能独立划分为不同的社会形态,更不应与原始社会和未来共产主义社会同等级别并列。⑥ 后来,胡钟达又提出了多层次的三种社会形态说,他认为,原始共产主义、阶级社会、共产主义社会,这是社会经

① 胡钟达:《再评五种生产方式说》,《历史研究》1986 年第 1 期。
② 刘佑成:《用马克思的社会发展理论重新划分社会形态》,《史学理论》1988 年第 3 期。
③ 苏凤捷:《关于社会形态问题的质疑和探索》,《中国史研究》1981 年第 3 期。
④ 胡钟达:《再评五种生产方式说》,《历史研究》1986 年第 1 期。
⑤ 袁林:《五种社会形态说的逻辑缺陷与马克思恩格斯的社会形态演化思想》,《史学理论》1988 年第 3 期。
⑥ 苏凤捷:《关于社会形态问题的质疑和探索》,《中国史研究》1981 年第 3 期。

济形态发展的第一个层次；阶级社会可以分为以人的依赖关系为基础的第一形态（指以奴隶制、农奴制和租税合一的贡纳制为基础的前资本主义社会）和以物的依赖关系为基础的第二形态（指资本主义社会），原始社会和共产主义社会也可以进行类似划分，这是第二层次；将前资本主义阶级社会划分为奴隶社会和封建社会，这是第三层次，但这种划分既无必要也不可能。① 刘佑成根据马克思《经济学手稿（1857—1858年）》中关于社会三种形态的论述，② 将人类社会发展划分为自然经济社会、商品经济社会、时间经济社会三种基本形态。③ 孙承叔、王东认为，人类社会发展必然经过与自然经济、商品经济、产品经济分别对应的三大社会形态，但演进的道路与形式是多样的，与自然经济对应的主要有三种生产方式，即亚细亚的、古代的、封建的；与商品经济对应的主要是两种生产方式，即资本主义和社会主义的生产方式，这五者从逻辑与历史上讲，都是一种递进关系。④

（三）多线说的提出

自从展开亚细亚生产方式问题讨论以来，就存在将亚细亚生产方式作为独特社会经济形态、认为人类社会有多样化发展道路的观点。第二次国际大讨论中更形成坚持亚细亚生产方式论的"多线说"和坚持五种社会说的"单线说"两大派。粉碎"四人帮"后，梅洛蒂、克莱德尔、太田秀通等人的多线说观点被翻译介绍于国内，引起国内学者的注意。其中以梅洛蒂《马克思与第三世界》一书影响最大。1980年，吴大琨提出"六种生产方式论"，认为梅洛蒂的书"说服力很强"，按照马克思的原意，亚细亚生产方式是一个独立的生产方式，原始社会崩溃以后，

① 胡钟达：《再评五种生产方式说》，《历史研究》1986年第1期。
② 马克思：《经济学手稿（1857—1858年）》，载《马克思恩格斯全集》第46卷上册，人民出版社2006年版，第104页。
③ 刘佑成：《用马克思的社会发展理论重新划分社会形态》，《史学理论》1988年第3期。
④ 孙承叔、王东：《对〈资本论〉历史观的沉思》，学林出版社1988年版，第9章《从亚细亚生产方式看历史过程的统一性和多样性》。

历史上出现过诸如亚细亚的、希腊罗马古典的、日耳曼的等不同方式的发展道路。① 后来他又谈到马克思在《形式》中论及的前资本主义三种不同所有制是并列的，认为从社会发展史来说，马克思实际上主张多线论。② 胡钟达认为，原始社会瓦解之后，产生了亚细亚的、古代的、封建的生产方式，它们代表的是同一社会发展阶段，是同一社会经济形态的不同类型或模式。③ 袁林认为，以《经济学手稿（1857—1858 年）》为中心，马克思、恩格斯的人类社会演化观可用下述简图表示：④

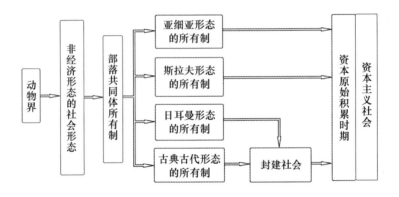

（四）对五种社会形态说的坚持

在近十年的讨论中，始终有一批学者坚持五种社会形态说，他们认为这种学说基本概括了历史发展的共同规律，它是马克思、恩格斯所创立的，项观奇曾撰《论五种生产方式理论的形成》⑤ 一文予以论证。对于多线说，他们则予以尖锐批评。如《世界上古史纲》编写组在《多线

① 吴大琨：《关于"亚细亚生产方式"研究的几个问题》，《学术研究》1980 年第 1 期；《从广义政治经济学看历史上的亚细亚生产方式》，《中国史研究》1981 年第 3 期。

② 吴大琨：《从广义政治经济学看历史上的亚细亚生产方式》，《中国史研究》1981 年第 3 期。

③ 胡钟达：《试论亚细亚生产方式兼评五种生产方式说》，《中国史研究》1981 年第 3 期。

④ 袁林：《五种社会形态说的逻辑缺陷与马克思恩格斯的社会形态演化思想》，《史学理论》1988 年第 3 期。

⑤ 项观奇：《论五种生产方式理论的形成》，《历史研究》1987 年第 6 期。

说还是单线说》① 一文中，批评多线说违背历史事实，认为，应当将东方社会分为两部分来看，一部分是最早进入文明的地区，它的历史发展过程与西方基本符合于同一历史发展规律，另一部分是公社尚未解体、进化程度不等的后进地区，西方的爱尔兰公社、日耳曼公社、斯拉夫公社也属于同一范畴，这些小小公社的停滞性为东西方一定时期和地区的历史文化所共享，同样应归于一元或单线发展的范围。有些学者还反对用单线说和多线说的对立来概括在社会经济形态问题上的不同认识。如林甘泉认为，无论多线说或单线说，都可做不同理解，多线说可以理解为否认不同国家和民族历史发展的共同性，而这种共同性正是必须坚持的一个马克思主义基本观点，因此，多线提法反映不出社会历史发展的重复性，单线提法则易被误解为单一模式，从而忽视不同国家和民族历史发展的多样性。②

四　关于亚细亚生产方式与东方各国特别是中国历史实际的关系问题

近十年讨论中，围绕这个问题发表了各式各样的观点，显得很纷杂，但概括起来，主要讨论了下述两个问题。

第一个问题是：在马克思、恩格斯著作中，只有《序言》和《资本论》第一卷第一章直接提到"亚细亚生产方式"，但关于亚细亚、亚洲古代社会、亚细亚的公社所有制以至古代东方、东方社会的论述却相当多，那么，这两者究竟是不是一回事？亚细亚生产方式究竟是地理概念还是经济范畴？在 50 年代的讨论中，针对此问题就形成了对立的两派。近十年讨论中基本上也是两派，一派认为这不是一回事，亚细亚生产方式是经济范畴。如林甘泉认为，把亚细亚所有制和作为特定社会经济形态的亚细亚生产方式完全混为一谈，这正是争论长期得不到解决的一个

① 《世界上古史纲》编写组：《多线说不是单线说》，《世界历史》1981 年第 5 期。
② 林甘泉：《亚细亚生产方式与中国古代社会》，《中国史研究》1981 年第 3 期。

重要症结；马克思和恩格斯经常谈到的亚洲社会的一些特点，我们不能将其归结为对亚细亚生产方式的说明，更不能据此得出亚洲各国始终停留在亚细亚生产方式的结论。① 田昌五认为，亚细亚生产方式是指一种社会形态，并不限于亚洲，亚洲各国也并非都具有这种社会形态，它在亚洲有地域与民族的限制，地域上指土耳其、波斯、印度斯坦，民族上指亚洲的雅利安人。② 另一派则相反，认为亚细亚生产方式与亚洲社会、古代东方等是相同概念。但其中又有两种看法，一种认为"亚细亚"和"古代东方"都是地理概念，如黄松英说："亚细亚生产方式的'亚细亚'，就是指亚细亚（Asia）洲这个地理范围"，马克思是把具有共同特点的东方诸国的奴隶制总称为亚细亚生产方式，确切一点说，是"大多数的、基本的亚细亚"国家，而并非所有东方古国。③ 第二种看法则认为"亚细亚""东方"并非地理名词。如《世界上古史纲》编写组指出，亚细亚生产方式的"亚细亚"和东方社会的"东方"，在特定的含意范围内，都不是地理名词，将其理解为地理概念以实行所谓"古代东方"与"古典世界"两分法，从而使亚细亚生产方式与古代生产方式相平行、相对立，这是不对的。④ 吴大琨在确认东方社会就是以亚细亚生产方式为基础的社会的同时，也认为"亚细亚"并非地理名词，这种特殊的生产方式可以存在于亚洲以外的地区，如墨西哥、秘鲁。⑤

第二个问题是：亚细亚生产方式是否包括中国？是否适用于中国？对此有截然相反的两种意见。一种意见是完全否定的，如田昌五认为，亚细亚生产方式肯定不适用于中国历史，不仅如此，把第三世界千差万

① 林甘泉：《亚细亚生产方式与中国古代社会》，《中国史研究》1981 年第 3 期。
② 田昌五：《亚细亚生产方式问题的问题》，《中国史研究》1981 年第 3 期。
③ 黄松英：《亚细亚生产方式是东方诸国的奴隶占有制形态》，《中国史研究》1981 年第 3 期。
④ 《世界上古史纲》编写组：《亚细亚生产方式——不成其为问题的问题》，《历史研究》1980 年第 2 期。
⑤ 吴大琨：《从广义政治经济学看历史上的亚细亚生产方式》，《中国史研究》1981 年第 3 期。

别的历史情况统统塞进亚细亚生产方式的做法也未必符合马克思主义。①
胡钟达认为，马克思所说的"东方社会""亚细亚生产方式"虽然包括
当时的中华帝国，但并不符合中国历史实际。② 另一种意见则予以肯定。
如吴大琨认为，中国应是与埃及、巴比伦等国家一样属于同一类型的古
代东方国家，即亚细亚式的国家，中国的历史发展是亚细亚生产方式理
论的最好例证。③ 庞卓恒、高仲君观点类似，认为"中国是亚细亚生产
方式的故乡之一"，从春秋战国以后，直到西方殖民主义入侵之时，具
有亚细亚生产方式特征的中国的基本社会结构并未发生根本性的变化。④

五　对亚细亚生产方式问题研究的展望

　　亚细亚生产方式问题是个难度很大的问题，几乎可以称之为马克思
历史观中的"哥德巴赫猜想"，它不仅是马克思主义理论和历史科学理
论研究中的重大问题，而且同哲学、经济学、政治学、法学、考古学、
民族学、社会学等学科的研究都有密切关系，因此这个问题的解决需要
各学科联合作战，扬长避短，而研究这个问题的进展又会大大推进社会
科学各学科自身的发展。近十年讨论中已经出现了多学科联合攻关的苗
头，今后应使之进一步巩固和发展。

　　亚细亚生产方式问题已经讨论了半个多世纪，需要对它进行一番总
结，以利再战。笔者认为，首先需要对问题本身进行清理，进一步清楚
研究的目标。多年讨论中亚细亚生产方式问题都被作为牵扯面很多的一
个问题来研究，笔者认为应由两个问题群取而代之。一个问题群完全局
限于思想史的范围之内，即必须弄清楚马克思主义创始人在怎样的历史

---

①　田昌五：《亚细亚生产方式问题的问题》，《中国史研究》1981 年第 3 期。
②　胡钟达：《试论亚细亚生产方式兼评五种生产方式说》，《中国史研究》1981 年第
3 期。
③　吴大琨：《从广义政治经济学看历史上的亚细亚生产方式》，《中国史研究》1981 年第
3 期。
④　庞卓恒、高仲君：《有关亚细亚生产方式几个问题的商榷》，《中国史研究》1981 年第
3 期。

背景之下，怎样提出了亚细亚生产方式的概念，又对它进行了怎样的论述，而暂时不必考虑它与历史事实本身的对应程度如何。一个问题群则局限于历史事实范围之内，即我们如何对历史上出现的形形色色各不相同的社会有机体进行恰当的横向与纵向的分类，怎样恰当地对其予以分型和分期，怎样把握其社会结构的同一性与差异性，而暂时不必考虑马克思主义经典作者的具体论述。这两方面成果的有机综合将会为解决问题打开坦途。当然，这两个问题群是很难彻底分开的，但在具体研究中至少可以有所侧重，有意识地区分两者可以使问题的提法更为合理，减少盲区，也减少无谓争论，从而使研究取得切实的进展。

1982 年以后，国内亚细亚生产方式讨论虽暂处于沉寂之中，但有关论文的发表并未完全中断。近几年来，随着改革实践所带来的新的理论问题的研究，社会形态问题和亚细亚生产方式问题又为学术界所注意，仅仅为了改革的深入，也需要对亚细亚生产方式问题进行大规模的研究与讨论。可以预见，一个亚细亚生产方式问题讨论热潮很快会在国内出现。

（原载《社科纵横》1991 年第 1 期）

也论规律

——同王和、周舵同志讨论

对于 1949 年以后的大多数史学研究者来说，历史规律是个极其重要的概念：史学研究的终极目的是探求人类历史的规律，五彩缤纷的人类历史的基本解释是其本身所固有的规律，史学研究的根本价值在于探寻人类历史的基本规律，以指导今天的实践，等等。但是，历史规律究竟是什么？作为一个概念，它有什么基本的规定性？这些问题至今仍含糊不清。历史学要使自己更为科学，史学理论要上升到新的水平，就必须努力廓清历史规律这类扑朔迷离的概念，争取在一些更为清晰的概念基础上，建立起更为科学完整的史学理论体系，这已经成为中国史学界最急迫的任务。在对历史规律概念的重新考查与研究方面，王和、周舵《试论历史规律》[①] 一文有筚路蓝缕之功，其见识令人佩服，笔者赞同他们的许多观点，但也认为，他们的研究还有必要继续向前推进。本文试图在他们研究成果的基础上，就有关一些问题谈谈自己的看法，目的是抛砖引玉，以期引起更多的研究和讨论。由于"什么是历史规律"这一问题的解决，更多取决于"什么是规律"问题的解决，而篇幅又非常有限，因此本文集中讨论规律问题，至于作为规律之一的历史规律的有关问题，此后将另文讨论。

---

① 王和、周舵：《试论历史规律》，《历史研究》1987 年第 5 期。以下所引王和、周舵同志观点均据此文，不再出注。

一 重复性问题

王和、周舵在澄清规律这一概念时，对重复性（或表述为可重复性）予以极大注意，他们下定义说："所谓事物的规律性，是指事物在一定条件下所具有的可重复的一一对应及多一对应的变换关系或概率性重复的变换关系的特性"，认为，任何事物只要具有可重复性，那么就有某种规律可循，并将重复性作为历史规律的首要基本属性。显然，在他们看来，重复性是规律第一位的内在规定，是规律的必需条件，无此便谈不到规律。笔者同意这种看法，相对于传统的规律定义，它具有更大的明晰性和可把握性，因而更加合理。具有重复性的任何事物都一定存在着某种规律，任何规律都包容着一定事物的重复性，而对于不具备重复性的事物来说，规律显然无从谈起，这个结论在逻辑上是合理的，也与经验事实相符合。

但是，这里马上就产生一个问题：所谓事物的重复性是否存在？如果存在，是在什么意义上存在？如果我们把事物的重复性看作事物本身所具有的、不以人的存在为转移的一种绝对客观的属性，那么，事物重复性的存在不外有两种可能，一是在相同时间的不同空间出现了相同的事物，一是在不同的时间出现了相同的事物，也就是说，可以从共时性重复和历时性重复两方面来考察。如果从时空两方面来看，某事物都是独此一家，别无分店，那么，在它身上就不存在重复性。只有相同的事物出现，才能谈得上有关事物的重复性。然而，世界上任何事物都是具体的、变化的，因而都是特殊的，个别的，都是独此一家，别无分店，无论在不同的时间还是不同的空间，都没有完全相同的事物，因此，事物自身所具有的不以人的存在为转移的绝对的重复性是不存在的，也不可能存在。有些学者认为，"历史从来不会在完全相同的情况下重复"，并以此作为人类历史区别于自然科学研究对象的基本特征之一。[①] 历史不会在完全相同的情况下重复，确实如此，但同时我们可以反问一句，难道有什么东西可以在完全相同的情况下重复吗？其实，先哲们早已形象地指出过事物在时、空两方面的不重复性，"世界上没有两片树叶是相同的"，"人不能两次踏进同一条河流"。这个结论不仅产生于哲学思考，也可以从经验中获得。人们在现实生活中观察到了许许多多各不相同、各具特点的事物，而且在认识过程中也屡屡发现，随着认识的深入和认识方面的增多，曾经被认为完全相同的事物暴露出其间差别，曾经被认为不变化的事物呈现出前后的不同。人们之所以把本不相同的事物看着相同，要么是由于认识的肤浅，尚未观察到其间的差别，要么是根据实践活动的需要，认为可以不考虑其间的差别。例如对建筑工人来说，只要大致具有一定范围以内的形状和强度，所有的砖块都是相同的，因而是可重复的。但是，这种相对于一定实践活动的相同只是人们摒弃不同的结果，并不说明客观事物本身就是相同的。客观事物的不同是绝对的，因而不可能存在客观事物无条件的绝对的重复性。

有人会反驳说，不对！事物是可以重复的，例如太阳每天东升西落，这个例证总结自日常生活，符合人们的经验事实，但从科学的意义上来说，它以及由它导出的结论都难以成立。首先，这里所说的重复性被限制于由实践、认识主体——人所确定的某种参照系之下，是在人类认识活动中依据这个参照系对事物予以某些改造才形成的，并不等于事物本身。所谓太阳每天东升西落，只是相对于地球表面中低纬度而言的太阳运动的描述，它将太阳运动限定在这一特定参照系之下，抛弃了太阳相对于其他物体的更加复杂多样化运动的方面，从而将复杂、多样的运动改造成为简单有限的运动，由此产生了太阳运动重复性的结论，如果变换了参照系，上述所谓重复性便荡然无存，例如相对于银河系中心而言，太阳运动轨迹便是极为复杂的曲线。其次，这个例证对其涉及的

---

① ［苏联］康恩：《哲学唯心主义与资产阶级历史思想的危机》，生活·读书·新知三联书店1961年版，第307页。

客观事物予以了改造，有所择取，有所舍弃，如对太阳，舍弃了其本身结构及相对空间位置等等的变化，将历时的变动体改造为抽象的固定体，又如所谓"东升西落"，不仅舍弃了地球的变化，将其改造为抽象的固定体，而且相对于地球运动而言的"东""西"，也是对众多事物现象的抽象，舍弃了其间的差别，例如今天之东与昨天之东的差别，东偏北5°与东偏南5°的差别等等。由此可见，人们认为是重复出现的事物，实际上则是在人类认识活动中对客观事物予以改造的结果。这种改造有两方面的内容，一是以人的主体实践活动为依据，舍弃有关事物本身的运动变化，将历时的变动体改造为抽象的固定体，摒弃其历时的差别，从而得到某一事物在异时的重复；二是由实践主体设定特定的参照系，对立于在时、空两方面都呈现繁杂多样的客观事物，以此为依据抽取有关事物的相同之处，摒弃其共时和异时的差别，从而得到不同事物的重复性。上述的具体参照系可以是实践主体确定的某一自然物，也可以直接是进行主体实践活动的人本身，而前种形式的参照系同时又是改造自然物的结果，实践主体以自己的实践活动为依据，舍弃了某一自然物自身的运动变化，将其改造为抽象的固定体，以作为参照系而与客观事物相对立，因此就最终的意义来说，参照系无论取何种形式，本质上都是人的主体实践活动。从这个角度来看，以上所谈对客观事物改造的两方面内容，在本质上可以归结为一点，就是以人的主体实践活动为参照系，择取客观事物的相同之处，摒弃其不同之处。可见，绝对客观的重复性并不存在，而人们所说的事物重复性存在于人类认识活动之中，即主客体关系之中，它是实践、认识主体对客观事物予以改造的结果，这种改造可能是有意识的，也可能是无意识的，但只要试图得到有关事物重复性的认识，就必须对其予以改造。

这样，在事物的重复性问题上，主体与客体既呈现出联系，因为重复性产生于主客体关系之中，又表现出矛盾，客观事物自身的不重复性与作为人的认识活动成果而积淀于主观世界的事物重复性互相对立，要解决这个矛盾，使主体与客体切实地统一起来，就需要考察产生于人类认识活动之中的事物重复性的确定内涵，以及其存在的依据。这个矛盾是从一个特定方面表现出来的主体与客体的矛盾，它深入到了哲学的腹心地区，因为"由实践分化活动所形成的属人世界与自然世界的矛盾关系，就是哲学世界观理论所要认识和说明的基本内容；而构成属人世界与自然世界关系之本质内容的主观与客观、主观世界与客观世界的矛盾，也就成为哲学理论所要解决的基本矛盾"①。所以，在重复性问题上，主客观之间矛盾的解决，不仅关系到规律问题的解决，也涉及哲学基本矛盾的解决，这就使对它的研究既非常重要又相当困难。

事物重复性的内涵可以从主体和客体两个角度来进行考察。从主体方面来说，它是以人的主体实践活动为参照系，对客观事物所具有的信息予以选择，择取相同之处、摒弃差异之处的结果。所谓以人的主体实践活动为参照系，就是说以人所确定、改造了的一定自然物或直接以进行主体实践活动的人与客观事物相对立，成为择取客观事物重复性的标准或对照物。所谓选择，则是说面对客观事物所具有的无限复杂、多样、丰富的信息内容，人以一定的具体参照系为标准，择取其中有限的一部分，抛弃其余绝大部分。参照系的确立和对客观事物信息的选择都是由人自主进行的，但这种自主性并不意味着可以为所欲为，它被人的认识能力、认识需要、认识方式所限定，因而事物的重复性也就为其所限定。就"太阳每天东升西落"这一例证来说，古人得到这一重复性的结论，为其认识能力所限定的，他们确实认为有太阳这一个实体每天重复地从大地的东方升起，又降落于大地的西方，今人得到这一结论，则为其认识需要所限定，他们并非不知道这是地球自转的结果，也并非完全不知道地球、太阳及其运动轨道处于复杂的变化之中，他们停止于此是因为这已充分满足了他们的日常生活需要，人们使用太阳、每天、东、西、升、落这些概念，既抛弃了事物本身的变化，如置太阳每天仅因能量辐射就损失 4000 亿吨物质的变化于不顾，又对事物仅仅予于模糊的反映，如东、西之类概念所反映客观事物的界限并不截然分明，这样，用简单、固定的概念表现复杂的事物，然后义用简单、固定的判断

---

① 高清海：《哲学与主体自我意识》，吉林大学出版社 1988 年版，第 3 页。

联系上述概念，用以将一个复杂变化、并不重复的事物运动，表述为一个简单、重复的事物运动，这是人的认识方式所限定的结果。一定的人的认识能力、认识需要、认识方式不过是一定的人类实践活动历史的凝结，或者说是人类实践历史一定片段的表现，它当然为人的主体实践活动所严格地决定和限定着。总之，从主体方面看，事物的重复性是人对客观事物信息的自主择取物，这里所说的人的自主性就是人的实践性，因此，事物重复性在主体方面的依据最终应归结为人的主体实践活动。

从客体方面来说，事物的重复性则是在时、空两方面都呈现复杂差异的一些事物相对于人的主体实践活动而存在的同一性。这里所说的同一即相同，也就是说，在相对于人的主体实践活动这一特定条件下，一些本不相同的事物丧失了差异，从而表现为相同的事物。例如砖块，不同的砖块有差异，但当它们成为客体，与进行特定实践活动的建筑工人相对立时，不同砖块间的差异丧失了，转变为相同的砖块。事物的同一性是普遍存在的，只要实践、认识的主体——人确定了某一具体的参照系，并使之固定化，那么就总有一些事物相对于此参照系呈现出某种具体的同一性。铁球、铁屑、钢轨相对于磁铁呈现出同一性，它们都会为磁铁所吸引；红土、红花、红布相对于人眼呈现出同一性，它们都使人得到红的感觉；陈胜起义、二次世界大战、"文化大革命"相对于历史学家呈现出同一性，它们同是作为史学研究对象的历史事件；等等。事物的同一性又是有条件的和具体的，一方面，任何一种事物同一性的存在，都必须以经过改造的一定的自然物或直接以一定的人作为参照系，这个参照系是其必须条件，无此则任何事物同一性都无法存在；另一方面，一定参照系的确定，又使得与此参照系相对应的同一性所覆盖的客观事物成为确定的，确定的参照系与确定的客观事物相对立，便使与此相应的同一性成为确定的，具有其他同一性所不具有的一定特点和规定性，从而是具体的。例如砖块的同一性必须以从事建筑活动的工人为参照系，无此必需条件，则砖块个体互不相同，而与从事建筑活动的工人相对立的砖块只能是用于建筑的砖块，这两方面的确定就使这里所说的砖块同一性具有了自己特定的规定性，从而是具体的。

事物的重复性有着主观与客观两方面的内涵和规定性，这两方面互为条件，互相依存。它的主观规定性是人对客观事物信息的自主选择，但其前提却是客观事物所具有的相对于人的主体实践活动的相同属性，即同一性；它的客观规定性是客观事物相对于主体实践活动的同一性，但其前提却是人对一定参照系的确定，以及据此参照系对事物信息的部分择取。例如，太阳和一只燃烧的蜡烛具有重复性，即其中一事物的发光发热的现象，在另一事物那里重复出现了，这一特定重复的主观规定性是实践主体——人对太阳和蜡烛发热发光属性的自主择取，其前提则是太阳和蜡烛发光发热的同一性，一块花岗岩就不能与其具有同一种重复性，因为它没有发光发热的属性。这一重复性的客观规定是太阳与蜡烛发光发热同一性，其前提则是人从特定的认识角度即特定的参照系对太阳和蜡烛属性的一定择取，如果变换角度，将参照系确定为观察质量大小，则其间差异岂止千里，如果将参照系变为考察是否有生命，则它们与花岗岩具有同一种重复性。事物重复性具有主客观两方面的内涵规定性，其原因在于人类实践、认识活动将世界割裂为主观世界和客观世界两个对立的部分，而事物重复性只能存在于这种对立之中，仅仅有客观事物，则只存在各具差异的不同个体。仅仅有人，则其信息择取无从着手。然而也正是在事物的重复性上，主观世界与客观世界表现出切实的统一，主体所自主择取的只能是客体所具有的同一性，客体本身的同一性又只能相对于主体而存在，通过人的主体实践活动，对立的主观世界与客观世界成为事物重复性的两个方面或两种存在形式，在事物重复性中实现了统一。

综上所述，事物重复性的内涵，就是一定主体的自主择取与一定客体的同一性之统一。既然事物重复性具有主客观两方面的规定性，那么它存在的依据究竟何在呢？笔者认为在于主体与客体的对立统一关系，或者换一种说法，事物重复性形成和存在的方式，也就是进行主体实践活动的人认识、把握客观世界的基本方式的一种具体表现，前者从后者得到说明。限于篇幅，这里只做简略叙述。

如果我们把一个事物的具体属性，或者说其具体规定性看作它所包含的信息，那么任何一个事物所包含的信息都是无限的，这不仅因为任何事物都是可以无限分析的，也因为任何事物都与他事物有着无限多的联系，在这种具体的联系中，一事物与它事物的差别便成为该事物的具体规定性，成为它之所以是它的一种依据，事物在相互联系中相互规定了各自的属性。例如太阳之所以成为具体的太阳，不仅因为它的内部结构是可以无限分析的，也因为它与诸如地球、地球上的植物、天狼暗伴星等等无限多的事物有联系，由此产生了无限多的差异，使太阳得到了无限多的属性规定。太阳与地球在引力联系中，表现出相互间引力影响的差异，从而互相规定了其引力方面的属性，在光线联系中表现出产光与反光的差异，从而互相规定了其有关光的属性，等等。与此相对，人——无论作为个人、社会还是整个人类——的实践、认识能力却是有限的，以有限去认识、把握无限的唯一可能方式，就是化无限为有限，对客观事物所具有的信息择取某些部分，抛弃某些部分，而这样做的最好办法，就是在主体实践活动中将主观世界与客观世界严格区分开来，然后在主客观世界的对立统一关系中，自主地择取客观事物的同一性。确定了一个具体的参照系，便使一些事物相对于此参照系呈现出一定的同一性，人通过认识、把握这种同一性，就从一定属性的角度认识和把握了这些事物。

作为实践主体的人可以自主地确定和变换具体的参照系，通过这种活动，一方面可以使一种同一性覆盖某一范围内的许多事物，乃至覆盖一切与人的实践发生关系的事物，例如表示与作为主体的人相对立的"客体"这一概念所反映的同一性便是这样；一方面又可使一个事物为多种同一性所覆盖，成为多种同一性的交叉点，例如太阳与燃烧的蜡烛有发光发热的同一性，与牛郎星有恒星的同一性，与氢弹有热核反应的同一性，与葛洲坝水电站有产生能量的同一性，与一切客体有对立于人类精神活动的同一性，等等，太阳便成为这种种同一性的一个交叉点。任何同一性都并非可以覆盖一切事物，因此任何同一性都意味着其所覆盖的事物与其他事物有差异，从而规定了这些事物个体相应的一定属性，而交叉于某一事物的多种同一性则规定了该事物相应的多种属性。

由于人的实践活动的多方面性和丰富性，事物便具有了数量庞大的同一性种类，而且随着实践的发展，同一性种类还在不断增多，但是，人的实践活动毕竟是有限的，从而事物同一性的种类也只能是有限的，其证明就是作为事物同一性之主体思维反映形式的概念及概念间联系数量的有限性。

这样，通过人的积极的主体实践活动，就形成了一个可以覆盖所有客体但又是有限的同一性之网，作为主体的人运用这张同一性之网便可以十分有效、简便、节约地认识和把握客观事物。例如我们对纺织品的认识和把握，通过主体积极的实践活动，设立适当的具体参照系以择取其同一性，在颜色方面可得出赤橙黄绿青蓝紫 7 种同一性，相应形成 7 个概念，在原料方面得出纯棉、纯毛、纯麻、化纤、棉麻混纺、毛涤混纺 6 种同一性，相应形成 6 个概念，在质量等级方面得出特等、一等、二等、三等、等外 5 种同一性，相应形成 5 个概念，在纺织精细程度方面得出粗纺、中纺、细纺、精纺 4 种同一性，相应形成 4 个概念，这些种类的同一性互相交织，形成一个可以覆盖所有纺织品的同一性之网，任何一个具体的纺织品个体在这种网中都有对应的位置。这样，人通过把握这张同一性之网，总共只需认识、把握 $7 + 6 + 5 + 4 = 22$ 种同一性，使用 22 个概念，便可以把握诸如"一等精纺黄色纯棉纺织品"等事物种类 $7 \times 6 \times 5 \times 4 = 840$ 类，而这中间的每一类作为一种同一性，又覆盖着许多相应的具体事物，从而实现了以少驭多。编织进一个同一性之网的同一性种类越多，层次越丰富，其间联系越复杂，那么这张网所覆盖的事物种类就越多，借助它就更能实现以少驭多。任何科学体系以至于语言体系都是用概念及逻辑关系所反映出来的一定的同一性之网，它是相应的人类实践活动的历史产物，也是相应的社会产物，正是在人的实践历史之中，个人的实践活动转化为社会的实践活动，以个人实践活动为参照系的事物同一性之网随之转化为以社会实践活动为参照系的同一性之网，而一定的科学体系和语言体系只能是社会性的同一性之网的反映。人类正是通过这种同一性之网去把握客观世界，这是人类认识世界的基本形式，也是人类能够以自己有限的认识能力把握无限复杂的客观世界的原因所在。不仅如此，人类又依据这张同一性之网上的一些不与现存事物直接对应的纽结，创造出了诸如狮身人面神、美人鱼、龙等客观世界并不存在的概念，创造出了诸如玻璃布、机器人等客观世界原本不存在的事物。这些概念和事物都有自己在客观事物同一性方面的依据，对应于事物同一性之网上的某个纽结，例如龙便对应于鹿角、虎嘴、牛耳、蛇身、鱼鳞、骆驼头、鹰爪等事物同一性所交汇的那个纽结。

　　客观事物相对于人的主体实践活动而产生、存在和展现出来的同一性之网，使人类认识活动具有了极大的容量，人通过这种同一性之网，不仅可以认识和把握已有的事物，还可以从意识上或实体上创造出一些原来没有的事物。由于人的主体实践活动，客观事物的同一性之网不仅覆盖了已有的客体，也覆盖了一些目前尚不存在的事物，它们对应于同一性之网上那些不与现实事物相对应的纽结，这样，与某一种同一性相连接的若干个纽结有的可能对应于现实事物，有的则不与现实事物相对应，于是，相对于人的主体实践活动来说，不对应于现实事物的同一性展示了客观事物发展的某种可能性空间。例如，天鹅这一事物同一性与黑白赤橙黄绿青蓝紫等各种颜色同一性相交叉，形成了若干个纽结，其中有的覆盖了已有事物，如白天鹅、黑天鹅，有的则覆盖了未有事物，如红天鹅、绿天鹅等，它们构成为天鹅这类事物发展的可能性空间，将来有可能出现红、绿天鹅。存在于同一性之网中的事物发展可能性空间，为人类的实践、认识活动从现在过渡到未来提供了可能和手段，使人得以根据已有事物预测和推断未来事物。现实的同一性是已存客体相对于已存主体而形成和展现出来的同一性，它覆盖已存在事物，但未必肯定能覆盖未来事物，因为客体与主体都处于不断的变化之中，如果肯定现实的同一性之网必定覆盖未来事物，那就意味着终止了客体与主体两方面的发展变化，这是不可能的。现实同一性交织而成的同一性之网中的可能性空间，使人根据已经把握的现实同一性，既可以假定未来事物能为现实同一性所覆盖，也可以假定未来事物能为同一性之网中某些空白纽结反映的同一性所覆盖，从而使人得以把自己的实践活动作为一个新的能动的因素加入事物发展之中，根据人的价值取向，在多种可能中予以选择，以此认识和把握未来，实现对未来事物的预测和推断。因此，可能性空间的存在，为人的主体能动作用创造了客观条件。当然，预测与推断不是断定，人们永远无法毫无余地、百分之百地断定未来事物是怎样的，但可能性空间的存在，毕竟为人们推断未来事物提供了一种现实的基础，同时又给予了明确的限定，因为人们对事物发展可能性的设定不可能跳出事物发展的可能性空间，或者说前者不过是后者的一种反映。

由以上分析可见，客观事物相对于人的主体实践活动而形成和展现出来的同一性之网，或者说，人通过同一性之网认识、把握客观事物的这种认识世界的基本方式，为事物的重复性提供了依据。某种具体事物的重复性不过是一定主体对在历史中形成的一定同一性之网上若干线条和纽结的择取，或者说，是一定同一性之网上若干线条和纽结相对于一定主体的显像存在。由于人类的实践活动，客观事物相对于人的主体实践活动而形成和展现出来的同一性之网，为主观世界与客观世界的统一提供了具体的形式，同样也为作为实践成果而积淀于人类认识中的事物重复性与客观事物本身的不重复性之统一提供了具体形式。

事物重复性的基本内涵决定了它的两个基本特征：一是任何重复性所覆盖的客观事物都是确定的和有限的，二是任何两个客观事物之间都可以寻找到一定的重复性。先看第一个特点，任何重复性都存在于具体的主客体关系之中，是一定主体的自主择取与一定客体的同一性之统一，这就意味着它所覆盖的客观事物只能是处于这种具体主客体关系之中的确定客体。一方面，由于这种具体的主客体关系是现实的、确定的，处于其中的一定客体当然也是现实的、确定的；另一方面，人的实践活动的有限性决定了客体的有限性，而处于某种具体主客体关系中的一定客体又只是客体中有限的一部分，因此它当然也是有限的。这个特征决定了任何重复性都是确定的和有限的，从而是具体的。事物重复性的覆盖范围有其最大限度，这就是相对于一定主体而存在的所有客体，空间上在一定界限之内，时间上只能包括过去，在此之外的事物能否被覆盖是待定的。例如，相对于中世纪欧洲人这一特定主体来说，天鹅是白色的这一重复性就有明确的时空界限，不能超出其客体范围，因此，它能否覆盖澳大利亚的黑天鹅只能是待定的。这一特征使人类永远不可能凭借已知事物的重复性对非客体事物的重复性做出任何断定，而只能是根据已知的重复性，根据同一性之网中的事物发展可能性空间，根据人的能动的主体实践活动，予以预测或推论。再看第二个特征。任何重复性都包含有主体的自主择取这一因素，这就意味着作为主体的人可以根据实践需要变换具体的参照系，使一定的客观事物相对于不同的参照系呈现出不同的同一性，而任何一个事物都与其他无限个事物有联系，因此可以面对无限个具体参照系，所以，在任何两个事物之间，都可以通过适当变换参照系而使其呈现同一性，找到其重复性。如太阳和燃烧的蜡烛有发光发热的重复性，草履虫与大象有动物的重复性，物质运动与精神活动有作为认识对象的重复性，任何两个事物最终都可以作为客体而具有重复性。这个特征使重复性具有很强的适应能力，可以轻松地迎接许多新事物，一个新事物出现，只要适当变换某一个或某几个参照系，便可轻易地与原有事物获得重复性。例如，当黑天鹅作为一类新事物出现在人们面前时，只要适当变换参照系，选取天鹅颜色的同一性为非彩色，那么黑天鹅与白天鹅便轻易地获取了重复性。

若从本文所述的重复性内涵来看历史，则历史及历史学便从超凡脱俗的天空回到了人间，与其他事物及相关学科处于同等地位。史学界以及哲学界有一种较为普遍的观点，认为历史不具备重复性，因而，历史学与其他学科有着根本的区别。王和、周舵就认为，历史是不可能再现的，所以历史学的对象不存在严格意义上的重复，历史规律对重复性的研究"仅仅是指对那些具有相似性的同类历史现象和过程的研究"。持这种观点较极端者，则将历史的这种所谓特殊性极其夸大，否认历史中存在重复性，从而也否认历史规律的存在，将历史学排斥于科学之外。德国哲学家李凯尔特说："历史概念，亦即就其特殊性和个别性而言只发生一次的事件这个概念，与普遍规律的概念处于形式的对立之中"，"由于规律概念所包含的仅仅是那种永远可以看作是无数次重复出现的东西，所以历史发展的概念和规律的概念是互相排斥的"①。意大利哲学家克罗奇则将历史学归于艺术，他认为，凡把特殊变成一般概念，就是科学，凡按本来面貌看待特殊，就是艺术，由于史学不是创造一般概念的，而是通过特殊的具体性来再现特殊，所以史学不是科学，而是艺术。② 可见，无条件否认历史重复性的存在，便从根本上瓦解了历史科学存在的基础，使之被挤出科学的范畴之外。

本文在前面的讨论中已经说明，客观事物自身无条件的、绝对的重复性并不存在，无论在时间上还是空间上的任何两个事物都有差别，在这个意义上，自然界与人类历史并无区别，其中的任何事物都是仅此一家，别无分店，因此不能说自然界存在重复性而人类历史不存在重复性，不能说自然界有规律而人类历史无规律，不能说自然科学是科学，而历史学是非科学。以纯客观的存在物来看，人类历史并没有根本的特殊性，它所具有的不可重演、不重复性是任何事物都同样具有的，因此历史学与自然科学是同等的。而且，在不与人的主体实践活动相对立的条件下，无论是纵向还是横向，任何事物之间差别的程度也无法比较，因为任何事物的具体规定性都是无限的，任何事物之间的差别也是无限的。例如，我们不能说土星与金星之间差别的程度就大于或小于两个电子、两个人、两个社会之间差别的程度，因此，也不能说人类历史的多样性和复杂性程度就比自然界高。另一方面，当我们将人类历史和自然界同样作为人类实践、认识活动的客体来看时，它们也并不存在根本差别，只要适当确定了具体的参照系，它们同样能呈现出同一性，存在重复性，使人得以形成一般概念，产生规律认识。人们之所以过分看重了历史及史学的特殊性，原因之一是没有把握住实践这一根本的环节和内容，不是从人的主体实践活动角度去看人类历史，不是把它作为与实践

---

① ［德］李凯尔特：《文化科学和自然科学》德文版第 18 页，《自然科学概念形成的界限》德文版第 225 页，据涂纪亮《亨利希·李凯尔特》，转引自《现代西方著名哲学家述评》，生活·读书·新知三联书店 1980 年版，第 26 页。

② ［意］克罗奇：《从艺术的一般概念来看历史》，转引自［苏联］康恩《哲学唯心主义与资产阶级历史思想的危机》，生活·读书·新知三联书店 1960 年版，第 143 页。

认识主体——人相对立的客体，而是从所谓纯客观的角度把它看为与人的实践无关的纯客观的事物，从而将本应由进行实践活动的人所占据的主体位置，拱手让与历史自身。当然，目前的史学发展水平尚待提高，其以特殊的具体性再现特殊的色彩仍十分浓厚，但即便在这种情况下，史学也并非纯客观地反映和再现历史，而是用择取、把握历史同一性的方式去把握历史，因此对历史信息总是有所择取，有所舍弃。无论历史学者对历史的认识和描述何等具体细致，他总要在一定程度上抛弃每一天的具体差别，予以时期、阶段性的认识和把握，从而抽取了不同时间的历史同一性，舍弃了其差异；也总要在一定程度上抛弃各个居民点之间的具体差别，予以地区性的认识和把握，从而抽取了不同地点的历史的同一性，舍弃了其差异。历史学者要认识和描述历史，就必须有择取和舍弃，从而把握历史的各种具体同一性，这实际上仍然是变特殊为一般，只是程度、层次较低而已。目前史学需要的是进一步提高择取历史同一性的水平，从更高的层次、更多的层次予以择取，以形成更丰富、完整的历史同一性之网。这张网的同一性择取水平越高，层次越丰富，则它所能覆盖的历史事物也就越多、越具体，从而使历史在历史学者面前呈现出更高层次和更加丰富的重复性。

二　客观性问题

王和、周舵在分析规律问题时，区分了规律和规律性两个概念，并予以明确的界定："所谓事物的规律性，是指事物在一定条件下所具有的可重复的一一对应及多一对应的变换关系或概率性重复的变化关系的特性"，而规律则是人们"对事物的上述规律性的描述和归纳"。这就是说，事物的规律性是纯粹客观的，不以人的主体实践活动为转移，而规律则是事物规律性在人脑中的反映，带有主观色彩。由此他们又认为，如果说某一特定事物在特定条件下的规律性是不变的话，那么随着人们对某一事物规律性认识的深化，关于该事物的规律则会被不断赋予新的更加深刻的含义，因而是可变的。简要来说，这种观点认为规律性是事物本身所具有的，但它隐藏着，无论存在于现象还是本质，总是"千呼万唤始出来，犹抱琵琶半遮面"，人们在对它的反复探求中描述和归纳出一条条规律，但这只能是越来越近似地反映它，却永远不能达到它。这种理解强调规律是人对规律性的反映，因而也承认了主体与客体的联系，但由于没有真正找到人的认识结果"规律"与客观事物"规律性"之间切实的统一之处，从而使人的认识只能停留在此岸，无法达到"自在之物"的彼岸，这实际上在主体与客体、主观世界与客观世界之间划出了一道无法逾越的鸿沟，某种意义上为不可知论的渗入打开了缺口。

认为事物规律性是纯粹客观的存在，这是一个假定，而且是无法证实的假定。如果我们把重复性作为规律性的必需特征和内在规定，那么，由于不存在无条件的纯粹客观的重复性，因而也不可能存在无条件的纯粹客观的规律性。事物重复性具有主客观两方面的内涵和规定性，那么事物的规律性也必须具有主客观两方面的内涵和规定性，只能存在于主体与客体的关系之中。其实，凡是作为人类实践、认识活动对象的任何事物，都是作为客体而存在，而客体只能相对于主体并在与主体的相互关系中存在，这种对立统一关系使主体和客体都无法单独存在，从而其中任何一方的内涵都含有另一方的规定性，反映出两方面的色彩。就像上对于下、南对于北一样，上的内涵包含有上下两方面的规定性，南反映出南北两方面的色彩，任何一方都无法单独存在。自然事物可以与人的实践、认识活动发生关系，也可以不发生关系，但不发生关系者绝对无法成为客体，当然，这并不妨碍它仍然作为自然事物而存在。因此，任何事物只要成为人类实践、认识活动的对象，成为客体，它就已经进入主客体的关系之中，从而必然具有主客体两方面的规定性，反映出主客观两方面的色彩。更何况像重复性、规律性之类，它们都是主客体双方相互作用、对立统一的结果，因而必然更鲜明地反映出主客观两方面的色彩。

旧唯物主义哲学以直观的形式看待世界，把客观世界看作是脱离人或融化人的一种存在，因此总是从纯粹客观的角度去理解客观事物，而将能动的方面拱手让与唯心主义哲学去发展。马克思的唯物主义哲学把实践作为重要的理论基础，从而发现了旧唯物主义的基本缺陷，创立了科学的唯物主义哲学。在著名的《关于费尔巴哈的提纲》中，马克思指出："从前的一切唯物主义——包括费尔巴哈的唯物主义——的主要缺点是：对事物、现实、感性，只是从客体的或者直观的形式去理解，而不是把它们当做人的感性活动，当作实践去理解，不是从主观方面去理解。"这就是说，科学的唯物主义哲学应当从实践的角度、从主观的方面去理解客观事物。与此相应，也就要把"人的活动本身理解为客观的活动"。这样，就在唯物主义的基础上，把主体与客体、主观世界与客观世界密切地联系、统一了起来，并从主客体两个方面为人的能动作用奠定了理论基础，由此便可以规定哲学的任务不仅在于"解释世界"，更重要的还在于"改变世界"①。

王和、周舵对规律和规律性所做的区分，就传统的哲学教科书而言毫无疑义，但毕竟与马克思的实践的唯物主义有距离，他们没有从主观的方面对事物规律性做出理解，从而在规律问题上割裂了主观与客观两个世界，并使之截然对立，无法使之达到切实的统一。而且，如果依据他们的观点，把重复性作为规律性第一位的内在规定，则他们的这种区分既无理由，又无必要。在他们看来，规律是人对客观事物规律性的描述和归纳，是主观世界对客观世界的一种反映，因此规律必然包含主客观两方面的内涵和规定性，而他们所说的规律性以重复性为其必需的内在规定，如前所述，因为重复性的形成无法脱离主体，规律性也必然具有主客观两方面的内涵和规定性。所以就客观性而言，王和、周舵予以区分的规律和规律性同样都含有主客观两方面的内容，并没有根本区别，因此没有理由和必要予以区分。

与此相关，对规律的不确定性应当做出新的解释。王和、周舵认为，规律是可变的，历史规律具有不确定性，表现之一是多样性，即人们对同一事物的规律性存在着多样的认识，表现之二是可变性，即历史

---

① 马克思：《关于费尔巴哈的提纲》，载《马克思恩格斯全集》第3卷，人民出版社2006年版，第3、69页。

学家所总结的历史规律是可变的。理由是：历史规律是历史发展规律性在人脑中的反映，"而人的认识并非是同一的和一成不变的"。他们关于历史规律具有不确定性的推论，按其逻辑也适用于一般意义上的规律。笔者同意规律具有不确定性的观点，但对其解释不敢苟同。对于规律和规律性，他们是在主观与客观的意义上加以区分的，然而如前所述，就客观性而言，规律与规律性并无根本区别，因此规律的不确定性也就是规律性的不确定性，其理由不能从人的认识的不完备性上去寻找，而只能从规律得以形成和展现的具体的主客体关系中去探究。从重复性角度来考察规律，规律具有确定性与不确定性两重特性。作为实践主体的人确定了一定的具体参照系，同时也就确定了相对于此参照系的一定的客体范围，那么存在于此特定主客体关系之中的一定范围的事物的重复性便是确定的，与此重复性相应的规律也就是确定的。但另一方面，不仅相对于同一主体的客体各不相同，而且相对于同一些客体的主体也各不相同，呈现出多样化，同时实践主体和相应的客体又都处于不断的变化之中，主客体各自的变化又都给对方打上烙印，导致对方的相应变化，因此，存在于主客体关系中的重复性以及相应的规律又是不确定的，是多样的和变化的。

"三王之道若循环，终而复始"①，这是存在于司马迁时代特定主客体关系之中的历史规律，因而是确定的，到今天，主客体及其间关系都发生了变化，社会形态的依次更替便成为新的历史规律，它也是确定的，这些不同的规律互相对比，方才呈现出不确定性。正是在处于不确定的主客体关系之中这一意义上，规律具有不确定性，所以规律的确定与不确定，也就是其所处的具体主客体关系的确定与不确定。某一具体规律是确定的还是不确定的，关键取决于人的实践活动，即作为主体的人对相应的主客体关系是否做出了确定。承认规律的不确定性，就意味着在肯定新的规律的同时，并不否定原有规律，它们都是现实的存在，不过，原有规律只存在于原有的主客体关系之中，而新的主客体关系只

① 《史记》卷8《高祖本纪》，中华书局1959年标点本，第393—394页。

容纳新的规律，当然，在新的主客体关系之内，作为主体的人仍然可以对主客体双方予以某些具体的限定和改变，在某种意义上复现原有主客体关系，从而使原有规律在某种意义上仍然具有意义，融汇入新的规律之中。例如相对论力学与经典力学所表述的都是规律，虽然前者表述的物体运动导致"尺缩钟慢"、物体质量导致"时空弯曲"的规律从根本上瓦解了后者，但后者所表述的规律依然是一种存在，不仅存在于牛顿时代，也存在于今天的由一般工程实践活动所连接起来的特定主客体关系之中，不仅如此，后者还在"低速状态下的近似表现"这一限定条件和特定意义上，融汇于前者之中。科学的发展表现为一个接一个的理论体系所表述的规律之间的连续否定，如果我们否认原有的规律是规律，那么也就否认了新的规律是规律，从而必然导致否认一切规律的存在。

上述讨论还存在一个问题，即多样的规律如何统一。无数个人的存在意味着可以有无数不同的实践主体，这又意味着可以有无数不同的具体主客体关系，对于某一范围的事物来说，因其处于无数不同的主客体关系之中，因而可以有无数规律。如果推论仅止于此，那么不仅使人难以切实地把握规律，也与现实发生矛盾，其实，这只是事情的一个方面，另一方面，规律又不断由多样转化为统一，这一转化是在社会的历史运动中实现的。由于人并非个体单独的或抽象的存在，它必须处于一定的社会之中，是社会的存在，而一定的社会必须形成某种合作的或统一的力量，方能战胜自然，因此，个人的实践活动必须在一定条件下转化为社会的实践活动。随着人的社会化，实践、认识主体由个人转化为社会、由多样变为统一，主客体关系因之从多样转化为单一，在这一过程中，多样的规律趋于同一。当然，个人与社会是对立的统一，个人的实践活动未必全部社会化，而且个人实践活动的社会化也是一个过程，这就决定了规律的多样性与同一性也是对立的统一。相对于已存在的规律的同一性，由尚未社会化的个人实践活动所连接起来的主客体关系中的规律便呈现多样性，随着个人实践活动的社会化，它又相应呈现出同一性。人的实践活动和实践主体的社会化过程与整个人类的实践历史相统一。就主体方面来说，实践的发展不仅表现为人类改造世界能力的增强，也表现为作为主体的社会的扩大，从原始人群体发展为现代国家或国家联盟共同体。但是，无论社会如何扩大，只要存在不同的主体——不管是个体还是社会，其实践活动就有不同，其所参与的主客体关系就有差异，存在于这些主客体关系中的规律就呈现出多样性。规律的多样性是人的实践活动社会化过程中必然存在的现象，也是必须克服的障碍，但又是在新的水平上实现人的实践活动社会化的基础，因为没有新的差别，便没有新的统一。

三　必然性问题

必然性是传统规律定义中的重要组成部分，王和、周舵对此做了细致分析，他们认为，必然一词至少有两种含义，一种与规律无关，是指具体事物的现实存在，一种是相对于规律而言，指"系统（事物）的某种封闭单值变换特性"，即"指系统在特定条件下所具有的不断重复的、一一对应或多一对应的变化"。为了清除人们将必然性与规律等同起来、认为必然的即合乎规律的、合乎规律的即必然的看法，他们提出了确定性系统、随机性系统、不确定性系统三个概念，将客观事物分为相应三类，并将规律区分为必然性规律与概然性规律。这些观点很有意义，但仍需要进一步研究和明确化。

必然性概念与事物的发展密切联系，它所要解释的是事物为什么由一种状态发展为另一种状态，事物发展结果为什么是这样而非那样。依据传统的哲学教科书，必然性表示事物发展中不可避免的、一定要出现的趋向，那么对于现实存在的事物，即由以前状态已经发展为目前状态的事物来说，它（或它们）的这种具体发展过程便是其必然性，或者说，具体的必然性导致了这种具体的发展过程，因此，必然性范畴与因果性范畴的研究对象、内容在很大程度上是重合的。在哲学史上，一些哲学家将必然性等同于因果性，从而否认偶然性的存在，如古希腊哲学家留基伯说："没有什么是任意发生的，任何事物都是由于一定的理由和必然性而发生的。"① 法国哲学家霍尔巴赫说："宇宙本身只不过是一条由生生不已的原因和结果构成的链条，只要稍加思索，我们就不得不承认：我们所看见的一切都是必然的，也就是说，都不能不是这样。"② 黑格尔也把必然性与因果性联系在一起进行考虑，他说："必然性是一个抽象的范畴，它指的是两方面之间的这样一种内在本质的关系：只要这一方面存在，而且因为这一方面存在，另一方面也就因而存在。这一方面在它的本质里就同时包含着另一方面，比方说，离开结果而谈原因，就是毫无意义的。"③ 应当说这类观点很有道理，症结在于，当我们谈论某种必然性的时候，所涵盖的究竟是单个的事物还是某一类事物？如果是一类事物，那么这个类又是凭借什么来划分的呢？

就具体的单个事物来说，它在一定条件下由某种状态发展为目前状态是必然的，如王和、周舵举例，一个行人被陨石击中，就其之所以能够发生来说，"整个过程中的每一步都是环环相扣的必然，——只要任何一环稍有变化，整个事情便不会发生"。在这里，必然性就是存在，任何现存的事物都是必然的，也可以说，必然性是因果性的另一种表述，任何具体事物的存在都是一定原因导致的一定结果，这就是一种必然性。

就一类事物来说，必然性与重复性联系在一起，一类事物在重复出现的相同条件下，由某种状态重复地变为另一种状态，或者说，重复出现的相同原因导致了重复出现的相同结果，这样才能称其为必然性。然而，任何事物都是具体的、特殊的，纯客观意义上不存在重复的事物，谈论脱离于主体实践、认识活动之外的本体论意义上的必然性，就只能使之等同于因果性，因为任何事物都是具体的、特殊的，独此一家，是特定原因下的特定结果，是唯一的，从而也是必然的。所以在这种意

---

① ［英］格斯里：《希腊哲学史》第 2 卷，剑桥出版社 1978 年版，第 415 页，转引自李武林等编《欧洲哲学范畴简史》，山东人民出版社 1986 年版，第 369 页。

② ［法］霍尔巴赫：《自然体系》，载北京大学哲学系编译《十八世纪法国哲学》，商务印书馆 1963 年版，第 595 页。

③ ［德］黑格尔：《美学》第 1 卷，商务印书馆 1979 年版，第 74 页。

上只存在具体的单个事物的必然性，不存在一类事物的必然性，如果说存在一类事物的必然性，那么就与重复性问题类似，只能从现实的主客体关系中去探究。笔者已经说明，所谓重复性只存在于主客体关系之中，即客观事物相对于主体实践活动的同一性，或实践主体对事物相同信息的自主择取物。因此，如果说一类事物的必然性是重复出现的相同原因导致了重复出现的相同结果，那么它也就可以理解为，具体事物的不同因果关系相对主体实践活动所呈现的同一性，或实践主体对不同事物因果关系中相同信息的自主择取物，若更简单些说，类的必然性即因果关系的重复性。这就意味着，有关重复性的讨论对于类的必然性同样适用，任何类的必然性的存在都是有条件的，它所涵盖的事物因果关系是确定的和有界限的，随着主客体及其间关系的变化，它也一定会发生变化。

事物类的存在与重复性联系在一起，若干事物有某些特征重复出现，它们才能成为一类，这种重复性也就是这个类的属性规定，是其存在依据，个体具有这种属性，便可成为这个类中的成员。类以及类的必然性都包含着重复性，都将重复性作为自己内涵的组成部分，但也有差别，类的必然性仅仅是类的重复性之中的因果关系重复性，其外延小于类的重复性。例如，动物这一类事物有可以运动、由细胞组成、吸收外界有机物而生长发育等等重复性，这是类中事物的同一性，又是区别于其他事物的属性规定，但其中只有"因为吸收外界有机物所以生长发育"这一重复性成为动物的必然性，只有这一重复性才反映了动物本身的一种因果关系。由于事物类的重复性作为类的属性规定涵盖了该类所有事物，而类的必然性只是这种重复性的一个部分，因此类的必然性当然涵盖该类所有事物，该类事物中不能出现不具备这种必然性的个体，如果某事物个体不具备这种必然性，那么它便因为不具备这一类的属性规定而只能处于该类之外。在这个意义上，不存在所谓偶然的个体，例如动物因为吸收外界有机物所以生长发育，所有动物个体在这种必然性面前毫无例外。人们通常所说的偶然性则是在以一定重复性为依据而确定的事物类中，又抛开了这种类的属性规定去把握类中之类及个体的结果，这样，由于事物各有不同的因果关系，相对于类的必然性来说，它们便成为偶然性。例如动物这一类事物有其必然性，但如果离开了动物的类的属性规定，则马、虎等动物种类甚至每一匹马、每一只虎，都有它自己特殊的因果关系，这些便成为相对于动物类的必然性而存在的偶然性。显然，如果把必然性和偶然性作为对立统一的并行的存在，那么它们只能存在于事物的类中，离开事物的类便毫无意义，因此它们并非纯客观的存在，而只能存在于具体的主客体关系之中。另外，由于谈到必然性与偶然性时，其客体并不相同，一是类，一是类中之类或类中个体，主体相应也要发生变化，所以它们并非处于同一主客体关系之中，而是存在于互有关联但并不相同的两个主客体关系之中，这就要求我们在谈论这对范畴时有明确的条件限定，明确指出它们存在于其中的具体主客体关系，在这个条件限定明确之后，事物的类或个体是必然的还是偶然的就只能是确定的，二者必居其一。

依据上述讨论，确定性系统、随意性系统、不确定系统的区分则显得含混。王和、周舵论述中的系统即事物，如果我们把系统理解为事物个体，那么它就是它，是确定的，因而是必然的，若理解为事物类，那么类之所以成为类，当然有其确定的属性规定，这就使类也成为确定的，有类的必然性，所以，如果没有其他附加条件的限制，系统（事物）概念与随机性、不确定之类概念相互矛盾，不能搭配在一起。如果我们把随机性系统、不确定系统理解为与事物类有关的一种存在，即存在于某一事物类之中的类或个体，那么所谓随机性与不确定性就必须以类的确定性和必然性为前提，因而实际上是对偶然性的再划分，并未从根本上改变必然性与偶然性这对范畴的存在状况。从这个角度理解，所谓不确定性只能是指一事物类中的个体或类中之类的与原事物类属性规定不同的属性，也就是偶然性。所谓随机性只能是主体依据与事物类的属性规定不同的另外一些标准，对类进行了再划分，使类中部分个体呈现出与类的属性规定不同的某种重复性，然后再以这种重复性去把握类中个体的结果。这种重复性是确定的，它所涵盖的类中部分个体所形成的类中之类也是确定的，因此，所谓随机性系统，不仅它处身于其中的

类是确定的，而且由它的重复性所涵盖的类中之类也是确定的，之所以
具有随机性，是因为人将类中之类的重复性用以涵盖整个原事物类，从
而使类中之类的必然性转化为原事物类的概然性。以王和、周舵在说明
随机性系统、概然性规律时所举"让步政策"为例，他们说，中国历史
上刚刚建立的新王朝大多实现一种"让步政策"，它并非为所有新王朝
都实行，但又确实多次出现过，所以它是一种概然性规律，具有这种规
律的便是随机性系统。这个例证其实限制在"中国历史上的新王朝"这
一事物类中，任何新王朝都实行与以往王朝不同的新的政治、经济政
策，这是该事物类的属性规定之一，是其必然性，任何新王朝概莫能
外，这是确定的，但每一个新王朝实行的具体政治、经济政策各有不
同，这是其偶然性，是不确定的。在其偶然性中，汉、唐、明、清等一
些新王朝采取了与民休息、发展生产的"让步政策"，这是新王朝事物
类中部分个体的重复性，由此形成"实行让步政策的新王朝"这一类中
之类，对于这一类中之类的个体来说，实行"让步政策"是必然的，确
定的，只有用它去涵盖原来的新王朝事物类时，才显示出概然性。可
见，概率方法只是把握事物类中偶然性的一种方法，并不能说明事物具
有概然性规律。因此，类的必然性依然是规律的基本内涵，也就是说，
凡合乎规律者都是必然的，但必然的不一定合乎规律。

以上讨论局限于现实的主客体关系之中，至于人们在预见和推测的
意义上、即依据已有知识去把握尚未成为客体的事物时所使用的随机
性、概然性、不确定性之类概念，其实际含义当然与上述有差异，这点
以后有机会再予以分析。

四　规律及其属性

根据以上讨论，笔者认为规律的内涵至少应包含重复性和必然性，
但重复性和必然性并不就是规律。非因果关系的重复性不是规律，因果
关系的重复性才是规律，个体的必然性不是规律，类的必然性才是规
律。规律只存在于现实的主客体关系之中，是主客观世界对立统一的

结果。

至此可以给规律下定义了，规律是实践、认识主体对客观事物因果关系予以择取而得到的因果关系重复性，或者说是客观事物因果关系相对于主体实践、认识活动而呈现出的同一性。

与此相应，历史规律是历史实践、认识主体对历史因果关系予以择取而得到的历史因果关系重复性，或者说是历史因果关系相对于主体的历史实践、认识活动而呈现出的同一性。

按照上述定义，规律的基本属性可归纳如下。

（一）重复性

凡规律所覆盖的客观事物一定存在着某种重复性，毫无例外。重复性的两个基本特征同样为规律所具有。

1. 任何规律所覆盖的事物都是确定的和有界限的。其原因在于，任何规律所覆盖的事物都是与一定主体相对立的一定客体。所谓客体，即与人的实践、认识活动发生关系，成为其对象的客观事物。尚未产生的事物，曾经存在或目前存在但尚未成为人的实践、认识对象的事物，由于还未成为客体，所以还不能为规律所覆盖。所谓一定的客体，则是说并非所有客体，而只是一定规律置身其中的特定主客体关系之中的那些客体。

2. 任何两个事物都可以为某一规律所覆盖。由于任何两个事物之间都可以存在某种重复性，这就意味着它们可以成为一个类中的两个个体。类有类的必然性，而类的必然性就是规律，它自然覆盖作为类中个体的两个事物。这个特征也可表述为，任何事物都可以为某种规律所覆盖。

（二）必然性

凡规律所覆盖的客观事物一定具有某种必然性，毫无例外。这里需要说明两点。

1. 规律具有必然性，但必然性并不等于规律。规律是因果关系的重复性，因而它所覆盖的事物必定成为一类，具有类的必然性。而必然性有事物个体的必然性与事物类的必然性两种，前者由于不具备重复性所以不能成为规律。对于一个孤立的事物来说，例如当我们将一个王朝单独抽出来考察其产生与存在时，我们可以说它是必然的，因为它具有确定的因果关系，但不能说它是合乎规律、为规律所覆盖的，因为它还没有与其他事物形成类，产生类的因果关系的重复性。

2. 规律中没有偶然性的位置。任何规律都是类的必然性，是事物类的属性规定的一部分，与此相对立的偶然性是抛开事物类的属性规定去把握类中之类或个体的结果，无论称其为不确定性还是概然性，都不能反映事物类的因果关系重复性，虽然它也被限制在同一事物类中，但与必然性分别处于不同的主客体关系之中，因此，偶然性不能反映规律，规律也无法包容偶然性。当然，这并不妨碍类中偶然性在类中之类里又转化为类中之类的必然性。

（三）相对性

任何规律都具有相对性，概莫能外。就是说，任何规律都是有条件的、有限的、暂时的和特殊的，从而是具体的，并非抽象的。其主要表现如下。

1. 任何规律都必须以一定的主客体关系为基本条件和前提。规律是类的因果关系的重复性，既然是重复性，它就必须处于一定的对立统一的主客体关系之中，同时又反映着这种主客体关系。主客体关系的一定变化必然导致规律的相应变化，而主客体关系不可能永远不变，这就使规律成为有限的、暂时的和特殊的。

2. 规律具有确定性和不确定性两重属性。规律的这两种属性是在相对意义上存在的，具体表现出何种属性则取决于条件。一方面，任何规律都是确定的，因为在有关的主客体关系确定之后，事物类的因果关系重复性就是确定的，在这个意义上，规律不具备不确定性。另一方面，规律处身于其中的主客体关系又是不确定的，在不同的时空呈现不同的状态，在这个意义上规律具有不确定性。规律的这种两重性以两种形式表现出来。一是多样性与社会统一性并存。实践、认识主体可以是个人、集团甚至不同的社会，呈现为多样化的主体，由此导致多样化的主客体关系，从而使规律具有多样性；但是对于一个确定的社会来说，社会的实践活动使作为认识主体的个人和集团社会化，社会成为一个单独的实践、认识主体而与客体相对立，由此导致单一的主客体关系，从而使规律具有社会的单一性和统一性。个人、集团与社会是对立的统一，因而规律的多样性与社会统一性也是对立的统一。二是可变性与稳定性并存。实践、认识的主客体都处于不断的变化之中，主客体关系的变化当然会导致规律的变化，使规律具有可变性，但事物同一性之网的存在又使规律具有相对稳定性。在主客体关系发展的一定历史阶段，必定形成相应的事物同一性之网，由于它具有巨大的包容能力，不仅涵盖了所有客体，而且比较容易适应新出现的事物，从而使同一性之网具有相对的稳定性。规律是因果关系的重复性，自然归属于事物同一性之网，网中各种联系将规律连接为规律体系。同一性之网的相对稳定性使规律体系具有相对稳定性，规律通过规律体系而获得相对稳定性。这里所说的规律体系往往以学说这种主观形式表现出来，它首先是以个人为主体而形成的，后来才逐渐社会化为以社会为主体的规律体系，只有在社会化以后，规律才具有社会意义上的相对稳定性。

3. 规律具有层次性。这种层次性也是在相对意义上存在的。任何规律所覆盖的事物类都可以成为另一个更大的事物类的组成部分，同时又可以划分为若干个更小的事物类，与这些层次不等的事物类相应的规律便因此具有了层次性。

以上属性为规律所共有，当然也为历史规律所具有。历史规律由于其特定的主客体关系，又具有其他规律所不具有的特殊属性。限于篇幅，这里只指出一点，历史规律与其他规律的根本区别就在于实践主体择取客体因果关系重复性时采取了不同的方式。在对待自然客体时，实践主体并不直接与客体相对立，而是确定一定的自然物并将其改造为参照系与客体相对立，依据这个参照系择取客体因果关系的重复性，工具、仪器等等都是这种自然物的参照系。在对待历史客体时，实践主体只能处于与历史客体直接对立的位置，不再有中间的由自然物改造的参照系。自然物改造而来的中间参照系容易为人们所共同接受，因而以此为前提的自然规律容易取得社会的统一性，相反，缺少中间参照系的历史规律则因为主体的多样和可变而不易取得社会的统一性。人们因而认为自然界比较简单，自然事物有清晰的规律性，而社会历史比较复杂，没有清晰的规律性，其实，这并不是客观事物本身所具有的，而只是主体的特性在客体上投下的阴影，依据影子当然无法充分判定本原。

五　预见、选择与人的能动作用

以上讨论局限于现实的主客体关系之中，也就是说，我们所谈的规律仅仅覆盖已经现实地成为客体的事物，那么，规律与非客体的客观事物，即尚未产生的未来的事物和已经存在但与人类实践、认识活动尚未发生任何关系的事物，又具有什么关系呢？教科书的理论认为，规律是客观事物本身所固有的，这是客观真理，或真理的客观内容，它与客观事物本身一样，不以人的存在为转移，因此，客观事物无论是客体还是非客体都具有统一的规律，也就是说，现有的规律不仅覆盖了所有客体，也覆盖了所有尚未成为客体的客观事物。

这种理解缺陷有三。其一，非客体尚未与人的实践、认识活动发生任何关系，对人来说是未知的领域，人们不能对其做出任何完全肯定的判断，因此上述的断定就只能是信仰而非科学，从而为广义宗教的渗入打开了缺口。其二，为了解释人类实践、认识的不断发展，它就只能截然割裂主体与客体的关系，认为人类认识永远只能接近而不能完全把握规律、达到客观真理，认为只要"沿着正确道路"前进，"我们将越来越接近客观真理（但绝不会穷尽它）"，"我们的知识向客观的、绝对的真理接近的界限是受历史条件制约的，但是这个真理的存在是无条件的，我们向它的接近也是无条件的"①。然而，肯定客观真理的无条件存在并不等于肯定人类认识一定能够把握它，接近也并不等于达到，于是人类认识便永远只能停留在康德挖掘出来的人与"自在之物"间的鸿沟面前，望彼岸而兴叹，从而为不可知论的渗入打开了缺口。其三，既然现有规律覆盖了非客体，那就是说，未来究竟是怎样的实际上已为现有规律所决定，无论人做出怎样的努力，顺之也好，逆之也好，旁离也好，都不能改变它，"天行有常，不为尧存，不为桀亡"（《荀子·天论》），这样，人的主观能动作用在理论上便丧失了全部依据，从而为宿命论的渗入打开了缺口。显然，我们应当比这种理解再前进一步。

笔者在前面的讨论中已经说明，任何规律都只能存在于现实的特定的主客体关系之中，所以，非客体能否为规律所覆盖只能是待定的，因为它尚未进入现实的主客体关系之中。王和、周舵在讨论历史规律时提出："历史规律是对重复出现的事物的总结，而历史预见则是对未来发展趋势的设想，所以，历史规律的对象是已经存在的，而历史预见的对象则是有待证明的。"他们对历史规律和历史预见的区分，按其推演逻辑，也适用于一般意义上的规律，若舍弃了他们关于规律与规律性之主客观区分的思想，笔者完全同意这个观点，即规律的对象是现实的客体，非客体只能成为预见的对象。人们对非客体的把握，是通过非客体向客体的转化，即通过人的实践、认识活动而实现的，因此，当我们能够谈论某一非客体的时候，它已经转化为客体，处于某种具体的主客体关系之中，所谓非客体的属性等等就只能在新客体的意义上来探究。新客体与现存规律的关系不外三种情况。其一，由于现存主客体关系的相对稳定性，新客体仅仅表现为原客体范围的扩大，并不改变原主客体关系，从而能为现存规律所覆盖，例如新产生的白天鹅。其二，新客体的产生改变了原有主客体关系，不能为现存规律所覆盖，但仍可对应于事物发展可能性空间中的某一空白纽结，例如红天鹅。其三，新客体的产

---

① 列宁：《辩证唯物主义与经验批判主义》，《列宁全集》第18卷，人民出版社1988年版，第145、137页。

生改变了原有主客体关系，而且它不对应于现存事物同一性之网中的任何纽结，例如原子弹对于唐代中国人。对人来说，这三种情况分别是可以理解、可以想象、无法想象。所谓预见，就是根据新客体这三种情况，对非客体向客体的转化做出猜测。预见必须以现存规律作为前提，而现存规律未必能覆盖非客体，因此，掌握了现存规律的人无法对非客体做出任何肯定的判断，而只能做出预见。涉及规律的所谓确定的，随机的，不确定的等等概念，主要并非使用于对现实客体的描述，而是在预见的意义上，即更多使用于对非客体向客体转化可能的描述上。在这个意义上，三个概念可以合并为一，即随机的、确定的和不确定的只是随机概率数较大和较小而已。

对于未来，由于现存规律能否覆盖是待定的，因而人们只能做出预见，但同时也就可以进行选择。王和、周舵对历史选择予以了注意，他们认为，由于随机性系统和不确定系统的"非必然"的存在，人类可以对将来的历史发展道路进行选择。毫无疑问，人类不仅可以选择将来的道路，而且以往历史本身就是人类选择的结果。实际上，人对一切实践对象的发展都进行着选择，例如鸡蛋，人们总是现实地在小鸡、煎蛋、变蛋、咸蛋等等可能性中进行选择，因此，选择几乎可以说是实践的另一种称呼。选择有两个前提，一是同一性之网中的事物发展可能性空间，人只能选择其中某一种可能性，而无法选择此空间以外的非可能性；二是人的能动的选择活动，这种实践活动使选择由可能变为现实。就选择的结果而言，选择并非人根据某些事物的"非必然"而去随意地拨弄这些事物，它是在任何一个事物现存各种发展原因之外，又将人的选择活动、即一定的实践活动作为一个新原因添加进来，使事物得以在新的原因下发展，因此，选择的结果是否合乎人的目的也是待定的，这是由于人的实践活动只是事物发展众多原因中的一个，而事物的发展则是这众多原因综合的结果。

按照本文对规律的讨论，关于人的能动作用问题也可得到新的理解。教科书理论将人的能动作用仅仅局限于认识客观规律，顺应客观规律，在此条件下进行实践活动，以达到人的目的。按这种理解，事物的发展已经由客观规律预先做了决定，人的作用就只是通过认识、顺应客观规律，争取少碰钉子而已，这实际上剥夺了人的能动性。按本文的讨论，人的能动作用表现在三个方面。一，为规律的形成提供主观条件。由于规律是事物因果关系的重复性，而重复性又必须具有主客观两方面的条件和内涵，因此人的能动作用成为规律得以形成的主观条件。人可以通过确定某一具体参照系来择取某些事物因果关系的重复性，从而形成一定的规律，也可以通过变换具体参照系而使规律发生变化。例如对人类社会的历史演变规律而言，如果确定的具体参照系是生产方式状况，那么这个规律可以是原始的、奴隶制的、封建制的、资本主义的等等生产方式的依次更替；如果以生产力发展状况为参照系，则规律就是石器时代、铜器时代、铁器时代、机器时代、信息时代的依次更替；如果将人的发展状况作为参照系，那么规律就是以"人的依赖关系"为基础的社会形态、建立在"以物的依赖性为基础的人的独立性"上的社会形态、以"个人全面发展和他们共同的社会生产能力成为他们的社会财富"条件下的"自由个性"为基础的社会形态①的依次更替；等等。二，为规律的形成提供客观条件。事物发展的原因可以全部是自然原因，也可以将人的实践活动作为其原因之一，这两种情况下事物因果关系不同，择取其重复性而形成的规律也就不同，对于将人的实践活动作为原因之一的规律来说，人的能动作用就成为其形成的客观条件之一，不可或缺。例如，纯粹的自然物高岭土可以有种种规律，但并没有变为瓷器的规律，只有把人制造瓷器的实践活动添加为一个新的原因，高岭土才有了变为瓷器的规律。三，能动地选择未来。这点前已叙述，此不冗言。

* * * * * *

规律是哲学的重要范畴，也是各门科学的基本概念之一，承认规律是科学存在的基础，然而长期以来，学术界对规律概念的确定一直比较

---

① 马克思：《经济学手稿（1857—1858年）》，载《马克思恩格斯全集》第46卷上册，人民出版社2006年版，第104页。

含糊，更多沿袭了马克思以前的哲学唯物主义传统，而并没有把握住马克思实践唯物主义的精髓，因此没有把能动的方面夺回到唯物主义哲学手中，不能把人真正确定为自己命运的主人，从而始终为冥冥之中决定一切的"绝对精神"敞开着大门。这种规律概念在解释自然现象方面尚能表现出一定的适应性，但在社会历史现象面前则显得苍白无力，捉襟见肘。从根本上来说，历史规律问题的解决取决于规律问题的解决，因为前者只是后者的组成部分，但在今天的特定条件下，关于历史规律的研究似乎对规律问题的解决提供了某种突破点，在这个意义上，可以说社会历史理论的研究已成为当前哲学发展的重要契机之一。其实，在马克思主义哲学的形成史上，马克思并不是首先在什么地方创造出辩证唯物主义，然后将其推广应用于社会历史，从而创造出历史唯物主义，相反，作为一个完整的科学体系的马克思主义哲学，首先是在社会历史领域形成和确立起来的。今天，不但历史学迫切需要从哲学中汲取营养，以提高自己的视点和水平，哲学也需要从社会历史理论的研究中获得某种发展的契机。美国历史学家布朗曾说："哲学家与历史学家不能够相互了解，这大概总是不可避免的，因为其中每一方都不曾为自己的领域规定过一定的界限，而每一方有时又愤恨另一方的奢望。"① 哲学家与历史学家相互不了解的现象广泛存在，但并不合理，布朗对这种现象原因的解释也不能成立，双方界限的含糊和时而存在的奢望，正说明双方有着一种内在的联系，更应该也能够实现互相了解。在规律问题上，历史学与哲学应当联合作战，这不仅因为双方都需要解决这一问题，也因为双方都需要借助对方的力量来为自己开出新领域，打通新道路。

（1988 年 6 月 15 日完稿，未发表）

---

① ［美］布朗：《希罗多德和它的职业》，转引自［苏联］康恩《哲学唯心主义与资产阶级历史思想的危机》，生活·读书·新知三联书店 1961 年版，第 270 页。

论 "历史研究"

——统万城考察札记三则

2003 年 9 月 21 日，笔者有幸实地考察了大夏统万城遗址。白色残垣矗立于蓝天白云与滚滚黄沙之间，很远就可以看到。站在城上，极目北望，蓝天与黄沙连接于天际地缘，景色甚为壮观。回到城下，墙垣已残破不堪，有些没于蒿草之中，失去了踪影，现存的城墙上，后人开凿了许多窑洞，城土被取下筑成猪圈。这一切，都使人感到历史的神秘、悲凉与沧海桑田。突然间，眼前似乎出现幻觉，牛羊散布于城外，"岭北夷夏十万人"① 齐声吆喝着筑城，间或用占卜求取神灵指点，② 时而以刀兵相见于原野，仿佛回到了 1600 多年前。幻觉消失，回到现实，不禁自问：看到残留的统万城，看到文献中有关大夏的记载，我们是否能够回到那个曾经发生过的历史中去？人类对于历史的认识究竟是怎样一个过程？历史研究究竟是怎样一种性质的工作？旅途中的思考引发了下述几篇札记，现提出以求教于感兴趣者。

一

关于统万城的筑造，据《晋书》，赫连勃勃用叱干阿利，"蒸土筑

---

① 《晋书》卷 130《赫连勃勃载记》，中华书局 1974 年标点本，第 3205 页

② 据统万城遗址发掘者邢福来报告，遗址中发现卜骨十余片。

城，锥入一寸，即杀作者而并筑之"①。城之坚固与赫连勃勃之残暴，成为历史上的一个典型。实地考察，城垣确实十分坚固，且建造极为得法，如马面长且密等，因此拓跋焘以数万之众攻统万，只能示弱以诱敌出城。此种筑城方法为赫连氏特长，沈括大为赞赏，曰："赫连之城，深可为法也。"②

由于《晋书》有"蒸土筑城"的记载，今人著作多说筑城之土曾被"蒸"，如范文澜《中国通史》、吕思勉《中国通史》等。考古调查，统万东西两城周长分别为 2470 米和 2566 米，西城墙基不计马面，大约宽16 米，若加马面可达 30 米，东城墙基约 6—12 米，现存城垣高出地面2—10 米，西城西南隅墩台高达 31.62 米，规模甚大。以今天知识考虑，似乎无法"蒸土筑城"，一是如此巨大的土方量，在 1500 多年前似乎无法进行"蒸"，二是以今日知识衡量，"蒸土"似无必要，并不能增加墙体的强度。考古工作者化验了墙体，主要成分是石英、黏土和碳酸钙，石英与黏土当来自本地沙土，碳酸钙当源自石灰，三者结合大大提高了夯土强度，类如今天建筑中使用的"三合土"。有学者推测，"或是生石灰加水使用，在其变成熟石灰的过程中，释出大量热气，蒸雾冲腾，史家不谙生产，遂讹为'蒸土筑城'了"③。以今日相关知识看，这种推测很有道理。《晋书》以史实记载的"蒸土筑城"，《新五代史》称其为"故老传言"④，可见也有古人认为其来自传说，未必是历史真实情况。

由上述可见，关于筑造统万城这一历史事实，今人是依据三个方面的资料进行研究的，一是以文字形式留下来的史料，二是以实物形式留下来的遗物，三是基于现实事物的现有的相关知识体系。根据文献，得知统万城建造时用"蒸土"，坚硬无比。根据实物遗址，城墙确实十分坚硬，且有马面长且密等特征，又征之文献，《梦溪笔谈》记有同为赫

---

① 《晋书》卷 130《赫连勃勃载记》，中华书局 1974 年标点本，第 3205 页
② 沈括：《梦溪笔谈》卷 11《官政一》，文渊阁《四库全书》，台湾商务印书馆 1983 年影印本，第 862 册，第 770 页上下栏。
③ 戴应新：《统万城城址勘测记》，《考古》1981 年第 3 期。
④ 《新五代史》卷 40《李仁福传》，中华书局 1974 年标点本，第 437 页。

连勃勃所筑之丰林城，与统万城遗址所见类似，由此确定文献与遗址有一定的对应关系。进而对墙体实物进行化验，以其富含碳酸钙并联系到今天建筑中利用石灰的情况，根据氧化钙加水变为氢氧化钙过程中产生大量热能、引起水汽蒸腾的现有知识，推测筑城时使用石灰，被人误记为"蒸土"。

那么，有这三个方面的依据能否恢复历史真实面目呢？文字史料所见"蒸土筑城"为前人记述，它是确实史实的记载？是有所歪曲的史实记载（如将石灰蒸汽误认为蒸土）？还是传说而并无其事？我们不知道，也无法通过实践去验证。白城子遗址是统万城经过大自然改造以后的残留，它可以帮助我们以现在的知识去推测过去实际建造时的情况，但它毕竟经过了1500余年风霜雨雪，失去的部分究竟如何？现存城体的成分是否与当时全部城墙成分完全一致？构筑城墙是否使用了类如今天三合土的做法？作为当时城池存在环境与背景的自然与社会状况如何？我们都不知道，也无法通过实践去探索检验。因此，研究者所进行的研究，实际上是以基于现存事物而形成的现有知识体系为平台，从研究者本人的视角，对现存历史资料（文字的或实物的）做出的一种描述和解释。虽然研究者一般都自认为他的描述和解释恢复了历史的真实，但这是无法证明的，不仅不能证明其恢复了历史的真实，而且也无法证明其接近历史的真实。

那么，怎样判定史学研究的结果，即对一定历史事实的描述和解释是正确的呢？由于无法进行验证，因此在历史研究的实践中，实际上是通过研究结论与有关各种资料及知识之间的无矛盾性来加以判定的。

首先，要与现存的历史资料不矛盾。当然，现存的历史资料在用为研究依据时并不一定具有唯一性，也就是说，关于同一历史事实，现存资料内部常常存在矛盾，甚至对同一历史事件的记述也完全不同，而这是经常发生的，历史学家经常要做的一项工作，就是在不同的几种记载中肯定一种而否定其他。同时，现存史料也不具有自明性，它不能自己解释自己。因为任何历史资料都是死的，进入活的研究过程时必须加以一定的解释，由此方能为今人所理解并纳入其认识体系之中，而这种解释的基础是现存知识体系，因此，尽管现存的具体史料可能是唯一的，但现存史料的今人解释却可能并非唯一。例如，在目前已知资料范围之内，"蒸土"这个以文字为表现形式的史料是唯一的，但对于它已经有多种现代意义的解释。一是解释为用水蒸气加工筑城用土，其基础是现有的汉语词汇知识。二是解释为用水加工筑城所用石灰发生蒸气的"误记"，其基础是现有的关于石灰的化学和实用知识，当然，其中也包含一种史学知识，即现存史料中有一些属于"误记"。

其次，它必须与现有的知识体系不矛盾，即无论对现存史料作出何种描述或解释，它都可以被容纳进现有的某种知识体系中去而不与之发生矛盾。例如，我们可以将"蒸土"或描述为水蒸气蒸土，或描述为石灰遇水产生化学反应过程的表现，但不能将其描述为对土地施加了一种类似水蒸气的气体而城墙自动从土中长了出来，因为我们现有的知识体系不认为这种建筑方式是现实的，虽然不能说这种建筑方式绝对不可能有，在我们未知的领域里，它是有可能的，例如儒勒·凡尔纳小说中的许多幻想，在当时绝无可能，但今天大多已成为现实。基于现实的现存知识体系是历史研究的重要基础，当史料发生某种内部矛盾时，史学家总要做出某种选择，确定某些资料为正确的记载，而相反的资料为伪，判定的依据往往就是现有的知识体系。在某些时候，甚至直接以现有知识体系判定并未发生内部矛盾的史料为伪，梁启超称其为"理证"，"推度的推论法"，作为例证，他引用万斯同斥明建文帝逊国出亡为伪之说，"紫禁城无水关，无可出之理"。他还指出，随着现有知识体系的变化，理证的结论也必然发生变化，以指南车为例，"在数百年前之人，或且度理以断其伪，今日则正或度理以证其不伪也"[①]。当然，基于现实的现有知识体系内部必然存在矛盾，这种矛盾不仅是针对同一对象而形成的不同知识体系，例如欧几里得几何学与非欧几何学，而且也有现有知识体系在发展过程中所必然存在的矛盾，例如爱因斯坦相对论力学与牛顿经典力学，因此，所谓正确的历史描述或历史解释必须与现有知识体系

---

① 梁启超：《中国历史研究法》，河北教育出版社2000年版，第122页。

不矛盾，只是指其与现有知识体系中某一内部无矛盾的知识系统不矛盾而已，与此同时，却有可能与另一知识系统相矛盾。现有知识体系在历史研究中具有至关重要的地位，这在对史料本身的使用中也表现了出来。其实，在我们力争做到结论与现存史料不矛盾的时候，其基础仍然是基于现存知识的对史料的现代解释。对史料的这种描述或解释存在于现在正在活动的史学家的思维之中，不论这种思维是个体的还是群体的，至于它是否能够符合当时的历史现实，由于我们无法进行验证而无从知晓，① 如果硬要在没有经过验证时说今人的某种描述或解释符合曾经客观发生过的历史事实，那就只能求助于信仰，或是基督教的上帝，或是黑格尔的绝对观念，或是设定的事物本身隐含的某种"本质"。

根据上述讨论，似乎可以得到这样一种认识：历史研究并不是对曾经客观存在的历史事实的复现，因为客观历史事实无法验证的特性已经剥夺了历史学家复现历史的权利；也不能说历史学家现在的描述或解释逐渐靠近客观历史事实，同样是因为对这种描述或解释无法加以验证。历史研究实际上只是对于现存史料做出了某种合理的描述和解释而已。所谓描述，就是通过联结点状分布的现存史料描绘出一个涉及一定时空范围的历史过程。所谓解释，则是对这个描绘出来的历史过程的因果联系加以界定。而所谓合理，则是合乎目前人们的知识体系，这一体系不仅是具体的知识，更重要的是一定的思维方式。因此，历史研究，其实是在文字史料、实物史料、现存知识体系之间求取某种同一性，求取三者之间无矛盾的共同点，也就是说，研究主体对文字和实物史料做出的

---

① 参见严建强、王渊明《西方历史哲学——从思辨的到分析与批判的》所记述的一个实例："16 世纪的某一天，英国历史学家拉里在伦敦塔写他的《世界史》。突然，他听到塔外传来一阵喧闹，便探身下望，看到人们正在争吵。他详细地目睹了这一幕。在他看来，作为一位亲眼目击者，他理所当然地把握了该事件的真实情况，如果有一天这件事被写进历史著作中，他当之无愧就是最有权威的发言人了。第二天，他的一位朋友来访，谈到了这件事。当拉里听到作为该事件的另一个目击者的讲述时，内心感到无比骇然，因为他的朋友的叙述和印象与他的所思所见如此大相径庭，这使他不禁对所谓客观性问题的看法发生了动摇。对于同样目睹的人来说，看法都有如此大的距离，那么，对于那些久已消失的历史，我们难道有可能客观地认识吗？于是，他默默地将他的书稿一页一页扔进火中。"（浙江人民出版社 1997 年版，第 191页）

某种描述或解释，它不仅不能与史料本身相矛盾，而且必须与现存的知识体系不矛盾。所以，任何在史料与现存知识体系之间求得了无矛盾的同一性的研究结论，都是合理的，都有存在的价值。

显然，在这样一个基础上的历史研究必然处于不断的变化之中，其结论和成果也在不断革新之中。如果作为研究基础三方面中的任何一个发生变化，并且这种变化不能被包容在已得出的结论之中，那就必须重新寻求在这三者间不具有矛盾的某种新的同一性，从而得出新的描述或解释，完成新一轮的历史研究。足以改变已有结论的新的文字或实物史料极为难得，可遇而不可求，如殷墟甲骨、云梦秦简、马王堆帛书、秦兵马俑，都使历史学家通过求取新的无矛盾的同一性而对历史作出新的描述和解释，但其数量毕竟非常有限。从理论上来说，对于一个特定时段，例如赫连勃勃所在的十六国时期，其遗留下来的文字和实物史料是有限的，而且随着时间的推移，这些史料只会减少，不会增加，总有一天将被穷尽，那么，到那个时候是不是十六国历史研究就死亡了呢？显然不是，它仍然存在并继续发展，关键就是现有知识体系的变化。一百多年来自然科学的巨大变化给人以深刻的启示，即使是最严格的似乎是天衣无缝的自然科学体系，也处在不断的而且是速度越来越快的变化之中，一个个旧体系被推翻，一个个新体系迅速诞生，哲学家们甚至认为科学的特征不是"可证实性"，而是"可证伪性"。① 随着科学的变化，原来人们认为已经做过了完备的描述和解释的自然现象，又被重新进行完全不同的描述和解释。引起这种变化的，并不在于研究对象本身，物理学从牛顿经典力学过渡到爱因斯坦相对论力学，几乎可以说与自然界的变化无关，决定性的是研究者的变化，是研究角度和研究方法的变化。历史学科也一样，尽管研究对象并未发生什么变化，但现存知识体系正在发生越来越剧烈的变化，从而动摇了已有历史研究成果的基础，必须在新的现存知识体系基础上重新寻找其与史料之间的同一性，对史料作出新的描述或解释，从而导致历史学的进步。这也就是为什么在史

---

① ［英］卡尔·波普尔：《猜想与反驳》，上海译文出版社 1986 年版，第 51—52 页。

料更新十分有限的情况下，历史却常写常新，并从而为历史学家提供了常吃常有、牢固可靠的铁饭碗。因此，历史研究发展的动力，主要的或者说经常性的，往往不在史料，不在狭义的历史学科本身内部，而是在其外部，在基于现实而存在的现存知识体系。

显然，以为通过各种史料可以复现历史，可以回到曾经客观存在过的历史，那是一种幻觉。同样，以为历史研究乃至存在于历史研究过程中的历史可以脱离现实生活，可以脱离进行历史研究的主体也即历史学家，那也是一种幻觉。克罗奇说："一切真历史都是当代史"①，卡尔说：历史"是现在跟过去之间的永无止境的问答交谈"②，信哉！

二

统万城周围自然环境的变迁，是学者们非常关注的一个问题，其重要原因，便是现实的需要。这一带处于黄土高原与毛乌素沙漠之间，是北方重要生态过渡带，十分脆弱，近几十年来，随着全球沙漠化的加剧，这一带也是生态危机区。自 20 世纪 60 年代开始，学者们就对其进行了深入的研究和讨论，并形成了一些对立的观点，争论的焦点，就是人类活动在毛乌素沙漠的形成和发展中究竟是不是主导性因素。多数人认为，其中主导性的因素是人类的过度开发，少数人认为主要是自然因素的产物。这里不详细评述两种观点，只是以此为实例，从认识过程的角度看一看历史研究还有些什么特点。为叙述方便，下文将两种观点分称为正方和反方。

例如，对十六国北朝时期的此地环境，正方多引用《太平寰宇记》《太平御览》等文献记载作有力证据："赫连勃勃北游契吴而叹曰：美哉斯阜，临广泽而带清流，吾行地多矣，自马岭以北，大河以南，未有若

---

① ［意］克罗奇：《历史学的理论和实际》，傅任敢译，商务印书馆 1982 年版，第 2 页。

② ［英］爱德华·霍列特·卡尔：《历史是什么？》，吴柱存译，商务印书馆 1981 年版，第 28 页。

斯之壮丽。"① 反方则引《水经注》，说明今无定河流域十六国北朝时期已分布有"赤沙阜""沙陵""沙流"等，且考古发掘已证实，统万城直接建筑在原生自然堆积的沙层之上，这种沙层的成分与毛乌素沙漠流沙基本相同。② 正方认为，赫连勃勃定都此地，主要是因为环境优越，并以《魏书》中记述拓跋焘平定此地后的环境描述为据："世祖之平统万，定秦陇，以河西水草善，乃以为牧地。畜产滋息，马至二百余万匹，橐驼将半之，牛羊则无数。"③ 反方则引《资治通鉴》说明，定都统万并非由于经济条件优越，而是出于政治考虑："群臣请都长安，勃勃曰：'朕岂不知长安历世帝王之都，沃饶险固！然晋人僻远，终不能为吾患。魏与我风俗略同，土壤邻接，自统万距魏境裁百余里，朕在长安，统万必危；若在统万，魏必不敢济河而西。诸卿适未见此耳。'"④ 此类争论还有很多，恕不再列举。

这类不同观点或研究结果的争论，在历史研究中屡见不鲜，而且往往久拖不决。有时似乎争论平息了，但那只是因为争论者已经困倦，暂时停止了争论，或者是由于各种现实因素的作用，相关学术圈子内部的多数人采信了某一种说法，但是问题并没有解决。而且，即便是相关圈子里的学者都采信了某种说法，达成了共识，从而停止了争论，我们也不能肯定这种说法就是符合历史真实的正确说法，理由很简单，我们没有办法进行实践检验。因此，在这种条件之下，对不同观点所作出的肯定或否定，都必然包含主观因素的强烈影响，不论这种主观因素是个体的还是群体的。那么，如何解释对于同一历史事实而形成的针锋相对的不同结论呢？如何评判这些互相矛盾的描述和解释孰是孰非、孰成功孰失败、孰高明孰拙劣呢？

---

① 《太平御览》卷50《契吴山》，文渊阁《四库全书》，台湾商务印书馆1983年影印本，第893册，第558页上栏。

② 邢福来：《统万城遗址考古发掘的新收获》，《中国历史地理论丛》2003年专辑《走向世界的沙漠古都——统万城》，2003年。

③ 《魏书》卷110《食货志》，中华书局1974年标点本，第2857页。

④ 《资治通鉴》卷118"元熙元年正月"，中华书局1956年标点本，第3725页。

　　仔细考察，不同的观点都有自己的资料基础，完全的无据之谈比较少见。分歧的形成往往在于两个方面。首先是在史料的处理方面。一般来说，争论者不会根据自己的需要而漠视或抹杀对自己不利的史料，但作为论证的基础，必须对与自己论点不利的史料作出某种解释，使之对自己的观点不构成威胁。主要的方法之一是证明该史料为"伪"，梁启超《中国历史研究法》叙述了"辨伪书"12 例、"辨伪事"7 例，① 便是他史学研究实践的重要总结。同时，又对似乎与研究对象无关的史料，通过一定的解释，使之相关，从而转化为论证的依据。在上古史研究中间，通假的使用，便是常见的例子，例如马王堆汉墓出土的《战国纵横家书》中有"勺"国和"乾"国，通过通假，人们得知其即"赵"国和"韩"国，从而将这些史料与赵、韩两国联系了起来，成为论证相关事实的依据。其次在于史料的利用方面，即如何解释现存的史料。一般来说，较早形成的某种观点对史料会形成某种确定的解释，而新形成的观点往往会对同一史料做出新的解释，这些新解释有时与旧解释大相径庭。例如，在中国古代社会性质问题的讨论中，对于同一个人殉、人祭现象，持奴隶社会说者以其人等同于牲畜而论证该社会为奴隶社会，反对者则以其被杀证明其非社会主要生产者，从而证明该社会并非奴隶社会。无论旧解释还是新解释，都并非史料自明，而是研究者以现有知识体系为基础，对已经僵死的史料进行活的分析的结果。

　　对于同一历史问题的不同观点或研究结论尽管大相径庭，其基本的研究方法或研究途径是相同的，仍然是以文字史料、实物史料、现存知识体系三个方面为基础，从中寻找出其不矛盾的同一性，以此作为对过去曾发生过的历史事实的描述和解释，分歧形成于基础本身。在研究的三个基础中，文字史料和实物史料已经脱离了原有的历史事实，成为原有史实的有选择从而必然有歪曲的一种表现或遗存。这种选择可以是人有意识所为，例如，司马迁记述了某些历史事实而并未记述另一些历史事实，秦始皇烧毁了一些历史记载而保留了其他一些记载；也可以是自

———————————

① 梁启超：《中国历史研究法》，河北教育出版社 2000 年版，第 106—123 页。

然或社会的无意识所为，例如就文字记载来说，范晔之前，编著后汉历史的史书共有 18 家 20 种，但它们都消亡了，就实物来说，当年繁华的统万城现在只剩下了残垣断壁。既然文字和实物史料只是实际历史事实的有选择的表现，因而相对于不同的研究者、从而也是相对于反映在不同研究者个体身上的不同的现存知识体系，必然存在若干不同描述或解释的可能性。另外，现存知识体系内部必然存在的矛盾，也使研究者在探讨三者之间同一性时处于不同的知识基础之上，从而必然形成基于同样的现存史料但却完全不同的描述和解释。

在可以用经验验证的学科领域，"实践是检验真理的唯一标准"，但在历史学科，这一点无法做到。尽管按照传统的理解，从理论上说，今天研究者对历史事实描述和解释的正确与否，判定标准是看其是否符合曾经发生过的客观历史事实，但是我们从历史研究的实际过程中已经可以看到，这种判定标准不具备任何实际意义，因为历史不可复现，那么今人头脑中的历史（表现为用文字描述出来的历史）是否符合过去的事实，便成为一种无法判定的事，对于同一历史事实互相矛盾的描述和解释的是非，也就成为无法判定的事。因此，在史学领域，具有实际可操作意义的判定标准，只能是以现有知识体系为参照系，来看所得到的研究结论是否具有矛盾性，凡是与文字史料、实物史料和现有知识体系都不矛盾的，便是正确的，凡是有矛盾的，便是错误的。这一标准实际上已为史学界所采用，能够"自圆其说"，而不产生"自相矛盾"，便可以作为一种研究结论正式提出来。

由这一认识可以得到一些推论。

首先，关于同一历史事实的互相矛盾的研究结论可以同时为"真"。它们同时为"真"的依据并不是对原有历史事实的统一，而是其内部的无矛盾性，也即构成其基础的史料与现有知识体系的统一。类似的实例在自然科学中也可以看到，最典型的莫过于数学中的几何体系。欧几里得几何学诞生两千年后，出现了非欧几何学，这是"19 世纪最有启发性、最重要的数学成就"（德国数学家希尔伯特语）。欧几里得几何学有 5 个基本公设，其第五公设说：在平面上经过直线外的一点，可作一条且只有一条直线与原直线平行。1826 年，俄国数学家罗巴切夫斯基改动了这条公设，提出"至少可以作两条直线与原直线平行"，1854 年，德国数学家黎曼则将这条公设改为"过平面上一已知直线外一点没有直线与原直线平行"，由此，形成了两种非欧几何学。他们对于具体问题的很多结论完全不同，例如，欧氏几何学认为三角形三内角和为 180 度，圆周长与直径比为 π，而罗氏结论是三角形三内角和小于 180 度，圆周率恒大于 π，黎氏结论则是三角形三内角和大于 180 度，圆周率恒小于 π。尽管他们的具体结论针锋相对，但并不妨碍他们同时为真，并在不同领域发挥突出作用，欧氏几何学在日常生产生活中须臾不可离，而没有黎氏几何学，爱因斯坦相对论无以诞生。又例如对力学关系的描述，牛顿力学和相对论力学都是正确的，可以并存。尽管数学家已经证明非欧几何命题可以"翻译"成相应的欧氏几何命题，尽管物理学家将牛顿力学表述为爱因斯坦力学的低速近似表述形式，但他们毕竟是不同的体系，相互矛盾而且同时为"真"的体系。

第二，历史研究所求得的"真"不是表现为一个结果，而是表现为一个过程。"历史常写常新"，我们今天所描述和解释的历史与 50 年前不同，与 500 年前更不相同，当然，也必然与 50 年后、500 年后不同，各个时代历史学家所撰写的历史都是当时已知史料与当时知识体系统一的结果，因而在当时都具有合理性，在当时都是"真"的。由于历史描述和解释的不可验证性，我们无法对其是否与客观历史事实相对应或对应程度如何作出判断，因而无法作出其中某一描述和解释为"假"的结论，但是一般来说，我们总是认为出现较晚的描述和解释优于出现较早的认识，因而倾向于认同较晚的认识。这样，我们所看到的历史研究结果表现为一连串的"真"，后面的"真"否定了前面的"真"，而且还将被继续否定下去，这似乎正好印证了卡尔·波普尔的"证伪"学说。由于历史研究者所面对的史料和其知识体系都在处于不断地变化之中，我们看不到这一过程的终点，无法达到一个最终的"真"。其实，这种特点不仅表现在历史研究中，所有的自然科学研究也是这样，物理学、天文学、生物学等等，不都是表现为这样一个不断否定自身、但在其所在时代又都为"真"的过程吗？

第三，判定一种"真"优劣的依据是其涵盖面的大小。对于历史事实的描述和解释，可以有同时并存的几种"真"，也可以有异时存在的不同时代的"真"，那么，如何对这些"真"作出价值的判断呢？也就是说，对于作为认识主体的人来说，哪一种"真"更优越一些、哪一种"真"更拙劣一些呢？由于获得这种"真"的基础是现存史料和现有知识体系，因此，凡是可以涵盖更多现存史料、更多现有知识体系的历史研究结论，自然也就具有了描述更多历史现象、解释更多历史事实的能力，从而具有更大的优越性。在物理学上，我们知道，相对论力学将经典力学看作低速运动系统的近似表示，而它本身可以涵盖低速和高速等多种状态，从而具有更高的优越性。又例如在数学上，欧氏几何的三维空间只是非欧几何空间的一种特殊状态，从而非欧几何具有了更大的涵盖面因此更加优越。对于历史学来说，仅仅依据文献学知识的历史研究结论自然比还依据了社会学、经济学、政治学等其他知识的历史研究结论要低劣，而不仅依据文献，还依据考古资料、民族学资料、人类学资料等其他资料的历史研究结论，显然比只依据文献的研究结论要高明。陈寅恪在总结王国维学术研究方法的高明之处时说："一曰取地下之实物与纸上之异文互相释证，二曰取异族之故书与吾国之旧籍互相补正，三曰取外来之观念与国有之材料互相参证。"[1] 王国维在当时学术界异军突起，取得卓越成就，就在于他大大扩大了作为研究依据和基础的范围，在一般学者只着眼于传世文献的时候，他注意到地下实物，在其他人只注意本国文献的时候，他注意到了外国文献，在一般学者局限于本国知识体系的时候，他则将外国知识体系作为研究的依据之一。

既然史学研究中必然出现几种"真"并存的局面，是一个新的"真"取代旧的"真"的历史过程，那么"宽容"精神自然成为史学发展的必需动力，应当受到维护和发扬。

---

① 陈寅恪：《王静安先生遗书序》，载《金明馆丛稿二编》，上海古籍出版社 1980 年版，第 219 页。

三

当我们从统万城遗址进入统万城历史的时候，就会发现，它不是始终一个样子，而是以多重面孔出现在我们面前。最近、最直接的面孔，是现在的研究者通过研究各种资料所得到的有关统万城历史的认识，它基于现在能够面对的各种史料和现有的知识体系，是重新构造的，因而是活生生的、可以描述和理解的历史，但我们无法证明其符合于实际历史过程。最遥远的面孔，则是那个曾经真实存在过的大夏国都统万城历史，它在当时是活生生的，但现在只留下了僵死的遗迹，对于今天的研究者来说，我们相信它存在过，但这个真实的过程是那样遥不可及。在这中间，则是《晋书》记载的统万城、《新五代史》记载的统万城、范文澜《中国通史》记载的统万城等等，它们或远或近，但共同的一点是，它们既不能等同于曾经真实存在过的活生生的统万城，也无法作为现在史学工作者头脑中可以活生生展现出来的统万城，在过去和现在两个方面都是僵死的。多重的统万城面孔，不仅使统万城本身具有了历史感，也使研究其历史的历史学具有了历史感。

多重的历史可以简化地分为三重或三个层次：一、实际发生过的历史过程，二、前人认识中的历史过程，三、正在进行的认识中的历史过程。① 多重历史的存在，取决于该历史得以形成的具体主客体关系，不同的主客体关系确定了不同的历史层次，并使其具有了不同的性质。在这中间，主体是主导性的因素，主体本身或主体角度的变化导致历史在不同层次之间变换。

在第一个层次即实际发生的历史过程中，主体扮演了历史创造者的

---

① 中外史学家有些人实际上已经作过如此划分，例如顾颉刚先生在论及上古历史时就将其分为三个层次。一是"东周时的东周史""夏商时的夏商史"，即实际发生过的历史过程。二是"战国时的东周史""东周时的夏商史"，即前人认识中的历史过程。三是"得之于疑古者之整理抉发"的历史，即正在进行的认识过程中的历史。（顾颉刚：《与钱玄同先生论古史书》，载《古史辨》第 1 册，上海古籍出版社 1982 年版，第 60 页）

角色，与其他同时代的人一起，他们的实践活动使脱离人的自然界变化为"人化的自然"，从而使之纳入历史之中，同时，人的实践活动又使人自身产生异化，形成了超越个人而又控制个人的社会，从而通过社会将人自身也纳入历史之中。在这里，主体就是实际历史过程的主体，历史的创造者，而客体则是与主体相联系的自然界和由人所组成的社会。主客体之间的关系及其发展变化就是实际的历史过程，这个历史过程既不能脱离客体，也不能脱离主体。

当创造历史的人试图对历史本身进行认识的时候，角色马上发生变换，主客体及其之间的关系也发生根本性变化。一方面，客体从实践对象转变为认识对象，而且它不仅仅是作为实践对象的自然界和社会，还包括在实际历史过程中作为主体的人，也就是说，实际历史过程的主客体双方及其间关系在这里全部变成了客体，即历史认识的对象，也即史料。当然，这种转换一般都不是百分之百完全实现的，往往遗失的比保存下来的更多，转换的实现取决于是否有确定的认识主体，有认识主体，它就转换为认识客体，没有认识主体，实际历史过程尽管可以作为客观事物存在，但无法成为历史认识的客体。相应，如果认识主体所对应的只是实际历史过程的某一部分或某一侧面，那么就只有这些部分或侧面转换为认识客体，其余部分尽管是实际存在，但并不能转换为客体。另一方面，主体从"实践者"转化为"认识者"。这种转换可以在同一个人身上实现，也可以在不同的个人身上实现。"认识者"一经产生，"实践者"就从实际历史过程中的主体转换为历史认识过程中的客体，失去了主体的地位。"实践者"是实际历史过程中的主体，他在切切实实地改造着他的对象客体。而"认识者"则不同，他失去了任何干预实际历史过程的可能，因为当历史成为认识对象的时候已经成为过去，已经无法改变。他又是认识过程中的主体，必然改造与之相对的认识客体，使之带有主体的烙印。对史料的选择、解释是主体的烙印，对史料有意无意的歪曲是主体的烙印，以主体特有的思维体系和语言系统重现客体更是主体的烙印。在这样的历史认识中的主客体关系中，形成正在进行的认识过程中的历史，它当然不能脱离正在进行认识的主体，也不能脱离与主体相对应的认识客体。在这一过程中，主体处于主导位置，他带着特定条件、环境的烙印，以特定的知识体系为基础，将相关的对象改造为客体。在这样的主客体关系中形成的历史当然不能等同于实际发生的历史过程，但它也不是僵死的，它在人的意识中是活生生的。这是历史的第三个层次。

当正在进行的认识过程中的历史已经结束，并以某种形式（例如文字形式）明确表示出来的时候，历史的这第三层次就开始宣告结束。如果有新的主体直接面对这些结果（如文字的描述和解释），那么它就发生转换，成为新的历史认识的客体，即"前人认识中的历史"，由此形成历史的第二个层次。第二、第三两个层次经常发生这样的转换，第三层次历史随着主体停止活动而转换为第二层次，第二层次历史随着其进入新的历史认识活动而转换为第三层次历史中的客体。这样的过程不断重复，从而形成差异或大或小的多个层面。在第二层次中，客体远离实际发生的历史过程，从而是僵死的，而主体也已经成为过去，也是僵死的，只有新主体才能赋予这个层次的历史以新的生命。

历史的这三个层次是互相联系的。没有实际发生的历史过程，其他层次无从谈起；没有正在进行的认识过程中的历史，也就没有前人认识中的历史，而且一般来说，前者也需要后者作为认识客体才能形成。但是，它们又是互相隔断的，其间有无法逾越的鸿沟。在认识中形成的历史，不论是现在的还是过去的，由于认识主体的参与，总是无法等同于实际发生的历史过程。而在认识中形成的历史由于认识主体总是处于不断的变化之中，新的主体必然给客体打上自己的烙印而使之成为新客体，变化了的新主体、新客体及其之间关系必然改变我们认识之中的历史，从而使以前的历史认识变为"前人认识中的历史"并与之互相矛盾。主体及主体角度的变换，使认识中的历史不断地在第二、第三层次之间变来变去，在这个过程中，主体始终处于主导位置，正是由于主体以现存的知识体系为基础，并存在于现实生活之中，历史才能以鲜活的面孔出现在历史学家的思想中并以各种形式展现出来。活的历史离不开活的主体，离不开现实，在这个意义上，我们说，历史属于现在。

　　近现代哲学最伟大的成就之一，就是逐渐远离带有宗教信仰色彩的试图对世界本原作出某种确定回答的内容，而是切切实实站在人的立场上，回答人与周围世界究竟是怎样一种关系。历史研究是我们了解这一问题的很好领域，变化的主客体之间关系决定了历史有多重表现形式，因而最好地说明了人与周围世界所具有的关系。

（原载《陕西师范大学学报》2005 年第 6 期）

历史研究中的三重主客体关系

作为现实的曾经发生过的社会运动过程，历史不过是人类实践活动的积淀，而实践本质上就是主体与客体关系的一种具体形态。作为历史学家对历史的认识过程，历史研究不过是历史学家认识活动的积淀，而认识本质上也是主体与客体关系的一种具体形态。因此，历史研究不可能脱离主体与客体的关系，恰当认识和把握主客体之间的关系是史学得以健康发展的基本前提。在探讨历史研究中的主客体关系时，比较研究一下顾颉刚"层累地造成的中国古史"的观点和克罗奇"一切真历史都是当代史"的观点，可能会大有裨益。

一

20世纪20年代，顾颉刚以大无畏的反传统精神，在中国古史研究中掀起了一场革命，他通过对古文献的系统研究，揭示了传统古史叙述的伪造，给予了封建古史体系最致命的一击。在这场革命中，顾颉刚学术思想的核心就是"层累地造成的中国古史"的观点。

在《与钱玄同先生论古史书》中，顾颉刚系统阐述了这个观点三个意思。一、"时代愈后，传说的古史期愈长"，他举例说，"周代人心目中最古的人是禹，到孔子时有尧舜、到战国时有黄帝神农，到秦有三皇，到汉以后有盘古等"。二、"时代愈后，传说中的中心人物愈放愈大"，他举例说，"如舜，在孔子时只是一个无为而治的圣君，到《尧典》就成了一个'家齐而后国治'的圣人，到孟子时就成了一个孝子的模范了"。三、"我们在这上,即不能知道某一件事的真确的状况,但可以知道某一件事在传说中的最早的状况。我们即不能知道东周时的东周史,也至少能知道战国时的东周史;我们即不能知道夏商时的夏商史,也至少能知道在周时的夏商史"①。

这里,顾颉刚实际将上古史研究中的历史区分为三个层次。一、实际发生过的古代历史过程,即"东周时的东周史""夏商时的夏商史"。顾颉刚肯定这个历史是真实的存在。二、前人认识中的古代历史过程,包括"战国时的东周史""东周时的夏商史",也包括后来各代的"东周史""夏商史"。顾颉刚认为,这是"层累地造成的中国古史",由于每一代人都对认识中的古史有所选择、添加、编造,从而成为一种后人编造出来的伪史。由于是"层累地造成",漫长的过程使这种伪史自成严密体系。"中国的古史全是一篇糊涂账,二千余年来随口编造,其中不知有多少罅漏,可以看得出它是假造的,但经过二千余年的编造,能够成立一个系统,自然随处也有它的自卫的理由。"② 三、作为当代史学家的自己本人认识中的古代历史过程,即当代人所知道的古史。他在反对把自己的学派称为"疑古派"的提法时指出:"疑古并不能自成一派,因为他们所以有疑,为的是有信;不先有所信,建立了信的标准,凡是不合于这标准的则疑之。信古派信的是伪古,释古派信的是真古,各有各的标准。"既然"东周时的东周史"之类可能是"我们不能知道的",那么释古派所"信"的"真古"、或所谓"古史的真相"究竟从何而来呢?他认为"得之于疑古者之整理抉发"。而疑古的依据则有二,一是得到了其他学科的知识,使历史研究者认识能力和角度发生了变化,"我们当时为什么会疑,也就是因得到一些社会学和考古学的知识,知道社会进化有一定的阶段,而战国、秦、汉以来所讲的古史和这标准不合";二是历史研究者反封建的需要,"我要使古书仅为古书而不为现代

---

① 顾颉刚:《与钱玄同先生论古史书》,载《古史辨》第 1 册,上海古籍出版社 1982 年版,第 60 页。

② 顾颉刚:《启事三则》,载《古史辨》第 1 册,上海古籍出版社 1982 年版,第 187 页。

的知识，要使古史仅为古史而不为现代的政治与伦理，要使古人仅为古人而不为现代思想的权威者。换句话说，我要把宗教性的封建经典——《经》整理好了，送进了封建博物院，剥除它的尊严，然后旧思想不能再在新时代里延续下去"①。依据它学科的知识和自己的需要，对历史遗留下来的文献有"信"有"疑"，得出"真古"与"伪古"的认识，这里的"真古"并不能等同于实际发生过的古史，而是存在于历史学家认识中的"古史"。

显然，顾颉刚并不仅仅把实际发生的古代历史过程看作历史研究的对象，对于历史研究中的主体的作用也给予了极大的注意，看到了前人认识中的历史是某种改造的结果，看到了当前的"真古"是当代人认识的结果。把顾颉刚的这一思想与克罗奇"一切真历史都是当代史"的思想进行比较，我们会惊奇地发现，两者在很大程度上是统一的。

二

作为一位著名的现代哲学家、历史学家，克罗奇在西方思想界产生了很大影响，他的"一切真历史都是当代史"的观点尤为人们所重视，但理解是各式各样的。这个观点包含了认识论和价值论两方面的含义，本文只着重分析其认识论方面。

克罗奇论证"一切真历史都是当代史"的基本依据是：过去的历史如果"真是一种历史"，也即"具有某种意义而不是一种空洞的回声"，那么它存在的条件与当代史一样，"它所述的事迹必须在历史家的心灵中回荡，或者（用专业历史家的话说），历史家面前必须有凭证（其他译本译作文献——引者），而凭证必须是可以理解的"②。克罗奇这一命题的真实含义是说，对目前有意义的历史只能存在于目前正在研究历史

---

① 顾颉刚：《我是怎样编写〈古史辨〉的？》，载《古史辨》第 1 册，上海古籍出版社 1982 年版，第 28 页。

② ［意］克罗奇：《历史学的理论和实际》，傅任敢译，商务印书馆 1982 年版，第 2 页。

的历史学家的认识之中。黑格尔也认为"历史"属于"现在"，他说："历史上的事变各有不同，但是普遍的、内在的东西和事变的联系只有一个，这使发生的史迹不属于'过去'而属于'现在'。"① 二者表面类同，实质迥异。黑格尔把历史归于绝对观念的演化，因此历史与现实本质同一，一切历史本质上都属于"现在"。而克罗奇则是说，历史只要对人有意义，只要它是活生生的存在，它就必须存在于现实的活生生的人的认识活动之中。

克罗奇不否认历史学家以外的历史的存在，但认为它无法被完全把握。他说："整部历史、甚至与我们最接近的近代欧洲史都是模糊的。谁能真正说得清决定俄罗斯的一个丹东或罗伯斯庇尔、一个拿破仑或亚历山大的动机的是什么呢？在活动本身、即活动的外化方面有多么多模糊和空白之处啊！关于 9 月中的日子，关于雾月 18 日，关于莫斯科的焚毁，人们写出了堆积如山般的书籍，但是谁说得清这些事情真是怎样发生的呢？甚至那些直接目击的人也说不清。因为他们遗留给我们的叙述是分歧的和矛盾的。"② 为什么人们无法在纯客观意义上完全把握实际发生的历史呢？克罗奇提出了两个理由。一、当历史已经成为历史时，便形成一种人们认识之中的历史，后人是根据这种历史来认识实际发生的历史的，而这种历史必然包含认识主体的因素，诸如选择、添加、误解、伪造等等。他转述托尔斯泰的看法说："不仅没有一个人能够准确地预知一次战争的经过，甚至一位拿破仑也不能，而且没有一个人能够知道实际上它是怎样发生的，因为在战争结束的前夕就出现了一种人为的、传奇性的历史，那是只有轻信的人才会误认为信史的。"③ 二、历史是无限的，历史中的事物也是无限的，试图把握无限不仅对人的有限认识能力来说无法实现，而且有害无利。他说："通向无限的道路跟通向地狱的道路一样宽广"，"当我们乍一接触无限时，无限就变大了，它对

---

① ［德］黑格尔：《历史哲学》，王造时译，生活·读书·新知三联书店 1957 年版，第 44 页。
② ［意］克罗奇：《历史学的理论和实际》，傅任敢译，商务印书馆 1982 年版，第 36 页。
③ ［意］克罗奇：《历史学的理论和实际》，傅任敢译，商务印书馆 1982 年版，第 37 页。

我们是没有用处的，它只会使我们望而生畏。只有可怜的有限才对我们有帮助，才是有定的、具体的，才能被思想所掌握，才能成为我们的存在的基础和我们的行动起点"。因而他得出结论：即使我们的无限求知欲能得到满足，"我们所该做的也只有从我们的心中把它们清除出去，忘掉它们，而只聚精会神于与一个问题相适应和构成活生生的积极历史、即当代史的某一点上"①。

在不否认历史学家以外历史的存在的前提下，克罗奇着力分析了通过历史学家的认识这种精神活动而形成的历史，认为这种历史只能存在于现实的主客体关系之中。他说："应当把历史和生活的关系看作一种统一的关系"②，这里讲的实际上就是主客体之间的关系。一方面，必须要有凭证，即客体。克罗奇说："谈什么没有凭据（其他译本也译作文献——引者注）的历史就如确认一件事物缺乏得以存在的一个主要条件而又谈论其存在一样，都是瞎说。"他还举例说："一个没有看过和欣赏过所要去批判地描述其来历的作品的人怎样能写一本绘画史呢？"另一方面，必须要有主体，也即历史学家的认识活动，他说："使历史获得具体形式的叙述只有当它是对于凭据的批判性说明时才是历史性的叙述"③，"批判性说明"就是主体的认识活动。这种活动中的首要内容就是选材。克罗奇指出："甚至那些看上去最完备和'客观的'（即'实质的'）摘述由于作者的理论兴趣之故，其中也有某种选择。"④ 而"选择的决定永远是从实际动机作出的，它归结为保存或忽视的活动"，这种活动当然是主体对于客体的活动。把经过选择的"历史事实"说成是"有价值的事实"或"在历史上无价值的事实，"是"历史的"事实或"非历史的"事实，在克罗奇看来，"都是一种想象"⑤。存在于人的认识中的历史必须包含主体与客体两个方面，没有认识客体的历史是"瞎

① ［意］克罗奇：《历史学的理论和实际》，傅任敢译，商务印书馆 1982 年版，第 37 页。
② ［意］克罗奇：《历史学的理论和实际》，傅任敢译，商务印书馆 1982 年版，第 3 页。
③ ［意］克罗奇：《历史学的理论和实际》，傅任敢译，商务印书馆 1982 年版，第 4 页。
④ ［意］克罗奇：《历史学的理论和实际》，傅任敢译，商务印书馆 1982 年版，第 112 页。
⑤ ［意］克罗奇：《历史学的理论和实际》，傅任敢译，商务印书馆 1982 年版，第 85 页。

说"，把经过主体加工的历史说成纯客观的事实则是"想象"。

如果客体与活生生的主体之间的联系被割断了，也即历史与生活的联系被割断了，那么历史就不再是活生生的，而成为一具尸体，当然它也并不是"无"。正是在这个意义上，克罗奇认为，历史叙述如果脱离了具体的主客体关系，就变为空洞的叙述，而且不能直接确定其真假，他举例说，对于某一具体历史事件，"对这个或那个见证人说来是真的，而对我们说来则既不是真的，也不是假的，或者说，它只是由于那些见证人的作证才是真的"①。基于现实的主客体关系是否存在，克罗奇区分了历史和编年史，他说："历史是活的编年史，编年史是死的历史，历史是当前的历史，编年史是过去的历史"，"一切历史当其不再是思想而只是用抽象的字句记录下来时，它就变成了编年史"②。就是说，当历史与活生生的主体相联系时，它是真正的活生生的历史，当这种联系被割断时，历史就只剩下了一些用字句记录下来的他人的认识。客体不与现实的主体相联系，便失去客体的意义，不再成为客体，历史由此成为僵死的，即编年史。当历史与生活、也即客体与主体的联系重新建立起来时，历史又会复活，克罗奇说："当生活的发展需要它们时，死历史就会复活，过去史就会再变成现在的。"③

克罗奇与顾颉刚同样，将历史研究中主体的作用予以了极大的注意，当然，他对于目前正在研究历史的主体的作用作了非常高的评估，这与顾颉刚的思想有相当差异。他们的这些思想中有许多宝贵的东西，值得我们进一步去开掘、研究。

三

顾颉刚"层累地造成的中国古史观"和克罗奇"一切真历史都是当

---

① ［意］克罗奇：《历史学的理论和实际》，傅任敢译，商务印书馆1982年版，第6页。
② ［意］克罗奇：《历史学的理论和实际》，傅任敢译，商务印书馆1982年版，第8页。
③ ［意］克罗奇：《历史学的理论和实际》，傅任敢译，商务印书馆1982年版，第12页。

代史"观是否充分合理，还需要做更细致、全面的研究才能确定，但他
们的思想已给我们以启示：史学研究不可能脱离具体的主客体关系，这
种主客体关系并非仅仅是研究主体与现实历史客体之间的关系，而是呈
现为不同层次的主客体关系。显然，在今天的史学研究中，仅仅注意到
主体的作用，注意到史学研究是一种具体的主客体关系，这是远远不够
的，还必须区分不同情况下主体的不同作用以及主客体关系的不同内
容。历史研究中的历史确实可以划分为三个不同的层次，为了更准确地
把握我们的历史研究活动，有必要全面探讨一下不同层次上的历史的主
客体关系。

第一个层次，即实际发生的历史过程。历史从来都是人创造的，人
是历史的主体，人实现其主体地位的基本方式就是实践活动，与此相
对，凡是人以外而又与人的实践活动直接相关的事物便成为客体。如果
我们把主体局限于个体形态来考虑，那么，这里的客体一方面表现为自
然界，另一方面则表现为由人组成而又异化于人的社会。组成客体的两
个方面使人的实践活动区分为两种基本形式，即改造自然的斗争和改造
社会的斗争。由于人的实践活动产生了一定的结果，就使自然界区分为
两部分，一是人的实践活动尚未直接改造的部分，一是人的实践活动已
经直接改造的部分，即所谓"人化的自然"。这种主体和这种客体以及
其间关系的发展过程便成为实际发生的历史，这正是历史研究所试图最
终了解的东西。

第二个层次，即前人认识中的历史过程。前人试图对实际发生的历
史过程予以认识的时候，主客体关系马上发生变化。首先，客体从实践
对象转变为认识对象，它已不仅是作为实践对象的自然界和社会，而且
包含作为实践主体的人，以及实践中的主客体关系。也就是说，实际历
史过程中的主客体及其间关系在这里转化为客体。当然，这种转化不是
必定百分之百完全实现的，它取决于是否相对于一定的认识主体，有主
体，实际历史过程就可以转化为相应的客体，没有主体，实际历史过程
尽管可以作为客观事物而存在，但无法成为客体，如果相对一定主体的
只是实际过程的某一部分或某一方面，那么就只有这些部分或方面成为

客体，其余部分或方面并不成为客体。其次，主体从实践者转化为认识者，这种转化可以在同一个人身上实现，也可以在不同的人身上实现，认识者一经产生，实践者便成为认识活动中的客体而失去主体地位。与实践主体不同，认识主体已经没有干预实际发生的历史过程的任何可能，但他却必然使与之相对的客体打上自己的烙印。对史料的选择是主体的烙印，对史料的解释是主体的烙印，对史料有意无意的歪曲也是主体的烙印，当然更不用说主体重现客体时所必须使用的以概念为基础的思维系统和语言系统。在这样的具体的主客体关系之中，形成了最初的人们认识之中的历史，这种历史当然不能等同于实际发生的历史，它既以确定的认识客体为基础，又必然要包含认识主体的因素。

随着时间的推移，相同的过程一再发生，与此同时，存在于具体主客体关系之中的人们认识中的历史，也会随着主体的变换而转化为认识客体。随着具体的主体的消灭，与此主体相适应的人的认识中的历史便只留下文字等等形式的记载，成为一种过去的具体主客体关系的遗迹，当新的认识主体面对它的时候，它就转化为新的主客体关系中的客体。如此重复，以至于无穷，从而形成人们认识之中的历史本身的发展历史。"历史常写常新"，这一原理并不因为实际发生的历史过程已成为不可变动的客观事物而失效，主体在不断地变动之中，相对于主体的客体也随之处在不断变动之中，因而存在于具体主客体关系之中的人们认识中的历史不得不处于不断变动之中，永远只能以新的面貌出现。

第三个层次，作为现实的历史研究者的我们认识之中的历史过程。和我们的前人一样，我们认识中的历史也只能存在于以我们为主体的具体主客体关系之中。这里有可能成为客体的同样既有我们所可能触及的实际历史过程，也有前人认识之中的历史的遗存。这里的主体则是与前人并不相同的目前正在进行历史认识活动的我们，而我们正是在新的条件下，带着新环境的烙印，以新思想成为主体的。我们的认识活动导致了与我们这个主体相对应的新客体的产生，而变化了的主体、客体以及其间关系必然产生变化了的存在于我们认识之中的历史，这种历史是新的历史，它属于现在。

历史研究中三重主客体关系的存在，要求我们不能简单对待历史研究，仅仅把它视为我们对实际历史过程的照相式的认识，它是一个过程，是一定主体与一定客体对立统一、发展变化的过程，在这个过程中，无论客体还是主体，都不可能是固定的、僵死的、永不变化的东西。

（原载《社科纵横》1994 年第 2 期）

中国传统史学的
宗教职能及其对自身的影响

在中国古代，史学发挥着重要作用，具有很高的社会地位，为经世济国之学，"史之为用，其利甚博，乃生人之急务，为国家之要道"①。而在当代，史学似乎逐渐被边缘化，除了"戏说""趣说"之类还为社会所关注外，似乎得了自闭症，只在自己的圈子之内产生影响，而且随着研究者题目的逐渐细琐，能够影响的圈子还在缩小，乃至某些研究成果关注者仅以十数人计。于是史学家多抱怨社会冷漠史学，以为这是社会追逐实利、轻视文化所致。前段时间在网络上读到余世存先生的文章"今天怎样读历史?"② 其中表述了"历史是中国人的宗教"的观点，尽管笔者并不怎么同意他的说法，但颇受启发。探讨中国传统史学的宗教职能，反思史学自身，有可能会更深入地了解中国传统史学的特性。

一 传统史学的宗教职能

中国古代，特别在其后期，史学地位很高。主流学者或认为"史"与作为统治思想基础的"经"同等重要，互为表里，"经"述理论原则，"史"表实际事例。元郝经曰："若乃治经而不治史，则知理而不知迹；

---

① 刘知几:《史通》卷11《史官建置》，文渊阁《四库全书》，台湾商务印书馆1983年影印本，第685册，第82页下栏。

② 余世存:《今天我们怎样读历史?》，http://news.sina.com.cn/c/cul/2006-05-19/10499907885.shtml，2006年07月30日。

治史而不治经，则知迹而不知理。"① 明杨慎曰："经不得史无以证其褒贬，史不得经无以要其归宿，言经史之相表里也。"② 或认为"经"即"史"，直接包含于"史"之内。明王世贞说："史学今日倍急于经，而不可一日而去者也，故曰君子贵读史。""天地间无非史而已，……六经，史之言理者也。"③ 明王阳明说："以事言，谓之史；以道言，谓之经。事即道，道即事。《春秋》亦经，五经亦史。"④ 明李贽说："经、史一物也。……故谓'六经皆史'可也。"⑤ 到清章学诚，则将"六经皆史"⑥ 一句置于其代表作《文史通义》全书之首。依此思想，史学必然是社会上最重要的学术，包含了理论原则和实际事例两个方面，从而成为维系整个社会稳定、实现国家统治的思想基础。为什么中国古代学者如此重视史学，认为史学在社会中占据极其重要的地位、起着极其重要的作用呢？原因是多方面的，但其中一个重要方面，就在于史学执行着一定的宗教职能。

宗教的本质究竟是什么？这在宗教学领域也并未得到一致的结论，但从功能上说，无非社会和个人两个方面。就社会方面而言，它不过是社会关系的一种存在方式，如德国思想家西美尔所说："人与人之间存在着诸多关系形式，它们承担着各种不同的内容，其中似乎就有那么一种，我们只能称之为宗教形式"，它"形成了一定的情感张力，一种特别真诚和稳固的内在关系，一种面向更高秩序的主体立场——主体同时也把秩序当做是自身内的东西"⑦。也就是说，宗教是人与人之间一种特定的社会关系，这种关系将个人按照一定的秩序联结起来，从而将不同

---

① 郝经：《陵川集》卷19《经史》，文渊阁《四库全书》，台湾商务印书馆1983年影印本，第1192册，第209页上栏。

② 杨慎：《升庵集》卷47《经史相表里》，文渊阁《四库全书》，台湾商务印书馆1983年影印本，第1270册，第368页上栏。

③ 王世贞：《纲鉴会纂·序》，扫叶山房铅印本，第1899页。

④ 王守仁：《传习录》卷上，载《王文成公全书》，民国十三年中华图书馆铅印本，第11页。

⑤ 李贽：《焚书》卷5《读史·经史相为表里》，明万历间刻本。

⑥ 章学诚：《文史通义》卷1《内篇一·易教上》，民国十一年刘氏嘉业堂刻章氏遗书本。

⑦ ［德］西美尔：《现代人与宗教》，中国人民大学出版社2003年版，第4—5页。

的个人、群体或各种社会势力、集团凝聚成一个统一的整体，联结社会存在与发展的各种要素使之一体化。宗教通过其观念、教规、礼仪、组织等等形式，将某种确定的社会关系转化为个人必须遵守的行为规范，并进而演变为个人内在的价值标准和道德取向，从而使个人的行为和精神都严格遵循确定的社会关系，并维护这种社会关系的稳定。与此相对应，就个人方面而言，由于为维护一定的社会关系做出了贡献，这种社会关系相应给予参加宗教的个人以一定的稳定生活，包括各种援助系统，在这种现实援助的基础上，同时又给个人以精神的稳定和安宁，借助于超人间的神的力量，提供心理上的慰藉和安全感。

就社会整体的层面观察，宗教仍然为社会提供了一种规则，一种秩序，以强制和非强制的方式，要求人们遵循这种社会规则，从而保证确定社会关系的实现。维护社会秩序的工具有许多种，但大致可以分为两类，一类如法律、条例、军队、监狱等等，主要通过强制性的手段来达到目的，一类则如道德、舆论等等，主要通过非强制性手段来维护秩序。宗教似乎介于二者之间，例如部分教规包含强制性的内容，但就主要的方面而言，是借助"神"的威慑力，以道德、舆论等等非强制性手段来导向和约束教徒的行为，使之心存敬畏而遵守秩序。正是由于具有维护社会秩序的功能，因此，不管宗教的形式有何种变化，不管"神"以什么形态出现，一个社会不能没有宗教，不能不完成由宗教所实现的那些功能。

与世界许多国家和地区的情况迥异，中国比较缺乏严格意义上的宗教，①虽然有道教之类本土自生宗教，也有佛教等域外传来宗教，但在整个社会生活中，它们一般处于非主导地位。在世界很多地区由宗教来实现的那些社会职能，在中国也必须得到实现，这种职能就部分地落到了史学身上，特别是其中非强制性的道德、舆论等方面的内容。中国传统史学虽然不等于宗教，但它以道德审判和舆论导向积极干预社会生

---

① 关于儒教是否宗教，学术界并无定论，鉴于其与世界各大典型宗教仍有较大差别，为避免过多解释和界定，本文暂将其置于宗教之外。

活，调整和维护着一定的社会关系，让人们心存敬畏而遵守一定的秩序，发挥着很强的现实作用。典型宗教占据统治地位的社会让人们敬畏"神"，而中国古代的社会让人们敬畏记载下来的历史，以此为标准净化自己的灵魂，遵守一定的秩序，从而都完成了一定的宗教职能。

史学宗教职能的实现，取决于史学自身和社会两个方面。一方面，史学明确认为自己有道德审判与舆论导向的责任，另一方面，社会也认可这种导向和审判。

自孔子开始，史学就明确担当起了道德审判与舆论导向的责任。《左传》说："《春秋》之称，微而显，志而晦，婉而成章，尽而不污，惩恶而劝善，非圣人谁能修之。"（《左传·成公十四年》）将惩恶扬善作为史学的基本任务，而这种修史只有"圣人"才能完成，从而将史学及史学家置于极高的地位。司马迁也充分肯定了史学的道德审判与舆论导向功能："夫《春秋》，上明三王之道，下辨人事之纪，别嫌疑，明是非，定犹豫，善善恶恶，贤贤贱不肖，存亡国，继绝世，补敝起废，王道之大者也。"他在解释孔子作《春秋》原因时引孔子之言曰："我欲载之空言，不如见之于行事之深切著明也。"[①] 司马贞《史记索隐》解释的很清楚：与其立空言设褒贬，"不如附见于当时所因之事，人臣有僭侈篡逆，因就此笔削以褒贬，深切著明而书之，以为将来之诫者也"[②]。司马迁还引董仲舒评论《春秋》之言曰："是非二百四十二年之中，以为天下仪表，贬天子，退诸侯，讨大夫，以达王事而已矣。"[③] 史学除了明确自己惩恶扬善的责任外，还对自身的道德审判效果予以高度评价，"孔子成《春秋》，而乱臣贼子惧"（《孟子·滕文公下》）。史学可以对现实政治发生强大的作用。这种传统一直持续了下来，如刘知几说："史之为务，申以劝诫，树之风声"[④]，"记功司过，彰善瘅恶，得失一

---

① 《史记》卷130《太史公自序》，中华书局1959年标点本，第3297页。
② 《史记》卷130《太史公自序》"索隐"，中华书局1959年标点本，第3298页。
③ 《史记》卷130《太史公自序》，中华书局1959年标点本，第3297页。
④ 刘知几：《史通》卷7《直书》，文渊阁《四库全书》，台湾商务印书馆1983年影印本，第685册，第56页上栏。

朝，荣辱千载"①。王阳明说："史以明善恶"，"善可为训者，时存其迹以示法，恶可以为戒者，存其戒而削其事以杜奸"②。

与此相对应，社会也普遍认可史学的道德审判与舆论导向。争取"青史留名""流芳百世"，而决不能"遗臭万年""钉在历史的耻辱柱上"，应当说是社会的共识。文天祥"人生自古谁无死，留取丹心照汗青"，成为千古绝唱，也成为这种道德价值观的突出表现。特别是一些社会精英人士，在现实生活中遭遇到不公的待遇，甚至被推向绝路，而他自己又不愿意放弃自己的生活准则时，往往会选择牺牲自己，而寄希望于历史，以求在历史的肯定中得到永生。不仅如此，帝王也经常使用这种道德价值观来为现实政治服务，当臣下的言行符合其利益时，往往给予"宣付史馆""诏史官树碑颂德"等褒奖。

不仅在上层，社会下层也被这种道德价值观深深地浸染着。杨家将血染疆场、岳飞精忠报国，秦桧卖国求荣、魏忠贤奸佞误国，这一类有着明显道德审判内容的历史故事通过戏曲等多种形式广布民间，指导着一般民众的道德价值判断取向，也成为他们判断眼前事物价值的道德准绳，民众从流传下来的历史记载中学习如何判断善恶。黄永玉先生有一幅画，画面是故乡凤凰县陈家祠堂里的戏台，上有匾额，书"观古鉴今"四个大字，将历史与现实紧密地结合到了一起，而这种戏台在中国大地上到处都是，足见以历史记载作为道德价值判断依据的观念已经深深渗入中国一般老百姓的心灵之中。

人之著史，扬善抑恶。人之读史，趋善除恶。历史具有了强烈的道德审判与舆论导向功能，部分完成了本该由宗教完成的社会职能，这样，一方面，大大提升了史学的社会地位，另一方面，史学又被赋予了更多的社会责任。

---

① 刘知几：《史通》卷7《曲笔》，文渊阁《四库全书》，台湾商务印书馆1983年影印本，第685册，第58页上栏。

② 王守仁：《传习录》卷上，载《王文成公全书》，民国十三年中华图书馆铅印本，第11—12页。

二　主流史学道德价值观的性质

在典型宗教占统治地位的社会中，这类道德审判和舆论导向的功能由宗教来执行，宗教教义是其基础，而最终的判定者在形式上是上帝之类的神。一般来说，在这里，道德价值判断归之于宗教，历史没有太多的发言权，因而只好落到实处，注重于现实历史过程的记载，注重于历史与现实存在的人之间的联系，在此基础上给予历史以一定的解释。他们往往着力于历史的解释和重构，从而对历史赋予了更多的现实性和人性。与此相适应，历史学家并不试图对社会的道德价值体系产生太大的作用，不想把宗教的职能揽到自己身上。

而在中国古代社会，由神最终确定的道德价值判断，很大一部分落到了历史的头上，从而使历史学家似乎部分地取代了神。这种现象很容易造成一个错觉，似乎历史在社会的道德价值判断领域真可以发挥很大的实际作用，真可以"善人劝焉，淫人惧焉"（《左传·昭公三十一年》），可以使"乱臣贼子惧"（《孟子·滕文公下》）。这种错觉给予了历史学家过重的责任，同时也给予了过多的荣誉，使历史学家飘飘然，以为自己可以提出某种独立于社会的道德价值判定体系，以及与此相适应的某种独立的史观，并在自己撰写的历史著作中，将这一点予以强化，反过来似乎又提高了自己的社会地位。

在这种假象面前存在两个问题：一、历史学家、特别是主流历史学家能否在本质上提出自己独立的道德价值判定体系，以及与此相适应的某种独立的史观？二、史学家所提出的道德价值判定体系对社会、特别是对社会上层究竟能起多大作用？

先看第一个问题。毫无疑问，社会是复杂的，作为社会成员的历史学家可能甚至必然提出多元的、互异的道德价值判定体系及史观，未必就能一致，班、马的差异就是显著例证。但不管史学家个体的思想有多大差异，究其根源，仍在于具体史学家的具体社会存在，也就是他在社会结构中所处的位置，以及由这种位置所必然确定的一定的社会生活和思想影响。个体可能有自己非常独特的思想发展，但无论如何奇特，他都不能脱离他所处的具体社会环境，包括思想影响环境。在这个意义上，我们说，史学家所提出的道德价值判断体系和史观都无法获取充分的独立性，或者说，只具有相对的独立性。对于主流历史学家来说，这一特征表现的就更为突出，史学主流的道德价值判定和史观必然与社会主导性力量的利益取向相一致，与他们的道德价值判定相一致。社会的主导性力量、强势集团、特别是统治者决定了主流史学的道德价值判断，而主流史学的道德价值判断反过来又强化了社会主导性力量的社会地位。

从不同时段来看，社会主导性力量的利益取向是有差别的。就短时段而言，例如一个王朝的不同阶段，或不同的皇帝或同一皇帝的不同时期，其利益取向总是处于不断变动之中，这就影响着主流史学家的道德价值判断也处于不断变动之中。在任何时代，由于适应环境是作为个体的史学家生存的基本条件，因而大多数史学家总是不断改变自己的道德价值判断，以适应社会主导力量的利益取向，生产出种种为现实服务的史学著作来。而就长时段而言，例如涉及一个王朝或若干个王朝以至于整个中国古代社会，社会主导力量的利益取向就表现出相当的稳定性，他们要求统治者能舍弃一些眼前利益，限制贪欲，而维护自己集团整体的长远利益。与这种利益取向相适应，史学整体则表现出了相对稳定的道德价值判断和史观。统治者的眼前利益与长远利益必然发生冲突，在史学领域，适合于这两种不同利益取向的道德价值判断体系也处于矛盾之中。由于后者表现出了更强的稳定性，而且往往与现存的统治者利益相冲突，以至于好像这些东西是史学自身独立于社会而产生出来的。但不管它们如何矛盾，最终都符合社会主导利益集团的价值取向，因而在本质上是一致的。至于反映非主导利益集团或者说非统治集团利益价值取向的史学，虽然不能说不存在，但总是非常微弱，无法动摇主流史学的地位。秦汉以后的中国古代社会，社会主导性力量的长远利益取向选择了儒家的思想，当然也包含其道德价值判断体系，因此，史学整体、长远的道德价值判断体系必然也以儒家思想作为基础。占统治地位的道德成为史学道德价值判断的灵魂。

余世存先生认为，在中国人的理解中，"历史就是人心、人性"，"历史感是对因果论的敬畏"，"惩恶扬善，净化人心的功能""很大程度上就是由史家传统来维系的"，并从而对中国传统史学的道德价值审判作用给予了较多的肯定。这种肯定更多出于良好的愿望，选取了传统史学中符合自己要求的那部分内容，其前提是历史记载符合真实过程、符合良知，但已有的历史记载未必符合真实，更未必符合良知。这种肯定态度会引导人们过分信任已有的历史记载，因而无疑是有害的。首先，在任何时代，人心是多样的，符合人心的历史也是多样的，有符合下层老百姓人心的历史，也有符合上层统治者人心的历史，但占统治地位的只能是符合统治者利益的历史，这种历史在根本上属于统治者的意识形态。其次，尽管是下层老百姓的人心，其实在很多时候也是跟着上层统治者的导向，杨家将血染疆场、岳飞精忠报国之类意识就是很好表现，社会弱势群体的自我意识本来就十分艰难，而统治者总是阻止其自我意识。最后，即使历史记载对现有统治者眼前利益持强烈否定态度，虽然就长时段来看，表现出了更大的合理性，但从根本上来说，其道德价值判断只是符合统治者长远利益，而并不是出于被统治者利益，这种历史最终仍然是符合统治者利益的历史。肯定历史的这种道德价值审判作用，实际上只是一种无奈之举，只是表明我们还缺乏好的道德价值审判体系，无力对某些现象做出正确的判断，因而只好求助于传统。某些时候，实际上是采用了所谓"抽象继承"，即在传统历史道德价值审判体系的名义、名词之下，表达自己的道德价值观。

再看第二个问题。史学家所提出的道德价值判断体系对社会、特别是社会上层究竟能起多大作用？

由于统治者有眼前利益与长远利益之间的矛盾，史学的道德价值判断也必然出现矛盾，因此，就会出现本着儒家精神、符合统治者长远利益的史学派别，对统治者的短视行为进行的道德价值否定，那么，这种否定或限制作用究竟有多大呢？尽管史学家高度估计了其作用，以为可使"乱臣贼子惧"（《孟子·滕文公下》），但从史学本身的发展历史中可以看到，其作用其实十分有限。统治者一般并不害怕历史，尽管过去的历史记载由于其道德价值判断导向而会对他们的行为构成一定的限制。原因就在于，一方面，他们是历史的主导力量，正在按他们的意志现实地制造着历史，从而他们永远都着眼于现在，着眼于现实的利益，历史的道德谴责是身后之事，他们完全可以置之不理。另一方面，他们在很大程度上控制了历史的纂修，从而使历史可以按照他们的愿望来撰写。

前一点几乎不用说，历史上的统治者没有哪一个在涉及他们利益的行动和决策时会认真考虑历史将如何记载，他们很清楚，历史记载中"成者王侯败为寇"，首先是要成功。当他们考虑到历史时，往往是按照需要，或作秀让历史记载下来，或设法让历史不要记载某些事。甚至直接表示出对历史道德价值审判的蔑视，东晋大司马桓温就有一句名言："男子不能流芳百世，亦当遗臭万年！"① 他们只在乎现实的权与利，而毫不在乎历史如何记载他们。

更重要的是，统治者从根本上控制了历史的纂修与研究，其手段主要有四。

（一）垄断修史权，定正史为官修，禁私修

班固继承了父亲班彪的修史事业，"既而有人上书显宗，告固私改作国史者，有诏下郡，收固系京兆狱，尽取其家书"，只是经过其弟班超"诣阙上书"，"具言固所著述意"，为明帝赏识，"除兰台令史"这一"秩百石"小官，方得以撰史。可见，至少从东汉开始，私修国史是违法而要被刑罚的，只有被任为史官，方能合法撰史。而合法撰史，则必须歌功颂德，"思仰汉德""述叙汉德"。正是为表现颂扬汉德，班固攻击司马迁"私作本纪"，将汉"编于百王之末，厕于秦、项之列"②，

① 《资治通鉴》卷103"咸安元年冬十月"，中华书局1956年标点本，第3248页。
② 《后汉书》卷40下《班彪列传下》，中华书局1965年标点本，第1386页。

"是非颇缪于圣人"①。此后正史修纂垄断于统治者之手,自唐设史馆之后愈演愈厉,宰相监修国史成为定制,"近于现代之正史,悉由官修,定于一尊,私家偶有纂述,辄以肇祸,后遂相戒而不为,而于他方"②。

(二) 以暴力令修史者俯首帖耳

史家多津津乐道南史、董狐之秉笔直书,殊不知史家亦人,生存总是第一位的,统治者使用危及其生存的暴力,总会使修史者俯首帖耳。金毓黻先生论隋唐以后"私家修史之风日杀",曰其远因是北魏太武帝时令崔浩修国史,崔"无隐所恶",遂导致"坐夷三族,同作死者,百五十有八人,是时并为之废史官",导致韩愈等后人"相戒不轻作史",近因则是隋文帝"诏人间有撰集国史、臧否人物者,皆令禁绝"。此后屡屡有因撰史而获罪者,直至清代,"每因修史受祸"③。刘知几说得很清楚:"古来唯闻以直笔见诛,不闻以曲词获罪。""故令史臣得爱憎由己,高下在心,进不惮于公宪,退无愧于私室,欲求实录,不亦难乎?"④

(三) 控制修史指导思想乃至直接操纵修史

修史权既垄断于统治者,修史指导思想也为其所控制。有时,统治者也会提出一些冠冕堂皇的修史指导思想,如李渊就说,"史官纪事,考论得失,究尽变通,所以裁成义类,惩恶劝善,多识前古,贻鉴将来"⑤,但更多的时候,通过监修官直接控制修史思想。刘知几说史馆修史"所载削,皆与俗浮沉"⑥,宰相之类监修官或曰"必须直词",或曰

---

① 《汉书》卷62《司马迁传》,中华书局1962年标点本,第2737页。
② 金毓黻:《中国史学史》,商务印书馆1999年版,第428页。
③ 金毓黻:《中国史学史》,商务印书馆1999年版,第128页。
④ 刘知几:《史通》卷7《曲笔》,文渊阁《四库全书》,台湾商务印书馆1983年影印本,第685册,第58页上栏、下栏。
⑤ 李渊:《修魏周隋梁齐陈史诏》,《全唐文》卷2,清嘉庆内府刊本。
⑥ 刘知几:《史通》卷10《自叙》,文渊阁《四库全书》,台湾商务印书馆1983年影印本,第685册,第80页上栏。

"宜多隐恶"①，操纵修史。甚至尚在草拟之中，"言未绝口而朝野具知，笔未栖毫而搢绅咸诵。夫孙盛实录，取嫉权门，王劭直书，见仇贵族"。从而使修史完全处于统治者操控之下。② 对于这种歌功颂德的史书，皇帝有时还觉得不够，直接指令再加颂扬内容。唐许敬宗等奉诏撰唐初国史，高宗李治曰其"多非实录"，要求增加皇帝德政记载，诸如李世民之德政："身擐甲胄，亲履兵锋，戎衣沾马汗，鞮鍪生虮虱"，又如某次检阅军队，因"忽然云雾昼昏，部伍错乱"，李世民"遂潜隐不出，待其整理"，以免责罚过多，等等。③

（四）垄断修史资料

此亦惯例，金毓黻先生说得很清楚，"则典籍掌故，聚于秘府，私家无由而窥"，"时君贤相，锐意求书，甲乙之编，四部之籍，不在秘府之掌，即入显宦之家"，故如万斯同"有志独修明史，而不能不主于时相之家，以博观其藏籍"④。

正是通过这些手段，统治者牢牢地控制了史学的主流，当然也就控制了史学的道德价值判断，从而为自己的利益服务。即使是史学以"直笔"引以为豪的南史、董狐，也莫能例外，皮锡瑞曰："刘氏以为董狐南史各怀直笔"，"无乃乌有之谈，不知南董非崔赵之臣，故可直书"，南史、董狐并非崔杼、赵盾臣下，故有直书之举。又直接质问刘知几，"刘氏在唐，曾为史官，试问其于唐代之事，能直书无隐否？"⑤ 在这种情况下，试图以史学所倡导的道德价值判断约束统治者，岂非缘木求鱼、南辕北辙？

---

① 刘知几：《史通》卷20《忤时》，文渊阁《四库全书》，台湾商务印书馆1983年影印本，第685册，第154页上栏。
② 刘知几：《史通》卷20《忤时》，文渊阁《四库全书》，台湾商务印书馆1983年影印本，第685册，第154页上栏。
③ 王溥：《唐会要》卷63《史馆上·修国史》，中华书局1955年版，第1093页。
④ 金毓黻：《中国史学史》，商务印书馆1999年版，第115页。
⑤ 皮锡瑞：《经学通论》卷5《春秋·论刘知几诋毁春秋并及孔子由误信杜预孔颖达不知从公谷以求圣经》，清光绪三十三年思贤书局刻本。

由此可见，传统史学就主流而言，其所具有的宗教职能，实际上是以符合统治者利益的道德价值观，通过史籍对社会进行道德审判和舆论导向，从而在一定程度上控制人们的精神和行为。而且，即使是这种符合统治者长远利益的道德价值观，对于统治者的约束作用也是非常有限的。当然，这并不意味着符合统治者长远利益的史学道德价值观不会对统治者的短视行为不予抨击，也不意味着不存在与主流史学不同的坚持其他道德价值观的非主流史学，当然更不意味着非主流史学的道德价值观不需要展现自己的风采。其实，史学的光彩更多时候是由非主流方面表现出来的。

三 宗教职能对传统史学的影响

既然史学承担着这样的宗教职能，起着社会的道德审判与舆论导向的巨大作用，那么反过来这种职能必然对史学自身产生重大影响。

宗教劝导人们出世，但宗教本身却入世极深，直接干预着社会生活的方方面面。史学虽然叙述的是过去的事，但它的宗教职能也使它成为一种入世的学问，与社会生活发生着极为密切的联系，而这，正是史学得以成为具有"经世济国"作用的显学的基础。

史学的这种入世，一方面表现为积极地、理性地干预社会生活，也就是说，依据史学所获得的对社会历史的认识、所坚持的道德价值判断，指导和制约人们的精神追求及现实行为，因而具有很强的社会责任感和使命感，并由此获得了强盛的生命力。

刘知几明确指出史学的职责："申以劝诫，树之风声。其有贼臣逆子，淫君乱主，苟直书其事，不掩其瑕，则秽迹彰于一朝，恶名被于千载"①；"盖史之为用也，记功司过，彰善瘅恶，得失一朝，荣辱千

---

① 刘知几：《史通》卷7《直书》，文渊阁《四库全书》，台湾商务印书馆1983年影印本，第685册，第56页上栏。

载"①。史学家俨然就是社会道德审判官。他还将史学成果分为三等，"彰善贬恶，不避强御，若晋之董狐，齐之南史，此其上也。编次勒成，郁为不朽，若鲁之丘明，汉之子长，此其次也。高才博学，名重一时，若周之史佚，楚之倚相，此其下也。苟三者并阙，复何为者哉？"② 清浦起龙将此三等分称为"秉直者""勒巨册者""徒多闻者"，发挥道德审判功能的"秉直者"是上等，而"勒巨册者"和"徒多闻者"为中下等，③ 此外史学作品只能属于等外，可见刘知几非常重视并高度评价史学干预现实生活的道德审判功能。

章学诚也认为，"史志之书"，须"传述忠孝节义"，"使百世而下，怯者勇生，贪者廉立"④。坚决反对"舍器而求道，舍今而求古，舍人伦日用而求学问精微"的史学，强调真正的史学"必求当代典章以切于人伦日用，必求官司掌故而通于经术精微，则学为实事而文非空言，所谓有体必有用也。不知当代而言好古，不通掌故而言经术，则鑿蜕之文，射覆之学，虽极精能，其无当于实用也审矣"⑤，将学术贴近于现实指为必须，将不知当代而好古之文视为琐碎和猜谜。他说自己的著作"虽以文史标题，而于世教民彝，人心风俗，未尝不三致意，往往推演古今，窃附诗人义焉"⑥。他强调学术必须经世致用，而为此，就必须厚今薄古，"史部之书，详近略远，诸家类然"⑦。

这种传统一直延续了下来。如王夫之说："所贵乎史者，述往事以

---

①　刘知几：《史通》卷 7《曲笔》，文渊阁《四库全书》，台湾商务印书馆 1983 年影印本，第 685 册，第 58 页上栏。

②　刘知几：《史通》卷 10《辨识》，文渊阁《四库全书》，台湾商务印书馆 1983 年影印本，第 685 册，第 77 页下栏。

③　刘知几：《史通》卷 10《辨识》，文渊阁《四库全书》，台湾商务印书馆 1983 年影印本，第 685 册，第 77 页下栏。

④　章学诚：《文史通义》卷 8《外篇三·答甄秀才论修志第一书》，民国十一年刘氏嘉业堂刻章氏遗书本。

⑤　章学诚：《文史通义》卷 5《内篇五·史释》，民国十一年刘氏嘉业堂刻章氏遗书本。

⑥　章学诚：《文史通义》卷 7《外篇二·上尹楚珍阁学书》，民国十一年刘氏嘉业堂刻章氏遗书本。

⑦　章学诚：《文史通义》卷 7《外篇二·记与戴东原论修志》，民国十一年刘氏嘉业堂刻章氏遗书本。

为来者师也。为史者记载徒繁，而经世之大略不著，后人欲得其得失之枢机，以效法之，无由也，则恶用史为?"① 又如史学家陈垣曾述及自己在抗日战争时期的学术研究，"九·一八"后，讲《日知录》，"注意事功"，"北京沦陷后，北方士气萎靡，乃讲全谢山以振之"，此时作品"言道，言僧，言史，言考据，皆托词，其实斥汉奸，斥日寇，责当政耳"②。

但另一方面，史学的入世也表现为消极地、顺应地服从现有社会秩序和规则，为现实统治者和统治思想服务，这往往是史学的主流。孔子"《春秋》为尊者讳，为亲者讳，为贤者讳"（《公羊传·闵公元年》），"笔则笔，削则削"③，已成为中国历史撰述的一种传统。即使认为史书撰著必须"直笔"的刘知几也认为这种"隐讳"是合理的，"史氏有事涉君亲，必言多隐讳，虽直道不足，而名教存焉"④。"夫臣子所书，君父是党，虽事乖正直，而理合名教，……讳之可也"⑤。

消极入世的传统则给史学带来很大的负面影响，使历史记述远离历史真实。刘知几说，史家或畏统治者权势而不敢直书，"古来唯闻以直笔见诛，不闻以曲词获罪"，故"欲求实录，不亦难乎"⑥。或追求名利而不愿直书，"王沈《魏书》，假回邪以窃位，董统《燕史》，持谄媚以偷荣"⑦。或为个人私利，借修史报个人恩怨。"用舍由乎臆说，威福行乎笔端"，"事每凭虚，词多乌有"，"假人之美，借为私惠"，"诬人之

---

① 王夫之：《读通鉴论》卷6《光武》，清同治四年湘乡曾氏金陵节署刻船山遗书本。
② 转引自白寿彝《史学概论》，宁夏人民出版社1983年版，第325页。
③ 《史记》卷47《孔子世家》，中华书局1959年标点本，第1943页。
④ 刘知几：《史通》卷7《曲笔》，文渊阁《四库全书》，台湾商务印书馆1983年影印本，第685册，第57页上栏。
⑤ 刘知几：《史通》卷13《惑经》，文渊阁《四库全书》，台湾商务印书馆1983年影印本，第685册，第105页上栏。
⑥ 刘知几：《史通》卷7《曲笔》，文渊阁《四库全书》，台湾商务印书馆1983年影印本，第685册，第58页下栏。
⑦ 刘知几：《史通》卷7《直书》，文渊阁《四库全书》，台湾商务印书馆1983年影印本，第685册，第57页上栏。

恶，持报己仇"①。这种类型的入世使其"向声背实，舍真从伪，知而故为"，他认为这在史学中是"罪之甚者"②。刘知几自己也有切身体会，当其奉诏撰史时，"同作诸士及监修贵臣""载削皆与俗浮沉"，"凿柄相违，龃龉难入"，"郁怏孤愤，无以寄怀"，因此方有《史通》之作。③

史学的入世一方面使史学谋求积极地、理性地干预社会生活，试图改变现实，一方面又由于种种原因，消极地顺应环境，为统治者服务，二者必然形成尖锐矛盾，史学工作者也由此形成两个基本的群体。由于任何社会占统治地位的思想和学术都是符合统治者利益的，因此，史学的入世更多是顺应环境，而只是在少数具有强烈社会责任感的史学工作者的奋斗之下，其积极的一面才能表现出来并发挥一定的作用，与此相应，大多数史学工作者是消极的入世者，但是，史学的希望并不在多数，而往往是在非主流的少数人那里。除此之外，当着社会环境不允许积极入世时，有可能产生一种中间形态，即出世的形态，一方面不表现出积极入世的姿态，另一方面也不明确表示顺应环境，而是将史学与现实隔绝开来，进入似乎是纯学术的境地。历史上曾经有过许多这样的时期，乾嘉之学就是一个例证。然而，即使是这种出世也脱离不了社会现实，它作为粉饰太平的一个组成部分而为统治者所允许，并借此背景得以繁盛，如果当它甚至连这种粉饰作用都实现不了的时候，也就只能衰落下去。

由宗教职能而来的入世，使中国传统史学还具有了一些显著的特点。既然是入世，就要以一定的思想、立场、价值观干预现实生活，这就导致史学具有浓重的意识形态色彩，而并不完全建筑在所谓客观的历史事实之上。既然是入世，就要表明自己所说的是人人都必须遵守的、

---

① 刘知几：《史通》卷7《曲笔》，文渊阁《四库全书》，台湾商务印书馆1983年影印本，第685册，第57页上栏。

② 刘知几：《史通》卷17《杂说中》，文渊阁《四库全书》，台湾商务印书馆1983年影印本，第685册，第126页下栏。

③ 刘知几：《史通》卷10《自叙》，文渊阁《四库全书》，台湾商务印书馆1983年影印本，第685册，第80页上栏。

人力所无法抗拒的客观必然性，因此它特别强调历史的因果性、规律性，从而在一定程度上抹杀了主体能动性在历史上的作用。既然是入世，就要说明它所叙述的一切事件、过程都是真的，因而它所得到的有关因果律的结论也是真的，这就导致它坚信——或至少表现出坚信——自己所其描述的历史就是真实的历史，而不顾历史的基础只是少量残留下来的且带有相当假冒伪劣内容的史料，我们只是以我们的眼光看待这些史料，并通过这些史料试图与过去"对话"①。限于篇幅，笔者将这些内容留待以后再做讨论。

中国传统史学所具有的宗教职能及由此而来的强烈的入世精神，一方面使史学与近代意义上的"科学"形成了较大的距离，不是把历史看作纯客观的对象进行研究，像植物学对待植物或动物学对待动物，因而不能得出纯客观或比较客观的结论，但另一方面，它将历史遗留下来的史料与现实的思想、生活联系结合在了一起，从而使史学具有了鲜活的生命力，将历史学从象牙之塔中引导出来，成为一门切切实实的俗世学问。正是由于这种学科特点，刘知几列"秉直者"为史学之上等，而将"勒巨册者""徒多闻者"列为中下等，更遑论等外之作，章学诚将"不知当代而言好古"之史学称为"罄蜕之文""射覆之学"，不过是琐碎与猜谜。

我们来源于传统史学，其缺点与优点是我们先天的遗传因子，无法摆脱。史学远离现实生活，现实社会当然也会远离史学，二者关系是相互的。史学要得到社会的认可，则必须回到现实。当然，如何回到现实，这是摆在我们面前的一个重大课题，特别是"文化大革命"影射史学的恶劣作用仍历历在目，而新时代的史学又失去了发挥宗教职能的条件。当然，史学可以将自己变成一种与史学家个人兴趣相关的纯学术，但这样它就必须甘于寂寞，不向社会伸手，从而承受"隐学"的地位。

---

① ［英］爱德华·霍列特·卡尔：《历史是什么?》，吴柱存译，商务印书馆1981年版，第28页。

出世必然没落，消极入世又多少违背正直史学家的良心，积极入世才是史学真正的前途。既然如此，我们为什么不能扬长避短，通过发挥史学正确的入世精神而治疗其自闭症，从而获得新的生命力呢？

（原载《文史哲》2009 年第 4 期）

论国家在中国古代社会
经济结构中的地位和作用

在社会经济结构中，国家占有十分重要的地位，在中国古代，其表现尤为突出。但是，如果仅仅在一般意义上将国家看作阶级压迫的工具，理解中国古代经济史就会遇到很多障碍。为深化中国经济史研究，有必要推进国家理论。下面提出笔者的一些看法，以求教于感兴趣者。为避免讨论中可能需要的过多解释说明，本文所谓"中国古代"限定于秦汉以后，而"国家"也限定在政治学、经济学范围之内，不涉及民族学、外交关系等方面的"国家"概念。

一 马克思主义的国家概念

什么是国家？古今中外众多学者进行了探讨，提出形形色色的定义和诠释，但至今仍众说纷纭。在西方学术界，学者们很早就试图从理论上来把握国家，其主导性的思想，就是把国家确定为一种公共权力，认为其根本目的是维护社会的共同利益或整体利益。这种思想很早就被提出，例如亚里士多德就认为国家是包括一切社会组织的人们的联合体，是"至高而广涵的社会团体"，国家追求的是"最高而最广的""善业"①。卢梭《社会契约论》发展了这一思想，指出："我们每个人都以其自身及其全部的力量共同置于公意的最高指导之下，并且我们在共同

---

① ［古希腊］亚里士多德：《政治学》，吴寿彭译，商务印书馆1965年版，第3页。

体中接纳每一个成员作为全体之不可分割的一部分"，"这一由全体个人的结合所形成的公共人格"，就是国家。①

在这个历史背景之下，产生了马克思主义的国家理论。虽然马克思在构思《资本论》时曾计划专门论述国家问题，但并未得到实现，这一理论散见于他和恩格斯各个时期的论著中，而不同的论著背景和对象不同，叙述的侧重点也就不同，因此，全面把握这一理论有一定的难度，也留下了多样解释和发展的空间。本文不可能全面研究马克思主义的国家观，只想就其中一些以前被人们所忽视的方面做一些探讨。

马克思主义国家理论第一次揭示了国家的阶级性质，恩格斯说："国家无非是一个阶级镇压另一个阶级的机器。"② 后来，由于革命的需要，在苏联、中国及其他国家，这一句话被极度重视，国家的"镇压"性质被过分地强调，忽视了这一理论的其他重要方面，并导致了实践中的一些错误。其实，马克思主义从来不认为国家只是单纯的"镇压工具"。恩格斯对国家有一个更全面、更深刻的定义：

> 国家是承认：这个社会陷入了不可解决的自我矛盾，分裂为不可调和的对立面而又无力摆脱这些对立面。而为了使这些对立面，这些经济利益互相冲突的阶级，不致在无谓的斗争中把自己和社会消灭，就需要有一种表面上驾于社会之上的力量，这种力量应当缓和冲突，把冲突保持在"秩序"的范围以内；这种从社会中产生但又自居于社会之上并且日益同社会相异化的力量，就是国家。③

从这一段话中，我们可以明确看到在以前理解中被忽视的一些重要方面。显然，国家并非只是简单地代表剥削阶级，仅仅从剥削阶级利益

---

① [法] 卢梭：《社会契约论》，何兆武译，商务印书馆 1980 年版，第 24—25 页。
② 恩格斯：《卡·马克思"法兰西内战"一书导言》，载《马克思恩格斯全集》第 22 卷，人民出版社 2006 年版，第 228 页。
③ 恩格斯：《家庭、私有制和国家的起源》，载《马克思恩格斯全集》第 21 卷，人民出版社 2006 年版，第 194 页。

出发，镇压被剥削阶级，因为如果这样，本身就处于强势的剥削阶级将更加强大，剥削阶级和被剥削阶级之间不能达到均衡，随之使后者无法生存下去，并最终导致社会本身的动乱和崩溃，从而剥削阶级的利益也受到损害。国家是以维护社会"秩序"、缓和阶级冲突的方式来维护社会的稳定存在，从而维护了整个社会的利益。由于剥削阶级在社会"秩序"中处于主导位置，维护社会"秩序"首先就维护了剥削阶级的利益，而社会的稳定存在和发展当然也使处于主导位置的剥削阶级获得了更大更多的利益。与此直接关联，国家虽然产生于社会，但它又超脱于社会，与社会相异化，成为凌驾于社会之上的力量，表现出很强的独立性。它既表现为一种凌驾于社会之上调节阶级关系、缓和阶级冲突的力量，又成为一种存在于社会之中的经济利益集团。

关于国家的这种独立性特征，马克思、恩格斯曾经有过很多论述。例如，恩格斯曾这样总结国家特征："社会为了维护共同的利益，最初通过简单的分工建立了一些特殊的机关。但是，随着时间的推移，这些机关——为首的是国家政权——为了追求自己的特殊利益，从社会的公仆变成了社会的主人。"就是在民主制的美国，也可以清楚看到"本来只应为社会充当工具的国家政权怎样脱离社会而独立化"，"政治家们""构成国民中一个更为特殊的更加富有权势的部分"，"这些人表面上是替国民服务，实际上却是对国民进行统治和掠夺"①。

既然国家基本职能是维护社会"秩序"，那么在实际运行过程中，它就不仅表现为对被剥削阶级行为的限制，也表现为对剥削阶级行为的限制，因为只有限制对立阶级双方超出"秩序"的行为，同时保护双方被"秩序"所规定的利益，才有可能维持"秩序"。既然国家成为凌驾于社会之上的某种"机关"，有着自己的"特殊利益"，构成国家实体的"政治家们"在"表面"服务于国民的同时对其进行统治和掠夺，那么国家及其组成者必然会为了自己的利益而损害社会的利益，既损害被剥

----

① 恩格斯：《卡·马克思"法兰西内战"一书导言》，载《马克思恩格斯全集》第22卷，人民出版社2006年版，第227页。

削阶级的利益，也损害剥削阶级利益。

关于国家成为独立利益集团这一点，新制度经济学代表人之一道格拉斯·诺斯的分析很有特色，他将国家看作一个类似企业的具有"福利或效用最大化"行为的"经济人"，国家通过为社会提供"保护""公正"等服务而取得收入，"服务"的基本内容是"博弈的基本规则"，其目的有二，"一是，界定形成产权结构的竞争合作的基本规则（即在要素和产品市场上界定所有权结构），这能使统治者的租金最大化。二是，在第一个目的框架中降低交易费用以使社会产出最大，从而使国家税收增加"。后一个目的是形成一套使社会产出最大化的制度，而前一个目的则是统治者的租金最大化，这两个目的互相矛盾，"存在着持久的冲突"①。要取得两者之间的均衡很难，"没有国家办不成事，有了国家又有很多麻烦。也就是说，如果给国家权力，让它强制执行合同或其他规章，它就会用自己的权力强制性施加影响，造成经济效率不高的现象"②。此即所谓"诺斯悖论"。

毫无疑问，马克思主义的国家定义比以前的定义更为准确、深刻，直至今天，它仍然是最准确、深刻的国家定义，并未失效，但是，随着时代和学术的发展，有必要深入开掘马克思主义国家学说中以前被忽视的部分，汲取此后的思想成果，使之进一步丰富和深化，这样，才能更好地描述和理解中国经济史。

二　缓和阶级冲突是国家基本职能

按照马克思主义的国家理论，国家的基本职能是维护社会"秩序"。尽管由于"秩序"本身所决定，"维护秩序"的结果必然是维护剥削阶

---

① ［美］道格拉斯·C. 诺斯：《经济史中的结构与变迁》，陈郁、罗华平等译，上海三联书店、上海人民出版社 1994 年版，第 20—25 页。

② ［美］道格拉斯·C. 诺斯：《诺斯在北京京城大厦学术报告厅的演讲》，《经济学消息报》1995 年 4 月 8 日第 4 版，转引自卢现祥《西方新制度经济学》，中国发展出版社 2003 年版，第 195 页。

级的利益，但既然是"维护秩序"，那么它就不会只限制某些阶级而放纵另外的阶级，必然对社会所有阶级按"秩序"予以限制和约束，相应，它也必须按"秩序"对所有阶级予以保护。一方面，它必须保护剥削阶级实现剥削，制约被剥削者，另一方面，它又必须约束剥削阶级，使其剥削不致过限，从而保护被剥削阶级，缓和阶级冲突。纵观中国古代历史，国家的这一根本特征表现得淋漓尽致。

关于国家保护剥削阶级、制约被剥削阶级的这一方面，近半个世纪的历史著作已经做了非常充分的描述，这里不再赘言，我们只是看一看相反的另一面，即国家对剥削阶级的限制约束和对被剥削阶级的保护。限于篇幅，这里仅就土地所有制和税收做一些讨论。

先看看国家对剥削阶级的限制和约束。

史学界一般认为，至少从秦汉开始，地主土地私有制发展了起来，而土地私有权正是地主实现剥削的重要依据。但是，地主土地私有制刚刚发展起来，国家就竭力阻止它的发展，抑制土地兼并，这种政策一直从秦汉持续到隋唐。

汉初法令分二十级明确规定了各级爵位人员及无爵者的占田限额，吕后时《二年律令》曰："关内侯九十五顷，大庶长九十顷，驷车庶长八十八顷……公士一顷半顷，公卒、士伍、庶人各一顷，司寇、隐官各五十亩。"[1] 西汉武帝时，初设刺史，其职责为"六条问事"，第一条即"强宗豪右，田宅逾制，以强凌弱，以众暴寡"[2]。哀帝时，"有司"提出无论贵族平民，"名田皆无得过三十顷"[3]。王莽的王田试验，则打算没收地主土地并变为国有土地"王田"。东汉光武帝之"度田"亦对地主占田数额作出明确规定，光武重臣刘隆说"河南帝城多近臣，南阳帝

---

① 张家山二四七号汉墓竹简整理小组编著：《张家山汉墓竹简〔247 号墓〕》，文物出版社 2001 年版，第 175—176 页。

② 《汉书》卷 19 上《百官公卿表上》颜师古注引《汉官典职仪》，中华书局 1962 年标点本，第 742 页。

③ 《汉书》卷 11《哀帝纪》，中华书局 1962 年标点本，第 336 页。

乡多近亲，田宅逾制，不可为准"①。两汉禁止逾越的所谓"制"，即国家有关占田的制度，实即占有田地的限额，颜师古注《汉书》曰："名田，占田也。各为立限，不使富者过制，则贫弱之家可足也。"② 正说明了这种"制"的实质。西晋占田制规定了各个政治等级地主占田的最高限额，"国王公侯……近郊田大国田十五顷，次国十顷，小国七顷"，官员"各以贵贱占田，品第一者占田五十顷，第二品四十五顷，……第九品十顷"③。东晋时虽未见关于占田具体限额的记载，但荫客制中的一些规定仍表现出国家对大地主的限制，其曰："官品第一、第二佃客无过四十户，第三品三十五户，……第九品五户，其佃谷皆与大家量分。"④对地主所控制劳动力的直接限制，便限制了其剥削收入，其实与对其占有土地的限制等价。刘宋大明年间，亦曾规定占山限额，"官品第一、第二，听占山三顷，第三、第四品二顷五十亩，……第九品及百姓一顷"⑤。在北朝，自北魏开始的均田制虽然通过给奴婢和耕牛授田而为地主大量占有土地创造了条件，但是它却表现出一步步加强限制的趋势。北齐均田制将受田奴婢人数依官品限制在 300 人至 60 人之间，耕牛受田只限 4 牛，而北周、隋、唐均田法律条文中均未见奴婢与耕牛受田规定，当是取消了这种类型的授田，隋制，"未受地者皆不课"，隋炀帝时，"乃除妇人及奴婢部曲之课"⑥，可见至少从隋炀帝时开始，对奴婢与耕牛已不再授田。唐代，法律对超越制度的占田予以较重刑罚，"诸占田过限者，一亩笞十，十亩加一等；过杖六十，二十亩加一等，罪止徒一年"⑦。

中唐以后，国家逐渐放开对土地私有权的限制，至宋代形成"田制不立""不抑兼并"的局面，但是，这并不是对剥削阶级限制的放松，

① 《后汉书》卷22《刘隆传》，中华书局1965年标点本，第781页。
② 《汉书》卷24下《食货志下》，中华书局1962年标点本，第1167页。
③ 《晋书》卷26《食货志》，中华书局1974年标点本，第790页。
④ 《隋书》卷24《食货志》，中华书局1973年标点本，第674页。
⑤ 《宋书》卷54《羊玄保传附羊希传》，中华书局1974年标点本，第1537页。
⑥ 《隋书》卷24《食货志》，中华书局1973年标点本，第686页。
⑦ 《唐律疏义》卷13《户婚》，文渊阁《四库全书》，台湾商务印书馆1983年影印本，第672册，第169页下栏。

而仅仅是改换了限制方式而已。战国至隋唐，国家赋税的主要依据是人头，两税法之后，尽管"丁口之赋"仍然存在，但财产成为征收赋税的主要依据。马端临总结这一变化说："随田之在民者税之，而不复问其多寡，始于商鞅。随民之有田者税之，而不复视其丁中，始于杨炎。"① 国家虽然不再通过控制土地来限制剥削阶级，但是，以财产为依据的税收制度却使占有较多生产资料的剥削阶级必须更多地缴纳赋税，国家由此同样实现了对剥削阶级的限制。而且，此后赋税制度变化的基本趋势，一直是将人头税逐渐并入财产税之中，明张居正"一条鞭法"，清雍正"摊丁入亩"是其中的两大变革，而后者最终实现了全部赋税依据财产来征收。

与上述限制、约束剥削阶级相对应，国家对被剥削阶级予以了多方面的保护。

秦汉至隋唐，国家在限制地主大量占有土地的同时，在一定范围内以各种方式授田予农民，以保证一批有着自己土地的小农的存在。西汉，有"假郡国贫民田"，"流民还归者，假公田，贷种、食"②，有边地由徙民开发的民屯。东汉，有"悉以公田赋与贫人"③ 之举，也有徙民开发之边地民屯。三国，曹魏广行民屯，几乎遍及全境，吴、蜀也不同程度经营民屯。西晋，有占田制，它规定男子占田七十亩，女子三十亩，④ 这就需要国家授田予民，而看来当时确实进行过授田，⑤《晋书·

---

① 《文献通考·自序》，中华书局 1986 年影印本，第 4 页上栏。
② 《汉书》卷 8《宣帝纪》，中华书局 1962 年标点本，第 249 页。
③ 《后汉书》卷 32《樊宏传附樊准传》，中华书局 1965 年标点本，第 1128 页。
④ 《晋书》卷 26《食货志》，中华书局 1974 年标点本，第 790 页："男子一人占田七十亩，女子三十亩。其外丁男课田五十亩，丁女二十亩，次丁男半之，女则不课。"《通典》卷 1《食货一》无"外"字。笔者以为从当时生产力水平看，当从后者，即无"外"字，课田包括于占田之中。
⑤ 西晋占田制是否实施，看法不同，史书中相关材料极少。史籍未明确记载占田制颁布时间，但指明在"平吴之后"（《晋书》卷 26《食货志》），灭吴之年为太康元年，该年民户（含原吴民户）为二百四十六万（《晋书》卷 14《地理志上》），太康三年猛增为三百七十七万（《三国志》卷 22《魏志·陈群传》裴注引《太康三年地记》），两年增长一百三十一万户，此当为占田制实施授田的有力佐证。

食货志》明确谈到："河滨海岸，三丘八薮，耒耜之所不至者，人皆受焉。"① 东晋南朝历朝都有授田之举。如晋，安帝时"罢临沂、湖熟皇后脂泽田四十顷，以赐贫人"②。如宋，文帝时"募诸州乐移者数千家（迁于京口），给以田宅，并蠲复"③；刘劭曾令，"田苑山泽有可弛者，假与贫民"④；孝武帝亦下诏曰："诸苑禁制绵远，有妨肆业，可详所开弛，假与贫民"⑤。如齐，郁林王曾诏令"御府诸署池田邸治，……于今无用者，详所罢省，公宜权禁，一以还民"⑥。如梁，武帝曾诏："其无田业者，所在量宜赋给。"⑦ 如陈，规定对北来流民，经州县甄别后，"良田废村，随便安处"，"置立郡县，即隶近州，赋给田宅"⑧。十六国时亦间有授田记载，成汉李班向李雄建议，以"垦田均平，贫富获所"，来改变"贵者广占荒田，贫者种殖无地，富者以己所余而卖之"的局面，李雄采纳了这一建议；⑨ 前燕慕容皝亦曾下令"苑囿悉可罢之，以给百姓无田业者"⑩。北魏自拓跋珪始，首先屯田于桐阳塞外，然后又迁徙大批吏民至京师平城，"诏给内徙新民耕牛，计口受田"⑪，拓跋嗣时又徙民于大宁川，"给农器，计口授田"⑫。至太和年间，便发展成为系统的均田制度，普遍授田予民，并持续实行至隋唐，造就了强盛的隋唐帝国。

唐宋之际以后，国家不再限制地主土地私有制的发展，也不再普遍给农民授田，由此形成的局面似乎对农民极为不利，但是，国家通过实

① 《晋书》卷26《食货志》，中华书局1974年标点本，第783页。
② 《晋书》卷10《安帝纪》，中华书局1974年标点本，第264页。
③ 《宋书》卷5《文帝纪》，中华书局1974年标点本，第97页。
④ 《宋书》卷99《二凶传》，中华书局1974年标点本，第2428页。
⑤ 《宋书》卷6《孝武帝纪》，中华书局1974年标点本，第117页。
⑥ 《南齐书》卷4《郁林王本纪》，中华书局1972年标点本，第70页。
⑦ 《梁书》卷2《武帝纪中》，中华书局1973年标点本，第56页。
⑧ 《陈书》卷5《宣帝纪》，中华书局1972年标点本，第79页。
⑨ 《晋书》卷121《李班载记》，中华书局1974年标点本，第3041页。
⑩ 《晋书》卷109《慕容皝载记》，中华书局1974年标点本，第2825页。
⑪ 《魏书》卷2《太祖纪》，中华书局1974年标点本，第32页。
⑫ 《魏书》卷3《太宗纪》，中华书局1974年标点本，第53页。

施以财产为主要依据的税收制度，在限制剥削阶级的同时，减轻了被剥削阶级的赋税负担，从而在一定意义上保护了无地或少地的农民。与此同时，又以法制形式解脱农民对于地主的人身依附关系，允许农民自由迁徙，从而保证了农民有条件在与地主的"博弈"中取得相应的经济利益。宋天圣五年（1027）十一月，宋仁宗下诏：

> 江淮、两浙、荆湖、福建、广南州军：旧条私下分田客，非时不得起移，如主人发遣，给与凭由，方许别住。多被主人折勒，不放起移。自今后客户起移，更不取主人凭由，须每田收田毕日，商量去住，各取稳便，即不得非时衷私起移；如是主人非理栏占，许经县论详。①

这里对比排列出旧新两种条例，从中可以清楚看到农民人身依附关系的解脱过程。南宋也有类似规定，高宗绍兴二十三年（1153）六月庚午诏令也说："民户典卖田地，毋得以佃户姓名私为关约，随契分付，得业者，亦毋得勒令佃耕。如违，许越诉，比附'因有利债负虚立人力顾契敕'科罪。"② 国家的这项制度变革，对改善农民状况起到相当大的作用。由于农民可以自由迁徙，地主仅仅凭借手中的土地，并不能保证剥削的实现，因此，在地主之间始终存在着争夺劳动力的斗争，这就迫使他们以各种经济手段吸引和控制农民。高利贷是其中之一，但这种手段的作用极为有限，地主必须时时"抚存"客户，否则客户会转佃他人之田，使自己的剥削愿望不能实现。如苏轼说："民庶之家，置庄田，招佃客，本望租课，非行仁义，然至水旱之岁，必须放免欠负、借贷种粮者，其心诚恐客散而田荒，后日之失，倍于今故也。"③ 王岩叟亦言："富民召客为佃户，每岁未收获间，借贷周给，无所不至，一失抚存，

---

① 《宋会要辑稿·食货一》，中华书局 1957 年影印本，第 4813 页下栏。
② 《建炎以来系年要录》卷 164，中华书局 2013 年标点本，第 3127 页。
③ 《续资治通鉴长编》卷 451"元祐五年十一月"，中华书局 1992 年标点本，第 10829 页。

明年必去而之他。"①

　　这种制度对农民的保护还表现在，正是在土地私有制大发展、土地兼并盛行的时代，形成了一个相当广泛的小农阶层。漆侠曾经考察过宋代的农民状况，他的结论是，"占有一块土地的农民，在宋代户口中占的比重极大"，到北宋中期的熙宁五年，"自耕农大概上升到北宋的最高点，可能占全部户口50%以上"，占有全国耕地"的34%，还可能高到40%"②。宋代以后，自己占有一块土地的小农的广泛存在是一个事实，尽管很多时候我们无法找到比较确切的数据来证明，尽管其在社会总成员中所占比例会有降低或升高的波动。根据现有的点状研究成果，清代情况类似，例如在直隶获鹿县，"乾隆中期以前，耕地的70%左右掌握在农民手中，地主阶级占有的耕地只有20%至30%之间"。陕西关中地区、安徽休宁、浙江遂安等地类似，"就全国大多数地区而言，尽管土地兼并在不断进行"，但自耕农"不论是在清前期，或是清后期，仍然占居重要地位"，一般占有总耕地面积的50%上下。③ 民国时期的数据也支持这一结论，"1950年国家统计局根据农业生产资料及土改前的阶级构成推算出，全国土改前，地富占户数6.87%，占人口9.41%，占土地总数51.92%；中农、贫农及其他劳动者占户数93.13%，占人口90.59%，占土地总数的48.08%"④。而1950年前后，华东、中南等各大行政区军政委员会所做的关于土地占有状况的调查也都支持这一结论。⑤ 另外，根据对新中国成立前农村土地所有权分配状况的点状研究

---

　　① 《续资治通鉴长编》卷397"元祐二年三月"，中华书局1992年标点本，第9682页。

　　② 漆侠：《中国经济通史·宋代经济卷》上册，经济日报出版社1999年版，第372、376、377页。

　　③ 方行、经君健、魏金玉主编：《中国经济通史·清代经济卷》下册，经济日报出版社2000年版，第1532、1547—1548页。

　　④ 数据源自国家统计局《建国三十年全国农业统计资料》第19页，转引自温铁军《中国农村基本经济制度研究——"三农"问题的世纪反思》，中国经济出版社2000年版，第79页。

　　⑤ 见华东军政委员会《土地改革前华东农村土地状况》第19页、中南军政委员会土地改革委员会编《土地改革主要文献与资料》第38—40页。转引自温铁军《中国农村基本经济制度研究——"三农"问题的世纪反思》，中国经济出版社2000版，第79页。

成果，无论从户数还是从占地数量上看，其分布都接近于正态分布，①也就是说，在农村中，无论占地比重还是户数比重，都以自耕农或半自耕农为主，占有较多土地的地主和无地农民都是少数。

这表明，以财产税为赋税主体、同时保护农民人身自由以使其有条件与地主进行"博弈"的制度，不仅限制了作为剥削者的地主，也保护了被剥削者农民的利益，并造就和维护了一个广泛的小农阶级。当然，国家确定并实施的保护农民的制度，并非仅仅出于其缓和阶级矛盾的职能，而且也出于其本身利益的驱动，关于这一点，我们将在后文讨论。

从上述众所周知的事实可见，国家在维护剥削制度的同时，尽力做到缓和阶级冲突，强烈表现出对剥削阶级的限制约束和对被剥削阶级的扶持保护。这里仅仅陈述了土地所有制和税收方面，除此之外，在工商、货币、信贷、仓储、荒政等等方面，国家都实施着类似的政策。显然，国家并不是一般意义上的"阶级镇压的工具"，而是维护社会"秩序"的工具，尽管这种秩序必然有利于剥削阶级。

三 国家也是一个经济利益集团

中国古代国家不仅表现为凌驾于社会之上、与社会相异化的上层建筑，不仅具有维护社会"秩序"的功能，同时，它还像诺斯所分析的那样，是一个类似企业的"经济人"，为社会提供一定的服务，并以此为前提谋求自己的经济利益。国家必须实现其社会职能，即通过提供和维护一定的制度，调整社会阶级关系，降低社会的"交易费用"，促使社会产出最大化，但同时，国家又会追求自己利益的最大化，通过损害社会利益达到自己的目的。这两个方面伴随着国家的始终，这就是所谓的"诺斯悖论"。其实，这种现象产生的根本原因，在于国家本身的两重

---

① 温铁军：《中国农村基本经济制度研究——"三农"问题的世纪反思》，中国经济出版社 2000 年版，第 83—84 页。温铁军据冯和法对河北省 2500 户调查数据所做计算，冯和法调查数据见《中国农村经济资料续编》，台北：华世出版社 1978 年版，第 145—146 页。

性。一方面，国家是一种政治机构，属于上层建筑，社会必需的管理职能是它必须完成的任务。另一方面，国家又是一个经济机构，必须有经济的收入与支出，才能维持其运转。与此同时，国家又是由活生生的一部分社会人所组成的集团，这一部分人必然也有自己具体切实的经济利益，例如唐太宗就曾坦率地对臣下说："朕终日孜孜，非但忧怜百姓，亦欲使卿等长守富贵"①，宋代文彦博也赤裸裸地说：国家"为与士大夫治天下，非与百姓治天下也"②。这两个方面的经济利益汇合为国家经济利益。它是独立的，未必与某一阶级的利益同一，当然更未必与整个社会的利益同一，由此，国家成为一个独立的经济利益集团。国家在表面上凌驾、异化于社会的同时，又作为一个现实的经济利益集团参与了社会经济的运行，在与其他利益集团的对立统一中，共同构建了社会的经济结构。国家"凌驾"于社会之上越高、异化于社会的程度越大，则其作为利益集团的独立性也就越强。

国家经济利益具体表现在其财政收支上。因支付对象不同，国家利益表现为两个组成部分，一部分是国家集团组成人员的个人利益之总和，一部分是除此之外的国家运转所需其他费用。从支付性质来看，也可以分为两个部分。一部分是国家运转所必须支付的费用，它包括一定的物力成本，例如军队的刀枪和政府的公署，一定的人力费用，例如从高级官员到下层胥吏的劳动报酬。社会经济运行需要国家提供服务，而国家完成其运转又必须支付费用，因此，这部分利益是必需的、合理的。另一部分则是国家组成人员在合理劳动报酬而外的其他收入，它属于剥削收入，来源于社会的剩余劳动或剩余产品。理想而言，属于剥削收入的这部分国家利益应当等于零，但是，国家存在于阶级社会，阶级社会的基本规定性就是一部分社会成员无偿地占有了另外一些社会成员的劳动，即剥削，那么，处于社会上层的管理者位置、握有一定权力的

---

① 吴兢：《贞观政要》卷6《贪鄙第二十六》，文渊阁《四库全书》，台湾商务印书馆1983年影印本，第407册，第490页下栏。

② 《文献通考》卷12《职役考一》，中华书局1986年影印本，第130页中栏。

国家人员就必然要使自己的经济地位高于或至少等于一般的剥削阶级成员，必然要从社会再攫取一定的剥削收入，不让他们剥削是不可能的。另外，如果不能给掌握国家权力的人员以一定的利益刺激，使之在正常劳动报酬之外再获得较高的剥削收入，也不能使他们更好地为国家服务，不利于国家职能的正常实现。

当然，在国家利益中如何区分必需的国家开支和国家人员的剥削所得，有时候比较清楚，例如，皇室穷奢极侈的消费支出、高级官员一年数万两乃至数十万两白银的收入，其中很大一部分肯定属于剥削收入。但有时候也相当模糊，实际区分有一定的困难，例如在一些表面上属于纯粹国家公务的开支中，有时候也包含着应当归于剥削收入的部分。皇帝巡视地方是必须的公务活动，但是乾隆六次南巡巨大耗费中肯定只有一部分属于真正的公务开支，更大部分当属剥削收入的消费，就像在现代社会，如果用 20 万元的小轿车可以完成的公务非要用 200 万元的名车，其间的差额不是剥削收入是什么？

下面，我们从收入和支出两个方面看看作为经济利益集团的国家。

先从收入方面看。正是由于国家有自己独立的经济利益，我们在整个中国古代都可以看到，国家在服务于社会、调整阶级关系的同时，总是竭尽所能多方位攫取社会财富。不仅从农业，而且从工商业、服务业；不仅通过税收，而且还采用经营甚至暴力掠夺等多种手段；不仅从被剥削阶级那里，也从剥削阶级那里；几乎可以说"无所不用其极"。粗略总结一下，国家经济利益的实现主要通过四个途径：赋税徭役以及其变通形式的贡赋，农工商各业的经营，暴力掠夺社会财富，制度或明或暗所允许的国家组成人员的权力寻租。

（一）赋税徭役

这是国家利益实现的主要途径。关于中国古代的赋税徭役，近几十年来的史学著作已有相当充分的论述，本文不再赘言，这里只叙述表现国家作为经济利益集团性质的两个方面。

首先，国家赋税徭役征收并不只是针对社会下层、被剥削阶级，而且也针对社会上层、剥削阶级。

秦汉至隋唐赋税徭役以人头为基本依据，因而作为社会上层的剥削阶级必须与被剥削者同样缴纳赋税徭役，虽然制度中也包含着对部分特殊人员（主要是具有一定政治身份、也即国家利益集团组成人员）的减免规定，但并不影响赋税徭役制度的主流。剥削者也试图通过隐瞒人口来脱逃税收，但国家也总是通过清点人口来进行斗争，自刘秀"诏下州郡检核垦田顷亩及户口年纪"① 之"度田"，一直到隋代的"大索貌阅"，从未间断。唐两税法之后的赋税徭役以财产为主要依据，这种税收的主要对象当然是占有大量财产的剥削阶级，尽管他们有可能将此负担部分地转嫁到被剥削阶级身上，但国家的直接征纳对象并非被剥削阶级，而是剥削阶级。在这种税收政策面前，地主总是设法脱逃或减少税收负担，隐田漏税、诡寄飞洒是其主要手段，而国家也总是反复清查土地，堵塞漏洞，地主逃税和国家核税之间斗争可以说是这个时期经济史的重要侧面。唐两税法实行之后，国家核产核税的政策层出不穷，例如，唐元稹任同州刺史时采用的所谓"均田图"方法；后周世宗柴荣"欲均田租"，"以元稹均田图遍赐诸道"，以为借鉴；② 宋太宗、真宗、仁宗等朝屡下均田税之诏，随后发展为王安石改革中的"方田均税法"，南宋时也屡次实施"经界法"；到明清，则系统编制鱼鳞图册，同时多次清丈田地。这些实例都说明，剥削阶级是国家征收赋税徭役的重要对象，而且征收的时候毫不手软，决不会照顾剥削阶级而损害国家利益。

不仅如此，在某些时候或某些地区，国家甚至将地主承担的赋税徭役增至非常苛重的地步，以至于地主难以承受。例如，宋代差役中的大部分"衙前""里正"由地主承担，"产业估可告二百缗，许收系"为衙前，③ 而"州县生民之苦，无重于里正衙前"，"至有孀母改嫁，亲族分居，或弃田与人以免上等，或非分求死以就单丁，规图百端，苟脱沟

---

① 《后汉书》卷 1 下《光武帝纪下》，中华书局 1965 年标点本，第 66 页。

② 《资治通鉴》卷 294 "显德五年秋七月"，中华书局 1956 年标点本，第 9585 页。

③ 赵彦卫：《云麓漫钞》卷 12《国朝州郡役人之制》，文渊阁《四库全书》，台湾商务印书馆 1983 年影印本，第 864 册，第 382 页上栏。

鏊之患"①。为脱逃差役，不惜"弃田与人"而放弃地主身份，甚至不惜"非分求死"。

有一种习惯说法，认为承担国家沉重赋税徭役的地主只是中小地主，大地主则可以脱逃，这种说法似是而非。自宋以后各代，能够免除部分乃至全部赋税徭役负担的，只是"形势户""官户"等与国家机构相关、属于国家利益集团的人员，其理由在于政治身份而非财产多少，他们的身份决定了他们与其他地主有根本性差别，在这里已不属一般意义上的剥削阶级，而是归属于国家这一经济利益集团，即前人论著中经常提到的所谓"身份性地主"。当然，大地主比一般地主更容易取得政治身份而挤进国家利益集团，从而取得赋税徭役方面的豁免权，但获得特权的直接依据并不是其财产，而是其政治身份。身份性地主与非身份性地主的区别，就在于他们隶属于不同的经济利益集团，在利益上是矛盾的。也正是由于他们属于不同的利益集团，国家对他们的经济政策才有所不同。

其次，国家征收赋税徭役可以说无所不用其极，凡是可以找到借口的地方都要征收，种类愈来愈多，数额越来越大，完全以攫取利益者的面目出现。对此，经济史著作中已有很详细的叙述，此不赘言，只列举宋代赋税徭役的名目以作说明。在农业领域，主要是两税，其中且不说直接的增税，巧立名目的增税就种类繁多：折纳、支移脚钱、加耗、助军米、撮课、改钞、斛面、畸零、预借等等。此外有"杂变之赋"，又称"沿纳"，诸如农具税、牛革筋角税、蚕盐钱、军租、斗耗、头子钱等等，江南地区更"于夏税正税外，有沿征钱物，曰盐博紬绢、加耗丝绵、户口盐钱、耗脚头面、盐博斛斗、醋酒曲钱、率分纸笔钱、析生望户钱、甲料丝、盐博绵、公用钱、米铺衬、芦簾米、面脚钱等，凡一十四件，悉与诸路不同"②。有临时性的摊派"科敛"。有人头税性质的

---

① 《文献通考》卷12《职役考一》，中华书局1986年影印本，第128页中、下栏。

② 陈靖：《上真宗论江南二税外沿征钱物》，载曾枣庄主编《全宋文》第4册，巴蜀书社1989年版，第116页。

"丁口之赋"，而且往往以"折纳"的形式，由于"绵绢价高，使"纳钱暗增数倍，民户重困无甚于此"①。在工商业领域，商税是一大项，"关市之税，凡布帛、什器、香药、宝货、羊彘，民间典卖庄田、店宅、马、牛、驴、骡、橐驼及商人贩茶、盐皆算，……有官须者十取其一，谓之抽税"②。"矿冶之课"又一大项，如至道三年（997），政府共收课税银 14.5 万两、铜 41.2 万斤、铁 574.8 万斤、铅 79.3 万斤、锡 26.9 万斤等等。翻看这些史料，总使人感觉到，国家为了增加税收真是用尽了心机，贪婪之相跃然纸上，与地主、商人并无二致。徭役方面也是种类繁多，除了中央和地方征发以应各种劳力需要的"夫役"而外，职役更是一大负担，"以衙前主官物，以里正、户长、乡书手督课赋税，以耆长、弓手、壮丁逐捕盗贼，以承符、人力、手力、散从官给使令；县曹司至押、录，州曹司至孔目官，下至杂职、虞候、拣、掏等人，各以乡户等第定差"③。这些徭役也成为国家聚敛社会财富的重要手段。

（二）经营

经营则更明显地表现出国家作为独立经济利益集团的面目。自汉以后，国家就像一个大地主或者大商人，想尽办法通过经营搜刮财富。其主要手段有：农业经营，商业专利性经营和非专利性经营，官营手工业。如果我们将经营概念稍做宽泛一些的理解，那么自汉至清的鬻卖官爵也可归入其中，国家甚至不惜付出政治身份地位甚至部分实际权力来敛财。

农业领域的经营自西汉就已存在，在租佃类型的"假民公田"④ 中，国家就以双重身份出现，在对受地农民征收国税的同时，又以地主身份征收地租。曹魏政权在民屯中也具有地主色彩，且地租率相当高，"持

---

① 《宋会要辑稿·食货十二》，中华书局 1957 年影印本，第 5011 页下栏。
② 《文献通考》卷 14《征榷考一》，中华书局 1986 年影印本，第 145 页中栏。
③ 《宋史》卷 177《食货志上五》，中华书局 1977 年标点本，第 4295 页。
④ 参阅高敏《论汉代"假民公田"制的两种类型》，《求索》1985 年第 1 期。

官牛者，官得六分，百姓得四分；私牛而官田者，与官中分"①。此后历朝历代都有类似的农业经营行为，而以明代最为突出，规模相当大，收益也相当多。明初洪武年间全国屯田数为 89 万余顷，② 永乐年间可能低于此数，但估计相差不至太远，永乐元年（1403）所收"屯田子粒"为2345 万余石，③ 同期"天下官民田"约 400 万顷，④ 民田所收田赋米麦约为 3130 万石，⑤ 国有土地屯田占全部耕地近四分之一，数量巨大，而其收入则相当于民间田赋的三分之二强，显然，地租是其中的重要组成部分。史学界多次探讨过的"江南重赋"问题，也是国家农业经营活动的重要表现。朱元璋建国后，首先将张士诚政权的田产悉数没收，而后又大规模籍没江南地主的田产为官田，例如，洪武十二年（1379），苏州府的田地共为 67490 顷，其中包含抄没田在内的官田总计达到 46454顷，占到全部田地的三分之二强。⑥ 与此同时，国家对官田又征以重租。林金树据洪武《苏州府志》进行研究，得出结论，"明代江南官田，不但则例繁多，而且起科率普遍很高"，最高者为则 1 石 6 斗 3 升，而民田科则多数低于各类官田，⑦ 二者形成鲜明对比。由于"民田粮轻""官田赋重"⑧，于是出现了"民田之价十倍官田"⑨ 的现象。在这里，国家的地主身份表现得相当充分。

① 《晋书》卷 109《慕容皝载记》，中华书局 1974 年标点本，第 2824 页。

② 《明史》卷 77《食货志一》，中华书局 1974 年标点本，第 1886 页："万历时，计屯田之数六十四万四千余顷，视洪武时亏二十四万九千余顷。"

③ 《明太宗实录》卷 26《永乐元年十二月》，台北"中央"研究院历史语言研究所 1962年影印本，第 489 页。

④ 永乐年间垦田数额无明确记载，梁方仲据《明实录》开列前后各朝数据为：洪武为366.8—387.5 万顷，洪熙为 416.8 万顷，宣德为 394.3—450.2 万顷，正统为 415.3—437.3 万顷（梁方仲：《中国古代户口、田地、田赋统计》，上海人民出版社 1980 年版，第 185—189页），据此推断永乐时应为 400 万顷左右。

⑤ 《明太宗实录》卷 26《永乐元年十二月》，台北"中央"研究院历史语言研究所 1962年影印本，第 488 页。

⑥ 卢熊：《苏州府志》卷 10《税赋》，明洪武十二年刻本。

⑦ 林金树：《明代江南民田的数量和科则》，《中国社会经济史研究》1987 年第 3 期。

⑧ 《明宣宗实录》卷 88《宣德七年三月》，台北"中央"研究院历史语言研究所 1962 年影印本，第 2024 页。

⑨ 《明史》卷 78《食货志二》，中华书局 1974 年标点本，第 1899 页。

商业领域的专利性经营和非专利性经营，是国家经营的重点。自汉武帝开始的盐、铁、酒类专卖和货币专营政策，均输平准等非专利性商业经营活动，以及自先秦就存在的国家垄断山林川泽各种自然资源的经营活动，一直延续到明清，其间屡有增设，如宋代又有茶、醋、矾、香等等专卖，史学工作者皆耳熟能详，此不赘言。商业经营给国家带来了极大的好处，除了由此获得一般商利而外，还获得了由于垄断经营而产生的超额利润、通货膨胀所带来的隐性收入等等，从而使国家财政收支的尖锐矛盾得以缓解，"民不益赋而天下用饶"①。在这里，国家凭借其手中的权力，垄断了与人民生产、生活密切相关的重要商业领域，牟取暴利，表现为一个贪婪而又霸道的商人。

官营手工业始终是国家经营活动的重要领域，自汉至清，无一例外，而且一般都带有垄断色彩。官营手工业的产品一部分由皇室、贵族以及国家机器所消费，一部分则关乎人民的日常生产和生活。以西汉为例，中央政府就直接管辖着一些从事手工业或兼营手工业的工官或官署。大司农属下斡官、铁市两长丞，主管盐铁、酒榷，其下管辖着一定数量的盐、铁、酒作坊，水衡都尉属下"上林三官"钟官、辨铜、均输，垄断铸币生产，这些生产关乎民生，由国家所垄断，它们给国家带来了丰厚的经营收入。少府属下有若卢治库兵，考工室作器械，左弋造弓弩，左右司空掌土木建筑，东织、西织制皇家衣冠，东园匠作陵墓器物，尚方作御用刀剑及贵重器物，这些作坊的生产品主要供皇室和国家机构所使用。国家垄断这些领域，在方便自己使用的同时，也将本应归属于社会的利益掠夺到自己手中。

卖官鬻爵，是国家以政治资源来敛财，这种经营源远流长，自西汉直至明清，使国家得到了巨额收入。以清代为例，国家为聚敛财富，规定凡文武生员、内外官吏及平民百姓，只要纳米纳银，均可有职衔、加级和封典。其捐纳的财货，一部分留本省，其余送京城，上缴于户部捐纳房。据清历年户部银库大进册，户部捐纳银年度收入最高者为道光七

---

① 《史记》卷30《平准书》，中华书局1959年标点本，第1441页。

年（1827），达 1480 余万两，少者一般也有一二百万两。自雍正二年（1724）至道光二十九年（1849）共 126 年间，户部捐纳司共收捐银 19134 万两，① 若清廷年赋税白银收入按 2552.5 万两计，② 约相当于七年半的赋税白银收入，即国家赋税白银收入总额的 6%。由此可见收入之丰厚，难怪国家虽然痛恨卖官鬻爵所带来的吏治腐败，但却一直实行不辍，有时甚至以强权推行卖官鬻爵经营活动。例如，清代咸丰、同治年间，因捐例广开，再加上军功、荫袭、保举，形成"官多如鲫"的局面，③ "花翎红顶，几遍城市，既无官职可以自效，复无资财可以自存"④。在这种情况下，卖官卖爵已无利可图，但清政府下令各地成立捐输局、劝捐局、督捐局，印发大量空白部照，命令各级官员乃至地方团练首领强行摊派勒捐，甚至以兵器逼迫买官买爵，如钱江"疏请空白部照千余纸"，"与同幕五人赴下河督劝捐纳，不从者胁之以兵，时人畏之，目为五虎"⑤。

（三）暴力掠夺

暴力掠夺是国家攫取社会财富的又一重要手段。其中有些表现为暴力色彩显著的重大事件，例如汉武帝时的告缗，"杨可告缗遍天下，中家以上大抵皆遇告"，"得民财物以亿计，奴婢以千万数，田大县数百顷，小县百余顷，宅亦如之。于是商贾中家以上大率破"⑥。此举表面原

①　转引自罗玉东据故宫文献馆档案编制之"历朝户部银库收入表"，《中国厘金史》上册，商务印书馆 1936 年版，第 6—7 页。

②　《清史稿》卷 121《食货二》，中华书局 1977 年标点本，第 3543 页："总计全国赋额，其可稽者：顺治季年，岁征银二千一百五十余万两，……康熙中，岁征银二千四百四十余万两，……雍正初，岁征银二千六百三十余万两，……高宗末年，岁征银二千九百九十余万两。"平均岁征 2552.5 万两。

③　陈夔龙：《梦蕉亭杂记》卷 2，民国十四年陈氏刻本，台北：文海出版社 1971 年影印本，第 221 页。

④　盛康：《皇朝经世文编续编》卷 18《吏政一》，清光绪二十三年武进盛氏思补楼刊本。

⑤　蔡冠洛：《清代七百名人传·钱江传》，中国书店 1984 年版，第 619 页。

⑥　《史记》卷 30《平准书》，中华书局 1959 年标点本，第 1435 页。

因是所谓"重农抑商"①，出于政治原因，而实际背景是"干戈日滋"，"中外骚扰相奉"，"财赂衰耗而不澹"，于是"兴利之臣自此而始"②，通过各种手段来为国家敛取财富，盐铁官营、垄断铸币、均输平准、算缗告缗，都是其手段之一，而且确实解决了国家财政之急需，"县官有盐铁缗钱之故，用益饶矣"③。明初朱元璋将大量江南地主土地收归国有也是一个实例。尽管表面原因或是所谓"恶民之附寇"④，江南地主支持了张士诚，或是恶"富民兼并"⑤，为了抑制地主兼并，但在根本上，却是因江南乃富庶之地，是国家财政收入的重要来源。丘濬说："韩愈谓赋出天下而江南居十九，以今观之，浙东西又居江南十九，而苏、松、常、嘉、湖五郡，又居两浙十九也。"⑥ 国家又如何能够放过这一块肥肉呢？

除了这种突发的大规模暴力掠夺之外，更多则是日常性的、暴力色彩不太浓厚的掠夺，北朝隋唐时开始的和籴、和买、和雇就是典型例子，它们都一直延续到了明清。和籴或强制民户贱价出售粮食，或先收粮食而后给钱，给钱也往往是贱价，由于损害了民户利益，民户不愿意，则伴以暴力，白居易《论和籴状》曰："比来和籴，事有不然，但令府县散配户人，促立程限，严加征催，苟有稽迟，则被追捉，迫蹙鞭挞，甚于税赋，号为和籴，其实害人。"⑦ 和买初时指官府按市价招诱民户自愿入纳官府所需物品，官府预付款，后收物品，但到宋代，就演变为暴力掠夺。宋神宗熙宁年间，"京东转运司和买䌷绢，增数抑配，率

---

① 就一般词义而言的"抑商"、即抑制工商业发展的国家政策在中国古代并不存在，而且也为经济规律所不允许，中国古代的"抑商"实际上是抑制私营工商业，发展官营工商业，从而将本属民间所得的工商利益攫为国家所有。参见拙文《中国古代"抑商"政策研究的几个问题》，《陕西师范大学学报》2004年第4期。

② 《汉书》卷24下《食货志下》，中华书局1962年标点本，第1157页。

③ 《史记》卷30《平准书》，中华书局1959年标点本，第1441页。

④ 祝允明：《野记》，《丛书集成初编·野记及其他三种》，商务印书馆1936年版，第35页。

⑤ 《明史》卷153《周忱传》，中华书局1974年标点本，第4212页。

⑥ 丘濬：《大学衍义补》卷24《经制之义下》，文渊阁《四库全书》，台湾商务印书馆1983年影印本，第712册，第336页下栏。

⑦ 白居易：《论和籴状》，《全唐文》卷667，清嘉庆内府刊本。

千钱课绢一匹，其后和买并税绢，匹皆输钱千五百"①。已经成为强制性的高利贷，"抑配"于民户，收取50%的利息。徽宗年间，甚至干脆不预支款项，"近岁漕司不预支价直，或行抑配"②。因此，各地民户，"苦于和买"③。和雇初指官府出钱雇佣劳力，但很快就变为暴力掠夺的一种形式。唐陆贽上疏"论裴延龄奸蠹书"曰：裴延龄等人"以敕索为名，而不酬其直；以和雇为称，而不偿其佣"④。元代盐运司人员"所至以索截河道，舟楫往来，无不被扰。名为和顾（雇），实乃强夺。一岁之中，千里之内，凡富商巨贾之载米粟者，达官贵人之载家室者，一概遮截，得重贿而放行，所拘留者，皆贫弱无力之人耳"⑤。

（四）权力寻租

组成国家的各个部门、机构或个人的权力寻租行为，也是国家成为利益集团的重要标志。这种权力寻租表面上不纳入国家公开制度之内，但实际上是国家制度隐含的组成部分，成为一种潜规则，无此则国家职能无法实现。中国古代的权力寻租表现形形色色，本文仅以清代的官员贪污为例做一些讨论，这些贪污不仅在实际上为制度所允许，而且可以说是制度所必需。清初沿用明制，官员法定俸禄很低，顺治十三年（1656）议定标准，七品知县年俸银45两、俸米45石，一品官员内阁大学士年俸银180两、俸米180石，总督之类封疆大吏属二品，年俸银只有150两、俸米150石，⑥ 这些俸禄甚至不足大官僚奢华一宴之费。每当财政困难时，国家还要求官员"减俸""捐俸"。此外，当政府行政费用不足时，"辄议令地方官设法料理"⑦，"远如西安雇车、北口运米，

① 《宋史》卷175《食货志上三》，中华书局1977年标点本，第4233页。
② 《宋会要辑稿·食货三八》，中华书局1957年影印本，第5471页上栏。
③ 《宋会要辑稿·食货三八》，中华书局1957年影印本，第5472页下栏。
④ 陆贽：《论裴延龄奸蠹书》，《全唐文》卷466，清嘉庆内府刊本。
⑤ 《元史》卷97《食货志五》，中华书局1976年标点本，第2487页。
⑥ 昆冈等：《大清会典事例》卷249《户部·俸饷》，清光绪内府钞本。
⑦ 《清圣祖仁皇帝圣训》卷4《康熙四十九年十月》，文渊阁《四库全书》，台湾商务印书馆1983年影印本，第411册，第194页上栏。

近如修葺城垣，无不责令设法"①。实施这一切国家行为的基础，就是允许官员在法定俸禄之外去搜刮民财。国家甚至对这种搜刮明确予以承认，康熙皇帝说："所谓廉吏者，亦非一文不取之谓。若纤毫无所资给，则居官日用及家人胥役，何以为生。"② 又说："今张鹏翮居官甚清，在山东兖州为官时，亦曾受人规例。张伯行居官亦清，但其刻书甚多，刻一部书非千金不得，此皆从何处来者？此等处亦不必深究。两淮盐差官员送人礼物，朕非不知，亦不追求。"③ 正因为它是一种隐含的制度，国家认可，社会承认，因此有了"陋规"这一确定称呼，对于官员来说，往往"陋规优厚"，实际上已成为制度的组成部分。当然，潜规则有时也会变为明规则。清初官员收入潜规则之一为耗羡的征收，"州县火耗，每两有加二三钱者，有加四五钱者"④，全部归入官员腰包。雍正时实行"耗羡归公"，然后又将这部分收入作为"养廉银"再发放下去，总督一般为白银 1.5 万两到 2 万两，知县也有 600 两到 1200 两，前者相当于正俸的一百多倍，后者也有一二十倍，可见潜规则收入之巨。

类似的陋规不仅限于官员，而且存在于吏员身上，往往演变为一个部门群体公开的制度外经济收入。清人姚元之记述了清代流行于四川的一种陋规，"州县中差役"为攫取民财，有"贼开花"名目。"民间遇有窃案，呈报之后，差役将被窃邻近之家资财殷实而无顶带者，扳出指为窝户，拘押索钱。每报一案，牵连数家，名曰'贼开花'。"被拘乡民，"惧于法网，出钱七八千至十数千不等。胥役欲壑既盈，始释之，谓之'洗贼名'"⑤。勒索对象是"资财殷实而无顶带者"，即不属于国家集团的地主。

权力寻租在中国古代成为一种被制度所允许和包容的潜规则，还有

① 宋荦：《西陂类稿》卷38《条陈畿东十事》，文渊阁《四库全书》，台湾商务印书馆1983年影印本，第1323册，第492页上栏。

② 王先谦：《东华录》卷84《康熙四十八年九月》，光绪十年铅印本。

③ 王先谦：《东华录》卷87《康熙五十年三月》，光绪十年铅印本。

④ 蒋良琪：《东华录》卷24，中华书局1980年版，第399页。

⑤ 姚元之：《竹叶亭杂记》卷2，清光绪十九年阳湖汪洵刻本。

一个重要证据，那就是对于个人来说，最常见、最稳妥的致富路径是"贵而富"，而不是"富而贵"，只要能够挤进国家利益集团，并在其中占据较高的位置，就必然能够发家致富。通过经营积累起一定财富的民户，要保护自己的财产，必须付出较高的成本，而比较有利和便捷的方式，便是设法挤进国家集团，成为一个"贵者"，至少要将一些官员变成自己的保护伞。在这样的制度结构中，社会体制的"官本位"就成为必然。

再从支出方面看，国家也表现出一个经济利益集团的特点，国家支出的很大一部分属于国家组成人员的剥削收入。

纵观秦汉至明清各朝，国家支出中的前三项是皇室消耗、官吏待遇、军费开支，占比重最大，虽然各朝支出各有特色，但它们占据前三项的地位一般没有变动。其中皇室消耗的大部分应当属于剥削收入而非国家运转费用，官吏待遇的相当一部分应当属于剥削收入而非劳动报酬，军费开支中上层官员的军俸里至少有一部分应当属于剥削收入。

先看皇室消耗。皇室消耗包括了皇帝、后宫、东宫、诸王、公主等皇室成员所有生活费用，其中有饮食、被服、车马、器物、医药、娱乐、赏赐等费用，宫室、陵墓、苑囿园池等建筑费用，众多服务役使人员以至奴婢的费用。这些财富大多被皇室成员奢靡消费所耗尽，对于国家职能的实现并未起多大作用。皇室消耗在整个国家支出中究竟占有多大比例，我们在历史上很难找到准确的数据，其原因大概有三。一是皇室不愿意外人了解自己的收支和消费情况，这类数据并不向外公布，后人自然也无法进行准确研究。二是皇室财政往往有一定的独立性，其中有很大部分、至少如土贡等地方贡献之类未纳入国家财政之中，有些时期例如汉代，国家财政与皇室财政完全分立，国家财政由大司农（治粟内史、大农令）负责，皇室财政则由少府负责，而少府的数据今天已无法得到。三是皇室支出有很大的随意性。以宋代为例，皇室可以随意支用国库、"宣索"地方，北宋仁宗某年，大臣谢绛谏言曰："迩来用物滋侈，赐予过制，禁中须索，去年计为缗钱四十五万。自今春至四月，已及二十余万。"① 南宋淳熙某年，"内侍白劄籍名造器械并犒师，降旨发左藏、封桩诸库钱，动亿万计"②。皇室支用不仅数额随意、增长很快，不仅调用"掌受四方财赋之入，以待邦国之经费，给官吏、军兵奉禄赐予"③ 的左藏，而且从"备边"之"封桩"支财以自用。④ 一般来说，皇室支出的数额，主要取决于两个因素，一是用度的奢俭，一是供养及服务人员的多寡。纵观中国古代，崇尚节俭的皇帝是少数，穷奢极欲是多数。人员方面，皇室人丁繁盛，如朱元璋后裔至万历末年，"二百年来，椒聊蕃息几二十万，食租衣税，无所事事"⑤。服务人员则数十上百倍于供养人员，以宋代为例，仅就皇宫御厨，"掌供御之膳羞及给内外饔饩割烹煎和之事，勾当官四人，……食手兵校共千六十九人"，后又增为一千五百二十一人。⑥

再看官吏待遇。官吏的收入应当包含俸禄等正式待遇以及补贴、赏赐和制度实际包含的潜规则所带来的灰色收入，但在文献中保留下来的统计资料中，较清楚的只有正式待遇，其他部分则很难把握。下面我们仅从正式待遇角度做些讨论。中国古代的官吏正式待遇属于国家财政支出范畴，占有比重相当大，一般在 20% 上下。李锦绣研究唐代前期财政，估算得出官吏待遇每年为 558.2 万贯，在全部供国支出 2255.47 万贯中占 24.75%，仅次于交通运输，在国家财政总支出 3306.43 万贯中占 16.88%。⑦ 其他王朝情况类似，有时表面上正俸低微，占国家财政比例甚小，但就像清代"养廉银"所表现出来的那样，正俸之外的收入百倍于正俸。官员特别是上层官员的收入数额巨大，除了保证其奢华的生活而外，甚至也成为积累财富的一种手段，所谓"三年清知府，十万雪

---

① 《宋史》卷 295《谢绛传》，中华书局 1977 年标点本，第 9846 页。

② 《宋史》卷 386《李彦颖传》，中华书局 1977 年标点本，第 11866—11867 页。

③ 《宋史》卷 165《职官志五》，中华书局 1977 年标点本，第 3907 页。

④ 《宋史》卷 386《李彦颖传》，中华书局 1977 年标点本，第 11867 页："虞允文建此库以备边，故曰'封桩'，陛下方有意恢复，苟用之不节，徒启他日妄费，失封桩初意。"

⑤ 谢肇淛：《五杂俎》卷 15《事部三》，明万历四十四年潘膺祉如韦馆刻本。

⑥ 《宋会要辑稿·方域四》，中华书局 1957 年影印本，第 7371 页上栏、第 7373 页上栏。

⑦ 李锦绣：《唐代财政史稿》上卷，北京大学出版社 1995 年版，第 1135、1277 页。

花银"是也。有关这方面的叙述，近几十年史学著作中比比皆是，此不赘言。这些收入中一部分是完成其职守的合理劳动报酬，但也有很大一部分属于社会的剩余劳动，是一种剥削收入。

另外，还有一种比较难把握但确实应归入剥削收入性质的开支，即史书中常加以"好大喜功""劳民伤财"之类字样的开支。在表面上，这是正常的公务开支，但其本质，却是官员耗费民脂民膏，制造所谓"政绩"，然后借此升官，从而发财。如陈师锡说蔡京："好大喜功，锐于改作，日夜交结内侍、戚里，以觊大用。"① 其目的是取得"大用"。因此，这类开支应当归属于剥削收入的开支，虽然其非常隐蔽。

上述皇室耗费之大部、官吏待遇之一部都属于剥削收入，其最终来源只能是被剥削者的劳动，社会所能提供的剩余劳动是确定的，国家利益集团的剥削收入和地主阶级的剥削收入，都是在这一块蛋糕上的切割，此长彼消，因而它们之间必然发生经济利益矛盾，从属于不同的利益集团。

从收入和支出两个方面看，国家不仅是实现一定社会职能的上层建筑，而且是一个社会经济利益集团，它与其他利益集团相同，都试图在社会经济运动过程中谋求自己的利益。社会职能与集团利益的两重性，是国家在社会经济活动中行为矛盾性的根源。国家利益由于以权力为依托很容易实现，因而往往表现得贪得无厌。国家对社会的索取总是在迅速增加，而出于国家组成人员的利益驱动，其支出增长速度又总是超过收入的增长速度，于是入不敷出就成为历代王朝、特别是每一王朝后期的通病。为了弥补开支，国家不得不进一步加大对社会的掠夺，而超量掠夺必然导致社会秩序的崩溃，不能完成维护社会秩序职能的国家自然失去存在的依据，从而走上不归之路。新建立的国家必须为自己的存在奠定好基础，因而往往能较好实现其职能并限制其利益，但国家组成人员的利益驱动最终总是导致对国家利益限制的失控，从而使国家职能受到损害甚至崩溃，并最后葬送国家本身。因此，在对国家利益没有形成有效控

---

① 《宋史》卷346《陈师锡传》，中华书局1977年标点本，第10973页。

制的中国古代，各代王朝国家总是逃脱不了周而复始的生死轮回。

四 国家职能和国家利益的对立统一

国家职能要为社会提供一套促进经济发展的制度，而国家利益却谋求从社会攫取尽可能多的财富，二者必然处于矛盾之中，那么，对立的双方究竟是怎样达到统一的呢？毫无疑问，国家利益以国家的存在为前提，而国家职能则是国家存在的基础，如果社会不需要国家来完成某些职能，它马上就会消失。恩格斯说的很明确："政治统治到处都是以执行某种社会职能为基础，而且政治统治只有在它执行了它的这种社会职能时才能持续下去。"他还分析了国家权力的产生史，在原始的公社中，"存在着一定的共同利益，维护这种利益的工作"，"不能不由个别成员来担当"，他们被赋予"某种全权，这是国家权力的萌芽"，随后它就越来越独立于社会，但不管如何变，社会职能都是国家存在的基础。恩格斯还以英国人在印度的统治忽视了水利灌溉这种国家职能的事例说明，不执行这一职能，英国人的统治就不能得到与印度原统治者一样的"某种合理性"①。马克思、恩格斯多次陈述过这种思想。在《波拿巴的雾月十八日》中，马克思说，社会的"每一种共同的利益，都立即脱离社会而作为一个最高的普遍的利益来与社会相对立，都从社会成员自己行动的范围中划分出来而成为政府活动的对象"②。在《论住宅问题》中，恩格斯说，"把每天重复着的生产、分配和交换产品的行为用一个共同规则概括起来"，"这个规则首先表现为习惯，后来便成了法律"，由此"就必然产生出以维护法律为职责的机关——公共权力，即国家"③。在

---

① 恩格斯：《反杜林论》，载《马克思恩格斯全集》第20卷，人民出版社2006年版，第195页。

② 马克思：《波拿巴的雾月十八日》，载《马克思恩格斯全集》第8卷，人民出版社2006年版，第216页。

③ 恩格斯：《论住宅问题》，载《马克思恩格斯全集》第18卷，人民出版社2006年版，第309页。

《路德维希·费尔巴哈和德国古典哲学的终结》中，恩格斯又说"社会创立一个机关来保护自己的共同利益，免遭内部和外部的侵犯。这种机关就是国家政权"①。

国家作为社会的一种异化力量，必然与社会处于对立统一之中，国家与社会的统一集中表现在国家职能方面，而其间的对立则更多表现在国家利益方面。社会经济运行必须有一定的规则作为保障，否则就无法实现，利益不同的阶级之间无休止的冲突只能导致社会的崩溃，而只有国家才能以最低成本、最有效地提供这种规则并维护其实施。因此，尽管在国家产生以后的历史中，"国家的统治者或其代理人"制造了"无穷无尽的战争、屠杀、剥削、奴役"，但"当人们需要在国家与无政府之间作出选择时，人们均选择了前者"，"几乎任何一套规则都好于无规则"②。国家与社会的这种统一，成为其存在的依据，国家职能正是这种统一性的体现。但另一方面，国家作为一个社会利益集团，又总是在谋求着自己独立的经济利益，这就意味着它为了自身利益会制订并维护一些并不利于社会"秩序"稳定、不利于社会产出最大化的制度，有可能甚至必然损害社会利益，由此，它又与社会处于对立之中，这种对立集中体现在国家利益上。国家与社会的对立统一就像所谓"诺斯悖论"所揭示的："国家的存在是经济增长的关键，然而国家又是人为经济衰退的根源"，诺斯还认为，这一悖论"使国家成为经济史研究的核心"③。

就像国家与社会具有统一性一样，国家职能与国家利益也具有统一性。从国家职能角度看，要实现其职能，就必须有一定的物力、人力支出，而这些支出来源只能是国家的经济收入，即国家利益。尽管国家利

---

① 恩格斯：《路德维希·费尔巴哈和德国古典哲学的终结》，载《马克思恩格斯全集》第21卷，人民出版社2006年版，第347页。

② ［美］道格拉斯·C.诺斯：《经济史中的结构与变迁》，陈郁、罗华平等译，上海三联书店、上海人民出版社1994年版，第24页。

③ ［美］道格拉斯·C.诺斯：《经济史中的结构与变迁》，陈郁、罗华平等译，上海三联书店、上海人民出版社1994年版，第20页。

益有诸多不合理之处，其中许多部分并非必需，有些属于剥削收入，但为了国家职能的实现，社会只能允许其存在，因为在现实历史中，不允许不合理部分存在，不允许官员的剥削，国家职能就无法实现。从国家利益角度看，则国家必须维持其基本职能，否则国家利益就失去依据。因此，国家总是先要实现其职能，然后才能谋求利益，除非它已经失去自我控制能力，然而这也就意味着国家的崩溃，国家职能和国家利益同时灭亡。这两个方面互为存在和制约的条件，没有一定的国家利益，国家职能就会因为经济条件不足而不能得到较好实现，而如果国家职能得不到较好实现，国家获得较多的利益也只能是一种幻想。

社会是国家存在的基础，因此，国家与社会之间对立统一的实际状况和发展前景，决定了国家的盛衰存亡。只要能够较好实现国家职能，国家与社会的矛盾就缓和，就比较统一，而当国家过于追求自己的利益时，它与社会的矛盾就比较尖锐，甚至演变为大规模的暴力冲突、社会动荡乃至国家的崩溃。毫无疑问，国家作为经济利益集团，必然对社会财富表现出浓厚的欲望，竭力发展自己的利益，但这种利益追求有一个底线，即不能危及国家基本职能的实现，否则，国家失去了存在的依据，利益也就无从谈起。因此，尽可能好地实现国家职能、至少实现基本职能，将国家利益限制在一定范围之内、特别是不要冲破底线，就成为国家存在的基本条件，而纵观中国古代国家，在它们的稳定期，特别是一些维持时间较长王朝的稳定期，这些条件都得到了比较好的实现。反过来说，也正是因为国家恰当地解决了国家职能与国家利益之间的关系，才有了百年上下的稳定王朝。

中国古代较稳定的王朝都十分注意国家职能的实现。这主要表现在两个方面，一是确定和维护一种在当时条件下可以较好推动社会经济发展的制度，一是较好完成社会必需的一些公共事务。

我们以宋代为例看看第一个方面国家职能的实现。

唐宋之际，中国社会经济结构发生了重大变化，适应这个变化，宋代国家确立了一套符合当时条件的能够促成社会产出最大化的制度，这种制度很好地调整了阶级关系。其关键点有二。一是采取了"不抑兼并"的政策，国家不再干预土地所有制，形成了所谓"田制不立"的局面，由此，在中国历史上第一次形成了全社会的较为充分的土地私有权。一是全面解脱劳动者的人身依附关系，允许农民自由迁徙。天圣五年（1027）宋仁宗下诏："自今后客户起移，更不取主人凭由，须每田收田毕日，商量去住，各取稳便，即不得非时衷私起移，如是主人非理栏占，许经县论详。"① 这种制度变迁保证了农民得以与地主进行"博弈"的基本条件，使两大基本阶级在经济运行过程中取得均衡。

相对明晰的私有产权和劳动者人身自由带来了社会经济结构和运行模式的根本性变化。其表现主要有四。②

1. 土地私有制大发展。其表现又有四。一是土地买卖盛行，例如宋高宗时，四川立限令典卖田宅者纳税印契，一次就征收到契税 400 万贯，③ 此时官府卖田定价为 8 贯到 10 贯，④ 如果依一般情况下税率 10% 计，土地价格取其高者每亩 10 贯，则四川此次纳税印契的田地共有四百万亩，足见土地买卖之盛行。二是出现了一些大土地所有者，如"有张拐腿者，淮东土豪也，其家收谷七十万斛"⑤。三是私田数量大大超过官田，如王安石变法后的元丰年间，全国垦田 461 万余顷，而官田仅 6 万余顷，⑥ 只占 75 分之一。四是出现了明确为土地兼并辩护的言论，如苏辙说："城郭人户虽号兼并，然而缓急之际，郡县所赖：饥馑之岁，将劝之分以助民，盗贼之岁，将借其力以捍敌。故财之在城廓者，与在

---

① 《宋会要辑稿·食货一》，中华书局 1957 年影印本，第 4813 页下栏。

② 本段叙述参考了朱瑞熙《宋代社会研究》第三章《宋代的土地占有制度》，中州书画社 1983 版，第 55—62 页。

③ 李心传：《建炎以来朝野杂记》乙集卷 17《财赋·四川桩管钱物》，文渊阁《四库全书》，台湾商务印书馆 1983 年影印本，第 608 册，第 661 页下栏。

④ 《宋会要辑稿·食货五》，中华书局 1957 年影印本，第 4875 页上栏。

⑤ 李心传：《建炎以来朝野杂记》甲集卷 8《杂事·陈子长筑绍熙堰》，文渊阁《四库全书》，台湾商务印书馆 1983 年影印本，第 608 册，第 295 页上栏。

⑥ 马端临：《文献通考》卷 4《田赋考四》，中华书局 1986 年影印本，第 59 页中栏："天下总四京一十八路，田四百六十一万六千五百五十六顷，内民田四百五十五万三千一百六十三顷六十一亩，官田六万三千三百九十三顷。"

官府无异也。"①

2. 土地所有权转移频繁。由于土地买卖盛行，带来土地所有权频繁转移，随之形成社会成员经济地位迅速变动，这成为宋代社会的突出现象。"千年田换八百主"②，"贫富无定势，田宅无定主"③，"人家田产，只五六年间，便自不同，富者贫，贫者富"④，等等。宋人的这些言论，突出表现了宋代土地关系的这一特点。

3. 形成了一个较为广泛的小农阶层。如漆侠所估算，"占有一块土地的农民，在宋代户口中占的比重极大"，到北宋中期的熙宁五年，"自耕农大概上升到最高点，可能占全部户口50%以上"，占有全国耕地的"34%，还可能高到40%"⑤。

4. 官田私田化成为社会趋势。由于税收的实现以财产为基本依据，官田也逐渐向私田方向发展，主要表现在两个方面。一是国家通过各种方式将官田转变为私田，或是通过出售变公为私，或是通过赏赐官僚地产而变公为私。如经过王安石变法，官田占全部耕地的比例由10分之一降为75分之一。⑥ 一是国家采用与地主相同的地租剥削方式来经营官田。宋高宗曾说："朝廷拓地，譬如私家买田，倘无所获，徒费钱本，得之何益?"⑦ 太宗年间大臣陈鼎上言亦建议曰："公田之未垦者，募民

① 苏辙：《栾城集》卷35《制置三司条例司论事状》，文渊阁《四库全书》，台湾商务印书馆1983年影印本，第1112册，第380页下栏。

② 辛弃疾：《稼轩词》卷2《最高楼》，文渊阁《四库全书》，台湾商务印书馆1983年影印本，第1488册，第154页上栏。

③ 袁采：《袁氏世范》卷下，文渊阁《四库全书》，台湾商务印书馆1983年影印本，第698册，第638页上栏。

④ 朱熹：《朱子语类》卷109《论取士》，文渊阁《四库全书》，台湾商务印书馆1983年影印本，第702册，第273页上栏。

⑤ 漆侠：《中国经济通史·宋代经济卷》上册，经济日报出版社1999年版，第376—377页。

⑥ 朱瑞熙：《宋代社会研究》，中州书画社1983年版，第61—62页："宋神宗熙宁七年（一〇七四年），共有各种官田四十四万七千多顷，这时，全国垦田为四百四十五万多顷。官田占全国垦田的十分之一强。三年后，由于变法派推行出卖官田的政策，官田数量骤减，仅剩六万多顷，约占全国垦田的七十五分之一强。"

⑦ 李心传：《建炎以来系年要录》卷103，中华书局1985年标点本，第1944页。

垦之，岁登所取，其数如民间主客之例。"①

这种制度变化很好地调整了阶级关系，促进了社会经济的发展，其表现主要也可归纳为四点。

1. 农民利益有了较好保证，激发了更大的生产积极性。从战国直到隋唐，剥削都是以人身控制为首要的或主要的条件，极为强烈的超经济强制把农民和土地紧紧捆绑在了一起。这种状况到宋代终于被打破，新型的剥削关系开始形成。农民不再像以前只能用逃亡来与地主斗争，而是借助自身的流动来与地主讨价还价，地主也不得不接受这一现实，降低剥削率，出让某些利益，以招徕农民，实现其剥削。如苏轼说："民庶之家，置庄田，招佃客，本望租课，非行仁义，然至水旱之岁，必须放免欠负、借贷种粮者，其心诚恐客散而田荒，后日之失，倍于今故也。"② 亦如王岩叟所说："富民召客为佃户，每岁未收获间，借贷周给，无所不至，一失抚存，明年必去而之他。"③

2. 推动社会积累与土地开发。随着土地成为获得剩余劳动的基本依据，土地的边际效用价值急剧提高，这就推动、迫使地主将剥削所得积累下来，去开发新的土地，改善土地经营。宋代开发新土地之广泛，土地种类之多，为前代所未见，"圩田""山田""淤田""湖田""沙田""架田"等等名称就是充分表现。宋代的水利建设也与以前大不一样，局部地区性水利建设主要依靠民间力量（其中主要部分当出自地主），例如神宗熙宁三年至九年共七年时间内，全国兴修水利工程达 10793 处，受惠耕地达 361179 顷，④ 可谓空前。土地经营也开始向着多种方向发展，形成了一些充分利用有利自然条件的经济作物区，如太湖洞庭山之专种柑桔，福州、六化军之广种荔枝等等。也出现了专营某种经济作物种植的地主，如四川有专门的"茶园人户"，其岁出茶叶可达三五万斤，在明州、福州、广州等地有专门种植甘蔗制糖的"糖霜户"等等。

---

① 《续资治通鉴长编》卷37"至道元年正月"，中华书局1992年标点本，第807页。
② 《续资治通鉴长编》卷451"元祐五年十一月"，中华书局1992年标点本，第10829页。
③ 《续资治通鉴长编》卷397"元祐二年三月"，中华书局1992年标点本，第9682页。
④ 《宋会要辑稿·食货六一》，中华书局1957年影印本，第5907页下栏。

随着土地经营的改善，土地投入工本的增多，精耕细作的发展，单产明显提高，如苏州亩产谷四至六石，两浙上田亩收谷五六石，明州民田亩产谷六七石。

3. 迫使地主阶级不断进行自我更新。随着土地成为获得剩余劳动的基本依据，地主职能的主要体现者，已不再是具体的人身，而抽象为土地这一自然物。这样，地主的经济地位，就不再由其出身来决定，而取决于他在土地上的经营，如果经营有方，勤于积累，就有可能保持以至扩大土地，继续保持地主地位，如果不善经营，且淫佚奢侈，就必然丧失土地，失去地主身份。脱离生产、腐败堕落是地主阶级的本性，然而这一机制就使其可以不断清除丧失活力的成员，补充进新生力量。这种现象在宋人言论中多有表述，如吕皓曰："今之富民，鲜有三世之久者"①，张载说："今骤得富贵者，止能为三四十年之计，造宅一区及其所有，既死则众子分裂，未几荡尽，则家遂不存"②，黄震曰："财货不过外物，贫富久必易位"③，朱熹弟子真德秀还把富贵者之财宝田宅"一传焉而弗失者寡矣，再传、三传而弗失则又寡矣"的现象称为"盈虚相代"，是"天之道也"④。地主阶级的自我更新，当然有利于保护和发展生产力，对社会经济发展起积极作用。

4. 使社会经济有条件自我调节。宋代国家在保证农民具有可迁徙、可选择剥削者权利的前提下，只问赋税收入，不管其余，就使社会经济活动有条件在运动过程中自我调节，自己解决自身存在的问题，从而可以选择到比较合理的发展路径。例如，国家除了维护自由租佃关系，并不干预地主与农民的经济关系，地主利用农民之间矛盾，用增租划佃等方式试图增加地租，而农民则利用地主之间矛盾，用转佃他人之田的方

---

① 吕皓：《云黔稿·上邱宪宗卿书》，《续金华丛书》，民国十三年永康胡氏梦选楼刊本。

② 张载：《张子全书》卷2《宗法》，文渊阁《四库全书》，台湾商务印书馆1983年影印本，第697册，第154页下栏。

③ 黄震：《黄氏日抄》卷78《七月初一日劝上户放债减息榜》，文渊阁《四库全书》，台湾商务印书馆1983年影印本，第708册，第801页下栏。

④ 真德秀：《西山文集》卷25《全行可度牒田记》，文渊阁《四库全书》，台湾商务印书馆1983年影印本，第1174册，第382页下栏。

式来达到降低地租的目的，在这一斗争过程中，剥削率自然维持在合理的水平上，剥削关系自然达到相对平衡。

正是由于宋代国家确立并维护了一种符合当时条件的较好制度，促使社会经济得到了较快发展，成为中国古代经济发展的一个高峰，国家利益也随之得到了较好实现。北宋太宗说："国家岁入财赋，两倍于唐室。"① 南宋孝宗时，叶适说："尝试以祖宗之盛时所入之财，比于汉、唐之盛时一再倍。"② 南宋宁宗时，章如愚说："今日生财之道多矣，惟是节省不得其术。以今天下较财用于汉、唐，所入十倍于汉、五倍于唐。"③

我们再看看国家职能的第二个方面，即必须完成一些社会公共事务，诸如国家安全保障、社会秩序维护、交通通信等公共服务设施建设、教育等文化事业等等，以保证社会共同利益的充分实现。中国古代各稳定王朝在这方面都有相当不错的表现，这在国家财政开支上可以看出来。以唐代前期为例，据李锦绣研究，可统计的国家财政年总支出为3306.43 万贯，其中军费开支904.25 万贯，皇室消费178.6 万贯，国家行政开支2255.47 万贯。国家行政开支又可分为若干大类，其类别、数量与比例见下表：④

费用名称	可估算数量（单位：万贯）	所占比例（%）
官吏待遇	558.2	24.75
礼仪支用	46.07	2.04
交通运输	589.95	26.16
行政费	93.75	4.16
赈恤费	197.57	8.76

① 《续资治通鉴长编》卷37 "至道元年五月"，中华书局1992 年标点本，第814 页。
② 叶适：《水心集》卷4《财总论二》，文渊阁《四库全书》，台湾商务印书馆1983 年影印本，第1164 册，第100 页下栏。
③ 章如愚：《群书考索续集》卷45《宋朝财用》，文渊阁《四库全书》，台湾商务印书馆1983 年影印本，第938 册，第569 页下栏。
④ 李锦绣：《唐代财政史稿》上卷，北京大学出版社1995 年版，第1135、1277 页。

续表

费用名称	可估算数量（单位：万贯）	所占比例（%）
物价费	153.2	6.79
水利土木兴建费	303.75	13.47
教育图书修史费	50.43	2.24
宗教费	262.55	11.64
总计	2255.47	100

如果粗略估算上述数据，皇室消费因主要部分不属国家职能所必需，全部去除，官吏待遇中应有相当部分属剥削收入，亦非国家职能所必需，姑且减半计算，则用于实现国家职能的总支出为 2848.73 万贯，占国家财政总支出的 86.16%。如果只看直接服务于社会公共事务的军费、交通运输费、赈恤费、水利土木兴建费和教育图书修史费 5 项，则其支出总额为 2045.95 万贯，亦占到国家财政总支出的 61.88%。由此可见，国家利益的大部分被用于完成社会公共事务。这些时期，国家完成社会公共事务职能的效果也是明显的，史书中描述文景、开元、康乾等一些"盛世"，称其"各得其所，安居乐业，夜不闭户，道不拾遗"，应当不是虚言。

在较充分实现国家职能的同时，中国古代各稳定王朝都在一定程度上限制了国家利益，这可以从收支两方面看到。

从收入方面看，主要有如下几个方面。

1. 赋税徭役征收制度化。主要表现有三。首先，在制度上确定赋税徭役征收的数额，并在相当长一段时期内保持稳定，不做过大变更。各王朝初始一般都有这项制度建设，此不赘言。其次，在制度上实现赋税徭役征收的公平化，各王朝在这方面均十分注意，一方面以各种手段清点作为征收依据的人口、土地、财产，不使一部分人脱逃，另一方面则及时调整征收依据，使之合理，例如当土地私有制有了较充分发展之后，及时将人头税为主调整为财产税为主。最后，以制度保证征收程序合理，预防各种违规现象发生，例如清初，全面编纂修订《赋役全书》

《黄册》和《鱼鳞册》，以使征收依据明晰公平，同时，征纳时颁发"易知由单"，明确征收数额，又以多联的"串票"或"滚单"，防止地方官吏私征滥派。

2. "取民有度"。一般情况下，赋税徭役征收额度是适合社会承担能力的，在一些特殊情况下或在特殊地区，实行减免政策。经过战乱之后的王朝初期，一般都会实行一段时间的"轻徭薄赋"，如西汉初年的"与民休息"，改田租十五税一为三十税一，甚至有些年份免除田租。在发生灾荒等特殊情况时，往往也会临时性的或较长时期的蠲免和减少赋税徭役，例如，据《清会典事例》，乾隆年间仅较大范围蠲免地丁钱粮就达 242 次，① 平均每年 4 次。

3. 当国家财政发生困难时，首先从非主要经济部门进行搜刮，保护主要经济部门。例如汉武帝为解决财政困难，首先下手的是工商业领域，对主要生产领域农业采取了保护政策。

4. 加强吏治，防止官吏在公开制度外掠夺社会财富潜规则的形成和发展。秦汉国家均设立严密、独立的监察系统，其长官地位很高，位列"三公"，此后各朝均有此设置，以监督官吏。个别时候国家还采取比较极端的措施，如明太祖朱元璋，"重绳贪吏，置之严典"②，"凡守令贪酷者，许民赴京陈诉，赃至六十两以上者，枭首示众，仍剥皮实草，府州县卫之左，特立一庙以祀土地，为剥皮之场，名曰皮场庙，官府公座旁各悬一剥皮实草之袋，使之触目警心"③。

在支出方面，我们也可以看到国家限制自己利益的一些努力，其主要表现有三。

1. 节约国家运转开支。一些开明的皇帝和大臣都十分注意这一点，例如清康熙就说："从来与民休息，道在不扰，与其多一事不如省一事。朕观前代君臣，每好大喜功，劳民伤财，紊乱旧章，虚耗元气，上下讧

① 昆冈等：《大清会典事例》卷 266《户部·蠲恤》，清光绪内府钞本。
② 《明史》卷 281《循吏传》，中华书局 1974 年标点本，第 7185 页。
③ 赵翼：《廿二史札记》卷 33《重惩贪吏》引《草木子》，清光绪二十四年上海文瑞楼石印本。

嚣，民生日蹙，深可为鉴。"① 又如清乾隆曾自我检讨六次南巡为"劳民伤财，作无益害有益"，并命臣下，"将来皇帝如南巡，而汝不阻止，必无以对朕"②。这种思想又转化为一种政策——"量入为出"，并在大多数时期成为国家财政开支的一项原则。

2. 在国家活动乃至日常生活中倡导节俭风气。古代开明君主也都认识到奢靡必亡国，如唐太宗就指出，国君"好奢侈"，"犹如馋人自食其肉，肉尽必死"③。因此他们往往倡导节俭风气，并身体力行，如汉文帝常"身衣弋绨"，他所宠幸的慎夫人竟"衣不曳地，帷帐无文绣"，并要求自己的陵墓"皆瓦器，不得以金银铜锡为饰"④。

3. 对官吏采取低俸政策，限制其利益。这在明清初年表现突出，起初曾起到一定作用，但很快就被各种潜规则所打破，流于形式。

由上述可见，较好实现国家职能、较强限制国家利益，这是对立双方实现统一的基本条件，也是缓和国家与社会矛盾的基本条件。

五 三角形社会经济结构与国家利益的制约

国家作为利益集团，必然会出于利益驱动而攫取社会财富，这种欲望如果没有制约，就必然冲破底线，导致社会的动荡以至国家的崩溃。为了国家本身和社会，必须对国家利益予以限制，那么，由谁来实施这种限制呢？在中国古代历史上，经常可以看到从皇帝、大臣一直到一般知识分子关于限制国家利益的种种言论，而且各种实际措施都是由国家自身提出并实施的，似乎国家利益的限制者只能是国家自身，或者说，只能寄希望于国家的自我觉醒，如果这样，限制国家利益就会成为一件十分渺茫的事，而国家的存在也会因其利益的无限膨胀而受到威胁。但

① 章梫：《康熙政要》卷1《论君道第一》，清宣统二年序铅印本。

② 《清史稿》卷357《吴熊光传》，中华书局1977年标点本，第11324页。

③ 吴兢：《贞观政要》卷8《辨兴亡第三十四》，文渊阁《四库全书》，台湾商务印书馆1983年影印本，第407册，第523页下栏。

④ 《汉书》卷4《文帝纪》，中华书局1962年标点本，第134页。

实际上，国家利益往往受到了有效的限制，从而在相当长的时间内国家能够稳定存在，这里应当有更有力的调节机制，这个机制，应当从社会经济结构中去寻找。

如果按照以前的传统理解，将阶级社会的经济结构看作剥削阶级与被剥削阶级对立而又统一的两极结构，那么，在秦汉以后的社会中，国家以利益集团的身份参与到社会经济活动中，就在社会经济结构中增加了新的一极，使之成为三极之间对立而又统一的三角形结构。在这种结构中，每一极都制约着其他两极，同时又受到另外两极的制约。这种结构不仅使国家利益被其他两极制约而得到有效的限制，而且将实现国家职能和谋求国家利益直接结合在了一起。

作为剥削阶级主体的地主是其中的一极，形成一大经济利益集团，其共同特征是占有一定数量的土地，并以土地所有权作为剥削农民的重要依据。土地对地主至关重要，故宋人说："人生不可无田，有则仕宦出处自如，可以行志，不仕则仰事俯育，粗了伏腊，不致丧失气节。有田方为福。"① 当然，仅仅有土地还不足以成为地主，还必须使农民——不论是依附农民还是自由的租佃农民——在他的土地上耕作，生产出剩余产品或支付出剩余劳动，其地主身份才能实现，因此，吸引和控制农民是地主存在的必需条件。在后期较自由租佃关系形成之后，地主的土地所有权对于控制农民并实现剥削来说是主要条件，无地农民不得不到地主的土地上耕作并接受剥削，但在早期，地主的土地所有权相对于控制劳动力来说并非处于绝对主要的地位，大部分情况下，通过人身依附关系直接控制农民人身比占有土地重要得多。

地主要剥削依附农民和租佃农民，必然要与之发生矛盾，受到他们的抵制与反抗。另外，地主作为土地私有权的人格化，必然对地产有着无限的追求欲望，所谓"士大夫一旦得志，其精神日趋于求田问舍"②。

① 周煇：《清波杂志》卷11，文渊阁《四库全书》，台湾商务印书馆1983年影印本，第1039册，第79页上栏。
② 张萱：《西园闻见录》卷4《谱系》，民国二十九年哈佛燕京学社铅印本。

而获得更多土地的办法只能是兼并自耕农，这样，潜在和现实的威胁又使之与自耕农处于矛盾之中。与此同时，地主又必然与国家发生矛盾，虽然由于剥削阶级在阶级社会中处于主导位置，国家维护社会"秩序"的职能必然保护剥削阶级的利益，但是，这种保护是在"秩序"允许的限度之内，也就是说，既保护其限度以内的剥削，又约束其越限剥削的行为，但地主的剥削欲望是无限的，二者间必然形成矛盾。另外，一个社会所可能提供的剩余产品和剩余劳动在总量上是确定的，地主拿得多，国家就得到的少，国家要发展自己的利益，就必须限制地主的剥削所得，其间的矛盾和冲突也属必然。

作为被剥削阶级主体的农民是其中的又一极，也形成一大经济利益集团。农民中包含不同的阶层，在历史发展过程中具体形态也不断变化，他们的共同特点是，生活资料来源于自己的劳动，同时以不同形式和份额为社会提供剩余产品和剩余劳动。农民要能够生存，必须进行生产，而为此就必须与一定量的生产资料土地相结合，为达到这一目的，农民必须付出一定的剩余产品或剩余劳动，或是向地主付出，换取与土地结合的权力，或者是向国家付出，确立自己的自耕农身份，实现自己与"自己的"土地的结合。中国古代的自耕农并非因为具有土地所有权而可以逃过被剥削，他可以不被地主剥削，但逃不过国家的剥削，实际上成为国家的佃农，而国家为了保证自己的利益，也需要一批自耕农作为赋税徭役的稳定来源。这就是为什么从战国到隋唐，国家总是试图通过授田、王田、屯田、占田、均田等等制度，强力造就一个广泛自耕农阶层的原因，这也就是唐宋以后，国家通过经济的手段，在现实的经济运动中造就了一个广泛自耕农阶层的原因。

无地农民或缺地农民必须接受地主剥削，自耕农受到地主兼并的严重威胁，二者必然存在矛盾。租佃农民也好，依附农民也好，自耕农也好，都要接受国家的剥削，他们上缴的赋税徭役中包含着皇室、贵族、官僚等等享用的剩余产品和剩余劳动，因而也必然产生矛盾。王朝初期，政治清明，国家利益能够得到有效控制，那么国家剥削一般还可以为农民所接受，而到了王朝后期，政治腐败，国家利益失控，国家剥削越来越重，农民与国家矛盾便迅速激化，甚至发展为严重社会危机，导致社会秩序崩溃，爆发农民起义并最后使国家灭亡。

国家成为社会经济结构中的第三极，它是游离于地主与农民两大利益集团之外、又凌驾于其上的一种经济力量和利益集团。它获得利益的依据是政治权力，而这种权力因其社会职能而获得，所以，它首先必须完成自己的基本职能，然后才能获得相应利益，而且往往是职能完成的越好，利益兑现的越充足。如果国家只考虑自己的利益，不努力完成其职能，则必然事与愿违，不能很好实现其利益。这里需要说明一点，国家利益集团中的有些人除了通过国家利益获得一定剥削收入外，又会以地主身份获得剥削收入，这两种剥削的来源和性质完全不同，不同的利益追求会驱使这些人采取矛盾的行为，其中以地主身份出发的行为并不能代表国家利益，而且与之相矛盾。

国家与地主争夺社会剩余产品和剩余劳动，必然发生矛盾。国家当然也要与农民发生矛盾，因为国家利益最终是通过剥削农民而实现的。

矛盾机制本身就是制约机制。在社会的三极结构中，每两极之间存在的矛盾，既是其自身的制约因素，又是其他两极矛盾的制约因素。以地主和农民之间关系来说，他们的矛盾同时成为其制约因素，农民的反抗制约着地主的无限剥削欲望，而地主占有的土地和对农民人身的控制又制约着农民少付出或不付出剩余劳动的努力。但如果仅仅靠两者之间的互相制约，均衡很难持久，矛盾的发展必然使其中一方逐渐增强而另一方削弱，最后在不均衡条件下导致对立统一关系的崩溃。这时，第三极的加入添加了新的制约因素，国家职能和国家利益都要求维护"秩序"，在保护地主利益的同时保护农民利益，在限制农民利益的同时又限制地主利益。而且，第三极还使制约形成一个链条，任何一方的行为都会通过这个链条又反作用于自己。例如，如果地主对农民的剥削过量，土地兼并过于发展，就必然造成农民的破产和反抗，由此导致的社会矛盾激化和动荡必然影响国家职能的实现，同时剥削收入过多流向地主又必然对国家利益造成损害，这种结果迫使国家对地主予以制约，将其剥削限制于"秩序"所允许的限度之内。这种经济结构就好像三条边构成的三角形，三角形结构决定了三条边的稳定性，而三条边也决定了三角形结构的稳定性，中国古代社会的稳定性就来自这种结构。

在这种三角形社会经济结构中，国家职能实现的直接驱动力往往来自国家的利益追求，尽管从更深层次看国家利益必须以国家职能为依据。国家利益以赋税徭役为主要来源，在以人头税为主要税收的秦汉至隋唐时期，控制人口并保证他们具有缴纳赋税徭役的能力，是国家利益实现的基本前提。因此，国家一方面以"赋民公田"、屯田制、占田制、均田制等等措施扶植、维护独立自耕农也即"编户齐民"，又以赈济等行政措施救援破产、流亡农民，使之有能力承担国家赋税徭役。与此同时，国家又以各种方式限制、清查地主占有劳动力，从刘秀"诏下州郡检核垦田顷亩及户口年纪"之"度田"，一直到隋代的"大索貌阅"，都是国家向地主争夺农民，并进而争夺农民创造的剩余劳动。正是在维护自己利益的过程中，国家限制了地主的剥削，保护了农民，维护了社会"秩序"。同样，从地主角度观察，它与国家的利益争夺也帮助了国家职能的实现，地主剥削过重，农民从隐户变为编户，若地主剥削减轻，农民又从编户变为隐户。在国家与地主的利益争夺中，农民所承受的剥削被稳定在合理的水平上，三者间的关系被平衡在一定的"秩序"之内。在以财产税为主要税收的宋元明清时期，控制实际垦田数额是国家经济利益实现的基本前提，因此国家将注意力集中于土地等财产，除了保证农民人身自由外，并不过多干预社会经济活动。它以种种方法与地主隐瞒土地的行为进行斗争，从王安石"方田均税法"，张居正丈量全国田亩，一直到清代编制《赋役全书》、黄册和鱼鳞册。在这个时期，由于劳动力可以自由流动，这就迫使地主不得不减轻剥削，千方百计吸引劳动力。在这种关系之下，农民承受的剥削被稳定在一个合理的水平上，国家、地主、农民三大利益集团的关系达到了平衡，国家在追求利益的过程中实现了其职能。

在这种三角形经济结构中，国家保护自己利益的行为又导致了一个自我制约的链条。在以人头税为主要税收的秦汉至隋唐时期，国家限制自己利益，保护农民措施得力，则编户数量增加，税收也随之增加，国家可以获得更多利益。西晋实行占田制后，农民得到土地，因而编户从太康元年（280）的 246 万户猛增为太康三年（282）的 377 万户，两年增长 50%，这就是一个实例。相反，如果国家剥削过重，农民或破产而无力负担赋税徭役，或逃亡成为地主的隐户，国家则因能够承担赋税徭役的编户数量减少而利益受损，国家试图攫取更多财富的行为导致了对自己的制约。在以财产税为主要税收的宋元明清时期也同样，国家如果能很好实现自己的职能，限制自己的利益，取民有度，则地主与农民的关系在"博弈"中得到恰当调节，各得其所，社会经济发展，国家赋税徭役收入也会增加。相反，如果国家剥削过重，首先会引起一部分自耕农破产，转而成为地主的佃户，从而使国家原有的稳定纳税户失去纳税能力。其次，由于无地农民增多，地主在与农民的"博弈"中获得更有利条件，使二者关系向地主方面倾斜，而农民利益受损必然使社会生产受到影响，并最终影响国家税收。最后，农民破产使地主在纳税来源中所占比例越来越高，而地主会凭借自己的经济实力，以各种方式脱逃税收，特别是以经济力量通过交换获得政治地位，成为官户、形势户等等，挤进国家利益集团，获得免税或减税优待，从而使国家税收减少。国家强调自己利益的结果却是收入的减少，相反，国家限制自己的利益，却往往能导致收入的增加。

在这种三角形经济结构中，尽管是三极之间互相制约的关系，但一般来说，国家总是处于主导位置，无论是在它与地主、农民之间的关系方面，还是在调节地主与农民关系方面，因此，国家对社会经济结构的影响更大。当它能够较好实现自己职能，抑制自己利益时，经济就发展，社会处于安定时期，相反，国家利益失控，职能也得不到较好实现，社会就面临动乱，王朝就面临灭亡。国家灭亡的根本原因在国家自身，或者说在于国家利益失控、并由此导致以国家为主导因素的三角形社会经济结构的失衡乃至崩溃。王朝兴替其实与所谓"地主兼并土地"之类直接关系并不大，而在于国家利益的失控和国家职能的失职，在于国家与社会的矛盾，这是我们在几乎每一个王朝末年都可以看到的。

当然，中国古代的国家成为独立利益集团以及三角形经济结构的形成和发展，都有一个过程，关于这个过程，限于篇幅，这里暂不涉及，留待他文讨论。

六　强化国家职能、限制国家利益——社会经济发展的必需条件

纵观中国古代，归纳社会经济发展较好时期和较差时期的特征，可以看到，社会经济的发展与国家关系密切，某种意义上可以说国家是决定性因素。国家在社会经济活动中的作用，集中在国家职能和国家利益两个方面。凡社会经济发展较好的时期，都是国家职能得到较好实现、而国家利益受到切实限制的时期。反之，国家职能衰弱、国家利益失控，则必然使社会经济停滞、衰退甚至崩溃，并导致社会动荡乃至国家的瓦解。

要使社会经济发展，就必须强化国家职能。归纳各朝特征，主要有如下两个方面：

1. 国家确立并维护一套适合当时社会环境的较好制度，这种制度能够较好调整阶级关系，能够维持一种剥削阶级和被剥削阶级都可以接受的社会"秩序"，能够充分调动社会各阶级、各阶层的利益追求，由此使社会得到产出最大化的驱动力。

2. 国家能够较好完成自己承担的公共事务职能，也就是说，凡是该国家管的事，都切实管了，而且管得比较好，诸如国家安全保障、社会秩序维护、交通通信等公共服务设施建设、教育等文化事业的发展等等。

要使社会经济发展，还必须限制国家利益。各朝特征也可归纳为如下两方面：

1. 从收入方面讲，国家在利益实现的四个主要途径上有适当限制，将赋税徭役限制在合理范围之内，"轻徭薄赋"；适当控制国家经营活动，如将官田私田化等；减少暴力掠夺社会财富的现象；减少国家组成人员权力寻租的机会。

2. 从支出方面讲，一方面，减少国家组成人员攫取社会剩余劳动的剥削量，将其控制在一定范围之内，不要使"官肥民瘦"的现象过于突出。另一方面，控制和节约维持国家运转的费用，减轻社会负担。

这个结论，其实适合于所有存在着国家的社会，当然也可以成为今天的借鉴。

（原载《陕西师范大学学报》2006 年第 6 期）

唐宋社会经济结构变革

　　唐宋变革是改革开放后史学界热门话题，大家都认为唐宋间发生了重大变化，都肯定了宋代社会高度的发展水平，但对这一变化性质的解释则各不相同，或认为这仅仅是中国古代一次中小型变革，其重要性远低于春秋战国，或按照内藤湖南之说，认为类同于欧洲"中世"到"近世"的转变，称之为向资本主义转变的"首次启动"，是中国的"文艺复兴"。与上述两类观点不同，笔者认为，在社会变革中，涉及根本、牵动全局的仍然是社会经济结构变革，由此着眼，唐宋之际社会经济结构由两极变为三极，其重要性比春秋战国有过之而无不及，但与资本主义没有什么关系。为了说明笔者观点，需要首先简要讨论一下所有制理论问题，并简单陈述春秋战国社会经济结构变革，然后再从中国古代社会经济结构变化的总体趋势来进行分析。

　　由于这一变革必须从长时段视角进行比较观察，而且必须突破一些已有的理论成见，因此论述将涉及较大的范围，许多作为前提和比较对象的研究结果不能不提。有些问题笔者已经做过论证，限于篇幅，本文只能简略陈述，这样会使行文畸轻畸重，可读性减弱，也给想进一步探讨的读者带来麻烦，敬请谅解。

一　生产关系决定所有制①

1938 年，《联共（布）党史简明教程》出版并传入中国，成为党建的基本教材，斯大林模式的历史唯物主义理论在中国占据了主导地位。这部著作第四章第二节"辩证唯物主义和历史唯物主义"为斯大林所撰，其中说："生产关系的状况所回答的则是另一个问题：生产资料……归谁所有，生产资料由谁支配"②，直接将所有制解释为生产关系的基础和核心。1952 年，斯大林又下定义："政治经济学的对象是人们的生产关系。这里包括：（一）生产资料的所有制形式；（二）由此产生的各种不同社会集团在生产中的地位以及他们的相互关系，或如马克思所说的，'互相交换其活动'；（三）完全以它们为转移的产品分配形式。"③ 进一步明确了所有制是生产关系的核心和基础。这种观点后来充斥于各种哲学、经济学、史学著作与教材之中，一统天下，深入人心。但这个定义是否正确呢？是不是马克思主义的定义呢？答案是否定的。

斯大林这个定义的错误，核心就在于他将所有制脱离于生产、流通（交换）、分配、消费全过程之外，形成一个独立的范畴，并以此来解释生产关系，而不是通过生产关系去把握、解释所有制，因果、主次完全被颠倒了。这个思想与蒲鲁东类同，早已为马克思所批驳。马克思说："最后，所有制形成蒲鲁东先生的体系中的最后一个范畴。在现实世界中，情形恰恰相反：分工和蒲鲁东先生的所有其他范畴是总合起来构成现在称之为所有制的社会关系；在这些关系之外，资产阶级所有制不过是形而上学的或法学的幻想。"④ 在《哲学的贫困》中，马克思指出：

---

① 本节仅简述观点，详细论述请参见袁林《两周土地制度新论》第一章第一节"所有制问题"，东北师范大学出版社 2000 年版，第 13—37 页。

② 斯大林：《论辩证唯物主义和历史唯物主义》，载《列宁主义问题》，人民出版社 1964 年版，第 648 页。

③ 斯大林：《苏联社会主义经济问题》，人民出版社 1964 年版，第 58 页。

④ 马克思：《马克思致巴维尔·瓦西里也维奇·安年柯夫（1846 年 12 月 28 日）》，载《马克思恩格斯全集》第 27 卷，人民出版社 2006 年版，第 481 页。

"在每个历史时代中所有权以各种不同的方式、在完全不同的社会关系下面发展着。因此，给资产阶级的所有权下定义不外是把资产阶级生产的全部社会关系描述一番。"① 任何所有制都必须以一定历史条件下的生产关系加以说明，都是当时社会生产关系总合的表现，如果反过来，试图以所有制解释生产关系，那只能是"形而上学的或法学的幻想"。

是所有制决定生产关系，还是生产关系决定所有制，表面看似乎不是大问题，但实际上却具有极其重要的理论与实践意义。改革开放以前几十年我国经济发展的曲折与迟缓，斯大林关于所有制的定义是主要理论原因，它导致在经济实践中只关注生产资料的归属，完全忽视了生产、流通、分配、消费等各环节生产关系的具体内涵，以为只要改变了所有制形式，生产关系就会自然而然随之发生相应的转变，由此导致了许多错误的决策。苏联和东欧也经历了同样的历程，因此在 20 世纪 50 年代后期，东欧一些经济学家就提出了疑问，如捷克斯洛伐克学者奥塔·锡克说：马克思"总是把生产关系理解为所有制的本质"，斯大林的概念不仅与马克思相矛盾，"而且也是正确解决各种其他重要理论问题、特别是社会主义经济学的主要障碍"，"已经到了"必须"克服"的时候了。② 不过，直到今天，斯大林的定义仍然在许多方面占据着主导地位。

斯大林定义的错误，也是导致中国古代经济史研究长期混乱与停滞的重要原因，学者们不是深入探讨社会经济关系的具体内容，而是着力于说明生产资料特别是土地的归属，并由此抽象地推导出社会经济结构，因此，史学家受到经济学家的批评便在情理之中。孙冶方辛辣但不无道理地说："历史学家往往对古董研究得很仔细，但在理论上则欠缺。"他将郭沫若的古史分期观点作为类似于蒲鲁东"形而上学的或法学的幻想"的一个例证，说：郭沫若认为，"如果从生产关系角度出发

---

① 马克思：《哲学的贫困》，载《马克思恩格斯全集》第 4 卷，人民出版社 2006 年版，第 180 页。

② ［捷］奥塔·锡克：《经济—利益—政治》，王福民等译，中国社会科学出版社 1984 年版，第 204、245 页。

着眼，奴隶社会和封建社会是容易混淆的；如果从所有制角度着眼，问题便容易弄清楚"，"初税亩"是"公田制向私田制的转变"，是"奴隶社会和封建社会划分的标志"。孙冶方说："所有制关系只不过是生产关系的法律用语"，"不在于有没有土地私有权，而在于有没有剥削关系"，"斯拉夫公社、印度公社、俄国的村社等等历史事实告诉我们，在土地公有制下，既可以是奴隶制社会，也可以是封建制社会"。孙冶方还分析了形形色色的社会主义，它们"都实行公有制，但从生产关系的总和看就可以区分得一清二楚"，有些公有制不过是"挂着社会主义招牌的封建所有制"①。在那个拨乱反正的年代，孙冶方虽身在病榻，但慧眼独具，点出了经济改革的关键所在。

抛开斯大林定义，先探究生产关系、特别是剥削关系的实际状况，由此把握社会经济结构，在此基础上再来了解所有制，就会豁然开朗，中国古代经济史的许多问题便迎刃而解。

二　西周社会经济结构与土地所有制②

从生产关系着眼，西周社会由两极构成，连接这两极的是一种剥削关系。其中一极是剥削者，他们由周王、诸侯、大夫、士等各级贵族所组成，具有一定血族关系，通过宗法制度联结为一个整体，并由此形成国家机器，成为政治权力的掌握者，与此相应，他们在经济关系中处于优势地位，可以无偿获取他人劳动。另一极是被剥削者，他们主要是以血族关系联结而成的集团整体，见于记载的主要有"族""宗""人""尸（夷）""生（姓）"等。此外还有"邑"，虽然仍是一种被剥削者集团整体，但其中的血族关系可能已经淡化。另外有一些被剥削者以个人或家庭的形式出现，其中有一些仍然保留着以血族关系为纽带的集团整

---

① 孙冶方：《社会主义经济论稿》，人民出版社 1985 年版，第 389、390、403 页。
② 本节仅简述观点，详细论述请参见袁林《两周土地制度新论》第二章"西周土地制度研究"，东北师范大学出版社 2000 年版，第 76—165 页。

体的痕迹。

剥削关系的两极都是由血族关系联结起来的集团，对被剥削者的人身控制是剥削得以实现的首要条件，但这种人身控制并非对单个人身的全面控制，而是采取了集团整体控制的方式，对此，《国语·周语上》有一段很好的记述。

> 宣王既丧南国之师，乃料民于太原。仲山父谏曰：'民不可料也！夫古者不料民而知其少多，司民协孤终，司商协民姓，司徒协旅，司寇协奸，牧协职，工协革，场协入，廪协出，是则少多、死生、出入、往来者皆可知也。于是乎又审之以事，王治农于籍，搜于农隙，耨获亦于籍，狝于既烝，狩于毕时，是皆习民数者也，又何料焉？不谓其少而大料之，是示少而恶事也。临政示少，诸侯避之。治民恶事，无以赋令。且无故而料民，天之所恶也，害于政而妨于后嗣。'王卒料之，及幽王乃废灭。

这段史料揭示了周宣王之前西周社会剥削关系的几个基本特征。一、被剥削者以集团整体的形式接受剥削，剥削者并不干预其内部事务，包括不清点人口数量，被剥削者集团具有相当大的独立性；二、剥削主要采取劳役形式，其方式和额度是确定的，剥削者通过剥削收入把握被剥削者人口状况，所谓"不料民而知其少多"；三、剥削的实施通过了一个中间层次，这就是被剥削者集团整体的负责人"司民""司商""司徒"之类，剥削者并不直接对被剥削者个体实施剥削。四、清点人口之类干预被剥削者集团内部事务的活动，是对剥削关系的重大改变，贻害无穷，"天之所恶也，害于政而妨于后嗣"。

这种剥削关系决定了剥削者直接占有、控制的土地是少数，这些土地是"族""宗"等被剥削者集团实现剩余劳动的所在，也即其上收获物全部归剥削者所有，功能主要是确定剥削额度。由于其特殊属性，这种土地在西周金文中有一个专有名词"田"。大部分土地则为被剥削者集团直接占有，由于耕作方式仍然以不同周期的撂荒制为主要形态，被剥削者集团所占有的耕地与荒地融为一体，可以说，"田"以外的所有土地都是被剥削者集团可以开发利用的对象，用以实现其必要劳动。至于被剥削者集团内部如何分配使用土地，目前未见任何直接史料，① 不可臆断，但民族学资料可以作为参照对象。

近代西双版纳傣族社会是一个非常好的比照范例，这也是一个两极的社会，剥削者由召片领（西双版纳最高统治者）、召勐（土司）等组成，他们掌握政治权力，被剥削者主要是傣勐村寨，他们集团整体接受剥削，整体的人身控制是剥削得以实现的基本依据。剥削被称为"负担"，每个傣勐村寨有相对确定的"负担"，其中包括最低产量要求的定量土地代耕、各种确定的劳役和实物贡纳。"负担"分派以村寨为最小单位，村寨内部如何分配，剥削者并不干预。在这种剥削关系下，剥削者为了增加收入，总是试图增加村寨，例如召勐经常将自己的家奴释放出去或再加上外来投靠人口，组成新的滚很召村寨，而村寨为了减轻自己的"负担"，则总是用各种办法增加人口，防止人口外流，因此民谚有"增加户口，头人欢喜，增加寨子，召勐欢喜"②。土地占有状况与这种剥削关系相适应，在全部耕地中，召片领、召勐等剥削者控制的土地仅占14%，村寨集体占有77%，个体农民占有9%。③

傣勐村寨是一个相对独立的自调节系统，有一定的内部分工，很大程度上可以实现自给自足。村寨内有被村寨成员称为"寨父""寨母"的当权头人，其下有管理各种事务的负责者，此外，还有处理日常事务的"贯"（村寨议事会），处理涉及全村寨重大问题的"村寨民众会"，也有处理村寨公共劳务"甘曼"（寨内负担）的一整套制度。各村寨占有土地有严格的地域界限，由村寨成员共同把守。村寨内部土地分配不受外界干

---

① 笔者否定井田制的存在，理由详见袁林《两周土地制度新论》第五章"'井田'论研究"，东北师范大学出版社2000年版，第285—339页。

② 曹成章：《傣族农奴制和宗教婚姻》，中国社会科学出版社1986年版，第80页。

③ 数据依据曹成章《傣族农奴制和宗教婚姻》第五章"封建土地制度"，第77—87页。马曜的数据与此略有不同，"在全部耕地中各种领主直属土地占全部土地13%，农民份地占全部土地86%"。马曜：《西双版纳傣族社会经济调查总结报告》，载《傣族社会历史调查（西双版纳之二）》，云南民族出版社1983年版，第13页。

预，形式多种多样，但多数是在原耕地占用基础上定期进行抽补调整。

三 春秋战国社会经济结构的变化①

宋代学者魏了翁说："井田一变于宣王之料民，再变于齐桓之内政，大坏于渠梁、商鞅之决裂阡陌"②，他极其敏锐地点出了西周至战国经济关系变化的三个重要关节点。

自周宣王"料民太原"开始，西周社会剥削关系开始变革，变化首先发生在被剥削者一极。宣王之前，被剥削者是以血族关系联结成的集团整体，剥削者并不干预其内部事务，宣王"料民"，开始干预其内部活动，从而改变了原有的剥削关系。宣王"料民"的直接原因在财政困难，败于千亩，又"丧南国之师"（《国语·周语上》），为了增加剥削收入，以"料民"为手段迫使被剥削者接受新增的剥削额度。类似情况在近代西双版纳傣族社会也发生过，村寨为了减轻共同负担，通常采用隐瞒内部实有户数的办法，所谓"多了一户，飘起一点，少了一户，沉下一点"③。针对于此，召勐等剥削者设立了"火西"制度，即通过清点人口增加村寨的"负担"。

春秋战国时期齐国管仲首先开始经济变革，此后其他各国陆续进行了经济变革，到商鞅变法时达到了顶点，并奠定了此后直到唐代的社会经济结构基本格局。汇总这些变革的内容，大致可归纳如下。在剥削者方面，打破血族关系的纽带，废除世卿世禄制度，奖励军功及其他业绩，以此确定个人在剥削者体系中的等级地位，以及与此等级相应的剥削收入，也就是说，一个剥削者的剥削收入取决于他的政治地位，即所

---

① 本节仅简述观点，详细论述请参见袁林《两周土地制度新论》第三章"春秋战国时期的土地制度变革"、第四章"战国土地制度研究"，东北师范大学出版社 2000 年版，第166—284 页。

② 黄宗羲：《宋元学案》卷80《鹤山学案》，载《续修四库全书》第519 册，上海古籍出版社 2002 年影印本，第459 页上栏。

③ 曹成章：《傣族农奴制和宗教婚姻》，中国社会科学出版社 1986 年版，第80 页。

谓"贵者富"。在被剥削者方面的变革主要有：（一）彻底打破旧有血族关系纽带，缩小基本经济单位，将核心家庭作为基本剥削对象；（二）国家不经过中间环节，用各种方式直接控制被剥削者人身，诸如编制严密户籍，建立县、都、乡、邑、聚等各级行政组织管理人口，采用什伍连坐制度等等；（三）国家控制全部土地，实施国家授田制度，授予被剥削者可充分发挥其劳动力的定量土地，同时以各种行政手段干预生产活动，根据生产效果或奖或惩；（四）剥削收入以实物为主，依据被剥削者人头确定剥削额度。

四 唐宋变革前的社会经济结构

自宣王料民开始到商鞅变法，变革并未改变社会的两极经济结构，这个基本特征从战国一直延续到了唐代，与西周不同的是，剥削者和被剥削者这两极都不再以血族关系作为核心纽带，不再以血族集团整体的方式发生相互之间的经济关系。

被剥削者一极的主体是"编户齐民"，其基本单位是核心家庭，主要经济活动以家庭为单位进行，超越家庭的血亲宗族关系对经济活动影响不大。梁方仲做过统计，西汉至唐代户均人数如下：西汉 4.87 人，东汉 4.91—5.82 人，三国 3.36—6.68 人，两晋 4.06—6.57 人，南北朝 2.51—6.60 人，隋 4.00—5.17 人，唐两税法前 5.74—5.94 人。① 这种家庭规模决定了经济类型只能是小农经济，主要劳动力是一对夫妻，男耕女织是基本内容，生产规模很小，涉及领域有限，虽可满足衣食等基本生活需求，但自给自足程度较低，许多东西依赖市场。

剥削者一极与国家机器融合为一，政治统治者同时就是剥削者，反过来，剥削者也必然掌握着政治权力。西周时期，由于宗法制度，某些宗族的人生来就是政治统治者，因而也就是剥削者。战国以后，这种状

① 梁方仲：《中国历代户口、田地、田赋统计》，上海人民出版社 1980 年版，第 4—7 页。

况被打破了，尽管血亲宗族关系仍然起较大作用，皇室和门阀士族对政治权力仍然世袭控制，但就制度整体层面来说，出身已经不是成为统治者的唯一依据，社会其他阶层的个人可以通过各种渠道挤入统治者之内。秦奖励耕战，一些社会下层人士借事功和战绩进入上层。汉以后逐渐形成制度，两汉的察举和征辟、魏晋的九品中正制、隋唐的科举等等都给社会下层进入上层打开了一扇门户，尽管口子很小，但血亲宗族关系的作用开始逐渐弱化。

在这两极关系中，要实现剥削，首要条件就是对被剥削者的人身控制，由于剥削者与国家合而为一，因此人身控制一般使用行政手段，主要措施有如下一些。一是确立户籍制度，以此作为控制被剥削者的基本依据。商鞅变法时就确定制度，"四境之内，丈夫女子皆有名于上，生者著，死者削"（《商君书·境内》），此后一直延续至唐，而且愈加严密细致。二是设立层层行政组织管理被剥削者人身，从商鞅时的县、都、乡、邑、聚，汉代的县、乡、亭、里，到隋唐的县、乡、里、保，这些基层行政组织都有"令""长"，他们以户籍为基础，完成稽查户口，授受田土，征发赋役等诸项任务。三是防止人口"脱籍"流失，如隋唐，"脱籍"是犯罪行为，唐律规定："诸脱户者，家长徒三年"[1]，隋有"大索貌阅"，唐屡有清点户口之举，武则天、玄宗时更有全国性大规模"括户"行动，搜括逃户、隐户，或遣送原籍，或就地入籍，重新归入国家管控之内。

由于这种经济结构，人身控制是实现剥削的首要条件，土地只是辅助手段，它的主要作用不是迫使被剥削者接受剥削，而是使之能够进行生产并提供剩余劳动，因此，战国至唐，国家都必须保证被剥削者获得满足其生产需求的土地。战国时期国家授田制度已经确立，秦汉史籍中屡屡出现的"名田"制则是其延续，汉初《二年律令》详述了授田宅数额，"公卒、士伍、庶人各一顷"，"宅之大方卅步……公卒、士五、庶

---

[1] 《唐律疏义》卷 12《户婚》，文渊阁《四库全书》，台湾商务印书馆 1983 年影印本，第 672 册，第 161 页下栏。

人一宅"①，一般平民可受耕田百亩、宅地 900 方步。除此之外，两汉还以"假郡国贫民田"② 以及徙民开发边地之屯田等方式授田予民。三国时曹魏按照枣祗"分田之术"③，广行屯田，以这种方式分授土地，吴、蜀亦不同程度经营屯田。西晋有占田制，男子授田七十亩，女子三十亩。至北魏太和九年（485）则形成均田制，一直延续到唐中期，授田额一夫一妇大致在百亩甚至更多。④ 秦商鞅变法后亩积为 240 步，百亩合旧市亩约 70 亩，⑤ 在牛耕农业时代，这些土地足够小农家庭耕作，即使休耕轮作也可以满足，民国年间讲北方小农生活"三十亩地一头牛、老婆孩子热炕头"，70 亩相当于此数额两倍。

国家控制被剥削者人身是实现剥削的基本依据，因此剥削的基本形式是赋税徭役，按人头征收，汉至晋有田租一项，按亩征收，似与人头无关，其实在定额授田的前提下，此等同于按人头征收。国家征收的赋税徭役，是国家机器运转费用和剥削者剥削收入的混合体，其中的剥削收入在剥削者内部又进行了二次分配，其形式主要有两种。一是直接分配赋税徭役所获，如相对固定的皇室和贵族收入、官僚的官俸，以及不固定的各种赏赐等等。二是将劳动力和土地以各种形式分配予统治者，由他们自行经营，实际等于将一定数量劳动力应当缴纳给国家的赋税徭役转交于这些剥削者，例如各朝不同类型的分封，魏晋以后的赐客赐田，占田制中品官占田荫客，隋唐的勋官永业田和荫户庄客及奴婢等等，贵族官僚往往以庄园形式管理、经营这些劳动力和土地。

---

① 张家山二四七号汉墓竹简整理小组编著：《张家山汉墓竹简〔247 号墓〕》，文物出版社 2001 年版，第 175—176 页。

② 《汉书》卷 8《宣帝纪》，中华书局 1962 年标点本，第 246 页。

③ 《三国志》卷 16《魏书·任苏杜郑仓传》裴注引《汉魏故事》，中华书局 1971 年标点本，第 490 页

④ 北魏一般情况下男丁露田 40 亩、倍田 40 亩、桑田 20 亩，妇人露田 20 亩、倍田 20 亩，不计其他，一家 140 亩；北齐男丁露田 80 亩、桑田 20 亩，妇人露田 40 亩，一家亦 140 亩；隋唐男丁口分田 80 亩、永业田 20 亩，一家有 100 亩。

⑤ 万国鼎：《秦汉度量衡亩考》，载《万国鼎文集》，中国农业科学技术出版社 2005 年版，第 290—291 页。

五　唐宋社会经济结构变革的原因和结果

战国至唐两极社会经济结构存在的基础，是国家能够从被剥削者一极获取足够的剥削收入，除分配于剥削者各个成员而外，还有足够余额保证国家机器能够正常运作。但是，在这种经济结构中，始终存在着两大破坏性因素。

首先是被剥削者的逃亡，使国家剥削收入大大减少。自战国至唐，被剥削者逃亡史不绝书，或称"亡命"①，或称"逃户"，一些重要人物如汉初功臣张耳、陈平皆出身亡命。逃亡已成为被剥削者生活的重要组成部分，云梦睡虎地秦简乙种日书专门有"亡者""亡日"两章，其中指明某些日期不能逃亡，"凡是往亡必得，不得必死"②，不是被抓住，就是会死亡。日书即后世黄历，为一般民众日常生活用书，竟有如此内容，可见与民众日常生活关之密切。逃亡数量亦非常大，例如东魏武定二年（544）"括户"，"凡获逃户六十余万"③。逃亡时必须抛弃田地和住宅这两个最重要的生产和生活资料，可见对他们来说，这两样东西并不是财产，而是枷锁，迫使他们接受剥削。逃亡原因自然是逃避国家剥削，去向主要有二，主要是"亡命山泽"，即逃往国家控制薄弱的地区，人少地多、可开垦荒野比比皆是，为此提供了客观条件，其次是成为某些剥削者违规的"隐户"。国家对逃户自然严惩不贷，汉初甚至以"弃市"④ 论处，武帝时归入"七科谪"⑤ 予以处罚，唐律亦规定，"诸

---

① 《史记》卷 89《张耳陈余列传》，中华书局 1959 年标点本，第 2571 页。"索隐"引晋灼曰："命者，名也。谓脱名籍而逃。"

② 睡虎地秦墓竹简整理小组编：《睡虎地秦墓竹简》，文物出版社 1990 年版，第 244 页。

③ 《魏书》卷 12《孝静帝纪》，中华书局 1974 年标点本，第 307 页。

④ 《史记》卷 118《淮南衡山列传》，中华书局 1959 年标点本，第 3078 页。"集解"引晋灼曰："亡命者当弃市。"

⑤ 《史记》卷 123《大宛列传》，中华书局 1959 年标点本，第 3176 页。"发天下七科适"，"正义"引张晏云："吏有罪一，亡命二，赘壻三，贾人四，故有市籍五，父母有市籍六，大父母有籍七：凡七科。武帝天汉四年，发天下七科谪出朔方也。"

脱户者，家长徒三年"①，"诸部内容止他界逃亡浮浪者，一人里正笞四十"，"坊正、村正同里正之罪"②。除法律规定外，历朝皆有追捕逃亡之举措，其典型如隋之"大索貌阅"、唐之全国性"括户"。

其次是剥削者超限占有田土户口，从国家剥削中分割过多，削弱了国家机器运转能力。王朝初期，这种分割一般都有明确规则，确定了各政治等级可占有的田土户口数量，如汉初规定占田数额，"关内侯九十五顷，大庶长九十顷，驷车庶长八十八顷……"③ 西晋占田制以品级规定占田荫客数量，如一品占田 50 顷，荫佃客 50 户，等等，南北朝隋唐均有类似规定。但剥削者的欲望是无限的，他们总是试图占有更多的劳动力和田土，这必然减少国家机器运转费用，影响国家职能的实现。他们采取的办法有两种，一是借助权力改变规则，例如汉代，汉武帝一次就赏赐其异母姐"奴婢三百人，公田百顷，甲第"④，丞相张禹"多买田至四百顷"⑤，后汉济南安王康"奴婢至千四百人"，"私田八百顷"⑥，这些都是合法的，远超过"二年律令"所见数额。当这种状况影响到社会稳定、损害国家机器利益时，国家也试图予以限制，如汉哀帝时丞相孔光等就奏请限制占田占奴婢数额，但由于利益集团反对，未能实施。另一种是违规多占，如汉丞相匡衡借陌名之差多占田四百顷，司隶校尉等人劾奏中称其"背法制，专地盗土以自益"⑦，汉武帝时刺史"六条问事"，第一条即"强宗豪右，田宅逾制"⑧，即违犯规则多占田土。他

---

① 《唐律疏义》卷 12《户婚》，文渊阁《四库全书》，台湾商务印书馆 1983 年影印本，第 672 册，第 161 页下栏。

② 《唐律疏义》卷 28《捕亡》，文渊阁《四库全书》，台湾商务印书馆 1983 年影印本，第 672 册，第 345 页下栏。

③ 张家山二四七号汉墓竹简整理小组编著：《张家山汉墓竹简〔247 号墓〕》，文物出版社 2001 年版，第 175 页。

④ 《史记》卷 49《外戚世家》，中华书局 1959 年标点本，第 1982 页。

⑤ 《汉书》卷 81《匡张孔马传》，中华书局 1962 年标点本，第 3349 页。

⑥ 《后汉书》卷 42《光武十王列传》，中华书局 1965 年标点本，第 1431 页。

⑦ 《汉书》卷 81《匡张孔马传》，中华书局 1962 年标点本，第 3346 页。

⑧ 《汉书》卷 19 上《百官公卿表上》颜师古注引《汉官典职仪》，中华书局 1962 年标点本，第 742 页。

们也违规多占人口，如吴王刘濞，"招致天下亡命者盗铸钱"①。国家对此当然予以惩处，以汉代为例，多占田之丞相匡衡被免为庶人，设刺史以解决"田宅逾制"现象，淮南王违规多占人口，"为亡命弃市罪诈捕命者以除罪"是其罪责之一。② 惩治违规多占田土人口者，在此后魏晋隋唐各朝也是惯例。

唐代以前，这两大破坏性因素基本还在可控范围之内，但到唐代，它们逐渐强大，直至失控，国家所获直接剥削收入大大减少，而其中大部分又为剥削者成员所分割，由此使国家机器处于无力状态，两极社会经济结构越来越难维持，终于到了不可收拾的地步。

被剥削者的逃亡一直存在，各朝政权都采取了多种手段应对，但到唐代，这些手段越来越无力。唐代前期，逃户问题就非常严重，武则天时韦嗣立奏疏说："今天下户口，亡逃过半，租调既减，国用不足。"③唐代逃户问题严重，与官员考核制度有一定关系，唐太宗时颁"令有司劝勉民间嫁娶诏"，其中规定"量准户口增多，以进考第"，"准户减少，以附殿失"④，官员业绩与户口增减直接挂钩，因此即使实际人口减少，官员也不削减户籍，成为"虚存户口"，而租庸调依然根据户籍征收，逃户应缴赋税徭役只好分摊于未逃户身上，负担加重迫使未逃户也进入逃户行列，形成恶性循环。安史之乱更导致逃户急剧增加，天宝十四载（755）在籍户口891万余户，5年后的乾元三年（760），到帐169州在籍户口仅剩193万余户，杜佑统计，这5年总共"损户"598万余户，十多年后的大历年间也只有130万余户，建中初年行两税法，命黜陟使至各道"按比户口"，只得到"土户"180余万户，客户130余万户，总计310余万户。⑤ 在编户口大量减少，国家收入必然下降，从而使国

---

① 《史记》卷106《吴王濞列传》，中华书局1959年标点本，第2822页。

② 《史记》卷118《淮南衡山列传》，中华书局1959年标点本，第3077页。

③ 《旧唐书》卷88《韦嗣立传》，中华书局1975年标点本，第2867页。

④ 李世民：《令有司劝勉民间嫁娶诏》，《全唐文》卷4，清嘉庆内府刊本。

⑤ 《通典》卷7《食货七》，中华书局1988年标点本，第153页。若以所列数据计算，天宝十四载至乾元三年损户应为698万余户。

家机器的运转难以为继。

国家剥削收入减少，但剥削者成员分割部分却越来越多。唐开元二十五年令，"永业田，亲王百顷，职事官正一品六十顷，郡王及职事官从一品各五十顷……"①百顷是贵族官员占田的最高限额，虽未见限制占有奴婢数额的具体规定，不过这种规定似乎存在，睿宗永昌元年，"制王公以下奴婢有数"②。但贵族官员所占大大超过此数，如裴寂获"赐良田千顷、甲第一区"③，武则天父亲武士彟获"赐田三百顷"④。所封"食邑"数量亦极庞大，如裴寂"食邑三千户"，"长孙无忌、王君廓、尉迟敬德、房玄龄、杜如晦等五人食邑一千三百户"⑤。占有奴婢等劳动力数量亦极多，如冯盎"奴婢万余人"⑥，郭子仪"家人三千"⑦。除此之外，凭各种特权以及特权荫庇的免课者也数量惊人，天宝十四载在籍户口891万余户中，"应不课户"356万余户，占三分之一强，乾元三年在籍户口仅193万余户，其中"不课户"117万余户，占60%多。⑧

在这种情况下，国家不得不进行变革，改人头税为财产税，由此引发一系列连锁反应，使社会经济结构发生了根本性的变化。首先，剥削得以实现的基础要素发生变化。原来人身控制是实现剥削的首要条件，土地占有是辅助条件，现在，土地占有上升为首要条件，这就意味着剥削变成一个纯粹的经济行为，一部分人占有土地，另一部分人没有土地，后者为了生存，必须去租种土地，接受剥削。其次，当人身控制不再成为实现剥削的首要条件时，国家也就不需要通过授田保证被剥削者有足够的土地去进行生产，同时也不需要限制个人占有土地的数量，国家无须干预土地的占有和使用，因为这不影响赋税徭役的征收，由此必

① 《通典》卷2《食货二》，中华书局1988年标点本，第29页。
② 《唐会要》卷86《奴婢》，中华书局1955年标点本，下册第1569页。
③ 《旧唐书》卷57《裴寂传》，中华书局1975年标点本，第2286页。
④ 《文苑英华》卷875《攀龙台碑》，中华书局1966年影印本，第4617页上栏。
⑤ 《旧唐书》卷57《裴寂传》，中华书局1975年标点本，第2286、2294页。
⑥ 《旧唐书》卷109《冯盎传》，中华书局1975年标点本，第3288页。
⑦ 《旧唐书》卷120《郭子仪传》，中华书局1975年标点本，第3467页。
⑧ 《通典》卷7《食货七》，中华书局1988年标点本，第153页。

然形成一个"不抑兼并""田制不立"的时代。

由于土地占有不再受国家"田制"的制约，个人手中可以占有大量的土地，同时，人身控制不再是实现剥削的必需条件，仅仅凭借手中占有的土地就可以实现剥削，而不须具备一定的政治身份地位，这样就产生了纯粹经济意义上的地主，它的身份地位由他占有的土地来决定，地主不过是土地的人格化。由于国家不再实施授田，同时解脱了严酷的人身控制关系，这样就必然产生一大批人身自由但没有土地或只有少量土地的被剥削者，他们要进行生产活动，必须使用地主的土地，从而接受地主的剥削，由此也产生纯粹经济意义上的农民。地主和农民之间的关系是纯经济关系，在这里，剥削关系不再由国家用行政措施这只"有形的手"去调节，而是由土地市场和劳动力市场这两只"无形的手"来调节。由于地主和农民的关系成为社会主要经济关系，而这种关系又是靠"无形的手"调节，因此社会经济的主流就成为"自由化"的经济，由经济规律自行调节，这就提供了全新的动力，促使社会经济快速发展。

与此同时，原来作为经济结构一极的国家依然存在，它仍然由一部分剥削者所组成，而且仍然在经济上处于强势地位。它除了获取一定的经济收入以保证国家机器正常运转外，还必然向社会索取剥削收入，以分配给组成国家的剥削者成员个体，两部分利益合并为国家利益，使国家成为一个独立的经济利益集团。这样，地主、农民、国家三者成为社会的基本经济力量，它们之间互相依赖、互为制约，三者之间的经济关系取代了唐以前的两极关系，形成稳定的三极社会经济结构，这种社会经济结构从唐宋之际一直延续到了清代甚至民国。

六 唐宋变革后国家在社会经济结构中的地位和作用

国家在社会经济结构中占有极其重要的位置，它具有双重身份，一方面，它是政治机构，责任是调节社会经济关系，提供制度服务和公共事务服务。关于国家调节社会经济关系的职能，恩格斯曾有一个经典的表述："国家是表示：这个社会陷入了不可解决的自我矛盾，分裂为不可调和的对立面而又无力摆脱这些对立面。而为了使这些对立面，这些经济利益互相冲突的阶级，不致在无谓的斗争中把自己和社会消灭，就需要有一种表面上驾于社会之上的力量，这种力量应当缓和冲突，把冲突保持在'秩序'的范围以内；这种从社会中产生但又自居于社会之上并且日益同社会脱离的力量，就是国家。"① 这也就是说，国家的基本职能是调节、缓和阶级矛盾，建立一套使剥削者和被剥削者都可以接受的秩序。另一方面，国家机器毕竟是由活生生的人所组成，他们在执行国家职能的同时，必然谋求自己的经济利益，由此形成一个经济利益集团。恩格斯曾以美国为例说："正是在美国，'政治家'比在任何其他地方都更加厉害地构成国民中一个特殊的和富有权势的部分。""这些人把政治变成一种收入丰厚的生意"，"这些人表面上是替国民服务，实际上却是统治和掠夺国民的"②。

唐代以前，由于两极的社会经济结构，国家同时是剥削者，一方面实现了剥削者的剥削功能，另一方面又完成了其政治职能，二者合并为一。唐宋变革以后，由于三极社会经济结构形成，国家的身份发生了一定的变化，其主要表现是，国家剥削者一极的职能仍然存在，但已经弱化，形态也发生了变化，而国家的政治职能则大大增强。

从整个社会来看，主要剥削关系是地主和农民之间的关系，国家调节采用了经济而非行政的手段，主要包括：

一、使农民得以自由流动，从而得到可以与地主博弈的基本条件。宋前期，部分地区对佃户仍有一定限制，"私下分田客，非时不得起移，如主人发遣，给予凭由，方许别住。多被主人折勒，不放起移"，仁宗天圣五年（1027）下诏："自今后客户起移，更不取主人凭由，须每田收田毕日，商量去住，各取稳便，即不得非时衷私起移；如是主人非理

① 恩格斯：《家庭、私有制和国家的起源》，载《马克思恩格斯全集》第 21 卷，人民出版社 2006 年版，第 194 页。

② 恩格斯：《卡·马克思"法兰西内战"一书导言》，载《马克思恩格斯全集》第 22 卷，人民出版社 2006 年版，第 227—228 页。

拦占，许经县论详"①，以制度形式禁止地主控制农民人身。这种制度后来得到延伸和强化，如南宋高宗绍兴二十三年（1153）诏令："民户典卖田地，毋得以佃户姓名，私为关约；随契分付得业者，亦毋得勒令佃耕。如违，许越诉，比附因有利债负虚立人力雇契敕科罪。"② 有这些制度为后盾，农民就可以"用脚投票"，从而为自己争得较好的待遇，而地主也很明白，"若租额稍轻，往往尽为有力之家所佃，若或租额稍重，未必有人请佃，一年之后，复为荒田"③。苏轼说："民庶之家，置庄田，招佃客，本望租课，非行仁义，然犹至水旱之岁，必须放免欠负、借贷种粮者，其心诚恐客散而田荒，后日之失，必倍于今故也。"④ 在一些劳动力缺乏地区，"主户常苦无客，今岁流移至者，争欲得之，借贷种粮与夫室庐牛具之属，其动费百千计，例不取息"⑤。

二、使土地能够自由流动，从而剥离地主的腐朽部分。唐宋变革后，土地成为一种流动性极强的生产要素，土地买卖盛行，"人户交易田地，投买契书，交争讼界至，无日无之"⑥。宋乾道五年（1169），国家征收"典卖田宅"印契税，仅四川就"收到钱数百万贯"，"婺州一州得钱三十余万贯"⑦，足见土地买卖之盛。由此带来土地所有权的频繁转移，"千年田换八百主"⑧，"贫富无定势，田宅无定主"⑨，"人家田产，只五六年间，便自不同，富者贫，贫者富"⑩。地主不过是土地的人

① 《宋会要辑稿·食货一》，中华书局1957年影印本，第4813页下栏。
② 《建炎以来系年要录》卷164，中华书局2013年标点本，第3127页。
③ 《宋会要辑稿·食货三》，中华书局1957年影印本，第4844页下栏。
④ 《续资治通鉴长编》卷451"元祐五年十一月"，中华书局1992年标点本，第10829页。
⑤ 薛季宣：《浪语集》卷17《奉使淮西与虞丞相书》，文渊阁《四库全书》，台湾商务印书馆1983年影印本，第1159册，第294页下栏。
⑥ 《宋会要辑稿·食货三》，中华书局1957年影印本，第4844页下栏。
⑦ 《宋会要辑稿·食货三五》，中华书局1957年影印本，第5414页下栏。
⑧ 辛弃疾：《稼轩词》卷2《最高楼》，文渊阁《四库全书》，台湾商务印书馆1983年影印本，第1488册，第154页上栏。
⑨ 袁采：《袁氏世范》卷下，文渊阁《四库全书》，台湾商务印书馆1983年影印本，第698册，第638页上栏。
⑩ 朱熹：《朱子语类》卷109《论取士》，文渊阁《四库全书》，台湾商务印书馆1983年影印本，第702册，第273页上栏。

格化，他的经济地位不再由其出身来决定，而取决于他在土地上的经营，唐宋变革之后，国家不再限制土地的流动，"不抑兼并"，因此如果地主经营有方，勤于积累，就有可能保持以至扩大土地，继续保留地主地位，如果经营不善，且淫佚奢侈，就必然丧失土地，失去地主身份，土地自由流动的机制可以不断清除地主中腐朽颓败的成员，并补充进新生力量。对此宋人言论多有表述，如吕皓曰："今之富民，鲜有三世之久者"①，黄震曰："财货不过外物，贫富久必易位"②，朱熹弟子真德秀还把富贵者财宝田宅"一传焉而弗失者寡矣，再传、三传焉而弗失则又寡矣"的现象称为"盈虚相代"，是"天之道也"③。

三、通过调整税收政策，在一定程度上保护农民，抑制地主。主要有两方面措施。一是将剩余的人头税逐步转变为财产税，从而减轻农民负担，增加地主税负。两税法之后，财产税成为主要税种，但人头税依然存在，唐德宗颁行两税法的诏书就说："余征赋悉罢，而丁额不废。"④宋代"丁口之赋"依然存在，但逐渐向财产税转变，其表现主要有，"部分力役转化为代役税，代役税同时向田亩税归并"，"部分力役不再单以丁口征调，转而依据税额、物力或户等摊派"，"水利役中的'计田出丁'向'履亩纳钱'的演进"⑤。此后明清两朝一直有变人头税为财产税的举措，明张居正"一条鞭法"、清雍正"摊丁入亩"是其中荦荦大者，后者最终实现了全部赋税依据财产来征收。二是通过全面核查清点土地，防止地主隐田漏税，其典型莫过于王安石实施的方田均税法，此后明清两朝也都有类似办法，以核实地主的税负，相应减轻了农民的负担。

由于国家完成了其缓和阶级冲突的基本政治职能，创造了一个农民

① 吕皓：《云谿稿·上邱宪宗卿书》，《续金华丛书》，民国十三年永康胡氏梦选楼刊本。
② 黄震：《黄氏日抄》卷78《七月初一日劝上户放债减息榜》，文渊阁《四库全书》，台湾商务印书馆1983年影印本，第708册，第801页下栏。
③ 真德秀：《西山文集》卷25《全行可度牒田记》，文渊阁《四库全书》，台湾商务印书馆1983年影印本，第1174册，第382页下栏。
④ 《旧唐书》卷48《食货上》，中华书局1975年标点本，第2093页。
⑤ 葛金芳：《中国经济通史》第5卷，湖南人民出版社2002年版，第634、639、645页。

和地主可以自由博弈的环境，同时在一定程度上采取了抑制地主、扶助农民的税收政策，地主和农民之间关系达到了一种均衡，它表现在两个方面。一方面，地主对佃农的剥削必须维持在适度的范围内，为佃户可以接受，否则佃户就会离去。另一方面，在地主和佃农之间，形成了一个比较广泛的自耕农阶层，这种状况从宋代一直延续到民国。郑学檬等人认为，北宋前期，各类地主占全国总户数的 4.86%，占有全国总耕地的 43.8%，农民占总户数的 95.14%，占有总耕地的 56.2%。[①] 此后各朝情况类似，如清代自耕农"不论是在清前期，或是清后期，仍然占居重要地位"，一般占有总耕地面积的 50% 上下。个别地区更高，如直隶获鹿县，"乾隆中期以前，耕地的 70% 左右掌握在农民手中，地主阶级占有的耕地只有 20% 至 30% 之间"。陕西关中、安徽休宁、浙江遂安等地相似。[②] 民国时期的数据也支持这一结论，"1950 年国家统计局根据农业生产资料及土改前的阶级构成推算出，全国土改前，地富占户数 6.87%，占人口 9.41%，占土地总数 51.92%；中农、贫农及其他劳动者占户数 93.13%，占人口 90.59%，占土地总数的 48.08%"。1950 年前后，华东、中南等各大行政区军政委员会所做的关于土地占有状况的调查也都支持这一结论。[③] 另外，根据温铁军对民国时期农村土地所有权分配状况的研究，无论从户数还是占地数量上看，其分布都接近于正态分布，[④] 也就是说，在农村中，无论占地比重还是户数比重，都以自耕农或半自耕农为主，占有较多土地的地主和无地农民都是少数。当然，自耕农的广泛存在不仅仅得自地主与农民的博弈，也是国家推动的

---

① 郑学檬、杨际平、陈明光、陈衍德：《中国经济通史》第 4 卷，湖南人民出版社 2002 年版，第 223—225 页。

② 方行、经君健、魏金玉主编：《中国经济通史·清代经济卷》下册，经济日报出版社 2000 年版，第 1532、1546—1548 页。

③ 温铁军：《中国农村基本经济制度研究——"三农"问题的世纪反思》，中国经济出版社 2000 年版，第 79 页。

④ 温铁军：《中国农村基本经济制度研究——"三农"问题的世纪反思》，中国经济出版社 2000 年版，第 83—84 页。温铁军据冯和法对河北省 2500 户调查数据所做计算，冯和法调查数据见《中国农村经济资料续编》，台北：华世出版社 1978 年版，第 145—146 页。

结果，因为它符合国家经济利益，一方面为国家提供了稳定的赋税收入和劳役来源，另一方面缓和了社会矛盾，使社会更加稳定，便于统治和管理。

国家在执行自己职能、为社会服务的同时，又会追求自己经济利益的最大化，关于这一点，新制度经济学代表之一道格拉斯·诺斯的分析很有特色。他将国家看作一个类似企业的"经济人"，通过为社会提供"保护""公正"等服务而取得收入，"服务"的基本内容是"博弈的基本规则"，其目的有二，"一是，界定形成产权结构的竞争合作的基本规则（即在要素和产品市场上界定所有权结构），这能使统治者的租金最大化。二是，在第一个目的框架中降低交易费用以使社会产出最大，从而使国家税收增加"。即国家一方面提供一套使社会产出最大化的制度，另一方面则是谋求自己经济收益的最大化，这两个目的互相矛盾，"存在着持久的冲突"①。

社会需要国家的管理，但同时，国家又是由活生生的一部分社会人所组成的集团，这样，国家经济收益就由两部分组成，一部分是国家机器运转费用，另一部分则成为组成国家的那些人的剥削收入。宋文彦博说：国家"为与士大夫治天下，非与百姓治天下也"②。国家经济收入的这两部分并不存在一个十分清晰的界限，例如皇帝的高额消费中，哪些属于国家机器运转所必需，哪些属于剥削收入部分，未必能够划分清楚，但二者最终汇合为一体，这就是国家经济利益。它是独立的，虽然包含有剥削的内容，但与国家之外剥削者例如地主的利益并不统一，虽然有服务于社会的政治职能，但也未必完全符合整个社会的利益，由此，国家成为一个独立的经济利益集团，与地主、农民一起构成了三极的社会经济结构。

国家既然是一个经济利益集团，就会多方位从社会获取经济收益。

---

① ［美］道格拉斯·C. 诺斯：《经济史中的结构与变迁》，陈郁、罗华平等译，上海三联书店、上海人民出版社 1994 年版，第 20—25 页。

② 《文献通考》卷 12《职役考一》，中华书局 1986 年影印本，第 130 页中栏。

仅就赋税徭役来看，其利益追求十分明显，初期比较规范，相对较轻，但后来种类愈来愈多，数额越来越大。例如宋代的两税，且不说直接的增税，巧立名目的增税就种类繁多，如折纳、支移脚钱、加耗、助军米、撮课、改钞、斛面、畸零、预借等等，此外还有"杂变之赋"（"沿纳"），名目诸如农具税、牛革筋角税、蚕盐钱、军租、斗耗、头子钱等等，不可胜数。另外，赋税徭役征收绝不会优待地主，两税法之后，国家核产核税的政策层出不穷，都是防止地主脱逃税赋，国家决不会照顾地主而损害国家利益。不仅如此，在某些时候或某些地区，国家甚至将地主承担的赋税徭役增至非常苛重的地步，以至于地主都难以承受。例如，宋代差役中的"衙前""里正"基本上由地主承担，"产业估可告二百缗，许收系"为衙前，[①] 而"州县生民之苦，无重于里正衙前"，"至有孀母改嫁，亲族分居，或弃田与人以免上等，或非分求死以就单丁，规图百端，苟脱沟壑之患"[②]。为脱逃差役，不惜"弃田与人"而放弃地主身份，甚至不惜"非分求死"。

此外，国家也通过其他手段多方谋求经济利益。有农业经营，例如宋神宗时，官田达到 44 万余顷，占当时全国垦田 440 余万顷的十分之一。[③] 有商业经营，如宋代的茶、盐、酒、醋、矾、香等等专卖，使国家收益颇丰。或直接以国家权力谋利，产生制度化的卖官鬻爵，如宋太宗淳化年间，因"水旱之灾"，"许富民入粟赈贷饥民等第授官"[④]，甚至采用不同形式的暴力掠夺，例如"和买"，宋神宗熙宁年间，"京东转运司和买绅绢，增数抑配，率千钱课绢一匹，其后和买并税绢，匹皆输钱千五百"[⑤]，已经成为强制性的高利贷，"抑配"于民户，收取50%的

① 赵彦卫：《云麓漫钞》卷12《国朝州郡役人之制》，文渊阁《四库全书》，台湾商务印书馆1983年影印本，第864册，第382页上栏。

② 《文献通考》卷12《职役考一》，中华书局1986年影印本，第128页中、下栏。

③ 《文献通考》卷7《田赋考七》，中华书局1986年影印本，第80页上栏；卷4《田赋考四》，第58页上栏。

④ 章如愚：《群书考索后集》卷62《鬻爵》，文渊阁《四库全书》，台湾商务印书馆1983年影印本，第937册，第863页上栏。

⑤ 《宋史》卷175《食货志上三》，中华书局1977年标点本，第4233页。

利息。徽宗年间，甚至干脆不预支款项，"近岁漕司不预支价直，或行抑配"①。各地民户，"苦于和买"②。这些是在规则范围内的利益追求，如果扩大到潜规则，把国家官吏的权力寻租也计算在内，则范围很大，数额也非常巨大。国家在这些方面谋求利益时，也不会照顾地主，相反，地主因为财富丰厚，往往成为宰割的重点。

唐宋变革后社会的三极经济结构中，国家处于主导位置，它对经济发展的作用往往是决定性的，由于它的双重身份，其所起作用就有可能大相径庭。当它较好执行了自己的政治职能，又恰当抑制了自己的利益追求，社会经济就得到发展，反之，当它着力于追求自己的利益，不能很好执行其政治职能，社会经济就会受损甚至崩溃。这大概就是"诺斯悖论"的内涵，"没有国家办不成事，有了国家又有很多麻烦"③，"国家的存在是经济增长的关键，然而国家又是人为经济衰退的根源"④。因此，当我们考察宋代以后农民起义原因或王朝崩溃理由时，最终都会追寻到国家身上，主要原因是国家利益的失控，向社会索取太多，使农民甚至地主都无法生存，而与所谓"地主兼并土地"之类没有什么直接关系。由于土地和劳动力都有足够的流动性，地主与农民的关系在双方的矛盾斗争中很容易达到动态的平衡。

七 唐宋社会经济结构变革的效果

唐宋经济变革的核心是制度变革，将调节经济关系的职能从国家手中转移于社会，变"有形的手"为"无形的手"，使各种生产要素、特别是劳动力和土地的积极作用充分发挥出来，从而给社会带来了极大的

---

① 《宋会要辑稿·食货三八》，中华书局 1957 年影印本，第 5471 页上栏。
② 《宋会要辑稿·食货三八》，中华书局 1957 年影印本，第 5472 页下栏。
③ ［美］道格拉斯·C. 诺斯：《诺斯在北京京城大厦学术报告厅的演讲》，《经济学消息报》1995 年 4 月 8 日第 4 版，转引自卢现祥《西方新制度经济学》，中国发展出版社 2003 年版，第 195 页。
④ 卢现祥：《西方新制度经济学》，中国发展出版社 2003 年版，第 196 页。

活力。

唐宋变革使农民的生存环境发生了根本性的变化，人身控制关系逐渐被解脱，成为可以自由流动的劳动力，这就使他们有了与地主进行博弈的资本，并进而有了改善自己经济收入的条件，这就大大提高了农民的生产积极性。对于佃农来说，"租额稍轻"则接受租约，若"租额稍重"则拒绝租种，使土地"复为荒田"①，让地主蒙受更大损失，迫使地主降低租额。随着土地流动性增强，土地所有权转移渠道畅通，农民也有可能"勤劳致富"，购买土地，从而改变自己的处境。客户"或丁口蕃多，衣食有余，稍能买田宅三五亩，出立户名，便欲脱离主户而去"②。北宋谢逸描述这种状况说："余自识事以来几四十年矣，见乡闾之间，曩之富者贫，今之富者，曩之贫者也。"③ 这种制度变革使经济效益大大提高，不仅农民获益，也使地主获益，不仅国家机器中各个剥削者成员自己的土地按民间地主方式来经营，国有官田也抛弃了旧模式，改按民间地主的方式来经营，如太宗年间大臣陈尧叟、梁鼎上言曰："公田之未垦者，募民垦之，岁登所取，其数如民间主客之例。"④

唐宋变革使土地成为获得剩余劳动的直接依据，其边际效用迅速提高，这就推动、迫使地主将剥削所得积累下来，开发新的土地，改善土地经营，从而直接推动了社会经济的发展。宋代开发新土地之广泛，种类之繁多，为前代所未见，仅从田土名称即可看出，如"梯田""圩田""山田""淤田""湖田""沙田""架田"等等。土地深度开发的一个重要表现是围湖造田，开发之广甚至破坏了环境，引发了生态灾难。"隆兴、乾道之后，豪宗大姓相继迭出，广包强占，无岁无之，陂湖之

① 《宋会要辑稿·食货三》，中华书局1957年影印本，第4844页下栏。
② 胡宏：《五峰集》卷2《与刘信叔书》，文渊阁《四库全书》，台湾商务印书馆1983年影印本，第1137册，第128页上栏。
③ 谢逸：《溪堂集》卷9《黄君墓志铭》，文渊阁《四库全书》，台湾商务印书馆1983年影印本，第1122册，第539页上栏。
④ 《续资治通鉴长编》卷37"至道元年正月"，中华书局1992年标点本，第807页。

利日朘月削，已亡几何？而所在围田则遍满矣。以臣耳目所接，三十年间，昔之曰江、曰湖、曰草荡者，今皆田也。"① 大量湖泊消失，水源调节功能下降，许多地方"废湖为田，自是岁有水旱之患"②。因此政府不得不屡屡采取废田还湖之举。宋代水利建设也与以前大不一样，大多数是局部地区性水利建设，主要依靠民间力量，例如神宗熙宁三年至九年短短共 7 年时间，全国兴修水利工程达 10793 处，受惠耕地达 361178 顷。③ 随着土地经营的改善，土地投入工本的增多，精耕细作的发展，社会生产效率大大提高。

劳动力和土地两大要素积极性的充分发挥，使宋代经济达到了中国古代少有的高峰，其表现学者们已多有陈述，此不赘言，就经济方面而言，笔者以为重要标志有两个。一是人口急剧增加，成为中国古代三个高峰之一，西汉末年总人口约 1223 万余户、5959 万余人，④ 此后一直未能超过这个水平，唐代极盛时天宝十四载，人口约 891 万余户、5291 万余人，⑤ 而宋代尽管疆域面积逊于汉唐，但极盛时人口却相当于汉唐两倍，大观三年总人口约 2088 万余户、11275 万人。⑥ 二是税收大大增加，也达到了一个高峰，尽管疆域缩小，税收却成倍增加。北宋太宗说："国家岁入财赋，两倍于唐室。"⑦ 南宋孝宗时，叶适说："尝试以祖宗之盛时所入之财，比于汉、唐之盛时一再倍。"⑧ 南宋宁宗时，章如愚说："以今天下较财用于汉、唐，所入十倍于汉、五倍于唐。"⑨

---

① 卫泾：《后乐集》卷 13《论围田劄子》，文渊阁《四库全书》，台湾商务印书馆 1983 年影印本，第 1169 册，第 654 页上栏。

② 《宋史》卷 97《河渠志七》，中华书局 1977 年标点本，第 2403 页。

③ 《宋会要辑稿·食货三》，中华书局 1957 年影印本，第 5904 页下栏。

④ 《汉书》卷 28 下《地理志下》，中华书局 1962 年标点本，第 1640 页。

⑤ 《通典》卷 7《食货七》，中华书局 1988 年标点本，第 153 页。

⑥ 吴松弟：《中国人口史》第 3 卷《辽宋金元时期》，复旦大学出版社 2000 年版，第 349 页。

⑦ 《续资治通鉴长编》卷 37"至道元年五月"，中华书局 1992 年标点本，第 814 页。

⑧ 叶适：《水心集》卷 4《财总论二》，文渊阁《四库全书》，台湾商务印书馆 1983 年影印本，第 1164 册，第 100 页下栏。

⑨ 章如愚：《群书考索续集》卷 45《宋朝财用》，文渊阁《四库全书》，台湾商务印书馆 1983 年影印本，第 938 册，第 569 页下栏。

八　唐宋社会经济结构变革中的商业

　　根据经济学一般原理，只要社会存在分工，而且这种分工发生于不同的所有权之间，那么，社会生产只有实现了生产、分配、交换、消费诸环节，才能最终完成，因而，商业是必需的。在需要商业的社会中，交换发展水平为生产总过程所决定，既不能过高，也不能过低，超出生产总需求的发展商业和抑制商业都不可能实现，唐宋经济变革中自然也不例外。

　　战国至唐，抑商政策持续执行，是否与上述规律相矛盾呢？不是。这时的抑商政策并非抑制商业，而是抑制私商，发展官商。国家用各种手段抑制私商，有政治措施，如西汉令"贾人毋得衣锦绣绮縠絺纻罽，操兵、乘骑马"①，"无得名田"②，"不得仕宦为吏"③，在经济上课以重税，甚至暴力掠夺，如西汉对商贾算赋加倍，汉武帝时"算缗告缗"。但与此同时国家大力发展官商，一是实行专卖制度，如汉代盐铁官营；二是国家占领大宗货物或特殊货物市场，如汉代的"均输平准"；三是国家垄断铸币权，将铸币税全部收归国家。由于抑商其实是抑制私商、发展官商，商业的总体规模和内容并无根本性变化，因此，对生产总过程并未发生根本性影响，只是商利从私商转移到国家手中而已。④

　　唐宋变革时工商政策发生重大变化，对私商相对宽松，其原因当然是社会经济结构的变化。中国古代是农业社会，社会财富乃至剩余劳动绝大部分来自农业，工商业所占比重很小，在这种情况下，商人所获利润只有一部分为工商业本身所创造，更大部分是农业剩余劳动的转化形态。在唐之前两极社会经济结构中，剩余劳动全部归国家所有，然后按

---

①　《汉书》卷1下《高帝纪下》，中华书局1962年标点本，第65页。
②　《汉书》卷24下《食货志下》，中华书局1962年标点本，第1167页。
③　《史记》卷30《平准书》，中华书局1959年标点本，第1418页。
④　详细论述参见袁林《中国古代"抑商"政策研究的几个问题》，《陕西师范大学学报》2004年第4期。

剥削者政治地位进行二次分配，但是，私商是这个结构中的异端，完全打破了剥削收入分配的基本格局，他们"无秩禄之奉，爵邑之入"，但"比一都之君"，"与王者同乐"，称为"素封"①。在这种状况下，私商的获利就打破了基本规则，是社会经济结构的破坏力量，社会当然要对其予以抑制。唐宋变革之后，社会经济结构变为三极结构，主要剥削关系发生于地主和农民之间，这种关系存在的依据是地主占有土地而农民缺少土地，实现剥削并不需要地主具有政治身份地位，私商也是通过手中占有的资本获取剩余劳动，与地主类似，因此，私商不再成为社会经济结构中的异端，不会给这个结构带来破坏性作用。另外，国家在专卖、官商等手段之外，借助高税收仍然可以将私商所获商利大部分收归己有，自然也乐意为私商网开一面，这样，国家工商政策便比较宽松，从而使私商尤为活跃。

无论唐宋变革前后，商业都曾有过特别繁盛的时期，前汉、两宋尤为突出。汉自武帝元狩五年（前118）铸五铢钱，至平帝元始年间约120年，"成钱二百八十亿万余"②，宋之商业繁盛则史不绝书，历代史家亦多称述，那么，这种现象是否违背经济学原则？是否标志着一种新的经济关系呢？答案也是否定的。究其原因，在于当时社会主要经济模式是小农经济，它为商品交换提供了广阔的基础。小农经济的基本单位是核心家庭，男耕女织是主要内容，这是一种自给程度较低的经济类型。从基本生产生活需求看，粮食可以自给，衣着大多情况下应当可以自给，不过也可能需要求助于市场，李悝计算小农经济帐时有一项，"衣，人率用钱三百"③。盐、铁必须求助市场。小农抵御天灾人祸能力薄弱，其生产生活物资储备至少有一部分需由市场解决。此外，有一些零星需求或因自己不能生产，或因自己生产不合算，也需要通过市场来解决，以秦汉为例，黄今言依据汉代文献和秦汉简牍，统计出商品有

① 《史记》卷129《货殖列传》，中华书局1959年标点本，第3282—3283页。
② 《汉书》卷24下《食货志下》，中华书局1962年标点本，第1171页。
③ 《汉书》卷24上《食货志上》，中华书局1962年标点本，第1125页。

300 多种，归纳为 24 个种类，① 其中如牲畜类、陶器类、药物类、调料类等等，小农也必须从市场获得。这些需求都为商业发展奠定了雄厚的基础。② 前汉上承战国变革成果，得到授田的小农比较广泛，贵族官僚的庄园尚未兴起，主要经济类型是小农经济。宋代虽然"不抑兼并"，但如前所述，自耕农、半自耕农数量庞大，即使地主的土地，一般也是由佃户分散租种，其经营模式仍然属于小农经济。除此之外，这两个时期是中国古代人口发展的高峰，前汉达到一个峰值，约 6000 万人，北宋达到第二个峰值，接近 1.2 亿人，庞大的人口基数提供了巨大的需求，也为商业的繁盛奠定了重要基础。

当然，以小农经济为基础的市场一旦形成，国家便有可能搭便车，利用市场的便利更好解决财政问题。在赋税徭役征收中，除粮食由农民以实物交付外，其余均要求支付货币，这样，农民就不得不将自己的粮食等生产品拿到市场，交换货币后支付国家，国家再用货币从市场获取自己需要的物资，由此形成所谓"财政市场"。财政市场对国家有两大好处，一是将财政运行过程中必需的一些费用转嫁于社会，如调拨运输、储存损耗、物价变动的隐性损失等等，二是在这个市场中，国家借助自己的经济和政治力量通过商品交换攫取社会财富，从私商手中分割工商利润，例如西汉的盐铁官营、均输平准等。财政市场也为中国古代商业发展起到了一定作用，但非常有限，它的前提是以小农经济为基础的市场，小农经济兴盛，以小农经济为基础的市场必然发达，财政市场也随之发达，如前汉、两宋，当小农经济衰落，市场也随之衰落的时候，财政市场必然衰落，如魏晋时期。

唐宋变革后的商业发展是事实，但它是结果而不是原因，三极经济结构的形成，小农经济的兴盛，为商业奠定了良好的基础，工商政策的变化使私商得到了发展空间，大量增加的人口又提供了巨大的需求，因

① 黄今言：《秦汉商品经济研究》，人民出版社 2005 年版，第 100—102 页。
② 详细论述参照袁林《小农经济是战国秦汉商品经济繁盛的主要基础》，《兰州大学学报》2008 年第 4 期。

此造成私营商业的发展高峰。这个发展高峰包容在宋代经济结构之内，是其组成部分，不可能超出这个结构的流通需求，当然也不包含新经济关系的内容。商品经济并不形成独立的经济结构或经济类型，不具备独立的社会属性，其实质取决于它所处的社会经济结构，不同的社会经济结构有与之相适应的商品经济，因此，商品经济的发展结果不一定是资本主义，二者没有必然联系。对此，马克思早就有明确的论述，"什么样的新生产方式会代替旧生产方式，这不取决于商业，而是取决于旧生产方式本身的性质。在古代世界，商业的影响和商人资本的发展，总是以奴隶经济为其结果"，只是"在现代世界，它会导致资本主义生产方式"[①]。

　　资本主义经济结构是一个完整的经济体系，并非有了资本和雇佣劳动就可以形成，除此之外，还需要全社会明晰的私有产权、规模化的工业生产、健全的交易秩序，这些要素在中国古代始终是缺失的，因此，要在中国古代商品经济中找到资本主义的因素，并由商品经济的遭遇和状况解释社会发展的道路，实在是南辕北辙、缘木求鱼。从这个角度看，中国古代不存在"资本主义萌芽"，把商品交换、资本、佣工、手工业作坊等等看作资本主义萌芽，就完全脱离了这些因素所得以存在的社会经济结构，抹杀了其历史属性。它们都是当时社会经济结构的必需组成部分，性质不取决于其自身，而取决于包容它们的社会经济结构。由于只抓住了个别要素的外观类似，"萌芽"便成了人为主观认定的东西，因为这些要素至少从战国开始就可以找到踪影，于是几个商业比较繁盛的时代都有人指其存在"资本主义萌芽"，前汉、两宋是重点。为了不要太离谱，大多数学者们把"资本主义萌芽"时间确定在明代中后期，但是，几百年过去了，它也没长成一棵小草，更遑论大树，可见其并非"萌芽"。回顾西方资本主义开始影响中国约二百来年的历史，许多人向西方学习，试图建立资本主义经济模式，但多方努力，一直未能如愿，可见资本主义道路在中国不好走，不是想走就能走通的。中国缺

---

　　① 马克思：《资本论》第 3 卷，载《马克思恩格斯全集》第 25 卷，人民出版社 2006 年版，第 371 页。

少一些关键性要素，最重要的社会要素就是全社会明晰的私有产权和健全的交易秩序。

九　余论：历史多线发展，并非同一模式

自斯大林式的历史唯物主义传入中国之后，中国古代史研究逐渐被其僵化，特别是其中的五种社会形态说，被作为把握历史的一个模板，通过这个模板裁剪的中国古代历史，距离其本来面目越来越远，近年来学界虽然努力摆脱这个模板，但深层影响依然存在，唐宋变革研究也不例外。五种社会形态说完全是欧洲历史的总结，与中国古代历史相距甚远，即使暂不讨论历史实际情况，仅从思想史角度看，它与马克思主义也大相径庭，因为马克思、恩格斯十分重视历史发展的多样性，并不认为历史只有单一的发展模式。

马克思有两个时段特别关注过资本主义社会以前的历史。一是在他晚年，甚至暂停了《资本论》的写作，阅读了许多人类学书籍和历史书籍，留下了大量笔记，在这些笔记中，他对农村公社、东方社会表现出了浓厚的兴趣。同时期，他撰写了著名的"给维·伊·查苏利奇的信"，他的撰写非常谨慎，前后共有四稿，初稿有数千字，正式信函只留下了大约十分之一。在正式信函中他明确表示，《资本论》关于"资本主义生产的起源"的分析，"明确地限于西欧各国"，"既不包括赞成俄国农村公社有生命力的论据，也不包括反对农村公社有生命力的论据"，但他"深信：这种农村公社是俄国社会新生的支点"。在草稿中，他甚至提出，俄国的农村公社"可以不通过资本主义制度的卡夫丁峡谷，而吸取资本主义制度所取得的一切肯定成果"[①]。在这里，他并没有给历史一个唯一的固定的模式。

另一个时期是 1857 至 1858 年撰写《资本论》最早初稿的时候，马

[①]　马克思：《给维·伊·查苏利奇的信》，载《马克思恩格斯全集》第 19 卷，人民出版社 2006 年版，第 268—269、436 页。

克思系统探讨了资本主义产生的历史前提，在这里，他认为历史发展是多线的。在他的表述中，奴隶制和农奴制是同时产生、同时并存的。他在分析了所有制的产生后说："假如把人本身也作为土地的有机附属物而同土地一起加以夺取，那么，这也就是把他作为生产的条件之一而一并加以夺取，这样便产生奴隶制和农奴制，而奴隶制和农奴制很快就败坏和改变一切共同体的原始形式，并使自己成为它们的基础。"由此便形成了亚细亚的、古典古代的、日耳曼、斯拉夫的等等以奴隶制和农奴制为基础、又保存着共同体的所有制形态。马克思同等并列分析了它们的所有制状况，统称其为"以公社成员身份为媒介的所有制"，但亚细亚形态"表现为公有制"，"单个人只是占有者，决不存在土地的私有制"；古典古代形态"表现为国家所有同私人所有相并列的双重形式"，"后者被前者所制约"；在日耳曼形态中，"个人所有制表现为公社所有制的基础"，"公社所有制仅仅表现为个人所有制的补充"。就人身控制关系而言，它们都包容着奴隶制和农奴制，亚细亚形态是"普遍奴隶制"，共同体中的个人"就是作为公社统一体的体现者的那个人的财产，即奴隶"；古典古代的形态是"劳动奴隶制"；日耳曼形态下"用农奴耕作是传统的生产"[1]，它在其故乡时就实行了这种"比较温和的隶属形式"，"没有达到充分发展的奴隶制：既没有达到古代的劳动奴隶制，也没有达到东方的家庭奴隶制"[2]。形成这些差别的原因并非历史发展阶段不同，而是"部分地取决于部落的天然性质，部分地取决于部落在怎样的经济条件下实际上以所有者的资格对待土地，……而这一点本身又取决于气候，土壤的物理性质，受物理条件决定的土壤开发方式，同敌对部落或四邻部落的关系，以及引起迁移、引起历史事件等等的变动"。而这种种经济形态，都可以作为资本主义的历史前提，"在现实的历史上，雇佣劳动是从奴隶制和农奴制的解体中产生的，或者像在东方和斯

---

① 马克思：《经济学手稿（1857—1858 年）》，载《马克思恩格斯全集》第 46 卷上册，人民出版社 2006 年版，第 490、491、484、496、493、35 页。

② 恩格斯：《家庭、私有制和国家的起源》，载《马克思恩格斯全集》第 21 卷，人民出版社 2006 年版，第 177—178 页。

拉夫各民族中那样是从公有制的崩溃中产生的，而在其最恰当的、划时代的、囊括了劳动的全部社会存在的形式中，雇佣劳动是从行会制度、等级制度、劳役和实物收入、作为农村副业的工业、仍为封建的小农业等等的衰亡中产生的"①。

马克思、恩格斯还在许多文章和通信中论及亚洲社会，十分关注其与欧洲的不同特点，例如马克思说："东方一切现象的基础是不存在土地私有制，这甚至是了解东方天国的一把真正的钥匙。"② 恩格斯说："那里的原始共产主义，象在印度和俄国一样，今天正在给剥削和专制制度提供最好的、最广阔的基础。"③ 显然，这些特征都与欧洲大相径庭，两者走的不是同一条道路。

历史发展是多条路线并进的，各有各的道路，并非一个模式。进入近代，由于欧洲最早完成了经济结构的变革，形成了资本主义经济体系，这在当时是最先进的经济结构，其他落后国家便面临着社会近代化问题，中国也不例外。由于中国的历史与欧洲大相径庭，中国的近代化过程便无法按照欧洲的模式进行，尽管马克思说过，奴隶制、农奴制及公有制等等都可以成为资本主义的历史前提，但这些历史前提各不相同，它们走向资本主义的路径也应当各不相同，完全按照欧洲的模式当然无法走通。唐宋变革后的三极社会经济结构，国家作为社会经济结构中强势的一极，这些特征似乎与欧洲有根本性的区别，这种区别大概可以解释中国在近代化进程中所遇到的特殊困难，同时也预示着中国的现代化道路必然与欧洲不同。当然，要真正解释这些问题，还需要另行深入研究。

（原载《唐史论丛》第 33 辑，三秦出版社 2021 年版）

---

① 马克思：《经济学手稿（1857—1858 年）》，载《马克思恩格斯全集》第 46 卷上册，人民出版社 2006 年版，第 484、14 页。

② 马克思：《马克思致恩格斯（1853 年 6 月 2 日）》，载《马克思恩格斯全集》第 28 卷，人民出版社 2006 年版，第 256 页。

③ 恩格斯：《致卡尔·考茨基（1884 年 2 月 16 日）》，载《马克思恩格斯全集》第 36 卷，人民出版社 2006 年版，第 112 页。

析 "田"

研究西周经济制度者，无不对含有"田"字的金文史料予以很大注意，但"田"的准确概念内涵究竟为何，却多被忽视，多依现代解释，仅仅看作"耕地"，这当然未必与其本义完全一致，由此也影响到对一些重要经济史实的准确把握。本文试图依据反映西周及春秋前期社会状况的金文和文献资料，探寻"田"所包含的超出"耕地"的其他含义，特别是其中的社会经济关系内容，并以此解释西周经济史研究中的一些问题。笔者学识浅薄，特别是未能接受较系统的金文知识教育，故错误在所难免，敬请识者批评指教。

一

西周金文中出现的与耕地有关的"田"字约六十见，主要作为贵族间赏赐或利益交割的对象，与此类似的对象还有"邑"，分析二者异同及联系，对把握"田"的具体内涵大有裨益。下面分条述之。

（一）"田""邑"形态不同，但都可带来剥削收益

"邑"，甲骨文、金文皆从"口"从"人"，"口"当表示一定的地区范围，故"邑"用以表示居民点。它必然包含土地、住房等内容，但核心内容是居住于其中的人，因此，对"邑"的大小度量着眼于人，如称曰："百室之邑"（《左传·成公十七年》）、"十室之邑"、"千室之邑"（《论语·公冶长》）。这是自然形成的人数不确定的"邑"，后来又

产生了人为的有确定户数的"邑",《国语·齐语》记管仲"制鄙三十家为邑",《周礼·小司徒》曰"九夫为井,四井为邑",即为此类,仍然以人作为着眼点。而"田"的基本内容是作为物的耕地,故对"田"的度量着眼于土地面积,赏赐或交割时多讲明"田几田"。

"田""邑"虽形态迥异,但都被作为赏赐的对象。金文赐"田"记载颇多,如《敔毁》"赐田于敁五十田,于早五十田",《不娶毁》"赐汝弓一、矢束、臣五家、田十田",等等。赐"邑"记载也不少,如《宜侯矢毁》"赐土,……厥邑卅又五"、《鼐镈》"赐之邑二百又九十九邑"。此外亦有赏赐或交割"里"的记载,如《大毁》"赐大乃里",《九年卫鼎》"舍裘卫林晉里"。《尔雅·释名》曰:"里,邑也。"《周礼·里宰》郑注:"邑,犹里也。"上述金文中的"里"也即"邑"。既然"田""邑"均被作为赏赐对象,则显然它们都可以带来一定的经济收益,也就是说,可以借此剥削他人而获得剩余劳动或剩余产品。

"田""邑"的这种共性使二者间的交换得以存在。《散氏盘》记述了散、矢之间的"田""邑"交换,"用矢镤散邑,乃即散作田"。《鬲从盨》记章、臺二人以十数"邑"与鬲从交换"田"。文献中亦有类似记载,如《左传》隐公八年至桓公元年就叙述了鲁以"许田"与郑之"祊邑"交换的复杂经过。也正是由于这种共性,文献中可以见到混称"田""邑"的现象,如《左传·隐公十一年》记:"王取邬、刘、蒍、邘之田,而与郑人苏忿生之田:温、原、絺、……隰、怀。"

(二)"田"必与一定的"邑"相联系

金文中记述赏赐或交割"田"者,多指明其处于某"邑",如《卯毁》"赐于乍一田,赐于宰一田,赐于队一田,赐于戠一田",《大克鼎》"赐汝田于埜,赐汝田于淠"。有的虽未列举邑名,但指明属于"厥邑",如《五祀卫鼎》"履裘卫厉田四田,乃舍寓于厥邑",《鼎》"必尚卑处厥邑,田厥田"。这种记述形式除了用以指明某"田"的地理位置而外,还指明了某"田"与某"邑"的确定联系,因为土地必须有人耕种,才能产生剩余产品。在人少地多的上古社会，除了占有土地，还必须不同程度地控制劳动者人身，由此获得剩余产品或剩余劳动，从而才能真正实现剥削者的土地所有权。金文和文献中有资料更清楚地表明了这种联系。《散氏盘》记矢、散双方交割"田"时，交付方有十五人参与，除矢王官员"有嗣"之类外，还有"豆人""小门人""原人""堆人"之类有关"邑"的代表。《五祀卫鼎》记厉与裘卫交割"田"时，交付方除了邦君厉的代表"厉叔子凤、历有嗣䚦季"等而外，也有"荆人""井人"之类有关"邑"的代表。他们的参与，当然表明交付的"田"与他们所代表的"邑"利益相关，"田"的耕作当然由这些"邑"来承担。《左传·僖公二十五年》一条记载更为生动。晋文公定周襄王有功，被赐予"阳樊、温、原、欑茅之田"，但"阳樊不服"，晋军围之。阳樊人"苍葛呼曰：德以柔中国，刑以威四夷，宜吾不敢服也。此，谁非王之亲姻，其俘之也？"作为德政，晋文公"乃出其民"。这条史料表明两点：一、作为耕地的阳樊之"田"与阳樊人之人身有一定联系，有了控制阳樊之"田"的权力，也就有权在某种程度上或某种意义上控制阳樊之人，晋文公出于某种考虑，放弃了这种人身控制权，"乃出其民"，成为一件德政，正说明这种人身控制是正常的普遍现象，而这种人身控制首先应当与有关"田"的耕作联系在一起；二、阳樊之民人与周王室有一定的姻亲关系，因而具有相当大的人身自由和独立性。上述这种"田"与"邑"的联系表明，"田"不仅仅是"耕地"，它还附带着一定的人身控制关系。

（三）"田"的全部收获归其所有者

如果我们把"田"仅仅在一般意义上看作耕地，那么，作为实现剥削关系的生产资料，其收获物应当包含必要产品和剩余产品两个部分，也就是说，占有"田"的贵族只能依据当时的生产力水平和剥削关系状况，从其收获物中实际取得一定部分。但是，这种理解会在两个方面遇到矛盾。

首先从收益量来看。金文所见赐"田"最多者为《敔殷》，于两地共百田，其余一般为数田或十数田、量词意义上的田究竟有多大，说法不一，《考工记·匠人》郑注："田，一夫之所佃百亩。"《国语·鲁语下》韦注引贾逵："田，一井也。"有百亩和九百亩两说，目前学者多取一田百亩之说，笔者亦认为此说较妥，故以此为基准计之。李悝曾计算过战国时期农民收支情况："一夫挟五口，治田百亩"、平年亩收一石半，除上缴什一之税十五石而外，所获养活全家尚缺四百五十钱，而且"不幸疾病死丧之费及上赋敛"还未计算在内，只有丰年才略有盈余。[1]这就是说，百亩耕地平年最多只能提供剩余产品什一之税十五石，最多只能养活剥削者 0.5 人。依此计之，《卯毁》所记被赐四田可养活剥削者二人，《敔毁》所记被赐百田只可养活剥削者五十人，其收益量实在太少。上述推算尚略去以下方面：一、剥削者生活水平应大大高于被剥削者；二、战国生产水平应高出西周不少；三、战国亩积大出西周亩积一倍左右，周制"步百为亩"，而三家分晋前之魏即"制田以二百步为亩"（《孙子兵法·吴问》）；四、战国时连作制已相当推广，而西周时由于水利、施肥、管理等技术的低下，大多采用轮休制，得到相同收获物必须有更多的土地。如果再加上这些因素，则"田"的收益更少，显然极不合理。

其次从占有耕地面积来看。金文所见赐"田"最多百田，一般仅数田，即最多者周制万亩，一般为数百亩，这与赐"邑"、赐"人"以及战国时期的赐田形成鲜明对比。先看赐"邑"。金文所见赐"邑"有数十邑者（《宜侯矢毁》），数百邑者（《麬镈》），文献所记春秋时赐"邑"一般也是数邑、数十邑，如《左传·襄公二十六年》记"郑伯赏入陈之功"，赐子展八邑、子产六邑，《襄公二十七年》记鲁公"与免余邑六十"。一"邑"最小十室，多则百室、千室。一家人口，战国时如李悝、孟子等所讲，多为"五口之家"，春秋及其以前不乏"十口之家""百口之家"（《管子·海王》）。每家主要男劳动力当不止"一夫"，《周礼、小司徒》曰每家可负担徭役之强壮劳力（"可任者"）有三人、二

---

[1] 《汉书》卷24上《食货志上》，中华书局 1962 年标点本，第 1125 页。

人半、二人之别，《周礼》、《孟子》讲授田亦有“余夫”之说。一夫治田百亩，首要条件是连作制，若轮休则还需增加耕地。魏授田一夫百亩，但邺因“田恶”需二百亩（《吕氏春秋·乐成》）。《周礼》叙述授田规模，在都鄙，“不易之地家百亩，一易之地家二百亩，再易之地家三百亩”，在野，一夫授田百亩，另据肥瘠分上中下地，分别加授莱田五十、一百、二百亩（《大司徒》《遂人》）。以上述数据推算、假定中等之“邑”一邑三十家，每家二夫，每夫受田一百五十亩（含轮休田），则一邑至少应占耕地九千亩，即九十田，这已接近金文所见赐“田”最大数额，更何况赐“邑”有数十数百之多者。再看赐“人”，金文所见动辄数百上千，《大盂鼎》记赐人鬲一千七百余人，《宜侯夨𣪕》记赐庶人等一千六百余人，《令𣪕》记赐鬲百人，《麦尊》记赐臣二百家，若按一劳动力须结合耕地一百五十亩计，则等于赐予耕地数百至数千田，大大超出金文所见赐“田”数额。再比较战国时之赐田，《史记·赵世家》记赵烈侯赏赐郑歌者枪、石二人田各“万亩”，《战国策·魏策一》记魏王赐公叔痤田“百万”，赐吴起之后田“二十万”，赐巴宁、爨襄各田“十万”，此时赵亩积已为二百四十步，魏亩积已为二百步，[1] 以此计之，则赐田分别相当于西周时的二百四十田、二万田、四千田、二千田，[2] 远远超过周金所见赐“田”。

要解除上述两大矛盾，较合理的解释就是“田”上的收获物全部归其所有者，即，“田”是专门用于实现剩余劳动、生产剩余产品的耕地。只有这样理解，受赐“田”者的经济收益才比较合理，受“田”数额也不显其少。其实，金文中已有资料显其特征，1972 年出土的《旟鼎》

---

[1] 《孙子兵法·吴问》。银雀山汉墓竹简整理小组：《临沂银雀山汉墓出土〈孙子兵法〉残简释文》，《文物》1974 年第 12 期。

[2] 张政烺：《“土田十万”新解》（《文史》第 29 辑）认为：《魏策一》所述之地积单位为步，此说启迪思维，但仍存在收益量过低的障碍。以公孙痤被赐田百万步计之，魏制二百步为亩，合五千亩，依李悝之计算，其所提供剩余产品仅可养活剥削者二十五人。吴起之后受田二十万步，合一千亩，可养活剥削者五人，巴宁、费襄受田十万步，合五百亩，可养活剥削者二人半。以上收益对于国家大官僚均显过低，且与《史记》所记赵侯赐郑歌者枪、石田各万亩很不协调。

曰："唯八月初吉,王姜赐旟田三于(与)待劐。"郭沫若释曰:"'于'是与字义,古文多如此用法。'劐'殆是刘字,象田中有禾穗被刘之意。'锡旟田三于(与)待刘',是说将三个田和田中有待收获的禾稻一并授予。"① 依郭释,"田"之所有者对其上收获物具有全权。②

既然"田"特指实现剩余劳动的耕地,那么为了实现其特性,就必须有一定的社会关系联结剥削者和被剥削者,使被剥削者不得不在"田"上生产剩余产品。这种关系不可能是纯经济的,诸如租佃关系或雇佣关系,因为如此则没有必要将剩余劳动和必要劳动在时间和空间上明确区别开来。这种关系也不可能主要地表现为直接的人身控制,如周金中所见赐"邑"、赐"人"那样,因为如此也没有必要将剩余劳动和必要劳动在时间和空间上明确区分开来,剥削者完全可以按照自己的意愿在最终产品上实现这种分割。较合理的推想,就是剥削者对被剥削者有一种相对较弱的群体人身控制关系,除了在"田"上实现剩余劳动而外,无权干预其群体内部的结构和生活,被剥削者有着相当大的人身自由,甚至可能与剥削者有某种姻亲血统关系。这个推测可从文献中找到说明。鲁僖公二十五年(前635),周襄王赐晋文公阳樊等邑之"田","阳樊不服",晋军围之,阳樊人仓葛述其理由曰:"阳樊怀我王德,是以未从于晋",并曰:"阳人有夏、商之嗣典、有周室之师旅,樊仲(韦注:宣王臣仲山甫)之官守焉,其非言守,则皆王之父兄甥舅也,君定王室而残其姻族","大泯其宗祊,蔑杀其民人,宜吾不敢服也"③。由此可见,阳樊人有相当大的独立性,有自己的内部结构,有宗庙(宗祊),有自己独立的传统("有夏、商之嗣典"),参与周之政治,与周室有姻亲关系,但同时又须受周王或晋文公的控制,在阳樊之"田"上生产剩余产品,付出剩余劳动。

---

① 郭沫若:《关于眉县大鼎铭辞考释》,《文物》1972年第7期。

② 此解存疑,史言《眉县杨家村大鼎》(《文物》1972年第7期)认为:此处"待口"为地名,于是介词,与大克鼎"易女田于寒山"之类相同。

③ 《国语·周语中》《晋语四》。

二

上述解释带有浓厚的假说色彩，但除了前面的分析而外，还可以得到民族学实例的支持，解放以前云南西双版纳傣族的土地占有制就是一个很好的实例。

在这里，土地分成两个基本部分，一是领主直属土地，一是各农民寨子占有的土地。领主直属土地由各级领主分别占有，可分为："纳竜召"、"纳召片领"（宣慰田），为召片领（西双版纳最大领主）直接占有的世袭土地；"纳召勐"（土司田），为各勐召勐（土司）直接占有的世袭土地；"纳波郎"（波郎田），为召片领或召勐划给其家臣以作薪俸的土地，此种土地不可世袭，卸职须交回；"纳道昆"（头人田），为召片领或召勐划分给其在各农民寨子代理人"头人"以作薪俸的土地，卸职亦须交出；"纳陇达"（陇达田），为领主选派对"纳竜召"或"纳波郎"督耕或收租的"陇达"（直译"下面的眼睛"）的薪俸田，亦不可世袭。[①] 这些土地或集中于领主城堡周围，如勐海，多数分散于各农民寨子。虽然解放前夕已有相当一部分领主土地改收实物地租，但数十年前，这些土地都是由农民携带自己的耕牛农具无偿代耕，领主坐享全部收获物。[②] 一块领主土地有时由一个寨子的农民代耕，有时则由多个寨子的农民代耕，如宣慰街附近有召片领的一块土地"纳永"，由曼纽、曼莫、曼依坎、曼景兰、曼火勐各寨代耕，其中曼纽寨子代耕二份，其余寨子代耕一份，由曼景兰寨子头人担任"陇达"，收获量按曼莫寨子农民自种土地收获量为标准，每份至少交纳谷子 80 挑，产量不足 80 挑则须补足（确定最低限额是由于农民反抗，曾发生农民将稻秧倒插于领

---

① 马曜、缪鸾和：《西双版纳份地制与西周井田制比较研究》，云南人民出版社 2001 年版，第 44—45 页。

② 马曜、缪鸾和：《西双版纳份地制与西周井田制比较研究》，云南人民出版社 2001 年版，第 152 页。

主土地的事件），若有超产仍须全部上交。①

各个村寨占有的土地也是完全确定的，有着严格的地域界限，由村寨成员共同把守。其内部经济活动有非常大的独立性，例如，解放前夕，前述代耕"纳永"的曼纽寨子，将应由自己代耕的两份田地租给曼景兰寨子耕种，后者每份地交租 25 挑，然后由曼纽寨子补足为 80 挑再上交领主。② 村寨内部的土地分配不受外界干预，它并不是以自然的人口数或户数来作为标准，而是按"负担"来分配，并且每一份田地面积多大亦无规定，由村寨自行掌握。这是由于领主最初是以户数而非以土地面积确定了一村寨的总"负担"额，村寨成了最基本的"负担"单位。这里的"负担"有包括代耕领主土地在内的各种劳役，也有各种实物贡纳。解放初，村寨甚至把出民工、选组长、送民族学院学习都视为"负担"，由各个"负担户"轮流承担。村寨对于领主的"负担"关系确定之后，领主除了寻找借口增加村寨总"负担"额而外，并不干预其内部经济活动。因此，村寨内部都力图通过增加"负担户"来减少各户负担，无力承担一份"负担"者必须两户合为一个"负担户"，"遇有分家户或外来户，大家都乐意分给他一份，如果没有机动田，还不惜抽补调整，甚至打乱重分"。各村寨还以各种办法吸引外来者成为其"负担户"，例如，勐海曼回宫寨人少地多，全寨置备"安家费"以吸引外来户，路远者给 70 挑谷子，路近者给 50 或 30 挑；景洪曼列寨人多地少，就集体租进土地分给外来者，租子由全寨人员分摊。③

以上描述不避冗赘，是为了借此对西周时期"田"上所反映的剥削关系以更形象的推想。"田"大概类似于西双版纳傣族领主直属田，由

---

① 刀国栋等：《勐景洪的土地情况调查》，载《傣族社会历史调查（西双版纳之四）》，云南民族出版社 1983 年版，第 101 页。

② 刀国栋等：《勐景洪的土地情况调查》，载《傣族社会历史调查（西双版纳之四）》，云南民族出版社 1983 年版，第 101 页。

③ 《勐海封建领主经济概况》，载《傣族社会历史调查（西双版纳之五）》，云南民族出版社 1983 年版，第 3—5 页。

类如傣族农民村寨的"邑"无偿代耕，全部收获物归"田"的所有者；除了榨取这类"负担"而外，"田"的所有者一般不干预"邑"中的经济活动和社会生活，包括"邑"对其占有土地的内部分配、使用以至处置；可以保证带来相当收益的"田"也与西双版纳相似，按剥削者内部的等级秩序分配予不同的个人，最低以至于"陇达"——专管监督"田"上代耕农民生产活动的小家臣。

三

根据以上对"田"的理解，西周经济史研究中一些曾经引起热烈讨论的问题似乎可以得到更为合理的解释。

（一）"贮（賨）田"

目前所见含"贮田"字样的金文资料仅三器，为便于讨论，先摘抄有关内容如下。

《倗生殷》："格伯受良马乘于倗生，厥賨卅田，则析。……铸宝殷，用典格伯田。"

《卫盉》："矩伯庶人取瑾章于裘卫，才八十朋，厥賨，其舍田十田。矩或取赤虎两、麂䩞两、䩞鞈一，才廿朋，其舍田三田。"

《五祀卫鼎》："卫以邦君厉告于邢伯、伯邑父、定伯、㽙伯、伯俗父，曰：厉曰，余执共王恤工，于昭太室东逆𤔲二川，曰，余舍汝田五田。正乃讯厉曰：汝賨田不？厉乃许曰：余审賨田五田。邢伯、伯邑父、定伯、㽙伯、伯俗父乃顜，使厉誓。乃令参有𤔲……帅履裘卫厉田四田，乃舍于厥邑。"

这些资料引起学者们浓厚兴趣，展开了热烈讨论，解说大致有三：一、贮即租，贮田即贵族间的土地租典；[①] 二、贮即贾，贮田即贵族出

① 唐兰：《用青铜器铭文来研究西周史》，《文物》1976 年第 6 期。

卖土地产权，^① 三、贮即予，贮田即赐予土地，"有理由把它看成和称作是周王对土地的改封"^②。上述意见着眼点都在对"贮"字的考订上，而对"田"含义究竟为何则未予注意，因此歧见迭出。就《倗生𣪘》等三器而言，"贮田"毫无疑问是一种交易，一方付出了财物，获得了"田"；一方获得了财物，付出了"田"。《倗生𣪘》中，倗生付出"良马乘"，格伯付出"卅田"，两相交换。《卫盉》中，裘卫两次共付出价值百朋的璋章等物，矩伯获得财物，"舍"（给予）裘卫"田"十三田。《五祀卫鼎》虽未记述裘卫付给邦君厉哪些财物，但讲明是厉在为周王办事、"逆逨二川"时两人达成协议的，因此可以推想，当时的厉由于急需，类如《卫盉》中之矩伯，从裘卫处获得某些财物，因而答应给其"田"五田。问题不在于是否有交换，而在于付出或获得"田"意味着什么。依本文前述探讨，"田"是被剥削者实现剩余劳动、生产剩余产品的耕地，因此，付出或获得"田"，只是付出或获得对于确定的被剥削者以确定的方式榨取剩余劳动的权力。它不是土地所有权的转移，因而谈不上"卖出土地产权"，与后世土地买卖迥然相异，当然也就谈不到土地市场以及所谓土地的市场价格。它不是土地使用权的转移，因而也无法理解为土地租典，与后世的土地租赁和典当毫无共同之处。它也不是"改封"，因为分封必须具有"授土""授民"两方面内容，《宜侯夨𣪘》是典型实例，"改封"当然不能例外，而"贮田"不包含"授民"的内容。另外。分封、改封须有周王命令，但"贮田"三器不见周王踪影。不仅如此，周金所见"田""邑"之交割，凡双方和平达成协议者，参与者仅为双方有关人员，如《散氏盘》《倗生𣪘》《九年卫鼎》等，只有当双方间出现纠纷、产生诉讼时，才会出现有关执政大臣予以评断处置，如《曶攸从鼎》《曶鼎》《五祀卫鼎》等，《卫盉》虽未记载发生了何种纠纷，但说明是裘卫"龢告"于伯邑父等执政大臣，并由他们命令"参有嗣"到场交割"田"，因此仍可推断裘卫与矩伯之间发生

---

① 傅筑夫：《中国封建社会经济史》第 1 卷，人民出版社 1981 年版，第 182—183 页。
② 周望森：《西周的"贮田"与土地关系》，《中国经济史研究》1991 年第 1 期。

了某种纠纷。

根据上述，具有交换性质的"贮田"仅仅发生于贵族之间，实质上仅仅是剥削收益的某种转移，对于剥削者与被剥削者之间的社会关系并无改变，也未改变剩余产品在剥削者内部分配的基本方式，因此，它是西周社会经济关系中的固有内容，并非破坏西周土地制度、标志土地私有化历史进程已经发生的新现象。

（二）"公田""私田"

《诗经·大田》曰："有渰萋萋，兴雨祁祁，雨我公田，遂及我私。""私"为"私田"之省略，已无异议，但"公田""私田"究竟指什么，则因人们对古史分期、西周土地所有制形态和剥削形态、井田制的有无等问题观点的不同，解释各不相同。理解不论如何分歧，着眼点都在于"公""私"的解释上，同样未注意到"田"的具体含义，都仅仅在现代意义上理解为耕地。如果依本文的探讨，把"田"看作被剥削者实现剩余劳动、生产剩余产品的耕地，则"公田""私田"的区别就很清楚，是归属于不同等级贵族的"田"，被剥削者用以生产必要产品的土地不在其列。

其实，本文对"田"的理解在《诗经》中也可以得到形象的说明，《甫田》一篇详细描述了对"田"的管理。首先，"我"的"田"（或由"我"所负责管理的"田"）是由农夫耕作的，只有种好"我田"，农夫才能得到一些赏赐（"我田既臧，农夫之庆"）。其次，"田"的耕作是在监督下进行的，监督者有"我"（"今适南亩"），有"曾孙"（"曾孙来止，以其妇子"，"曾孙不怒，农夫克敏"），还有"田畯"（"田畯至喜"）。最后，收获物是归于曾孙等人的（"曾孙之稼，如茨如梁"），而且产量有着某种最低的限度（"倬彼甫田，岁取十千"）。

四

与上述讨论有关，还应当谈谈研究先秦经济史的一个方法论问题。

以往，我们按照斯大林的定义，把所有制形式作为生产关系的一个组成部分，与生产、分配相并列，还给予它"决定性"的地位，认为所有制决定了生产关系，因而在研究先秦经济制度时首先着眼于"土地所有制"，由"土地所有权"归属于谁来确定和说明社会生产关系和经济制度。这种理解给研究带来了很大的障碍，先秦经济史研究中歧见倍出，除了资料稀缺而外，这恐怕是更重要的原因。马克思从来不把所有制看作生产关系的组成部分，相反，却总是把生产关系看作所有制的本质，他多次说："私有制不是一种简单的关系，也绝不是什么抽象概念或原理，而是资产阶级生产关系的总和"[1]；"给资产阶级的所有权下定义不外乎是把资产阶级生产的全部社会关系描述一番。要想把所有权作为一种独立的关系、一种特殊的范畴、一种抽象和永恒的概念来下定义，这只能是形而上学或法学的幻想"[2]。因此，对于前资本主义的阶级社会，马克思和恩格斯都是从剥削关系来说明所有制，而不是相反。例如马克思说："在奴隶制度或农奴制度下"，"土地所有权""可以只是某些人对直接生产者人格的所有权的附属品"[3]；恩格斯也说："在中世纪，封建剥削的根源不是由于人民被剥夺而离开了土地，相反地，是由于他们占有土地而离不开它"[4]；恩格斯还谈道：爪哇"的原始共产主义，象在印度和俄国一样，今天正在给剥削和专制制度提供最好的、最广阔的基础"，欧洲的公社马尔克是"上千年之久的人民受奴役的基础"[5]。以此思考先秦经济关系，就应当从社会剥削关系状况去考察、解释土地占有状况，而不是相反。例如对于西周时期，我们可以说，剥削者实现剥

① 马克思：《道德化的批评和批评化的道德》，载《马克思恩格斯全集》第4卷，人民出版社2006年版，第352页。

② 马克思：《哲学的贫困》，载《马克思恩格斯全集》第4卷，人民出版社2006年版，第180页。

③ 马克思：《资本论》第3卷，载《马克思恩格斯全集》第25卷，人民出版社2006年版，第714页。

④ 恩格斯：《美国工人运动》，载《马克思恩格斯全集》第21卷，人民出版社2006年版，第387页。

⑤ 恩格斯：《恩格斯致卡尔·考茨基（1884年2月16日）》，载《马克思恩格斯全集》第36卷，人民出版社2006年版，第112页。

削不一定需要以占有土地为首要前提，或者可以说，剥削者为了实现剥削，必须让被剥削者也占有相当数量的土地。按照这个思路，先秦经济史研究是否会"柳暗花明又一村"呢？

（原载《贵州大学学报》1993 年第 4 期）

"爰田（辕田）"新解

先秦史上的"爰田"究竟为何？后汉以降，众说纷纭，其观点之多，在古史研究中实属罕见，至今未获令人信服之结论，成为古史研究中聚讼不决的悬案。笔者以为，要解决这一历史之谜，除寄希望于新资料的发现而外，方法也需适当调整。一是严格从现有史料出发，避免"增字解经"，并结合历史环境整体进行研究；二是尽量从汉魏人的注解中超脱出来，避免由此产生的纷乱；三是解字应本其初义，运用声训须十分审慎，力戒牵强附会。笔者试图由此出发作些新的探讨，不当之处，敬祈教正。

一 "爰田"诸说驳议

目前所见先秦"爰田"史料仅三条：

（一）《左传·僖公十五年》："（秦）乃许晋平。晋侯使郤乞告瑕吕饴甥，且召之。子金教之言：'朝国人而以君命赏。且告之曰：孤虽归，辱社稷矣，其卜贰圉也。'众皆哭，晋于是乎作爰田。……晋于是乎作州兵。"

（二）《国语·晋语三》："（晋惠）公在秦三月，闻秦将成，乃使郤乞告吕甥。吕甥教之言，令国人于朝曰：'君使乞告二三子曰：秦将归寡人，寡人不足以辱社稷，二三子其改置以代圉也。'且赏以悦众，众皆哭，焉作辕田。……焉作州兵。"

（三）《汉书·地理志》："孝公用商君，制辕田，开阡陌，东雄诸侯。"

"辕田"即"爰田"，历来学者并无异议，其理由王毓铨先生已作阐述，[①] 此不赘言。

以上史料记述了两件事，一是春秋中叶晋"作爰田"，一是战国中叶秦"制辕田"，这就在时空上对"爰田"制度作了限定。就空间说，它实行于秦晋之地，即黄土高原农业地区；就时间言，它存在于春秋中叶至战国时期，在没有发现新资料之前，我们不能说其他地区或其他时期也推行过"爰田"制。

晋"作爰田"有关历史事件如下。鲁僖公十五年（前645），晋背秦约，又拒秦籴，秦穆公出兵伐晋，生俘晋惠公，后准备释放惠公并与晋缔结和约。晋惠公知此消息后，命郤乞告知吕甥，后者给郤乞出主意，让他召集国人，假借晋惠公名义赏赐国人，"以悦众"，同时假传惠公之言："孤虽归，辱社稷矣"，众人听是言皆哭，通过赏赐"悦众"和以国耻感人，争得国人支持，"于是乎作爰田"。接着，吕甥说：由于兵败于秦，"兵甲尽矣"，提议"征缮以辅孺子"，众人同意，"于是乎作州兵"。这里可清楚看到三点：（1）晋"作爰田"直接导因是兵败后的国贫兵弱，故其目的在富国强兵；（2）"作爰田"与"作州兵"有一定联系，一属经济改革，一属兵制改革，前者当是为后者提供经济条件；（3）既称为"作"，则"爰田"制度乃新推行之制度。

《汉书》所记秦"制辕田"在孝公期间，由此史料亦可看到三点：（1）"制辕田"为商鞅变法重要内容，既称"制"，则亦属新创设的制度；（2）"制辕田"与"开阡陌"联系密切，因《史记》等述商鞅变法只记"开阡陌"而不记"制辕田"，可推测广义的"开阡陌"大概也包含了"制辕田"；（3）"制辕田"与"开阡陌"一起是秦国强盛、"东雄诸侯"的基本经济原因。

---

① 王毓铨：《爰田（辕田）解》，《历史研究》1957年第4期。

为便于展开讨论，先联系上述史实，对诸种"爰田"解说略作驳议

赏赐说。贾逵、服虔、孔晁等持赏田说，曰"爰田"即"赏众以田"①，近人亦多持此说者，如王毓铨先生认为，"爰田"即"赏赐在朝群臣的车马田或官府田而已"②。杜预则持赏税说，曰"爰田"为"分公田之税应入公者，爰之于所赏之众"③。此类说法疏漏有三：（1）文献中无训爰为赏者；（2）若为赏赐则无须用"作"字，无须当作一种新制度予以确定并记录在案。（3）按晋之史实，郤乞依吕甥设计，对国人既以国耻感之，又以赏赐悦之，通过这两手，争取国人支持，然后方推行爰田，"以君命赏"在"作爰田"之前，二者显然并不相同，且无论晋、秦，"作爰田"目的都在富国强兵，若解为赏赐，则只会削弱国家经济实力，与其目的相悖。

以田出车赋说。韦昭注引或云："辕田，以田出车赋。"④ 此说解"辕"为车，或可通，但疏漏有二：（1）就晋"作爰田"而言，兵败之后，国内危机严重，以田出车赋势必加重国人负担，不利政治稳定，吕甥不会取此下策；（2）就秦"制辕田"而言，商鞅时车战已非主要作战形式，以田出车赋不合当时实际需要。

换田说。张晏、孟康认为："爰田"有周制与秦制两种，周制"爰田"即换田，以使受田者通过定期换田而均享良田与瘠田。张晏曰："周制三年一易，以同美恶"，孟康曰："三年爰土易居，古制也。"⑤ 近年王恩田先生亦持此说，认为"爰田制是为了财均力平而采取的定期交换耕地和住宅的制度"⑥。只要有农村公社存在，为公平分配土地使用权而采取的定期换田制度就会存在，甚至在实行国家授田制度的战国时期，为使授田公平也采用此种制度，如银雀山出土《田法》所见，但中

---

① 《国语·晋语三》韦注引，《左传·僖公十五年》孔疏引。
② 王毓铨：《爰田（辕田）解》，《历史研究》1957 年第 4 期。
③ 《左传·僖公十五年》杜预注。
④ 《国语·晋语三》韦注引，《左传·僖公十五年》孔疏引。
⑤ 《汉书》卷 28 下《地理志下》孟康注，中华书局 1962 年标点本，第 1642 页。
⑥ 王恩田：《临沂竹书〈田法〉与爰田制》，《中国史研究》1989 年第 2 期。

国古代农村公社不始于春秋，至少西周即已存在，因而定期换田制度不必由晋来"作"，这是换田说的最大障碍。其实，古代学者谈到换田制度，如《公羊传·宣公十五年》何休注："司空谨别田之高下善恶，……肥饶不得独乐，硗确不得独苦，故三年一换土易居，财均力平"，《孟子·滕文公上》赵岐注："徙，谓爰土易居平肥硗也"，均指西周，并不认为始于春秋。

固定授田说。张晏释秦之"爰田"曰："商鞅始割列（裂）田地，开立阡陌，令民各有常制。"① 近人亦多有持此说者，如罗镇岳先生曰：商鞅"制辕田"即"废除了三年一换土易居的旧制，每个男子一生只一次受田，一次还田。"② 战国时期普遍实行国家授田制度，这是事实，但此解不仅在训诂上没有根据，而且将同一概念"爰田"同时理解为晋制、秦制两种对立的实体，在逻辑上也有相当大的障碍。

轮耕说。孟康释秦之"爰田"曰："商鞅相秦，复立爰田，上田不易，中田一易，下田再易，爰自在其田，不复易居也。"③ 近人亦多采此说，如徐中舒先生认为，爰田制自西周即实行，包括耕百亩（含新田、畲田各五十亩）休五十亩（菑田）的菑、新、畲三田制，耕百亩休百亩的二田制，耕百亩休二百亩的复田制，总括起来即岁休轮耕制。④ 这种解释与史实亦难吻合。首先，岁休轮耕制既然西周时已存在，那么由晋首创的"作"字便无法解释，建国于西周故土的秦在数百年后又作为变革措施重建这一制度，似乎并无必要。其次，若商鞅变法"制辕田"为推行岁休轮耕制，则授田额须超出百亩许多方可，但翻检战国文献，谈及授田额均为一夫百亩，"邺独二百亩，是田恶也"（《吕氏春秋·乐成》）。战国思想家多重农，主张充分利用土地资源，李悝作"尽地力之教"⑤。商鞅认为"为国之数务在垦草"，反对浪费土地的"地不任"现

---

① 《汉书》卷 28 下《地理志下》孟康注，中华书局 1962 年标点本，第 1642 页。
② 罗镇岳：《秦国授田制的几点辨析》，《求索》1985 年第 1 期。
③ 《汉书》卷 28 下《地理志下》孟康注，中华书局 1962 年标点本，第 1642 页。
④ 徐中舒：《试论周代田制及其社会性质》，《四川大学学报》1955 年第 2 期。
⑤ 《汉书》卷 24 上《食货志上》，中华书局 1962 年标点本，第 1124 页。

象（《商君书·算地》），因此，这种解释与战国社会思想背景亦相抵悟。

此外还有一些解释，但多从音训"爱"字出发推测，牵强附会意味更浓，与史实距离更大，为避冗赘，这里不再罗列讨论。

二 "爱田"即牛耕之田

直接谈及"爱田"的资料过少，纠缠于此难获结论，而研究相关史实则有可能找到新的更有效的突破点。在目前所见有关史实中，关系密切而人们了解也较多的是"开阡陌"。《汉书·地理志》称商鞅"制辕田，开阡陌，东雄诸侯"，足见二者有密切的内在联系，同是商鞅变法的重要内容，皆为秦国强盛的基本依据。因此，由"开阡陌"入手，或可解开这一历史之谜。

"开阡陌"又称"开阡陌封疆"，是新创立的一整套农田规划制度，四川省青川县出土秦《为田律》对其具体内容有详细记述，文曰："田广一步，袤八则，为畛。亩二畛，一百（陌）道。百亩为顷，一千（阡）道。道广三步。封高四尺，大称其高。埒（埒）高尺，下厚二尺。"[1] 笔者认为，律文有关田土规划的内容可简述如下：南北向的宽一步、长二百四十步的土地为一亩，百亩土地并列为一顷，亩间以畛相隔；四顷土地成一大地块，东西两边围以阡道，南北两边围以陌道，四顷地之间以封、埒（即疆）为界，若干个四顷地又组成更大的地块，其东西两边围以阡，南北两边围以陌，由此形成完整的农田规划系统。[2]其中，阡、陌、阡道、陌道、封、埒（疆）的设置均属于"开阡陌封疆"，其实际目的在于维护"顷"之地积。"顷"即百亩是基本的授田单位，因而是战国普遍实施的国家授田制之基础，同时也是征收赋役的基本依据。云梦秦简《田律》就有："入顷刍稾，以其受田之数，无垦

---

[1] 四川省博物馆、青川县文化馆：《青川县出土秦更修田律木牍》，《文物》1982年第1期。

[2] 袁林：《秦〈为田律〉农田规划制度再释》，《历史研究》1992年第4期。

（垦）不狠（垦），顷入刍三石、稾二石。"① 因此，实施"开阡陌封疆"的新制度，目的是确立一种新的经济关系，本质上属于社会经济关系方面的变革。但是，除此之外，秦《为田律》还有一些内容无法归入"开阡陌封疆"之内，这就是亩与畛的设置，畛作为亩界实质是为亩服务的，因此这部分内容的核心是确立宽一步、长二百四十步的亩制形状，笔者以为，这正就是与"开阡陌"对应之"制辕田"的一种表现形式，其内容当然远远超出亩的形状这一点。

田块的形状与耕作方式有密切关系，在漫种耕作方式下，田地形状无一定之规，既不必方正规则，也不必有确定地积，这种现象在汉民族农业史上、在民族学资料中比比皆是。先秦两汉，亩的概念在用于地积时，很少规定其形状。西周已有亩之概念，它在两种意义上被使用。一训为垄，即田埂，如《国语·周语下》韦注："下曰畎，高曰亩，亩，垄也"，《庄子·让王》司马彪注曰："垄上曰亩"。《诗·信南山》"我疆我理，南东其亩"，此亩即为垄。一是表示确定地积。贤簋曰，"公命事，畮贤百畮□（粮）"，据郭沫若先生释文，"畮，古亩字"，前一畮假借为贿，后一畮即地积之亩。② 《司马法》曰："六尺为步，步百为亩"，表明了亩的地积数量，并未提及形状。西汉时期的亩一般并无固定形状，这可以从《九章算术》中看到，其中"方田"一卷专论土地面积的计算，所用亩积为二百四十方步，然田块形状有正方形、长方形、三角形、梯形、圆形、环形、弓形等等。将亩与一定形状联系起来的史料有四项。一、山东临沂银雀山汉墓出土竹简《孙子兵法》佚篇《吴问》，文中记叙了春秋时晋六家大夫竞相扩大亩积的情况，"范、中行氏制田，以八十步为畹，以百六十步为畛"，"〔智氏制田，以九十步为畹，以一百八十步为畛〕"，"韩、魏制田，以百步为畹，以二百步为畛"，

---

① 《秦律十八种》，载睡虎地秦墓竹简整理小组编《睡虎地秦墓竹简》，文物出版社1978年版，第27页。

② 郭沫若：《两周金文辞大系图录考释》第8卷，科学出版社1957年版，第143页。

"赵氏制田，以百廿步为畹，以二百卌步为畛"①。据青川出土秦《为田律》，畛为亩间界限，若干步"为畛"，做畛以定出亩界，故此处之畛既可解为亩界，又可解为两畛所夹地块，与亩等义。"畹"，《说文》曰"三十亩为畹"，《楚辞·离骚》王逸注曰"十二亩为畹"，都与《吴问》不合，王逸注又说："或曰田之长为畹也"，此解甚合。据此，晋六家所制亩均为两步宽的长条状地块，区别仅在亩长和亩积不同。二、秦《为田律》所述战国时秦国亩制，是一步宽、二百四十步长之长条状地块。三、《汉书·食货志》所记赵过"代田"亩制，文曰："广尺深尺曰畎，长终亩，一亩三畎，一夫三百畎，而播种于畎中"，"率十二夫为田一井一屋，故亩五顷"。由此可见，其亩地积为二百四十步，每亩由三条"广尺深尺"的畎贯穿始终，有畎必有垄，故其亩宽仍为六尺，即一步，长二百四十步，地积、形状与秦《为田律》所述一致。四、《韩诗外传》曰："广一步、长百步为一亩"，这段文字是在对所谓"井田"的诠释中提出的，在有关"井田"的解释中是最早提到亩之形状的，然此诠释似乎并非西周亩制的可靠描述，很可能是根据西汉某些制度所作的推测。前三项史料所反映史实有一共同点，即其亩制主要推行地区都是在黄土高原，《吴问》为晋，《为田律》是秦，赵过代田法也是由三辅推及四周，"令命家田三辅公田，又教边郡及居延城，是后边城、河东、弘农、三辅、太常民皆便代田"②。

那么，商鞅变法为什么要在扩大亩积的同时将亩的形状确定为仅有一步（1.386米）宽，却有二百四十步（332.64米）长呢？笔者以为，较合理的解释，当是推行某种新耕作技术之需。赵过确定一步宽长条形亩制，是为其代田法服务的。《汉书·食货志》又声明代田法乃"古法"，即承袭前代某种耕作方法而来，商鞅亩制与代田亩制完全相同，或许正反映了这种"古法"。

---

① 银雀山汉墓竹简整理小组：《临沂银雀山汉墓出土〈孙子兵法〉残简释文》，《文物》1974年第12期。此释文及《银雀山汉简释文》均隶定"畛"为"畛"，释为"亩"。

② 《汉书》卷24上《食货志上》，中华书局1962年标点本，第1139页。

代田法的主要内容之一是推广铁犁牛耕，"用耦犁，二牛三人"，甚至"民或苦少牛"的情况下，"教民相与庸挽犁"①。商鞅变法的农业技术改革主要内容也是推广铁犁牛耕，文献虽无直接记载，但有明显反映。据《战国策·赵策一》记载，赵孝成王三年（前263），赵豹谏赵王曰："秦以牛田，水通粮，其死士皆列之于上地，令严政行，不可与战。"此处所列都是秦国的长处，政治上"令严政行"，经济上通过"开阡陌封疆"使国家授田制得以正确执行，战士都受到上地，由于发展水利事业而使军粮运输极为便捷，农业生产中则是普遍使用牛耕，而这些都是商鞅变法的成果。既然是特有长处，则与此相对应，其他各国或至少赵国牛耕普及程度当远不及秦。

直到汉代，耕犁都相当原始，目前已知最早犁耕图见于汉画象石，如陕西米脂、绥德东汉牛耕画象石，江苏睢宁双沟东汉牛耕画象石等。由画面中可见，汉代耕犁的基本特征是：犁辕为独辕，长且直，辕前端直接与犁衡联结，犁衡左右各一轭，各挽一牛，此即所谓"二牛抬杠"，犁辕与犁床、犁箭、犁梢固定为一体，不可调节。战国以及秦代的耕犁形制推测与汉代基本一致，如果要说差别，大概就是更原始一些。这种耕犁由于辕长且直，耕牛又通过犁衡固定在犁辕上，因此工作时转弯和回头都不方便，且地头不能耕及的土地较多，需人力找补，地亩越短，缺点暴露越充分，地亩较长，则优点较易表现出来。另外，这种耕犁耕地较浅，使用人力较多，与人力翻掘耕地相比优势有限。耕地时须有一人扶犁；由于辕长且直、耕牛又与犁辕固定在一起，为保证耕牛笔直前进须有一人牵牛；由于长且直的辕又与犁衡连接在一起，扶犁者无法控制耕地深浅，须有一人持按犁辕予以控制。因此，每耕地须有二牛三人，这是赵过代田法犁耕"二牛三人"的真正解释。此种犁耕方式唐代在南诏地区被沿用，"犁田用二（"二"原作"一"，据《蛮书》改）牛三夫，前挽、中压、后驱"②，"每耕田，用三尺犁，格（即犁衡）长约

---

① 《汉书》卷24上《食货志上》，中华书局1962年标点本，第1139页。
② 《新唐书》卷222上《南诏传》，中华书局1975年标点本，第6270页。

丈余，两牛相去七八尺，一佃人前牵牛，一佃人持按犁辕，一佃人秉耒（即犁）"[1]。直到"文化大革命"以后，云南剑川、洱源白族和宁蒗纳西族中仍保留有这种犁耕法。[2] 战国及秦代耕犁形制目前尚未发现，但估计只能比赵过时更为原始，相对人力掘耕的优势就更为有限，在这种情况下普及推广牛耕，必须尽量发挥其长处，弥补其缺点，将亩确定为较长的长条形不失为一个切实有效的措施。

比较汉代的犁与先秦的车，可以发现二者之间惊人的相似。除战国时期可能出现的少量双辕车而外，先秦车制基本上是一辕、一衡、一轴、一舆、二轮，大多为二軎（如陕西西安沣西张家坡西周车马坑所见），少数为四軎（如陕西临潼秦陵兵马俑坑所见），辕长且直，辕与衡、轴、舆联结为一体，不可调节。除实物外，甲骨文、金文中车字字形表现也极为清楚，甲骨文车字多作 🚗（如《藏》114·1，《南明》641），早期金文多作 🚗（如印父簋）或 🚗（如兮甲盘）。后方简化为车。汉代二牛犁与先秦车之牵引部分完全一样，犁辕与犁架、车辕与车体的联结方式也完全一样，这就启示我们，汉代耕犁前身春秋战国时期的犁，大概是由车演化而来的。可以推测，在激烈的车战之中，车体或有损坏，牛马拖曳残余车体奔跑，从而掘破土地，人们由此得到启发，添加耒耜之类破土工具的刃部，从而产生原始的耕犁。有的学者认为牛耕由耦耕演化而来，如孙常叙先生说：耦耕是两人面对面共用一耜，一人蹠耒入土，一人曳绳拉耒使耜发土；拉绳者变换方向后，便成为犁地，此后耜之形制发生相应变化，铧出现，又以牛力代替人力，改人耦为牛耦，于是出现牛耕。[3] 本文不打算详评这种观点，只想指出一点，如果犁耕由此产生，那么牛与耕犁之间应该是用绳索联结起来的，其发

---

① 樊绰：《蛮书》卷7《云南管内物产》，文渊阁《四库全书》，台湾商务印书馆1983年影印本，第464册，第24页下栏。

② 参见宋兆麟《西汉时期农业技术的发展》，《考古》1976年第1期；李朝真《从白族的"二牛三人"耕作法看汉代的耦犁法》，《农史研究》第5辑，农业出版社1985年版；李昆声《唐代云南"二牛三夫"耕作的民族学新证》，《农史研究》第5辑，农业出版社1985年版。

③ 孙常叙：《耒耜的起源及其发展》，上海人民出版社1959年版，第63页。

展结果应是形成隋唐时期的短辕犁，用人少，更便于操作，而不会自找麻烦，再重新创造出一种用人多、操作不便的长辕犁。

基于上述认识，再从文字学角度对"爰（辕）田"加以探讨，就有豁然开朗之感。甲骨文、金文均无"辕"字，只有"爰"字。"爰"，甲骨文多作 𠬪，为双手牵引状，因此，牵引、援引当是"爰"字初义。

金文字体略有变异，作 𢆶，由此字形大致确定。《说文》字形与金文差不多，释曰："引也，从𡩡从于，籀文以为车辕字。"可见，自甲骨文至《说文》，"爰"字字体未发生多大变化，字义更是明晰而确定，即牵引，车通过车辕被牵引方能行动，因此表示牵引的"爰"字被用为车辕之"辕"字。显然，"爰"字本义与赏、换等等含义毫无瓜葛。将本义为牵引、引申义为车辕的"爰"字，与田联系在一起，只能理解为与牛犁耕作有关。"爰田"作为动宾词组，当是指用类似车辕的东西以牵引的方式耕作田地。作为名词，则是指用牵引方式来耕作的田地，也即牛耕田地。当它作为一种制度的代名词时，则显然是指便于牛犁耕作的一种田地建设或田地规划。大约在春秋战国时期，"辕"字从"爰"中分化出来，用以专指车辕，或许正说明，在车辕之外，已经有了其他的辕用以牵引，例如犁辕。

早期牛耕的形成及较大面积推广，除了耕犁的形成而外，还需要三个条件，一是土壤疏松便于早期牛耕的田地，二是耕牛的大量繁育，三是铁器的使用。早期耕犁粗笨，破土不力，若土壤粘重则很难耕动，黄土高原土壤疏松，是其广泛推行的最佳地区，而这正是春秋战国实行爰田和汉代推行代田的主要地区，二者联系绝非偶然。耕牛在秦晋大地的大量繁育，文献中已可见端倪，《国语·晋语九》在文献中首次提到耕牛，曰："宗庙之牺为畎亩之勤"，《战国策·赵策一》说"秦以牛田"，则表明秦耕牛数量不少，优于他国。这两条材料的时间分别在"作爰田""制辕田"之后，似乎也表明实行"爰田"制之后耕牛数量的剧

增。使用铁犁铧是普及牛耕的重要条件。当然，不用铁器也可犁耕，[①]
如唐代南室韦人"刳木为犁，不加金刃"[②]，解放前夕四川西部和西藏东
部许多藏族人民使用硬木削成的木犁，以二牛抬杠方式耕地，每耕不到
十分之一亩就须更换犁尖，耕深仅三、四寸。[③] 但是，不用铁犁铧效率
就十分低下，相对人力掘耕优越性不很明显，这就成为牛耕普及的障
碍。在铁器的发明、生产和使用方面，黄土高原也处于优先地位。文献
中有关铁器的第一个明确记载在晋国，公元前 513 年，晋赵鞅等人"赋
晋国一鼓铁，以铸刑鼎"（《左传·昭公二十九年》）。考古发掘的春秋
时期人工冶造铁器，也以这一地区为最早和最多，特别是秦国。发现于
甘肃灵台景家庄的一件春秋早期铜柄铁剑，[④] 被认为可能是我国最早的
人工铸铁器件。春秋时期秦国铁器的发现，无论早、中、晚期，都明显
超过了东方诸国，遍布于当时秦国的整个中心地区。近年在陕西宝鸡益
门村春秋晚期偏早秦墓中发现的二十余件人工冶造铁器，更揭示了春秋
战国时期秦在铁器方面的优先地位。[⑤] 铁器的广泛应用使牛耕优越性较
充分表现出来，为其推广普及提供了充分条件。

　　在前述基础上，商鞅变法以后的秦国又进一步创造条件，国家为农
户提供铁器、耕牛。云梦秦简《厩苑律》规定："假铁器，销敝不胜而

---

　　① 龙山文化陶寺遗址及良渚文化中出土有一些三角形石器，许多学者称其为石犁，但是
否为犁，大可怀疑，特别是在土壤熟化程度较低的原始农业之中。季曙行依据机械学原理进行
了研究，结论是："真正有可能成为石犁的三角形器并不多。"（季曙行：《"石犁"辨析》，《农
业考古》1987 年第 2 期）。王振中认为，新石器时代晚期的所谓"石犁"，"出在北方的实际是
石耜，出在南方的实际是石锄"。（陈振中：《青铜生产工具与中国奴隶制社会经济》，中国社
会科学出版社 1992 年版，第 521 页。）

　　② 《旧唐书》卷 199 下《室韦传》，中华书局 1975 年标点本，第 5357 页。

　　③ 中国科学院民族研究所西藏少数民族社会历史调查组：《藏族简志》下编第二章
"解放前的社会面貌"第三节"封建枷锁束缚下的生产和交换"，中国科学院民族研究所，
1963 年。

　　④ 刘得祯、朱建唐：《甘肃灵台县景家庄春秋墓》，《考古》1981 年第 4 期。

　　⑤ 以上有关铁器内容参见李学勤《东周与秦代文明》第二十章"铁器"，文物出版社
1984 年版；宝鸡市考古工作队《宝鸡市益门村二号春秋墓发掘简报》，《文物》1993 年第 10
期；张天恩《秦器三论——益门春秋墓几个问题浅谈》，《文物》1993 年第 10 期。

毁者，为用书，受勿责"①，对于借用国家铁器者，因铁器破旧不堪使用而损坏者准予报销损耗。《厩苑律》又规定，每年四月、七月、十月和正月评比耕牛，正月举行大考核，成绩优秀者，给田啬夫、牛长、饲牛者分别予以奖励，反之则给予惩罚，② 此条足见国家对耕牛饲养、使用极为重视。律文未说明是官牛还是私牛，但似乎是官牛，云梦秦简《封诊式·封守》可作为旁证。《封守》为查封家产记录，被查封者是某士伍，其有家室子女，畜有臣妾，查封帐也细到"门桑十木""牡犬一"均记录在案，唯无田地，此当为国家授田，亦无铁器耕牛，当由国家借贷使用。③ 国家又以法令形式规定亩制为一步宽、二百四十步长，在授田中严格执行。通过这些措施，以国家力量普及牛耕，真正广泛实现了"以牛田"，达到了富国强兵、东雄诸侯的目的。

三 "制辕田"即推广垄甽耕作制

"制辕田"的主要内容是推广牛耕，但仅仅以此还不能充分解释商鞅变法后的秦国亩制，理由有二。一、为便于牛耕，增大田块长度即可，不必硬性规定亩之形状，特别是亩宽一步。二、李悝作"尽地力之教"，"一夫挟五口"所能治田为百步之亩百亩。汉行代田法，"率十二夫为田一井一屋，故亩五顷"④，一夫实际所耕亦百步之亩百亩。解放前北方谚语所谓"三十亩地一头牛，老婆孩子热炕头"，一夫所能耕田三十旧市亩，按秦尺23.1厘米、旧市亩614.4平方米折算，大致也是百步之亩百亩。秦亩制百亩相当于百步之亩二百四十亩，以此授予一夫耕种，则大大超出其耕作能力，这正是《商君书》所说"地不任"现象，

---

① 《秦律十八种》，载睡虎地秦墓竹简整理小组编《睡虎地秦墓竹简》，文物出版社1978年版，第32页。

② 《秦律十八种》，载睡虎地秦墓竹简整理小组编《睡虎地秦墓竹简》，文物出版社1978年版，第30页。

③ 《封诊式》，载睡虎地秦墓竹简整理小组编《睡虎地秦墓竹简》，文物出版社1978年版，第249页。

④ 《汉书》卷24上《食货志上》，中华书局1962年标点本，第1125页。

与商鞅尽地力思想相矛盾。因此，一步宽二百四十步长亩制的确定应当还有其他原因。

这里，赵过"代田法"又给我们启示。代田法的核心是以牛耕为基础，实行一亩三垄三甽的垄甽耕作法，其亩制形状是为正确布置垄、甽服务的。《汉书·食货志》称其为"古法"，则它与前代秦的耕作方法应当有直接渊源关系。成书于战国后期秦国的《吕氏春秋》中，收入了《任地》《辩土》《审时》等几篇农家著作，其中详细描述了垄甽耕作法的具体内容，这似乎就是赵过时所谓的"古法"，也当是商鞅变法中的农业技术革命，即"制辕田"及其以后成果的总结，商鞅变法后的秦国亩制由此可以得到更为充分的解释。

《吕氏春秋》所见垄甽耕作法的核心是整修垄和沟，以此为基准进行耕作。《任地》曰："六尺之耜所以成亩也，其博八寸所以成甽也，耨柄尺，此其度也。"文中的亩即垄，甽即沟。整地之后的农田由垄、沟相隔而组成，其宽度均与耨柄长度相同，为一尺（23.1厘米）。完成整地的工具是长六尺（138.6厘米）、宽八寸（18.48厘米）的"耜"，这里的"耜"就是犁，毕沅《吕氏春秋新校正》引黄东发曰："耜者今之犁，广六尺，旋转以耕土。"此处耜宽即犁铧宽，用八寸宽的犁铧耕地，由于两边必然会带动土壤，所耕成的沟正好是一尺上下。此犁铧宽度（八寸，合今18.48厘米）与考古发现基本统一，已知出土战国犁铧宽度大致是20厘米上下。关于出土汉代犁铧，黄展岳先生依其大小分为三类，小铧长宽各20厘米左右，中铧长宽各30厘米左右，大铧长度在40厘米以上，并指出其中绝大部分是小铧和中铧。[1] 秦汉尺一尺左右宽度的犁铧大概比较适应于牛耕和田间播种行距，因此这个宽度沿袭至唐。唐人陆龟蒙《耒耜经》记当时犁头尺寸曰："镵长一尺四寸，广六寸"，据万国鼎先生考证，"唐大尺的标准长度在0.2949米与0.2959米之间"，唐"后期渐有放长，有长到0.31米左右的"[2]，依此，唐犁头宽

---

[1]　黄展岳：《古代农具统一定名小议》，《农业考古》1981年第1期。
[2]　万国鼎：《唐尺考》，《农史研究集刊》第1册，科学出版社1959年版。

度也在 18 厘米左右。战国时期尚未产生犁壁，无壁犁不能翻土，但可将土分向两边，形成沟，来回各一次，便形成一垄两沟，连续进行，则垄沟相间而完成整地，同时也可以完成播种。这种整地方式可以只耕总面积一半的土地即完成整地，其余一半是未耕地，被翻起的松土所覆盖，成为垄的基底，因此，以这样方式耕种二百亩土地，只相当于全部翻耕土地一百亩。秦亩积由百步扩大为二百四十步之后，一夫之力仍可耕种百亩，其奥妙大概就在于此。所整之地只播种一半，即所谓"上田弃亩，下田弃甽"（《吕氏春秋·任地》），"茎生于地者五分之以地"（《吕氏春秋·辩土》），高旱田种于沟内，低湿田种于垄上，有苗之地占全部田地二分之一，来年则垄沟更换。秦地属干旱或半干旱地区，大概一般是将种子播种于沟甽之中，出苗以后，通过中耕、锄草、培土，原来的沟逐渐变为垄，原来的垄逐渐变为沟，第二年播种的沟正好是前一年的休闲地，即垄。

《吕氏春秋》所见商鞅变法后推行于秦地的垄甽耕作法，可由解放前东北地区普遍采用的垄、沟耕作法得到非常形象的说明。后者主要有如下一些内容：（1）垄台一般为南北向，这与秦《为田律》中亩向完全一致，以便垄面多接受太阳照射，从而提高春秋两季地温，增加产量，经对照实验，在东北北部地区，南北垄比东西垄增产 15%。（2）不管栽培什么作物，垄宽不变，东北地区南部为 51.4 厘米，中部为 56.9 厘米，北部为 70.0 厘米，不同作物只调整株距。这里的垄宽实际上包含了垄台与垄沟，即垄和甽两部分，其形制与《吕氏春秋》所述完全相同，只是宽度稍大一些，这大概与东北地区主要农作物为大豆、高粱有关。（3）垄台与垄沟的宽度大小，是由犁及犁铧的大小所造成的，这与《吕氏春秋》所见也完全统一，后者用八寸之犁铧耕地，两边各带动一寸（2 厘米）土壤，从而耕造出一尺左右宽的沟甽。（4）具体耕作方式有反种、积种、坏种、剗种四种，其耕地深浅及用工多少各有差别，积种最省事。"积种是在去年的垄沟里播下种子，用装上'犁锡头'（或草耙）的犁，把去年的垄台从中犁翻，把翻起的土翻落到两边的垄沟作为覆土，这样只需一个来回就可播完两垄，一天就可以翻耕播种两晌地

（1.2公顷）。"① 这是一套完整的、适合我国北方土壤气候条件的、便于牛耕而又比较省时省力的耕作方法，可以推断，商鞅变法后秦国推行的耕种方法当与此类似。

由上述讨论可见，秦"制辕田"，确定一步宽、二百四十步长亩制，除了便于在长直辕犁条件下推广普及牛耕而外，也是为了推广以牛耕作为基础和核心的垄畎耕作技术。据《吕氏春秋》总结，这种新技术有许多优点。（1）可以实现"息者欲劳，劳者欲息"（《吕氏春秋·任地》），使耕地每年都有一半休闲从而恢复地力，这实际上是变不同地块之间的轮休为同一地块不同部分之间的轮休，在不增加耕作劳动量的条件下加速土地熟化，改良土壤。（2）垄、沟布置便于条播，"衡行必得，纵行必术"，可以避免农业生产中"三盗"之一的"既种而无行"，由于"茎生有行，故速长"（《吕氏春秋·辩土》），这在耧车发明之前是十分重要的技术措施。（3）"稼欲生于尘而殖于坚"（《吕氏春秋·辩土》），即禾稼生长最有利的土壤条件是上虚下实，种子处于其间，下实则利于种子吸水、扎根，上虚则利于种子发芽、禾苗生长，同时减少地表水分蒸发，可能类如东北地区"积种"方式的垄畎耕作法正好能实现这点，与现代农业中采用的免耕法或少耕法诸多类似之处。（4）垄畎耕作条件下的条播使间苗大为方便，"其耨六寸，所以间稼也"（《吕氏春秋·任地》），间苗使禾稼"弱不相害，故速大"（《吕氏春秋·辩土》）。（5）垄畎条播使禾行与余地界限清楚，从而利于中耕、除草、培土等田间管理工作的进行。中耕"使地肥而土缓"（《吕氏春秋·任地》），起到保墒和释放土壤肥力的作用。除草可以去除农业生产"三盗"之一的"草窃"（《吕氏春秋·辩土》），使禾苗茁壮成长。培土则使禾稼根系发达，既能更多吸收水分养料，又能抵御风害抗倒伏。（6）垄作条播利于禾间通风，即所谓"正其行，通其风"（《吕氏春秋·辩土》），同时也有利于充分利用光照。具有这些优点的垄畎耕作法与铁犁牛耕的推广普

---

① ［日］天野元之助：《中国传统耕作方法考》，《农史研究》第3辑，农业出版社1983年版，第108页。

及相结合，形成农业生产技术的一场革命，它必然大大提高农业生产力水平，增加农田产量，增强国家经济实力。

四　关于晋"作爰田"

一场卓有成效的巨大经济变革，不仅仅是生产关系方面的变革，往往也包含生产技术方面的变革，商鞅变法正是这样，"开阡陌"是其生产关系方面变革的集中表现，"制辕田"是其生产技术方面变革的集中表现，两方面结合起来，奠定了商鞅变法得以成功的完整经济基础，秦国迅速强盛，"东雄诸侯"，其基本原因正在于此，《汉书·地理志》的总结是相当准确的。

关于晋"作爰田"，资料阙如，无法进行更深入的研究，但从秦"制辕田"，可以作出若干推测。由于"爰田"名称的相同，各种自然与社会条件之类似，我们有理由推断，晋"作爰田"的主要内容，就是进行以铁犁牛耕为基础和核心、以垄甽耕作方法为表现形式的农业技术革命。当然，晋"作爰田"中是否包含了类似商鞅"开阡陌"，即社会关系变革的内容，资料有限，无法臆断，但推测可能也有类似内容，在此基础上方有可能实现"作州兵"之改革。笔者认为，这样可以较合理地解释相关历史事件。

在吕甥的精心导演之下，郤乞以国败君辱感动国人，又用国君名义赏赐以取悦国人，国人"皆哭"之后，晋方得以"作爰田"。为何如此艰难，就因为以铁犁牛耕、垄甽耕作为基本内容的农业技术革命，不仅需要改变人们已有的耕作习惯，还需要相当数量的物资投入，或许还有因社会关系变化所带来的其他损失，而新技术的优越性并不是一下子就能表现出来的，这就为既得利益者国人所不乐接受。然而，新技术以及可能存在的生产关系变革，最终会提高生产力水平，推动经济发展，从而为晋国的强盛奠定了经济基础，使之能在此后的一二百年时间内称雄中原。

在中国古代，生产基本上都是简单再生产，因而农业生产技术变革是一个艰难而漫长的过程，铁犁牛耕及以其为基础的新耕作技术的推广也不例外。在晋"作爰田"之后很长一段时间内，牛耕似乎仍局限于晋之一隅，因而二百多年后，商鞅又需要在秦再作一次"爰田"，以推广牛耕。到西汉初年，人力掘耕仍是普遍现象，《淮南子·主术训》曰："一人蹠耒而耕，不过十亩"，《盐铁论·未通》曰："民蹠耒而耕，负担而行"，都描绘了当时现实，因此又有赵过进一步推行铁犁牛耕。尽管如此，终西汉一朝，铁犁牛耕似乎仍局限于黄河中下游地区，到东汉，方逐渐推广于江南，章帝建初八年（83），庐江（在今安徽南部）百姓尚不知牛耕，王景任庐江太守时，才"驱率吏民"，"教用犁耕"①。然而，铁犁牛耕毕竟代表着生产力发展的方向，晋国揭开了这场技术革命的序幕，秦跟随其后，经过数百年时间，两汉时期终于基本完成，从而奠定了汉以后直至清代农业生产技术的基本格局。

（原载《中国农史》1998 年第 3 期）

---

① 《后汉书》卷 76《循吏传》，中华书局 1965 年标点本，第 2466 页。

战国授田制试论

　　战国时期土地制度的基本内容是什么？以往较为流行的答案是：井田制的瓦解与可以自由买卖的土地私有制的确立。近年来，随着战国秦代简牍的大量发现，越来越多的学者主张：战国，特别是商鞅变法之后秦的基本田制为授田制，此制一直延续到秦始皇统一六国之后。[①] 但是，要使这种观点牢固地确立起来，为更多的人所接受，还需要对战国授田制作更为充分完整的分析论述，本文试图在这方面做些努力。

　　战国时期授田制度普遍存在，地下发掘材料中有许多证据。睡虎地秦简《魏户律》曰：

　　　　廿五年闰再十二月丙午朔辛亥，………自今以来，叚（假）门逆吕（旅），赘婿后父，勿令为户，勿鼠（予）田宇。[②]

　　据该简整理小组考证，文中"廿五年"为魏安釐王二十五年（前252），这距李悝、商鞅的变革已有百年上下。睡虎地秦简还记有：

---

　　① 如裘锡圭《战国时代社会性质试探》，载社会科学战线编辑部编《中国古史论集》，吉林人民出版社1981年版；高敏《云梦秦简初探·从云梦秦简看秦的土地制度》，河南人民出版社1979年版；刘泽华等编《中国古代史》第三章第二节，人民出版社1979年版；张金光《试论秦自商鞅变法后的土地制度》，《中国史研究》1983年第2期；等等。

　　② 《为吏之道》，载睡虎地秦墓竹简整理小组编《睡虎地秦墓竹简》，文物出版社1978年版，第293页。

入顷刍稾，以其受田之数，无狠（垦）不狠（垦），顷入刍三石、稾二石。①

该墓同葬《编年记》简文终于秦始皇三十年（前217），此条法令这时当还在使用。可见在李悝、商鞅变革近百年之后，授田制在秦、魏是一种基本的社会经济制度。秦简《封诊式·封守》的记述间接证明了授田制：某里士五甲被查封，查封的项目有"家室、妻、子、臣妾、衣器、畜产"，爰书中详细描述了被查封的房屋、家人、臣妾以及一条狗的情况，最后"讯典某某、甲伍公士某某'甲党（倘）有（它）当封守而某等脱弗占书，且有罪。'某等皆言曰：'甲封具此，毋（无）它当封者'"②。甲的财产全部被查封，经他人证明，无一遗漏，但这个畜臣妾者却并无田产，也说明当时土地属国家所有，实行授田制度，受田者犯罪之后，土地由国家收回，不能作为他的财产而查封。这是秦、魏等西部国家的情况。齐国等东部国家也是如此，1972年山东临沂银雀山西汉前期墓出土竹简《田法》（裘锡圭推断为战国时齐人作品，③ 从之）即为证据。此简文尚未公布，据该简整理者裘锡圭等透露，"篇中讲到政府授田给农民的制度、农民的各种负担以及农民不能完成政府规定的生产任务时所应受的处罚"④。简文中有"州、乡以地次受（授）田于野"的记载，⑤ 讲到了"三岁而壹更赋田，十岁而民毕易田"的换田制度，⑥ 有"邑啬夫度量民之所田小……"⑦ 专门度量民之受田。

文献材料也充分反映了授田制的存在：

---

① 《秦律十八种》，载睡虎地秦墓竹简整理小组编《睡虎地秦墓竹简》，文物出版社1978年版，第27页。

② 《封诊式》，载睡虎地秦墓竹简整理小组编《睡虎地秦墓竹简》，文物出版社1978年版，第249页。

③ 裘锡圭：《啬夫初探》，载中华书局编辑部编《云梦秦简研究》，中华书局1981年版。

④ 朱德熙、裘锡圭：《七十年代出土的秦代简册和帛书》，《语文研究》1982年第1辑。

⑤ 裘锡圭：《战国社会性质试探》，载社会科学战线编辑部编《中国古史论集》，吉林人民出版社1981年版。

⑥ 裘锡圭：《啬夫初探》，载中华书局编辑部编《云梦秦简研究》，中华书局1981年版。

⑦ 裘锡圭：《啬夫初探》，载中华书局编辑部编《云梦秦简研究》，中华书局1981年版。

"今利其田宅，而复之三世，……"（《商君书·徕民》）

"魏氏之武卒，以度取之，……中试则复其户，利其田宅，……"（《荀子·议兵》）

这是授某些农民以好田。授田的另一个叫法是分田：

"均地分，节赋敛，取与之度也。"（《尉缭子·原官》）[1]

"匹夫者，以自能为能者也。……百亩一守，事业穷，无所移之也。……传曰：'农分田而耕'，……"（《荀子·王霸》）

"故为国分田，数小亩五百，足待一役，此地不任也。"（《商君书·算地》）

"今以众地者，公作则迟，有所匿其力也；分地则速，无所匿迟也。"（《吕氏春秋·审分》）

也有将授田称之为"行田"（《吕氏春秋·乐成》）者。由于是授田制，故占用者无所有权，人死后受田收回，离弃农业也只能放弃受田：

"夫陈善田利宅，所以厉战士也；而断头裂腹，播骨乎原野者，无宅容身，身死田收，……"（《韩非子·诡使》）

"王登为中牟令，……王登一日而见二中大夫，予之田宅。中牟之人弃其田耘，卖宅圃，而随文学者邑之半。"（《韩非子·外储说左上》）

这两条材料都谈到了授田，也谈到了收田或放弃受田。战国时田土不可买卖，也是授田制的旁证。谈到战国田土买卖的材料，其实仅有

---

[1] 传世文献本为"均井地，节赋敛，取与之度也"，银雀山汉墓出土竹简本为"均地分，节傅（赋）敛……"见银雀山汉墓竹简整理小组《银雀山简本〈尉缭子〉释文（附校注）》，《文物》1977年第3期。据银雀山竹简本改。

《史记·廉颇蔺相如传》一条：

> 今括一旦为将，东向而朝，无敢仰视之者，王所赐金帛，归藏于家，而日视美田宅可买者买之。

上引《韩非子》所说"弃其田耘，卖宅圃"，以往人们多作为田土买卖的材料使用，其实文中很清楚，所卖的仅仅是宅圃，田地被放弃，而且此句之前有"予之田宅"，这恰好证明了土地国有与授田制。因此，仅凭《史记·廉颇蔺相如传》一条孤证，不能认为战国时期田土可以自由买卖，董仲舒说秦在商鞅变法后"除井田，民得卖买，富者田连阡陌，贫者亡立锥之地"①，实是以汉述秦，无据之谈。

战国授田制有如下一些特征或内容。

1. 计户授田，设立严密的户籍

上引秦简《为吏之道·魏户律》说要对某些人"勿令为户，勿予田宇"，可见户是授田的前提，是受田的基本单位。这种户已不像春秋时期"百口之家"（《管子·海王》）那样的大户，而是以一个成年男劳动力为核心组成的一夫一妻制小家庭。秦简《封诊式·封守》记"某里士伍甲"的家人有夫、妻、子、女共四人，另有臣妾各一，②《法律答问》记有"夫、妻、子五人共盗"，"夫、妻、子十人共盗"③，都说明作为社会基本经济单位的这种家庭规模是比较小的。商鞅变法时明令"民有二男以上不分异者，倍其赋"④，则是以行政手段促使家庭的分割，进一步加速了这种小家庭的形成。

授田规模一般是百亩。

---

① 《汉书》卷24 上《食货志上》，中华书局 1962 年标点本，第 1137 页。

② 《封诊式》，载睡虎地秦墓竹简整理小组编《睡虎地秦墓竹简》，文物出版社 1978 年版，第 249 页。

③ 《法律答问》，载睡虎地秦墓竹简整理小组编《睡虎地秦墓竹简》，文物出版社 1978 年版，第 209 页。

④ 《史记》卷68《商君列传》，中华书局 1959 年标点本，第 2230 页。

"家五亩宅，百亩田，务其业而勿夺其时，所以富之也。"（《荀子·大略》）

"魏氏之行田也以百亩，邺独二百亩，是田恶也。"（《吕氏春秋·乐成》）

"……百亩一守，……"（《荀子·王霸》）

这与李悝制"尽地力之教"，以"一夫挟五口，治田百亩"[1] 为基本经济单位是完全一致的，这也证明了授田是以户为单位的。

为了确保计户授田的实施，必须设立严密的户籍，商鞅的政策是：

"举民众口数，生者著，死者削。"（《商君书·去强》）

"四境之内，丈夫女子皆有名于上，生者著，死者削。"（《商君书·境内》）

而要保证从受田者那里充分榨取其剩余劳动，就必须将他们牢固束缚于土地之上，禁止随意迁徙流动。商鞅法令明确规定"使民无得擅徙"，"废逆旅"（《商君书·垦令》），并严禁秦人出境。秦律规定：

有为故秦人出，削籍，上造以上为鬼薪，公士以下刑为城旦。[2]

迁徙必得官府批准，也由秦简可证：

甲徙居，徙数谒吏，……[3]

---

① 《汉书》卷 24 上《食货志上》，中华书局 1962 年标点本，第 1125 页。

② 《秦律杂抄》，载睡虎地秦墓竹简整理小组编《睡虎地秦墓竹简》，文物出版社 1978 年版，第 130 页。

③ 《法律答问》，载睡虎地秦墓竹简整理小组编《睡虎地秦墓竹简》，文物出版社 1978 年版，第 213 页。

为了牢固控制劳动力，商鞅还"令民为什伍，而相牧司连坐"[①]，采取联保措施。

2. 建立严密的田界系统，"开阡陌封疆"

要实行授田制，必须有完整实用的田界系统，这便是商鞅的"为田开阡陌封疆"[②]。汉唐以来，学者一直认为，"开阡陌"即开置阡陌。朱熹《开阡陌辨》一反前人之说，曰：

> 所谓开者，乃破坏划削之意，而非创置建立之名。所谓阡陌，乃三代井田之旧，而非秦所置。[③]

此说一出，学者风从，流传至今，遂成传统观点。近年，李解民发表《"开阡陌"辨正》一文，[④] 重新提出"开阡陌"即开置阡陌的见解，并加以详细论证，作者的论据基本上可归纳为三条：

甲、文献和考古材料中，迄今为止尚未发现战国以前关于"阡陌"的记载。

乙、汉代，"阡陌"在文献中大量出现，不仅普遍作为田界，甚至成为一乡一县的地界。

丙、秦简有"'盗徙封，赎耐'。可（何）如为'封'？'封'即田千佰。顷半（畔）'封'殹（也），且非是？而盗徙之，可（何）重也？是，不重"[⑤]。"封"即田界，因而"千佰""畔"皆为田界，徙之则予以刑罚，可见秦政府如何用法律手段来保护作为田界的阡陌。

作者的分析和结论是正确的，但其论据还有必要予以补充和订正。近年在四川省青川县发现的《秦更修为田律》木牍有：

---

① 《史记》卷68《商君列传》，中华书局1959年标点本，第2230页。

② 《史记》卷68《商君列传》，中华书局1959年标点本，第2232页。

③ 朱熹：《晦庵先生朱文公文集》卷72《开阡陌辨》，清同治十二年仿嘉靖十一年本校刊本。

④ 李解民：《"开阡陌"辨正》，《文史》第11辑，中华书局1981年版。

⑤ 《法律答问》，载睡虎地秦墓竹简整理小组编《睡虎地秦墓竹简》，文物出版社1978年版，第178页。

> 田广一步、袤八则为畛。亩二畛，一百（陌）道。百亩为顷，一千（阡）道，道广三步。封高四尺，大称其高。捋（埒），高尺，下厚二尺。以秋八月，脩封捋（埒），正疆畔，及癹千（阡）百（陌）之大草。①

该令颁布于秦武王二年（前201），由此可见，商鞅被害三十年后，阡陌确实是秦国的田土界限，政府颁布法令予以维护，这是极有力的佐证。这里也可看到，封并非阡陌，而是一种作为田界的土台，《古今注》曰：

> 封疆画界者，封土为台，以表识疆境也，画界者，于二封之间又为壝埒，以画分界域也。②

按照崔豹的注解，封疆画界是先在田中立土台为封，然后又以埒连接各封，封埒结合，遂成田界，因此，李解民对秦简的句读是错误的。商鞅“开阡陌封疆”，建立了阡、陌、封、埒配套的一个完整的田界系统：阡、陌是田间界道合一的固定设施，③ 每年仅刈去其上大草、加以维修即可，而封、埒相连，构成非固定的田界，每年八月要重修。这个固定田界与非固定田界配套的田界系统，为处理授田制下经常发生的田土授收、田界变动以很大方便，田界变动，只需以固定田界阡陌为标志，在其旁边设立新的封埒即可。这显然是应授田制的需要而产生的。不仅西部地区如此，齐国等东部地区也是如此，《管子·四时》曰：

---

① 四川省博物馆、青川县文化馆：《青川县出土秦更修田律木牍》，《文物》1982年第1期。

② 崔豹：《古今注》卷上《都邑第二》，文渊阁《四库全书》，台湾商务印书馆1983年影印本，第850册，第103页上栏。

③ 这里说法不妥，未区分阡、陌与阡道、陌道，在《秦“为田律”农田规划制度再释》（《历史研究》1992年第4期）、《析“阡陌封埒”》（《河南大学学报》1992年第4期）等文中，笔者做了纠正。——作者补注

是故春三月以甲乙之日发五政，……四政曰，端险阻，修封疆，正千佰。

其基本内容相似，所不同者，秦重修封埒在秋季，而齐在春季。从上述所引几条材料也可看到，《史记》所言"为田开阡陌封疆"之"疆"，其实就是《秦更修为田律》中所说的"埒"，两者所谈为同一田界系统。

这个田界系统，比起西周以来的田界有了长足的改进。根据金文资料，西周时田界仅有封埒（或封疆）。《矢人盘》记矢付与散的两处田土眉田和井邑田，是以树、河、道路等自然物为基础标志，再立封为田界。①《卫鼎（乙）》（《九年卫鼎》）所记裘卫得到的一块田，设立了四封作为田界。②

《卫鼎（甲）》（《五祀卫鼎》）记裘卫得到的一块田说：

……乓（厥）逆（朔）疆罘（逮）厉田，乓（厥）东疆罘（逮）散田，乓（厥）南疆罘（逮）散田罘（暨）政父田，乓（厥）西疆罘（逮）厉田。③

此处之疆即封埒，作为与他人田土相邻之界。这种仅有封埒的田界沿用了很长时间，直到商鞅变法时期才有了巨大改变。

3. 根据授田额决定剥削量

由于战国时期实行授田制，土地所有制形式为国有制，因此就如马克思所说，地租与赋税合为一体，④ 为了叙述方便，我们姑且以国家剥

---

① 郭沫若：《两周金文辞大系图录考释》第 7 卷，科学出版社 1957 年版，第 129 页。
② 庞怀清等：《陕西省岐山县董家村西周铜器窖穴发掘简报》，《文物》1976 年第 5 期。
③ 庞怀清等：《陕西省岐山县董家村西周铜器窖穴发掘简报》，《文物》1976 年第 5 期。
④ 马克思：《资本论》第 3 卷，载《马克思恩格斯全集》第 25 卷，人民出版社 2006 年版，第 890 页。

削来称呼这种租税合一体。这里有两种剥削形式，一种是以授田额为基础的定额剥削：

> 入顷刍稾，以其受田之数，无垦（垦）不垦（垦），顷入刍三石，稾二石。①

这是征收饲草，征收量根据授田额，不论耕种与否，每顷都须缴纳一定数量。

另一种是分成剥削，《孙子兵法》佚篇《吴问》曰：

> 范、中行是（氏）制田，以八十步为畹，以百六十步为畖（亩），而伍税之。……［智是（氏）制田，以九十步为畹），以百八十步为畖（亩），而伍税之。］……韩、魏制田，以百步为畹），以二百步为畖（亩），而伍税之。……赵是（氏）制田，以百廿步为畹），以二百卅步为畖（亩），公无税焉。……②

晋之六家，除赵而外，皆取什二之租税。秦亦类似，《商君书·垦令》曰"訾粟而税"，即依农民的粮食收入而确定租税额度。秦与晋六家在先定田制后定租税上也相同，晋六家是先改定亩制而后定税，秦则"为田开阡陌封疆而赋税平"③。无论定额剥削或分成剥削，都是根据授田额收取租税，因此，这时的统治者尽量授民以较宽余的田土，以促使农民更多地生产，同时创造出更多的剩余产品。晋六家应当仍取一家百亩之制，但各家都废百步为亩的旧制亩积，改用越来越大的亩积，就是在这个意义上。商鞅变法后的秦制亦取晋六家中之亩积最大者，以二百

---

① 《秦律十八种》，载睡虎地秦墓竹简整理小组编《睡虎地秦墓竹简》，文物出版社1978年版，第27页。

② 银雀山汉墓竹简整理小组：《临沂银雀山汉墓出土〈孙子兵法〉残简释文》，《文物》1974年第12期。（释文中"畖"，当隶定"畛"——作者补注）

③ 《史记》卷68《商君列传》，中华书局1959年标点本，第2232页。

四十步为亩。① 这种促进生产的意图和措施，也可从秦简中得到间接证实：

> 部佐匿者（诸）民田，者（诸）民弗智（知），当论不当？部佐为匿田，且可（何）为？已租者（诸）民，弗言，为匿田；未租，不论□□为匿田。②

部佐尽管藏匿民田未报，但只要未收租，即未将租税装入自己腰包，便不以"匿田"论处，其意，自然在于促进生产，从而使剥削者得到更多的剩余产品。

4. 国家直接干预生产过程的某些环节

就目前所掌握的材料来说，这种干预主要有三：一是在某种程度上为农民提供籽种、耕牛、农具等土地以外的生产资料；二是以平籴法保护农民生产；三是用行政手段督促农民生产。

国家在某种程度上为农民提供籽种、耕牛、农具等土地以外的生产资料：

> 县遗麦以为种用者，赘禾以臧（藏）之。③
> 种：稻、麻亩用二斗大半斗，禾、麦亩一斗，黍、荅亩大半斗。叔（菽）亩半斗。利田畴，其有不尽此数者，可殹（也）。其有本者，称议种之。④

作为国家基层政府的县，其仓库专门存放作物籽种，而且仓库管理

---

① 《玉篇·田部》，《九章算术·方田》。

② 《法律答问》，载睡虎地秦墓竹简整理小组编《睡虎地秦墓竹简》，文物出版社 1978 年版，第 218 页。

③ 《秦律十八种》，载睡虎地秦墓竹简整理小组编《睡虎地秦墓竹简》，文物出版社 1978 年版，第 44 页。

④ 《秦律十八种》，载睡虎地秦墓竹简整理小组编《睡虎地秦墓竹简》，文物出版社 1978 年版，第 43 页。

人员还必须掌握各种作物每亩土地的用种量，有权根据土地及种植情况调整用种量，这意味着国家可能授种或贷种予农民。近年在湖北江陵凤凰山西汉前期墓发现的贷谷帐竹简，可作为这种情况的旁证，该帐详细记有户主姓名、能田人数、总口数、田数、贷谷数，谷按每亩一斗贷予，当为籽种。① 该贷谷帐详记借谷者家庭组成情况，显然系官府贷谷。这种制度当以秦代的类似制度为历史渊源，即秦代当存在类似的授种或贷种制度。

到西汉中期，宣帝还下诏曰"流民还归者，假公田，贷种、食，……"② 可见这种制度延续时间之长。

> 叚（假）铁器，销敝不胜而毁者，为用书，受勿责。③

这是国家借或赁铁器与农民，而且报销其损毁。

> 以四月、七月、十月、正月肤田牛。卒岁，以正月大课之，……其以牛田，牛减絜，治（笞）主者寸十。……④

此处之牛为官牛，用以耕田，而一年数次评比，当与官府借予农民使用有关，有如曹魏屯田时借民以官牛。秦简《封诊式·封守》可为旁证，被查封户主为士伍，有家室子女，有房产，畜臣妾，查封帐也作得很细，连一只狗都记录在案，但其中不仅无田，也无牛、无铁器工具，

---

① 黄盛璋：《江陵凤凰山汉墓简牍及其在历史地理研究上的价值》，《文物》1974 年第6 期。
② 《汉书》卷8《宣帝纪》，中华书局 1962 年标点本，第 249 页。
③ 《秦律十八种》，载睡虎地秦墓竹简整理小组编《睡虎地秦墓竹简》，文物出版社 1978 年版，第 32 页。
④ 《秦律十八种》，载睡虎地秦墓竹简整理小组编《睡虎地秦墓竹简》，文物出版社 1978 年版，第 30 页。

这两样大概都要借自官府。①

国家又以平籴法保护农民。李悝叙述这种政策说：

籴甚贵伤民，甚贱伤农。民伤则离散，农伤则国贫。……是故
善平籴者必谨观岁有上中下孰。……故大孰则上籴，三而舍一，中
孰则籴二，下孰则籴一。使民适足，贾平而止。小饥则发小孰之所
敛，中饥则发中孰之所敛，大饥则发大孰之所敛，而粜之。故虽遇
饥馑水旱，籴不贵而民不散，取有余以补不足也。②

国家以这种方式使农民少受高利贷者的盘剥，保护农民使之不易
破产。

国家同时以行政手段督促、监督生产。银雀山早期汉墓出土《田
法》明确规定：

卒岁田入少入五十斗者，□之。卒岁少入百斗者，罚为公人一
岁。卒岁少入二百斗者，罚为公人二岁。出之之岁，〔少入□百斗〕
者，以为公人终身。卒岁少入三百斗者，黥刑以为公人。③

此处"公人"，即专门给官府服贱役的人。受田上产量少于他人，
就要受到严厉的刑罚处分，因为这会使国家的租税收入受到损失。类似
的记载还有许多：

"叚（假）门逆閭（旅），赘婿后父，或衒（率）民不作，不
治室屋，寡人弗欲。且杀之，不忍其宗族昆弟。今遣从军，将军勿

---

① 《封诊式》，载睡虎地秦墓竹简整理小组编《睡虎地秦墓竹简》，文物出版社 1978 年
版，第 249 页。

② 《汉书》卷 24 上《食货志上》，中华书局 1962 年标点本，第 1125 页。

③ 银雀山汉墓竹简整理小组：《银雀山竹书〈守法〉、〈守令〉等十三篇》，《文物》1985
年第 4 期。

恤视。"①

　　"民不力田，墨乃家畜。"（《吕氏春秋·上农》）

　　"仲秋之月，……乃命有司，趣民收敛，务蓄菜，多积聚，乃劝种麦，毋或失时，行罪无疑。"（《吕氏春秋·仲秋纪》)②

　　"魏三月上祀，农官读法曰：……上上之田收下下，女则有罚。"③

　　由上述各条特征可见，战国授田制是一个完整的社会经济制度。严密的农业人口控制政策，完整实用的田界系统，对生产某些环节施予的直接的行政干预，以授田额确定租税量的剥削方式，构成了一个系统，它保证了国家控制全国土地、并对直接生产者授田，又保证了国家从直接生产者那里取得地租和国税。对于作为社会统治阶级的每个具体成员来说，并不直接具有土地所有权，但他们通过官俸、食封，通过被"赐邑"若干家、"赐税"若干家（《商君书·境内》）、或"隶"若干家（《荀子·议兵》)、"除庶子"若干人（《商君书·境内》）等不同方式，从社会总剥削收入中分取了一部分，从而在本质上实现了他们的剥削者身份。

　　战国的授田制度，是不同于西周的一种新的社会经济制度，它是导致了强盛秦汉帝国的历史前提。关于战国时期经济制度方面与此有关的其他问题，限于篇幅，本文不作分析，但从上述有限分析已可看到，授田制是战国时期——起码是商鞅变法以后——基本的社会经济制度。战国授田制这一事实的确定，为我们理解战国到隋唐土地制度的演变提供了一把钥匙。到汉代，授田制已经崩溃，社会土地所有制的主要形式已是私有制，但是，以国有土地为基础的授田制并没有被消灭，而是以两

---

　　① 《为吏之道》，载睡虎地秦墓竹简整理小组编《睡虎地秦墓竹简》，文物出版社 1978 年版，第 294 页。

　　② 《礼记·月令》几同，仅"行罪无疑"前有"其有失时"四字。

　　③ 董说：《七国考》卷 2《农官读法》，文渊阁《四库全书》，台湾商务印书馆 1983 年影印本，第 618 册，第 819 页下栏。

种截然不同的形态继续残存了下去。一是国家设法保证直接生产者的土地需要，汉代的"假民公田"与屯田制度，曹魏屯田，北魏初实行于代北的"计口授田"等就是。二是国家以各种手段限制地主私有土地的发展，西汉的"限田"，王莽的"王田"试验，西晋的"占田制"等就是。以这两种形态残存下来的授田制在北魏开始的均田制中得到复苏，并导致了隋唐盛世。由此可见，北魏开始的均田制并非少数民族从边地带入中原的新制度，实滥觞于战国授田制。从战国到隋唐，社会经济关系的发展表面上经过了一个大的曲折，其实质则一脉相承，应当视为同一个历史时期。

［原载《社会科学（甘肃）》1983 年第 6 期］

《管子》所反映的土地制度

《管子》是出现于战国中晚期的一部经济巨著,① 然而，在这部大谈特谈商品交换的巨著中，却找不到有关土地买卖的记述。这给我们以重要启示:《管子》作者们所处时代的土地制度与两汉较为发展的土地私有制大相径庭。因此，有必要系统探讨《管子》书中所反映的土地制度。这对于研究战国土地制度以及战国至两汉土地制度演变的线索可能大有裨益。

一

统观《管子》全书，其中有关土地问题的论述所集中反映出来的是国家授田制度的实施。书中许多文句直接叙述了国家对农民的授田:

> "常以秋岁末之时阅其民，案家人比地，定什伍口数。"(《度地》。尹注:"案家人比地，有十口五口之数，当受地若干。")
>
> "凡国都皆有掌媒，……取鳏寡而合和之，予田宅而家室之，三年然后事之。"(《入国》)

这些叙述都直接反映出国家授田制度的实施。这种国家授田制度有

① 关于《管子》的断代，学者看法不同，本文同意胡寄窗等人战国中晚期作品之说，不再考证。

时又称之为"均地""分地""正地"。如：

> "道曰：均地分力，使民知时也，……故不均之为恶也。"（《乘马》）
>
> "分地若一，强者能守。"（《国蓄》）
>
> "正地者，其实必正，长亦正，短亦正、小亦正，大亦正，长短大小尽正。"（《乘马》）

有时也使用"井田"名称：

> "断方井田之数，乘马甸之众，制之。"（《侈靡》）

此句中的"井田"一词如何理解姑且不论，但它至少反映了国家给农民授予定量土地的事实。

上述这些言论都说明，在《管子》作者们所处的时代，基本的土地制度是国家授田制度，即国家对直接生产者农民授予定量土地的制度。这与地下发现的资料相一致。临沂银雀山汉墓所出战国晚期齐人作品《田法》明确说："州、乡以地次授田于野，百人为区，千人为域。"①

《管子》一书所反映的土地国有的事实，可以作为当时国家授田制度实施的旁证。与土地国有相对立的土地私有权，其基本内涵至少应当包括一定限度内的土地买卖权。但是，在大谈特谈商品交换的《管子》书中，却找不到土地买卖的痕迹，相反，却有土地不能买卖的证据，《小称》曰："虽有天子诸侯，民皆操名而去之，则捐其地而走矣。"农民逃亡，土地只能遗弃，这说明土地不能买卖，归国家所有。由于土地国有，农民所需土地通过授田制度得到满足，因此当时的社会问题中没

----

① 银雀山汉墓竹简整理小组：《银雀山竹书〈守法〉、〈守令〉等十三篇》，《文物》1985年4期。该篇时代、作者从裘锡圭同志推断，见《啬夫初探》，载《云梦秦简研究》，中华书局1981年版。

有土地兼并问题。国家害怕的是农民逃亡，离开国有土地。《立政》说："民不怀其产，国之危也"，把农民不关心授予他的土地看作国家的危险。《轻重甲》中，作者将农民忍饥挨饿的原因归结为商人囤积居奇，只字未提土地问题。在《治国》中，作者分析农民"逃徙者刑而上不能止"的原因，列举了农轻商重、苛捐杂税、高利贷盘剥、"上征暴急无时"等，总括为"粟少而民无积也"，亦未提及土地问题，又说："粟少则人贫，人贫则轻家，轻家则易去。"从这些叙述中我们看不到土地兼并问题，这说明当时社会上不存在土地兼并。土地归国家所有，农民与"自己的生产资料土地"、即国家授予的土地结合在一起，国家通过授田制度来维持和保护这种结合，使他们为国家提供剩余产品和剩余劳动。因此，农民不关心自己的土地成为统治者最担心的危险之一。

土地国有与国家授田制度是同一件事的两个方面，二者互为前提。土地归国家所有，授田制方有可能实施，而通过授田制度的实施，国家从农民身上取得了粮食等剩余产品和徭役等剩余劳动，土地国有才算真正实现。所以，土地垦辟状况是统治者最为关心的问题之一，《权修》说："地之不辟者，非吾地也"，《事语》说："彼善为国者，壤辟举则民留处"，等等，因为土地不垦辟，即土地上没有受田农民在耕作，国家就得不到相应的剩余产品和剩余劳动，土地国有权也就无法得到实现。

当然，土地国有制的存在形式除了国家授予农民的定量土地外，还有其他一些形式。一种是屯田：

"（秋）三政曰：慎旅农，趣聚收。"（《四时》。尹注："师旅营农，当慎收之。"）

"请以令发师置屯藉农，……"（《轻重乙》）

一种是因爵位或功绩授予贵族土地：

"度爵而制服，……六畜人徒有数，……生则有轩冕、服位、

谷禄、田宅之分。"（《立政》）

　　"有善者赏之，以列爵之尊，田地之厚，而民不慕也。"（《君臣上》）

　　"大臣死于外，分壤而功。"（《国蓄》）

这些，也都是国有土地的存在形式，但它们在整个社会经济生活中只占据次要的地位。

二

就《管子》一书所见，对其中所反映的国家授田制度可以归纳出如下一些内容和特征。

（一）国家严密管理社会生产劳动者，按"夫"或"户"授予定量土地

首先，国家设立严密户籍，定时核查登记：

　　"分春曰书比，立夏曰月程，秋曰大稽，与民数得亡。"（《乘马》）

　　"常以秋岁末之时阅其民，案家人比地，定什伍口数。"（《度地》）

其次，按一定的行政组织强制编制生产劳动者。其形式或是以劳动者"家"为单位进行编制：

　　"十家为什，五家为伍，什伍皆有长焉。"（《立政》）

　　"五家而伍，十家而连，五连而暴，五暴而长，五长命之曰某乡，四乡命之曰都，邑制也。"（《乘马》）

或是按土地、生产活动将劳动者编制起来：

> "方六里命之曰暴，五暴命之曰部，五部命之曰聚，……五聚命之曰某乡，四乡命之曰方，官制也。"（《乘马》）

> "四聚为一离，五离为一制，五制为一田，二田为一夫，三夫为一家，事制也。"（《乘马》）

再次，用行政的暴力的手段直接控制劳动者人身，禁止其迁徙、流亡：

> "（冬）五政曰：禁迁徙，止流民，圉分异。"（《四时》。尹注："分异谓离居者。"）

> "逃徙者刑……"（《治国》）

> "审闾闬，慎筦键，筦藏于里尉。置闾有司，以时开闭。……凡出入不时，衣服不中，圈属群徒不顺于常者，闾有司见之，复（里尉）无时。"（《立政》）

国家是在对劳动者人身予以严密管理和控制的基础上，方才实施授田制度的。授田按"夫"或"户"进行，一"夫"或一"户"授田一百亩：

> "一农之量，壤百亩也。"（《臣乘马》）

> "地量百亩，一夫之力也。"（《山权数》）

> "百乘为耕田万顷，为户万户，……"（《揆度》）

> "方一里，九夫之田也。"（《乘马》）

自然，其中所言亩积究竟有多大，是百步之周亩，是《礼记·王制》所言之东亩，还是战国晚期流行于西部的二百四十步之秦亩，仍不清楚。银雀山出土《田法》有："一人而田大亩廿〔四者王，一人而〕

田十九亩者霸，……"① 其中所称为大亩，与此相比，上引所言显非大亩。

（二）设立严密田界系统

国家要实施授田制度，就必须确立和维护严密的田界系统。对此，《管子》中有几条记载：

> "三岁修封，五岁修界，十岁更制，经正也。"（《乘马》）
> "（春）四政：端险阻，修封疆，正千伯。"（《四时》）

显然，国家定时组织对田界系统的维修和订正。其中阡、陌、封、疆究竟为何，《管子》未作明确阐释，1979 年出土的秦《更修为田律》似可借为注解。其曰："田广一步袤八则为畛。亩二畛，一陌道。百亩为顷，一阡道。道广三步。封高四尺，大称其高。埒，高尺，下厚二尺。以秋八月，修封埒，正疆畔，及发阡陌之大草。"② 根据这条材料，秦商鞅变法中"为田开阡陌封疆"③，就是设置固定田界与非固定田界配套的田界系统，阡、陌为田间界道合一的固定设施，④ 每年仅刈草维护即可，封、埒（即疆）相连构成非固定田界，每年须重新确定并予以修筑，这是适合于授田制实施而制定的新的田界系统。《管子》书中所说阡陌封疆当与此相同，且称封、疆为"修"，称阡、陌曰"正"，也与秦《更修为田律》意思相仿，因此可以推断，《管子》书中的阡陌封疆正是为了实施授田制度而确立的固定界与非固定田界配套的田界系统。

---

① 银雀山汉墓竹简整理小组：《银雀山竹书〈守法〉、〈守令〉等十三篇》，《文物》1985 年第 4 期。

② 四川省博物馆、青川县文化馆：《青川县出土秦更修田律木牍》，《文物》1982 年第 1 期。

③ 《史记》卷 68《商君列传》，中华书局 1959 年标点本，第 2232 页。

④ 这里说法不妥，未区分阡、陌与阡道、陌道，在《秦"为田律"农田规划制度再释》（《历史研究》1992 年第 4 期）、《析"阡陌封埒"》（《河南大学学报》1992 年第 4 期）等文中，笔者做了纠正。——作者补注

（三）以所授土地的质与量确定国家租税征收额

在国家授田制度下，国家征收的租税是地租与国税的统一体，即农民的全部剩余产品和剩余劳动。《管子》书中所见的租税征收有两个特点，一是根据所授土地的质量而定，即"相地而衰征"，二是根据所授土地的数量而定，而不依据实际耕作亩数，即不"以田亩籍"，这两个特点使国家租税征收更趋于合理。《管子》书中曰：

> "案田而税，二岁而税一，……"（《大匡》）
> "相地而衰其征，则民不移矣。"（《小匡》）
> "郡县上腴之壤守之若干，间壤守之若干，下壤守之若干，故相壤定籍而民不移。"（《乘马数》）
> "田策相圆（即税额与田等相符），此国策之持也。"（《乘马数》）

这些都是说，征收的租税必须与耕地的质量相应。《乘马》篇中还具体叙述了旱地与涝地的减税比例：

> 一仞见水不大潦，五尺见水不大旱。一仞见水轻征，十分去一，二则去二，三则去三，四则去四，五则去半，比之于山。五尺见水，十分去一，四则去二，三则去三，二则去四，尺而见水，比之于泽。

租税的征收除依据土地肥瘠而有等差之外，授田数额也是其基本依据。《乘马》篇谈到军赋的征收时说：

> 方六里为一乘之地。一乘者，四马也。一马，其甲七，其蔽五。四乘，其甲二十有八，其蔽二十，白徒三十人奉车辆，器制也。

这里的军赋自然是按授田额征收，而不管其是否耕种。《国蓄》篇曰："以田亩籍，谓之禁耕。"这是说，如果以实际耕种土地的数量来征收租税，则必然挫伤农民耕作的积极性。若将此句解释为主张不征收土地租税，显然与实际情况难以相符。《轻重甲》中有关于"正籍"的叙述："民无以与正籍者，予之长假"。日本学者安井衡《管子纂诂》注曰："'与'，预也。'正籍'谓正户正人之籍。无预正籍者，谓无本业者。"① 此处所谓正籍，显然是指按国家授予的足额田地而必须缴纳的租税，因此有可不缴纳正籍者与必须缴纳正籍者之分，其前提自然是得到了授田与否。

国家征收的地租与国税合一的剥削，除上述实物的租税与军赋而外，还有劳役。《乘马》曰："距国门以外，穷四境之内，丈夫二犁，童五尺一犁，以为三日之功。"任何人都必须为国家按定额服三天徭役。

（四）国家对农业生产的某些环节予以行政干涉

就《管子》书中所见，这种干涉主要有三：一、国家给农民——特别是贫苦农民——以实物资助，并在灾荒和春秋物价变动较大时予以保护，使之不受高利贷盘剥，以致力于农业生产；二、国家以兴修水利、不误农时等措施保护和促进农民的生产；三、用行政手段对努力生产者予以奖励，而对懒惰者给以督促以至惩罚。

国家给农民的资助有工具、粮食、货币等等，《管子》书中此类记载甚多：

"故（人君）守之以准平，……春以奉朝，夏以奉耘，耒耜械器，种穰粮食，毕取赡于君，故大贾蓄家不得豪夺吾民矣。"（《国蓄》）

"泰春（国家）公布曰：……无赀之家，皆假之械器：胜、籯、宵、糭、公衣，功已而归公折券。"（《山国轨》）

---

① ［日］安井衡：《管子纂诂》，日本元治元年（1864）刊本，转引自郭沫若、闻一多、许维遹《管子集校》，科学出版社1956年版，第1187页。

"发故粟以田数。"(《五行》。尹注:故粟,陈也。以田数多少用陈粟给人,使得务农。)

"百亩之夫予之策曰:率二十五日为子之春事,资子之币。"(《臣乘马》)

"山田以寄君币,赈其不赡。"(《山国轨》)

"民之无本者,贷之囷锱。"(《揆度》)

由上述可见,国家资助的对象多是无食、无种、无以与正籍或耕种劣等田土的农民,时间则是春种等急迫需要资助的时节。这种政策对使农民免受高利贷盘剥具有重要意义,而高利贷盘剥是授田制度下农民贫困、破产逃亡的主要原因之一。

国家还以调节市场物价,预付粮款或粮食、以工代赈等方式来保护农民:

"夷疏满之(平衡供求、疏通有无),无食者予之陈,无种者贷之新,故无什倍之价,无倍称(成倍的利息)之民。"(《揆度》)

"春赋以敛缯帛,夏贷以收秋实,是故民无废事而国无失利也。"(《国蓄》)

"若岁凶旱水泆,民失本事,则修宫室台榭,以前无狗后无彘者为庸,……以平国策也。"(《乘马数》)

其次,国家十分重视兴修水利,并在征发民力时注意不误农时,以此维护和促进农业生产的发展:

"决水潦,通沟渎,修障防,安水藏,使时水虽过度无害于五谷,岁虽凶旱有所秎获,司空之事也。"(《立政》)

"(春)三政曰:冻解修沟渎。"(《四时》)

"彼王者不夺民时,故五谷兴丰。"(《臣乘马》)

"春十日不害耕事,夏十日不害耘事,秋十日不害敛实,冬二

十日不害除田。"（《山国轨》）

除上述两方面外，国家对农民还以行政的暴力的手段奖勤罚懒：

"其人力同而宫室美者，良萌也，力作者也，脯二束，酒一石以赐之。力足荡游不作，老者谯之，当壮者遣之边戍。"（《揆度》）
"苟不树艺者，谓之贼人。下作之地，上作之天，谓之不服之民。"（《轻重己》）
"凡在趣耕而不耕，民以不令。"（《轻重己》）

国家对于努力耕作者予以名誉和实物的奖励，而将不努力从事农作者称为"贼人"、"不服之民"、"不令（善）"之民，轻则斥责，重则遣戍边疆。

由上可见，《管子》所反映的国家授田制度是一套完整的社会经济制度。这些制度互相关联，互为条件，构成了一个严密的系统。

三

为了更全面地了解《管子》书中所反映的土地制度，有必要再看看当时的社会背景。

战国时期，国家授田制度是普遍施行的土地制度，《管子》所反映的国家授田制度的各个方面，在秦、三晋等中西部地区也同样存在，许多史料证实了这一点。从正面说，云梦秦简《田律》有"入顷刍稿，以其受田之数"[①]，又转抄《魏户律》曰："假门逆旅，赘婿后父，勿令为户，勿予田宇。"[②] 另外，其中《封诊式·封守》记述了对某里士伍甲

---

① 《秦律十八种》，载睡虎地秦墓竹简整理小组编《睡虎地秦墓竹简》，文物出版社 1978 年版，第 27 页。
② 《为吏之道》，载睡虎地秦墓竹简整理小组编《睡虎地秦墓竹简》，文物出版社 1978 年版，第 293 页。

的财产查封帐，该人有家人妻子、臣妾畜产，查封帐也细到一只狗、门前桑树十株俱记录在案，但其中却没有土地，① 这足以证明其土地是国家授予的。这是地下发现的确凿证据。文献中证据更多，而且称呼多样，有"利其田宅"（《商君书·徕民》），"分田""均地分"（《尉缭子·原官》）②，"分地"（《吕氏春秋·审分》），"行田"《吕氏春秋·乐成》）等等记载。从反面来说，证据是战国时期土地买卖的材料极为少见。以前人们所用仅有三条：一、《韩非子·外储说左上》曰："中牟之人弃其田耘，卖宅圃，而随文学者邑之半"，但这里所卖为宅圃，土地被放弃，它恰恰证明了土地的不可买卖；二、董仲舒说商鞅变法后"除井田：民得买卖"③，这是泛泛而谈，实则以汉述秦，不足为据；三、《史记·廉颇蔺相如列传》记赵括"日视美田宅可买者买之"，此条材料后出，可靠程度尚待研究，至多也只是孤证，难以作为充足理由。上述正反两方面都说明，战国时期秦、三晋等中西部地区同样实行国家授田制度。

从出土材料和文献材料来看，其基本内涵与特征和《管子》书中所反映的东部地区情况基本相同。

其一，严密控制劳动者，计户或计夫授田。商鞅变法中设立严密户籍，"四境之内，丈夫女子皆有名于上，生者著，死者削"（《商君书·境内》），又"令民为什伍，而相牧司连坐"④，亦明令"使民无得擅徙""废逆旅"（《商君书·垦令》），并规定"有为故秦人出，削籍，上造以上为鬼薪，公士以下刑为城旦"⑤。在此基础上，计户或计夫授田，数额一般也是百亩，"魏氏之行田也以百亩"（《吕氏春秋·乐成》），"一夫

① 《封诊式》，载睡虎地秦墓竹简整理小组编《睡虎地秦墓竹简》，文物出版社 1978 年版，第 249 页。

② 银雀山汉墓出土本，见银雀山汉墓竹简整理小组《银雀山简本〈尉缭子〉释文（附校注）》，《文物》1977 年第 3 期。

③ 《汉书》卷 24 上《食货志上》，中华书局 1962 年标点本，第 1137 页。

④ 《史记》卷 68《商君列传》，中华书局 1959 年标点本，第 2230 页。

⑤ 《秦律杂抄》，载睡虎地秦墓竹简整理小组编《睡虎地秦墓竹简》，文物出版社 1978 年版，第 130 页。

挟五口，治田百亩"①，"家五亩宅，百亩田"（《荀子·大略》），"百亩
一守"（《荀子·王霸》），等等。

其二，设立阡陌封疆配套的严密田界系统，以便于授田的实施。其
证据见前述青川出土秦《更修为田律》，此不赘言。

其三，根据授田额决定国家剥削量。形式有二。一为定额剥削，云
梦秦简《田律》曰："入顷刍稾，以其受田之数，无垦不垦，顷入刍三
石，稾二石"②；二为分成剥削，《商君书·垦令》所说"訾粟而税"，
《孙子兵法·吴问》所说"伍税之"③，即取十分之二租税等，便是这种
形式。

其四，国家直接干预农业生产的某些环节。表现有三，一、国家在
一定程度上为农民提供籽种、耕牛、铁器等生产资料，并设法令保护农
民免受高利贷盘剥。秦《仓律》记载，县有专门仓库存放籽种，并确定
了每种作物的亩用种量，④ 这当如汉代的"贷民种食"⑤，为农民提供籽
种。秦《厩苑律》说，国家定期在乡里检查耕牛，优奖劣罚，⑥ 此处当
系借官牛与农民使用；又说，借铁制农具使用，因其破旧而损坏者准予
报销，⑦ 这当是借铁制农具为农民使用，前引秦简《封诊式·封守》所
记私人财产不见耕牛与铁制农具，亦为旁证。李悝设立的平籴法，则是
使农民免受商人和高利贷者操纵物价、高利贷盘剥的法令。二、国家大
力组织兴修水利。其典型有魏西门豹治邺，引漳水灌溉民田，秦修郑国

①　《汉书》卷24上《食货志上》，中华书局1962年标点本，第1125页。
②　《秦律十八种》，载睡虎地秦墓竹简整理小组编《睡虎地秦墓竹简》，文物出版社1978
年版，第27页。
③　银雀山汉墓竹简整理小组：《临沂银雀山汉墓出土〈孙子兵法〉残简释文》，《文物》
1974年第12期。
④　《秦律十八种》，载睡虎地秦墓竹简整理小组编《睡虎地秦墓竹简》，文物出版社1978
年版，第43、44页。
⑤　《汉书》卷8《宣帝纪》，中华书局1962年标点本，第249页。
⑥　《秦律十八种》，载睡虎地秦墓竹简整理小组编《睡虎地秦墓竹简》，文物出版社1978
年版，第30页。
⑦　《秦律十八种》，载睡虎地秦墓竹简整理小组编《睡虎地秦墓竹简》，文物出版社1978
年版，第32页。

渠，引泾水灌溉关中农田等。三、国家用行政手段督促农民生产，奖勤罚懒。如魏国对"率民不作、不治宫室"者"遣从军"①，并规定"上上之田收下下，汝则有罚"②，秦亦规定"农不力田，墨乃家畜"（《吕氏春秋·上农》），"仲秋之月，……乃命种麦，毋或失时，行罪无疑"（《吕氏春秋·仲秋纪》）。

由上述可见，《管子》所反映出来的齐国等东部地区的土地制度，与秦、三晋等中西部地区实行的国家授田制度几乎完全相同，这说明，战国时期国家授田制度是普遍的存在，因而也是一种合乎规律的存在。这是《管子》书中有关记述的整体社会背景。

四

齐国等东部地区的国家授田制度究竟始于何时，至今尚无法得知，春秋前期管仲的"相地而衰征"等政策可能与这种制度有关。到了《管子》各篇形成的时候，国家授田制似乎已呈现出某些瓦解的征兆，这似乎预示着从战国国家授田制度向两汉土地私有制过渡的开始。

从《管子》的有关叙述来看，这种征兆表现在两方面，一是国家有时不能确保授田，《问》篇曾提出了这样一些问题：

"问死事之孤其未有田宅者有乎？"

"外人之来从而未有田宅者几何家？"

"群臣有位而未有田者几何人？"

"官丞吏之无田饩而徒理事者几何人？"

不仅已牺牲战士的儿子、外来移民中有未得到授田者。官吏中也有

未得到国家所授禄田者。这种现象有可能是因官僚主义等而发生的暂时性工作错误,《禁藏》曰:"户籍、田结者所以知贫富之不訾也,故善者必先知其田,乃知其人,田备然后民可足也。"似乎当时已产生了授田不等的现象,因而作者主张国家应使农民得到足额的授田,这样才能使农民富足。这里的原因显然并非无田可授,而是具体工作中的问题。当然,国家掌握大量荒地是授田制实施的基本条件之一,荒地大量开垦必然使授田制走向尽头,上述现象的原因不能排除国家无田可授的可能性,但这仅为推测,其详如何,终不得知。

另一表现是私人强占或用其他方法占有国有土地,不向国家缴纳租税。《管子》中有:

"列稼缘封十五里之原,强耕而自以为落,其民寡人不得籍斗升焉。"(《轻重乙》)

"崇弟、蒋弟、丁、惠之功世,吾岁罔,寡人不得籍斗升焉。"(《轻重乙》)

"亩十鼓之壤,君不以轨守,则民且守之。"(《山国轨》)

边境荒地为私人强占,而且不缴纳租税;贵族世家拒绝交缴应缴纳的赋税;亩产十鼓的良田如果国家不设法控制,就会为私人所控制。这些记述都说明当时土地国有制已经被冲开某些缺口,国家授田制度的实施已经遇到了某些麻烦,土地私有制对土地国有制的取代、国家授田制度的崩溃只是时间问题。

根据以上对《管子》的研究,可以进一步确认:战国时期普遍施行国家授田制度,它在战国晚期呈现出瓦解的趋势,土地私有制的普遍实行则在战国以后。

〔说明〕文中所引《管子》文句据前人校释作了某些修改,为避冗繁,未一一注出。

论商鞅田制

"为田开阡陌封疆"，这是商鞅变法的基本经济内容。长期以来，其内涵被误解为划削阡陌，全面推行土地私有制。近年出土的云梦秦简和青川秦牍已经推翻了这种观点。但商鞅田制究竟有哪些具体内容，至今未见系统阐述。笔者认为，商鞅田制是一个综合性的制度，包括了农田规划、生产技术、社会关系三方面的内容。下面试陈述陋见，以求方家指教。

一　商鞅田制的农田规划内容

1979 年出土于四川省青川县之秦"更修"《为田律》，对商鞅农田规划制度有十分详细的叙述，故先录其释文如下：

> 二年十一月己酉朔朔日，王命丞相戊、内史匽、□□更修《为田律》：田广一步，袤八则，为畛。亩二畛，一百（陌）道。百亩为顷，一千（阡）道。道广三步。封高四尺，大称其高。埒（埒）高尺，下厚二尺。以秋八月，修封埒（埒），正疆（疆）畔，及发千（阡）百（陌）之大草。九月，大除道及阪险。十月，为桥，修波（陂）隄，利津梁，鲜草离，非除道之时而有陷败不可行，辄

为之。①

　　此律名为《为田律》，李学勤先生已有论述，② "为"义为作、治，"为田"即制田之意，《为田律》是关于农田规划的法律，与云梦秦简《田律》不同，后者是有关农业生产管理等方面的法律。"更修"二字，学者多解为改订，黄盛璋先生认为是重申旧律之意，与云梦秦简《语书》"修法律令、田令"③ 意思相同，此解较妥。重新颁布的时间是秦武王二年（前309）。据上述，青川《为田律》是商鞅"为田开阡陌封疆"41年后重申的有关农田规划的旧律，可以认为它基本反映了商鞅田制的农田规划内容。下面，通过剖析律文中有关的基本概念来探讨商鞅农田规划制度的具体内容。

（一）亩

　　先看亩积。秦亩为240平方步，文献早有明确记载。《说文》小徐本曰："六尺为步，步百为亩，秦田二百四十步为亩。"《慧琳音义》引《风俗通》佚文曰："秦孝公以二百四十步为亩。"《为田律》证实此亩积，曰："田广一步，袤八则，为畛，亩二畛。"胡平生先生据阜阳汉简"卅步为则"的记载，指出此处之"则"为量词，"八则"即240步。④湖北江陵张家山汉墓出土汉律中有一条与上述秦律基本相同，"袤八则"处正作"袤二百卅步"⑤，成为确证。此亩积在商鞅时期当为大亩。《商君书·算地》所称小亩则与之相对，其曰：方土百里，恶田居什二，良田居什四，"小亩五百，足待一役"，共"出战卒万人"，可见小亩即旧有的百步之亩。

① 四川省博物馆、青川县文化馆：《青川县出土秦更修田律木牍》，《文物》1982年第1期。

② 李学勤：《青川郝家坪木牍研究》，《文物》1982年第10期。

③ 黄盛璋：《青川新出秦田律木牍及其相关问题》，《文物》1982年第9期。

④ 胡平生：《青川秦墓木牍"为田律"所反映的田亩制度》，《文史》第19辑，中华书局1983年版。

⑤ 张家山汉墓竹简整理小组：《江陵张家山汉简概述》，《文物》1985年第1期。

胡平生先生认为,《为田律》中之"畛"既可作为田界,也可作为田区,作为田区之一为 240 平方步,"亩二畛",即一亩为 480 平方步。① 笔者认为这种观点难以接受,其薄弱之处有三。(1) 此种亩积于文献不见任何踪迹。(2)"畛"既可指田界,也可指田区,此毫无疑问,但含义不同时所指范围亦不同,田区含义当由田界含义衍生而来。"畛"指田界时,它是一条田间的界限,改换含义用以指称田区时,则只能是两条畛之间所挟持的一块田地。因此,秦《为田律》与《孙子兵法·吴问》所述之"畛"并不矛盾,前者在田界含义上使用,田广一步、袤 240 步则作畛,"亩二畛"即亩之两边各作一条畛,后者在田区意义上使用,"赵是(氏)制田,以百廿步为婉(畹),以二百卌步为畛"②,这里的畛就是亩,即两条田界之所夹之田区。两种情况下的亩积都是二百四十平方步。(3) 与商鞅重农政策相矛盾。务尽地力是战国经济思想家的基本思想,李悝"作尽地力之教"③,《管子》学派认为"地大而不耕非其地也"(《管子·霸言》),商鞅学派也认为,"夫地大而不垦者,与无地同","故为国之数,务在垦草"(《商君书·算地》)。由于生产力发展水平的限定,战国时期以一夫为核心的个体家庭所能耕作的土地为百步之亩百亩,即李悝所说"一夫挟五口,治田百亩"④。至汉代,赵过行代田法,"率十二夫为田一井一屋,故亩五顷"⑤,此处所言为 240 步之亩,换算百步之亩 1200 亩,亦为一夫百亩。若据唐兰先生实测,秦尺长 23.1 厘米,按旧市亩一亩为 614.4 平方米折算,百步之亩百亩为旧市亩 31.2 亩,亦合于解放前北方"三十亩地一头牛"的生产力水平。如果将秦亩亩积定为 480 平方步,则秦亩百亩相当于旧市亩 150 亩,相当于百步之亩 480 亩,"一夫挟五口"耕种这些田地,势必造成土地资

---

① 胡平生:《青川秦墓木牍"为田律"所反映的田亩制度》,《文史》第 19 辑,中华书局 1983 年版。

② 银雀山汉墓竹简整理小组:《临沂银雀山汉墓出土〈孙子兵法〉残简释文》,《文物》1974 年第 12 期。

③ 《汉书》卷 24 上《食货志上》,中华书局 1962 年标点本,第 1124 页。

④ 《汉书》卷 24 上《食货志上》,中华书局 1962 年标点本,第 1125 页。

⑤ 《汉书》卷 24 上《食货志上》,中华书局 1962 年标点本,第 1139 页。

源的极大浪费。商鞅学派也明确说："数小亩五百，足待一役，此地不任也。"（《商君书·算地》）而改变这种"地不任"状况正是商鞅变法的目的之一。因此，秦亩亩积为 240 平方步，合公制 461 平方米，约相当于今市亩三分之二。

再看形制。由《为田律》可明确得知，秦亩为长条状，宽 1 步，长 240 步，以公制计，宽 1.4 米，长 332.6 米。《说文》曰："南北曰袤，东西曰广。"据此，《为田律》律文之亩为南北向。

（二）畛

前节已述，秦《为田律》中之"畛"为亩间限界。律文曰："亩二畛，一陌道"，可知一亩田地为两畛和一陌道所包围。畛的形制和位置律文未言，下面试予以探讨。

文献中对畛有许多解释，如《小尔雅·广诂》："畛，界也。"《诗·载芟》郑笺："畛，谓旧田有径路者。"《楚辞·大招》王逸注："畛，田上道也。"等等。汇总诸解，畛是起地界作用的田间道路。关于其宽窄大小，仅有《周礼·遂人》郑注曰："径、畛、涂、道、路，皆所以通车徒于国都也，……畛容大车。"据《考工记·车人》，车"彻广六尺"，则至少宽 6 尺，即一步，但这种解释很难用于秦《为田律》。若认为畛宽一步，那么以畛位于亩之长边，则每耕种一步宽田地就须隔以一步宽道路，以畛位于亩之短边，则陌道位于亩之长边，即每耕种两步宽田地就须隔以三步宽的道路。这种设计浪费土地，滋生野草，既无必要，也难以耕作。由于《为田律》已明言陌道"道广三步"，显然比畛要宽，因而较为合理的位置是陌道位于亩之短边，畛位于亩之长边。从合理使用土地的角度看，畛的宽度也必定小于一步。

畛的宽度可由律文中封埒之设置予以推定。据律文，封埒相连，构成田界。亩之四边除一步长之一边外，其余三边皆有界限，顷之四界则只有相邻两边为陌道、阡道（说详下），因此，封埒当作为顷间界限，云梦秦简所言"顷畔封"可为旁证。封为高四尺之土堆，埒为"高尺，下厚二尺"之土埂，在遍地是畛的田地里用埒可以标出顷界，则畛之宽度必然窄于二尺，例如可推定为一尺，这样的土埂既不浪费土地，又便于耕作者往来其中，在耧车尚未发明之前又可作为播种中耕的一种标志，因而是比较合理的。至于畛之宽度是否包含于亩之宽度以内，律文未言，无法作出判断。

（三）顷

律文曰："百亩为顷。"其地积甚明。后世之顷与亩同作地积单位，无固定形制，但秦亩有固定形制，秦顷亦当有固定形制。"百亩为顷，一阡道"，由此可推测顷为百亩并排而成的长方形田块，一边设有阡道。若将畛宽含于亩宽之内，则顷长 240 步，宽百步，合公制长 332.6 米，宽 138.6 米，计 46104 平方米，约相当今市亩 70 亩。

（四）陌道、阡道

据律文，亩短边之一为陌道，则百亩之陌道相连，成为顷短边之一的陌道，相应，顷长边之一则为阡道。因此，就一顷田地而言，其四边有相邻两边为陌道、阡道，阡道与亩方向相同，南北向，陌道为东西向。

阡道宽三步，诸家解释无异。陌道宽度为何，有一步、二步、三步诸说。[①] 笔者认为，陌道与阡道宽度应相同，均为三步，理由如下。首先从律文看，其曰："亩二畛，一陌道。百亩为顷，一阡道。道广三步。"此处之"道"显然统指陌道、阡道两类。若仅指阡道，则行文"一阡道，广三步"更简明合理，不必特别指明"道广三步"。其次从实用角度看，陌道与阡道纵横交叉，形成可行车之道路网，这时纵横道路宽窄相同，方能有利通行，较为合理。再次从文献来看，《周礼·遂人》郑注曰："道容二轨。"《考工记·匠人》郑注曰："轨，谓辙广，乘车六尺六寸，旁加七寸，凡八尺，是谓辙广。"由此则道宽一丈六尺，与

---

① 一步说见杨宽《释青川秦牍的田亩制度》，《文物》1982 年第 7 期；二步说见黄盛璋《青川新出秦田律木牍及其相关问题》，《文物》1982 年第 9 期；三步说见胡平生《青川秦墓木牍"为田律"所反映的田亩制度》，《文史》第 19 辑，中华书局 1983 年版。

律文"道广三步"相近,陌道既然称之为"道",亦当有此宽度。因此,阡道、陌道均宽三步,合公制4.2米。

　　陌道、阡道与陌、阡是否为一事?诸家考释皆持肯定态度。其实,二者并不相同。首先,由《为田律》中即可看到二者差别。陌道、阡道统称之为道,律文中关于道和阡陌所规定的维修任务、维修时间皆不相同,对阡陌是"焚"其"大草",在"秋八月";而对阡道、陌道,则是"大除道",在"九月",并规定"非除道之时而有陷败不可行,辄为之"。阡陌之上既然长有"大草",需"焚"之,则可能有部分阡陌并不作为道路使用,只用为田界。而作为"道"之阡道、陌道必然位于顷边,即每一夫所耕种的一顷地边都有一条陌道、一条阡道,青川木牍背面文字"四年十二月不除道者。□二田,□一田,章一田,……"①正反映了陌道、阡道的状况。以"田"计道,此处之"田"当即百亩之顷;此处之道,则为顷边之阡道、陌道。其次,从汉代文献中亦可见二者差别。《汉书·晁错传》记晁错上书曰:"通田作之道,正阡陌之界。"足见田作之"道"与阡陌并不相同。《汉书·食货志》记董仲舒言:秦"用商鞅之法","富者田连阡陌",可见阡陌并非秦《为田律》所言阡道、陌道,若二者同一,则"田连阡陌"毫不足奇。《汉书·匡衡传》记载,匡衡之田仅因一陌之差便"多四百顷"足见陌间距离不近。另外,汉代资料谈及具体的阡、陌时,皆有具体名称,如桓阡、京兆阡、原氏阡、什三陌、闽陌、平陵陌等,若一顷田边之阡道、陌道即阡陌,则阡陌数量极大,对其命名不胜其烦。有些阡、陌后来演化为较重要的地名,《续汉书·郡国志》某些县名下特注出有某陌,如弘农郡陕县"有陕陌",常山国高邑有"五成陌"(刘昭注曰:"县南七里"),这些现象也说明阡陌数量并非很多。由上述可见,阡道、陌道并非阡、陌。

(五)阡、陌

　　关于阡陌,资料不多,《为田律》仅曰:"以秋八月,……焚阡陌之

---

① 从李学勤《青川郝家坪木牍研究》释文,《文物》1982年第10期。

大草。"《说文》曰:"路东西为陌,南北为阡。"《史记·秦本纪》"索隐"引《风俗通》曰:"南北曰阡,东西曰陌,河东以东西为阡,南北为陌。"由此可知,秦地陌为东西向,阡为南北向,正与《为田律》所述陌道、阡道方向相同,或许"道"而命名为陌道、阡道,即由此而来。阡陌数量较少,皆有具体名称,其间距离较远,所包围田地数量庞大,这些前已叙述。阡陌可能多用为道路。《汉书·游侠传》记载曰:"武帝时,京兆尹曹氏葬茂陵,民谓其道为京兆仟。"原涉"买地开道,立表署曰'南阳阡',人不肯从,谓之'原氏仟'"。这种作为专门开辟之大道的阡陌,自然应当比《为田律》所述阡道、陌道为宽。阡陌似乎亦有不用为道路者,有的大概用以植桑,汉乐府之一即名《陌上桑》。

关于阡陌之得名,程瑶田《沟洫疆理小记·阡陌考》曰:"阡陌之名,从《遂人》百亩千亩、百夫千夫生义。"阡陌数少而距远,不可能作为百亩、千亩之界,大约是百夫、千夫所受田百顷、千顷的界限。阡陌之名产生于战国时期或许正由于此,银雀山竹书《田法》可作为旁证,其曰:"州,乡以地次受(授)田于野,百人为区,千人为或(域)。"① 战国秦汉文献记阡陌时多作"仟佰",字从人,亦说明阡陌与受田人数间有一定关系。

(六) 封、埒

律文曰:"封高四尺,大称其高。埒高尺,下厚二尺。"封为高 4 尺、大小与高相称的土堆,埒是高 1 尺、底宽 2 尺的土埂,以公制计,封高 92 厘米,埒高 23 厘米,底宽 46 厘米,封埒相连,成为田界。孙诒让《周礼正义》引崔豹《古今注》有很好的说明:"封疆画界者,封土为台,以表识疆境也;画界者,于二封之间又为墙埒,以划分界域也。"

封埒在商鞅农田规划制度中的实际作用,可由《为田律》予以推断。据律文,百亩之顷四界中阡道、陌道各占一边,其余两边标志为

---

① 银雀山汉墓竹简整理小组:《银雀山竹书〈守法〉、〈守令〉等十三篇》,《文物》1985年第 4 期。

何，律文未谈，却又明确指出作为田界之封埒的具体形制。因此，这两条边正是封埒作为田界的处所。由于每一顷田边都有一条阡道，一条陌道，所以相邻的两条陌道和两条阡道之间，所包围的土地只能是四顷，封埒相连便成为这四顷田之间的界限，顷间之封即所谓"顷畔封"。由于封高不足 1 米，而顷之边界长者 332 米，短者 138 米，为观察其间连线及修筑墙埒的方便，以封埒为田界的顷边上，封应当有数个或十数个。

这里有必要对云梦秦简所提及的"封"作一些辨析。《法律答问》有一条曰："'盗徙封，赎耐。'何如为'封'？'封'即田千（阡）、佰（陌）、顷畔封也，且非是？而盗徙之，赎耐，何重也？是，不重。"学者多据《睡虎地秦墓竹简》一书句读："'封'即田千佰。顷畔'封'也，且非是？"① 认为阡陌就是封，百亩田之田界顷畔也是封。这种理解显然不妥。首先，《为田律》中封既非阡陌、亦非阡道陌道甚明。其次，无论将阡陌或阡道陌道看作封，"盗徙之"工程量都十分浩大，不易为之。笔者认为，秦时所见作为田界之封，有阡畔封、陌畔封、顷畔封几种。因此《法律答问》特意解释："'封'即田千、佰、顷畔封也。"此处之"畔"当训边侧之意。类如，《楚辞·渔父》"屈原既放，游于江潭，行吟泽畔"之"畔"。就是说："盗徙之"而处以"赎耐"的"封"是位于田地中阡边、陌边、顷边的封。这些封在商鞅农田规划制度中究竟起何作用，无资料可借说明。笔者推测此或与顷和阡陌之间不足划分为顷的畸零之地有关。阡陌作为距离较远的大田界，必然依自然地势而为之，未必笔直规整，这样，在邻近阡陌的顷与阡陌之间便有一些畸零之地，为充分利用这些土地，需要将其划归一定的生产者经营，这里大概只用封埒作田界，由此产生阡畔、陌畔、顷畔之封。在这些土地上私自移动封埒，占用国有荒地即为"盗徙封"之罪。由于秦国"地胜其民"（《商君书·算地》），国家鼓励开荒，因而"盗徙封"之罪不在移

① 《法律答问》，载睡虎地秦墓竹简整理小组编《睡虎地秦墓竹简》，文物出版社 1978 年版，第 178 页。

封垦荒，而在未向官府申报并得到批准，故只处以赎耐轻刑。阡道、陌道所包围的四顷田之间的封当然也应属于"顷畔封"，但"盗徙之"很容易被发现，因此《法律答问》"盗徙封"条大概只用于畸零之地。

根据上述讨论，《为田律》所反映的商鞅田制农田规划内容可图示如下：

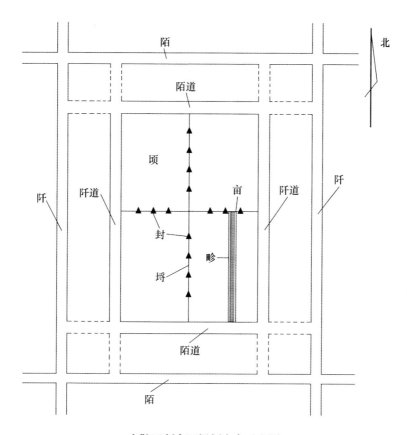

商鞅田制农田规划内容示意图

二　商鞅田制的生产技术内容

商鞅田制的农田规划以具有固定形制的亩为基本单位，大大扩大了亩积，将土地分割成宽 1 步、长 240 步的条田，这些制度当然并非毫无意义的规定，显然包含着某些生产技术革新方面的内容。关于这方面的内容，地下发掘资料和文献都未明确提及，但如果将上述规定置于我国古代农业生产技术发展的历史过程中进行考察，则可以作出某些推断。

战国以前，我国农业生产技术还比较落后，人力是基本动力，撂荒制和休耕制是基本耕作方式。战国时期，农业生产技术发生了急剧的变革。铁犁牛耕逐渐普及，为农业生产提供了新的强有力的动力；施肥、改土技术广泛使用，使土地利用更加充分，而不必借休耕以恢复地力；水利灌溉事业迅速发展，大大增强了农业生产抵御自然灾害的能力。在此基础上，基本耕作方式转变为连作制，中国传统的精耕细作技术初步形成。与此相适应，农业科学也初具规模。产生了《后稷》《神农》《野老》等农书，形成了专门研究农学的农家学派。这些在农业生产技术方面，成为商鞅田制的整体背景。现存最早的农学著作是《吕氏春秋》最后三篇《任地》《辨土》《审时》，其中较详细地叙述了我国最早的精耕细作技术——垄作法。由于《吕氏春秋》成书于商鞅变法百年之后的秦国，我们可以认为它大致反映了商鞅田制的生产技术内容。商鞅农田规划制度中的有些规定可由此得到充分解释。

《吕氏春秋》所见的垄作法包含如下内容：

（一）整修垄沟

《任地》曰："六尺之耜所以成亩也，其博八寸所以成甽也，耨柄尺，此其度也。"此处亩、甽即垄、沟，如《国语·周语》韦注："下曰甽，高曰亩，亩，垄也。"整地之后的农田由垄、沟相隔而组成，其宽度均与耨柄长相同，为一尺（23 厘米）。完成整地的工具是长六尺、博八寸的"耜"，这里的耜实际上就是犁，[①] 战国时期尚未产生犁壁，无壁犁不能翻土，但可将土分向两边，形成沟甽，来回各一次，便成一垄两沟，连续进行，则垄、沟相间而完成整地。所整之地只播种一半，即

[①] 毕沅辑：《吕氏春秋》卷 26《任地》，清光绪元年灵岩山馆刊本，引黄东发曰："耜者今之犁，广六尺，旋转以耕土。"另参见中国农业科学院、南京农学院中国农业遗产研究室编《中国农学史》上册第 4 章第 3 节 "《吕氏春秋》反映的战国时期农学"，科学出版社 1959 年版，第 87—102 页。

"上田弃亩，下田弃甽"（《吕氏春秋·任地》），"茎生于地者五分之以地"（《吕氏春秋·辩土》），高旱田种于沟内，低湿田种于垄上，有苗之地占全部田地十分之五，来年则垄、沟更换。这样做除了便于中耕、锄草、通风而外，也有所谓"息者欲劳，劳者欲息"（《吕氏春秋·任地》）的含义，即让土地在一定程度上休闲而得以恢复地力。因此，作为最早的连作制方法，《吕氏春秋》中的垄作法也遗存有休耕制的痕迹。①

（二）适量条播

《辩土》谈到农业生产必须消灭的"三盗"之一就是"即种而无行"，针对于此，作者提出了播种和间苗的一系列技术措施。播种时一方面使下种量恰到好处，"慎其种，勿使数，亦无使疏"，一方面采用条播，"衡行必得，纵行必术"。出苗后结合中耕除草予以间苗，"其耨六寸，所以间稼也"，使苗间保持一定距离。这样，"茎生有行，故速长，弱不相害，故速大"。

（三）深耕灭草保墒

垄作法强调深耕多耕，以灭草、灭虫、保墒。《任地》曰："五耕……必审以尽，其深殖之度，阴土必得，大草不生，又无螟蜮。""人耜（原作'肥'，从俞樾改）必以泽，使苗坚而地隙。"当然，深耕多耕只有在铁犁牛耕的条件下才有可能实现。

---

① 《吕氏春秋》所见垄作法的耕种制度，可由新中国成立前东北地区的垄作法得到说明。据［日］天野元之助《中国传统耕作方法考》，东北地区垄作法耕作制度包含下述一些内容。垄台一般为南北向，以提高春秋两季地温，增加产量（经对照试验，在东北北部地区南北垄比东西垄增产15%）。不管栽培什么作物，垄宽不变，南部51.4厘米，中部56.9厘米，北部70厘米（天野元之助所说的垄包含垄台和垄沟两部分，若二者宽度相同，则与《吕氏春秋》所述的亩、甽形制大小非常接近），只调整株距。垄宽是由所使用的犁及其犁铧的大小所决定的。具体耕种方法有数种，其中"积种"最省事。"积种是在去年的垄沟里播下种子，用装上'犁镵头'（或草耙）的犁，把去年的垄台从中犁翻，把翻起的土翻落到两边的垄沟作为覆土，这样只需一个来回就可以播完两垄。"（《农史研究》第3辑，农业出版社1983年版，第108页）

（四）中耕除草保墒

垄作法主张多次中耕以除草保墒，它认为"三盗"之一是"弗除则芜，除之则虚，则草窃之也"（《吕氏春秋·辩土》），应当"五耨必审以尽"，而且"人耨必以旱，使地肥而土缓"（《吕氏春秋·任地》）。要实现多次的中耕，条播是必需的条件。

商鞅田制将亩扩大为宽1步、长240步的条状地块，其原因除了秦国"地广而民少""地胜其民"（《商君书·算地》）这一特定条件而外，显然是为了适应并推广垄作法耕作技术。首先，它便于推广铁犁牛耕。战国秦汉牛耕犁的犁辕长且直，无犁盘，牵引靠犁衡，即俗称二牛抬杠，工作时回头和转弯都不方便，[①] 增加亩长可以减少回转次数，便于牛耕。秦之推广铁犁牛耕，由文献及简牍可见踪迹。《战国策·赵策一》记赵孝成王三年（前263）赵豹曰："秦以牛田，水通粮，其死士皆列之于上地，令严政行，不可与战。"说明此时秦已大量推广牛耕，这成为秦强盛的重要原因之一。云梦秦简《厩苑律》详细规定每年四次评比耕牛，成绩优秀者予以奖励，低劣者予以申斥并惩罚，亦可见秦牛耕之普及和政府对推广牛耕的重视。铁犁牛耕是垄作法的基本条件，也是其主要内容之一。其次，它便于垄、沟的布置，亩宽六尺，则有三垄三沟，可以很好把握其宽度。有垄有沟，则便于条播，在耧车尚未发明之前，垄、沟对于条播具有重要意义。条播使禾苗成行，便于中耕、除草、间苗，使垄作法得以全面贯彻，同时又有利于通风和充分利用光照，促进禾苗的生长。

根据上述，我们可以认为，推广垄作法是商鞅田制的生产技术内容，这为商鞅变法取得成功、秦国迅速强大奠定了生产技术方面的基础。

---

① 参见梁家勉主编《中国农业科学技术史稿》第4章第1节"二、犁的结构与牛耕技术的进步"，农业出版社1989年版，第167—174页。

三　商鞅田制的社会关系内容

商鞅"为田开阡陌封疆"的经济改革主要是社会关系方面的改革，这早已为史家所重视，但由于拘泥于朱熹"开阡陌"即"划削阡陌"的解释，绝大多数学者认为这场改革就是变土地国有制为土地私有制。云梦秦简和青川秦牍已经推翻了这种观点，并揭示出，商鞅变法之后秦国的土地制度是国家授田制度。这种制度就是商鞅田制的社会关系内容，它包含有如下一些具体方面。

（一）土地国有

商鞅变法后土地属国家所有，这是秦国土地关系的基础。秦国土地国有制的事实有正反两方面的证据。从正面看，首先，国家授予农民定量土地的制度的实施（详见后述），证明国家控制着土地，否则无法实行这种制度。其次，国家通过制定阡、陌、阡道、陌道、封、埒等田界，将土地割裂为以顷为单位的整齐田块，并且每年定时维修这些田界，这只有在土地国有的条件下才有可能，如果土地私有，则田块无法规整划一，也很难定时统一维修田界。从反面看，首先，商鞅变法以后直至秦亡，至今尚未发现土地买卖的任何证据，《汉书·食货志》载董仲舒言，商鞅"废井田，开阡陌，民得买卖，富者田连阡陌，贫者亡立锥之地"，这实在是以汉述秦，不足为据。查云梦秦简，商鞅变法之后秦国公私商业仍然以相当的规模存在着，商品种类形形色色，也包括臣妾的买卖，但唯独没有买卖土地的痕迹。这说明，秦国的土地私有权尚不存在。其次，由云梦秦简《封诊式·封守》可见，土地并未成为私人财产的组成部分，简文作为查封财产文书的程式范例，记述了对"某里士伍甲"之家的查封情况，甲有房产、蓄臣妾，并非赤贫之家，查封账目亦细致全面，连"门桑十木""牡犬一"都未遗漏，唯独没有土地。这也说明，土地归国家所有。

当然，由于资料仍十分稀缺，上述史料虽然可以说明问题，但还不足以构成充分证据。正由于此，有的学者认为，商鞅变法实行了"允许农民土地私有的任耕制"①，有的学者基于"赐田"即私有土地的观点，认为"秦在商鞅变法后是土地国有制与土地私有制并存"②。笔者认为这些观点难以成立，下面试作简单讨论。

无论从法的角度、还是从经济现实的角度来看，私有制或私有权都是一种社会关系，它并非一定的人对于一定的物的关系，而是一定的人通过一定的物与他人所发生的社会关系。马克思曾经批判了黑格尔关于土地私有权"是人作为人格对于'自然界'的关系，是'人对一切物的绝对占有权'"的观点，指出它是"一种确定的社会关系"，它的前提是"一些人垄断一定量的土地，把它作为排斥其它一切人的、只服从自己个人意志的领域"③。对于一定的土地，一定的个人可以排斥他人的处置而按照自己的意志任意处置，这种社会关系是土地私有权的核心内容。近现代民法均肯定这一内容，如 1804 年《拿破仑法典》第 544 条规定："所有权是对于物有绝对无限制地使用、收益及处分的权利"；1900 年《德国民法典》第 903 条规定："物之所有人，在不违反法律或第三人权利之范围内，得自由处分其物，并得排除他人对物之一切干涉"④；《中华人民共和国民法通则》第 71 条规定："财产所有权是指所有人依法对自己的财产享有占有、使用、收益和处分的权利。"在所有权诸权中，处分权最重要，因为处分的结果将使权利主体丧失对财产的占有和支配。法律意义上的处分即以买卖、赠予、互易等方式将财产转移于他人，其中买卖最具代表性。马克思、恩格斯在论及私有财产时，曾以自己的大礼服为例说："只有当我还能处理、抵押或出卖它时，只有当它还是买卖的物品时，才是我的私有财产。"当它失去这一特性后就不再

---

① 杨作龙：《秦商鞅变法后田制问题商榷》，《中国史研究》1989 年第 1 期。

② 施伟青：《也论秦自商鞅变法后的土地制度》，《中国社会经济史研究》1986 年第 4 期。

③ 马克思：《资本论》第 3 卷，载《马克思恩格斯全集》第 25 卷，人民出版社 2006 年版，第 695 页。

④ 《拿破仑法典》，1804 年，转引自法学教材编辑部《外国法制史》，北京大学出版社 1982 年版，第 231、257 页。

成为我的私有财产，"因为它不能使我支配任何甚至是最少量的他人劳动"①。

根据上述观点分析秦国土地制度，则商鞅变法后实行土地私有制的说法不能成立。迄今为止，尚无一条史料证实秦自商鞅变法之后，土地占有者可以买卖土地。最具有说服力的是云梦秦简，其中涉及商品交换的记述很多，唯独不见有关土地买卖的文字，如果说简书法律部分反映出国家从未从法的角度肯定过土地买卖，那么作为人们日常生活用书的《日书》则证实民间尚不存在土地买卖。在一个土地不能而且也并未进行买卖的社会中，土地私有权不可能存在。当然，秦国的农民通过受田都占有一定数量的土地，并经过劳动从土地上获得一定的收益，但他们并无权利处分这些土地，不能由此支配他人劳动，从而不可能通过土地这种物实现与他人的社会关系，这里不存在土地私有权，而只存在人与物之间的自然关系。另外，商鞅的奖励耕战政策等等，使一部分人具有较高社会地位，并因而占有较多土地。《史记·商君列传》曰："明尊卑爵秩等级各以差次，名田宅臣妾衣服以家次。"《商君书·境内》曰："能得甲首一者，赏爵一级，益田一顷，益宅九亩，一除庶子一人。"都反映了这种情况。那么这些土地是不是私有土地呢? 也不是。首先，它们同样不能买卖，占有者对之不具有随意处分的权利，这便丧失了作为私有土地的基本条件。其次，虽然占有土地较多者必定对他人进行着剥削，从而其间存在一定的社会关系，但剥削的实现并非依据所占有的土地，像后世租佃制等等之下的地主那样，而是依据对他人人身的不同程度的占有，对臣妾完全占有，对庶子不完全占有。这里所实现的剥削本质上是国家剥削的分割。这种社会关系是直接的人与人之间的关系，并不需要以土地作为中介。因此，在剥削的实现过程中，虽然有一定的土地参与其中，但这时的土地只是作为人与自然关系中的一个自然物而存在，在它身上并不反映一定的社会关系，从而也不可能具有私有土地的

性质。

（二）授田予民

在土地国有的基础上，秦政府普遍实行授田予民的制度，这与战国诸国相同。对此事实，云梦秦简已有充分证据，《田律》曰："入顷刍稾，以其受田之数。"摘抄《魏户律》曰："假门逆旅，赘婿后父，勿令为户，勿予田宇。"《商君书·徕民》谈及招诱三晋之民时也说"今利其田宅"，即在一般授田的前提下，予三晋徙民以良田。另外，"顷"字本身亦可作为旁证，就目前所见，"顷"字用为田块之称始于青川秦《为田律》，它有固定形状和地积，含秦大亩百亩，凡与田土有关之字，多从"田"从"土"，但顷字从"页"，即从人之头颅，显然，秦以"顷"称百亩之田是与将该田授予一夫联系在一起的，故以称人之字用来称田。关于授田数额，虽无明确史料，但可推定为一夫授田秦大亩百亩。《为田律》规定将土地分割为以顷为单位的地块，当与授田数额有关。该木牍背面记曰"□二田""□六田"，此处之田即顷，一家可有数顷田地，亦说明按夫授田。上述推断由文献也可得到说明，《商君书·徕民》称以小亩百亩"食作夫"一夫为"先王制土分民之律"，《算地》则曰："小亩五百，足待一役。此地不任也。"商鞅主张"不必法古"，亦主张"务尽地力"，故上述均非商鞅田制的规定。小亩百亩相当于秦大亩百亩1/2弱，小亩500则为大亩百亩二倍强，取其中数，其标准授田额当为秦大亩百亩。

（三）严密户籍

国家授田制度的实施必须以对全国人口的全面了解和严密控制为前提，一方面据此授田予民，另一方面又据此征收租赋徭役，因此，商鞅严密户籍的政策及其辅助措施也是商鞅田制的一个社会关系内容。商鞅设立了极为严密的户籍制度，规定"四境之内，丈夫女子皆有名于上，生者著，死者削"（《商君书·境内》）。同时禁止人口随意迁徙流动，《商君书·垦令》曰："使民无得擅徙"，"废逆旅"。云梦秦简《游士律》规定："有为故秦人出，削籍，上造以上为鬼薪，公士以下刑为城旦。"另外还采取联保制度以控制人口，"令民为什伍，而相牧司连坐"①。

（四）国家剥削及其分割

国家控制人口，实行授田制度，目的在于从受田者那里取得剩余产品和剩余劳动，并在统治阶级中进行再分配，因此，租赋徭役制度也是商鞅田制的社会关系内容之一。由于土地国有，受田者缴纳的剩余产品和剩余劳动包含了后来意义上的地租与国家赋税两个部分，正如马克思所说：如果"国家既作为土地所有者，同时又作为主权者而同直接生产者相对立，那末，地租和赋税就会合为一体"②。为叙述方便，我们以国家剥削称呼这种租税合一体。商鞅变法后的国家剥削包含租、赋、役三部分。田租有两种形式，一为定额租，《田律》所述以顷征"刍三石、稿二石"即是；一为分成租，《商君书·垦令》所述"訾粟而税"即是。赋有户赋，秦简《法律答问》解释"匿户"时明确提到户赋。是否有口赋，未见确凿证据。役则依口征发，在一定年龄范围之内，须服更役、戍卒、卫士等徭役。国家授予直接生产者的适应其生产能力的足够土地，既是实现必要劳动的场所，也是实现剩余劳动和国家赋税的场所。由于授田制度保证了生产者的基本生产资料，国家剥削才以按人户计征为主要方式，土地税和财产税成为赋税的主体，那是土地私有制有了比较充分发展后的结果。

国家剥削中的地租部分在统治阶级中又进行了二次分配。除王室的消费而外，据《商君书·境内》，还有如下一些分割。官俸：有"千石之令""八百之令"等，其薪俸中至少有一部分是后来意义上的地租。赏赐：文中述及战功赏赐时曰："税邑三百家"，"赐邑三百家，赐税三

① 《史记》卷68《商君列传》，中华书局1959年标点本，第2230页。
② 马克思：《资本论》第3卷，载《马克思恩格斯全集》第25卷，人民出版社2006年版，第891页。

百家"。赐邑即将有关人户本应上缴国家的租赋徭役全部赐予私人。赐税与税邑同，是把有关人户本应上缴国家的租赋赐予私人。赏爵益田赐人：文中曰："能得甲首一者，赏爵一级，益田一顷，益宅九亩，一除庶子一人。""其有爵者乞无爵者以为庶子，级乞一人，其无役事也，其庶子役其大夫月六日，其役事也，随而养之。"对有战功者，国家一方面增授土地，另一方面又以不同形式赐予其劳动力。《史记·商君列传》曰："名田宅臣妾衣服以家次。"《商君书·境内》曰："爵吏而为县尉，则赐虏六。"随爵秩升高可以从国家得到一定数量的臣妾。另外还可以不完全占有一定数量的庶子人身，剥削其全部劳动的20%。这些劳动力与土地相结合之后产生的剩余产品和剩余劳动，本来应归国家所有，国家又以赏爵益田赐人的方式赐予私人，因此它在本质上仍是国家剥削中地租部分的分割。

（五）干预生产

国家授田制度的最终目的在于取得国家剥削，而生产状况好坏直接决定着国家剥削能否实现，因此，国家对生产的干预成为商鞅田制社会关系内容之一。商鞅变法推行了一种近乎偏激的重农政策，其中包含了对农业生产的全面干预，大致可分为督促生产、组织生产、保护生产三方面。商鞅主张以强有力的行政奖励和惩罚来督促农民生产，其变法重要措施之一即"大小僇力本业，耕织致粟帛多者复其身，事末利及怠而贫者举以为收孥"①。政府组织生产大致表现在三方面。一是推广以铁犁牛耕为基础的新的耕作方法垄作法。二是主持兴修大规模农田水利灌溉工程，如都江堰、郑国渠的建设。三是给农民借贷籽种、耕牛、农具等生产资料，云梦秦简《仓律》记曰，县仓库专门存放作物籽种，管理人员必须掌握各种作物的亩用种量，这可能类如江陵凤凰山西汉前期墓出土贷谷帐，反映出国家借贷籽种予贫苦农民，②《厩苑律》所见定期评比

① 《史记》卷68《商君列传》，中华书局1959年标点本，第2230页。
② 参见裘锡圭《湖北江陵凤凰山十号汉墓出土简牍考释》，《文物》1974年第2期。

耕牛并行赏罚的律文，借铁制农具因破旧而损坏者准予报销的律文，似说明国家借耕牛、铁制农具予农民。《封诊式·封守》之家产查封帐中不仅无田，亦无耕牛、铁制农具，可为旁证。商鞅保护农业生产的措施主要有三：一是提高粮价，"食贵则田者利，田者利则事者众"（《商君书·外内》）；二是管制粮食贸易，"使商无得籴，农无得粜"（《商君书·垦令》），将粮食买卖全部控制于国家手中；三是相对降低农业租税，对农业是"征不烦，民不劳"（《商君书·垦令》），而"不农之征必多，市利之租必重"（《商君书·外内》）。

（六）田界系统

商鞅变法建立了前所未有的严密的田界系统，它表现着授田制下社会成员与国家之间的社会关系，因而也是商鞅田制社会关系内容的组成部分。就两周金文所见，当时田界仅有封、疆（也即埒）两种。《矢人盘》记矢付予散两处田土眉田和井邑田，以树、河、道路等物为基础标志，然后再立封为田界。[1]《九年卫鼎》记裘卫得到一块土地，设立四封以为田界。[2]《五祀卫鼎》记厉付与裘卫的四田土地，四边设疆以为田界。[3]《永盂》也提到作为田界之疆。[4] 商鞅变法大大完善了田界系统，设立了阡、陌、阡道、陌道，继续沿用封、埒，又创立了顷这一田块概念，从而使随意改换田界极为不易。这样做，既切实保证了国家的土地所有权，使私人很难非法占有国家土地，又切实保证了农民的土地使用权，使贪官污吏无法"慢其经界"，贵族豪强无法侵田夺土。

总括上述，商鞅田制表面上仅仅是"为田开阡陌封疆"，即设立一定的农田规划制度，实质上则包含着深刻的生产技术变革和社会关系变革，这些变革不仅使秦国迅速强盛，兼并六国，统一天下，也留下了深远的历史影响。商鞅变法所推广的以铁犁牛耕为基础的精耕细作农业生

---

① 郭沫若：《两周金文辞大系图录考释》第 7 卷，科学出版社 1957 年版，第 179 页。
② 庞怀清等：《陕西省岐山县董家村西周铜器窖穴发掘简报》，《文物》1976 年第 5 期。
③ 庞怀清等：《陕西省岐山县董家村西周铜器窖穴发掘简报》，《文物》1976 年第 5 期。
④ 唐兰：《永盂铭文解释》，《文物》1972 年第 1 期。

产技术，一直发展延续到近现代。商鞅变法所完整确立的国家授田制度虽然自秦始皇"使黔首自实田"而后渐次瓦解，但其精神及残余仍以不同形态保存着。汉代的"假民公田"、屯田，曹魏屯田，北魏初年实行于代北的"计口授田"，都是国家用类似于授田的方式保证直接生产者土地需要的努力。西汉的"限田"，王莽的"王田"试验，西晋的"占田制"，则是国家限制地主土地私有制发展的努力。这两种努力汇合成为始于北魏的均田制，它使以商鞅田制为代表的战国国家授田制度在新的形式中得到复苏，并成为隋唐盛世的经济基础。因此，对商鞅田制在中国古代历史中的地位和作用，必须予以更加充分的估计。

附记：本文修改过程中，得到赵俪生先生、刘光华先生的审阅和指教，在此谨致谢忱。

（原载《赵俪生先生八十寿辰纪念论文集》，
山东大学出版社 1996 年版）

秦《为田律》农田规划制度再释

1979 年出土于四川省青川县之秦《为田律》，详细叙述了商鞅变法后的秦国农田规划制度，公布后引起学者的广泛兴趣，但至今尚未得到比较一致的解释。笔者以为，如果能从澄清律文中的基本概念入手，则可能得到较满意结果。下面先抄录《为田律》律文：

> 田广一步，袤八则，为畛。亩二畛，一百（陌）道。百亩为顷，一千（阡）道。道广三步。封高四尺，大称其高，埒（埒）高尺，下厚二尺。以秋八月，修封埒（埒），正彊（疆）畔，及癹千（阡）百（陌）之大草。九月，大除道及阪险。十月，为桥，修波（陂）隄，利津梁，鲜草离。非除道之时而有陷败不可行，辄为之。

律文中有关农田规划的基本概念有以下几点。

一、亩。秦亩亩积二百四十平方步，文献已有明确记载，《说文》小徐本曰："秦田二百四十步为亩"，《慧琳音义》引《风俗通》佚文曰："秦孝公以二百四十步为亩"。《为田律》证实此亩积，曰："田广一步，袤八则，为畛，亩二畛，一陌道"。胡平生先生首先指出此处之"则"为量词，等于三十步，"八则"即二百四十步。[1] 湖北江陵张家山汉墓出土汉律中有一条与上述秦律基本相同，"袤八则"处正作"袤二

---

① 胡平生：《青川秦墓木牍"为田律"所反映的田亩制度》，《文史》第 19 辑，中华书局 1983 年版。

百卌步"①，成为确证。秦亩形制亦由律文可知，为宽一步、长二百四十步的长条状田块。《说文》曰："南北曰袤，东西曰广"，据此则秦亩为南北向。

二、畛。文献中一般解畛为界道，如《小尔雅·广诂》："畛，界也"，《诗·载芟》郑笺："畛，谓旧田有径路者。"《楚辞·大招》王逸注："畛，田上道也。"胡平生先生据《孙子兵法·吴问》，认为《为田律》之畛为田区，一畛二百四十平方步，一亩四百八十平方步。② 此说弱点有三：1. 四百八十步亩积，不见文献记载；2. 解《为田律》"亩二畛，一陌道"为一亩田地被二畛、一陌道所包围，与《吴问》"赵氏……以二百卌步为畛"③ 并不矛盾，后者所谓即两条田界之畛所夹田区，实即亩；3. 与商鞅"务在垦草"的重农政策相矛盾，依此面积计算，百亩合百步之亩四百八十亩，折合旧市亩约一百五十亩，由"一夫挟五口"的个体家庭耕种，势必造成土地资源极大浪费，《商君书·算地》就批评过这种"地不任"现象。因此，律文之畛解为田间界道为妥。由于陌道宽三步，畛宽显然窄于此数，因而其合理的位置是陌道位于亩之短边，畛位于亩之长边。畛之宽度律文未言，但由垺之设置可推断其上限，作为田界之垺是"高尺、下厚二尺"的土埂，在遍地是畛的田地里用垺可标出地界，则畛宽必窄于二尺，这样的田间界道既不浪费土地，又便于耕作者往来其中，因而这种推断是合理的。

三、顷。律文曰："百亩为顷"，其地积甚明。由于亩为长条状，因而顷的形制当是百亩并排而成的长方形田块，若畛宽含于亩宽之内，则顷长二百四十步，宽一百步。

四、阡道、陌道。据律文，亩短边之一为陌道，则百亩陌道相连成为顷短边之一的陌道，相应，顷长边之一为阡道，因此，每一顷田

① 张家山汉墓竹简整理小组：《江陵张家山汉简概述》，《文物》1985 年第 1 期。

② 胡平生：《青川秦墓木牍"为田律"所反映的田亩制度》，《文史》第 19 辑，中华书局 1983 年版。

③ 银雀山汉墓竹简整理小组：《临沂银雀山汉墓出土〈孙子兵法〉残简释文》，《文物》1974 年第 12 期。此释文及《银雀山汉简释文》均隶定"畛"为"畇"，释为"亩"。

地四边中有相邻两边分别为陌道、阡道。阡道与亩方向相同，南北向，陌道东西向。由于每顷土地必须而且只能与一陌道、一阡道为邻，所以邻近的两条陌道与两条阡道所挟持田地只能是四顷。阡道宽三步，诸家解释无异，关于陌道宽度则有一步、二步、三步诸说。笔者认为陌道、阡道宽度相同，均为三步，理由有三：首先，从律文看，其曰："亩二畛，一陌道。百亩为顷，一阡道。道广三步。"后文之"道"显然统指陌道、阡道，若仅指阡道，则行文"一阡道，广三步"更简明合理。其次，从实用角度看，阡道与陌道纵横交叉，为可行车之道路网，只有纵横道路宽窄相同，方有利通行，较为合理。再次，从文献看，《周礼·遂人》郑注："道容二轨"，《考工记·匠人》郑注："轨，谓辙广，乘车六尺六寸，旁加七寸，凡八尺，是谓辙广。"据此则道宽一丈六尺，与律文"道广三步"相近，陌道既然称之为"道"，亦当有此宽度。

阡道、陌道是否阡、陌？诸家考释皆持肯定态度，其实二者并不相同。律文中即表现出二者差别，对道和阡陌所规定的维修任务、维修时间皆不相同。对阡陌是"燯"其"大草"，在"秋八月"；对阡道、陌道则是"大除道"，在九月，并规定"非除道之时而有陷败不可行，辄为之"。阡陌上既然长有"大草"，需"燯"之，则可能有部分阡陌不作道路使用，仅用为田界。阡道、陌道位于顷边，则在作为田界的同时，必然用为农作等通行道路。另外，从汉代文献亦可见二者差别。《汉书·晁错传》记晁错上书曰："通田作之道，正阡陌之界"，足见田作之道与阡陌并不相同。《汉书·食货志》记董舒仲言：秦"用商鞅之法"，"富者田连阡陌"，可见阡陌并非秦《为田律》所言阡道、陌道，若二者同一，则"田连阡陌"毫不足奇。《汉书·匡衡传》记载，匡衡之田仅因一陌之差便"多四百顷"，足见陌间距离不近。而且汉代资料谈及具体阡陌时皆有名称，如桓阡、原氏阡、什三陌、闽陌等，若顷边之阡道、陌道即阡陌，则阡陌数量庞大，对其命名不胜其烦。有些阡陌后来演化为较重要地名，《续汉书·郡国志》某些县名下特注出有某陌，如弘农郡陕县"有陕陌"，常山国高邑有"五成陌"，这些现象也说明阡陌数量并非很多。

五、阡、陌。《说文》曰："路东西为陌,南北为阡",《史记索隐》引《风俗通》曰:"南北曰阡,东西曰陌,河东以东西为阡,南北为陌",可知秦地陌为东西向,阡为南北向,与《为田律》中阡道、陌道方向相同,或许"道"而命名为阡道、陌道,即由此而来。据前节讨论,阡陌数量较少,其间距离较远,可能同时用为道路,也可能有一部分只用为田界。关于阡陌之得名,程瑶田《沟洫疆理小记·阡陌考》曰:"阡陌之名,从《遂人》百亩千亩、百夫千夫生义。"阡陌数少而距远,不可能作为百亩千亩之界,大约是百夫千夫所受田百千顷的界限,银雀山竹书《田法》曰:"州,乡以地次受(授)田于野,百人为区,千人为或(域)"①,似可作为注解。阡陌之名产生于战国,且战国秦汉文献多记作"仟佰",字从"人",也说明阡陌与受田人数间有一定关系。

六、封、埒。律文对其形制有明确规定:"封高四尺,大称其高。埒高尺,下厚二尺。"即封为高四尺、大小与高相称的土堆,埒是高一尺、底宽二尺的土埂。孙诒让《周礼正义》引崔豹《古今注》曰:"封疆画界者,封土为台,以表识疆境也。画界者,于二封之间又为墙埒,以划分界域也。"可见律文中的封、埒是相连而用为田界的。至于它们在秦国农田规划制度中的具体作用,可由律文予以推断。前文已述,相邻的两条阡道与两条陌道所夹田地为四顷,这四顷土地间的界限为何,律文未谈,但又明确规定作为田界的封埒的具体形制,因此封埒当是这四顷田地间的田界。由于封高仅四尺(不足一米),而顷之边界长者二百四十步,短者百步,为观察其间连线及修筑墙埒的方便,以封埒为田界的顷边上,封当有数个或十数个。

根据以上讨论,秦《为田律》中的农田规划制度可图示如下。

---

① 银雀山汉墓竹简整理小组:《银雀山竹书〈守法〉、〈守令〉等十三篇》,《文物》1985年第4期。

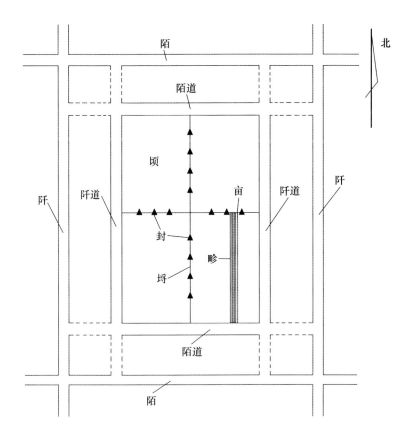

（原载《历史研究》1992 年第 4 期）

析"阡陌封埒"

——同魏天安同志讨论

　　商鞅"开阡陌"的具体内涵究竟为何？其社会意义究竟何在？云梦秦简和青川秦牍提供了极为珍贵的史料，但由于资料尚不充分，研究仍有待继续。魏天安《"阡陌"与"顷畔"释义辨析》[①] 一文从研究秦律"盗徙封，赎耐"及其释文入手，提出了自己的见解，笔者读后得到启发，但对文中一些观点不敢苟同，愿就此提出不同意见，并改正笔者七年前所解释的不当之处。

一　如何理解秦《为田律》

　　关于商鞅变法后秦国田制中的农田规划制度，即"为田开阡陌封疆"的具体内涵，1979 年四川省青川县出土秦《为田律》有很详细的描述。因此，在分析秦律"盗徙封，赎耐"及其释文之前，应先对《为田律》进行分析。现抄录律文有关部分如下：

　　　　田广一步，袤八则，为畛。亩二畛，一百（陌）道。百亩为顷，一千（阡）道，道广三步，封高四尺，大称其高。埒（埒）高尺，下厚二尺。以秋八月，修封埒（埒），正疆（疆）畔，及登千（阡）百（陌）之大草。九月，大除道及阪险。……非除道之时而

---

① 　魏天安：《"阡陌"与"顷畔"释义辨析》，《河南大学学报》1989 年第 4 期。

有陷败不可行，辄为之□□。①

魏文对此律文的解释为：亩是宽八步、长三十步的地块，其两长边与陌重叠；数亩或数十亩土地首尾相连，畛为亩间横的小道；每一顷地与陌垂直的两边和阡重叠；在两阡之间沿陌修筑封埒，"就可以清楚地显示不同所有者占有土地的疆界"。笔者认为，这种解释所失有五。

其一，关于亩之形制，后来已证明是宽一步、长二百四十步的地块。胡平生同志根据阜阳汉简"卅步为则"的记载，首先指出秦《为田律》中"袤八则"之"则"为量词，八则即二百四十步。② 1983 年年底至 1984 年年初湖北江陵张家山出土汉律中，有一条与秦《为田律》基本相同，秦律中"袤八则"处汉律正作"袤二百卌步"③，这是确证。由此可见，秦亩绝非宽八步、长三十步之地块。

其二，陌道不可能与亩之两长边重叠。律文曰："道广三步"，此处之"道"显然是指陌道和阡道，即陌道宽三步。魏文认为，亩之两长边与陌道重叠，若按他所理解的亩之形制，则每耕种八步（约合 11.1 米）宽土地，便隔以三步（约合 4.2 米）宽陌道，此种设计浪费土地，不便耕作，有利野草蔓延，已属极不合理。若按亩宽一步考虑，则每耕种一步（约合 1.4 米）宽土地，便须隔以三步宽陌道，则更显荒唐，以"竭尽地力"为主旨的商鞅不会作出如此悖谬之法律。且律文明言："亩二畛，一陌道"，即亩之四边中有对应两边与畛重叠，另两边之一与陌道重叠，若对应两边皆与陌道重叠，则应称"二陌道"。或曰，因为陌道是相邻两亩之间的界限，故亩"一陌道"即指亩之两边皆为陌道。此说亦难通释，因为畛也是相邻地亩之间的界限，律文并未由此而称"亩一畛"。与亩之两长边重叠的当是畛。关于畛之形制、大小、位置、作用，律文均未言及，由文献可以知道两点：一是畛或作为界，或作为道，

① 李昭和等：《青川县出土秦更修田律木牍》，《文物》1982 年第 1 期。
② 胡平生：《青川秦墓木牍"为田律"所反映的田亩制度》，《文史》第 19 辑，中华书局 1983 年版。
③ 张家山汉墓竹简整理小组：《江陵张家山汉简概述》，《文物》1985 年第 1 期。

《小尔雅·广诂》曰："畛，界也"，《楚辞·大招》王逸注曰："畛，田上道也"；二是畛之宽度小于阡道陌道之道，《周礼·遂人》郑注曰："畛容大车"，"道容二轨"，据《考工记·车人》及《匠人》郑注，大车"彻广六尺"，乘车之轨"凡八尺"，二轨则为一丈六尺。上述之道宽与秦《为田律》文中之道宽大致相同，畛宽并不一定吻合，但由畛窄道宽至少可以推测，亩之长边与较窄之畛重叠更为合理，可减少土地的浪费。

其三，阡道陌道与阡陌并非一事。魏文认为秦《为田律》文中的阡道陌道就是阡陌，其实二者并不相同。律文中阡道陌道统称之为"道"，青川木牍背面文字可为证据，其曰："四年十二月不除道者，口二田，口一田，章一田……"① 此处之"田"即为百亩之顷，以"田"计"道"：则"道"即顷边之阡道陌道。对于阡陌和道，法定的维修时间和内容皆不相同，对阡陌，是在"秋八月""燊阡陌之大草"，对阡道陌道则是"九月，大除道"，另外，"非除道之时而有陷败不可行，辄为之"。在文献中也可看到阡道陌道与阡陌并不相同的踪迹，《汉书·晁错传》记晁错上书之言："通田作之道，正阡陌之界"，二者作用及修筑办法皆不相同，董仲舒则说，秦自商鞅变法后，"富者田连阡陌"②，若阡陌即秦《为田律》中之阡道陌道，则无论如何解释律文，"田连阡陌"都毫不足奇。因此，阡陌当是分别与阡道、陌道平行的一种比较大的田界设施，其间距离比较远，所包围土地数量比较多。

其四，顷有固定形制，其两边并非都与阡道重叠。魏文认为，数亩甚至数十亩土地首尾相连，其两端与亩向垂直为两条阡道，亩间以畛为界，阡道与畛平行，任何一顷地都有对应两边与阡道重叠。这样，由于两阡道间距离不同，因而顷的形制也就不定。这种解释是建立在亩为八步宽、三十步长之地块的错误认识基础上的，如果肯定了亩为宽一步、长二百四十步之地块，则顷的形制也应当是确定的，即百亩并排为顷，

---

① 从李学勤《青川郝家坪木牍研究》释文，《文物》1982 年第 10 期。
② 《汉书》卷 24 上《食货志上》，中华书局 1962 年标点本，第 1137 页。

若将畛之宽度计入亩内，顷就是宽一百步、长二百四十步之长方形地块。百亩并排，则亩之一端的陌道相连而成为顷之一边。律文曰："百亩为顷，一阡道"，则顷之四边中只有一边与阡道重叠。由于陌道与阡道互相垂直，因此对于一顷田地来说，总有相邻两边为道，一边是陌道，一边是阡道。正由于顷有固定形制，"百亩为顷，一阡道"才有了固定的含义。

其五，封埒也是顷的边界。关于封埒，魏文的两个地方作了两种互相矛盾的解释：一处说："只需在两阡之间沿陌道修筑'封埒'，就可以清楚地显示不同所有者占有土地的疆界"，就是说，两阡之间沿亩边有许多陌道，其中的某些陌道上又修筑以封埒，用为区别不同所有者占有土地的疆界；另一处说，地主、贵族"常常只修筑表示地界的阡陌，不修筑地界内的陌道"，为准确反映占地顷亩的多寡，作为国家按丁夫授田和征税的标准，"在阡陌之内设置'顷畔封'"，在这里，作为不同所有者占有土地界限的仅仅是阡陌，封埒是度量顷亩地积的标志，而顷亩又是国家授田和征税的标准。按前一种解释，一个所有者占有土地的四界中，相对两边是阡，另外两边是修筑于陌道上的封埒。在广三步（约合 4.2 米）的陌道上修筑起高四尺（约合 0.92 米）的土墩，高一尺（约合 0.23 米）、底宽二尺（约合 0.49 米）的土埂，以作为田界，这实在极不协调，不仅叠床架屋，也难以起到田界作用。这种解释在秦《为田律》律文中无任何依据，且以封埒与顷无关，则"顷畔封"也无从谈起。按后一种解释，封埒与顷有关，但其中说土地所有者可以不按法律规定修筑必须修筑的陌道，这在以法严刑酷著称的秦国是难以想象的。根据前面的讨论，百亩并排成顷，百步长的两条顷边之一为陌道，二百四十步长的两边顷边之一为阡道，剩余两边以何为界，律文未谈及，但详述了作为田界的封埒之形制大小，因此可以推断，顷的另外两边正是以封埒相连作为地界的。

七年前，笔者在《战国授田制试论》^① 一文中曾认为，阡陌是田间

---

① 袁林：《战国授田制试论》，《社会科学（甘肃）》1983 年第 6 期。

界道合一的固定设施，封埒相连则为非固定田界，授收田土时不变动阡陌，只变动封埒即可。今天来看，这种观点是错误的。仔细研究秦《为田律》，其土地规划状况是：宽一步、长二百四十步的地块为一亩，亩之长边以畛为界，亩之短边之一为陌道；百亩并排成顷，其四界中有相邻两边分别为三步宽之陌道、阡道，另两边以封埒为界；由于每顷地须有一陌道、一阡道为界，故相邻二阡道、二陌道间包围的是四顷地，封埒相连则是这四顷地间的界限；在若干条阡道、陌道之外，与之大致平行有阡、陌，成为更大之田界。整个田界系统都是为了保证顷形制大小的确定，而顷正是国家授田制度实施的基本田块，也是国家在这种制度基础上征收赋税徭役的基本依据，土地的授收不用变动任何田界，只需变动某一顷田块的使用者即可，因此，每年可以在固定的时间维修阡、陌、阡道、陌道、封、埒这整个田界系统。

二　如何理解律"盗徙封，赎耐"及其释文

这条史料是魏文分析的基本出发点，他采用了文物出版社 1978 年版《睡虎地秦墓竹简》句读：

> "盗徙封，赎耐。"可（何）如为"封"？"封"即田千佰。顷半（畔）"封"殹（也），且非是？而盗徙之，赎耐，可（何）重也？是，不重。

并认为，阡陌是封，顷畔封也是封，阡陌是田界，顷畔封则非田界，而是"国家掌握按丁夫授田和征税标准的重要措施"。笔者认为这种解释不能成立，关键在于"'封'即田千佰"的断句不能成立，真是失之句读，差以千里。

封肯定并非阡陌。首先，考古、文献资料都说明封非阡陌。秦《为田律》曰："封高四尺，大称其高"，是一个高四尺的土墩，大小与其高相称，无固定形制。《礼记·檀弓上》注曰："聚土曰封"，《礼记·乐

记》注曰："土积曰封",《周礼·肆师》注曰："封亦坛也",《广雅·释丘》曰,"封,冢也",都说明封是土堆、土台,积土而成。阡陌则是长条状的田界,或亦用为道路,《说文》曰:"路东西为陌,南北曰阡",《汉书·食货志》颜注曰:"仟佰,田间之道也,南北曰仟,东西曰佰"。显然,封与田阡陌绝非一事,不能说"封即田阡陌"。

其次,无论将阡陌或阡道陌道解释为封,"盗徙之"工程量都极大。以阡道、陌道计,其宽三步,移之则相当于重修一条道路,阡、陌则更宽。因此,"盗徙之"几近于不可能。

再次,若阡陌即封,则"盗徙之,赎耐"处罚过轻。赎耐是很轻的一种刑罚。耐刑即剃光犯人鬓须之刑罚,《礼记·礼运》孔疏曰:"古者犯罪以髡其须,谓之耐罪",《说文》曰:"耐,罪不至髡也",段注:"不剃其发,仅去须鬓,是谓耐",而所谓赎耐,即缴纳法定数量的财物以代替耐刑,其财物数量多少,未见明确记载,但可肯定,赎耐比耐刑又轻了一层。商鞅变法之后秦国严刑峻法,虽小过亦处以重刑,云梦秦简《法律答问》中有一条:"或盗采人桑叶,臧(赃)不盈一钱,可(何)论?赀繇(徭)三旬。"偷采他人桑叶价值不足一钱,便罚徭役三十天。封若理解为阡陌,"盗徙封"则是偷窃或强占国家土地,即使按魏文解释,封是阡陌之内反映顷亩多寡的设施,"盗徙封"也属于隐瞒土地、偷逃赋税的犯罪行为,对此损害国家利益的行为仅处以赎耐,实在难以想象。

根据以上讨论,该条简文中间部分句读应为:"'封'即田千、佰、顷半(畔)'封'殹(也),且非是?"其实,云梦秦简最早公布于《文物》杂志时,就作如此断句。这条史料的大致含义是:"私自移封,应赎耐。"什么是"封"?"封"就是田地中阡、陌、顷边的"封",是这样吗?私自移动,即判处赎耐,是否太重?是这样的,处罚也不重。《法律答问》之所以要解释封,大概是由于当时封有不同种类,或为行政区划疆界之封,如《周礼·大司徒》"辨其邦国都鄙之数,制其畿疆而沟封之"中所说的封,或为社坛之封,如《周礼·封人》"掌诏王之社壝,为畿封而树之"中所说的封,或为田界之封,如《左传·襄公三十年》"田有封恤"之封，等等，因此须说明律文中的封特指田地中阡、陌、顷旁边的封，"畔"在此处为边侧之意，"且非是"三字在简文中完全可以通释，秦简《法律答问》中有"何谓窦署"一条，行文与此类似，可作为参考。

那么，什么是田地中阡、陌、顷旁边的封呢？据前文对秦《为田律》的讨论，阡道、陌道所包围的四顷地间以封埒为界，这是顷畔封的一种类型。另外，阡、陌作为距离较远的大的田界，其设置虽与阡道、陌道平行，但必然依自然地势而为之，不必完全笔直规整，这样，在邻近阡、陌的顷与阡、陌之间便形成一些不足划分为顷的畸零之地，为充分利用这些土地，需要将其划归若干生产者经营，这里的田界大概就只用封埒，由此产生阡畔、陌畔、顷畔之封。阡道、陌道包围的四顷地中间的封不易盗徙，徙之也容易发现，故此条法律应当主要指畸零之地上的封埒，"盗徙封"是未经官府同意而私自移动封埒，占用国有荒地的犯罪行为。由于秦国"地胜其民"（《商君书·算地》），"谷土不能处〔什〕二"（《商君书·徕民》），垦草开荒是国家鼓励的行为，因此，"盗徙封"之罪不在移封垦荒，而在于"盗"，即未向官府申报并得到批准，故只处以赎耐之轻刑。

三　如何理解授田制的本质

商鞅"为田开阡陌封疆"，设计了一套完整严密的田界系统，将土地划分为以顷为基本单位的田块，目的在于推行国家授田制度，一夫一顷，自然非常方便，那么，国家授田制度的本质又何在呢？魏文说："授田制的本质，是国家按丁夫的多寡对土地的私人占有给以确认，以便征收赋税。"这个观点实际上包含着两个命题。一个命题是，土地实质上为私人所有，国家只是依据丁夫多少对其私有权予以确认，这就是说，授田制的核心不在于授田，而在于限田，正是在这个基础上，他认为不同所有者占有土地的形制大小是不定的，阡陌则用以表示其间地界，这样，就需要再设立顷畔封作为顷间界限，用为征收赋税的标准和依据。另一个命题是，在授田制度下，国家征收的租税仅仅是现代意义上的国家赋税，并不包含国家对受田者的地租剥削，由此他认为贵族、地主占有大量土地，这些土地以阡陌为界，其中设顷畔封作为纳税标准，除了按规定向国家缴纳赋税外，还可以获得阡陌以内土地的地租剥削，由此实现了他们的土地私有权。

秦国授田制度之下并不存在土地私有权，其证据如下。首先，商鞅变法之后的秦国是切实实行过授田制度的，云梦秦简《田律》曰："入顷刍稾，以其受田之数"，摘抄《魏户律》曰："假门逆旅，赘婿后父，勿令为户，勿予田宇"，《商君书·徕民》曰：对三晋移民"利其田宅"，都是明确证据，而实现授田必须以土地国有为前提。其次，秦《为田律》规定了阡、陌、阡道、陌道、封、埒配套的严密的田界系统，每年定时维修，将土地划分为以顷为基本单位的田块，这些都只有在土地国有条件下方能实现，若土地私有，则田界无法系统配套，田界维修无法定时举行，土地也不可能划分为以顷为基本单位的田块。再次，商鞅变法后直至秦亡，至今尚未发现存在土地买卖的任何证据，从云梦秦简可见，商鞅变法后秦国公私商业仍以相当规模存在着，商品种类形形色色，包括奴婢买卖，唯独没有发现土地买卖的事例，董仲舒说商鞅变法后"民得买卖"土地，实在是以汉述秦，无据之谈。另外，在云梦秦简中可以看到许多有关各种财产的处分、纠纷的记载，但唯独没有土地，这也证明土地私有权还不存在，个人对土地没有处分权。又次，从云梦秦简《封诊式·封守》可见，土地并未成为私人财产的组成部分，"某里士伍甲"的家产被查封，甲有房产，蓄臣妾，并非赤贫之家，查封账目亦细致全面，连"门桑十木""牡犬一"都未遗漏，唯独没有土地，这说明土地是归国家所有的。土地国有，国家授田予民，授田的基本单位是顷，因此，设置阡、陌、阡道、陌道、封、埒这一整套田界系统，都是为确定顷之形制大小服务的，独立于这个田界系统之外的仅仅作为征税依据的顷畔封是不存在的。

土地国有，就意味着国家征收的租赋徭役包含了近代意义上的赋税和地租两个部分，马克思说：如果"国家既作为土地所有者，同时又作为主权者而同直接生产者相对立，那末，地租和赋税就会合为一体"①。在商鞅变法之后的秦国，社会统治阶级的剥削所得全部融入这个合一体之中，不存在统治阶级成员个体凭借自己的土地私有权而游离于这个合一体之外的剥削，他们的剥削收入表现为这个合一体的不同形式的分割。这种分割既表现为官俸和赋税赏赐，如《商君书·境内》所称"千石之令""八百之令"等，是官俸之表现，其曰"赐邑三百家，赐税三百家"，"税邑六百家"等，则是将原本应收缴国库的租赋转赐予私人，又表现为国家将劳动力和土地授予私人，即实际上将国家应从这些劳动力和土地上所获得的地租赋税合一体授予私人。商鞅变法内容之一即"明尊卑爵秩等级各以差次，名田宅臣妾衣服以家次"②，即对于社会地位不同者依等差授予不同数额的土地，同时依等差授予不同数量的臣妾，③ 二者间似当有某种对应关系。《商君书·境内》谈到奖励军功曰："能得甲首一者，赏爵一级，益田一顷，益宅九亩，一除庶子一人"，田一顷与庶子一人亦有着某种对应关系。单独依据所占有的土地就实现剥削是不可能的，因而不仅土地私有权是不存在的，而且个人的剥削收入以不同形式表现为国家租赋徭役的分割。也正由于这个原因，在秦代史料中我们既看不到个人处分自己所占有土地的事例，也看不到通过自己所占有的土地以租佃等形式与他人发生社会关系的事例。

笔者认为，国家授田制的本质在于遏制村社瓦解之后过猛过快的私有制发展势头，以防止其对生产所可能带来的危害。这表现在两方面，一是由国家通过授田控制生产者同基本生产资料土地的结合方式，保证二者的顺利结合，从而保护社会生产；二是国家通过征收地租与赋税合一体的租赋徭役，然后又以不同形式分割于剥削阶级成员的方式，控制社会总剥削量的度，使之不因私有制的发展而失控，超出生产者所能提

---

① 马克思：《资本论》第 3 卷，载《马克思恩格斯全集》第 25 卷，人民出版社 2006 年版，第 891 页。

② 《史记》卷 68《商君列传》，中华书局 1959 年标点本，第 2230 页。

③ 臣妾的授予多以赏赐形式出现，《商君书·境内》曰："爵吏而为县尉，则赐虏六"，即由吏升为县尉则赐予奴六人，这当是升爵除职时的惯例，即授予一定数量臣妾。

供的剩余劳动过远，从而保护社会生产。秦国的强盛与国家授田制度的实施有着直接的关系，但私有制的发展是不可能被制止的，它最终必然使国家授田制崩溃。

（原载《河南大学学报》1992 年第 4 期）

"使黔首自实田"新解

秦始皇三十一年（前216），颁布了一条重要法令："使黔首自实田"。这个法令仅见于《史记·秦始皇本纪》裴骃《集解》引徐广曰，由于秦代土地制度史料极缺，因而它显得特别珍贵，为当代史家普遍注意，正确解释它，对于把握从战国到两汉土地制度的演变，填补其间的缺环，无疑具有重要意义。

一

当代学者对这条法令的解释，大致可归纳为如下两类。

绝大部分学者认为，这个法令是命令黔首向政府呈报自己占有的土地数额，目的是确定赋税，它意味着在法律上确立了土地私人所有制。郭沫若说：这条法令"就是命令有田的黔首向政府呈报占有土地的数额"，它标志着进一步在全国范围内确认了封建土地私有权。[①] 范文澜说："在这个法令下，地主和有田农民自动陈报所有土地实数，按定制缴纳赋税，取得土地所有权"，土地个人私有制以法律的形式确定了下来。[②] 杨宽说：这个法令"命令全国有田的人自报占有田地的实际数额，以便征收赋税，同时也就在全国范围内从法律上肯定了封建土地所有

---

① 郭沫若：《中国史稿》第2册，人民出版社1979年版，第121页。
② 范文澜：《中国通史简编》第2编，人民出版社1965年版，第14页。

制"①。现行的各种教科书及有关专著基本上都取这种解释。

有少数学者将这条法令解释为使黔首自由占有土地。翦伯赞曾说过:"所谓'自实田',即自由占有土地之谓也。"② 但他的观点后来似乎有所变化,在他主编的《中国史纲要》中,说这个法令使农民户籍中增加了土地占有状况的记载,③ 这意味着,他后来也认为这个法令包含呈报土地数额的内容。任再衡认为,这个法令的意思是"让百姓开荒,扩充土地,'任其所耕,不限多少'"④。李福泉也解"自实田"为自由占有土地,但他怀疑这条记载的可靠性,认为秦代不可能实行自由占有土地的政策。⑤

笔者认为,这两类解释都难以成立,仅就文字上来说,它们都有"改字解经"或"增字解经"的问题。

先看第一类。这类解释将"实"解为"呈报"或"如实呈报",查遍文献,"实"字并无呈报之义,古代汉语中是这样,现代汉语中也是这样。《说文》:"实,富也,从宀从贯。贯,货贝也。"段玉裁注:"以货物充于屋下,是为实。"这当是"实"字本义,它在使用中包含了两个方面的意义。一是解为财,转义为器物以至爵禄之类。如《左传·文公十八年》"聚敛积实"注:"实,财也";《礼记·表记》"耻费轻实"注:"实,谓财货也";《左传·宣公十二年》"无日不讨军实而申儆之"注:"军实,军器";《吕览·下贤》"既受吾实"注:"实,犹爵禄也。"二是解为充实,与空、虚、无、假等义相对,又转用为植物种子等义。如《玉篇》曰:"实,不空也";《诗·节南山》"有实其猗"注:"实,满也";《诗·小星》"寔命不同"注:"寔,韩诗作实,云:有也";

① 杨宽:《战国史》,上海人民出版社 1980 年版,第 392 页。

② 翦伯赞:《秦汉史》,上海大孚出版公司 1947 年版,第 35 页。在北京大学出版社 1999 年新版本中,校订者张传玺等将这句话改为:"所谓'自实田',即向官府自报占有的土地之也。"

③ 翦伯赞:《中国史纲要》第 1 册,人民出版社 1979 年版,第 93 页。

④ 任再衡:《"使黔首自实田"解》,《黑龙江大学学报》1975 年第 1 期。

⑤ 李福泉:《秦代实行过"使黔首自实田"的土地政策吗?》,《天津社会科学》1986 年第 2 期。

《广雅·释诂》曰："实，诚也"；等等。在现代汉语中，使用后一意义，解为充实、充满、真实等义。亦引申为植物种子。因此，解"自实田"为"自报田"，在文字上没有依据。

这种解释似乎是逐渐演化而产生的。自裴骃《史记集解》引述这条材料后，司马光《资治通鉴》引用了它，但未作解释。郑樵《通志·秦纪》引为"此年使黔首自实其田"，亦未作解释。马端临《文献通考·田赋考一》载录了这条史料，其按语曰："是年始令黔首自实田以定赋"，仍未加解释，只是主观地将这条法令的目的解为确定赋税。到清康熙年间，王之枢等编纂《历代纪事年表》，才给它添加了呈报的意思，其曰："自实田，令民自具顷亩实数也。"这个解释似为今日众说之始祖。它似乎是从马端临衍化而来，既然要确定赋税，就要登记田产，要登记田产，又须使田主呈报占有土地的数额，这样便产生了将"自实田"解为自报田产实数的说法。

再看第二类。这类解释解"自"为"自由"，亦出于杜撰，古代汉语和现代汉语均无此种用法。《说文》："自，鼻也，象鼻形。"此其本义，极少用，引申义为己、从、率等。如《孟子·离娄下》："夫人必自侮，然后人侮之"，自即用为己；《诗·羔羊》"退食自公"注："自，从也"；《礼记·杂记》"客使自下由路西"注："自，率也"；等等。因此段玉裁说："此以鼻训自，……而用为鼻者绝少也，今义从也，己也，自然也，皆引申之义。"现代汉语亦用此引申义。可见，"自"字并不含自由之义，解"自实田"为"自由占田"，在文字上也没有依据。

这样看来，我们必须对"使黔首自实田"重新作出解释，使之既在文字上有依据，又符合战国至两汉土地制度演化的历史。

二

那么，"使黔首自实田"究竟应如何理解呢？笔者以为："自"，由"鼻"之本义出发，按其引申义解为"己"，即自己。"实"，取其"不空""满""有"之解，即充实、充满、具有之义，用为动词（此处

"实"若取"财货"之义，则只能用为名词，显然于句不通）。这样，
"使黔首自实田"，就是命令黔首自己去充实（充满、具有）土地，即命
令黔首按照国家制度规定的数额，自己设法占有足额的土地，国家不再
保证按规定授田。这样解释，不仅在文字上没有矛盾，而且密合于目前
我们对战国至两汉土地制度演变史的认识，填补了战国国家授田制与两
汉较普遍的土地私人所有制之间的缺环。

国家授田制度，是战国时期（包括秦代前期）基本的土地制度。这
种观点，已为越来越多的学者所接受，它可以得到正反两个方面的证
明。关于这个问题，近来已有许多论著进行了研究，限于篇幅，这里只
作简单说明。

首先，从正面来看。反映战国社会状况的地下及文献材料中，有大
量关于国家授田制的记载，我们仅从其中明确记有国别的材料中选录几
条如下。在魏国：

> "魏氏之行田也以百亩，邺独二百亩，是田恶也。"（《吕氏春
> 秋·乐成》）

魏《户律》明确规定了不予授田的对象：

> 自今（前252）以来，叚（假）门逆吕（旅），赘婿后父，勿
> 令为户，勿鼠（予）田宇。①

这条法令秦亦采用。秦《田律》还规定：

> 入顷刍稾，以其受田之数，无垦（垦）不垦（垦），顷入刍三

---

① 《法律答问》，载睡虎地秦墓竹简整理小组编《睡虎地秦墓竹简》，文物出版社1978年
版，第202页。

石、稟二石。①

齐国《田法》也规定：

> "州、乡以地次受（授）田于野，百人为区，千人为或（域）。"②

> "三岁而壹更赋田，十岁而民毕易田，令皆受地美亚（恶）口均之数也。"③

在赵国，也有国家授田制实行的例证：

> "（中牟令）王登一日而见二中大夫，予之田宅。中牟之人弃其田耘，卖宅圃而随文学者邑之半。"（《韩非子·外储说左上》）

在楚国，虽未见国家授田予一般平民的明确记述，但仍可看到对臣属因是否生存而授收土地的记载：

> "楚邦之法，禄臣再世而收地。"（《韩非子·喻老》）

在滕国，亦可看到授田的痕迹。《孟子·滕文公上》记许行对滕文公说：

> 远方之人闻君行仁政，愿受一廛而为氓。

---

① 《秦律十八种》，载睡虎地秦墓竹简整理小组编《睡虎地秦墓竹简》，文物出版社 1978 年版，第 27 页。

② 银雀山汉墓竹简整理小组：《银雀山竹书〈守法〉、〈守令〉等十三篇》，《文物》1985 年第 4 期。

③ 银雀山汉墓竹简整理小组：《银雀山竹书〈守法〉、〈守令〉等十三篇》，《文物》1985 年第 4 期。

上述材料足以说明战国曾普遍实行国家授田制。

其次，从反面来看。传统观点认为战国的基本土地制度为私有制，至少秦商鞅变法后是这样，这种看法与战国普遍实行国家授田制的观点相对立。我们知道，土地可以在一定程度上自由买卖，这是土地私人所有制的基本条件和特征，但是，反映战国社会状况的记载中绝少有关土地买卖的材料。以前人们经常使用的不过三条。一是前引《韩非子·外储说左上》所述，但这条材料明确说被卖的是"宅圃"，耕地则是被抛弃，且前有王登授田予二中大夫的叙述，显然，它不是土地买卖的反映，而恰好是授田制实行的证明。二为《史记·廉颇蔺相如传》所述：

> 今（赵）括一旦为将，……王所赐金帛，归藏于家，而日视便利田宅可买者买之。

这是汉人所述，可靠与否姑且不论，至多只能说是一条孤证。三是《汉书·食货志》转述董仲舒所言：

> 至秦则不然，用商鞅之法，改帝王之制，除井田，民得买卖，富者田连仟伯，贫者亡立锥之地。

这种泛泛议论显然与云梦秦简等相矛盾，其实是以汉述秦，不足为据。另外，还有许多证明战国时期土地不能自由买卖的间接证据，一些同志已作过讨论，此不赘言。土地不能自由买卖，则说明土地私人所有制并不存在，这从反面证明了战国国家授田制的实行。

关于战国国家授田制，根据大量的地下和文献资料，可以描绘出一个大致轮廓。对此，拙文《战国授田制试论》① 已试作过分析，现仅述其要点：全部土地归国家所有；国家按劳动力"夫"或"家"授予定量土地，一般是百亩；国家直接干预生产过程，一方面给农民以帮助，另

---

① 袁林：《战国授田制试论》，《社会科学（甘肃）》1983 年第 6 期。

一方面以严酷手段督励农民生产；国家依据授田额向农民征收实物租税，即地租与国税的统一体，剥削阶级具体成员的剥削收入是采取不同形式对这个统一体的分割；为了授田制的实施，国家一方面设立严密的户籍制度，以控制劳动力，另一方面设置由阡、陌、封、疆（埒）配套的严密田界系统，以保证土地的授收。

然而，经过秦代，到西汉时期，战国的这种国家授田制度崩溃了，土地制度发生了重大变化。虽然在汉初，国家授田制仍在实行，[①] 并以授田型"假民公田"的形式延续了下去，[②] 但是，以土地可以自由买卖为基本标志的土地私人所有制迅速发展起来，逐渐成为汉代社会土地关系的主要组成部分。从萧何"贱强买民田宅"[③] 开始，土地买卖史不绝书，武帝时已发展到相当高的水平，哀帝以后到东汉则得到了充分的发展。那么，导致这个重大变化的契机是什么呢？笔者认为，就是秦始皇三十一年"使黔首自实田"法令的颁布与实施。

战国国家授田制本身存在着导致自己崩溃的因素。在这种制度下，社会总剥削收入在剥削阶级具体成员中的瓜分形式决定了一些人可以控制大量土地，他们控制的土地越来越多，则国家实际占有的土地越来越少，从而使国家授田制的实施越来越困难。

在国家授田制下，全部土地归国家所有，社会剥削总收入亦归国家，因此，剥削阶级具体成员对社会总剥削收入的瓜分必须得到国家的首肯，其瓜分形式可区分为如下几类。一是以官俸形式直接给予实物，如《商君书·境内》有"千石之令""八百之令"的称呼，这是以官俸数量标志官职级别。二是直接瓜分国家的租税收入，如《商君书·境内》所说"税邑三百家""赐税三百家"，就是指将这些劳动者原应交与国家的租税转交予受赐者。"食封""食邑"也是这种形式，即得到了

---

① 汉初实行授田制，目前尚无公开发表的明确证据，但据李学勤先生透露，湖北江陵张家山西汉前期墓所出竹简中关于授田的材料是"大量的"，有一些与秦简记载相似。我们希望这批资料能早日公布。

② 参阅高敏《论汉代"假民公田"制的两种类型》，《求索》1985 年第 1 期。

③ 《史记》卷 53《萧相国世家》，中华书局 1959 年标点本，第 2018 页。

征收封户租税的特权，因此，《史记·孟尝君列传》载"其舍人魏子为孟尝君收邑入"，《索隐》即解为"收其国之租税也。"秦汉分封承袭此制，故《史记·货殖列传》曰："封者食租税。"第三，则是采取国家授予或赐予多量土地、同时附带役使定量劳动者的形式，以瓜分社会总剥削收入。这种形式多用于军功授田之类。在这种形式下，土地所有权仍属国家，瓜分者仅仅具有占有权，其剥削所得仍是国家租税的分割。《商君书·境内》有两条材料，很值得注意。

"能得甲首一者，赏爵一级，益田一顷，益宅九亩，一（衍字）除庶子一人。"

"其有爵者乞无爵者以为庶子，级乞一人。其无役事也，其庶子役其大夫月六日；其役事也，随而养之。"

这就是说，具有杀死敌人一个甲士功劳的人，可以在原受田基础上，再增授耕地一百亩，同时增加役使一个劳动力的权力。其庶子平时每月服役 6 天，恰为全部劳动时间的十分之二，与战国时期国家租税剥削率统一。如《孙子兵法》佚篇《吴问》说，晋之六家除赵而外皆"五税之"，即取什二之租税；《管子·大匡》曰："上年什取三，中年什取二，下年什取一"，平均亦为十分之二。这种统一表明，得到增授耕地者实际是以劳役形式取得了庶子应交与国家的租税，仍然是国家租税的分割。

随着兼并战争愈演愈烈，因功授田或赐田数量急剧增加，规模越来越大。如：

"（魏王）于是索吴起之后，赐之田二十万。巴宁、爨襄田各十万。"（《战国策·魏策一》）

"（魏王对公叔痤）又与田四十万，加之百万之上，使百四十万。"（《战国策·魏策一》）

"卫嗣君谓薄疑曰：……请进爵以子为上卿。乃进田万顷。"

（《韩非子·外储说右上》）

"（赵烈侯曰:）郑歌者枪、石二人，吾赐之田，人万亩。"[1]

这种情况给国家授田制带来越来越大的冲击。虽然这些土地是否可以传予子孙，目前可见两类矛盾材料，[2] 难以得出结论，但至少他们是终身享用的。这样，便带来两个直接结果。一方面，国家实际控制的土地越来越少，不得不停止对某些人授田。《商君书·徕民》说三晋"上无通名、下无田宅"者达总人口的一半。魏《户律》规定不给"假门逆旅、赘婿后父"授田。《管子·问》亦问曰："群（原文为君，据《管子集校》改）臣有位而未有田者几何人？外人之来从而未有田宅者几何家？"等等。另一方面，一批因功劳等被赐、授大量土地的人手中有了可以吸收更多劳动力的土地，从而造成劳动力从国家向豪势之家转移，使国家授田制达不到其原定目的。《韩非子·诡使》生动地描述了这种状况，它说，"陈善田利宅"，实行授田，是为了鼓励战士，但他们"无宅容身，身死田夺"、"而女妹有色、大臣左右无功者，择宅而受，择田而食"，优先受田，选择良田，这就造成"士卒之逃事伏匿，附托有威之门以避徭役，而上不得者万数"。国家实际占有的土地越来越少，可以控制的劳动力也越来越少，这样，国家授田制不仅失去了条件，也失去了施行的意义，逐渐走向崩溃. 而私人手中控制的土地和劳动力却越来越多，为土地私人所有制的形成创造了充分的条件，后者需要取代前者的统治地位。"使黔首自实田"法令的颁布，正式宣告了这种取代的开始，标志着土地制度史上的一个新的阶段。

---

[1] 《史记》卷43《赵世家》，中华书局 1959 年标点本，第 1797 页。

[2] 关于收回授田或赐田的记载，如《韩非子·诡使》："身死田收"；《韩非子·喻老》："（楚）禄臣再世而收地"；《孟子·离娄下》：齐臣属离去，"遂收其田里"；《史记·甘茂列传》记甘茂出亡，田宅被收，后赐其孙甘罗。关于可传予子孙的材料，如《史记·王翦列传》："（翦）请园池以为子孙业"；《睡虎地秦墓竹简》文物出版社 1978 年版，第 146 页："战死事不出，论其后"；第 182 页："官其男为爵后"，皆讲子袭父爵之事，袭爵者当继承与其爵位相应的田宅。

三

"使黔首自实田"的法令，正式宣布了国家授田制度的崩溃，国家不再按制度规定向黔首授田，黔首应占有的土地由他们自己去设法解决。这个政策，无疑给以土地自由买卖为基本标志的土地私人所有制开放了绿灯，但它并未公开宣布土地私人所有为合法，也未放弃国家对社会土地关系的严密控制。这个政策的施行，便形成了西汉前期的所谓"名田"制度。

"名田"一称，始于商鞅，商鞅变法时规定"名田宅臣妾衣服以家次"[1]，其内容，即以该家所处的等级地位，占有相应数额的国家授予的土地。这时所谓的"名田"，实际就是国家授田制的另一种称呼。它包含两层意思：一、占有国家土地者必须将自己的姓名、爵级等等信息登记于国家户籍，这就意味着这些人承担了向国家缴纳赋税徭役的义务；二、国家依此户籍对有名者按制度授予相应数额的土地，其中既有对一般劳动者的授田，也有对军功者增授的土地。因此，《商君书·徕民》说三晋许多人"上无通名，下无田宅"，将户籍中的名与实际占有的田宅密切联系在一起。司马贞《史记索隐》解释名田曰："以名占田"，正好反映了战国时期所谓"名田"的内涵。

西汉前期，仍然沿用了"名田"的名称，但其内涵已发生巨大变化，它显然指私人通过各种途径所占有的土地。如董仲舒所言："限民名田，以澹不足，塞并兼之路"[2]；武帝时公卿言曰："贾人有市籍，及家属，皆无得名田"，颜师古注曰："一人有市籍，则身及家内皆不得有田也"[3]；哀帝时有司奏曰："诸王列侯得名田国中，列侯在长安及公主名田县道，关内侯、吏民名田，皆无得过三十顷"[4]，这些都是称私人占

---

[1] 《史记》卷68《商君列传》，中华书局1959年标点本，第2230页。

[2] 《汉书》卷24上《食货志上》，中华书局1962年标点本，第1137页。

[3] 《汉书》卷24下《食货志下》，中华书局1962年标点本，第1167页。

[4] 《汉书》卷11《哀帝纪》，中华书局1962年标点本，第336页。

有的土地为"名田"。之所以沿用"名田"之称，说明国家至少在名义上并未放弃对全国土地的所有权。它作为一种土地制度，就是严格限制私人占有土地的数额。武帝时为打击地方豪强势力，曾专门颁布六条诏书，其第一条就是禁止"强宗豪族，田宅逾制，以强凌弱，以众暴寡"①。其所谓"制"，就是"名田制"。颜师古注释名田甚得汉代名田制精要，其曰："名田，占田也，各立为限，不许富者过制，则贫弱之家可足也。"它不禁土地买卖，但严禁占田越出限额，如武帝时有乐平简侯嗣侯侈"坐买田宅不法"而死。② 可见，汉代名田制与战国不同，它着眼于按制度限田，而战国名田制着眼于依制度授田。国家保持对全部土地名义上的所有权，按照制度限制私人占有土地的数额，这是汉代名田制的基本内涵，而这与我们所解释的"使黔首自实田"是相符的。自己设法依制占满土地，同时也就意味着私人占有的土地数额被严格限制在制度规定范围之内。这说明，汉代的名田制，正是"使黔首自实田"政策的延续和结果。显然，在这种制度下，土地私人所有制始终是受到国家限制的未能充分发展的土地私有制。

那么，两汉发展较为充分的土地私人所有制始于何时呢？《汉书·王嘉传》记王嘉奏言曰："（哀帝）诏书罢苑，而以赐（董）贤二千余顷，均田之制由此堕坏。"孟康注曰："自公卿以下至于吏民名曰均田，皆有顷数，于品制中令均等。今赐贤二千余顷，则坏其等制也。"这里所谓均田，即国家对私人占有土地的数额依照制度按等级予以明确限制，其实就是名田。自哀帝开始，名田制度被公开破坏，此后史籍中不再见名田之称，土地私人所有制开始摆脱了国家的限制，有如脱缰的野马，迅速发展，成为西汉后期和东汉时期社会土地关系的基本内容。

---

① 《汉书》卷19上《百官公卿表上》颜师古注引《汉官典职仪》，中华书局1962年标点本，第742页。

② 《汉书》卷16《高惠高后文功臣表》，中华书局1962年标点本，第622页。

四

秦代的粮价变化，似亦可为我们的解释提供间接旁证。

《史记·秦始皇本纪》曰："三十一年，……米石千六百。"这条记载与"使黔首自实田"法令的颁布同年，它的出现显得很奇怪。战国至两汉，除楚汉之争时因战乱造成的经济破坏，使米价增至一石五千钱至一万钱而外，平时一般一石数十钱。战国时期李悝作尽地力之教，粮价按一石三十钱计算；《管子·国蓄》记粮价曰："中岁之谷，粜石十钱。……岁凶谷贵，石二十钱。"秦代也是一石三十钱，云梦秦简《司空》律文曰："系城旦舂，公食当责者，石卅钱。"① 西汉自文帝以后，粮价平岁一石大致十余钱，宣帝时低至五钱，河西等边地粮价较高，但只有百余钱。元帝时积年饥荒，粮价暴涨，也不过"京师谷石二百余，边郡四百，关东五百"②。相比之下，始皇三十一年粮价高得出奇。另外，查《始皇本纪》，记始皇年间灾荒变异者有十余处，其中如三年"岁大饥"、十七年"民大饥"、十八年"大饥"等，均未记粮价上涨之事。三十一年未见灾荒，而记粮价空前暴涨至一石一千六百钱。这个现象用灾荒之类难以解释，一是就《始皇本纪》来看，三十一年不见灾荒之类记载，有灾荒之年亦不见粮价记载；二是与西汉灾年相比，粮价上涨幅度过大。这件事可能与"使黔首自实田"法令的颁布有关。然而，按以前对这个法令的理解则很难解释：若是命令黔首呈报占田数量，则不改变现实的土地占有关系，从而也不会引起粮价的过分上涨；若是使黔首自由开荒占田，则随耕地增加，粮价理应呈下跌趋势。笔者认为，可以设想，由于国家宣布不再按制度授田，对于绝大部分人来说，土地以及土地上生产的粮食马上成为奇货，商人乘机囤积居奇，利用国家经

---

① 《秦律十八种》，载睡虎地秦墓竹简整理小组编《睡虎地秦墓竹简》，文物出版社 1978 年版，第 27 页。墓主人喜秦始皇时为吏，死于始皇三十年，其所抄律文当是当时实施的法律，故断定此律中所记粮价是当时一般粮价。

② 《汉书》卷 79《冯奉世传》，中华书局 1962 年标点本，第 3296 页。

济政策的变化哄抬物价，由此导致了粮价的突然暴涨。

根据上述讨论，我们可以大致描绘出战国至两汉土地制度演变的线索：随着战国国家授田制的逐渐瓦解，秦始皇三十一年颁布了"使黔首自实田"的法令，宣布不再按制度授田；这条法令实施的结果形成了西汉前期的名田制，其特征是国家名义上具有全部土地所有权和依制限民占田；由于土地私人所有制的迅猛发展，名田制也逐渐崩溃，自汉哀帝始，名田制公开废除，土地私人所有制开始有了较为充分的发展。

（原载《天津师大学报》1987 年第 5 期）

中国古代"抑商"
政策研究的几个问题

改革开放之后，史学界对中国古代的"抑商"政策予以了较多关注。有人认为，"抑商"政策阻碍了商品经济的发展，强化了封建的自然经济，是近代中国经济落后的一个重要原因。有人则认为，在中国古代农业经济社会中，"抑商"政策的出现是合理的、必然的，它维护了社会经济的正常运行。也有人直接否定中国古代"抑商"政策的存在，认为，自秦以后，"中国历代的统治者大都重商，搞商业官营，与其说是抑商，倒不如说是重商"①。笔者以为，讨论中的分歧有一些源自对某些基本问题理解的分歧，要使研究进一步深化，有必要对这些问题再作讨论。

一 关于"抑商"概念

"抑商"，就字面而言，是"抑制商业"，即国家抑制商业的政策，许多论著也在这一意义上使用"抑商"概念，并以此为基础展开讨论。不过，作为中国古代经济政策的"抑商"，与一般意义的"抑制商业"有着根本性的差别，它应当作为一个具有特定含义的专有词汇来看待。

十多年前，笔者曾就中国古代抑商政策内涵做过探讨，② 认为其由

---

① 陈长华：《抑商质疑——兼论中国古代的赋税政策》，《史林》1995 年第 2 期。

② 参见袁林《〈管子〉商业思想的基调是抑商》，《中国经济史研究》1990 年第 1 期。

两方面组成。一方面，抑制私人商业的发展，一方面，保护和发展国营商业。

抑制私人商业方面，有政治和社会等方面的措施，从商鞅"事末利""者举以为收孥"①，秦始皇"谪戍""贾人"②，西汉令"贾人毋得衣锦绣……操兵、乘骑马"③，"无得名田"④，"不得仕宦为吏"⑤，一直到明代"禁商贩""服用貂裘"⑥。有经济措施，从商鞅"重关市之赋"（《商君书·垦令》），汉初商贾算赋加倍，直到明清名目繁多的商税，从秦始皇"徙天下豪富于咸阳"⑦，汉武帝"算缗告缗"，直到明清各级政府对商人多种方式的勒索和掠夺。

保护和发展国营商业方面，政策主要有三，一是实行专卖制度，从商鞅"壹山泽"（《商君书·垦令》），汉代盐铁官营，直到清代的盐茶等专卖；二是发展官商，由国家占领大宗货物或特殊货物市场，排挤私商，攫取商利，从商鞅控制粮食贸易，"使商无得籴，农无得粜"（《商君书·垦令》），汉代的"均输平准"，直到明清形形色色的官商机构；三是国家垄断货币铸造权，从而将这一领域利益全部收归国家，从秦始皇铸半两⑧、汉武帝铸五铢开始，铸币权就一直控制在中央政府手中。

可见，中国古代的抑商政策从来都不是对商业活动本身的抑制，它仅仅抑制私商，而绝不抑制官商，相反却予以保护，促使其发展，并同时作为抑制私商的一种手段。

我们知道，根据经济学一般原理，只要社会存在分工，而且这种分工发生于不同的所有权之间，那么，社会经济运动作为一个统一体，只

---

① 《史记》卷68《商君列传》，中华书局1959年标点本，第2230页。
② 《汉书》卷49《晁错传》，中华书局1962年标点本，第2284页。
③ 《汉书》卷1下《高帝纪下》，中华书局1962年标点本，第65页。
④ 《汉书》卷24下《食货志下》，中华书局1962年标点本，第1167页。
⑤ 《史记》卷30《平准书》，中华书局1959年标点本，第1418页。
⑥ 《明史》卷67《舆服志三》，中华书局1974年标点本，第1650页。
⑦ 《史记》卷6《秦始皇本纪》，中华书局1959年标点本，第239页。
⑧ 秦国家垄断铸币，参见秦简《封诊式》："爰书：某里士伍甲、乙缚诣男子丙、丁及新钱百一十钱、镕二合，告曰：'丙盗铸此钱，丁佐铸。甲、乙捕索其室而得此钱、镕，来诣之。'"载睡虎地秦墓竹简整理小组编《睡虎地秦墓竹简》，文物出版社1978年版，第252页。

有实现了生产、分配、交换、消费诸环节，才能最终完成。"一定的生产决定一定的消费、分配、交换和这些不同要素相互间的一定关系。当然，生产就其片面形式来说也决定于其他要素。"① 这中间，生产是决定性的，一定类型和规模的生产，决定了一定类型和规模的交换，反过来一定类型和规模的交换在一定条件下也是生产得以实现的必需条件，交换状况在一定条件下也会给生产一定影响。因此，在任何一种社会经济形态下，无条件的发展商业和抑制商业都不可能实现。就一个较长时间而言，经济规律的作用自然会调整商业类型与规模，使其与生产相适应，使整个经济运动成为协调的过程。在短时间内，在一些特定的条件下，人为作用有可能使商业出现超前或落后的状况，从而在一定程度上影响生产，但这种状况的出现必然以某种经济损失作为代价，而且就长时间来看，必然为经济规律所改变，使之适应于生产。

关于商业在社会经济活动中的重要地位，中国古代思想家早已认识到。《周书》曰："农不出则乏其食，工不出则乏其事，商不出则三宝绝，虞不出则财匮少。"司马迁在引用这段话后说："此四者，民所衣食之原也。"② 这种认识在大力主张"重农抑商"的思想家那里也不例外。商鞅学派曰："农、商、官三者，国之常官也。农辟地，商致物，官治民。"(《商君书·弱民》)"三官贫，必削"(《商君书·去强》)。荀子曰："商贾敦悫无诈，则商旅安货通财，而国求给矣。"(《荀子·王霸》)"王者之法：……关市几而不征，山林泽梁，以时禁发而不税……通流财物粟米，无有滞留，使相归移也，四海之内若一家。"(《荀子·王制》)韩非子曰："利商市关梁之行，能以所有致所无，客商归之，外货留之，……则入多。入多，皆人为也。"(《韩非子·难二》)他们都认为商业为社会所必需，都反对完全禁商，而是主张给商业创造一定的便利，从而促进经济的发展，使国家得到实利。

---

① 马克思：《〈政治经济学批判〉导言》，载《马克思恩格斯全集》第12卷，人民出版社2006年版，第749—750页。

② 《史记》卷129《货殖列传》，中华书局1959年标点本，第3255页。

因此，中国古代的"抑商"，如果准确定义的话，应当是"抑私商"，它不仅不抑官商，而且将发展官商作为抑制私商的一种手段。显然，它绝不是违背经济规律去"抑制商业"。如果将中国古代"抑商"政策理解为国家对整个商业的抑制，不论对其历史作用持何种看法，都意味着个人意志可以凌驾于经济规律之上，或强力抑制商业的发展，或过度发展商业，从而影响到农业生产，这样的理解是不恰当的。

二 关于商业的性质与作用

讨论中，有人将中国历史上的诸多现象与古代"抑商"联系了起来，认为中国古代社会的长期停滞、资本主义发生较晚甚至专制主义政治制度长期持续，都与此有密切关系。即使我们按照一些人的意见，把"抑商"看作"抑制商业"，那么，是否不"抑商"就不会发生这些现象了呢？历史无法假设，回答这一问题必然成为无稽之谈，但可以换一种提法，商业是否有如此神奇的力量，可以无条件地推动社会发展、必然导致资本主义甚至导致民主政治呢？答案恐怕未必。

首先，商业并不一定意味着商品生产和商品经济。早期商业可以在没有商品生产或者商品生产只是一种偶然现象的条件下存在。马克思说："独立的商人财产作为占统治地位的资本形式，意味着流通过程离开它的两极而独立，而这两极就是进行交换的生产者自己。这两极对流通过程来说仍然是独立的，而流通过程对这两极来说也是独立的。产品在这里是由商业变成商品的。在这里，正是商业使产品发展为商品，而不是已经生产出来的商品以自己的运动形成商业。"[①] 早期商业所进行贸易的商品对生产者来说并不是作为商品生产出来的，生产目的是使用价值，只是在商业活动之下，方才转化为商品。司马迁描述了早期商业中与商品生产无关的两种基本类型。"山西饶材、竹、穀、纑、旄、玉石；

---

① 马克思：《资本论》第 3 卷，载《马克思恩格斯全集》第 25 卷，人民出版社 2006 年版，第 366 页。

山东多鱼、盐、漆、丝、声色；江南出楠、梓、姜、桂、金、锡、连、丹沙、犀、玳瑁、珠玑、齿革；龙门、碣石北多马、牛、羊、旃裘、筋角"，因此需"商而通之"①，此即所谓"商以足用，茂迁有无"②，这是沟通各地特产的转运贸易。计然"旱则资舟，水则资车"，"贵出如粪土，贱取如珠玉"，白圭"乐观时变，故人弃我取，人取我与。夫岁孰取谷，予之丝漆；茧出取帛絮，与之食"③。这是囤积居奇、谋取暴利的投机贸易。

这个时期，商人资本势力强劲，独立性很强。如孔子学生子贡，"结驷连骑，束帛之币以聘享诸侯，所至，国君无不分庭与之抗礼。夫使孔子名布扬于天下者，子贡先后之也"④。在司马迁看来，连孔子扬名天下，也是沾了子贡的光。但是，这并不意味着社会经济的发展，相反，正意味着社会经济的不发展。"资本作为商人资本而具有独立的、优先的发展，意味着生产还没有从属于资本，就是说，资本还是在一个和资本格格不入的、不以它为转移的社会生产形式的基础上发展。因此，商人资本的独立发展，是与社会的一般经济发展成反比例的。"⑤

其次，商业不可能完全独立于社会经济运动过程而自行发展，因为，"产品进入商业、通过商人之手的规模，取决于生产方式"⑥。固然，商业一经产生，就有自己相对独立的发展历史，并且因其所具有的强大的渗透力和腐蚀性，"使生产越来越具有为交换价值而生产的性质"⑦，对社会各方面施加影响，但是，从根本上、总体上来说，它作为交换环节，是由生产所决定的。在中国古代以农业为基本生产部门的经济结构

---

① 《史记》卷129《货殖列传》，中华书局1959年标点本，第3254页。
② 《汉书》卷100下《叙传下》，中华书局1962年标点本，第4242页。
③ 《史记》卷129《货殖列传》，中华书局1959年标点本，第3258—3259页。
④ 《史记》卷129《货殖列传》，中华书局1959年标点本，第3258页。
⑤ 马克思：《资本论》第3卷，载《马克思恩格斯全集》第25卷，人民出版社2006年版，第366页。
⑥ 马克思：《资本论》第3卷，载《马克思恩格斯全集》第25卷，人民出版社2006年版，第364页。
⑦ 马克思：《资本论》第3卷，载《马克思恩格斯全集》第25卷，人民出版社2006年版，第364页。

中，商业发展可能的上下限实际上被严格限制在一定范围之内，它可以有官商、私商等等类型，但决不可以无限制地发展或被强力抑制。

在《史记·货殖列传》中，司马迁以如椽之笔描绘战国时期的商业发展状况，展现了一幅繁盛的商业景象，容易使后人产生一种幻觉，以为商业可以超越整个社会经济基础，自己决定自己的发展。中国古代的商业曾经有过两个发展高潮，一个在战国，另一个在两宋，这两个高潮自有其特殊的条件和原因。限于篇幅，本文不可能详细探讨这些条件，但它们都可以说是社会转型的结果。以公社为基础的社会经济结构瓦解，国家授田制度广泛实施，小农经济普遍形成并占据主导地位，这是战国商业发展的经济基础，而群雄并立所导致的国际贸易需求，又进一步提供了发展动力。从有"田制"到"田制不立""不抑兼并"的转变，土地私有制开始有了较独立的发展，国家较少干预社会经济活动，人身依附关系的松弛，这是宋代突发商业高潮的基本原因。当然，这两个高潮只是相对而言，对其以及整个中国古代商业或商品经济发展程度，应当有一个正确的估计。由于社会基本上还是农业社会，由于整个经济发展程度的限制，包括上述两个时期在内，中国古代商业发展都非常有限，我们在史料中看到的市场广大、商业繁荣景象，很多时候是"财政市场"、假性繁荣，是国家财政赋税在实现过程中的中间环节或改变形态。关于这一点，近年来已为一些学者所注意，并作了详细深入的分析，① 本文不再赘言。

自先秦开始，主张抑商者为论证其见解，总是将商业的发展、商人所获利益之大过分描述，似乎经商就必然发财。晁错说："商贾大者积贮倍息，小者坐列贩卖，操其奇赢，日游都市，乘上之急，所卖必倍。故其男不耕耘，女不蚕织，衣必文采，食必粱肉；亡农夫之苦，有仟伯之得。"② 如果允许商业自由发展，"用贫求富，农不如工，工不如商"③，必然导

① 参见程念祺《论中国古代经济史中的市场问题》，《史林》1999 年第 4 期。
② 《汉书》卷 24 上《食货志上》，中华书局 1962 年标点本，第 1132 页。
③ 《史记》卷 129《货殖列传》，中华书局 1959 年标点本，第 3274 页。

致"背本而趋末,食者甚众"①,农业人口大量转移至商业。这种说法其实似是而非。以目前中国现实为例,经济处于转型期,需要商业有较快的发展,即使在这种情况下,不但商业不可能无限制发展,经商者也未必就能发财,我们已经看到许多盲目发展的商业项目面临亏损和破产,看到"全民下海经商"之后大部分人还是回到了岸上。中国古代后期的"徽商""晋商"实力可观,也被时人所重视,但他们亦并非都是成功者,王家范先生依据《明清徽商资料选编》说:"徽商经营失败的事例在传记中所占比例颇重,常被读者轻忽。徽商浪迹天涯,客死异乡,甚至无颜返乡,其子千里寻父,幸者尚得'父子相持而泣',惨者'扶持(尸骨)而归',种种情节堪成绝好悲剧题材。"②

再次,商业甚至商品经济的发展结果不一定是资本主义,二者间并没有必然联系。商业的性质、所起的作用,都取决于它所处的社会,取决于这个社会的经济结构。以为商业发展就会导致资本主义,实在是一种误解,对此,马克思早就有明确的论述,他说,商业对主要生产使用价值的生产组织或多或少会起解体作用,"但是它对旧生产方式究竟在多大程度上起着解体作用,这首先取决于这些生产方式的坚固性和内部结构"。而且,"什么样的新生产方式会代替旧生产方式,这不取决于商业,而是取决于旧生产方式本身的性质。在古代世界,商业的影响和商人资本的发展,总是以奴隶经济为其结果;……在现代世界,它会导致资本主义生产方式"③。

进入阶级社会后,或由于资源占有的差异,或由于社会分工的不同,不同所有权之间或多或少必然要发生交换,这种交换作为社会生产过程的一个必需环节,不可或缺,其社会展现就是商业。因此,商业与阶级社会相始终,任何一种形态或类型的阶级社会都不能缺少。商业甚至商品经济并不必然与某种社会形态或某种社会类型相联系,并不具有

---

① 《汉书》卷24上《食货志上》,中华书局1962年标点本,第1128页。
② 王家范:《中国历史通论》,华东师范大学出版社2000年版,第264页。
③ 马克思:《资本论》第3卷,载《马克思恩格斯全集》第25卷,人民出版社2006年版,第371页。

某种特定的时代和地区特征，对具体商业形态的解释必须以其所处时代或地区社会经济总体为基础。资本主义社会有商业，奴隶社会、封建社会以及今天的社会主义社会都不能没有商业，西方社会有商业，东方社会同样有商业，不同时代、不同地区的商业是当时当地社会经济结构的有机组成部分，对它的理解必须以对整个社会经济结构的解释为基础。

中国古代社会生产的实现必须经过交换这一环节，因此商业不可或缺，是社会经济结构的一个有机组成部分。由于中国古代经济以农业为基本内容，主要形式是自然经济，因此不仅商业规模被限定在较低的水平上，而且其基本特征也是适合于这一种社会经济结构的。一，商品的很大一部分并非商品生产的产物，而是非商品生产的产物，例如作为大宗商品的粮食和布帛，绝大多数情况下是非商品生产的产物。[①] 二，商品中生产资料所占比例甚小，只有铁农具等少数品种，绝大多数是生活消费品，其中包括粮食、布帛、盐、茶等一般生活消费品，用于社会上层所需的奢侈品，用于国家机器运转所需兵器等消费品。三，商品中用于直接生产者、特别是农民消费的部分甚少，只有盐、铁等少量农民必需但又无法自己生产的产品，大部分商品被社会上层和国家机器所消费。四，很大一部分商品形成的直接原因，并非由于生产过程中交换环节所必需，而是由于财政赋税以及地租等原因而形成，例如国家为减少转运、管理成本，以货币征收赋税并作为支付手段，从而迫使农民将自己的生产品变为商品。这些基本特征，都表明中国古代商业与整个社会经济结构是协调的，是其必然组成部分，并非异己或破坏力量，并非具有导致这种社会经济结构瓦解的必然趋势。只有在新的资本主义生产因素开始产生，并且这种因素与商业产生了某种联系的时候，商业或商品经济才成为导致资本主义的一种因素，而这种状况在中国是很晚近才产生的。

---

① 参见胡如雷《中国封建社会形态研究》，生活·读书·新知三联书店 1979 年版，第183 页："中国封建社会中既存在商品生产，也有很多商品并非商品生产的产品。"

三 中国古代"抑商"政策的性质与作用

中国古代的"抑商"并非抑制商业,而是抑制私商,同时发展官商。显然,这种政策对生产过程中的交换环节影响甚小,而对分配环节作用较大,即社会剩余劳动如何在剥削阶级内部进行分配,也就是说,它在本质上是减少私商所获社会剩余劳动,扩大国家所得份额,即国家从私商那里夺取商业利益。[①] 从另一个角度说,"抑商"政策的目的是维护社会主要经济结构所允许的剩余劳动分配体系,抑制社会非主流剥削阶级分割剩余劳动的份额,从而控制经济异己力量的发展。

在分析中国古代的国家与私商矛盾关系中,需要注意的是,国家不只是一个政治机构,它的经济要求不只是国家机器运转所需的财政开支,而在实际上,国家已经成为社会的一个经济利益集团或经济力量,不仅是政治实体,也是经济实体。当然,不同时期,由于社会基本经济关系不同,作为经济实体的国家在整个社会经济结构中所处的地位也不同。

就开始提出抑商政策的战国时期来看,基本的社会剥削关系是国家与农民之间的关系,国家授田制度是维持和保护这种关系的基本制度。在这种关系之下,社会主要表现为对立的两极。一方面是农民,他们是剩余劳动的提供者,他们的人身为国家所控制。另一方面是国家,它是剩余劳动的攫取者。国家通过严密的户籍制度及什伍联保等制度控制农民,同时通过国家授田制度提供农民所必需的生产资料,保证农民生产活动的正常进行,从而为国家提供源源不断的赋税徭役。国家所获赋税徭役收入除去国家机器运转所需开支(这里是指作为纯粹政治机器的国家运转开支)外,在整个剥削阶级中又进行了二次分配。首先是供王室

---

① 有学者已经注意到这点,如王家范先生生谈及汉武帝抑商政策时说:"帝国政府出于财政的考量,以行政手段介入商业,与商人夺利,这才是历代帝国当权者在'抑商'口号下隐藏的真正利益动机。"(《中国历史通论》,华东师范大学出版社 2000 年版,第 246 页。)

及相关人员消费的部分。除此之外，据《商君书·境内》，又以三种形式分割为剥削阶级具体成员的剥削收入。一是官俸，有"千石之令""八百之令"，其收入一部分是后来意义上薪俸，至少有一部分是剥削收入。二是将农民缴纳的租赋直接由国家转移到官僚贵族手中，"税邑三百家""赐邑三百家、赐税三百家"，赐邑即将有关人户本应上缴国家的赋税全部赐予私人，赐税、税邑与此相同，后之封邑亦雷同，如商鞅之封于商邑。三为赏爵益田赐人，"能得甲首一者，赏爵一级，益田一顷，益宅九亩，一除庶子一人"，"其无役事也，其庶子役其大夫月六日，其役事也，随而养之"。即对有战功者，国家在增授土地的同时，又以不同形式赐予其相应的劳动力，实际上也等于将本由国家攫取的剥削收入转移于有战功者之手。①

这种基本的社会经济关系以及相应的剥削收入分配形式，决定了战国时期剥削者身份实现的前提是其政治地位。一个人成为剥削者，他必须首先是统治者，也就是说，他的剥削者身份的实现，首先不是因其经济地位，而是因其政治地位，即所谓"贵者富"，而不是"富者贵"。在这种经济结构中，私商始终表现为一种异己力量，他们并不直接参与到国家对农民的剥削之中，但他们通过经营工商业，从国家对农民的剥削收入中进行分割，从而成为最早的富而不贵的阶层。这个阶层威胁到社会剩余劳动二次分配的基本格局，不仅直接影响国家作为经济实体的收益，同时也威胁到剩余劳动社会分配的基本格局，这是国家所绝对不能允许的，因此，"抑商"政策也就成为必然。

战国以后，土地私有制发展起来，独立于国家之外的地主阶级逐渐形成壮大，社会主要经济结构从国家、农民两极变为国家、地主、农民三极。但国家既是政治实体，也是经济实体的根本性质并无改变。它为了保证国家机器的运转，从而维护现有社会秩序，必须有确定的经济收入，这便是国税。同时，国家又表现为由皇室、贵族、官僚等一部分具

---

① 参见袁林《两周土地制度新论》第四章第二节"商鞅变法中的土地关系变革"，东北师范大学出版社 2000 年版，第 227—238 页。

体的人所组成的社会群体，他们作为剥削者和统治者，必然要从农民身上获得剩余劳动，但表面上，这部分收入表现为国家赋税徭役的分割。这样，国家机器本身的经济利益和组成国家机器那部分具体人的经济利益融合起来，形成现实的国家利益。正常情况下，由于一定社会生产力水平和消费水平的限定，由于社会剥削阶级与被剥削阶级力量实际对比条件的限定，社会剩余劳动率是确定的，对农民的剥削不能超过这个水平，否则便会引起社会的崩溃。因此，在维持社会稳定的前提下，国家从农民那里不能得到更多的剩余劳动。作为经济实体的国家，只好试图从总量确定的社会剩余劳动中分得更大份额。一方面，它以各种手段分割地主所得。或是通过一定的"田制"限制地主占有土地的数量，从而扩大国家直接控制的编户齐民数量，增加国家所得，从两汉名田、曹魏屯田、西晋占田直到北朝隋唐的均田制。或是通过改革税收制度，将税收主要依据从人头变为财产，从而直接分割地主所得剩余劳动，从两税法、王安石赋税改革、张居正一条鞭法直到清雍正的摊丁入亩。但是，在中国古代的大部分时期，地主毕竟在相当程度上控制着当时社会主要生产领域，过量分割必然会影响到农业生产，从而危及社会的稳定存在，因此这种分割有一定的限度，至少不能危及地主阶级的存在。另一方面，就是分割、夺取私商商业利润，这既能使国家获得大量经济利益，又不会危及社会的稳定存在，因此，"抑商"政策也成为必然。

正是由于中国古代的"抑商"政策背后有国家作为经济实体的利益驱动，因此，凡有利于国家获利的手段，国家都会采取。在国家通过"抑商"普遍打击私商的同时，作为个人的私商同时又得到重用，因为他们熟悉商业，能为国家谋取商利。汉武帝时采取了普遍的"抑商"政策，但同时"使孔仅、东郭咸阳乘传举行天下盐铁，作官府，除故盐铁家富者为吏。吏道益杂，不选，而多贾人矣"①。

既然中国古代的"抑商"只是"抑私商"，并不是"抑制商业"，只是国家从私商那里夺取商利，那么关于"抑商"政策合理与否的各种

---

① 《史记》卷30《平准书》，中华书局1959年标点本，第1429页。

见解就都变得差之毫厘，失之千里。因为从社会生产角度来看，就总体和长时间来观察，"抑商"也好，不"抑商"也好，对生产实现环节之一的交换并无根本性影响，因此对中国古代社会生产的实现并无根本性影响。从社会生产关系角度看，则因为中国古代的商业并没有与先进的生产方式相联系，并不具有现实的或潜在的资本主义性质，它只是中国古代社会经济结构的有机组成部分，因此，"抑商"也好，不"抑商"也好，对中国古代社会经济结构的变化也没有什么大的影响。

其实，如果一定要与"抑商"政策联系起来进行观察，中国社会近代化过程中资本主义发展的艰难和缓慢，其原因在"抑商"政策的背后，即国家在作为一个政治实体的同时又是一个经济实体，因此在后来社会转型时期，经济如何摆脱国家的过多干预就成为重大问题，当然，长达两千余年的"抑商"思想和"抑商"政策，在思想方面必然会留下相当的影响，成为中国发展资本主义的一种障碍，但思想的障碍在经济利益面前必然变得软弱无力，只要能有丰厚的经济利益回报，思想的障碍马上就会烟消云散，今天我们不是可以看到许多实例吗？

（原载《陕西师范大学学报》2004 年第 4 期）

《管子》商业思想的基调是抑商

《管子》是出现于战国中晚期的一部经济巨著,[①] 大部分篇章论及经济问题,其中大多又以商品货币关系为论述核心,因而许多学者认为它代表新兴商人阶级观点,是重商的。但细研《管子》,似乎并非如此,到处可见对商人的指责、限制以及剥夺办法。为了准确把握《管子》的经济思想体系,[②] 有必要重新探讨其商业思想的基本内涵。

一 中国古代抑商政策的两个方面

要探讨《管子》的商业思想,首先必须对中国古代的抑商政策作出界说。中国古代的抑商政策一般由两方面组成,一方面,抑制私人商业的发展,另一方面,保护和发展国营商业。

抑制私人商业的政策在政治上是直接打击商贾,降低其社会地位。商鞅变法时规定"事末利及怠而贫者举以为收孥"[③]。秦始皇统一六国后,将商人及其后裔作为"谪戍"的主要对象之一。[④] 西汉时令"贾人

---

① 关于《管子》断代,学者意见不一,本文从胡寄窗等学者战国中晚期齐人作品之说,不再考证。

② 《管子》非一人一时所作,已成定论,但其为管子学派作品汇集,又经刘向选择编辑,其中经济思想基本统一,故称其为经济思想体系。

③ 《史记》卷 68《商君列传》,中华书局 1959 年标点本,第 2230 页。

④ 《汉书》卷 49《晁错传》,中华书局 1962 年标点本,第 2284 页。

毋得衣锦绣绮縠罽、操兵、乘骑马"①，"市井之子孙亦不得仕宦为吏"②。这种政策一直沿袭了下去，如西晋规定商人"白帖额，书所侩卖及姓名，一足白履，一足黑履"③，明代规定商人"不许服用貂裘"④，等等。在经济上则是多方盘剥私商，使之失去发展基础。从商鞅开始，国家便重征商税，商鞅变法的内容之一即"重关市之赋"（《商君书·垦令》）。西汉初年商人及奴婢算赋加倍，武帝时"算缗告缗"更是对商人赤裸裸的剥夺。此后虽"告缗"一类突出事件未再发生，但商税比率增大、范围增广，如唐代规定商贾、行铺等户税加二等征收，并在交通要道加征财货通过税等。宋代以后商税更是名目繁多，法外勒索更盛。

保护和发展国营商业的政策主要有三。一是实行专卖制度，由国家垄断经营某些商品的贸易。商鞅时实行"壹山泽"（《商君书·垦令》）政策，即"专山泽之利，管山林之饶"⑤。汉代国家垄断经营盐、铁、酒等商品，唐代盐、茶、酒由国家专卖，宋代国家则对盐、茶、酒、矾实行专卖。专卖制度的实施将私商从这些领域排挤了出去，并使其中大部分商利归于国家。二是实行"均输平准"政策，以国家的经济与政治力量占领大宗货物市场，排挤私商，攫取商利，平抑物价，保护农民。早在商鞅时期，便令"使商无得籴，农无得粜"（《商君书·垦令》），国家控制了粮食贸易。汉武帝时正式提出并实施均输平准政策，调剂运输，平衡物价，"贵即卖之，贱则买之"，从而使"富商大贾无所牟大利"⑥。后来唐刘晏、宋王安石等都实行过类似政策。三是国家垄断货币铸造权，使私商无法在这个领域谋取暴利。自汉武帝开始，铸币权完全收归中央政府，此后一直没有改变。

由上述可见，中国古代的抑商政策从来都不是单纯对商业活动本身

---

① 《汉书》卷1下《高帝纪下》，中华书局1962年标点本，第65页。

② 《史记》卷30《平准书》，中华书局1959年标点本，第1418页。

③ 《太平御览》卷828《资产部八》引《晋令》，文渊阁《四库全书》，台湾商务印书馆1983年影印本，第900册，第380页上栏。

④ 《明史》卷67《舆服志三》，中华书局1974年标点本，第1650页。

⑤ 《汉书》卷24上《食货志上》，中华书局1962年标点本，第1137页。

⑥ 《史记》卷30《平准书》，中华书局1959年标点本，第1441页。

的禁限或抑制，它仅仅抑限私人商业，而绝不限制官营商业，因此总是维持和保护着一定的商业活动。这符合经济规律，因为在私有制条件之下，适应一定的生产力发展水平，社会必须维持一定的商品交换活动，缩小或扩大商业活动，都会给社会经济运转带来困难。上述两个方面是中国古代抑商政策不可或缺、相辅相成的组成部分，从这两方面出发，才能对中国古代抑商政策形成全面、正确的概念。

二 《管子》的本末观

在中国古代，对商业的政策总是与农业联系在一起，成为一个问题的两个方面，即所谓本末关系问题。对此，《管子》作者明确持重本抑末的态度："务本饬末则富。"（《管子·幼官》）①"明王之务，在于强本事，去无用，然后民可使富"（《管子·五辅》）。"菽粟不足，末生不禁，……谓之逆。"（《管子·重令》）"故上不好本事则末产不禁，末产不禁则民缓于时事而轻地利，轻地利而求田野之辟、仓廪之实，不可得也。"（《管子·权修》）

这里的"本"无疑是农业，但"末"究竟是什么，作者未明确解释，从书中看似乎包括工商两个方面。在工，"饬末"是"禁文巧"，即限制奢侈品的生产与消费。如作者说："省刑之要在禁文巧，……文巧不禁则民乃淫。"（《管子·牧民》）"菽粟不足，末生不禁，民必有饥饿之色，而工以雕文刻镂相稚也，谓之道。"（《管子·重令》）"工事竟于刻镂，女事繁于文章，国之贫也。"（《管子·立政》）"今工以巧矣而民不足于备用者，其悦在玩好；农以劳矣而天下饥者，其悦在珍怪；女以巧矣而天下寒者，其悦在文绣。"（《管子·五辅》）在商，"饬末"则是"杀巨商之利而益农夫之事"，即削弱富商大贾的经济实力以扶植农业。如书中说："吾欲杀巨商之利而益农夫之事。"（《管子·轻重乙》）"四郊之民贫，商贾之民富，寡人欲杀商贾之民，以益四郊之民。"（《管

---

① 本文所引《管子》文句据前人校订作了某些修改，为避冗赘，不一一注出。

子·轻重丁》）"令衡籍吾国之富商蓄贾称贷家，以利吾贫萌，农夫不失其本事。"（《管子·轻重丁》）

显然，《管子》的本末观与商鞅、荀况、韩非等人本质上并无差别，都是重本抑末，对商业的基本态度和政策是抑商。

三 《管子》的抑商措施

《管子》作者出于其重本抑末、重农抑商的基本观点，提出了一系列抑商措施，这些措施大致可归纳如下：

（一）国家垄断盐铁贸易

盐、铁是中国古代最重要的两项工业品，其原料并非来自农业，而又为人民生活与生产所必不可少，故经营者极易操纵物价，谋取暴利，影响农业生产，并对国家造成危害。因此《管子·轻重甲》说："为人君而不能谨守其山林菹泽草莱，不可立为天下王。"作者主张实行"官山海"（《管子·海王》）政策，由国家垄断盐铁销售与价格，将私商排挤出这个领域。同时适当加价，使国家获得数倍于人头税的销售利润，即所谓"盐铁，二十国之策也"（《管子·撰度》）。

（二）国家控制粮食贸易

粮食是关系国计民生的重要物资，在中国古代农业社会尤显重要，"谷者民之司命也"（《管子·山权数》），"守国者守谷而已矣"（《管子·山至数》）。在商品贸易中，它处于"独贵独贱"的特殊位置，"谷重而万物轻，谷轻而万物重"（《管子·乘马数》），因此操纵粮食贸易，囤积居奇，极易获取暴利，而且直接影响社会安定。而现实状况是私商已控制了粮食市场，"政有急缓，故物有轻重；岁有败凶，故民有羡不足；时有春秋，故谷有贵贱。而上不调淫，故游商得以什伯其本也"（《管子·七臣七主》）。私商借政令急缓、春秋时差、年景丰歉操纵粮价，谋取暴利。针对于此，《管子》主张采取如下措施。

　　首先，以国家财力从事粮食买卖，争取掌握大量粮食，从而控制粮食市场。《山至数》对此作了详细设计，说，国内耕地数量与肥瘠等级是确定的，粮食年产量、食用量、剩余量也有定数，国家应在各县、州里储备与剩余粮食量相应的货币，即"公币"，粮食丰收价格下跌时，国家用"公币"收购粮食，次年春天粮价上涨时，国家再卖出存粮，秋天又收购粮食。这样一个循环，大部分余粮归于国家，国家便可操纵粮价，并乘粮价低贱时收购大夫和商贾手中的粮食。"君用大夫之委以流，归于上；君用民之谷以时，归于君"，国家通过贸易活动集中了绝大部分余粮，"则彼安有自还之大夫、独委之民？"怎么还会有图谋私利的大夫和囤积居奇的富商蓄贾呢？控制粮食贸易，既打击了商贾及与之勾结的大夫，又收聚了商利，"谷贵则万物必贱，谷贱则万物必贵，两者为敌，则不俱平，故人君御谷、物之秩相胜，而操事于其不平之间，故万民无籍，而国利归于君也"（《管子·国蓄》）。还有利于国君的政治统治，"彼谷七藏于上，三游于下，谋士尽其虑，智士尽其知，勇士轻其死"（《管子·山至数》）。

　　其次，国家对农民实行的社会保险，使私商无法借机盘剥农民，谋取暴利。《国蓄》设计了一套办法："故（人君）守之以准平，使万室之都，必有万钟之藏，藏镪千万，使千室之都，必有千钟之藏，藏镪百万，春以奉耕，夏以奉耘，耒耜械器，种饟粮食，毕取赡于君，故大贾蓄家不得豪夺吾民矣。"国家有大量储备，以备农民生产与生活之需，富商蓄贾便无法借春秋时差盘剥农民。《管子》主张国君储备各季节农民所需物品，适时借贷，"无食者予之陈，无种者贷之新"，"民之无本者，贷之囷镪"（《管子·揆度》），"无赀之家，皆假之械器"（《管子·山国轨》），如此则"无什倍之价，无倍称之民"（《管子·揆度》）。至于灾年，作者主张以税收调剂民食，当"齐西水潦而民饥，齐东丰庸而粜贱"时，齐西粟釜百钱，齐东粟釜十钱，国家每人收三十钱人头税，齐东之人须用三釜粮食，齐西之人只需三斗，这样，齐东粮食充实了国家府库，齐"西之民饥者得食，寒者得衣"，得到国家救济，农民不因灾年破产，商贾亦无法借机掠夺农民。（《管子·轻重丁》）

再次，国家注意政令适度，防止商贾借征籍暴急盘剥农民。作者说："君朝令而夕求具，民肆其财物与其五谷，为雠厌而去，贾人受而廪之，然则国财之一分在贾人。"（《管子·揆度》）为应付国君急征，农民半价抛售，而全国财物的一半为商人鲸吞。或被迫举借高利贷，"上征暴急无时，则民倍贷以给上之征矣"（《管子·治国》）。作者反对急征暴敛，主张只征经常性的正规赋税，免除苛捐杂税，"征籍者，所以强求者也，租税者，所虑而请也，王霸之君，去其所以强求，发其所虑而请，故天下乐从也"（《管子·国蓄》）。最好不直接征收租税，而通过政令左右物价以获取财富，"不求于万民而籍于号令也"（《管子·国蓄》）。

（三）国家左右整个市场

《管子》依据其轻重理论，同种商品因聚散、藏发、多少、有余与不足、守与不守、彰与不彰、令急与徐而有轻重，异种商品则于粮食、货币、万物三者间互有轻重，主张国家凭借掌握的大量粮食与货币，适时买进卖出，左右市场，控制物价，从而剥夺商人囤积居奇、牟取暴利的机会，保护农民，并为国家聚敛财富。首先，国君要以轻重之术控制粮食，"善者因其轻重，守其委庐，……然后可以立为天下王"（《管子·轻重甲》）。同时掌握各季节农民必需物资，"民之且所用者，君已廪之矣"（《管子·山国轨》），"谨守"商贾追逐积聚的商品"射物"，国家"已守其射，富商蓄贾不得如故"（《管子·轻重丁》），富商蓄贾便无法依旧例谋取暴利。其次，国家要有意识地控制整个流通领域，"人君操本，民不得操末，人君操始，民不得操卒。其在途者籍之于衢塞，其在谷者守之春秋，其在万物者立赀而行，故物动则应之。故豫夺其途则民无遵，君守其流则民失其高下。故守四方之高下，国无游贾，贵贱相当"（《管子·揆度》）。国家控制了本末，控制了生产消费各环节，控制了农工商各行业，便可对付物价的变动，使商人丧失操纵物价的能量，无法投机倒把，如此，国内便没有奸商，价格也会趋于平稳。再次，国家必须设法在流通中剥夺商人及与之勾结的大夫。例如《山至数》设计了"夺之以会"的办法，即以国家整体力量削弱商人与大夫，粮价低贱时设法收购商人和大夫的粮食，粮价上涨时将粮食平价售与农民，同时对商人和大夫的财富进行征籍。国家左右市场保护了农民，使社会安定，"人君操谷币准衡而天下可定也"（《管子·山至数》），也使国家得到巨额商利，"故人君御谷、物之秩相胜，而操事于其不平之间，故万民无籍，而国利归于君也"（《管子·国蓄》）。

（四）国家控制铸币权

谁掌握了货币制造发行权，谁就得到了控制商业活动的重要工具，对此《管子》极为重视。书中虽未明确叙述禁止民间铸钱，但谈到铸币总是与国家联系在一起："人君铸钱立币，民庶之通施也"（《管子·国蓄》），"今君铸钱立币，民通移"（《管子·轻重甲》），"请立币，国铜以二年之粟顾之"（《管子·山权数》），"君有山，山有金以立币"（《管子·山至数》），此类语言足见作者主张铸币权应归国家掌握。

（五）以侈靡政策削弱大商人及大夫

侈靡政策在中国古代思想史上尤显奇特，以前学者多解为以消费刺激生产。细读《侈靡》，并非如此，它是在"地重人载，毁敝而养不足，事末作而民兴之"的情况下，为重农而提出的。其实施范围仅为"富者"，即大商人和大夫，反对国君与农民侈靡消费。其经济目的在削弱富者，如谈到办理丧葬时说："长丧以毁其时，重送葬以起其财，……犹不尽，故有次浮也，有差樊，有瘗藏。"即借厚葬消磨富者时日，耗费富者钱财，"犹不尽"三字将作者急切希望削弱富者的心情表露无遗。实施侈靡政策，削弱富者，一方面为了保护和促进农业的发展，"末事起，不侈，本事不得立"，在工商业过份发达的情况下，必须以侈靡使富者无力囤积粮食，"不然，则强者能守之，智者能收之，贱所贵而贵所贱，不然，鳏寡独老不得与焉"，否则，富商与大夫囤积居奇，操纵物价，农民便无粮可食。另一方面，则为了使国君"独有实"，富者侈靡消费，"千岁毋出食"（尹知章注："虽复千岁，常令自食其财、无使他外，则富者之财可得而收之"），国家各级机构在贸易过程中"入此治用"，将富者因侈靡消费而抛向市场的粮食等重要物资收聚起来，富者的经济优势便会为国家所夺取。（《管子·侈靡》）

（六）国家依据政令对富商蓄贾巧取豪夺

如何用国家的政治权力对富商蓄贾巧取豪夺，《管子》设计了许多具体办法。如《山权数》的"御神用宝"之法，国家借战争之机，用所谓无价之宝神龟为抵押强行借贷丁氏之藏粟。如《轻重乙》的"籍于号令"之法，国家命令征发民力设置军屯，规定家有若干藏粮者可以不去，由此得知富商和大夫的藏粮数量，然后借口"国贫而用不足"，强行平价收购之。又如《轻重丁》设计用少量高级丝织品迫使高利贷者放弃债权，借慧星出现平价收购商贾、大夫之藏粮。书中此类设计极多，其能否实现固当置疑，但充分表现了作者抑制私商发展的强烈愿望。

（七）国家用行政手段压抑商人

《管子》主张用各种行政手段限制商人的商业活动。它主张"非诚贾不得食于贾"（《管子·乘马》）。何为"诚贾"，作者并未解释，当是指服从于国家控制并为国家服务的商人。它强调"善正商任者省赇肆，省赇肆则市朝闲，市朝闲则田野充"（《管子·揆度》），认为要管理好商业活动，国家必须以行政手段控制和监督市场，这样才能减少游商，发展农业，"国无游贾"（《管子·揆度》）是治国的理想状态。它还主张通过服饰差别等措施直接压低商人的社会地位，"虽有富家多资，毋其禄不敢用其财，……百工商贾不得服长鬈貂"（《管子·立政》）。

四 《管子》抑商政策的特点

与商鞅、荀况、韩非等人及秦汉的抑商政策相比，《管子》在主张抑制私商的同时，对商业活动仍寄予极大兴趣，从而形成一套具有独特内容的抑商政策。其特点可大致归纳如下。

（一）抑制私人商业同时发展国营商业

如第三节所述，《管子》主张在抑制私商的同时，大力发展国营商业，实行盐铁专卖，控制粮食贸易，力争左右整个市场。这既是抑制私商的一种手段，是重农的一种措施，又是解决国家财政问题的最好途径。作者极力反对对民强行征籍，认为其害有三：一、妨害生产，"以六畜籍，谓之止生，以田亩籍，谓之禁耕，……"；二、使商人借机盘剥农民，"朝令而夕具，则（农民）财物之价什去九"，三、容易引起人民不满，因为"民予则喜，夺则怒"。作者主张"见予之形，不见夺之理"，"人君御谷、物之秩相胜，而操事于其不平之间，故万民无籍，而国利归于君也"（《管子·国蓄》）。通过大力发展国营商业，在贸易活动中聚敛财富，解决国家财政问题，实现国君"独有实"（《管子·侈靡》）。

（二）控制国内商业的同时发展国际贸易

《管子》主张发展国营商业是相对于抑制私商而言，就国内贸易总体来说，则认为应限制其规模，"市不成肆，家用足也，……市不成肆，……治之至也"（《管子·权修》）。"市者货之准也，是故百货贱则百利不得，百利不得则百事治，百事治则百用节矣"（《管子·乘马》）。将市场不发达视为治世的标准之一，将商利低微看作"百事治""百用节"的基本条件。关于抑制私商的种种措施，作者主张"请勿施于天下，独施之于吾国"（《管子·山至数》）。对于国际贸易，作者则主张大力发展之，"施轻重，与天下调，彼重则见射，轻则见泄，故与天下调"（《管子·山权数》），仅仅发展本国农业是不够的，必须充分利用国际贸易保护本国财富，获取他国财富，"本富而财物众，不能守则税于天下，……则吾民常为天下虏矣。夫善用本者，若以身济于大海，观风之所起，天下高则高，天下下则下。天下高我下，则财利税于天下矣"（《管子·地数》）。为此，作者制定了一些政策。一是为国际贸易创造便利条件，用政治权威命令诸侯"毋曲堤，毋贮粟，毋禁材"（《管子·大匡》），"修道路，偕度量，一称数，薮泽以时禁发之"（《管子·幼官》），减少国际贸易税收，"关讥而不征，市廛而不税"（《管子·五辅》），"征于关者勿征于市，征于市者勿征于关，虚车勿索，徒负勿入，以来远人"，并予国际商贾以优待，"令为诸侯之商贾立客舍，一乘者有食，三乘者有刍，五乘者有伍养"，以此吸引"天下之商贾归齐若流水"（《管子·轻重乙》）。二是操纵价格以控制并吸收粮食等重要物资，在国内，降低粮价收购商贾和大夫的藏粮，对国外则高价收购粮食，"彼诸侯之谷十，使吾国谷二十"（《管子·山至数》），"滕鲁之粟釜百，则使吾国之粟釜千"（《管子·轻重乙》）。三是借本国可以垄断的商品在国际贸易中谋取暴利，如一定时期禁止煮盐，待盐价猛涨后再输出国外（《管子·地数》），又如以齐国独有的"梁山綪茜""夜石之币"换取他国粮食（《管子·山权数》）等。四是设立各种计谋，在国际贸易中掠夺他国财富，所谓"可因者因之，乘者乘之，以因天下以制天下"（《管子·轻重丁》）。书中列举了许多计谋，如石壁之谋、菁茅之谋（《管子·轻重丁》），如所谓倾鲁梁之绨、竭莱莒之柴、购荆楚之鹿、求代国狐白之皮（《管子·轻重戊》）等等，此类计谋能否实现很可疑，但作者通过国际贸易掠夺他国财富的愿望则暴露无遗。

（三）对手工业只"禁文巧"

《管子》抑末政策在手工业方面只是"禁文巧"，即限制奢侈品生产，此点第二节已有叙述。对于关系人民生活生产的手工业煮盐、制铁、纺织等业，作者不仅不主张限制，而且主张民营，国家只实行盐铁专卖。如对制铁业，作者就反对官营，曰："善者不如与民量其重，计其赢，民得其七，君得其三，又杂之以轻重，守之以高下"（《管子·轻重乙》）。关于煮盐业，《地数》提到阳春之时"北海之众毋得聚佣而煮盐"，可见也是民营，国家仅予以一定的管理。至于一般纺织业，则更不在禁限之列。

（四）抑制私商同时允许部分商贾合法存在

《管子》主张以各种手段抑制私商的发展，甚至以"国无游贾"为理想状态，但也允许部分商贾的合法存在。一是"诚贾"，《乘马》曰："非诚贾不得食于贾"，可见"诚贾"可以合法存在，经商谋利。一是"官贾"，《乘马》曰："贾，……日至于市而不为官贾者，与功而不与分焉"，可见"官贾"不仅可以合法存在，还可享受每年免服三天劳役的优待。"诚贾""官贾"究竟为何，书中语焉不详，但可推测为服从国家或为国家服务的商人。

五 《管子》抑商政策的背景

在作者看来，私商的发展必然与国家利益发生冲突，给社会的经济发展和政治安定造成危害。《山至数》有一段典型叙述：

> 今国谷重什倍而万物轻，大夫谓贾人："子为吾运谷而敛财，谷之重一也，今九为余。"谷重而万物轻，若此则国财九在大夫矣。国岁反一，财物之九者皆倍重而出矣。财物在下，币之九在大夫，然则币、谷羡在大夫也，天子以客行。令以时出，艺谷之人亡，诸侯受而官之，连朋而聚与，高下万物以合民用。内则大夫自还而不尽忠，外则诸侯连朋合与，蓺谷之人则去亡，故天子失其权也。

这里说，大夫与商贾互相勾结，利用粮价涨落不定，卖贵买贱，囤积居奇，从而占有了社会财富的百分之九十，他们控制市场，操纵民用，使大批农民破产逃亡，成为其他诸侯的子民。这样，内有大夫图谋私利而不为国尽忠，外有诸侯连朋结党，而农民又大批逃亡，必将导致"天子失其权"。

私商的发展首先对农业生产造成破坏。商人、高利贷者迫使农民一身蒙受"五君之征"（《管子·轻重丁》），形成多方盘剥农民、"一民养四主"(《管子·治国》）的局面，这就造成农民大量破产逃亡，严重破坏了农业生产。其次是削弱了国家的经济力量。"贾人市于三分之间，国之财物尽在贾人，而君无策也。"（《管子·揆度》）商人控制大量财物以操纵物价，国家眼看财富流入商人腰包而束手无策，这自然造成"天子以客行"的局面。再次是造成政治上的不稳定因素。大夫与商贾互相勾结，图谋私利而不为国尽忠，农民破产逃亡削弱了本国实力，又增强了其他诸侯国的力量，这些都会威胁本国政治安定。而且私商活动会加剧社会贫富分化，"民富则不可以禄使也，贫则不可以罚威也"（《管子·国蓄》），富者与国君相抗衡，形成"一国而二君二王"（《管子·轻重甲》）的局面，而贫者了无生计，只有"去亡"或"陵上犯禁"《管子·国蓄》，这也会影响社会政治稳定。

正是在上述背景之下，《管子》提出了其以抑商为基调的商业政策，这与商鞅、荀况、韩非以及秦汉抑商政策并无本质差别。但是，《管子》的抑商政策又有其独特之处，它主张发展国营商业，特别要大力发展国际贸易，同时对部分商人的活动采取了较为宽容的政策，这些则与齐国特殊的地理位置和历史条件有密切关系。

齐国自然条件优越，"带山海，膏壤千里，宜桑麻，人民多文采布帛鱼盐"[1]，又较早推广了铁器，国家需要将此产品优势转化为经济优势，这就必须发展国际贸易，用自己的盐铁布帛换取他国的粮食等物资。齐国又处交通要道，为国际商贾必经之地，"吾国衢处之国也，远近之所通，游客蓄贾之所道，财物之所遵"（《管子·轻重乙》）。这种交通位置自然使齐国国际贸易发达，国际商贾"苟入吾国，食吾国之粟，因吾国之币，然后载黄金而出"，而国君最好的政策就是"重重而轻轻，运物而相因，则国策可成"（《管子·轻重乙》），通过国际贸易获取巨额经济收益。在历史上，齐国又有经营工商的传统，自姜太公时起，就"通商工之业，便鱼盐之利"[2]，"劝其女工，极技巧，通鱼

---

① 《史记》卷129《货殖列传》，中华书局1959年标点本，第3265页。
② 《史记》卷32《齐太公世家》，中华书局1959年标点本，第1480页。

盐，……故齐冠带衣履天下，海岱之间敛袂而往朝焉"①。这个传统一直延续到战国以至汉初。上述情况是国家制定商业政策时不能不考虑的，而考虑这些情况就必须制定较为灵活地适应各种情况的抑商政策。

国内私商不能不抑制，国际贸易又不能不发展，在这种条件下，《管子》提出了较为合理的商业政策。在多方抑制国内私商的同时，发展国营商业，使国家足以控制国内市场；然后以国家的雄厚财力为基础，大力发展国际贸易，掠夺他国财富，削弱他国，取得经济、政治两方面的好处；与此基本政策相适应，国家需要发展手工业生产，特别是人民生活、生产必需工业品的生产，也必须允许私商在相当范围的合法存在。这一切形成一套完整的商业政策，它由对内政策和对外政策两方面组成，很清楚，对内政策是其核心和基础，而对外政策则只是权宜之计。因此，说《管子》代表新兴商人阶级的观点是不对的，它是从国家利益的角度出发，为国家控制社会经济活动出谋划策，说《管子》是重商的也不对，其商业思想的基调是抑商。

战国中晚期，西部地区有商鞅、韩非的抑商思想，东部地区有《管子》的抑商思想，而作者为稷下先生之一又周游过列国的荀况的抑商思想，似乎更反映出抑商思想在全国范围内的普遍存在。战国中晚期抑商思想的广泛形成，说明它的产生有着某种历史必然性和社会合理性，我们应当设法对其予以解释，这样才能正确理解和把握战国至秦汉抑商政策的实施以及抑商思想在中国历史上的长期存在。

（原载《中国经济史研究》1990 年第 1 期）

---

① 《史记》卷 129《货殖列传》，中华书局 1959 年标点本，第 3255 页。

重农抑商政策的一种特殊形态

——《管子·侈靡》经济思想试探

　　《管子》，是中国古代的一大奇书，其中"《侈靡》大奇，宿儒难解"①，它所提出的侈靡政策，在中国古代经济思想史上显得尤为奇特。郭沫若认为，《侈靡》"主张大量消费，大量生产；大量兴工，大量就业。消费大，然后生产才可以促进；工作机会多，然后人民才不致失业"②。胡寄窗、巫宝三也认为，它主张在产品积压、生产不振时，以侈靡消费促使生产振兴。③ 这些解释都有将古人思想现代化之嫌，难以使人信服，因为生产过剩作为一种社会现象是在近代资本主义社会才产生的。笔者认为，侈靡政策不过是重农抑商政策的一种特殊形态。关于此篇断代，本文从胡家聪、巫宝三等战国中后期齐人作品之说，④ 不再考证。

一　提出侈靡政策的社会经济背景

　　《侈靡》一开首，就以古今对比的形式明确叙述了提出侈靡政策的

---

　　① 朱万春：《管子榷》卷12《侈靡》，明万历四十年张维枢刻本。

　　② 郭沫若：《奴隶制时代》，人民出版社1973年版，第157页。

　　③ 见胡寄窗《中国经济思想史》上册，上海人民出版社1963年版，第313—317页；巫宝三《〈侈靡篇〉的经济思想和写作时代》，《中国社会科学院经济研究所集刊》第1集，中国社会科学出版社1979年版。

　　④ 见胡家聪《〈侈靡篇〉断代质疑》，《中华文史论丛》1980年第4辑；巫宝三《〈侈靡篇〉的经济思想和写作时代》，《中国社会科学院经济研究所集刊》第1集，中国社会科学出版社1979年版。

社会经济背景：

> 偖尧之时，……山不童而用赡，泽不槃而养足。耕以自养，以其余应长，天下（原作"良天子"，从郭沫若改。据郭沫若等《管子集校》，下同。）故平。牛马之牧不相及，人民之俗不相知，不出百里而求（原作"来"，从王念孙改）足，故卿（乡）而不理，静也。……今……地重人载，毁敝而养不足，事末作而民兴之，是以下名而上实也（尹知章注："谓下但有农作之名，不得自用，而实皆归于上也。"）。（以下未注出处引文，皆引自《侈靡》）

在作者看来，喾、尧时人民自给自足，老死不相往来，君长给养直接来自农民的剩余产品，完全用不着商业贸易，因而社会安定，人君无为而治；但现在土地荒芜，人君搜刮又过于酷重，农民衣食无着，从而惰于本业，竞趋工商。这两个场景是对立的，显然，作者把前者看作圣人之世，倾心于前者而排斥后者。

在这种不理想的社会现实中，国家的迫切需要是什么呢？作者说：

> "好战之君，上甲兵。甲兵之本，必先于田宅。今吾君战，则请行民之所重。"
>
> "王者上事，霸者先（原作'生'，从郭沫若改）功，言重本也（'也'从张佩纶补），是为甲寓（原作'十禺'，从郭沫若改）。"

他认为，国家需要打仗，需在兼并战争中抵御和战胜敌国，为此，就必须鼓励农耕，崇尚本业，发展农业生产，以寓兵于农。

从作者的叙述可见，当时本衰末起的社会状况与国家的迫切需要已形成尖锐矛盾。这就是提出侈靡政策的基本社会经济背景。这与战国中后期各国的实际情况是一致的。面对这种情况，许多思想家，特别是法家代表人物，直接明了提出了重农抑商的主张与政策，如李悝、商鞅、荀况、韩非等人。《管子》部分篇章也明确宣扬这种观点，如《幼官》曰："务本饬末则富"，《五辅》曰："明王之务，在于强本事，去无用，然后民可使富"等等。面对这种现实，《侈靡》作者却说："兴时化若何？莫善于侈靡"，认为侈靡是最好的政策。初看起来，侈靡政策与重农抑商政策互相矛盾，但其实质是统一的。为了说明这点，下面讨论侈靡政策的实施范围和它的直接目的。

二 侈靡政策的实施范围

《侈靡》的作者并不主张全社会的侈靡，认为应对不同社会成员采取不同经济政策。侈靡政策仅实施于"富者"即大商人和士大夫。

> "积者煜（原作'立'，从郭沫若改）余食而侈，美车马而驰，多酒醴而靡……"
> "雕卵然后瀹之，雕燎然后爨之。……富者靡之，贫者为之。"

这些可以煜余食、美车马、多酒醴者，只能是积聚大量粮食、财货的大商人和士大夫，侈靡政策针对他们而发。

对于一般生产劳动者，作者不仅不主张侈靡，甚至反对满足他们的基本生活需求，认为应违反其欲望，施之以"劳教""死教"：

> "衣食之于人也，不可以一日违也，……是故圣人事（使）民艰处而粒焉（'事'原作'万'、'粒'原作'立'，从郭沫若改）。"
> "为国者，反民性，然后可以与民戚。民欲佚，而教以劳；民欲生，而教以死。劳教定而国富，死教定而威行。"

他认为应当迫使一般劳动者辛勤劳作，节衣缩食，为国效死，这样方能使民为人君所用，从而使国家富强。这种"反民性"政策与对富者的"足其所欲"政策形成极为鲜明的对照。

作者认为，实施侈靡政策的同时，必须使农民安于农业生产。为此，除"劳教""死教"外，还要创造各种必需条件，并采取种种措施控制他们，将其束缚在土地上。

一是保证他们有定量土地，同时将国家赋税固定化，从而使其能够维持生存：

> 断方井田之数，乘马田之众，制之，……皆以能别以食数，示重本也。

即按照井田之数分地定户，确定军赋的征收数量，成为制度，使大小人等都能得到相应的衣食，这就是表示重视农业生产。

二是不耽误农时，不影响农业生产：

> 如以予人财者，不如无夺时；如以予人食者，不如毋夺其事。

三是采取各种政治的、风俗的、经济的等等措施控制农民，将他们束缚于国家授予的定量土地上，不致迁徙流散：

> 乡殊俗，国异礼，则民不流；今古（"今古"原作"矣"，从郭沫若改）不同法，则民不困；乡丘老不通都（原作"觀"，从丁士涵改），诛流散，则人不眺（逃）。安乡乐宅，享祭而讴吟称号者皆殊（原作"诛"从张佩纶改），所以留民俗也。

作为国家代表的君主，同样不能侈靡。作者认为，国家必须控制大量粮食和财货，在此条件下方可有适量消费。

"上短下长，无度而用，则危本。"

粮食和财货大多流于民间，国家控制很少，这时若不节制财用，就会危及国家根本。

"圣人者，省诸本而游诸乐，大昏也，博夜也。"英明的君主是在重视农业生产的基础上才有适当的游乐。

> 毋数据大臣之家而饮酒，是为使国大消。消（原作"三"，从
> 郭沫若改）尧（逍遥）哉（原作"在"，从郭沫若改），臧（藏）
> 于荒（原作"县"，从郭沫若改），返于连，比若是者，必从是僵
> （原作"器"，从宋翔凤改）亡乎。

君主如果经常侈靡消费，就会导致国家败亡。当然，君主也需适时
侈靡消费，目的是引导富者侈靡，使之无法积聚粮食、财货：

> 上靡而下侈，而君臣相得（从郭沫若补"得"）；上下相亲，则
> 群（原作"君"，从郭沫若改）臣之财不私藏。

君主的侈靡，仅仅止于这个有限范围之内。

显然，作者将社会分为三部分：富者，一般生产劳动者，国家的代
表君主，主张对之采取不同的经济政策。必须迫使一般生产劳动者努力
生产，节衣缩食，为国家提供最大可能的剩余产品，特别是粮食；国君
必须节用有度，使社会财富集中用于战争需要；唯独鼓励并促使富者进
行近于荒唐的浪费性侈靡消费，那么，实施这种政策的目的究竟何
在呢？

三 侈靡政策的经济目的

实施侈靡政策，鼓励并促使富者浪费性消费，其直接目的就是削弱
大商人和士大夫的经济实力。作者借桓公与管仲之口说得很清楚：

> （桓公问：）吾欲独有实（原作"是"，从张佩纶改），若何？
> （管仲答：）是古（原作"故"，从猪饲彦博改）之时，陈财之道可
> 以行。今也，利散而民察，必放之（从郭沫若删"身"字）然后

行。公曰：谓何？（答:）长丧以毁（原作"黮"从何如璋改）其时，重送葬以起其（原作"身"，从丁士涵改）财。……巨瘗培，……美垄墓，……巨棺椁，……多衣衾，……犹不尽，故有次浮也，有差樊、有瘗藏。

君主想占有全部社会财富，怎么办呢？古今条件不同，办法也不同。今天老百姓人人察见利之所在，因此须采取"放之然后行"的方法，即用厚葬久丧等等消耗富者的财富和时间。"犹不尽"三字，急切希望削弱富者之意荡然而出。作者又说："上靡而下侈，……则群臣之财不私藏。"人君带动臣下侈靡，是为了将其财富挤榨出来。这与"以毁其时""以起其财"一样，再清楚不过地表现出侈靡政策的直接目的。

为什么要削弱富者呢？其经济目的是使富者不能控制市场，操纵物价，垄断商利，从而使国家可以运用经济手段调节市场，控制社会经济活动。这样，一方面使大部分商利归于国家，供兼并战争之需；一方面又通过市场调节保护和促进农业生产的发展。作者说：

兴时化若何？莫善于侈靡。贱有实，敬无用，则人可刑（型）也。故贱粟米而如敬珠玉，……本之始也。故天子臧（藏）珠玉，诸侯臧（藏）金石，大夫畜狗马，百姓臧（藏）布帛。不然，则强者能守之，智者能收之，贱所贵而贵所贱。不然，鳏寡独老不得与焉。

怎样适应今天"事末作而民兴之""上短下长"的现实呢？最好是侈靡。使人们轻视有用的粮食，而看重无用的珠玉，这是发展农业的第一步。否则，强有力者占有粮食，智而黠者收藏粮食，控制市场，操纵物价，鳏寡孤老就无饭可吃。作者的意思是，通过引导与鼓励富者侈靡消费，使之轻视粮食，从而将手中的粮食流散到社会上，并通过市场转由国家控制，使国家得以调节市场，掌握经济命脉。

削弱富者，使之不能操纵市场，国家掌握大量的粮食和财货，得以控制市场，这是作者反复阐述的主张。其理由何在，他并未明确说明，但《管子》其他篇章中有相当精细的叙述。如《山至数》说：大夫和商人勾结起来，利用粮价涨落不定，卖贵买贱，囤积居奇，使百分之九十的粮食和财货落入他们手中，他们控制市场，操纵民用，造成农民破产，相继逃亡他国，大夫又谋私利而不为国尽忠，这必将导致"天子失其权"。怎么办呢？掌管国政的人只须控制住粮食，以此调节市场物价就行了。国家控制了市场，便可乘贱收购大夫和商人所积粮食，又可用抬高粮价的方法使其他诸侯国的粮食流入本国。国家经常保持充足的粮食储备，它就必然强盛。"此以轻重御天下之道也。"

作者也一再强调，以侈靡政策削弱富者，就是重视农业生产。如曰：

> 国贫而鄙富（从张佩纶删"苴"字），美如（作"于"，从张佩纶改）朝市；国富而鄙贫，尽如莫（暮）市（原作"莫尽如市"，从张佩纶改）。市也者，劝也。劝者，所以起本者（原作"善"，从猪饲彦博改）。而末事起，不侈，本事不立。

这是说，如果城市（也即商人、士大夫）富足而乡村贫穷，则经济萧条，反之则经济繁荣。市场的合理作用在于促进农业生产的发展。现在工商业发展起来了，若不采取侈靡政策，就不能保证农业的发展。作者的意思是，不采取侈靡政策以削弱商人和士大夫，则农业必然受害。为什么会有这种后果，他也没有明说，但《管子》其他篇章亦有许多详细论述。如《七臣七主》说："政有急缓"，"岁有败凶"，"时有春秋"，商人借此谋取暴利，"什佰其本"，这是人民脱离农业，国家缺少战士的主要原因。

作者并不主张禁绝商业，他说："利不可法（废），故民流"，"利然后能通，通然后成国"，等等，认为商业贸易对国家具有重要意义。然而他对商人并无好感，说：

商人于国，非用（庸）人也。不择乡而处，不择窋（原作"君"，从郭沫若改）而使，出则从利，入则不守（尹注："商人出国，唯从利焉，其入国遇寇难则恇怯而苟免，不为君城守也。"）。国之山林，取（原作"财"，从丁士涵改）而利之。市尘之所及，百倍（原作"二依"从张佩纶改）其本。

这段文字以前多被解为作者重视商人作用的依据，不确。文中"用"当依郭沫若读为"庸"，即"功""劳""勋"之意。文句大意为：商人对于国家不是有功劳的人，他们处不择乡，居不择屋，出国则唯利是图，入国则不为人君守城，攫取国家山林谋取暴利，市场坐商获利亦百倍于本金。这显然是指责商人的语句。这段文字前面有"衣食之于人也，不可以一日违也，……"是讲重本，后面说"上靡而下侈，……则群臣之财不私藏"，是讲挤榨士大夫之财，都与这段话相连贯。若解其意为重视商人的作用，亦与前后文发生矛盾。

总而言之，侈靡政策在经济上的目的就是削弱商人和士大夫，由国家控制市场，从而使商利大部分归于国家，使农业生产得到保护和发展。因此，它在本质上是重农抑商政策。就基本内容而言，它与商鞅等人的重农抑商政策没有差别。

商鞅的抑商政策主要也是两个方面。第一，国家以政治和经济手段直接削弱、打击商人和士大夫。如他明令："事末利及怠而贫者，举以为收孥"[1]，"禄厚而税多，食口众者，败农者也，则以其食口之数，贱而重使之"（《商君书·垦令》）。第二，国家控制商业贸易。首先，控制粮食贸易。商鞅明令："商无得籴，农无得粜"（《商君书·垦令》）。同时提高粮价，使商人无法与国家抗衡，无利可图："欲农富其国者，境内之食必贵，……食贵，籴食不利，而又加重征，则民不得无去其商贾、技巧，而事地利矣"（《商君书·垦令》）。其次，国家独占山泽之利，实行盐铁专卖。商鞅明令"壹山泽"（《商君书·垦令》），即"专

---

① 《史记》卷68《商君列传》，中华书局1959年标点本，第2230页。

川泽之利，管山林之饶 "①，用税收将山泽之利大部归入国家手中，山泽产品中最重要的盐、铁两项，则由国家专卖。

如果说两者有区别的话，那就在于抑商的方式不同。商鞅主张依仗国家权力，直接削弱、限制、打击商人和士大夫；《侈靡》作者则主张用经济的方式，以侈靡政策来削弱商人和士大夫，即所谓"见予之形，不见夺之理"（《管子·国蓄》），不暴露剥夺痕迹，用温和的方法达到同样目的。商鞅用"重关市之赋""废逆旅""使民无得擅徙"（《商君书·垦令》）等政令，为商人的贸易活动制造重重障碍；而《侈靡》作者则认为商业贸易对国家具有重要意义，虽然讨厌商人，但并不主张以行政手段禁阻商人活动，当然，这以国家有控制市场的经济力量为先决条件。

为什么会有这种差别呢？这与齐国附近国际贸易比较发达有关。例如《管子·地数》就曾谈道：齐国地处交通要道，国际贸易发达，如果只注重农业，则财富可能流向他国；如果由国家控制商业，巧妙利用国际贸易，制造出政令急缓、物价高低的变化，则可将天下财富引为己用。《轻重乙》还举例说："滕、鲁之粟釜百，则使吾国之粟釜千，滕、鲁之粟四流而归我若下深谷者，非岁凶而民饥也。辟之以号令，引之以徐疾也，粟（从俞樾改'施'为'也'，补'粟'）乎其归我若流水。"当然，这以国家可以控制商业贸易活动为前提。

由此可见，从经济上来说，侈靡政策是重农抑商政策的一种特殊形态。

四　侈靡政策的政治目的

就像商鞅等人的重农抑商政策包含有政治内容一样，侈靡政策也有它明确的政治目的。

《侈靡》在开始论述不久，就提出了一个重要命题：

---

① 《汉书》卷 24 上《食货志上》，中华书局 1962 年标点本，第 1137 页。

> 甚富不可使，甚贫不知耻。

这是《管子》书中一贯的思想：

> "夫民富则不可以禄使也，贫则不可以罚威也。"（《管子·国蓄》）
>
> "富能夺，贫能予，乃可以为天下。"（《管子·君度》）

要使富者可使，必须削弱他们。对此，作者有非常形象的叙述：

> 鱼鳖之不食饵（原作"耳"，从孙星衍改）者，不出其渊；树木之胜霜雪者，不听于天；士能自治者，不从圣人。……不欲，强能不服，智而不收。……故陋其道而薄其所欲，则士云矣。

富者无求于人君，因而不听命、不受治于人君；只有削弱、困厄他们，适当时给予薄赐，方能使其云集人君周围，为之驱使。作者所谓"通于侈靡，则士可威"，也是同样意思。通过侈靡，消耗了士大夫的财富，他们自然而然会靠拢人君，为之所用。

怎样使臣下服从人君的遣使，作者对此极为关心。总的来说，他主张采用迫使与利诱的两面手法。他说：

> 用其臣者，予而夺之，使而辍之，徒以而富之，父（斧）系而伏之，予虚爵而骄之，收其春秋之财（原作"时"从张文虎改）而消之，肴杂礼义（原作"有杂礼我"，从俞樾改）而居之，时举强者以誉之。

即对臣下有所赐又有所夺；有所任又有所免；既赐人徒使其富有，又备刑戮使之畏服；既赐空头爵位骄纵他们，又收取春秋财货削弱他们；既用繁褥礼仪限制他们，又经常标举其精明强干者表扬他们。显然，削弱富者，使士大夫失去经济实力，人君的两手政策才能奏效，侈靡政策在政治上就是为这个目的服务的。

侈靡政策的实施，也使一般劳动者得到了用非农业生产劳动换取富者积蓄的粮食的机会，不致过于贫困，这样，贫民才有可能为国家所使。作者明确阐述了这方面的作用：

> 巨瘗培，所以使贫民也；美垄墓，所以使文萌（原作"明"，从刘师培改）也；巨棺椁，所以起木工也，多衣衾，所以起女工也。……作此相食，然后民相利，守战之备合矣。

当然，要达到这个目的，还需要国家的干预和调节：

> 富者靡之，贫者为之。此百姓之治（原作"怠"，从张文虎改）生，百振而食。非独自为也，为之畜（蓄）化（货）。

就是说，老百姓单独不能做到这点，必须由国家掌握大量粮食、财货，以经济实力控制和调节社会经济，方能达到目的。

侈靡政策削弱了大商人与士大夫，增加了贫苦人民的收入，从而使这两种人都服从人君驱使，在政治上增强了国家的力量，具有重要政治意义。它与商鞅废除世卿世禄和奖励耕战的政策异曲同工，有同样的政治作用，区别仅在于手段与方法不同。所以，侈靡政策是重农抑商政策的一种特殊形态。

（原载《人文杂志》1989 年第 5 期）

小农经济是战国秦汉商品
经济繁盛的主要基础

众所周知，战国秦汉商品经济达到了相当高的水平，成为中国古代的一个高峰，但如何解释这一现象，却仍是问题。与此相关的另一个问题是，中国古代商品经济发展较早且较发达，而当资本主义产生并发展时，中国却远远落后于西方，这一现象又如何解释。学者们对此进行了多方面的研究，至今莫衷一是。笔者以为，如果全面考察商品交换活动的产生基础，既考虑生产，又考虑需求，暂时不将其与一定的社会形态联系起来，有可能得到更为合理的结论。

一　商品经济的基础

我们知道，商品的基本前提是发生于不同所有权之间的分工。具体来说，商品的直观前提是社会分工，一些人可以生产出超过自己需要的某种产品，而另一些人需要从别人手中得到这些产品，于是发生交换，产品转化为商品。也就是说，分工所导致的生产与需求的对立统一，是商品形成的必须前提，生产和需求二者不可或缺。当然，仅仅有分工并不足以形成商品，它的基础是不同所有权的对立。马克思多次讲过，"在古代印度公社中就有社会分工，但产品并不成为商品。"[①] 这种所有

---

①　马克思：《资本论》第1卷，载《马克思恩格斯全集》第23卷，人民出版社2006年版，第55页。

权的对立可以是私有权之间的对立，也可以是私有权与集团所有权的对立或集团所有权之间的对立，正是由于这种对立，产品交换才成为可能。商品运行过程的总和即商品经济。自从人类产生私有权，进入阶级社会之后，就有交换，也就有商品，因此，商品经济贯穿于整个阶级社会，以其所处社会为基础并为之服务，并非某个社会形态的特有经济形式，当然，这并不否认不同社会形态之中商品经济的内容、程度、地位和作用各不相同。

由此可见，商品交换是一种确定的经济关系，发生关系双方的经济差别是其基础，差别主要表现在所有权和分工上，由此一方可以获得另一方的劳动。既然是社会关系，既然关系双方有差别，那么其间就不可能形成无条件的全面的平等，只能在某种具体标准面前取得平等。平等是相对的，而不平等是绝对的，例如城乡之间、大作坊与小手工业者之间、官营工商业与私营工商业之间在商品交换上，历来都包含着严重的不平等。

凡有商品即有商品经济，但商品经济不等于商品生产。早期商品交换就是在没有商品生产或者商品生产只是一种偶然现象的条件下存在，马克思说：在"独立的商人财产作为占统治地位的资本形式"的时代，产品"是由商业变成商品的。在这里，正是商业使产品发展为商品，而不是已经生产出来的商品以自己的运动形成商业"①。只有以交换为目的生产才是商品生产，如恩格斯所说："商品生产，是指经济发展中的这样一个阶段，在这个阶段上，物品生产出来不仅是为了供生产者使用，而且也是为了交换的目的；就是说，是作为商品，而不是作为使用价值来生产的。"② 当然，只有当商品生产成为商品经济的核心或主要形式时，商品经济才达到了比较高的水平。

为了更深入了解中国古代商品经济的基础，有必要再讨论一下几个

① 马克思：《资本论》第3卷，载《马克思恩格斯全集》第25卷，人民出版社2006年版，第366页。
② 恩格斯：《〈社会主义从空想到科学的发展〉英文版导言》，载《马克思恩格斯全集》第22卷，人民出版社2006年版，第338页。

相关观点。

有学者认为，低下的生产力使农民没有或很少剩余产品，因而不能或很少进入商品经济领域。林甘泉先生详细计算了战国秦汉农民的收支情况后认为，农民"不可能经常有剩余产品投入市场出售"，"只能从事自给性生产，而不能从事商品性生产"①。当然，也有学者以同样的思路得出相反的结论，黄今言先生仔细计算后认为，汉代"中等自耕农户，拥有60亩耕地和家庭副业的收入，在没有天灾人祸、年景正常、社会相对安定、赋役征课较轻的情况下，其产品会有所剩余"。占有更多土地的农家剩余将更多，"如果他们把这些产品投放到市场便成了商品，含有商品生产的成份在内"②。

上述观点都脱离社会关系看"剩余产品"，并不能把握其实质，因为从人与物的自然关系角度看，人类物质生产品不可能有剩余。首先，人类消费水平是随着生产的发展而不断提高的。仅就必须消费品来说，今天的必需消费品，若干年前可能是奢侈品，而今天的奢侈品，以后可能变为必需消费品。一个生产者单位可以通过改变消费方式消费掉它所可能创造的一切生产品。其次，不仅生产决定了消费，消费也决定了生产，二者互为前提。如马克思所说："没有消费，也就没有生产"，因为"消费创造出生产的动力"，"创造出在生产中作为决定目的的东西而发生作用的对象"③。如果没有社会因素的作用，人们不会在自己的需要已经满足之后再去主动地生产什么东西，这是我们在原始民族中经常可以看到的。因此，如果仅仅局限生产者本身，他的"必需产品"是一个动态的、弹性的概念，随着生产和消费的变化而变化，不会有"剩余"。当我们看到某些生产品有"剩余"的时候，只是表明该产品生产者与其他人发生了一定的社会经济关系，在这种经济关系中，他必须将自己的某些产品交给其他人，或者主动，或者被动，或者无偿，或者有偿。

① 林甘泉：《秦汉的自然经济与商品经济》，《中国经济史研究》1997年第1期。
② 黄今言：《秦汉商品经济研究》，人民出版社2005年版，第84页。
③ 马克思：《〈政治经济学批判〉导言》，载《马克思恩格斯全集》第12卷，人民出版社2006年版，第741页。

在战国秦汉社会，尽管农业生产力水平非常低下，农民仍然必须拿出一部分产品投入市场，参加交换。他们必须从外界获得盐、铁等自己不能生产的生活和生产用品，也必须从市场得到货币以支付国家的税收。因此，尽管农民生产的基本目的是维持自己的生存，并不是主动、积极的商品生产者，但为了自己的生存，必须拿出一部分产品用于交换，如果因各种原因收入减少，他们就必须降低自己的生活水准甚至降低到只能维持生命的地步，而仍然保留一部分产品投入市场。因为这种交换是常规必须进行的，所以相应交换产品的生产目的也是明确的，即用于交换，这一部分生产当然是商品生产。因此，农业生产力水平的低下和所谓农民"剩余产品"的缺乏并不构成商品交换乃至商品生产的障碍。

有学者认为，中国古代的农民很多时候是"被迫"将自己的产品变成了商品，并非有意识地进行商品生产。胡如雷先生很早就提出，中国古代"很多商品并非商品生产的产品"，因为"本来不打算出卖，后来因某些条件而转化为商品的产品的生产，就不具有'商品生产'的性质。"就农民而言，除了主动将多余的产品出卖使之变为商品外，若遇天灾人祸等等原因，"就会被迫出卖一部分生产资料和生活资料"，"封建政权部分地征收货币赋税，也使纳税居民被迫出卖产品，为市场提供大量商品"[1]。说中国古代有一部分商品并非商品生产的产物，这种观点无疑是正确的，它揭示了早期商品经济的一个重要特点，但说农民"被迫"卖出的产品就一定不是商品生产的产物，却有一定的误解。

社会经济关系从来就建筑在差别的基础上，人们在社会经济结构中所处的位置不同，权利和义务不同，因而发生一定的经济关系，如果各方在经济上毫无差别，则其间无法发生经济关系，经济结构也不会形成。既然有差别，也就意味着有矛盾，意味着任何一方都无法完全按照自己的意志行事，当然也必然存在一部分人将自己的意志强加于另一部

---

① 胡如雷：《中国封建社会形态研究》，生活·读书·新知三联书店1979年版，第183、204—206页。

分人身上的现象。在这个意义上，任何经济活动都可以说是"被迫"的。以资本主义社会为例，商品交易表面上完全自由，遵循等价交换原则，但实际上是在无穷尽的"博弈"中进行，有赢有输，从来没有人可以完全按自己意志行事，表面的自由平等和等价交换并不能掩盖实质的强迫。正是在"自由等价交换"的过程中，工人"被迫"接受剥削，交出剩余劳动。也正是在"自由等价交换"过程中，小农"把地租""营业利润""甚至把自己工资的一部分也交给资本家"①，"农民的小块土地现在只是使资本家从土地上榨取利润、利息和地租，而让土地耕作者自己随便怎样去挣自己的工资的一个借口"②。这种在完全自由、等价交换名目下的工农产品价格剪刀差，直到今天仍在世界范围内剥夺着农业人口的劳动。

就战国秦汉的农民来说，他们参与的商品交换其实都是一定经济关系的表现。例如他们必须以农产品交换盐铁等手工业产品，只是表现了农业与手工业的社会分工这种经济关系，他们需要盐铁而又不能生产，只有"被迫"进行交换。又例如农民必须将产品投入市场换取货币以缴纳赋税，也只是表明国家作为一个经济实体③与农民、私商之间的经济关系。国家通过货币赋税，将财政运行过程中必需的一些费用转嫁于农民身上，如调拨运输、储存损耗、物价变动的隐性损失等，从而实现了国家与农民之间的确定的经济关系。国家通过货币税收及其他配套措施，凭借政治权力和经济力量，使自己成为一个商业经营实体，从私商手中分割商业利润，通过市场得到好处④，由此实现了国家与私商之间的确定经济关系。因此，农民参与商品交换是否"被迫"，在整个经济

---

① 马克思：《1848 年至 1850 年的法兰西阶级斗争》，载《马克思恩格斯全集》第 7 卷，人民出版社 2006 年版，第 97 页。

② 马克思：《路易·波拿巴的雾月十八日》，载《马克思恩格斯全集》第 8 卷，人民出版社 2006 年版，第 220 页。

③ 参见袁林《论国家在中国古代社会经济结构中的地位和作用》，《陕西师范大学学报》2006 年第 6 期。

④ 参见袁林《中国古代"抑商"政策研究的几个问题》，《陕西师范大学学报》2004 年第 4 期。

活动中是否处于弱势，对整个经济关系并无根本影响，当然对农民本身所从事的商品交换或商品生产也没有影响。

既然是一种确定的经济关系，那就意味着任何商品交换活动都是双方的，不可能由一方来决定。如果只观察其中某一方，则他必然表现出两重性，不仅是商品的提供方，而且是商品的索取方。以往讨论中多从生产者着眼，看农民能够生产出多少"剩余产品"，由此来判定农民参与商品经济的可能性与程度，这样就忽视了参与交换的另一方需要从农民那里拿走多少东西，只看到农民能提供什么产品，而没有看到农民需要向他人索取什么产品。只有生产，而无需求，不但交换不可能发生，生产也会失去动力。如果一方有某种需求，则不仅会推动双方交换的形成，而且会推动生产者扩大进行相应的生产。因此，农业生产与非农业人口的需求、农民的需求与手工业生产形成一种对应关系，在此基础上，商品交换才有可能。也正是在这种对应的经济关系中，极低生产水平下的农民不得不勒紧腰带，将一部分产品投入市场，以换取另一些必需的生产生活资料和货币。

二 小农经济是自给程度较低的经济类型

战国秦汉是一个农业占绝对优势、农民是主要生产劳动者的社会。根据占有土地的多少、经济实力的强弱、从事生产类型的差别等等，农民可以划分为不同的层次或类型，但就其经营模式而言，绝大多数可以称之为小农经济。小农经济的基本特征是：经济活动以家庭为单位，男耕女织是其主要内容，生产完全或主要依靠自己的劳动，以满足自身消费需要为主要目的。小农的典型代表是自耕农，他们对自己使用的土地等生产资料具有占有权。在战国秦汉，自耕农是农民的主流。

关于自耕农的经济状况，李悝做过一个描述："今一夫挟五口，治田百亩，岁收亩一石半，为粟百五十石，除十一之税十五石，余百三十五石。食，人月一石半，五人终岁为粟九十石，余有四十五石。石三十，为钱千三百五十，除社闾尝新春秋之祠，用钱三百，余千五十。

衣，人率用钱三百，五人终岁用千五百，不足四百五十。不幸疾病死丧之费，及上赋敛，又未与此。"平年入不敷出，丰年方有所节余。①

在产出方面，李悝只列出了粮食，这是主要收入，此外应当还有养殖、园圃、林果、纺织等等。孟子谈到小农经济时说："五亩之宅，树之以桑，五十者可以衣帛矣；鸡豚狗彘之畜，无失其时，七十者可以食肉矣；百亩之田，勿夺其时，数口之家可以无饥矣。"②《淮南子》说"人君……教民养育六畜，以时种树，务修田畴，滋植桑麻，……丘陵阪险不生五谷者，以树竹木，春伐枯槁，夏取果蓏，秋畜疏食，冬伐薪蒸，以为民资。"③班固说秦代小农"男子力耕不足粮饷，女子纺绩不足衣服"④。西汉渤海太守龚遂"劝民务农桑，令口种一树榆、百本薤、五十本葱、一畦韭，家二母彘、五鸡。……秋冬课收敛，益蓄果实菱芡"⑤。从这些记载可见，小农经济涉及了大农业概念中的农、林、牧、副等各领域，当然，这并不意味着每一户小农都能完整涉猎所有这些领域。

那么小农的产出是否可以满足自己的需求呢？以李悝所述为基本线索，小农需求有如下几大类。首先是"食"，口粮、蔬菜及偶尔的肉食之类小农可以自己生产，但盐不能生产，且又为生活必需，"十口之家，十人食盐，百口之家，百人食盐"⑥，只能从市场购入。其次是"衣"，小农家庭纺织业应当可以满足基本需求，一般情况下不需求助市场。此外"社闾尝新春秋之祠""不幸疾病死丧之费"两项，其中所需物品应当有一部分自己不能生产或生产不合算，只有从市场求得，但其数额如何已不可求。至于"上赋敛"，虽然是对农民的盘剥，但非此则作为经济身份的小农无法存在，也就是说，承担国家税负是小农存在的前提，

---

① 《汉书》卷 24 上《食货志上》，中华书局 1962 年标点本，第 1125 页。
② 焦循：《孟子正义》卷 2《梁惠王上》，中华书局 1987 年版，第 55—58 页。
③ 何宁：《淮南子集释》卷 9《主术训》，中华书局 1998 年版，第 685—686 页。
④ 《汉书》卷 24 上《食货志上》，中华书局 1962 年标点本，第 1126 页。
⑤ 《汉书》卷 89《循吏传》，中华书局 1962 年标点本，第 3640 页。
⑥ 黎翔凤：《管子校注》卷 22《海王》，中华书局 2004 年版，第 1246 页。

因此在经济意义上它也是小农的一种必须的需求。农民的税负至少有一部分需以货币上缴，而货币也只能求诸市场。战国资料缺乏，以西汉看，须以货币缴纳者占大部分。笼统估算，平均一户约五人，应纳算赋者以 2/3 计，人 120 钱，须交 400 钱；应交口赋者以 1/6 计，人 23 钱，须交 19 钱。① 如此则必须以货币缴纳者一户为 419 钱，而按实物缴纳的田租按李悝所述十一之税 15 石计，石 30 钱，共 450 钱，二者大致相当。上述估算尚且忽略了三点，一是田租按十一计，而自景帝二年之后，除个别年份免征田租外，西汉田租均为三十税一；二是将至少见于汉初的人 63 钱、即一户须交 315 钱的献费未计在内；三是未将更赋计算于内，因为更赋并非所有小农都须支出，服役者不缴纳，已缴纳者中一部分又转交于代替服役的农民手中，而剩余下来为国家所获部分究竟占多大比例难以计算，故暂略去。如果加上这三项，则货币税收至少达到实物税收的 5 倍以上，占农民税收负担的绝大部分。

关于小农的需求有两项李悝并未提及。一是铁。农民维持正常生产必须用铁器，所谓"一女必有一针一刀"，"耕者必有一耒一耜一铫"②。汉人说得更清楚："铁器者，农夫之死士也"③，"铁器，民之大用也。器用便利，则用力少而得作多，农夫乐事劝功"④。农业生产所用铁器必须来自市场。二是生产、生活资料的储备。农业生产周期很长，具有很强的季节性，又受气候等自然条件变化的强力制约，产出很不稳定，因此，无论生产中所需的籽种等、还是生活中所需的衣食等都需要进行储备，而小农经济力量极为有限，靠自己的丰年储备远远不能应付所需，有时特别是遭遇大的天灾人祸时就无力应对，只能求助于社会储备。国家灾荒储备及民间社仓之类自助性储备能解决一部分问题，但仍有一些需通过市场来解决。我们在汉简中可以看到大量买入粮食和布帛衣服的

① 马大英：《汉代财政史》，中国财政经济出版社 1983 年版，第 15 页。
② 黎翔凤：《管子校注》卷 22《海王》，中华书局 2004 年版，第 1255 页。
③ 王利器：《盐铁论校注》卷 1《禁耕》，中华书局 1992 年版，第 68 页。
④ 王利器：《盐铁论校注》卷 6《水旱》，中华书局 1992 年版，第 429 页。

记载，① 其中有一些可能是小农因自己储备不足而从市场购买者。国家储备很多时候也以市场方式来运作。李悝设平籴法，"观岁有上中下熟"，"小饥则发小孰之所敛，中饥则发中孰之所敛，大饥则发大孰之所敛，而粜之"，"取有余以补不足也"②。汉武帝行均输平准，"大农诸官尽笼天下之货物，贵则卖之，贱则买之"③。国家用经济手段平抑物价，既获得了商利，又部分实现了农民的储备之需。王莽除以"五均赊贷"使"百姓所取平"④ 外，还"赊贷予民，收息百月三"⑤，直接以贷款方式解决民众储备之需。

除上述各大项外，小农经济还有一些零星需求或因自己不能生产或因自己生产不合算，需要通过市场来解决。由于史料的局限，我们只能见到"社闾尝新春秋之祠""不幸疾病死丧之费"等记载，但从战国秦汉市场上林林总总的商品种类中，或可进行猜测。黄今言先生依据汉代文献和秦汉简牍，统计出商品有 300 多种，归纳为 24 个行业，⑥ 其中有一些就可能是小农需要购进的商品，如牲畜类、陶器类、药物类、调料类等等。

总括上述，小农经济的自给率是比较低的，其所需产品有许多必须求诸交换，对市场有较强的依赖性。产生这种状况的根本原因，就是小农生产规模小、经济实力弱，因而生产无法面面俱到。如果分层次来看小农中的不同类型，经济实力或强或弱，自给程度或高或低，但在盐、铁、生活生产储备、赋税货币各需求大项以及其他一些零星需求上，其必须求诸市场的地位并没有根本变化，甚至可能对市场的依赖更强。富

---

① 据台北"中央"研究院历史语言研究所"简帛金石资料库"（http：//saturn. ihp. sini-ca. edu. tw/~wenwu/search. htm，2007 年 6 月 5 日），汉简中含有"籴"字者有 57 简，所籴之物有粟、谷、粱、米、大麦、小麦、黍、秫、曲、豉等，记载买入纺织品者 51 简，所买种类有帛、布、麻、丝、缣、绛、韦绛、练、白素、白缣、皂布、布复袍、赤白缯蓬、袍、缯緰、履、袭、衣裘、衣物、皂布章单衣、皂练复袍、皂袍等。

② 《汉书》卷 24 上《食货志上》，中华书局 1962 年标点本，第 1125 页。

③ 《汉书》卷 24 下《食货志下》，中华书局 1962 年标点本，第 1175 页。

④ 《汉书》卷 24 下《食货志下》，中华书局 1962 年标点本，第 1183 页。

⑤ 《汉书》卷 99 中《王莽传中》，中华书局 1962 年标点本，第 4118 页。

⑥ 黄今言：《秦汉商品经济研究》，人民出版社 2005 年版，第 100—102 页。

裕农民可能因为经营种类较多、产品较多，可以更多地参与交换而与市场关系更加密切。贫穷农民因缺乏土地，只能"卖佣"于他人，其所得货币必须通过市场才能变为自己的生活资料。①

如果与东汉以后的地主庄园经济进行比较，小农经济自给程度之低，对市场依赖性之强，可以看得更清楚。以《四民月令》所见，地主庄园产品属于大农业范畴的有禾、麦、黍、稻等多种粮食作物，纤维用的大麻，油料用的胡麻等；园圃生产的葵、芥、芜菁等十多种蔬菜；蓝和地黄等染料；林业经营的各种果树、桑树、林木产品；马、牛等畜牧业产品；药材等野生生物的采集等。属于手工业生产方面的产品包括蚕丝、布、帛、缣、缚等纺织业产品；酒、醋、酱、饴糖、脯腊、果脯、腌菜、酱瓜等酿造和食品加工产品；此外还有水利建设、兵器制作、房屋建造等等，几乎庄园所需都可以自己生产。两汉之间的樊重庄园就是一个典型，史书称其"开广田土三百余顷。其所起庐舍，皆有重堂高阁，陂渠灌注。又池鱼牧畜，有求必给"②。"竹木成林，六畜放牧，鱼嬴梨果，檀棘桑麻，闭门成市。兵弩器械，赀至百万。其兴工造作，为无穷之功，功不可言，富拟封君。"③ "有求必给""闭门成市"八个字清楚描绘了其自给程度之高。由这些记载似乎也可以推测，在有盐铁生产条件的地方，地主庄园连这两项也可实现自给自足。当然，地主庄园仍然需要与外界发生商品交换，一方面解决自己所需要的物资，一方面通过商业活动谋取利益，这与庄园内部较高程度的自给自足并不矛盾。在《四民月令》中，我们可以看到粮食、布帛等买卖，在仲长统《昌

---

① 战国秦汉贫苦农民卖佣并获得货币的史料甚多，如《韩非子》："夫卖庸而播耕者，主人费家而美食，调布而求易钱者，非爱庸客也，曰：如是，耕者且深，耨者熟耘也。庸客致力而疾耘耕者，尽巧而正畦陌畦畤者，非爱主人也，曰：如是，羹且美钱布且易云也。"（《韩非子·外储说左上》）崔寔《政论》："长吏虽欲崇约，犹当有从者一人。假令无奴，当复取客。客庸一月千刍，膏肉五百，薪炭盐菜又五百。"（《全后汉文》卷46）《太平经》："时以行客，赁作富家，为其奴使。一岁数千，衣出其中，余少可视，积十余岁，可得自用还故乡。"（《太平经合校》卷114《大寿诫》）。

② 《后汉书》卷32《樊宏传》，中华书局1965年标点本，第1119页。

③ 郦道元：《水经注疏》卷29《比水》，江苏古籍出版社1989年版，第2485页。

言·理乱篇》中，我们可以看到"连栋数百，膏田满野，奴婢千群，徒附万计"的豪强地主，"船车贾贩，周于四方"①，通过商业活动谋取暴利。

三　小农经济在社会经济结构中占据主导地位

战国秦汉，农业是占据压倒优势的产业部门，而农业以土地为基本生产资料，因此，通过土地制度可以对当时经济类型做出基本的判断。

在农业领域，自耕农经济类型占据主要地位，而自耕农经济是最典型的小农经济。

战国基本土地制度是国家授田制，这种观点现在已为多数学者所认可。这种制度的基本内容是：国家在占有全部土地的大前提下，以严密户籍控制全部劳动者，然后计户或计夫授田，并直接干预生产过程，最后从授田农民身上攫取赋税和徭役。在这种制度下，剥削者与国家合而为一，即是"贵者富"，而不是"富者贵"，后世那种独立于国家政权之外的地主还未充分形成。因此，国家赋税徭役收入几乎涵盖了农民的所有剩余劳动，包含了剥削收入和国税两个部分，国税用于国家机器的运转，而剥削收入则通过各种形式二次分配于每个具体的剥削者手中。与此同时，由于国家授田，作为被剥削者的农民也实现了与其生产力相适应的充足土地相结合，后世那种失去土地而必须耕种地主土地的依附农民或佃农也未大量形成。在这种情况下，受田农民就成为农业生产的基本劳动力，"家五亩宅，百亩田"②的自耕农经济就成为社会主导性的经济类型。③

随着张家山汉简《二年律令》的发现，西汉土地制度已逐渐清晰，似乎表现为一个从授田制向限田制的过渡过程。西汉前期，国家授田制

①　《后汉书》卷49《仲长统列传》，中华书局1965年标点本，第1648页。
②　王先谦：《荀子集解·大略》，中华书局1988年版，第498页。
③　参见袁林《两周土地制度新论》第四章"战国土地制度研究"，东北师范大学出版社2000年版，第166—284页。

度仍然保留，吕后时期《二年律令》中多处讲到授田的规定，① 其中两条详细叙述了不同爵级的受田宅数额，"关内侯九十五顷，大庶长九十顷，驷车庶长八十八顷……公士一顷半顷，公卒、士伍、庶人各一顷，司寇、隐官各五十亩"；"宅之大方卅步，彻侯受百五宅，关内侯九十五宅，大庶长九十宅……公士一宅半宅，公卒、士五、庶人一宅，司寇隐官半宅"②。此后国家授田仍有实施，如汉宣帝地节元年三月，"假郡国贫民田"③，元帝永光元年三月诏"无田者皆假之，贷种食如贫民"④。平帝元始二年，"罢安定呼池苑……募徙贫民……至徙所，赐田宅什器，假与犁牛种食"⑤。但自文帝"不为民田及奴婢为限"之后，独立于国家之外的地主逐渐发展起来，国家授田相应逐渐衰落，对土地的控制主要通过限田来实施。董仲舒说，"限民名田，以澹不足，塞兼并之路"，武帝时政策，"贾人有市籍，及家属，皆无得名田"⑥，并专门颁布诏书，禁止"强宗豪右，田宅逾制"⑦。所谓"制"即西汉中后期的"名田"制度，其基本精神是限制私人占田数额。直到哀帝时，仍沿袭此制度，"诸王列侯得名田国中，列侯在长安及公主名田县道，关内侯、吏民名田，皆无得过三十顷"⑧。颜师古注释甚得汉代名田制精要，其曰："名田，占田也，各立为限，不使富者过制，则贫弱之家可足也。"⑨ 这种政策在土地兼并迅速发展、地主庄园大量兴起的东汉时期仍然延续，国家

---

① 如《田律》条文："当受田者欲受，许之"，"未受田宅者，乡部以其为户先后次次编之，久为右"，"受田宅，予人若卖宅，不得更受"［张家山二四七号汉墓竹简整理小组编著：《张家山汉墓竹简（247 号墓）》，文物出版社 2001 年版，第 165、176、177 页］等等。

② 两条简文对比，各爵级所受顷数和宅数完全相同，故第一条简文前应有"彻侯受百五顷"。田宅均为国家所授。张家山二四七号汉墓竹简整理小组编著：《张家山汉墓竹简（247 号墓）》，文物出版社 2001 年版，第 175—176 页。

③ 《汉书》卷 8《宣帝纪》，中华书局 1962 年标点本，第 246 页。

④ 《汉书》卷 9《元帝纪》，中华书局 1962 年标点本，第 287 页。

⑤ 《汉书》卷 12《平帝纪》，中华书局 1962 年标点本，第 353 页。

⑥ 《汉书》卷 24 下《食货志下》，中华书局 1962 年标点本，第 1142、1137、1167 页。

⑦ 《汉书》卷 19 上《百官公卿表上》颜师古注引《汉官典职仪》，中华书局 1962 年标点本，第 742 页。

⑧ 《汉书》卷 11《哀帝纪》，中华书局 1962 年标点本，第 336 页。

⑨ 《汉书》卷 24 上《食货志上》，中华书局 1962 年标点本，第 1138 页。

仍以各种方式造就和维护自耕农。有对农民的直接授田，"悉以公田赋与贫人"①，也有依制限田，刘秀"度田"即此举，刘隆曰："河南帝城多近臣，南阳帝乡多近亲，田宅逾制，不可为准。"② 即在除洛阳、南阳之外的全国范围内禁止私人占田超过国家规定的限额。授田制保证农民能够得到与其生产力相适应的土地，造就了一批自耕农，限田制度通过限制富人过多占有耕地，从而保证贫家也能得到足够其耕作的土地，也造就了一批自耕农。因此，在汉代，特别是西汉，自耕农经济一直占据着主导地位。③

今天，我们无法就自耕农经济在战国秦汉社会经济中所占比重在数量上做出估算，但国家赋税徭役征收政策表明，自耕农经济占据着主导甚至压倒优势的地位。以西汉为例，虽然国家赋税徭役种类繁多，但在农业税收中，算赋、口钱、献费、更卒等力役、正卒戍卒等兵役以及更赋均依据人头征收，只有田租根据土地征收，且其从汉初十税一降至景帝以后的三十税一，并成为常规。以人头作为基本征税依据，说明在农业领域至少大多数社会成员能够正常维持其独立经济活动，有能力承担国家赋税徭役。它同时说明，没有土地等生产资料的农民是少数，否则依据人头的税收就会落空，因为他们向地主支付地租后就无力再缴纳国税。而征税主要依据不是土地等资产，也说明农业领域占有大量土地的地主很少，否则国家税收就会大量流失，从而损害国家利益，这也是政府绝对不会答应的。

除自耕农之外，随着地主土地所有制的发展，失去土地的佃农也逐渐发展起来。董仲舒说秦"小民""或耕豪民之田，见税什五"，王莽说西汉后期"豪民侵陵，分田劫假，厥名三十，实什税五也"④，都是对佃

---

① 《后汉书》卷32《樊宏传》，中华书局1965年标点本，第1128页。

② 《后汉书》卷22《刘隆传》，中华书局1965年标点本，第781页。

③ 一些学者也有类似判断，如林甘泉先生说："在汉代，特别是西汉，自耕农的数量远远超过佃农，他们是个体小农的主体。"（《中国经济通史·秦汉经济卷》，经济日报出版社1999年版，第338页）

④ 《汉书》卷24上《食货志上》，中华书局1962年标点本，第1137、1143页。

农的概括叙述。仲长统说，"豪人之室，……徒附万计"①，"徒附"中至少有相当一部分采用租佃方式耕种地主的土地。尽管佃农自己没有或很少有耕地，只能租佃地主土地进行耕作，但其经营方式与自耕农类似，故其经济类型仍然属于小农经济。

战国秦汉的农业领域，主要生产者是自耕农及后来逐渐增多的佃农，其经济类型都应当归于小农，而农业是占绝对优势的产业部门，因此我们可以说，小农经济在社会经济结构中占据主导地位。由于小农自给程度比较低，对市场依赖性比较强，小农的经济主导作用就必然推动商品经济的繁荣。

四　"财政市场"并不是商品经济繁荣的主要原因

一些学者注意到国家赋税货币化征收迫使农民将一部分产品投入交换，并将由此形成的市场称之为"财政市场"。胡如雷先生在解释中国古代商品经济发达较早时曾指出，国家所征的赋税贡纳（包括和买），有些并非纳贡地土产，当地居民只好出卖自己的产品，再用所得货币到产地购买并上缴；国家以货币征收部分赋税，"也使纳税居民被迫出卖产品，为市场提供大量商品"②。程念祺先生也认为，存在着"因政府之财政施为而形成的""财政市场"，"其市场交换之程度"、"货币经济之程度，往往都是政府选择的结果"；由于完纳赋税需用大量货币，从而使大量农产品涌入市场；财政市场越繁荣，则生活市场越萧条。③ 王家范先生将这种市场称之为"假性的商品经济""国家财政赋税的特殊怪胎"④。

如果将为了缴纳货币赋税或本地不出产物品而出卖自己产品所导致

---

① 《后汉书》卷49《仲长统列传》，中华书局1965年标点本，第1648页。

② 胡如雷：《中国封建社会形态研究》，生活·读书·新知三联书店1979年版，第205—206页。

③ 程念祺：《论中国古代经济史中的市场问题》，《史林》1999年第4期。

④ 王家范：《中国历史通论》，华东师范大学出版社2000年版，第194—195页。

的市场定义为财政市场，那么它确实存在，而且是中国古代商品经济的一个特点。毫无疑问，财政市场对国家是有利的。一方面，国家将财政运行过程中必需的一些费用转嫁于社会，如调拨运输、储存损耗、物价变动的隐性损失等等；另一方面，国家还可以在这个市场中，借助自己的经济和政治力量通过商品交换攫取社会财富，从私商手中分割工商利润。那么，是不是国家可以强行改变经济运行的必然性过程，根据自己的需要制造出某种市场呢？答案应当是否定的。

其实，如果从国家需求角度进行观察，就会发现这种市场是经济运行过程所必需的，并非国家所制造，也不因农民赋税缴纳主要是实物还是货币而有本质性改变。国家征收的赋税主要用于国家机器的运转和国家组成人员的消费，就实物形态看，国家需求可以分为农产品和手工业产品两大类，农产品又可分为基本口粮和其他农产品，后者包括了种类繁多的肉食、蔬果以及各地的特产。基本口粮以实物形态从其直接生产者处得来最为便捷，其他农产品和手工业品由于种类繁多、需求变化大等等原因，直接征收会有许多麻烦和弊病，例如众多产品的征收量与消费量如何平衡、鲜活物品如何保管等等，解决办法除了通过国有苑囿园池或官营作坊自产外，最合理便捷的方式就是从市场获取，让无形的手平衡供需。国家征收赋税是为了自己的消费，实现消费必须从市场获取所需的产品，因此，不管赋税以什么形态到达国家手中，最终都必须经过市场这一环节才能进入消费过程。如果农民缴纳的是粟帛等实物，国家就用实物在市场交换所需产品，一般来说，其间很大部分需经过货币这一中间环节。如果农民缴纳的是货币，国家则用货币从市场购买所需物品。市场是赋税从生产到消费的经济运行过程中所必需的，并不因具体交换过程发生于不同的人之间而有所改变。这一交换过程或者全部由国家进行，将收纳的赋税实物交换为所需实物，或者分为两段，先由农民卖出赋税实物换取货币，将货币交给国家，再由国家用货币买进其所需物品，实际交换的内容和量都没有根本变化。由此来看，说国家财政所需导致了财政市场这一假性商品经济的观点是不深入的，因为市场始终都存在，是真性的商品经济，只是表现形式不同，或表现为国家与工商业者之间的交换，或表现为农民、国家、工商业者三者之间的交换。如果仅仅局限于农民来看，这种交换不能给农民的生产、生活提供任何新的产品，因而没有任何意义，可以称之为假性市场，但从整个社会来说，它是从农民生产到国家消费这一经济过程中的必需环节，因而是真性的、必需的。因为这个市场是必需的，而在一定社会生产水平下国家消费的绝对数额或相对数额也是确定的，所以其形态的变化对整个市场的繁荣或萧条并无根本影响。

从国家需求角度看，适应于当时较为发展的市场，战国秦汉赋税中实物和货币形态的划分也是比较合理的。满足国家机器及其组成人员基本口粮的税收应直接来源于农业，这样成本最低，而田租正好适应这一需求。以西汉末年估算，当时总人口大约 6000 万人，田租三十税一，可提供 200 万人基本口粮。国家机器人口中的大项当是官吏及其家属和军队两项。此时官吏总数约 12 万人，[①] 平均以一家 5 口计，[②] 约 60 万人。军队数量依平时和战时不同而有很大差别，若以极限状态言，一般不过百万。王莽地皇四年（23）为镇压绿林起义，"发众郡兵百万"，而准时到达洛阳者"四十二万人"，史书称其"车甲士马之盛，自古出师未尝有也"[③]。马大英先生根据西汉人口最多时的平帝元始二年（2）总人口估算，当年适龄应征人数为 94 万余人。[④] 即便按此极限状态，官吏及家属和军队总数不超过 160 万人，加上皇室等其他人口，田租也完全可以满足。而用于国家其他需求的物品最合理取得途径是市场，因此其他赋税征收货币也是最合理的。

货币赋税对国家有利，但国家并不能随心所欲采用这种赋税形式，因为其实施必须要有比较发展的市场，这个市场既能使国家得到它所需

---

① 《汉书》卷 19 上《百官公卿表上》，中华书局 1962 年标点本，第 743 页："吏员自佐史至丞相，十二万二百八十五人。"

② 《汉书》卷 28 下《地理志下》，中华书局 1962 年标点本，第 1640 页："民户千二百二十三万三千六百二，口五千九百五十九万四千九百七十八。"户均人口为 4.87 人。

③ 《汉书》卷 99 下《王莽传下》，中华书局 1962 年标点本，第 4182 页。

④ 马大英：《汉代财政史》，中国财政经济出版社 1983 年版，第 49 页。

求的物品，又要使农民可以方便地将农产品转化为货币。但充分发展的市场不是自然形成的，需要生产和需求的培育。春秋战国以来的私营工商业发展，汉武帝时加速的官营工商业发展，为市场提供了丰富的手工业产品和交换手段，而汉初允许民间私铸货币，武帝时虽国家垄断铸币权，但此后至平帝"成钱二百八十亿万余"[①]，充足的流通手段使市场交换更易进行。但工商业发展只提供了市场发展条件的一个方面，就整个社会来看，市场的核心是农业与手工业之间的交换，因此农业方面的需求就成为市场形成发展至关重要的因素。中国古代农业生产发展水平较低，倾向于自给自足自然经济，只有自身的需求才能迫使农民将农产品投入市场。这样，不仅为手工业产品提供了交换物，而且为整个手工业生产提供了基础，除了必需的原料，还有手工业人员的食品，"食物的生产是直接生产者的生存和一切生产的首要的条件"[②]。在中国古代的各种农业经济形态中，小农的自给程度最低，市场依赖性最强，因此在小农经济占据社会经济主导地位时，就会给商品经济提供最有效、最强烈的需求，从而推动市场发展到一个较高水平，而当小农经济衰落下去之后，市场也就必然受其牵连而发生一定的萎缩。国家农业赋税征收实物或货币，完全取决于这一市场的发育状况。市场繁荣，农民销售产品方便，国家也易于得到其所需产品，农业税收便倾向于货币。市场萎缩，农民不易得到货币，而国家难以得到所需物品，农业税收便倾向于实物。因此，不是国家的农业税收政策决定了市场盛衰，而是市场盛衰决定了税收的货币化或实物化。

小农的盛衰决定了市场的盛衰，市场的盛衰决定了国家农业税收形态，因此在小农兴盛的战国秦汉，我们不仅看到了商品经济的繁荣，也看到国家赋税的极大货币化，而东汉后期以后，随着小农的衰落，商品经济萎缩，国家赋税也随之实物化，三者的变化具有很高的相关性。这

---

① 《汉书》卷24下《食货志下》，中华书局1962年标点本，第1177页。
② 马克思：《资本论》第3卷，载《马克思恩格斯全集》第25卷，人民出版社2006年版，第715页。

个思路同样可以解释宋代及其以后的商品经济繁荣。宋代以后社会分工更加深入和细化，这给商品经济注入新的推动力，但其基础仍然是小农经济的繁盛。在整个中国古代社会后期，自耕农始终是农业领域主导性的生产者，① 而佃农除了需租种地主土地外，其经营模式与自耕农并无二致，因此，小农经济在这个时期仍然是社会主导性的经济类型，它的盛行必然推动着商品经济的繁荣。

正是由于国家对市场并不具有超越经济运行规律所允许的绝对控制力，因此它与市场、与私商总是处于不断地博弈之中，这个博弈过程便是国家工商政策演变史。关于这一点，笔者将另文讨论。

五　从宏观市场的物流看商品经济

商品经济就外观言表现为商品的流动，从社会整体角度观察，它可以集中表述为几个大的社会经济集团之间的物流，察看这种物流，可以更清楚地了解商品经济的实际状况。

对于战国秦汉社会，如果我们将商人仅仅看作沟通生产与需求的一种中间力量而暂时略去，那么参与商品经济物流的社会经济集团可以概括为国家、手工业和农业。

国家是商品物流的一大节点，它的特点是不事生产、只作消费。其消费品可以粗分为三类：基本口粮类，其他农产品类，手工业产品类。

---

① 关于宋代，漆侠先生说，"占有一块土地的农民，在宋代户口中占的比重极大"，到北宋中期的熙宁五年，"自耕农大概上升到北宋的最高点，可能占全部户口50%以上"，占有全国耕地的"34%，还可能高到40%"。（漆侠：《中国经济通史·宋代经济卷》上册，经济日报出版社1999年版，第372、376、377页）关于清代，方行等先生认为，自耕农"不论是在清前期，或是清后期，仍然占居重要地位"，一般占有总耕地面积的50%上下，部分地区如直隶获鹿县，"乾隆中期以前，耕地的70%左右掌握在农民手中"，陕西关中、安徽休宁、浙江遂安等地类似。（方行、经君健、魏金玉主编：《中国经济通史·清代经济卷》下册，经济日报出版社2000年版，第1532、1547、1548页）关于民国时期，1950年国家统计局的数据是"中农、贫农及其他劳动者……占土地总数的48.08%"。（数据源自国家统计局《建国三十年全国农业统计资料》第19页，转引自温铁军《中国农村基本经济制度研究——"三农"问题的世纪反思》，中国经济出版社2000年版，第79页）

就一般比较合理的物流过程看，基本口粮类直接取自农业，后两类则来自市场，这个市场是社会总市场中的一大组成部分。总体来看，在一定生产水平下，社会所能提供给国家机器及其组成人员消费的价值或劳动总量是确定的，因而尽管国家有攫取最大量社会财富的欲望，但实际攫取量只能局限于一定的限度之内，超限只能导致自己本身的灭亡。而在国家所获社会财富中，用于基本口粮消费的部分和其他消费部分的比例大致也在一定数额限度之内，不会发生根本性的变化。这也就是说，不管商品经济以何种方式运行，不管农民缴纳的赋税是实物还是货币，由国家需求所导致的市场规模大致是确定的，不会发生根本性的变化。

手工业是商品物流的又一大节点。它的生产品一方面流向国家，供其消费，一方面流向农业，供其生产、生活所用，而它所需要从外部得到的物品，便是农产品，或作为生活资料，或作为生产资料。相对于农业生产周期长、季节性强，受气候等自然条件变化的强力制约，手工业具有更大的稳定性，就短时期而言更易获利，即所谓"用贫求富，农不如工"①，再加上原料很大一部分来自其内部，如矿产之类，不受外界制约，因此手工业生产有一种潜在的无限扩张的趋势和能力，但实际上它并未极度扩张，原因就在于受到农业的强力制约。手工业生活资料的绝大部分特别是食品类必须来自农业，生产资料中也有一些来自农业，它只有通过交换才能获得这些农产品，而交换得以实现，必须有农业方面对手工业产品的需求。这样，尽管手工业有无限扩张的欲望和能力，但有限的需求始终限制着它的生产规模。就手工业生产所造成的市场来看，其发展程度及动力主要取决于需求，这又可两分为国家需求和农业需求，前者相对稳定，后者的变化便成为至关重要的因素，决定着手工业产品市场的盛衰。

农业是商品物流的最大节点，它向非农业人口提供的农产品特别是粮食，既决定了其生活消费水平，也决定了所有非农业行业的生产状况，因为它首先就直接限定了从事非农业行业的人口数量。传统农业以

---

① 《史记》卷129《货殖列传》，中华书局1959年标点本，第3274页。

男耕女织为基本经济活动，其倾向于自给自足，但它终究不能自给自足，总有一些物品不能生产或自己生产很不合算，例如盐铁及一些特殊用品，这些就只能求助于市场。由农业需求所形成的市场其底线具有相当的刚性，即最少也必须从外界购入一定数量的盐铁，但上限却有着相当大的弹性，随着农业经济类型、生产状况的变化，其对市场的需求也有变化，从而导致市场规模相应变化。在农业诸经济类型中，小农由于生产规模小、经济实力弱，是其中对市场依赖程度最高的，因而在中国古代，凡小农占据主导地位，则社会商品经济发展程度就较高，反之则较低。

总括上述，我们可以把战国秦汉的市场分为两大块。一是由国家需求所导致的市场，不管其表现为国家与工商业者两者之间的交换，还是表现为国家、农民、工商业者三者之间的交换，其总体规模是相对稳定的。一是由农业和手工业之间交换所形成的市场，其决定性因素是农业方面的需求，它限定了市场的规模和发展程度。农民最基本的市场需求就是盐铁，而凭以交换得到盐铁的主要产品就是粮食，因此，粮食与盐铁之间的贸易是这一市场的最小规模。在此基础上，随着农业经济类型和生产状况的变化，交换内容和市场规模可以有比较大的变化。而这一市场的盛衰变化直接影响到赋税转化为国家消费品的具体路径，也即农民缴纳的是实物赋税还是货币赋税。

在这个商品物流中，盐铁和粮食是最重要的物资，是最基本的交换对象，也是商利的主要来源，因此国家与私商都为之倾其全力，紧握不放。司马迁《史记·货殖列传》所列举货殖大家，多以盐铁仓粟致富，而国家也极为重视并极力控制这些物资，从《管子》管制盐铁的"官山海"[1]、商鞅管制粮食贸易的"使商无得籴，农无得粜"[2]、李悝"取有余以补不足"[3] 的平籴法，一直到汉武帝盐铁官营和均输平准政策。中

---

① 黎翔凤：《管子校注》卷22《海王》，中华书局2004年版，第1246页。
② 蒋礼鸿：《商君书锥指·垦令》，中华书局1986年版，第8页。
③ 《汉书》卷24上《食货志上》，中华书局1962年标点本，第1125页。

国历史上最著名的一次经济政策讨论会，其纪要竟以《盐铁论》命名，足见这几项物资对中国古代社会之重要。

最后还要说明一点，工商业的经营者并不一定是私商，也可以是国家，但经营者的变化并不会改变手工业的经济性质，也不会改变手工业与农业交换的基本态势，其意义只在于国家与私商的博弈，在于工商利润落入私商腰包还是国家手中。

六　中国古代商品经济的性质与作用

根据上述讨论，并延伸思考魏晋至明清，笔者关于中国古代商品经济得到如下一些认识。

1. 中国自三代起就已经产生分工，特别是农业和手工业的分工，而这种分工又发生于不同的所有权之间，因此商品交换必然产生，并贯穿于整个古代社会。宏观而言，最根本的商品交换是农产品和手工业产品的交换。

2. 农业必须从手工业得到盐铁等自己不能生产的产品，这就决定其一部分产品的生产目的从一开始就是为了交换，因而这部分生产具有商品生产的性质，该性质并不因农民生活水平的低下而有所改变。

3. 农业是中国古代占绝对压倒优势的产业类型，因而其商品生产在市场形成中起着至关重要的决定性作用，既以自己所提供的农产品、又以自己对手工业产品的需求，决定了工商业的总体规模和发展水平。

4. 在各种农业经济类型中，小农是自给程度最低、市场依赖性最强的经济类型，因而小农占主导地位，市场发展水平就较高，相反则较低。

5. 国家财政需求对市场影响有限，因为它只是一个消费过程，征收实物赋税还是货币赋税，虽对农民直接进入市场的规模有较大影响，但对整个市场的规模和发展并无多大作用。

6. 中国古代的商品经济完全适应于当时的经济结构，既以其为基础而产生，又为之服务，维护其正常运转，因而是这种经济结构必然的组成部分，并非瓦解这种结构的腐蚀剂。

7. 将自然经济与商品经济绝对对立起来的看法是肤浅的。当社会出现了为自己生产和为他人生产的区分之后，一个所有权主体很少能够以自己的生产满足自己的所有需求，因此必须要以一定的商品经济作为补充，否则这种自然经济无法维持。在这种情况下，商品经济不但不与自然经济相矛盾，而且是后者必需的补充或组成部分，同样，自然经济不但不排斥商品经济，反而会成为商品经济的某种基础。

8. 商品经济并不形成独立的经济结构或经济类型，它只是表明商品交换这个事实的存在，因而它并不具有任何独立的社会属性，其实质取决于它所处的社会经济结构，也就是说，不同的社会经济结构，有与之相适应的不同商品经济。中国古代的商品经济是当时社会经济结构的组成部分，只能具有与之相适应的社会性质，而与所谓"先进的生产力""资本主义萌芽"乃至资本主义没有什么关系。与资本主义经济结构相联系的商品经济是一个完整的经济体系，全社会明晰的私有产权、产业化的生产、健全的交易秩序是其基础，而中国古代的商品经济并不具有这些背景或因素，因而它与资本主义毫无关系。直到今天，我们的市场经济仍然很不成熟，原因就在于产权明晰度还非常不够，交易秩序仍有待健全。因此，要从中国古代的商品经济中找到资本主义的因素，并由商品经济的遭遇和状况解释社会发展的道路，实在是南辕北辙、缘木求鱼。

（原载《兰州大学学报》2008 年第 4 期）

西汉国家与私商的博弈

战国以后，私营商业迅速发展起来，与此同时，抑商政策也逐渐实施并强化。在意识形态领域，私商被贬低、丑化甚至妖魔化，成为主流意识形态斥责的对象。笔者已经指出，抑商政策并非抑制商业，而是国家从私商手中争夺商利，[①]那么，这种争夺具体是如何实现的呢？是不是国家可以为所欲为，而私商毫无还手之力呢？似乎并不是这样，二者处于势均力敌的博弈之中。本文试图以西汉为对象，具体探讨一下国家与私商之间的博弈关系。

一　私商的经济功能

对于私商的作用，秦汉时的执政者和主流思想多持否定态度，今之学者亦多沿袭之，如林甘泉等先生就认为，西汉商业繁荣至少有一部分是虚假、畸形的，它导致三个后果，（1）"供需脱节，生产的少，消费乃至挥霍的多"，"促使物价腾跃，加剧社会动荡"；（2）"刺激统治阶级的消费欲求，从而强化对直接生产者的剥削"；（3）"农民生活条件不断恶化，最后导致以农业为基础的整个国民经济出现危机"[②]。这种否定态度一方面对私商的经济职能没有做充分的考虑，另一方面又对私商的

[①]　袁林：《中国古代"抑商"政策研究的几个问题》，《陕西师范大学学报》2004 年第 4 期。

[②]　林甘泉主编：《中国经济通史·秦汉经济卷》，经济日报出版社 1999 年版，第 524 页。

能量估计过大，似乎他们真可以超越经济规律的限定去发挥一些危害社会经济的作用。

　　我们知道，根据经济学一般原理，只要社会存在分工，而且这种分工发生于不同的所有权之间，那么，社会经济运动作为一个统一体，只有实现了生产、分配、交换、消费诸环节，才能最终完成。"一定的生产决定一定的消费、分配、交换和这些不同要素相互间的一定关系。当然，生产就其片面形式来说也决定于其他要素。"① 这就是说，生产决定交换，交换反过来也决定了生产，它们是一个完整的体系。因此，在任何一种社会经济形态下，无条件的发展交换或抑制交换都是不可能的。就一个较长时间而言，经济规律自然会调整交换的类型与规模，使其与生产相适应，使整个经济运动成为协调的过程。在短时间内，在一些特定的条件下，人为作用有可能使交换出现超前或落后的状况，从而在一定程度上影响生产，但正因其影响生产，故必然很快为经济规律所纠正，改变为正常状态。商业不过是交换环节相对独立的存在形态，而私商不过是这种交换职能的实现者，因此，只要社会有交换的需求，私商的存在及其利益追求都是有经济依据因而完全合理的。

　　具体来说，西汉私商的经济职能可以归纳为如下几个大的方面。

（一）维护和促进农业生产

　　继承并改造了战国国家授田制的秦汉名田制，造就了一个广泛的小农阶层。小农经济基本特征是男耕女织、自给自足，但由于其生产只能涉及极小的范围，故自给自足程度其实非常有限，不仅远远低于东汉以后的庄园经济，也低于春秋及其以前的农村公社经济，以盐铁为中心的许多生产资料和生活资料只能求助于市场，如王莽所说："夫盐，食肴之将；酒，百药之长，嘉会之好；铁，田农之本；名山大泽，饶衍之臧；五均赊贷，百姓所取平，卬以给澹；铁布铜冶，通行有无，备民用

---

① 马克思：《〈政治经济学批判〉导言》，载《马克思恩格斯全集》第 12 卷，人民出版社 2006 年版，第 749—750 页。

也。此六者，非编户齐民所能家作，必印于市，虽贵数倍，不得不买。"① 而私商的经营活动正好满足了这一需求，使农业生产得以正常进行。在这方面有一种误解，以为盐铁等商品私营因"豪民擅其用而专其利，决市闾巷，高下在口吻，贵贱无常"②。私商由此获得暴利，而农民"不得不忍受他们的盘剥"③。私商当然要获取利润，因而农民必然要交出一定的剩余劳动，但《盐铁论》中桑弘羊等人言论主要着眼于商利被私商获取，未能流入国家之手。史籍中描述的私商的种种恶行和恶果，大多是站在国家立场上，对私商获取利益的一种痛恨和羡慕。其实盐铁私营之时，由于私商互相竞争，产品售价与农民购买能力之间会达到一个相对平衡，不致太离谱，而盐铁官营之后，农业生产和农民生活受到的不利影响更大，"郡国多不便县官作盐铁，铁器苦恶"④，"盐、铁价贵，百姓不便，贫民或木耕手耨，土耰淡食"。官营盐铁质次价高，农民只好不用，而官府也"卖器不售"⑤，商品为市场所拒绝，只好"彊令民卖买之"⑥。两者相权，盐铁官营对农业的负面影响更大。

（二）促进手工业生产

产品绝大多数进入市场并实现交换，是手工业生产存在的前提，由此才能得到自己必需的生活资料和生产资料，同时得到进行再生产的动力。也正是由于这个原因，战国秦汉的私营手工业必须仰赖于商业的发展，很多时候二者合为一体，私营手工业者同时就是私商。司马迁在《货殖列传》中所列举的大商人，多以经营手工业起家，直接将自己的产品推向市场。蜀卓氏"即铁山鼓铸，运筹策，倾滇蜀之民"，程郑"冶铸，贾椎髻之民"⑦。其商业行为保证并推动了手工业的顺利发展。

① 《汉书》卷24下《食货志下》，中华书局1962年标点本，第1183页。
② 王利器：《盐铁论校注》卷1《禁耕》，中华书局1992年版，第68页。
③ 林甘泉主编：《中国经济通史·秦汉经济卷》，经济日报出版社1999年版，第804页。
④ 《史记》卷30《平准书》，中华书局1959年标点本，第1440页。
⑤ 王利器：《盐铁论校注》卷6《水旱》，中华书局1992年版，第430页。
⑥ 《史记》卷30《平准书》，中华书局1959年标点本，第1440页。
⑦ 《史记》卷129《货殖列传》，中华书局1959年标点本，第3277—3278页。

（三）互通有无，实现并促进了区域分工

先秦至西汉，由于专业分工极为有限，商品生产并不发达，绝大多数产品作为使用价值被生产出来，只是在商业活动的推动之下，方转化为商品。这种转化的基本前提，就是不同产地由于自然条件差异而形成的产品种类差别，正如司马迁所描述，"山西饶材、竹、穀、纑、旄、玉石；山东多鱼、盐、漆、丝、声色；江南出楠、梓、姜、桂、金、锡、连、丹沙、犀、玳瑁、珠玑、齿革；龙门、碣石北多马、牛、羊、旃裘、筋角"①。商业沟通各地特产，"懋迁有无"②，从而变自然差异为区域分工，使全社会得到了更多种类的资源和产品，推动了社会经济的发展。与此同时，商业所发掘和推动的需求又进一步促进了各地特产的生产，使区域分工更加强化。

（四）通过囤积投机，实现社会储备功能

囤积居奇、谋取暴利的投机贸易是先秦至西汉商业的又一重要内容，如计然"旱则资舟，水则资车"，"贵出如粪土，贱取如珠玉"，白圭"乐观时变，故人弃我取，人取我与。夫岁孰取谷，予之丝漆；茧出取帛絮，与之食"③。其依据是自然条件以及生产周期所决定的生产时间性差异。就商人来说，其驱动力是谋取商利，但就社会生产来说，却因此实现了生产资料和生活资料的储备，以应缺乏时使用。由于小农经济实力微弱，自我储备十分有限，这种囤积投机对于解决小农在特殊时期的物资缺乏具有一定的意义。

（五）帮助国家实现财政货币化，使之顺利运转

西汉税收及支出大多采用货币形式，就税收而言，除田租收取实

---

① 《史记》卷129《货殖列传》，中华书局1959年标点本，第3254页。
② 《汉书》卷100下《叙传下》，中华书局1962年标点本，第4242页。
③ 《史记》卷129《货殖列传》，中华书局1959年标点本，第3257—3259页。

物，徭役中一部分直接征发劳役外，其余如算赋、口钱、献费等人头税，关税、市税、盐税等商税，车税、船税、算缗等财产税，更赋等代役税，均征收货币，是税收的主要形式。用以缴纳税收的货币绝大部分来源于市场，而国家得到的货币只有通过市场这一中间环节才能被消费掉，正是私商的经营，才使生产者的产品转化为货币，又使国家的货币转化为消费品。

二 市场对私商的调控

私商的经济职能是其存在依据，也是它对社会的正面积极作用，但是，私商的本性是追求无限的利润，因此其一切行为的出发点都是自己的私利，未必会主动关心社会整体利益，如果其无限制发展，必然会对社会经济造成危害。那么社会如何解决这一问题，既使之发挥积极作用而又避免其消极影响呢？答案是市场，以无形的手调节有形的商品交换行为。

统观西汉市场，商品交换主要发生于三大社会经济力量之间：农业人口（主要是小农）、手工业者和国家。

国家是商品物流的一大节点，它的特点是不事生产、只作消费。其消费品可以粗分为三大类：基本口粮类，其他特殊零星农产品类，手工业产品类。就一般比较合理的物流过程看，基本口粮类直接取自农业，后两类则来自市场。总体来看，在一定生产水平下，社会所能提供给国家机器及其组成人员消费的价值或劳动总量是确定的，尽管国家有攫取最大量社会财富的欲望，但实际攫取量只能局限于一定的限度之内，如果超限向社会索取，则只能导致自己的灭亡。而在国家所获社会财富中，基本口粮消费部分和其他消费部分的比例大致也在一定数额限度之内，不会发生根本性的变化。这也就是说，不管商品经济以何种方式运行，不管农民缴纳的赋税是实物还是货币，由国家需求所导致的市场规模大致是确定的，不会发生根本性的变化。

农业是商品交换物流的最大节点。传统农业以男耕女织为基本经济活动，其倾向于自给自足，但总有一些物品不能生产或自己生产很不合算，例如盐铁及一些特殊用品，只能求助于市场。由农业需求所形成的市场底线具有相当的刚性，即最少也必须从外界购入一定数量的盐铁，但上限却有着相当大的弹性，随着农业经济类型、生产状况的变化，其对市场的需求也有变化，从而导致市场规模相应变化。农业参与市场的程度，给整个社会经济以极大的影响。农业向非农业人口提供的农产品特别是粮食，既决定了其生活消费水平，也决定了其生产状况，因为它直接限定了从事非农业行业的人口数量。

手工业是商品物流的又一大节点。它的生产品一方面流向国家，供其消费，一方面流向农业，供其所用，而它所需要从外部得到的物品便是农产品，或作为生活资料，或作为生产资料。相对于农业生产周期长、季节性强、受制于气候等自然条件变化，手工业具有更大的稳定性，就短时期而言更易获利，即所谓"用贫求富，农不如工"①，再加上原料很大一部分来自其内部，如矿产之类，不受外界制约，因此手工业生产有一种潜在的无限扩张的欲望和能力，但实际上它并未极度扩张，原因就在于受到农业的强力制约。手工业人员生活资料很大一部分特别是食品类必须来自农业，生产资料中也有一些来自农业，这些农产品只有通过交换才能获得，而交换得以实现，必须有农业方面对手工业产品的需求。这样，尽管手工业有无限扩张的欲望和能力，但有限的需求始终限制着它的生产规模。就手工业生产所造成的市场来看，其发展程度及动力主要取决于需求，这又可两分为国家需求和农业需求，前者相对稳定，后者的变化便成为至关重要的因素，决定着手工业的盛衰。

总括上述，西汉市场可以分为两大块。一是由国家需求所导致的市场，因其本质是消费市场，故发展程度取决于国家从社会攫取的剩余劳动量。剩余劳动主要来自农民，在一定的生产力发展水平和消费水平上，农民所能提供的剩余劳动率相对稳定，而在国家的稳定存在期，国家剥削率也相对稳定，因为过量剥削必然导致生产的损害乃至破坏，加

---

① 《史记》卷129《货殖列传》，中华书局1959年标点本，第3274页。

剧国家与农民的冲突，从而导致国家自身的崩溃。因此，国家用于消费的剩余劳动量相对稳定，由国家消费所导致的市场总体规模也相对稳定。一是由农业和手工业之间交换所形成的市场，其决定性因素是农业方面的需求。农业人口最基本的市场需求是盐铁，在此基础上，随着农业经济类型和生产状况的变化，需求也有变化，但变化幅度有限，因为农业在本质上仍可归属于自给自足自然经济。相对稳定的农业需求所导致的市场总体规模也是相对稳定的。

相对稳定的市场确定了商业的总体规模，谁也不可能超越这一限制，当然它也就限定了私商的发展空间。坚持抑商者为证明抑商之必要，竭力证明商人之暴利，如晁错说："商贾大者积贮倍息，小者坐列贩卖，操其奇赢，日游都市，乘上之急，所卖必倍。故其男不耕耘，女不蚕织，衣必文采，食必粱肉；亡农夫之苦，有仟伯之得。"① 似乎凡经商者皆得暴利。其实，市场总体规模限制了商利总额，众多商人分割商利蛋糕，斗争必然极其激烈，有成功者，有失败者，市场竞争也必然使利润趋于平均化。商业领域绝非晁错所说是遍地黄金，谁都可以满载而归，成功者背后有更多失败者。在现存秦汉史籍中，我们看到的只是私商的成功，很难找到失败私商的哀叹，② 但也可以看到激烈竞争和利润平均化的痕迹。《盐铁论》中贤良述铁器制作者："家人相一，父子戮力，各务为善器。器不善者不集〔售〕。农事急，挽运衍之阡陌之间。民相与市买，得以财货五谷新弊易货；或时贳民，不弃作业。"③ 不仅要做出最好的器具，直接送到田头，还允许农民赊欠，这当然是商家竞争的结果。另外从物价也可看出，私商经营盐铁时，"盐与

---

① 《汉书》卷24上《食货志上》，中华书局1962年标点本，第1132页。

② 在商业较为发展的明清时期，则可以看到许多失败私商的记述，此时"徽商"实力可观，也被时人所重视，但"徽商经营失败的事例在传记中所占比例颇重，常被读者轻忽。徽商浪迹天涯，客死异乡，甚至无颜返乡，其子千里寻父，幸者尚得父子相持而泣，惨者扶持（尸骨）而归，种种情节堪成绝好悲剧题材"。（王家范：《中国历史通论》，华东师范大学出版社2000年版，第264页）翻检《明清徽商资料选编》等书，此类资料还有许多。

③ 王利器：《盐铁论校注》卷6《水旱》，中华书局1992年版，第430页。

五谷同贾，器和利而中用。"而官营之后，"盐、铁贾贵，百姓不便"①。私商经营盐铁时质量较好而价格较低，当然是互相竞争的结果，市场供求关系自然而然调整了商业的规模、物价的高低、商利的多少，使之趋于合理。

三　利益冲突导致抑商政策

如果仅仅从社会经济运行角度看，社会需要一定规模的商业，私商满足了这一需求，在社会经济中发挥着积极的不可替代的正面作用，对于其超过社会需要的商业发展，市场供求关系又实施了有效的限制和调节，那么，为什么国家还要强力实施抑商政策呢？

西汉国家并不否认工商业的重要作用，即使在强力抑商的汉武帝朝也是这样。抑商政策重要干将桑弘羊说："工不出，则农用乏；商不出，则宝货绝。农用乏，则谷不殖；宝货绝，则财用匮。"②工商业是社会必需，它们直接影响到农业和整个社会经济。这种看法是众多主张抑商者的基本观点，如实施重农抑商政策的鼻祖商鞅就说："农、商、官三者，国之常官也。农辟地，商致物，官治民。……三官贫，必削。"③荀子曰："商贾敦悫无诈，则商旅安，货通财，而国求给矣。"④"王者之法：……关市几而不征，山林泽梁，以时禁发而不税……通流财物粟米，无有滞留，使相归移也，四海之内若一家。"⑤韩非子曰："利商市关梁之行，能以所有致所无，客商归之，外货留之，……则入多。入多，皆人为也。"⑥他们都主张给商业创造一定的便利，从而促进经济发展，使国家得到实利。可见，抑商的出发点并非因其影响了农业，并进

① 王利器：《盐铁论校注》卷6《水旱》，中华书局1992年版，第430页。
② 王利器：《盐铁论校注》卷1《本议》，中华书局1992年版，第3页。
③ 蒋礼鸿：《商君书锥指·去强》，中华书局1986年版，第27—29页。
④ 王先谦：《荀子集解·王制》，中华书局1988年版，第160页。
⑤ 王先谦：《荀子集解·王制》，中华书局1988年版，第160页。
⑥ 王先慎：《韩非子集解·难二》，中华书局1998年版，第367页。

而影响了整个社会经济。桑弘羊道出了汉武帝时实行抑商政策的秘密："匈奴背叛不臣，数为寇暴于边鄙……故修障塞，饬烽燧，屯戍以备之。边用度不足，故兴盐、铁，设酒榷，置均输，蓄货长财，以佐助边费。今议者欲罢之，内空府库之藏，外乏执备之用，使备塞乘城之士饥寒于边，将何以赡之？"① 因军费匮乏，方实施盐铁官营等政策，攫取商利，以供军需。因此，抑商政策的实质是把商业利润从私商转移到国家手中，是国家与私商经济利益冲突的结果。不在商业的发展程度是否合理，而在商利归入何人之手，与农、工、商发展比例之类并无关系。尽管桑弘羊也辩解说："令意总一盐、铁，非独为利入也，将以建本抑末，离朋党，禁淫侈，绝并兼之路也。"② 但这只是附带效果，争夺经济利益始终是抑商的首位原因。

国家是一个经济利益集团，③ 它总是试图从社会攫取最多的剩余劳动，但在一定的社会中，剩余劳动总量大致是确定的。仅就商业领域看，农业发展水平决定了它提供给各种非农业人口的粮食等生活资料的数量，这些生活资料大多需要通过交换转移于工商业人员手中，由此决定了市场的总体规模，从而也决定了社会总剩余劳动转移于商业领域的总量。也就是说，当生产力发展水平、剩余价值剥削率等重要经济因素未发生重大变化时，社会商业利润总额是确定的。私商和国家的利益都来源于此，都希望从商利蛋糕上分得更大的一块，二者的矛盾和冲突便属于必然，正是这种利益冲突促使国家推行抑商政策。

国家的这种利益追求使中国古代的"抑商"政策具有了很明确的内涵。这种政策由抑制私人商业和发展国营商业两方面组成。抑制私商，有"不得仕宦为吏"④、"无得名田"⑤ 等政治社会措施，有"算缗告

① 王利器：《盐铁论校注》卷1《本议》，中华书局1992年版，第2页。
② 王利器：《盐铁论校注》卷1《复古》，中华书局1992年版，第78页。
③ 袁林：《论国家在中国古代社会经济结构中的地位和作用》，《陕西师范大学学报》2006年第6期。
④ 《史记》卷30《平准书》，中华书局1959年标点本，第1418页。
⑤ 《汉书》卷24下《食货志下》，中华书局1962年标点本，第1167页。

缩"等经济措施。发展官商，措施主要有三，一是实行盐铁等重要物资的专卖制度，二是以"均输平准"等方式占领大宗货物或特殊货物市场，三是垄断货币铸造权。因此，"抑商"的准确定义应是"抑私商、扬官商"，而绝不是违背经济规律去"抑制商业"。显然，这种政策对经济运动过程中的交换流通环节影响甚小，而对分配环节作用较大，其目的是在社会总商业利润中，减少私商所得，扩大国家所获，也即国家从私商那里夺取商业利益。①

四　国家与私商的博弈

在国家与私商的利益冲突中，由于掌握着权力，国家是强势集团，似乎可以永操胜券，将商利全部攫取在手，但实际情况并不尽然，由于私商承担着重要的社会经济功能，因此二者处于势均力敌的博弈状态。统观西汉 200 余年，全面推行抑商政策是在汉武帝时期，若从开始实行盐铁官营等政策的元狩四年（前 119）起，到发布"轮台罪己诏"的征和四年（前 89），其间不过 30 年，大部分时间私商仍有较大的发展空间。

为解决对匈奴战争的军需，汉武帝一改西汉前期宽松的商业政策，剥夺压制私商，使之受到毁灭性的打击，"商贾中家以上大率破"②。其主要措施有：将盐、铁、酒的生产经营权收归国有，国家垄断铸币权，以算缗等形式多次加重商人税负，用告缗政策直接剥夺商人已有财富，通过均输平准直接参与商业经营、与私商竞争并攫取其商利，规定商人及其家属"皆无得籍名田"、限制商人资本进入农业领域。这些政策确实解决了国家财政问题，"民不益赋而天下用饶"③，有力支持了对外战争，但随之而来的却是深刻的经济危机。到武帝末年，全国经济已经濒

---

① 袁林：《中国古代"抑商"政策研究的几个问题》，《陕西师范大学学报》2004 年第 4 期。
② 《史记》卷 30《平准书》，中华书局 1959 年标点本，第 1435 页。
③ 《史记》卷 30《平准书》，中华书局 1959 年标点本，第 1441 页。

临崩溃，"海内虚耗，户口减半"①，"人复相食"②，社会处于动荡之中，"城郭仓库空虚，民多流亡"③，"郡国盗贼群起"④，国家财政也濒临崩溃，"大农陈藏钱经耗，赋税既竭，犹不足以奉战士"，"县官大空"⑤。造成这种状况的重要原因之一就是各种经济统制政策，其中包含全面的抑商政策。经济崩溃迫使汉武帝不得不退回到出发点，采用比较宽松的经济政策，其中包含放松对私商的管制，当然，政策的实际改变是在昭帝时才得以完成的。

为什么作为强势力量的国家不能完全按照自己的意志行事？这是因为，社会经济是一个复杂系统，当国家采取某种政策干预经济的时候，实际上形成了包含国家在内的多种经济力量博弈的局面，其结果取决于实际的博弈过程而不是国家单方面的意愿。或者说，国家经济决策实际上是一个在不完全信息条件下的最优对策选择问题，选择的好，能够推动社会经济发展，同时使自己利益最大化，否则就要付出某种代价，损害自身的利益。

就国家对于私商的政策来说，不外有三种选择：全面管制，全面宽松，部分管制部分宽松，而西汉政府在博弈过程中对这三种政策都进行了尝试。

楚汉战争结束到汉武帝初年大约百年时间内，西汉政府对私商采取了宽松放任的政策。虽然刘邦时采取了"令贾人不得衣丝乘车，重租税以困辱之"⑥的抑制私商政策，但到惠帝吕后时，"复弛商贾之律"⑦，全面废止了刘邦时期的各种困商辱商政策，文景时期进一步放松对私商的管制，使之得以进入包括铸钱、冶铁、煮盐在内的各手工业生产领域，允许商人购置田产和奴婢，又可借助鬻爵政策"入粟"补官或拜爵，从而使私商可以进入农业和政治领域。宽商政策与其他经济、政治

① 《汉书》卷7《昭帝纪》，中华书局1962年标点本，第233页。
② 《汉书》卷24上《食货志上》，中华书局1962年标点本，第1137页。
③ 《史记》卷103《万石张叔列传》，中华书局1959年标点本，第2768页。
④ 《汉书》卷66《公孙刘田王杨蔡陈郑传》，中华书局1962年标点本，第2887页。
⑤ 《史记》卷30《平准书》，中华书局1959年标点本，第1422页。
⑥ 《史记》卷30《平准书》，中华书局1959年标点本，第1418页。
⑦ 《史记》卷30《平准书》，中华书局1959年标点本，第1418页。

政策一起，造就了西汉前期经济的高速发展，"民人给家足"，国家也积累了大量财富，"都鄙廪庾尽满，而府库余财。京师之钱累百钜万，贯朽而不可校。太仓之粟陈陈相因，充溢露积于外，腐败不可食"①。但是在国家看来，这一结果并不理想，因为并没有使自己利益最大化，私商"冶铸鬻盐，财或累万金，而不佐公家之急"②，富商手中的这部分财富不能为国家所用，且其"交通王侯，力过吏势，以利相倾"③，形成政治上的异己力量。等到对匈奴战争开始，汉武帝便借机改变经济政策，对私商实行全面管制。

汉武帝全面管制经济的政策破产后，其后继者采用了与前两阶段都不同的政策：部分管制而部分宽松。盐铁会议后，首先取消了酒榷和关内铁官。④ 此后盐铁官营政策基本未变，但时见宽松，允许私商经营，如元帝时曾有三年废除盐铁官营，⑤ 又如成哀间之蜀地私商罗裒，"擅盐井之利，期年所得自倍"，"訾至钜万"⑥。另外，均输制度可能削弱或取消，⑦ 私商的社会地位有所改善，市籍制度有名无实，商人为吏渐趋普遍。部分的宽松政策加上和平环境，很快使经济得到恢复发展，粮价甚至低到历史上少有的每石 5 至 8 钱，国家财政也大大好转。刘向评价宣帝时期说，"天下殷富，百姓康乐，其治过于太宗（文帝）之时"⑧。

西汉工商政策似乎经历了一个不断的"试错"过程，从全面宽松到

---

① 《汉书》卷 24 上《食货志上》，中华书局 1962 年标点本，第 1135 页。

② 《汉书》卷 24 上《食货志上》，中华书局 1962 年标点本，第 1162 页。

③ 《汉书》卷 24 上《食货志上》，中华书局 1962 年标点本，第 1132 页。

④ 王利器：《盐铁论校注》卷 7《取下》，中华书局 1992 年版，第 463—464 页；桑弘羊奏"请且罢郡国榷沽、关内铁官"，得到昭帝的允许。

⑤ 《汉书》卷 24 下《食货志下》，中华书局 1962 年标点本，第 1176 页："宣、元、成、哀、平五世，亡所变改。元帝时尝罢盐铁官，三年而复之。"

⑥ 《汉书》卷 91《货殖传》，中华书局 1962 年标点本，第 3692 页。

⑦ 盐铁会议后史料中不再提及均输。元帝黄龙四年"罢角抵、上林宫馆希御幸者、齐三服官、北假田官、盐铁官、常平仓"。（《汉书》卷 9《元帝纪》，中华书局 1962 年标点本，第 285 页），罢除了盐铁官、常平仓等重要经济机构，亦未提及均输。哀帝时鲍宣上书曾提到"三辅委输官"，用"委输"而不用"均输"，大概也是因为均输机构已撤销。

⑧ 应劭：《风俗通义》卷 2《正失》，文渊阁《四库全书》，台湾商务印书馆 1983 年影印本，第 862 册，第 364 页上栏。

全面管制，又改为部分管制部分宽松，正是在与私商的博弈中，国家找到了最佳的对策。毫无疑问，国家谋求自己利益的最大化，总是试图全面控制商业，并将商业利益全部归入己手，但私商以其社会经济职能予以抗衡，如果不能恰当保护私商利益，则社会经济会受到损害，进而危害国家利益。由此我们可以看到一个动态博弈的链条。当国家全面管制商业，将自己利益最大化，相应则使私商利益最小化，私商不能发挥其经济功能，给社会生产带来损害，从而导致社会经济的破坏和衰退，并进而使税收大大减少，与国家本来的意愿形成尖锐对立。当国家全面放松对商业的管制，私商利益得到较好维护，较好发挥了其社会经济功能，社会经济繁荣，国家税收也较好，利益得到一定的保证，但国家利益还没有实现最大化，私商手中太多的财富仍为国家所不满，且易于形成异己的力量。博弈的结果，选取一种能使社会经济得到较好发展，同时自己利益最大化的对策便成为国家的最优选择，而要使社会经济较好发展，必须发挥私商的经济功能，也即必须给私商一定的宽松环境。昭、宣以后，西汉政府就是走了这样一条路。

对于西汉商业政策的这一变化过程，用现代经济学中的博弈论可以作出一个较好的说明。因无法知晓西汉具体经济收益数据，故只能做一些假定，以进行模拟分析，其目的不在得到准确结论，只为说明博弈过程。

为简化分析，假定国家与私商二者都是理性经济人，双方间为完全信息博弈，双方对策选择大致各有三种。国家可选择对私商全面管制（全管）、部分管制部分放开（半管）、完全放开（不管）三种。私商亦可选择三种，全力投入商业领域（全投）、部分力量投入商业（半投）、拒绝投入商业（不投）。各种决策的收益假定如下。

简单化考虑，国家收益有两方面，一是官营商业的利润，一是国家向私商征收的税赋等收入。由于社会经济必须有一定规模的商业，假定其规模不变，全部由私商经营时所得利润为1，由于国家经营商业成本高而效益低，假定其效益减半为0.5。对私商征收的税赋因政策变化而有不同，假定在"不管"政策下占其利润的30%，在"半管"或"全管"情况下加倍为60%。据此，在"不管"情况下，国家商业收益仅为商业税赋，若私商"全投"，为 $1 \times 30\% = 0.3$，私商"半投"，为 $0.5 \times 30\% = 0.15$，私商"不投"，为 0。"全管"情况下，不论私商有无投入，其仅有官营商业收入，即 $1 \times 50\% = 0.5$。"半管"情况下，官商收入确定，私商税赋则据其投入而定，两方面合计，"全投""半投"，均为 $0.5 \times 50\% + 0.5 \times 30\% = 0.55$，私商"不投"，则为 $0.5 \times 50\% + 0 \times 30\% = 0.25$。

对于私商来说，其收入仅为商业利润去除上缴国家税赋。"不投"则无任何收入，为 0。"全投"，若国家"不管"，则净获利润为 $1 - (1 \times 30\%) = 0.7$，若国家"全管"，则私商不可能有收益，为 0，若国家"半管"，私商只能对一半商业获取利润，为 $0.5 \times (1 - 1 \times 60\%) = 0.2$。这种情况下，假定私商投入资本为 1，则其利润率分别为 70%、20%、0%。当私商"半投"，若国家"不管"，收益为 $0.5 \times (1 - 30\%) = 0.35$，"半管"，收益为 $0.5 \times (1 - 60\%) = 0.2$，"全管"，私商收益为 0。因私商投入资本仅为一半，即 0.5，其利润率分别为 $0.35 \div 0.5 = 70\%$，$0.2 \div 0.5 = 40\%$，$0 \div 0.5 = 0\%$。

按静态博弈处理上述数据，则可形成下列矩阵。

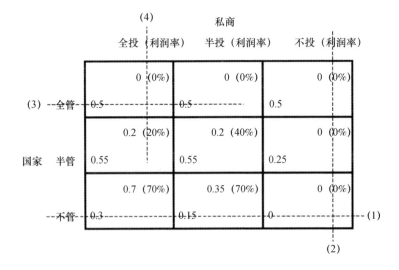

运用劣势策略消去法，可以逐步找到最优对策。对国家来说，不论

私商采取何种策略，西汉前期所采取的"不管"收益最低，是最劣对策，首先应当消去。对私商来说，不管国家实施怎样的商业政策，"不投"都毫无所获，是最劣对策，应当消去。在剩下的矩阵中，汉武帝时期采取的"全管"政策是国家的最劣对策，应当消去，而对于私商来说，尽管"全投"和"半投"收益都是0.2，但利润率大不相同，前者只有后者的一半，故"全投"是最劣对策，应当消去。由此可以得知，国家"半管"、私商"半投"是最优策略均衡，不仅国家利益实现了最大化，而且也为私商所能够接受。

如果强调国家在这一博弈中所处的主导位置，按照动态博弈来分析，所得结果与上述静态博弈相同，为节约篇幅，这里不再赘言。

五 余论

博弈论是当代经济学最重要的成就之一，它同样可以用来分析历史上的经济现象。传统经济学确信经济活动一定会向某一方向发展，而博弈论则指出，由于利益冲突的经济人之间不同决策的博弈，经济运动将有多种"可能性"，并运用数学工具指明最"可能"的是哪一种，西汉商业政策变化历史印证了这一点。西汉时期的国家商业政策并不完全具有必然性，作为社会强势力量的国家，在现实的经济活动中，尝试着实行各种商业政策，在与私商的博弈过程中，最终找到并实施了一种最优策略均衡。这一现象也说明，从长时段来观察经济运动过程，它具有一种总体的必然性，但就短时段而言，具体经济运动都是现实经济力量相互博弈的结果，并不一定就是某种确定的结局，实际经济过程因为活生生的人的参与而具有了更加丰富的色彩和多样的可能性。参加博弈的各方不仅尽量展示着自己的意愿和利益追求，而且在博弈过程中不断学习，改正错误，选取最优策略，以谋取最大利益。这种状况也使经济史的研究具有了更活泼的内容，更多展示出经济人的主观意愿。

（原载《陕西师范大学学报》2008 年第 5 期）

"大禹治水" 新解

提起大禹，我们面前就会出现一幅汉石刻画像：大禹头戴斗笠，身着布衣，肩扛木耒，一副匆匆忙忙去治水的样子。[①] 然而历史上的大禹究竟是不是这个样子呢？

当然，到目前为止，禹仍然是个传说人物，但是关于他的传说，不管多么混乱纷杂，仍不失为研究上古史的珍贵史料。摩尔根和恩格斯利用传说材料复原了希腊和罗马的上古史，我们应当向他们学习，从有关禹的传说中，找到我国上古史中神秘的一页。

一

在传说中，治水是禹的主要功绩。大禹治水的传说究竟反映了什么历史事实，人们有过种种解释。这些解释大致可以归纳为三种。一种认为，由于近水的地方土地较肥沃，农耕较方便，已经懂得农耕的古代人类逐渐向近水地区发展，这就必须不断与水斗争，克服水患，获得水利。大禹治水的传说就是在这个背景下产生的。[②] 第二种意见认为，由于冰川融化后内陆大量积水，加上大量雨水或上游水源的增加，造成了

---

① 常任侠：《汉代绘画选集》，《山东嘉祥武氏祠画象石》，朝花美术出版社1955年版，图14。

② 如周谷城《中国通史》，开明书店1948年版，第53页。

我国古代最大的一次水灾，这是大禹治水传说产生的基础。[①] 第三种意见认为，这是黄河洪水泛滥、危害人类，人类终于制服了洪水的历史事实在传说中的反映。[②] 上述解释是否正确，下面分别加以探讨。

先看第一种说法。我国北方农业的兴起，根据目前掌握的资料，大约在公元前 6000 年。[③] 现已发掘的新石器时代农业文化遗址，基本上分布于河流两边的台地上，距今河面高差十余米至近百米，而并不在河流的冲积平原地区。这样的台地，遭大洪水淹没的可能性不大，进行水利灌溉也不容易。在我国北方的季风性气候条件下，它们可能会受到因暴雨而发生的水灾，同样也会受到因缺雨而造成的旱灾，水旱灾害是经常交替发生的。这种情况在传说中就有反映。

在黄帝时代，就是既有水灾，又有旱灾的。《山海经·大荒北经》说：

> 有人衣青衣，名曰黄帝女魃。蚩尤作兵伐黄帝，黄帝乃令应龙攻之冀州之野。应龙畜水。蚩尤请风伯、雨师，纵大风雨。黄帝乃下天女曰魃，雨止，遂杀蚩尤。魃不得复上，所居不雨。叔均言之帝，后置之赤水之北。叔均乃为田祖。魃时亡之，所欲逐之者，令曰："神北行！"先除水道，决通沟渎。

黄帝不仅尝受了蚩尤的大风雨，对旱魃实际上也失去了控制力。叔均建议天帝将旱魃驱走，由此成为"田祖"——农业的保护神，但是旱灾仍不时光临。《大荒东经》有类似的传说：

---

① 如吕振羽《史前期中国社会研究》（生活·读书·新知三联书店 1961 年版），丁山《中国古代宗教与神话考》（上海龙门联合书店 1961 年版）。

② 如郭沫若主编《中国史稿》，人民出版社 1979 年版；徐旭生《中国古史的传说时代》，科学出版社 1960 年版。

③ 参见邯郸市文物保管所等《河北磁山新石器遗址试掘》，《考古》1977 年第 6 期；开封地区文管会等《河南新郑裴李岗新石器时代遗址》，《考古》1978 年第 2 期；安志敏《裴李岗、磁山和仰韶——试论中原新石器文化的渊源及发展》，《考古》1979 年第 4 期等。

> 大荒东北隅中，有山名曰凶犁土丘。应龙处南极，杀蚩尤与夸父，不得复上，故下数旱。旱而为应龙之状，乃得大雨。

不同的是，这里把应龙——雨神不得复上解释为旱灾的原因。从这些传说可见，当时旱灾频繁发生。

尧时也不例外，既有水灾，也有旱灾。

> "当尧之时，天下犹未平，洪水横流，氾滥于天下。"（《孟子·滕文公上》）

> "尧之时，十日并出，焦禾稼，杀草木，而民无所食。"（《淮南子·本经训》）

大旱灾时的太阳是十分可怕的。《山海经·海外西经》记有：

> 女丑之尸，生而十日炙杀之。……以右手鄣其面。

《楚辞·招魂》也恫吓游魂曰：

> 魂兮归来！东方不可以托些！……十日代出，流金铄石些。

烈日给了人们多么深刻的印象啊！

我国的农业，从它诞生时起，就受着水旱两种灾害的威胁，如果以它为背景，不可能只产生大洪水的传说。从另一个角度看，当人们开始知道利用水利的时候，他们对水的迷信和盲目崇拜会逐渐减小。越会用水，更多地掌握了水的运动规律，因而越不怕。例如尼罗河的洪水，数千年来一直养育着该河流域的居民，只有当特大洪水或洪水过小时才能造成一定的灾害，因此人们并不怕洪水。又如亚马逊河的洪水也是大规模爆发的，但人们并不恐惧，当地印第安人在洪水泛滥时则放弃农耕，从事渔业。① 我国北方人民知道利用水的历史相当悠久。早在仰韶文化时期，就已经有了原始的沟洫，② 可见当时人们对水已有了一定的认识。在河南龙山文化晚期以及二里头文化的遗存中，曾多次发现水井。③ 根据传说资料，《世本》《吕氏春秋·勿躬》《淮南子·本经训》等都有"伯益作井"的记载。有了井，人们就可以离开河道，在更广大的区域里活动，从而遭受水灾的可能性也就越小。我国新石器时代人类对水的丰富知识，使他们越来越不怕水，并向多水地区发展，因此，一定的水害也不可能敷演成改变世界的大洪水。

由此可见，把向多水地区发展农耕作为洪水和治水传说产生的原因，用对水的利用和向水害斗争来解释大禹治水传说，是不能令人信服的。

再看第二种说法。距今天最近的冰川期是第四纪冰川时期，它的最后一个亚冰期在我国是大理亚冰期，约距今 75000—10000 年，它的结束时期和大禹治水传说反映的时代相差太远。有人根据孢粉和碳 14 测定的资料，确定了我国大部分区域内的历史气候：距今约 11000—8000 年为泄湖寒冷期，年平均气温较现代低 5—6℃；距今 8000—3000 年间为仰韶温暖期，年平均气温较现代高 2°—3℃；距今 3000—1700 年为周汉寒冷期，年平均气温较现代低 1°—2℃。④ 有人根据考古及文献资料进行研究，得出结论说："在近五千年的最初二千年，即从仰韶文化到安阳殷墟，大部分时间的年平均温度高于现在 2℃ 左右。"⑤ 按照这些研究成果，大禹所处的时期在仰韶温暖期的中后阶段，即使我们假定，在寒冷

---

① ［日］武藤博忠：《人类的历史与水》，《世界科学译刊》1980 年第 7 期。

② 洛阳博物馆：《洛阳矬李遗址试掘简报》，《考古》1978 年第 1 期。在应属洛阳王湾一期（仰韶文化）的第六层下压有一条古渠道，"宽 4、深约 0.4 米，内填白色细砂土"。

③ 洛阳博物馆：《洛阳矬李遗址试掘简报》，《考古》1978 年第 1 期。在属晚期河南龙山文化的第四层中发现一水井，"园形，口径 1.6 米，深 6.10 米见水。"另见中国科学院考古研究所洛阳发掘队《河南偃师二里头遗址发掘简报》，《考古》1965 年第 5 期。"水井共发现二口，皆属晚期，直壁长方形，东西向，长 1.95、宽 1.8 米。"

④ 浦庆余：《三万年来我国气候变迁的研究》，《自然杂志》1980 年第 3 期。

⑤ 竺可桢：《中国近五千年来气候变迁的初步研究》，《中国科学》1973 年第 2 期。

期到温暖期的转变过程中，冰雪消融和气候线北移有可能造成洪水灾害，那么，处于温暖期中后阶段的气候，则不可能造成较长时期、较大规模的洪水灾害。

从考古发掘来看，在仰韶温暖期的中间阶段，我们还没有发现由气温改变所造成的降水大量增加，以及因此而引起的植被大规模变化的实例。有人通过对半坡新石器时代遗址的孢粉研究，得出结论说："当时的气候和环境属半干旱性气候，与今日该处之气候相仿"，"当时的植物是不丰富的，在疏稀的草原植物中夹杂着零星的榆和柿等乔木树种"。发掘的野生动物骨骼中，绝大多数属华北动物群的事实可以证实这一点。其中也发现杂有獐、竹鼠两种动物，说明温暖潮湿的气候能波及此地区。① 这些都说明，仰韶温暖期的气候，并不具备造成长期、大规模洪水的条件。

或许有人要问，为什么世界各古老民族都有洪水传说呢？是不是冰川消融造成了一场全球规模的洪水灾害呢？这个问题比较复杂，本文不打算涉及。但仅就华夏族的古代传说而言，其实有两个关于洪水的传说，一个是大禹治水，一个是女娲治水。女娲治水传说反映的时代要比大禹早，而且和造人说纠缠在一起，这和世界各较古民族的洪水传说很相似。大禹治水的传说则和开道、征战、布土定州、确定贡赋联系在一起，这和世界各古老民族的传说并不一致。我们在分析中应当把这两种传说尽量区别开来。

再看第三种说法。根据文献资料，尧舜禹时代华夏族的中心活动地区大致在今晋中南、豫西以及冀西南一带。关于尧的居住地，《帝王世纪》曰：

"帝尧氏始封于唐，今中山唐县是也。"

"又徙晋阳，及为天子，都平阳。"

① 周昆叔：《半坡新石器时代遗址的孢粉分析》，西安半坡博物馆编：《西安半坡》附录三，文物出版社1982年版。

唐在今河北唐县，晋阳在今山西太原市南，平阳在今山西临汾西南。

关于舜的居住地，《尚书·尧典》曰：

> 帝……厘降二女于妫内，嫔于虞。

《孔疏》释曰：

> "汭，……水之内也。杜预注《左传》云：水之隈曲曰汭。"
> "妫水在河东虞乡县历山西，西流至蒲坂县，南入于河。"

《帝王世纪》曰：

> 舜所都也，或言蒲坂，或言平阳及言潘者也。

虞乡、蒲坂均在今山西永济县境。潘，《帝王世纪》说是上谷，《括地志》说是妫州城，即今河北怀来、涿鹿间。

关于禹的居住地，《帝王世纪》曰：

> 禹受封为夏伯，在《禹贡》豫州外方南，……今河南阳翟是也，受禅都平阳，或在安邑，或在晋阳。

《世本》和古本《竹书记年》都说禹都阳城。阳翟在今河南禹县，安邑在今山西夏县西北，阳城在今河南登封东南告成镇。

以上关于尧舜禹活动地区的记载，不管是否正确，但这些地区显然都在黄河洪水泛滥可能危及的地区之外。此后，华夏族的中心活动地区基本上也在这一带。

在考古资料方面，多数研究者认为，至少二里头文化的一部分

（一、二期）是夏文化。按照这个观点，河南龙山文化中与二里头文化直接衔接的部分，就是尧舜禹时代华夏族的文化。二里头文化分布在晋南、豫西，以及河北南部、湖北北部的个别地方。在豫西，这种分布基本上不超过京广铁路，也就是说，都在黄河泛滥所可能危害的地区之外。战国以前，黄河河道是在河北平原上来回游荡，有时分为几股入海，因此《尚书·禹贡》有"又北播为九河，同为逆河入于海"的话。显然，黄河的改道和洪水泛滥，一般并不会影响到华夏族在本地区的活动，因而没有理由敷演为大洪水的传说。

既然这些解释理由都不充分，那么，对于大禹治水的传说究竟应当作何解释呢？

二

禹所治的大洪水，经历了尧舜禹时代。这个时期，正是华夏族与三苗族以及其他南方民族激烈争战的时期。传说中的这两件事情之间，不会没有联系。

华夏族与三苗族的大冲突开始于尧舜之际。《吕氏春秋·召类》曰：

> 尧战于丹水之浦以服南蛮。舜却苗民，更易其俗。

关于这一次大冲突，《尚书·尧典》、《吕刑》，《左传·昭公元年》，《战国策·秦策一》，《孟子·万章上》，《荀子·成相》，《淮南子·兵略训》，古本《竹书记年》等等都有记载。

这场战争的根源是什么，有人说是为了争夺华夏族的领导权。

> 昔尧以天下让舜，三苗之君非之，帝杀之。有苗之民，叛入南海，为三苗国。[1]

---

[1] 《山海经·海外南经》三苗国条郭璞注。

这是以儒家思想来解释古代的民族斗争。其实，尧舜之际发生的权力之争是在华夏族内部，这时的三苗尚在华夏族以外。内争削弱了华夏族的力量，从而使华夏族与三苗族的关系发生急剧变化，"三苗在江、淮、荆州数为乱"①。战争的结局是"窜三苗于三危"（《尚书·尧典》），三苗暂时失败了。但是，取代尧部落而作为华夏族领导部落的舜部落也付出了巨大代价。《淮南子·修务训》曰：

> 舜……南征三苗，道死苍梧。

《礼记·檀弓下》"舜葬于苍梧之野"下郑注曰：

> 舜征有苗而死，因留葬也。《书》说舜曰："陟方乃死"。

因此，也才有了"尧之二女，舜之二妃，曰湘夫人。帝崩，二妃啼以涕挥竹，竹尽斑"②的美妙传说。当然，这里的舜和后来命禹治水的舜，可能是同号而异人。就像北美易洛魁印第安人部落联盟中的世袭酋长，继任者必须放弃自己的名称，承袭前任者的名号；首任者的名号，为一系列后继者所延用，因而一个名号就代表一系列的世袭酋长。③

但是，三苗并未被征服，他们在继续反抗。《韩非子·五蠹》曰：

> 当舜之时，有苗不服，禹请攻之。

关于舜禹之际的这次大冲突，《尚书·皋陶谟》、《大禹谟》，《逸周书》，《墨子·非攻下》、《兼爱下》，《战国策·赵策二》，《吕氏春秋·上德》，古本《竹书记年》等等都有记载。

---

① 《史记》卷1《五帝本纪》，中华书局1959年标点本，第28页。
② 张华：《博物志》卷8《史补》，文渊阁《四库全书》，台湾商务印书馆1983年影印本，第1047册，第602页上栏。
③ ［美］摩尔根：《古代社会》，杨东莼等译，商务印书馆1977年版，第129页。

这场战争非常残酷，可能经历了若干个回合。《尚书·大禹谟》记载说：

> 三旬，苗民逆命。益赞于禹，……七旬，有苗格。

禹集团在一个月内还未战败有苗集团，益集团来帮助禹集团，七十天后才取得胜利。

《墨子·非攻下》的记载则更多神话色彩：

> 昔者三苗大乱，天命殛之。日妖宵出，雨血三朝，龙生于庙，犬哭乎市，夏冰，地坼及泉，五谷变化。民乃大振。高阳乃命禹于（据《墨子间诂》补"禹于"二字）玄宫。禹亲把天之瑞令以征有苗。雷电悖振（原文"四电诱祇"，据《墨子间诂》改）。有神人面鸟身，奉珪（原文"若瑾"，据《墨子间诂》改）以侍。搤矢有苗之将（原文"祥"，据《墨子间诂》改），苗师大乱，后乃遂几。

三苗的反攻给了华夏族很大震动，连天地万物都改变了模样。禹在神的帮助下，给了三苗族以毁灭性的打击，自此以后，三苗销声匿迹，再也找不到踪影了。

三苗的居住地区是多水的长江下游。

> "昔者三苗之居，左彭蠡之波，右洞庭之水，文山在其南，而衡山在其北。"（《战国策·魏策一》）

多水，这给华夏族的南下造成了很大困难，但华夏族最终是胜利了，这首先是克服多水险阻的结果。

华夏族在与三苗进行战争的同时，还征服了驩兜。这场战争发生于尧舜之际。《战国策·秦策一》《荀子·议兵》都有"尧伐驩兜"的记载；《尚书·尧典》说舜受禅后"放驩兜于崇山"。关于驩兜的情况，不得多知。《山海经》中驩头有三见，而驩头即驩兜，古人已有定论。

> "驩头国，……其为人，人面，有翼，鸟喙，方捕鱼。"（《山海经·海外南经》）
>
> "驩头人面，鸟喙，有翼，食海中鱼。杖翼而行，惟宜芑、苣、穋、杨是食。有驩头之国。"（《山海经·大荒南经》）
>
> "西北海外，黑水之北，有人有翼，名曰苗民。颛顼生驩头，驩头生苗民。"（《山海经·大荒北经》）

第三条与前两条在方位上的矛盾，这里姑且不论。从这些材料可见，驩兜也居住于南方多水地区，鱼类是主要食物；芑、苣、穋、杨等植物也是食物，可能已有了一定的农业。而且，驩兜与三苗还有一定的关系。

在对外战争的同时，华夏族内部还有尧、舜、禹对共工的战争，这场战争也持续了多年。

> "舜之时，共工振滔洪水，以薄空桑。"（《淮南子·本经训》）

但共工失败了，被舜流"于幽州"（《尚书·尧典》）。此后，又有禹对共工的征讨。

> "禹攻共工。"（《荀子·议兵》）
>
> "禹伐共工。"（《战国策·秦策一》）
>
> "共工之臣名曰相繇，九首蛇身，自环，食于九土。其所歍所尼，即为源泽，不辛乃苦，百兽莫能处。禹湮洪水，杀相繇，其血腥臭，不可生谷，其地多水，不可居也。禹湮之，三仞三沮，乃以为池，群帝因是以为台。在昆仑之北。"（《山海经·大荒北经》）

共工又失败了。由于长期的流传敷演，共工的传说已相当混乱，但从上引几则来看，舜、禹时代的共工也居住于多水地区。《国语》对共工有如下记载：

> "昔共工氏弃此道也，虞于湛乐，淫失其身，欲壅防百川，堕高埋卑以害天下。"（《国语·周语下》）
>
> "共工氏之伯九有也，其子曰后土，能平九土，故祀以为社。"（《国语·鲁语上》）

由此可见，共工也有过治水的经历，它很可能是较早从北方进入南方多水地区的华夏族的一支。

总之，尧舜禹时期的战争，不论是华夏族征服它族的战争，还是华夏族内部的战争，其主要内容都是向南发展。南方多雨，气候潮润，江河湖沼密布，森林茂密。三苗居住的江汉平原地区更是如此。这些，是华夏族南征中的重大障碍。华夏族经过长期的努力，到禹的时代，终于打破了自然环境的壁障，征服了南方，在相当大的地域内形成了大一统的局面。史书记载说：

> "禹……周行天下，归还大越，登茅山，以朝四方群臣，观示中州诸侯。"（《吴越春秋·越王无余外传》）
>
> "禹合诸侯于涂山，执玉帛者万国。"（《左传·哀公七年》）

华夏族南征的历史事实，显然是大禹治水传说产生的重要基础和基本背景。

在胜利的征服战争中，禹的权力达到了顶点。

> "禹朝诸侯之君会稽之上，防风之君后至，而禹斩之。"（《韩非子·饰邪》）

但是，禹也和舜的命运一样，死于异方。

> 帝禹东巡狩，至于会稽而崩。①

禹的南征，使南方发生了重大变化。一方面，使华夏族的一些分支在南方居住了下来。

> "昔者，越之先君无余，乃禹之世，别封于越，以守禹冢。"（《越绝书·外传记地传》）
>
> "越王勾践，其先禹之苗裔，而夏后帝少康之庶子也。封于会稽，以奉守禹之祀。"②

另一方面，也使华夏文化向南扩展，与已有刑法而"弗用灵"（《尚书·吕刑》）的三苗等当地原有文化融合，逐渐形成自具特色的南方文化。《吕氏春秋·音初》记载：

> 禹行功，见涂山之女，禹未之遇而巡省南土。涂山之女乃令其妾候禹于涂山之阳。女乃作歌曰："候人兮，猗！"实始作为南音。

这个传说从侧面反映了禹的南征与南方文化之间的关系。这种南方文化，正是以后既有中原文化内容，又有南方地方特点的楚文化的前身。

华夏族南征三苗等族的历史，近年的考古研究也提供了一些证据。据考古学家研究，最迟在公元前三千纪上半叶，长江下游的大溪和螺蛳山等文化，通通发展成各具地区特征的屈家岭文化。这个文化系统的势力相当强大，向北影响到丹江和汉水中游，使当地的原始文化，由以仰韶因素为主变成以屈家岭因素为主；向南则达到了洞庭、鄱阳两湖间的江西修水一带。公元前三千纪中叶左右，这个文化系统迅速发展，可能

---

① 《史记》卷2《夏本纪》，中华书局1959年标点本，第83页。
② 《史记》卷41《越王勾践世家》，中华书局1959年标点本，第1739页。

进入铜石并用时代，并同黄河中下游的龙山阶段诸文化发生更多的接触。"此后不久，长江中游的这个原始文化系统，忽然发生极大动荡"，大大增强了黄河流域文化的影响。在淅川下王岗和黄陂盘龙城发现的二里头文化遗物，显然不是从当地文化系统发展而来的，"说明此时有一支来自黄河中游的力量，通过南阳盆地，沿着随枣走廊，直抵长江之岸"。盘亘当地两千多年的土著文化，在此冲击下，大概发生了很大迁移，并衰落下去，因此，相继的文化遗址很难找到。而继二里头文化而来的二里岗文化的影响，则在洞庭、鄱阳两湖之间直下，南达江西清江的吴城一带。① 夏王朝如果以启作为建立者，按一般说法，它开始于公元前 21 世纪，尧舜禹时代则应当在这以前的若干世纪中。长江下游原始文化的这次大变动，也正发生于公元前三千纪的下半叶，这两者在时间上是统一的。如果我们把屈家岭文化确定为三苗文化的遗存，把二里头文化看作夏文化的遗存，考古材料就可以印证传说。华夏族与三苗族的关系经历了这样一个发展过程：三苗族势力强盛，统一了江汉平原各部落，然后向北发展，冲击了华夏族的势力范围；华夏族大反攻，势力一直扩展到江汉平原，三苗族的势力被大大削弱，或被同化，或被消灭，或被赶跑；到商代，华夏族的势力则深入江西中部地区。

值得注意的是，《尚书》关于大禹治水的记载，与其他一些文献有显著不同。它在记载治水的同时，还更多地记载了开辟道路，确定行政区划，确定被征服地区应缴纳的贡赋等等事项，因而更接近历史的真实。我们有必要集中分析一下《尚书》的有关记载。

《尚书·禹贡》曰：

禹敷土，随山刊木，奠高山大川。

《皋陶谟》记禹言曰：

---

① 俞伟超：《先楚与三苗文化的考古学推测》，《文物》1980 年第 10 期。

予乘四载，随山刊木。

这两条记载在《史记·夏本纪》中分别作：

"禹乃遂与益、后稷奉帝命，命诸侯百姓兴人徒以傅土，行山表木，定高山大川。"

"予陆行乘车，水行乘舟，泥行乘橇，山行乘樏，行山桼木。"

《尚书》"随山刊木"，《史记》作"行山桼木"，"行山表木"，《淮南子·修务训》作"随山桼木"。颜师古注《汉书·地理志》"随山桼木"曰：

桼，古刊字也。……言禹随行山之形状而刊斫其木，以为表记。

《说文解字》桼又作**梁**，曰：

槎识也。……《夏书》曰："随山**梁**木"。

徐锴《说文系传》曰：

槎识，谓随所行林木，邪斫其枝为道表识也。

《孔传》释"随山刊木"曰：

随行九州之山林，刊槎其木，开通道路，以治水也。

《史记索隐》释"表木"曰：

谓刊木立为表记。

　　从上述材料可见，"刊木""表木"，都是指在森林茂密之处开辟道路，并为之设立标记。显然，华夏族"治水"队伍所至，因非自己的辖地，所以需要重新开辟道路；也非河流下游的冲积平原，而是多山地区，所以不可能有大规模疏浚之举。华夏族深入的是自己所不了解的异域，修路便成为首要任务。因此，在《皋陶谟》中，禹说完"乘四载，随山刊木"之后，才大谈其治水、农耕、安民、定国的。

　　由于是新进入的地区，华夏族在开通道路的同时，另一个重要任务就是解决自己的吃饭问题。《皋陶谟》记禹言曰：

　　予……暨益奏庶鲜食。

《孔传》释曰：

　　奏，谓进于民。鸟兽新杀曰鲜。与益槎木获鸟兽，民以进食。

《皋陶谟》又记禹言曰：

　　予……暨稷播，奏庶艰食鲜食。

《孔传》曰：

　　艰，难也，众难得食处，则与稷教民播种之。决川有鱼鳖，使民鲜食之。

　　由此可见，当时南方的农业还不发达，征服者进入之后，暂时只得以渔猎为生，然后才能逐渐发展农业，这是一个相当艰难的过程。《孟子·滕文公上》说：

> 当尧之时，天下犹未平。洪水横流，氾滥于天下。草木畅茂，禽兽繁殖，五谷不登。……舜使益掌火，益烈山泽而焚之，禽兽逃匿。

这个场景，很符合南方多水地区的自然环境。草木的畅茂似乎比洪水更可怕，只有用火战胜之。这完全是一幅刀耕火种的画面。从北方农耕地区南下的华夏族分支，不仅自己要农耕，解决吃饭问题，还要教会当地已屈服的土著农耕，以提供剩余农产品。《皋陶谟》记载有禹"暨稷播"，《孔传》释为"与稷教民播种之"。《尧典》记载舜分封官职，除了首先给禹一个"平水土"的总管职务而外，其次就是给弃以主管农业、"播时百谷"的职务。

要对被征服者进行有效的统治，还必须采取一系列政治的和经济的措施。在政治上，首先是确定行政区划，这是《尚书》所谓"敷土""别九州"的真正内容。"敷土"，并不是用土去治水害，关于它，有以下一些解释：

> 《孔传》曰："布治九州之土。"
> 《史记索隐》曰："敷，分也，谓令人分布理九州之土地也。"
> 《汉书·地理志》颜师古注："敷，分也，谓分别治之。"

关于"别九州"，《孔传》释曰：

> 分其圻界。

《孔疏》释曰：

> 分其疆界，使有分限。

很明显，"敷土""别九州"是一种政治措施。这个措施的提出，说明社会基本单位已经逐渐由血族团体变为地域团体。而地域团体，是国家的基础。[1] 禹的这个措施加速了社会基本单位的转变过程，为国家的建立奠定了基础。

其次，《尧典》记载了舜分授百官职事的事情，其实，这主要是对新征服地区派任官员，同时确定统治政策。舜在授职前说：

> "柔远能迩，惇德允元。而难任人，蛮夷率服。"（《尚书·尧典》）

《孔传》释曰：

> "言当安远，乃能安近；厚行德信，使足长善。"
> "佞人斥远之，则忠信昭于四夷，皆相率而来服。"

这里把安远、服蛮夷作为首要任务。分派职事时，首先任禹负责"平水土"，即任军事总管，平治不服的异族；其次，任弃管理"播时百谷"，任契实施"敷五教"，任皋陶以制刑法，对付"蛮夷猾夏，寇贼奸宄"，等等。这些都是针对被征服者的。以强大的军队镇压和威慑被征服者；实行同化政策，推广华夏族早已从事的农耕生产，推行华夏族传统的文化、道德和习惯法，制定刑法以镇压反抗者。

在经济方面的措施，就是确定贡赋，把剥削关系以法的形式确定下来。《禹贡》说禹"任土作贡"，《孔传》释曰：

> 任其土地所有，定其贡赋之差。

《史记》《汉书》说得更清楚：

---

[1]　恩格斯：《家庭、私有制和国家的起源》，载《马克思恩格斯全集》第 21 卷，人民出版社 2006 年版，第 29 页。

"禹……定九州，各以其职来贡，不失厥宜。"①

"禹……定九州，制土田，各因所生远近，赋入贡棐。"②

这种政治、经济上的统治，还需要在宗教形式上再确定一次，以维护它本身的实行，于是才有了"奠高山大川"之举。《孔传》释曰：

> 奠，定也。高山五岳，大川四渎，定其差秩，祀礼所视。

《孔疏》释曰：

> 水土既平，乃定其高山大川，谓定其次秩尊卑，使知祀礼所视。

显然，确定当地高山大川在宗教秩序中的位置，实际上是确定该地行政机构以及该地居民在整个社会中的地位，后者是前者的基础。

从《尚书》这些记载中，我们可以看到，禹的主要活动是军事的和政治的活动，治水活动似乎并不是真实存在的。这些记载，与前面从传说和考古资料所分析的华夏族南征事实基本符合，可以互为佐证。

综括上述几方面的分析，可以得出结论：持续于尧舜禹时代的"洪水"不是别的，正是我国南方潮润多雨的气候、遍布的江河湖沼、茂密的森林。三苗居住的江汉平原地区，这种自然环境特点表现得尤为突出。华夏族的南征，从黄河中下游一直打到长江下游。北方干燥，南方多水，对于习惯于北方自然环境的华夏族征战者来说，南方的这种多水的自然环境，便成为可怕的险阻与灾害，从而逐渐敷演为滔天洪水的传说。大禹治水的传说，则是华夏族南征成功、征服了三苗等南方居民这一历史事实的折光反映。随着华夏族南征任务的完成，"洪水"也就消失了。

---

① 《史记》卷1《五帝本纪》，中华书局1959年标点本，第43页。
② 《汉书》卷24下《食货志下》，中华书局1962年标点本，第1117页。

三

华夏族的南征经历了很长时间，前后参与这一活动的人数不少，但传说却把"治水"的功劳全部集中于禹一人。其原因，除南征是在禹时完成的而外，与禹集华夏族最高领导权于己一身有着密切的关系。

对于华夏族内部争夺最高领导权的斗争，儒者们历来讳莫如深，或以臣下犯上作乱来描写夺权失败者，或以禅让来描写夺权成功者。其实，这种斗争并不是个人之间的夺权斗争，而是各部落争夺部落联盟最高领导权的斗争。尧、舜、共工、鲧、禹、益、皋陶等等，都是代表各个部落参加联盟领导活动的酋长，他们所承担的各种职务，也就是他们所代表的部落的职务，就像北美易洛魁人各部落承担联盟的不同职务一样。[①] 不同的是，在易洛魁部落联盟中，组成联盟的各部落基本上地位平等，而华夏族内部已有了相当严重的分化，联盟的领导权集中于某个部落甚至这个部落的代表人物手中，夏王朝的建立，就是直接承袭并发展了这个社会进步的结果。

华夏族内部的夺权斗争从尧的末期开始，并且始终和对外族的征战纠缠在一起。

首先是舜向尧夺权。尧似乎早就对舜不放心，派人予以监视，"尧乃以二女妻舜以观其内，使九男与处以观其外"[②]。但是，"舜逼尧"（《韩非子·说疑》）终于成功了。古本《竹书记年》记载说：

> "尧之末年，德衰，为舜所囚。"
>
> "舜囚尧于平阳，取之帝位。"
>
> "舜囚尧，复偃塞丹朱，使不与父相见。"
>
> "舜篡尧位，立丹朱城，俄又夺之。"

---

① ［美］摩尔根：《古代社会》，杨东莼等译，商务印书馆 1977 年版，第 130 页。

② 《史记》卷 1《五帝本纪》，中华书局 1959 年标点本，第 33 页。

舜部落取代尧部落成为华夏族的领导部落。

尧舜之间的权力变换，在华夏族内部引起了很大的混乱。

> "尧欲传天下于舜，鲧谏曰：'不祥哉，孰以天下而传之于匹夫乎！'尧不听，举兵而诛杀鲧于羽之郊。共工又谏曰：'孰以天下而传之于匹夫乎！'尧不听，又举兵而诛共工于幽州之都。于是天下莫敢言无传天下于舜。"（《韩非子·外储说右上》）

由于华夏族内部的争斗，力量减弱，三苗、驩兜乘机向北扩张，特别是"三苗在江、淮、荆州数为乱"。华夏族与三苗等南方居民间的大规模战争开始。舜"流共工于幽州，放驩兜于崇山，窜三苗于三危，殛鲧于羽山。四罪而天下咸服"（《尚书·尧典》）。既战胜了敌对的外族，又镇压了华夏族内的反对派，确立了自己的最高领导地位。

鲧一直是华夏族最高领导权的积极觊觎者。早在尧的时期，他就有了相当的势力。《尚书·尧典》记载说：尧向四岳询问派谁去治水为好，"佥曰：于鲧哉。帝曰：吁，咈哉，方命圮族。岳曰：异哉，试可乃已。帝曰：往，钦哉"。

可见，鲧当时已经得到了大多数人的拥护，尧本人持异议也不起作用。鲧势力的强大在于他的军事力量，这特别表现在首创城郭上。

> "鲧筑城以卫君，造郭以守民，此城郭之始也。"（《世本·卷一》）
> "夏鲧作三仞之城，诸侯背之，海外有狡心。"（《淮南子·原道训》）

就是仅从造城郭这一点看，鲧在军事上和政治上也是比较先进的。恩格斯对城堡的出现在历史上的意义有很高的评价，"在新的设防城市的周围屹立着高峻的墙壁并非无故：它们的壕沟深陷为氏族制度的墓穴，而它们的城楼已经耸入文明时代了"①。在时间上，鲧作城的传说可以得到考古材料的证实。河南淮阳平粮台发现了龙山文化时期的古城遗址，内有高台建筑、陶质排水管、城门门房，总面积达五万多平方米。②二里头文化中也多次发现过古城遗址。

舜代尧后，鲧凭借自己的军事力量，公开出来夺权。《吕氏春秋·行论》说："尧以天下让舜，鲧为诸侯，怒于尧曰：'得天之道者为帝，得地之道者为三公。今我得地之道，而不以我为三公。'以尧为失论。欲得三公，怒甚（疑为其）猛兽，欲以为乱。比兽之角，能以为城，举其尾，能以为旌。召之不来，仿佯于野以患帝。舜于是殛之于羽山，付之以吴刀。"

鲧失败了，禹继承了鲧的事业，率领自己部落继续斗争。因此《尚书·洪范》说："鲧则殛死，禹乃嗣兴。"

儒家的传说记载多是贬鲧褒禹，在他们笔下，鲧是只知"堙"法治水的笨蛋，犯上作乱的逆臣，而禹则是首创"导"法治水的英雄，接受禅让的仁人君子。其实禹鲧一脉相承，差别在于鲧是失败者，而禹在鲧所奠定的基础上取得了胜利。仅就有关"治水"方法的传说而言，也可以看到鲧禹的关系。许多记载说禹也使用了"堙"法，如："禹湮洪水，杀相繇"（《山海经·大荒北经》），"昔者禹之湮洪水，决江河"（《庄子·天下》），"禹堙洪水十三年"③ 等等。④ 不仅"鲧是始布土，均定九州"，禹也是"卒布土以定九州"（《山海经·海内经》）。鲧始禹卒，父子相承，两代努力，终于成功。因此《天问》说禹"篡就前绪，遂成考功"。并发问曰："鲧何所营？禹何所成？"

---

① 恩格斯：《家庭、私有制和国家的起源》，载《马克思恩格斯全集》第21卷，人民出版社2006年版，第188页。

② 曹桂岑：《淮阳发现一座龙山文化古城址》，《河南日报》1981年1月25日。

③ 《汉书》卷29《沟洫志》引《夏书》，中华书局1962年标点本，第1675页。

④ 有些文献记载也使用了"填""抑"等字样，如："禹乃以息土填洪水，以为名山。"（《淮南子·坠形训》）"禹抑洪水十三年。"（《史记·河渠书》引《夏书》）"禹有功，抑下鸿。"（《荀子·成相》）等等。《史记索隐》曰："堙、抑，皆塞也。"实音变而意同。这些字，显然都是用土堵水的意思。

传说记载也有许多将禹鲧并提，为同建治水之功者。"今王既变鲧禹之功"（《国语·吴语》）。"听其自流，待其自生，……则鲧禹之功不立"（《淮南子·修务训》）。等等。显然，鲧禹差别在于先后、成败，不在"堙""导"，其事业是同一的。因此，《国语·鲁语上》曰：

> 鲧障洪水而殛死，禹能以德修鲧之功，故……夏后氏……郊鲧而宗禹。

禹凭靠自己部落的强大军事力量，首先争得了华夏族最高军事统帅权，舜不得不交出了军队。舜对禹说：

> "朕……耄期倦于勤，汝惟不怠，总朕师。"（《尚书·大禹谟》）①

而禹掌握了最高军事统帅权后，立即组织华夏族力量向南扩张。

> "禹乃会群后，誓于师曰：'济济有众，咸听朕命。蠢兹有苗，昏迷不恭，……肆予以尔众士，奉辞伐罪。尔尚一乃心力，其克有勋。'"（《尚书·大禹谟》）

这些记叙经过儒者加工，添进了许多关于君臣关系的描述，但从中仍可窥见禹舜斗争的状况。

"禹逼舜"（《韩非子·说疑》）的成功，使华夏族的力量统一了起来，加强了向外扩张的能力，从尧开始的对三苗等南方居民的战争，终于在禹的领导下取得了最后的胜利。这个胜利，又进一步加强了禹部落

---

① 本文所引《尚书·大禹谟》属梅颐古文《尚书》，系后儒伪作，所引《孔传》亦为后儒伪作，此已是学界定论，本文目的是通过传说资料探讨上古历史，因此这些资料仍有参考价值，同时它也不会对结论产生有害影响。

的力量和地位，从鲧开始争夺华夏族领导权的斗争，经过两代努力，到禹终于完成。禹在我国上古史中是一个转折性的人物，他的文治武功，特别是武功，开创了一个新的时代，他是我国第一个现代政治意义上国家的奠基者。从此，中国社会正式进入了文明时代。历代的儒者不断改造禹的形象，使之逐渐变成了汉人模样的治水和农耕的英雄。其实，就在周初人们的心目中，禹仍然是一个战争英雄，《尚书·立政》记载周公对成王的话说：

> 其克诘尔戎兵，以陟禹之迹，方行天下，至于海表，罔有不服！以觐文王之耿光，以扬武王之大烈。

禹的这种历史地位，使他从南征的主要领导者，逐渐变成了滔天洪水的唯一制服者。

* * * * * * * *

大禹治水的传说，尽管带有许多神话色彩，尽管后人对它进行了许多改造和加工，但它总归是一种历史事实的反映，虽然只是折光的反映。原始的征服其他民族的战争，对于国家的孕育和形成，有着极其重要的作用。这种事例，不仅在荷马时代的希腊人、王政时期的罗马人那里可以看到，在近代较原始的民族如阿兹特克人、印加人、萨摩亚人那里也可以看到。这种战争，是社会运动变化的催化剂，大大加快了社会发展的速度。一方面，它使被剥削被统治阶级迅速形成，另一方面，也使国家机器迅速建立，使国家的集中表现——统治阶级的代表人物迅速出现。大禹治水的传说，正是从这后一个方面，反映了我国历史上的一个大转折，即现代政治意义上国家的建立过程。对这个时期的研究，就文献方面来说，除了古传说无可搜寻，我们应当充分利用传说资料，力争恢复我国上古历史的真面目。

现在，我们可以给大禹重新画幅像了：头戴王冠，身披豹皮，手执铜钺，① 口呼号令，带领着一队勇猛的武士，匆匆忙忙四处征战。

［笔者大学本科毕业论文，原载《兰州大学学报
（中国古代史论文辑刊)》，1983 年 1 月；
收入张舜徽主编《大学生毕业论文选评》，
湖南教育出版社 1984 年版］

---

　　① 《越绝书·外传记宝剑》："禹穴之时，以铜为兵。"《史记·封禅书》："禹以九牧之金铸鼎。"晚期龙山文化也发现了许多制造或使用铜器的证据，因此，禹时应当有铜兵器。

说 “史”

从事史学工作的人，多以为史学极其重要，如刘知几曰：“史之为用，其利甚博，乃生人之急务，为国家之要道。”① 对个人，涉及安身立命，对国家，关乎治乱盛衰，重要性自不待言。与此相应，学者也多认为，从事史学工作的知识分子在上古便居于重要地位，如王国维曰：“史为掌书之官，自古为要职”，“前古官名，多从史出，可以觇古时史之地位矣”②。认为史学极其重要，固然很对，但是因此便认为知识分子自古就居于要职，则大可商榷。下文对上古之“史”试予考说，不当之处敬祈批驳指正。

一

史，小篆作 **史**，卜辞、金文多见，历来研究者多从字形入手考索其初义。字下部为又，即手，作手持之状，对此学者意见无分歧，上部为何物之象，则至今众说纷纭，莫衷一是。解释大致可分为两类。

一类解史字上部为某种与文事有关的器物，从而解史为记事、掌书、处理庶务之人。其肇发于许慎，《说文》曰：“史，记事者也，从又持中，中，正也”，以史字为手持中之形。吴大澂《说文古籀补》曰：

① 刘知几：《史通》卷11《史官建置》，文渊阁《四库全书》，台湾商务印书馆1983年影印本，第685册，第82页下栏。

② 王国维：《观堂集林》卷6《释史》，民国海宁王忠悫公遗书本。

"史，记事者也，象手执简形"，以史字为手持简策之形。江永《周礼疑义举要》曰："凡官府簿书谓之中"，史象"手持簿书"，以史字为手持簿书之形。王国维《释史》曰："中者，盛算之器也，……算与简策本是一物，又皆为史之所执，则盛算之中，盖亦用以盛简，……则史字从又持中，义为持书之人"①，以史字为手持盛算之器象形，引申为持书之人。徐宗元《甲骨文字杂考·释史》曰："史字所从之中"，"疑为史官记事之版"②，以史字为手持记事版象形。戴侗《六书故》曰："秉聿以俟，史之义也"，马叙伦《读金器刻词》曰："史为书之初文，聿之异文，从又持𡿨为聿，从又持中为史，𡿨中虽有倒正之殊，皆是笔之初文"③，以史字为笔尖朝上、手持以待书象形。顾实《释中史》曰：史象"手持斗柄"，"史之本义，当训日官也，天官也"④，以史字为手持斗柄之形，表示观察天象之意。劳干《史字的结构及史官的原始职务》曰："史字是从右持钻，钻是象钻龟而卜之事"⑤，以史字为钻龟而卜之形，表示卜筮之事。李宗侗《释史新论》曰："史是钻燧取火之人。"⑥王献唐《古文字中所见之火烛》曰："史象手执火烛。"⑦ 此类说法还有许多，不再一一列举。

一类解史字上部为某种工具、武器的象形，从而解史为田猎、出使、作战之人，引申为办事之人。陈梦家《史字新释》曰："史为田猎之网，而网上出干者，博取兽物之具也。史事通，事作𢌶，丫即干也。古者祭祀用牲，故掌祭祀之史即搏兽之史。"猎兽之事与战事无异，故祭事与战事皆曰有事，"司祭者为史，司敌国相战媾和传达之事者为

---

①　王国维：《观堂集林》卷 6《释史》，民国海宁王忠悫公遗书本。

②　徐宗元：《甲骨文字杂考·释史》，《福建师范学院学报》1956 年第 1 期。

③　马叙伦：《读金器刻词》，中华书局 1962 年版，第 9 页。

④　顾实：《释中史》，《国学丛刊》第 2 卷第 8 期，1924 年。

⑤　劳干：《史字的结构及史官的原始职务》，《大陆杂志》第 14 卷第 3 期，1957 年。

⑥　李宗侗：《释史新论》，《大陆杂志》第 29 卷第 10—11 期，1964 年。

⑦　王献唐：《古文字中所见之火烛》，齐鲁书社 1979 年版，第 102 页。

使"①。但后来陈氏改变己见，取王国维说。② 王贵民《说卵史》曰：史字甲骨文第一、二期为𝕏，上部偏旁是丫与𝖴的复合，表示田猎工具，田猎是当时人们重要生产活动之一，"故以𝕏字概括所从之事，此后，生事日繁，故以此统称各类所从之事"，战争初以生产工具为武器，故亦称"有事"，"史本应是事字，史官之史亦由职事之事所分化"③。胡厚宣《殷代的史为武官说》："甲骨文史字作𝕏、𝕏，两形通用"，"丫即干，亦即单，为秋、戦、战字所从，乃田猎和战争所用之工具，与卜辞擒之作𝖢者其意略同"，"由甲骨卜辞看来，史官者正是出使的或驻在外地的一种武官"④。

两类说法之中，前类影响为大，现今史学史、史学概论类论著多从前说：认为在上古"史之职专以藏书、读书、作书为事"⑤，属知识分子范畴。白寿彝《中国史学史》曰："'史'，不止是一种官职，而且是有多种分工的官职，他们的共同任务是，起草文件、宣读文件、记录某些活动、保管各种官文书，在一些宗教活动中，还担任一些重要的职位。"⑥ 葛懋春主编《历史科学概论》曰：对史字的"解释虽有歧义，但大体可以看出，史字系指秉持簿册、职掌记事的史官"⑦。然而，仅就字形言，前类说法可商榷处甚多。如以史字为手持中之形，王国维早予驳正："古文中正之字作𝌲𝌲𝌲诸形，而伯仲之仲作𝖢，无作𝖢者，……且中正，无形之物德，非可手持。"⑧ 如以史为手持简策之形，则于文字

① 陈梦家：《史字新释》，《考古社刊》第 5 期，1936 年。
② 陈梦家：《西周铜器断代（二）》，《考古学报》1955 年第 10 期。
③ 王贵民：《说卵史》，载《甲骨探史录》，生活·读书·新知三联书店 1982 年版，第 324 页。
④ 胡厚宣：《殷代的史为武官说》，《殷都学刊》增刊《全国商史学术讨论会论文集》，1985 年。
⑤ 王国维：《观堂集林》卷 6《释史》，民国海宁王忠悫公遗书本。
⑥ 白寿彝：《中国史学史》第 1 册，上海人民出版社 1986 年版，第 4 页。
⑦ 葛懋春主编：《历史科学概论》，山东教育出版社 1983 年版，第 10 页。
⑧ 王国维：《观堂集林》卷 6《释史》，民国海宁王忠悫公遗书本。

学无据，卜辞、金文表示简策之册字至多，然皆作䀀、䀀等形，无一作中形，而史字亦绝无䀀类形式者。即使假定中为简策之形，那么史字甲骨文第一、二期多作🕱形，金文中有少数作🕱①等形，亦不能由此得到解释。又如以史字为秉笔待书之形，则亦证据薄弱，甲骨文聿（笔）作🖊、🖊等形，无一作🖊形，金文聿字多作🖊、🖊形，仅于春秋后期出现少量🖊形，② 而史字也只有极个别实例为🖊③，此种变形，当皆为文字之流变，不能依此解其初义。

以字形考索其初义，对表意文字不失为识字之一途，然而文字描画事物无论如何惟妙惟肖，总只是一种符号，其描画必然简略，一事物可用多种符号表示，一符号也可表示类似的多种事物，只有在约定俗成之后，符号与事物才有一一对应的关系，因此，仅以字形研究其初义，就只能是推测，难免牵强附会，误入歧途。上文列举解"史"之诸说，仅就字形而言，无一证据确凿，使人折服。由于文字是符号，因此其意义应当从相应的符号体系中去探寻，即在表示了其具体意义的语言、文句中去探寻，字形的考察只能作为旁证。

二

在先秦史料中，除个别情况外，史字均用作官职名。为彻底弄清史字含义，下面采用逆向考察的方法，看看秦汉以远官职名中含史字者所主管的具体事务。

秦汉职官有御史大夫、内史、治粟内史、太史令、令史、长史、监御史等，除太史令外，均为中央或地方行政官员，职掌有关行政事务，

---

① 《史见父甲卣》，载罗振玉《三代吉金文存》卷13，中华书局1983年版，第1369页。
② 《者汀钟》，载［日］白川静《金文通释》第4卷，白鹤美术馆1978年版，第607页。
③ 《格伯簋》，载罗振玉《三代吉金文存》卷9，中华书局1983年版，第927页。同文五铭之一作此形，拓片不清楚，或因残缺而致。

与文化无关。即使太史令，据《后汉书·百官志》，其职"掌天时、星历。凡岁将终，奏新年历。凡国祭祀、丧、娶之事，掌奏良日及时节禁忌。凡国有瑞应、灾异，掌记之"。类于后世钦天监职事，或曰类如后世阴阳先生而已。《汉官仪》述太史待诏一条似可作为旁注："太史待诏三十七人，其六人治历，三人龟卜，三人庐宅，四人日时，三人《易》筮，二人典禳，九人籍氏、许氏、典昌氏，各三人，嘉法、请雨、解事各二人，医一人。"看风水、择吉日、禳灾、求雨均在其列，似与后世所说的历史毫无瓜葛。

见于先秦文献《尚书》《左传》《周礼》《仪礼》等书的史类职官有史、大史、小史、内史、外史、左史、右史、御史、女史等，其职掌汇集起来大约有如下五类。

一、行政事务类。一是作为行政长官职掌有关事务，如《周礼》记内史职有"执国法及国令之贰，以考政事，以逆会计"等，依法考核政事及会计之善恶得失。二是作为行政副职辅佐长官，如《周礼》记御史职"掌邦国都鄙及万民之治令，以赞冢宰"，辅佐冢宰。三是作为下级吏员职掌文书类事务，如《礼记·王制》记司寇职下有史掌管治狱文书，《周礼》各职官下属之史亦即此类。

二、助王办事类。一是为王起草文件，《周礼》记内史职有"掌书王命"，外史职有"掌书外令"。二是代表王进行策命，如《左传·僖公二十八年》记曰："王命尹氏及王子虎、内史叔兴父策命晋侯为侯伯。"三是掌读奏疏，《周礼》记内史职曰："凡四方之事书，内史读之。"四是代表王或国君出使、结盟，如《左传》记载，僖公十一年，周天子使内史过"赐晋侯命"，文公元年，使内史叔服去鲁"会葬"，成公十一年，秦伯使史颗与晋侯缔盟。

三、历法、宗教、礼仪活动类。一是职掌历法，《周礼》记大史职有"正岁年以序事"，"颁告朔于邦国"。二是进行占卜，或对国君占卜的结果予以解说，《仪礼·少牢馈食礼》曰："史兼执筮与卦"，《礼记·玉藻》曰："年不顺成"，"史定墨"即进行占卜活动，《左传·僖公十五年》记载，晋献公嫁女，"史苏占之"，另外，国君或大夫卜筮时，史从旁予以解说，如《左传》记文公十三年邾文公卜、昭公七年卫卿大夫孔成子筮，均有史予以解说。三是作为灾异之顾问，《左传》记载颇多，有神降于虢（庄公三十二年），有石陨于宋（僖公十六年），有星孛于北斗（文公十四年），史均解说其兆吉凶。四是作出预言，《左传·昭公八年》记晋侯问"陈其遂亡乎"，史赵便以天文等现象作出预言。五是进行祷告，《尚书·金縢》记曰：周武王有疾，"史乃册祝"。六是职掌祭祀等礼仪，《左传·闵公二年》记大史之职为"掌其祭"，《礼记·王制》曰"大史典礼"，《周礼》大史之职则有："大祭祀，……与群执事读礼书而协事"，"大会同，朝觐，以书协礼事"。七是服务于射礼，《周礼》大史职有："凡射礼，饰中，弄算，执其礼事"，射礼具有军事教练的性质，[①] 因此史之此职与军事有一定关系。

四、记事、存档、藏书类。一是记事，《礼记·玉藻》曰："动则左史书之，言则右史书之。"[②] 二是保存档案，《周礼》大史职有收藏"邦国都鄙及万民之有约剂者"，小史职有"掌邦国之志"，内史职有"执国法及国令之贰"，会盟之时，盟书副本收藏于大史、内史等处（见大司寇条）。三是收藏书籍，《左传·昭公二年》记鲁大史藏有"《易》、《象》与《鲁春秋》"，《周礼》外史职有"掌三皇五帝之书"。

五、参予军事类。《左传》记载有，哀公十七年楚伐陈时，左史老辅佐令尹子西，定公四年史皇随军为楚军主帅子常出谋划策，襄公十四年诸侯从晋伐秦，左史亦参予其事。

根据以上所述，先秦文献所载之史职大部分为政治事务，甚至参与军事，与文化有关者多为宗教、礼仪之类，涉及后世所说的历史则极为有限。

西周金文中史亦多见，所述职掌大多是代表周王进行册命，即封官授职，此外记载中与军事有关者较多。雪鼎铭曰："唯王伐东夷，溓公

---

① 杨宽：《古史新探·"射礼"新探》，中华书局 1965 年版，第 310 页。
② 亦有文献作"左史记言，右史记行"，如《汉书》卷30《艺文志》，中华书局 1962 年标点本，第 1715 页。

令雪罘史旗曰：以师氏罘有嗣后或，**戴伐豚**"，即命史旗作为将帅之一，领兵出伐。员卣铭曰："员从史旗伐会，员先入邑，员孚金"，记述了史旗麾下武将员所立战功。近年新出史密簋铭曰："王命师俗、史密曰：东征。……史密右，率族人、莱伯、囗、眉，周伐长必，获百人"①，史密直接率领右路军队，取得胜利，俘获百人。纠纠武夫，跃然纸上。史免簋铭曰："史免作旅簋，从王征行，用盛稻梁"，此处之征行，亦包括武事，竞卣铭曰："唯伯辟父，以成师即东命，戍南夷，正月既生霸辛丑，在囗，伯辟父皇竞，各于官"，竞在竞簋中称曰"御史竞"，他随从伯辟父守戍南夷，因有功而受到表扬。十五年趞曹鼎铭曰："王射于射庐：史趞曹赐弓矢、虎卢、胄、干、殳"，趞曹作为史官参予了具有军事性质的射礼，而所获赏赐也均为兵器，说明史职与军事有密切关系。

史类官也有其他一些职事。或出使，臣辰卣铭曰："王令士上罘史矢寏于成周"，即奉王命出使成周举行殷同之礼；史颂簋铭曰："命史苏省苏"，即奉王命视察苏地；鬲攸从鼎铭曰："鬲从以攸卫牧告于王，……王令省，史南以即虢旅"，贵族间发生争执，史则奉王命去具体调查处理；克盨铭曰："王命尹氏友史趛，典善夫克田人"，即奉王命调查登录善夫克的土地与人口。或参与贵族间的土地交割活动，散氏盘铭记散、矢之间的土地交割活动，有"史正中农"参予，五祀裘卫鼎铭记邦君厉给裘卫交割土地时，有"内史友寺刍"参与其事。或亦兼其他官职，若史免簋与免觯、免簋为一人之器，则作为史的免又被任命为嗣工和嗣土。

显然，西周金文所记史职，大多情况下职掌政治事务，有时作为军官参与作战，与文化没有什么关系。

就甲骨文所见，史在商代是武官，此似已成为定论，1979 年版《辞源》和 1980 年版《辞海》均取此说。近年胡厚宣先生又发表《殷代的

---

① 李启良：《陕西安康市出土西周史密簋》，吴镇烽：《史密簋铭文考释》，《考古与文物》1989 年第 3 期。

史为武官说》① 一文，详予论证。他说："由甲骨卜辞看来，史官者正是出使的或驻在外地的一种武官"，因此在卜辞中常担任征伐职事。如《殷虚古器物图录》13·1 有"王戍卜，㪅，贞乞令我史步伐舌方"，"贞勿令我史步"，即贞卜史官步行去征伐舌方是否吉利；《小屯·殷虚文字丙编》1 有"癸亥卜，贞我史戈缶"，"贞我史女（毋）其戈缶"，即占卜史官能否战胜缶国：同书 77、78 有"贞我史其戈方，贞我史弗其戈方，贞方其戈我史，贞方弗戈我史"，即反复占卜史官与方国谁能得胜；同书 32 有"贞在北史·获羌，贞在北史亡其获羌"，即占卜在北边的史官能否擒获羌人。因史官担任征伐，故常驻在外，散居东西南北四方，上引《丙》32 曰"北史"，《小屯·殷虚文字乙编》3730＋3950 有"贞东史来"，《小屯·殷虚文字丙编》5 有"贞西史旨亡祸"，《殷虚卜辞》2324 有"贞勿立史于南"。亦有以地名称之者，如"沚史""戉史"等。古文字史、使、事不分，② 史在卜辞又用为使，如"使人于画"，"使人于沚"等，③ 即言因武事而派遣其人于某地；卜辞中史亦用为事，如"叶王事"，"叶朕事"，"我有事"，"我亡事"等，④ 此处之事，亦多指战事。

综观上述，史官之职掌大致沿如下顺序演化，商代史为武官，西周武事仍为史职重要部分，但大多已为政治事务，因其职掌，须记事、存档、参与礼仪，至春秋战国，史职包含的文化内容逐渐增多，至秦汉便产生了专管此类事务的太史令，但其职责可以说不包含治史，且秦汉史类官员大多数仍职掌政治事务。

<h2 style="text-align:center">三</h2>

由史类官职掌看史字初义，陈梦家、胡厚宣、王贵民一类说法较

---

① 胡厚宣：《殷代的史为武官说》，《殷都学刊》增刊《全国商史学术讨论会论文集》，1985 年。
② 参见郭沫若《金文丛考·周官质疑》、杨树达《积微居金文说·匽候旨鼎》。
③ ［日］岛邦男：《殷墟卜辞综类》，汲古书院 1977 年版，第 419 页。
④ ［日］岛邦男：《殷墟卜辞综类》，汲古书院 1977 年版，第 420 页。

妥，史字上半部为田猎和战争所用工具之象形。上古，工具兵器不分，用于生产，即为工具，用于战争，则成兵器。因此，史字初义为作战之人。战争是上古人类最重要的工作之一，马克思说："某一个共同体，在它把生产的自然条件……当作自己的东西来对待时，会碰到的唯一障碍，就是业已把这些条件当作自己的无机体而加以占据的另一共同体。因此战争就是每一个这种自然形成的共同体的最原始的工作之一，既用以保护财产，又用以获得财产。"① 拉法格也说："'谁有土地，谁就要打仗，这句封建时代的谚语还在野蛮时代和公有制产生时代就被证实了'②，他还列举了许多事例予以说明。战争的重要性一方面使表示参与战争的人的史字逐渐衍化出更为广泛的含义：因其是上古人类最重要的工作之一，故史字衍出事之含义；因作战均需出外，与敌方打交道，故史字又衍出使之含义；因办事、出使均需具体工作人员，故史字又衍出吏之含义。商代以后史字这些含义的分化逐渐进行着，可以说到秦汉才最后完成。另一方面，战争的重要性又使负责作战的官员史官占据了非常重要的位置，在商代，史类官即为重要官职，卜辞中常见"酚大史"记载，③ 即对大史进行酚祭，并形成大史领导下的官僚群"大史寮"④，卜辞虽未见"卿事寮"，但"卿史（事）"官名已多见，⑤ 至西周则演化成为中央两大行政机构：大史寮、卿事寮。⑥ 商至西周，史官职掌不断变化，但无论如何变化，武事始终是其重要职责，职责的扩大基本上限于政事范围以内。春秋以降，史官职责中文化内容逐渐增多，但其主要

① 马克思：《经济学手稿（1857—1858年）》，载《马克思恩格斯全集》第46卷上册，人民出版社2006年版，第490页。
② ［法］拉法格：《财产及其起源》，生活·读书·新知三联书店1962年版，第52页。
③ 如罗振玉《殷虚书契续编》2.6.4，方法敛《库方二氏藏甲骨卜辞》1620，叶玉森《铁云藏龟拾遗》8.6等。
④ 罗振玉：《殷墟书契前编》5.39.8。从罗振玉释文，原片残缺过甚，难以确凿了解其具体含义。
⑤ 如郭沫若《卜辞通纂》615，罗振玉《殷虚书契前编》2.23.1、4.21.7，胡厚宣《战后京津新获甲骨集》4393等。
⑥ 见《毛公鼎》《番生簋》《令彝》铭文。另参见郭沫若《金文丛考·周官质疑》，人民出版社1954年版。

职责仍为政事，且有关文化的职责中历史和史学的内容也不占重要地位。汉代之后，史字才逐渐用以专指历史和史学，史官也才逐渐以修史之类为主要职掌，并进而产生以修史之类为主要事务的机构史馆。随着史官职责逐渐转向文化内容，史官政治地位便逐渐下降，不再具有商周时的那种赫赫声威。

以上的考索似乎还可以给我们一点启示：知识分子的社会地位与精神生产在社会运动过程中的作用密切相关，在精神生产尚不能发挥巨大作用的社会中，知识分子难以期望较高的社会地位，而知识分子社会地位的提高则意味着精神生产在社会生产中作用的增强。

（原载《兰州大学学报》1991 年第 2 期）

论原始社会的主要发展动因

——兼评原始社会为"自然形成的社会"说

"文化大革命"之后，两种生产问题成为哲学界研讨的热门课题之一，近年又围绕原始社会主要发展动因问题展开了讨论。笔者以为，这场讨论关乎如何理解历史唯物主义基本原理，因此不揣浅陋，发表拙见，望识者批评指教。

一　原始社会的结构与其主要发展动因

探寻原始社会主要发展动因，应对什么是原始社会的发展作出较明晰的界定，而为此就必须对原始社会的结构有个基本分析。

社会是由一定的社会关系联结起来的人的群体，这是通常的定义，它不能说错误，但停止于此并不足以把握作为客观事物的社会。同任何事物一样，社会也在两种意义上存在，一方面相对于它以外的其他事物而存在，一方面又相对于它内部的各组成部分而存在。对外的存在表明社会与他事物有一定的对立统一关系，即社会与他事物间存在一定的结构，社会则是这种结构中的一个实体，社会的这一方面可以称为社会的外部结构。对内的存在则表明社会内部有着不同的组成部分，其间有一定的对立统一关系，即社会内部存在一定的结构，社会正是建立在这种结构上的一个实体，社会的这一方面可以称为社会的内部结构。社会是其内外部结构的统一体。

社会以外的他事物总括地表现为自然界，因此，社会的外部结构就是社会与自然界的对立统一关系。社会之所以能与自然界相区别，首先在于人与自然界相区别，而有生命的人只有不断进行生命的生产才能存在，因此，人的生命的生产是社会与自然界关系的集中表现，是社会外部结构的基本内容。按照马克思、恩格斯的论述，人的"生命的生产"包含两个内容，一是"通过劳动"进行"自己生命的生产"，即物质资料的生产，一是"通过生育"进行"他人生命的生产"，即人自身生产。① 显然，这两种生产是密切相关的，物质资料生产为人自身生产提供了生活资料前提，而人自身生产又为物质资料生产提供了新的需要和劳动力，但是，它们毕竟是两种不同的生产，不能混同，更不能互相取代。人要存在，就必须进行这两种生产，因而它们必然贯穿于人类社会的始终。

在以往讨论中，人自身生产概念的使用比较模糊，有与人口问题混淆起来的倾向，因此需要再作一些界定。马克思、恩格斯在谈到"生命的生产"时，将其区分为"自己生命的生产"和"他人生命的生产"，并对举二者，因此，他人生命的生产过程应结束于被生产者自己生命的生产过程的开始。也就是说，人自身生产不止于个体的孕育与产生，而是由此直到其能够并实际参与社会物质生产的整个过程，它结束的标志是新劳动力的形成，所以，非成年人的养育、社会成员所必需的教育等等都应归属于人自身生产的范畴。显然，它与人口问题并不相同，后者仅止于有生命个体的产生。

两种生产贯穿于人类社会的始终，但它们的相对地位却并非固定不变。在阶级社会中，由于人的物质资料生产活动异化出控制、左右人自身的物质财富力量，而这种力量又有其对立于人的存在的独立发展过程，因此，社会物质财富力量的发展需要不仅左右着进行物质资料生产活动的人，也左右着人自身的生产。也就是说，在两种生产之中，物质资料生产占据主导地位。它的主导作用不仅表现在其状况直接限定了人

① 马克思、恩格斯：《德意志意识形态》，载《马克思恩格斯全集》第3卷，人民出版社2006年版，第33页。

口的数量、养育和教育的水平以及人自身生产的具体方式，而且表现在
人自身生产以物质资料生产的需要为基本目的，人口数量、素质及人自
身生产具体方式是否合理、适当，均以其符合物质资料生产需要的程度
加以判定。在原始社会中，物质资料生产不可能具有这样的地位，其基
本原因是不存在超越于人的存在的社会物质财富力量，而造成这一状况
的更基本的原因，则是除了人自身生存及其再生产而外，社会得不到其
他的推动物质资料生产发展的需要。马克思认为，"没有需要，就没有
生产"，消费正是由于"创造出新的生产的需要"，因而成为"生产的前
提"①。原始人由于没有需要，因而许多闲暇时间并没有被用来从事物质
资料生产，在民族学资料中，我们可以看到许多实例。马克思在谈到这
种情况时说："要他把这些闲暇时间用于为自己生产，需要一系列历史
条件；要他把这些时间用于为别人从事剩余劳动，需要外部的强制。"②
正是由于这种情况，人自身生产在两种生产中占据了主导地位，它的主
导作用不仅表现在人自身生产所生产出的个体数量及素质直接限定了物
质资料的生产，而且表现在物质资料生产以人的生存及其再生产的需要
为基本目的，除此而外，很少能得到其他的推动力。

　　社会内部基本组成部分是单个有生命的人，因此，社会内部结构就
是人与人之间的对立统一关系。人要进行生命的生产，就必须与他人发
生关系，如马克思、恩格斯所说："生活的生产——无论是自己生活的
生产（通过劳动）或他人生活的生产（通过生育）——立即表现为双重
关系：一方面是自然关系、另一方面是社会关系。"③ 因此，两种生产的
生产关系是社会内部结构必须具有的基础性的组成部分，当然，在它们
之上，还有意识的、制度的、一般社会生活的等等社会关系，这也是社

　　① 马克思：《经济学手稿（1857—1858 年）》，载《马克思恩格斯全集》第 46 卷上册，
人民出版社 2006 年版，第 29、28 页。
　　② 马克思：《资本论》第 1 卷，载《马克思恩格斯全集》第 23 卷，人民出版社 2006 年
版，第 563 页。
　　③ 马克思、恩格斯：《德意志意识形态》，载《马克思恩格斯全集》第 3 卷，人民出版社
2006 年版，第 33 页。

会内部结构的组成部分。与两种生产同样，两种生产的生产关系也是密切相关，互为前提，贯穿于人类社会历史的始终。

随着两种生产相对地位的变化，两种生产关系的相对地位也发生相应变化。在阶级社会中，物质资料生产关系毫无疑问占据主导地位，私有财产的存在与发展使一夫一妻制个体家庭成为基本的家庭形式，财产关系左右和控制了人的养育与教育的基本社会形式。在原始社会中，与人自身生产占据主导地位的情况相适应，人自身生产关系也占据了主导地位。对此，马克思、恩格斯自创立历史唯物主义伊始，就多次予以明确阐述。早在《1844年经济学哲学手稿》中，马克思就明确指出："人和人之间直接的、自然的、必然的关系是男女之间的关系。在这种自然的、类的关系中，人同自然界的关系直接就是人和人之间的关系，而人和人之间的关系直接就是人同自然界的关系，就是他自己的自然的规定。"① 这就是说，最早的社会关系是男女之间的关系，也即人自身生产关系，它同时又是人与自然界的关系，是人的自然规定。在《德意志意识形态》中，这个思想进一步明确化："家庭（即'夫妻之间的关系，父母和子女之间的关系'——引者注）起初是唯一的社会关系。"② 这就是说，最早的社会关系是人自身生产关系，它是社会关系的唯一表现形式。十多年后，马克思在《经济学手稿（1857—1858年）》中又指出："部落共同体""并不是共同占有（暂时的）和利用土地的结果，而是其前提"，而部落共同体是由家庭及通婚关系所联结而成的。③ 这里明确把人自身生产关系视作物质资料生产关系的前提。又过了二十多年，恩格斯在《家庭、私有制和国家的起源》第一版序言中，明确地把原始社会称为"以血族关系为基础"的社会，而"以血族关系为基础的

---

① 马克思：《1844年经济学哲学手稿》，载《马克思恩格斯全集》第42卷，人民出版社2006年版，第119页。

② 马克思、恩格斯：《德意志意识形态》，载《马克思恩格斯全集》第3卷，人民出版社2006年版，第33页。

③ 马克思：《经济学手稿（1857—1858年）》，载《马克思恩格斯全集》第46卷上册，人民出版社2006年版，第472页。

这种社会结构",后来"由于新形成的社会各阶级的冲突而被炸毁"①。显然,马克思、恩格斯一直认为,阶级冲突产生之前,人自身生产关系占据着主导地位,物质资料生产关系或被包容于人自身生产关系之中,或作为非主导的社会生产关系而出现。正是由于这个原因,恩格斯才明确说:"摩尔根在美国,以他自己的方式,重新发现了四十年前马克思所发现的唯物主义历史观。"②

社会的两重性结构以及其内外结构中不同组成部分的存在,使社会的发展具有多方面性。它可以表现为社会制度的进一步合理化,也可以表现为两种生产关系的改进,可以表现为物质资料生产能力的提高,也可以表现为人在体质和知识上的进步。这种种方面虽然密切相关,就总的历史过程而言具有高度的统一性,但它们毕竟不完全同步,例如,原子能的利用并不能直接标志社会制度和生产关系的巨大发展,而在社会制度大变革时期,由于战争、动乱等等因素,物质资料生产往往会暂时倒退。这就要求我们研究社会发展问题时必须具体问题具体分析,有分析有综合,既要看到社会总体的发展,又要看到社会结构各方面、各层次、各因素单方面的发展,力戒片面性。

社会发展是具体的、多方面多层次的,其动因自然也是具体的、多方面多层次的,这是探讨社会发展动因必须考虑的一个前提。任何事物发展的原因首先在于其本身的矛盾性,外部因素只有通过这种矛盾性方能最终发生作用,社会作为客观事物也不能例外,这是探讨社会发展动因必须考虑的又一个前提。因此,当我们分析社会发展动因时,如果对象是社会总体的发展,其动因首先在于社会内部结构与外部结构的矛盾性;如果对象是社会内部结构的发展,其动因首先在于社会制度与社会生产关系的矛盾性;如果对象是社会外部结构的发展,其动因首先在于人的实践活动与相应自然界的矛盾性。因此,在具体的社会历史过程

① 恩格斯:《家庭、私有制和国家的起源》,载《马克思恩格斯全集》第21卷,人民出版社2006年版,第30页。

② 恩格斯:《家庭、私有制和国家的起源》,载《马克思恩格斯全集》第21卷,人民出版社2006年版,第29页。

中，我们可以在相对意义上找出社会总体发展主要矛盾方面中的主导性因素，它可以称之为社会发展的主要动因。例如在社会主义制度产生的历史时期，新的社会制度成为主要动因，它在社会内部结构中是主要矛盾方面，而社会内部结构又在社会总体中是主要矛盾方面。一般情况下，就总的历史过程而言，社会总体中外部结构是主要矛盾方面，社会内部结构是次要矛盾方面；在社会内部结构中生产关系是主要矛盾方面，社会制度是次要矛盾方面，而作为主要矛盾方面的两种生产关系相对地位又因时代而有不同，阶级社会中物质资料生产关系是主导性因素，原始社会中人自身生产关系是主导性因素；在社会外部结构中，人的实践活动是主要矛盾方面，与之发生关系的自然界是次要矛盾方面，就构成社会外部结构的两种生产而言，阶级社会中物质资料生产是主导性因素，原始社会中人自身生产是主导性因素。因此，就原始社会总的历史过程而言，其内部结构主要发展动因是人自身生产关系，外部结构主要发展动因是人自身生产，对原始社会总体来说，人自身生产是主要矛盾方面，因而也是其主要发展动因，如果要对人自身生产再加以分析，则其矛盾中人的实践活动是主要矛盾方面，因而也是人自身生产发展的主要动因。

讨论中出现了"社会发展原动因"的提法，笔者以为这不够妥当，"原"古文字为泉水源头象形，即"源"本字，引申出"最初的""开始的"等含义，现代汉语即在引申义上使用，而两种生产对于社会的存在和发展来说，无论何时何地都是充分必要条件，不可或缺，因此都可以称为"原动因"，这与讨论主题是相悖的。笔者认为，采用"社会发展主要动因"的提法比较合理准确。

二　原始社会的物质资料生产关系

为了进一步把握原始社会的内部结构，深入了解人自身生产关系如何处于主导地位，还需要对处于非主导地位的物质资料生产关系做一些具体分析。

在阶级社会中，物质资料生产关系有一个基本特征，这就是物质资料生产中人与人之间的关系基本上是以一定的物（核心是生产资料）为中介而实现的，也就是说，在参与物质资料生产的一定的物上，不仅反映着人与自然界的关系，也反映着人与人之间的关系。社会关系以一定的物作为实现对象，由此便构成所有制，因而所有制成为阶级社会物质资料生产关系的集中表现和核心内容。而在原始社会，物质资料生产关系还没有达到如此成熟的形态。

马克思一直认为，当异化劳动尚未产生之前，作为生产条件的自然界与作为生产者的人是直接的统一，前者仅仅是后者无机的身体。在《1844年经济学哲学手稿》中，马克思说：异化劳动产生之前"自然界""是人的无机的身体"，只是由于"异化劳动""从人那里夺走了他的无机的身体即自然界"，情况才发生改变。[1] 在《经济学手稿（1857—1858年）》中，马克思又说：早期人类生存的自然条件既是"主体的自然"，又是"客体的自然"，自然界表现为人的无机体，而人"本身不但是有机体，而且还是这种作为主体的无机自然。"[2] 这就是说，在生产条件自然物上只反映出人与自然的关系，而不反映人与人之间的社会关系。由于生产条件自然界是作为人的"无机的身体"而出现的，因此物质资料生产中人与人之间的关系就以直接的人身关系表现出来，不需要以一定的物作为中介。这便带来两个直接的互相联系的结果。一是物质资料生产关系往往不是以独立的形态出现，更多的是包容于人自身生产关系、即血族的婚姻的等等关系之中，也就是说，人们往往不是直接以物质资料生产关系联结为整体去进行物质资料生产，更多的是以血族的婚姻的等等关系联结为整体去进行物质资料生产。正由于此，马克思、恩格斯才说，"家庭起初是唯一的社会关系"，部落共同体是"共同占有和利用土地的前提"。另一个是物质资料生产关系尚未发展到类

---

① 马克思：《1844年经济学哲学手稿》，载《马克思恩格斯全集》第42卷，人民出版社2006年版，第95、97页。

② 马克思：《经济学手稿（1857—1858年）》，载《马克思恩格斯全集》第46卷上册，人民出版社2006年版，第488、487页。

如阶级社会中那样成熟的状态，所有制尚未产生。所有制要存在，就必须使一定的物（核心是生产资料）成为人与人之间社会关系的中介或表现实体，而在原始社会中，生产条件自然界是人的无机的身体，因此当具体的人与具体的物发生关系时，要么是与自己无机的身体发生关系，要么是与他人无机的身体发生关系，也即与他人直接发生关系，社会关系的实现不需要以物作为中介，这样，在物上体现出来的社会关系即所有制也就不可能存在。正由于此，马克思明确批判了资产阶级经济学家在所有权问题上的错误观点，他说："所有现代的经济学家……都把个人自己的劳动说成是最初的所有权依据"，于是，他们就导致了一个奇怪的结果，"所有权的基本规律不得不被搬到还没有所有权的那个时代去"[1]。马克思的女婿拉法格在献给恩格斯的《财产及其起源》一著中，多次谈到原始社会不存在所有制，他说：至今还有野蛮部落"一点也不知道什么是土地所有制（不论是个人的或集体的）"，从未想到"建立猎场的公有制"，"'谁有土地，谁就要打仗'这句封建时代的谚语还在野蛮时代和公有制产生时代就被证实了"[2]。恩格斯读过这部著作后提出了许多具体意见，但对上述观点未提出任何异议。[3] 原始社会物质资料生产关系往往不能以独立的形态出现，而其成熟形态必然包含的内容所有制还没有产生，在这种情况下，它当然无法在社会内部结构中占据主导地位。

物质资料生产关系占据主导地位在所有制产生之后，那么，所有制是怎么样产生的呢？马克思对此有明确的阐述："某一个共同体，在它把生产的自然条件——土地——当作自己的东西来对待时，会碰到的唯一障碍，就是业已把这些条件当作自己的无机体而加以占据的另一共同

---

① 马克思：《经济学手稿（1857—1858年）》，载《马克思恩格斯全集》第46卷下册，人民出版社2006年版，第464页。

② ［法］拉法格：《财产及其起源》，生活·读书·新知三联书店1962年版，第35、51、52页。

③ 恩格斯：《致保尔·拉法格（1895年4月3日）》，载《马克思恩格斯全集》第39卷，人民出版社2006年版，第434—436页。

体。因此战争就是每一个这种自然形成的共同体的最原始的工作之一，既用以保护财产，又用以获得财产。"① 所有制形成于部落共同体之间现实的互相排斥的战争之中，生产条件不再仅仅是人的无机的身体，有一些已经成为在人之外由人所占有的自然物，它开始反映出一部落与他部落人与人之间的社会关系，这种社会关系由于以生产条件自然物作为中介而具有了所有制的性质。

所有制从它一开始产生就必然带有剥夺他部落"无机身体"即生产条件的属性，不仅如此，统治和奴役也是它的必然内容。马克思在论述了战争是原始共同体最原始的工作之一后紧接着说："假如把人本身也作为土地的有机附属物而同土地一起加以夺取"，"这样便产生奴隶制和农奴制"②。正因为这个原因，马克思和恩格斯一直将剥削和压迫视为所有制以及建立在所有制基础上的社会经济形态的必然内容。早在《德意志意识形态》中，他们就说："家庭中的奴隶制是最早的所有制"，"所有制是对他人劳动力的支配。"③ 在《经济学手稿（1857—1858 年）》中，马克思说："一切先前的所有制形式都使人类较大部分，奴隶，注定成为纯粹的劳动工具。"④ 在《资本论》中，马克思说："使各种社会经济形态……区别开来的，只是从直接生产者身上，劳动者身上榨取这种剩余劳动的形式。"⑤ 在《剩余价值理论》中，马克思还说："所有权必然产生""奴隶制"，"强迫进行超过直接需要的劳动"，"是资本主义

---

① 马克思：《经济学手稿（1857—1858 年）》，载《马克思恩格斯全集》第 46 卷上册，人民出版社 2006 年版，第 490 页。

② 马克思：《经济学手稿（1857—1858 年）》，载《马克思恩格斯全集》第 46 卷上册，人民出版社 2006 年版，第 490 页。

③ 马克思、恩格斯：《德意志意识形态》，载《马克思恩格斯全集》第 3 卷，人民出版社 2006 年版，第 36—37 页。

④ 马克思：《经济学手稿（1857—1858 年）》，载《马克思恩格斯全集》第 46 卷下册，人民出版社 2006 年版，第 88 页。参见依据［苏联］B. П. 库兹明《马克思理论和方法论中的系统性原则》俄文的译文："以前的一切所有制形态都为大部分的人类带来苦难，使他们成为奴隶或成为纯粹的劳动工具。"（生活·读书·新知三联书店 1980 年版，第 124 页）

⑤ 马克思：《资本论》第 1 卷，载《马克思恩格斯全集》第 23 卷，人民出版社 2006 年版，第 244 页。

生产方式和以前的生产方式所共有的。"①

因此，无论将人类社会的第一种所有制形态理解为部落所有制，还是像有的同志那样理解为亚细亚生产方式，它们都不属于严格意义的原始社会，而是属于阶级社会，属于经济形态的社会，不能用它们作实例解释原始社会的物质资料生产关系。其实，马克思、恩格斯早已说明了这一点。在《德意志意识形态》中，他们指出，部落所有制中有着"隐蔽地存在于家庭中的奴隶制"，这种奴隶制后来逐渐地发展起来。② 在《经济学手稿（1857—1858 年）》中，马克思又说，部落所有制的基本条件是"使被这个部落所征服或制服的其他部落丧失财产，而且使它沦为这个部落的再生产的无机条件之一"，"所以奴隶制和农奴制只是这种以部落体为基础的财产的继续发展"③。这就是说，集体地奴役、剥削其他部落，是部落所有制的基本条件，因而奴隶制和农奴制从其中发展出来。至于亚细亚生产方式，其阶级关系则更为发展，已经存在着凌驾于许多共同体之上的专制君主，"剩余产品不言而喻地属于这个最高的统一体"④。

三 原始社会是"自然形成的社会"吗？

由于占主导地位的生产和生产关系的不同，原始社会与后来经济形态的社会有着根本的区别。有的同志试图描述这种根本区别，如王贵明同志就称前者为"自然形成的社会"，称后者为"历史地形成的社

---

① 马克思：《剩余价值理论》第 1 册，载《马克思恩格斯全集》第 26 卷第 1 册，人民出版社 2006 年版，第 368、419 页。

② 马克思、恩格斯：《德意志意识形态》，载《马克思恩格斯全集》第 3 卷，人民出版社 2006 年版，第 25 页。

③ 马克思：《经济学手稿（1857—1858 年）》，载《马克思恩格斯全集》第 46 卷上册，人民出版社 2006 年版，第 492 页。

④ 马克思：《经济学手稿（1857—1858 年）》，载《马克思恩格斯全集》第 46 卷上册，人民出版社 2006 年版，第 473 页。

会"①。这种区分努力是可贵的，但"自然形成的社会"的说法还需进一步推敲。根据他的定义，"历史地形成的社会"是"以前一社会创造的生产力、社会形式和社会意识为前提"，"是以人类社会一定程度的发展为前提"，"作为人类社会发展和既得生产力的必然产物而出现"的社会，与此相对，"自然形成的社会是原始人在与未经人类任何改变的自然界的斗争中，作为物质世界发展的最高产物而自然形成的社会"，"是以自然界为前提"并具有"自然的特征"的社会，"是自然界过渡到历史地形成的社会的中间阶段和环节"。

笔者以为，上述把原始社会规定为"自然形成的社会"的说法有两个缺陷。一、把原始社会发展的积极方面或主导性动因归结于自然界，将其看作以自然界为前提、具有自然特征社会，忽视了原始社会中人类能动实践活动在自己与自然界之间挖掘出的清晰鸿沟，忽视了实践对于社会发展的主导性作用。人类一经产生，就以自己的实践活动改造着自然界，改造着自己，推动着社会的前进。就对自然界的改造而言，原始人有过多次革命性举动，例如摩擦生火的发明，其意义大大超过了后来蒸汽机的发明，使人类社会发生了巨大飞跃。就人类自身生产而言，也正是由于人的实践活动，由于人类自身的改革、改良，人自身生产方式才得以发展、进步，从而导致人类体质、思维水平的逐渐提高，以人自身生产关系为基础的社会结构的逐渐合理化。在三百万年人类社会历史中，只把最后五千年看作人类实践活动积极发挥作用的时期，其余99.8%的时间，人类社会发展的主要动力都来自自然界，是自然界到能动的、独立的人类社会的过渡时期，这样的看法设计了一个过长的过渡时期，实际上否定了人类历史。二、否定了原始社会的发展历史，忽视了其变化、发展和阶段划分。无论从物质资料生产力发展水平、人自身生产方式、社会组织结构、人类意识等各方面来看，原始社会的发展变化都是毋庸置疑的事实，可以划分为若干不同的阶段，任一阶段的社会

① 王贵明：《原始社会与社会发展的原动因》，《再谈原始社会与社会发展的原动因》，分别刊于《哲学研究》1989 年第 6 期、1991 年第 3 期。本文所述王贵明同志观点均据此二文。

相对于前一阶段而言，都有"一定程度的发展"，都是"以前一社会创造的生产力、社会形式和社会意识为前提"的社会，按照王贵民同志的定义，这应当是"历史地形成的社会"，无法归入"自然形成的社会"之中，只有否定原始社会的阶段划分，才有可能称之为"自然形成的社会"。

既然把原始社会发展的积极方面归结于自然界，那么其主要动因就应当从自然界加以寻找，王贵明同志找到了"自然选择"。自然选择（natural selection）是一个生物学概念，与人工选择（artificial selection）相对，用以解释无人力参与的纯自然的生物进化过程。按达尔文的论述，其基本含义是：生物都具有生殖过剩的倾向，而其生存空间和食物是有限的，因此任何生物都必须为生存而斗争，同一种群不同个体具有不同变异，这些变异或适应或不适应在某一地区的生存，于是在种群中就出现了汰劣留良的现象，变异的积累使后代离开祖先类型愈来愈远，通过性状分歧和中间类型的绝灭而逐渐形成新的物种。简言之，自然选择就是"物竞天择，适者生存"。然而，人自身生产的发展变化并非自然进化过程，因此自然选择无法作为其主要动因。一方面，尽管人自身生产的发展变化为个体变异积累提供了良好的并非纯自然的条件和推动力，但它毕竟不是作为生物体的人的个体变异积累，而是人与自然界关系的发展变化，是人的实践活动的发展变化，人的作用始终是其中的重要因素。另一方面，人自身生产的发展变化不是通过优胜劣汰来实现的。如果按自然选择原理加以设想，原始人中突然某一群体发生变异，产生某种新的婚姻形式，它使新产生的个体更为强壮和聪慧，这一群体由于更能适应环境而迅速发展，其他群体则由于处于劣势而逐渐灭绝，人自身生产及整个社会因此得到发展变化，那么这个设想的过程得不到任何理论和实际证据的支持，也与多种婚姻形式并存至近代的事实相矛盾。

　　把原始社会的主要发展动因归结于自然界，必然走向自然主义。"自然主义的历史观……是片面的，它认为只是自然界作用于人，只是自然条件到处在决定人的历史发展，它忘记了人也反作用于自然界，改变自然界，为自己创造新的生存条件。"①

（原载《兰州大学学报》1993 年第 2 期）

---

　　①　恩格斯：《自然辩证法》，载《马克思恩格斯全集》第 20 卷，人民出版社 2006 年版，第 574 页。

《管子》、商鞅两大学派
经济政策比较研究

 战国中晚期，中国大地的东西两端形成了两个大的学派，西部地区是以商鞅为代表的商鞅学派，其思想反映于《商君书》① 和商鞅及其后秦国推行的政策制度之中，东部地区则有集中反映于《管子》② 一书的《管子》学派。③《韩非子·五蠹》曰："今境内之民皆言治，藏商、管之法者家有之"，足见此二学派影响之大，作品流传之广。在先秦诸子中，这两大学派最重视现实经济问题，比较研究他们所提出的经济政策，不仅有助于进一步了解其经济思想，也为研究战国时期齐、秦地区社会经济结构的异同提供了新的观察角度。

一 土地政策

 在中国古代农业社会，土地政策是经济政策的基础，因此首先需要比较管、商二学派所提出的土地政策。

 关于商鞅学派的土地政策，以往学者多据董仲舒之言："秦……用

---

 ① 《商君书》非一人一时之作已为定论，笔者认为系商鞅学派的作品汇集。

 ② 《管子》非一人一时之作亦为定论，此书断代，本文从胡寄窗等学者战国中晚期齐人作品之说，不再考证。

 ③ 今本《管子》为多人作品汇集，思想有纷杂之处，但其经济思想与政治思想基调统一，故笔者认为存在一个思想反映于《管子》的学派。

商鞅之法，……除井田，民得卖买，富者田连仟佰，贫者亡立锥之地"①，认为是主张确立可以自由买卖的土地私有制。这并不是事实。从反面看，除董仲舒之言外，至今我们还找不到商鞅变法后秦国允许土地买卖的证据。从正面看，则国家授田制度是商鞅变法后秦国的基本土地制度。云梦秦简记有田律一条："入顷刍稾，以其受田之数"②，又抄魏户律一条曰："假门逆旅，赘婿后父，勿令为户，勿予田宇"③，是为其证。私人财产不含土地一项也是旁证，云梦秦简有"封守"一例，查封某里士伍甲的财产有"家室、妻、子、臣妾、衣器、畜产"，连"门桑十木""牡犬一"都记录在案，唯独没有土地。④《商君书·画策》曰："所谓富者非粟米珠玉也？"不含土地。《商君书·去强》列举成为强国所必须掌握的十三个统计数字中，也不含土地。可见，商鞅学派的基本土地政策就是秦所实行了的国家授田制度。

　　《管子》学派也是主张国家授田制度。《管子》书中，许多文句直接叙述了国家对农民的授田，如："常以秋岁末之时阅其民，案家人比地"（尹知章注："案人比地，有十口五口之数，当受地若干"），"民人之食，人有若干步亩之数"（《管子·度地》），"凡国皆有掌媒，……取鳏寡而合和之，予田宅而家室之"（《管子·入国》）。有时又以"均地""分地"称之，如："均地分力，使民知时也"，"地均以实数"（《管子·乘马》），"分地若一，强者能守"（《管子·国蓄》），等等。这些言论既反映了《管子》学派的主张，也反映了当时齐国的社会现实，临沂银雀山汉墓出土战国晚期齐人作品《田法》说："州、乡以地次授田于

　　① 《汉书》卷24上《食货志上》，中华书局1962年标点本，第1137页。
　　② 《秦律十八种》，载睡虎地秦墓竹简整理小组编《睡虎地秦墓竹简》，文物出版社1978年版，第27页。
　　③ 《法律答问》，载睡虎地秦墓竹简整理小组编《睡虎地秦墓竹简》，文物出版社1978年版，第202页。
　　④ 《封诊式》，载睡虎地秦墓竹简整理小组编《睡虎地秦墓竹简》，文物出版社1978年版，第249页。

野，百人为区，千人为域"①，二者正相符合。另一方面，在大谈特谈商品贸易关系的《管子》书中，却找不到有关土地买卖的片言只语，可见当时齐国无土地买卖现象，而《管子》学派也不主张土地私有。

由于两学派都主张土地国有，因而对土地的开发极为重视。商鞅学派曰："夫地大而不垦者，与无地同"，"故为国之数，务在垦草"（《商君书·算地》），并提出了开垦荒地、促进农业发展的二十种办法。《管子》学派也说："地之不辟者非吾地也"（《管子·权修》），"地大而不耕非其地也"（《管子·霸言》）。只有开发土地，国家由此取得剩余产品，土地国有权才能真正实现。

国家授田制度的实施需要一系列具体规定，对此，管、商两大学派的设计也大致相同。

（一）国家严密管理人口，按"夫"或"户"授予定量土地

首先，国家设立严密户籍，定时核查登记。商鞅学派主张"四境之内，丈夫女子皆有名于上"（《商君书·境地》），"举民众口数，生者著，死者削"（《商君书·去强》）。《管子》学派亦主张"常以秋岁末之时阅其民，案家人比地，定什伍口数"（《管子·度地》），"春曰书比，夏曰月程，秋曰大稽，与民数得亡"（《管子·乘马》）。

其次，按一定的行政组织强行编制生产劳动者。商鞅变法时"令民为什伍，而相牧司连坐"②。《管子》学派也主张按什伍制控制人民，"十家为什，五家为伍，什伍皆有长焉"（《管子·立政》）。"善牧民者，……辅之以什，司之以伍"（《管子·禁藏》）。

再次，用行政手段控制劳动者人身，禁止随意迁徙，防止逃亡。商鞅变法时明令"使民无得擅徙"，"废逆旅"（《商君书·垦令》），秦律

---

① 银雀山汉墓竹简整理小组：《银雀山竹书〈守法〉、〈守令〉等十三篇》，《文物》1985年第4期。

② 《史记》卷68《商君列传》，中华书局1959年标点本，第2230页。

也规定："有为故秦人出，削籍，上造以上为鬼薪，公士以下刑为城旦"①，严禁秦人出境。《管子》学派也主张"禁迁徙，止流民"（《管子·四时》），"逃徙者刑"（《管子·治国》），禁止迁徙，刑罚逃亡。

在实施上述制度的条件下，管、商二学派都主张给农民授予定量土地，一般是一夫百亩。《商君书·徕民》曰："地方百里者，……恶田处什二，良田处什四，以此食作夫五万"，以百步为亩计，方百里共九百万亩，良、恶田占其六成，授予五万夫，考虑到恶田对于良田的折算，大致一夫百亩。云梦秦简记刍稿之征以顷计，记田界谈及"顷畔"，似可作为旁证。《管子》书中则明确记载很多，如"一农之量，壤百亩也"（《管子·臣乘马》），"地量百亩，一夫之力也"（《管子·山权数》）等。上述大约都是百步之亩，一夫百亩，正合于当时生产力发展水平，李悝曾言："一夫挟五口，治田百亩。"② 当然，战国亩积变化甚多，文献记载授田额亦有变化，如《商君书·算地》曰："为国分田，数小亩五百，足待一役，此地不任也"，其小亩究竟多大，终不得知。

（二）设立严密田界系统

管、商二学派都主张设立和维护严密的田界系统，此为实施国家授田制度之必需。商鞅"为田开阡陌封疆"③，即设置阡陌封疆，是变法的重要内容之一。《管子》学派亦非常重视田界，"三岁修封，五岁修界，十岁更制，经正也"（《管子·乘马》），"（春）四政曰：端险阻，修封疆，正千伯"（《管子·四时》）。其言阡陌封疆究竟为何，文献不载，但 1979 年出土之秦《更修为田律》可借为注解。其曰："田广一步袤八则，为畛。亩二畛，一陌道。百亩为顷，一阡道，道广三步。封高四尺，大称其高。埒，高尺，下厚二尺。以秋八月，修封埒，正疆畔，及

① 《秦律杂抄》，载睡虎地秦墓竹简整理小组编《睡虎地秦墓竹简》，文物出版社 1978 年版，第 130 页。

② 《汉书》卷 24 上《食货志上》，中华书局 1962 年标点本，第 1125 页。

③ 《史记》卷 68《商君列传》，中华书局 1959 年标点本，第 2232 页。

燹阡陌之大草。"① 据此，商鞅"为田开阡陌封疆"即设置固定田界与非固定田界配套的田界系统，阡、陌为田间界道合一的固定设施，② 每年仅刈草维护即可，封为四尺高土墩，埒（也即疆）为一尺高土埒，封、埒相连构成非固定田界，每年须重新确定并修筑。《管子》书中所述当与此类似。这种田界系统便于授田制度的实施，每当因田土授收而发生田界变动时，只需以固定的阡陌为标志，在其旁设置新的封埒（疆）即可。

（三）依据授田状况确定租税征收额

管、商二学派都主张依据授田的实际状况来确定租税征收额。商鞅学派主张"訾粟而税"（《商君书·垦令》），即通盘计算农民粮食收入按比例确定租税额，其中便自然包含了土地良恶的差别。《管子》学派则把土地等级作为征收租税的主要依据，主张"案田而税"（《管子·大匡》），"相地而衰征"（《管子·小匡》），"相壤定籍"，"田策相圆"（《管子·乘马数》）等等。二者的基本精神是一致的。

（四）国家行政干预农业生产

授田制度以国家收入农业租税为最终目的，因此必须促进农业生产的发展。管、商二学派都主张以行政手段干预农业生产。

首先是督促生产。商鞅学派主张用行政手段奖勤罚懒，"僇力本业，耕织致粟帛多者，复其身。事末利及怠而贫者举以为收孥"③。《管子》学派提出的政策亦相近："其人力同而宫室美者，良萌也，力作者也，脯二束、酒一石赐之。力足荡游不作，老者谯之，壮者遣之边戍"（《管子·揆度》）。

---

① 李昭和等：《青川县出土秦更修田律木牍》，《文物》1982 年第 1 期。
② 这里说法不妥，未区分阡、陌与阡道、陌道，在《秦"为田律"农田规划制度再释》（《历史研究》1992 年第 4 期）、《析"阡陌封埒"》（《河南大学学报》1992 年第 4 期）等文中，笔者做了纠正。——作者补注
③ 《史记》卷 68《商君列传》，中华书局 1959 年标点本，第 2230 页。

其次是支持生产。商鞅学派主张国家对农民提供一定的生产资料，云梦秦简所见借铁制农具因破旧而损坏者准予报销、不令赔偿的律文，似说明国家借铁制农具予农民；各县仓库专门存放作物籽种、管理人员必须了解各种作物亩用种量的律文，可能类如汉代的"贷民种食"，系国家向农民借贷籽种。《管子》学派亦有类似主张："无赀之家，皆假之械器"（《管子·山国轨》），"民之无本者，贷之圃锸"（《管子·揆度》），"发故粟以田数"（尹知章注："以田数多少用陈粟给人，使得务农"）（《管子·五行》）。

再次是平抑物价，保护生产。商鞅学派主张管制粮食贸易，"使商无得籴，农无得粜"，以此使商人"多岁不加乐，饥岁无裕利"（《商君书·垦令》），从而保护农业生产。《管子》学派也有同样主张："夷疏满之（平衡供求、疏通有无），无食者予之陈，无种者贷之新，故无什倍之价，无倍称（成倍利息）之民"（《管子·揆度》）。

由上可见，管、商两大学派的土地政策基本精神相同，这就决定了他们的经济政策在主要方面的基本一致。

二　农商政策

管、商二学派都十分重视农业，认为农业的发展状况决定着国家是否富裕强盛。商鞅学派说："民不逃粟，野无荒草，则国富"（《商君书·去强》），"国之所以兴者，农战也"（《商君书·农战》），因此，发展农业是国家的首要任务，"故为国之数，务在垦草"（《商君书·算地》），"故治国者欲民之农也"（《商君书·农战》）。《管子》学派同样认为："凡有地牧民者，务在四时，守在仓廪"（《管子·牧民》），"故善为政者，田畴垦而国邑实"（《管子·五辅》）。

对于工商业，管、商二学派都认为有存在的必要。商鞅学派说："农辟地，商致物"（《商君书·弱民》），"农、商、官三者，国之常官也"（《商君书·去强》），认为商业为物资流通所必需，经商是国内的经常性职业。又说："农少商多，贵人贫，商贫，农贫，三官贫，必削"（《商君书·去强》），将农少商多所导致的商贫也列为国家削弱的原因之一。《管子》学派同样认为商业为经济发展之必需，曰："无市则民乏"（《管子·乘马》），"市者，天地之财具也，而万人之所和而利也"（《管子·问》）。在农业与工商业的相对关系上，即所谓本末关系上，他们都主张重本抑末。《商君书·壹言》曰："能事本而禁末者，富"，《管子·幼官》亦曰："务本饬末则富"。不仅如此，二者主张采取的抑商措施也多相似。

对于私商的贸易活动，商鞅学派主张以行政手段予以限制。在经济上，"重关市之赋"（《商君书·垦令》），"不农之征必多，市利之租必重"（《商君书·外内》），使商人无法得到高额利润，"无裕利则商怯，商怯则欲农"（《商君书·垦令》），以商利微薄迫使商人弃商营农。在行政上，主张为商人设置各种障碍，如"废逆旅"，"使民无得擅徙"，"无得取庸"（《商君书·垦令》）等等。在政治上，主张将商人视为较为低贱的社会等级，"事末利……者，举以为收孥"[1]，同时使其负担较重的劳役，"以商之口数使商，令之厮、舆、徒、重者必当名，则农逸而商劳"（《商君书·垦令》）。《管子》学派亦主张用行政手段限制私商活动，提出"非诚贾不得食于贾"（《管子·乘马》）的原则，何为诚贾？当指服从于国家利益并为国家所能控制的商人。同时主张用服饰差别等标志商人处于一个较低的社会等级，"虽有富家多资，毋其禄不敢用其财，……百工商贾不得服鬈貂"（《管子·立政》）。并认为："善正商任者省贿肆，省贿肆则市朝闲，市朝闲则田野充"，将"国无游贾"（《管子·揆度》）作为治国理想状态。这个学派还设计了种种削弱私商经济实力的特殊办法如用"籍于号令"之法，借彗星出现、将爆发战争为由，强行用平价收购商贾藏粮，（《管子·轻重丁》）等等。

在抑制私商的同时，管、商二学派都主张发展国营商业。商鞅学派主张国家独占山泽之利，采取"壹山泽"（《商君书·垦令》）政策，即"专山泽之利，管山林之饶"[2]，实行盐铁专卖，从而使秦"盐铁之利二

---

① 《史记》卷68《商君列传》，中华书局1959年标点本，第2230页。
② 《汉书》卷24上《食货志上》，中华书局1962年标点本，第1137页。

十倍于古"①。《管子》学派亦主张国家垄断山泽之利，曰："为人君而不能谨守其山林菹泽草莱，不可立为天下王"（《管子·轻重甲》），同时实行盐铁专卖，即"官山海"（《管子·海王》）政策。商鞅学派主张管制粮食贸易，"使商无得籴，农无得粜"（《商君书·垦令》），同时提高粮价，认为"欲农富其国者，境内之食必贵"（《商君书·外内》），这种政策的目的当然是使国家得以控制当时最重要的物资粮食，并促进农业生产，保护农民免受商人盘剥。《管子》学派虽未明确提出用国家行政力量禁止私人粮食贸易的政策，但主张以国家财力从事粮食买卖，辅以行政手段，力争控制大量粮食，从而控制粮食市场。他们认为："谷贵则万物必贱，谷贱则万物必贵，……故人君御谷、物之秩相胜，而操事于其不平之间，故万民无籍，而国利归于君矣"（《管子·国蓄》），国家在粮食买卖中可以获取大量利润，为此他们在《山至数》《国蓄》等篇中设计了许多具体办法。这个学派还认为，国家控制大量粮食具有重要政治意义，"彼谷七藏于上，三游于下，谋士尽其虑，智士尽其知，勇士轻其死"（《管子·山至数》）。

然而，就对国营商业的重视程度而言，《管子》学派远远超过商鞅学派，他们认为必须发展国营商业，使之控制整个市场，从而使商业利润的大部分通过国营商业活动流入国家手中，削弱私商的力量。首先，他们主张国家运用轻重之术控制粮食，"善者因其轻重，守其委庐"（《管子·轻重甲》），同时掌握各季节农民必需物资，"民之且所用者，君已廪之矣"（《管子·山国轨》），"谨守"商人追逐积聚的商品"射物"，从而使"富商蓄贾不得如故"（《管子·轻重丁》），这样，国家便有了控制市场的物质基础。其次，他们主张国家必须有意识地控制整个流通领域，"人君操本，民不得操末，人君操始，民不得操卒。其在途者籍之于衢塞，其在谷者守之春秋，其在万物者立货而行，故物动则应之。故豫夺其途则民无遵，君守其流则民失其高。故守四方之高下，国无游贾，贵贱相当"（《管子·揆度》）。国家控制了生产、流通、消费各环节，便可稳定物价，打击

① 《汉书》卷 24 上《食货志上》，中华书局 1962 年标点本，第 1137 页。

私商，使之无法投机倒把、囤积居奇。再次，他们还主张国家应当在流通中设法剥夺商人及与之相勾结的大夫的财产，如《山至数》篇就设计了"夺之以会"的办法，即在粮价低贱时设法收购商人与大夫的粮食，粮价上涨时又平价售予缺粮户，并同时对商人和大夫进行征籍，这样，商人与大夫的财富就会在流通中转移于国家之手。

对于国际贸易，管、商二学派的差别愈发明显。商鞅学派由于处于较封闭的地理环境之中，又持有较极端的抑商思想，使其对国际贸易的作用不甚了了，言论很少，仅表示绝对反对粮食出口，曰："国好生金于竟内，则金粟两死，仓府两虚，国弱；国好生粟于竟内，则金粟两生，仓府两实，国强"（《商君书·去强》）。国家喜好进口金钱，则金钱、粮食两亡，国家衰弱，国家喜好进口粮食，则钱谷两得，国家强盛。《管子》学派则在主张限制国内私商的同时，极力主张发展国际贸易，以此保护本国财富，获取他国财富，"本富而财物众，不能守则税于天下，……夫善用本者，若以身济于大海，观风之所起，天下高则高，天下下则下，……令有徐疾，物有轻重，然后天下之宝壹为我用"（《管子·地数》），通过政令急缓，利用物价变化，可使天下财货为我所用。为此，《管子》学派提出了许多具体措施。一是为国际贸易创造便利条件：如用政治权威命令诸侯"修道路，偕度量，一称数，薮泽以时禁发之"（《管子·幼官》）；减轻国际贸易税收，"征于关者勿征于市，征于市者勿征于关，虚车勿索，徒负勿入，以来远人"（《管子·问》）；对国际商贾予以优待，"令为诸侯之商贾立客舍，一乘者有食，三乘者有刍菽，五乘者有伍养"，以吸引"天下之商贾归齐若流水"（《管子·轻重乙》）。二是充分利用本国可以垄断的商品在国际贸易中谋利，如一定时期内禁止煮盐，待盐价大幅度上涨后再输出国外（《管子·地数》），又如以齐国特产"梁山靖茜，夜石之币"换取他国粮食（《管子·山权数》）。三是通过操纵价格收取他国的粮食等重要物资，"彼诸侯之谷十，使吾国谷二十"（《管子·山至数》），"滕鲁之粟釜百，则使吾国之粟釜千"（《管子·轻重乙》）。四是设立各种计谋，在国际贸易中掠夺他国财富，如所谓石璧之谋、菁茅之谋（《管子·轻重丁》），所谓倾鲁梁之绨、竭莱莒之柴、购荆楚之鹿、求代国狐白之皮（《管子·轻重戊》）等等。在《管子》学派看来，这就是"可因者因之，乘者乘之"，"因天下以制天下"（《管子·轻重丁》）。

综观上述，管、商两大学派的农商政策基本精神也是一致的，都主张重农抑商。其差别一是抑制私商的手段，商鞅学派更注重政治的手段，《管子》学派更注重经济的手段；一是对待国际贸易的态度，二者重视程度大不相同。

三　财政与分配政策

如何解决国家财政收入问题，管、商两大学派都十分重视，但主张采取的手段与措施有所不同。

商鞅学派将税收作为财政收入的基本内容，并认为在征收赋税时应注意三个问题。一是使赋税负担趋于平均，"訾粟而税，则上壹而民平"（《商君书·垦令》），按粮食收获情况计算地税，则国家地税制度统一，农民负担公平；"为田开阡陌封疆而赋税平"[1]，设立合理健全的田界系统，也是为了使赋税趋于平均。二是在税收中重征商税而轻征农业税，"不农之征必多，市利之租必重"（《商君书·外内》），"重关市之赋"，对农业则是"征不烦，民不劳"（《商君书·垦令》），当然，农业税的轻征仅仅是相对于商税而言。三是税收以保护、促进农业生产为前提。一方面，对努力从事农业生产者减免徭役，"僇力本业，耕织致粟帛多者，复其身"[2]。一方面，以减免赋税徭役吸引他国农民来秦国开垦荒地，从事农业生产，"诸侯之士来归义者，今使复之三世，无知军事，秦四竟之内，陵阪丘隰，不起十年征"（《商君书·徕民》）。

《管子》学派承认税收对于国家财政的重要意义，见于《管子》一书的税收种类亦有户税、田税、商税、财产税等等，但同时他们又非常

---

① 《史记》卷68《商君列传》，中华书局1959年标点本，第2232页。

② 《史记》卷68《商君列传》，中华书局1959年标点本，第2230页。

提倡用经济手段在流通中解决国家财政收入问题，反对强行征籍。他们认为："民予则喜，夺则怒，民情皆然"，如果能实现"见予之形，不见夺之理"，那就会使"民爱可洽于上也"（《管子·国蓄》），因而他们在正常的租税之外，更主张国家通过经济手段在流通中将民间财富转移于自己之手。其具体措施除了垄断盐铁贸易以获取大量收入，在国际贸易中掠夺他国财富而外，就是利用国营商业的经济实力在其他贸易活动中聚敛社会财富，如在粮食贸易中，实现"人君御谷、物之秩相胜，而操事于其不平之间"，由此达到"万民无籍，而国利归于君"（《管子·国蓄》）的目的。《管子》学派认为正常租税之外的强行征籍其害有三：一，妨害生产，"以六畜籍，谓之止生，以田亩籍，谓之禁耕"；二、为商人盘剥农民创造了机会，"朝令而夕具，则（农民）财物之价什去九"；三、容易引起人民不满，因为"民予则喜，夺则怒"（《管子·国蓄》）。与此相应，他们主张采取普遍的轻税政策，对农业，"二岁而税一，上年什取三，中年什取二，下年什取一，岁饥不税"（《管子·大匡》），对商业："市赋百取二，关赋百取一"（《管子·幼官》）。

在社会财富分配方面，管、商二学派基本观点相同，但实施措施却有很大差别。

对于社会成员之间的贫富差别现象，管、商二学派都持反对态度，认为这种现象不利于国家统治。商鞅学派说："民贫则弱国，富则淫，淫则有虱，有虱则弱，……治国之举，贵令贫者富，富者贫"（《商君书·说民》）。《管子》学派也说："夫民富则不可以禄使也，贫则不可以罚威也，法令之不行，万民之不治，贫富之不齐也"（《管子·国蓄》），"富能夺，贫能予，乃可以为天下"（《管子·揆度》）。他们都认为必须改变贫富无度的状况，但主张采取的实际措施却大不相同。商鞅学派主张以政治和法律的手段、通过奖励和惩罚来达到目的。就奖励方面说，他们提出，"僇力本业，耕织致粟帛多者，复其身"[1]，"善为国者，其教民也，皆作壹而得官爵"（《商君书·农战》），通过减免徭役、

---

[1] 《史记》卷68《商君列传》，中华书局1959年标点本，第2230页。

以耕战功绩授予官爵等奖励手段，促使贫者努力生产，脱贫致富。就惩罚方面说，他们提出"事末利及怠而贫者，举以为收孥"①，用法律手段抑制因从事工商而致富者，惩罚因懒惰而贫穷者。《管子》学派则主张在流通中，主要运用经济的手段缩小贫富差别。对于贫者，国家一方面予以实物资助，保证其进行生产，"使万室之都，必有万钟之藏，藏镪千万，使千室之都，必有千钟之藏，藏镪百万，春以奉耕，夏以奉耘，耒耜械器，种穰粮食，毕取赡于君，故大贾蓄家不得豪夺吾民矣"（《管子·国蓄》）。一方面在灾荒及春秋粮价变动较大时用平抑物价、预付粮款、以工代赈等办法保护贫者，以"夷疏满之，无食者予之陈，无种者贷之新"，使"无什倍之价"（《管子·揆度》）；"夏贷以收秋实"（《管子·国蓄》），帮助贫者度过荒季；"若岁凶旱水泆，民失本事，则修宫室台榭，以前无狗后无彘者为庸，……以平国策也"（《管子·乘马数》）。对富者，特别是大商人，国家则以种种经济、行政手段削弱之，此点前已叙述，不再赘言。值得一提的是《管子》学派独创的侈靡政策，它兼有削富济贫两重效应。这个政策是在"地重人载，毁敝而养不足，事末作而民兴之"的背景下提出的，土地荒芜，人民食养不足，竞趋工商，这种条件下就应实施侈靡政策。它一方面针对"富者"，使之"雕卵然后瀹之，雕撩然后爨之"，进行侈靡消费，在这种消费中自己削弱自己。"长丧以毁其时，重送葬以起其财，……犹不尽，故有次浮也，有差樊，有瘗藏"，侈靡消费是为了"毁其时""起其财"，"犹不尽"三字将作者希望削弱富者的急切心情暴露无遗。另一方面又是为了"贫者"，使贫者在富者的侈靡消费中用劳动换得生活资料，以度饥荒，"富者靡之，贫者为之，此百姓之治生，百振而食"（《管子·侈靡》）。

四 管、商经济政策异同的原因

上面，我们从生产、流通、分配等方面，对管、商两大学派提出的

---

① 《史记》卷68《商君列传》，中华书局1959年标点本，第2230页。

经济政策作了比较研究。他们都主张实行土地国有条件下的授田制度，并为其实施设计了大致相同的具体措施；他们都主张大力发展农业生产，同时抑制私商，又程度不同地对国营商业予以注意，他们都提倡以较合理的方式解决国家财政收入问题，都主张缩小社会成员之间的贫富差别。由此可见，管、商两学派经济政策的基本方面是一致的。思想存在以现实社会为基础，并直接或间接地反映着社会现实，对它的解释不能从其本身去找，而只能从现实社会中找到其最根本的答案。管、商经济政策的基本相同反映了一个事实：他们虽处于中国大地的东西两端，但毕竟置身于基本相同的社会经济结构之中，面临着相同的社会问题和时代要求，因而只能提出基本相同的经济政策。这个事实说明，虽然战国中后期经济发展的地域性仍很显著，不同地区——特别是处于东西两端的齐、秦——之间经济联系仍然有限，圜钱与刀币并行，东田与西亩共存，但是，在经过了春秋至战国初年几百年间的政治、经济、文化交流之后，全国各主要地区的经济结构已趋于相同，达到了相当程度的统一，秦统一六国正是建立在这个经济基础之上，它不仅是政治与军事的统一，也是经济的统一。

当然，在实现相同经济目的的具体手段上，管、商两学派依然表现出明显的地域特点，商鞅学派更注重政治、法律的手段，《管子》学派则更注重经济手段，这与两学派产生地的地理、历史条件有关。秦国地处西陲，因河、山之阻，与关东六国经济交往较少，形成了一个相对封闭的经济环境。从历史上看，秦国商品经济发展也相对落后，直到商鞅死后三年方才"行钱"，由国家铸造货币并通行。这种条件决定了商鞅学派商品经济知识贫乏，对经济手段的作用认识不足，因而非常重视政治与法律的手段。相反，齐国处于交通要道，为国际商贾必经之地，"吾国衢处之国也，远近之所通，游客蓄贾之所道，财物之所遵"（《管子·轻重乙》）。历史上又有经营工商的传统，自太公时起，便"通商工之业，便鱼盐之利"[①]，"劝其女工，极技巧，通鱼盐，……故齐冠带衣

---

① 《史记》卷32《齐太公世家》，中华书局1959年标点本，第1480页。

履天下，海岱之间敛袂而往朝焉"①，其传统延续至战国秦汉。这种条件使《管子》学派有较丰富的商品经济知识，对经济手段的作用有较充分的认识，从而宁可更多地使用经济手段来达到同样的目的。

（原载《管子学刊》1992 年第 1 期）

---

① 《史记》卷 129《货殖列传》，中华书局 1959 年标点本，第 3255 页。

析"更名民曰黔首"

秦始皇二十六年（前221）统一全国之后，推行了一系列新的政治措施，"更名民曰黔首"便是其中之一。长期以来，这一措施并未引起学者多大兴趣，"文化大革命"期间，"四人帮"御用文人却借此大作文章，说这"是进一步摧毁奴隶制度、巩固封建制度的一项比较彻底的政策"，黔首"是伴随着新兴地主阶级和农民出现的名称"，"称民为黔首，无疑是对当时人民的尊称"[1]。这种论调"文化大革命"之后当然受到学者批驳，但"更名民曰黔首"的具体内涵及其意义究竟为何，学者意见并不统一。有人认为，这是秦始皇"一系列更定名物制度的措施之一"，"用黔首而不用黎民，表新而已，无更多的意义"[2]。有人认为，这是秦始皇统一全国之后针对战国时期秦对人民实行的政治划分以及兼并战争中的屠杀征服政策"所采取的一个重大改革"，"表示从此天下一家，共享太平"，是"为全国人民所欢迎的进步措施"[3]。还有人认为，这是一种"贬民的手法"，"表现了对人民的轻蔑""出于维护秦始皇至高无上的权威的需要"[4]。笔者则认为，"更名民曰黔首"既不是名物制度上的变革，也不是"共享太平"的安民政策，而是将战国末期秦国的治民政策变本加厉地推行于全国，秦王朝二世而亡与此有着密切关系。下面试述浅见，不当之处，敬祈教正。

---

① 石仑：《论"黔首"》，《红旗》1974年第10期。
② 张传玺：《"更名民曰黔首"的历史考察》，《北京大学学报》1980年第1期。
③ 苏诚鉴：《"天下之民不乐为秦民"》，《安徽师大学报》1981年第3期。
④ 李解民：《民和黔首》，《文史》第23辑，中华书局1984年版。

一 "黔首"是战国后期流行于秦地的称呼

查检先秦至西汉前期的文献可以看到,"黔首"一称的出现在时间上和空间上都十分集中,出现时间大致在战国后期至汉初,出现地区则集中于秦地。

出现"黔首"一称最多的是《吕氏春秋》和《史记》。《吕氏春秋》160 篇中,14 篇有"黔首"字样,即《大乐》《古乐》《振乱》《怀宠》《简选》《听言》《首时》《慎人》《勿躬》《慎势》《执一》《开春》《爱类》《求人》,凡 21 见,与"黔首"同时也使用"民"字,约 200 见。《史记》中"黔首"共 27 见,其中《秦始皇本纪》20 见(含所引贾谊《过秦论》2 见),《李斯列传》3 见,《六国年表》2 见,《传》《表》所记均与《本纪》内容相同,另"褚先生言"中 2 见,一在《三代世表》之后,一在《陈涉世家》之后,《陈涉世家》之后者系引用贾谊《过秦论》文字,《史记》在使用"黔首"一称的同时,也广泛使用"民"字,共 800 余见。司马迁读过《秦纪》,《史记·秦始皇本纪》等篇章的撰写当本之于《秦纪》,《吕氏春秋》是战国末年完成于秦国之书,这两部著作中"黔首"的大量出现,正说明它是流行于秦地的称呼。

除此之外的文献中,"黔首"一称极为罕见,就笔者目前所知,有:

1.《战国策·魏策二》1 见,在魏惠王死时(前 319)惠公劝解魏太子之言中。该段文字又见于《吕氏春秋·开春》,是否在传抄过程中前者受后者影响,也未可知。

2.《韩非子·忠孝》1 见。韩非战国末年人,曾居于秦,此篇使用"黔首"一称,有可能是受秦地习俗影响。

3.《黄帝内经·素问·血气形态》1 见。《内经》大部分篇章完成于战国。清人姚际恒《古今伪书考》认为,书中篇章"有古近之分",《血气形态》等较早篇章为秦人所作,曰:"予按,其中言'黔首',又《藏气法时》曰夜半、曰平旦、曰日出、曰日中、曰日昳、曰下哺,不言十二支,当是秦人作。"

4. 《礼记·祭义》1 见。李解民认为：《祭义》全篇不见"正"字，文中有云"祭日于东，祭月于西，以别外内，以端其位"，郑注曰："端，正也"，此似为避秦始皇讳，故该篇写定"很可能在秦始皇时期"①。

5. 《庄子》佚文 3 见，在雄黄回答游凫之语中，见于《太平御览·礼仪部·傩》等类书。

6. 马王堆帛书《十大经·姓争》2 见，在高阳与力黑问答语中。从墓葬年代及帛书字体、避讳、内容来看，其抄定于汉初，不晚于文帝。《十大经》全文阐述黄老思想，而黄老思想流行于战国后期至汉初，故其成书亦在此期间。

上述六种文献中，《韩非子·忠孝》《内经·血气形态》《礼记·祭义》有关文字的形成，似与秦都有一定关系；《魏策二》有关文字，可能是受传抄影响；《十大经》抄定较晚，有可能受到秦统一后政策的影响；《庄子》佚文因不见全篇，难以进行判断。根据以上所举文献，似可作出一个推断：在秦统一六国之前，"黔首"是秦地特有的称呼，并非广泛使用于关东各国。

新近公布的甘肃天水放马滩秦简甲种《日书》（以下简称《放甲》)② 和乙种《日书》部分简文（以下简称《放乙》），③ 为上述推断提供了新的佐证。发掘者认为，出土该简的一号秦墓，时代"上限至战国晚期，下限在秦始皇三十年以前或稍早"，两种《日书》部分内容完全相同，但《放甲》"字体以篆为主，并兼有古文之风"，《放乙》"字体多有秦隶之笔迹，书法多劣"，后者当抄自前者，且《放甲》不避始皇讳，故其成书时代更早。④ 李学勤先生研究了同墓出土而发掘者称为

---

① 李解民：《民和黔首》，《文史》第 23 辑，中华书局 1984 年版。

② 秦简整理小组：《天水放马滩秦简甲种〈日书〉释文》，载甘肃文物考古研究所编《秦汉简牍论文集》，甘肃人民出版社 1989 年版。本文所引《放甲》简文均据此。

③ 何双全：《天水放马滩秦简综述》，《文物》1989 年第 2 期。本文所引《放乙》简文均据此。

④ 何双全：《天水放马滩秦简甲种〈日书〉考述》，载甘肃文物考古研究所编《秦汉简牍论文集》，甘肃人民出版社 1989 年版，第 7 页。

"墓主记"的简书，认为其非墓主记，而是志怪故事的记述，首段释文应为"卅八年八月己巳"，即秦昭襄王三十八年（前269），并非发掘者所考释的秦王政"八年"。① 根据上述可以断定，放马滩《日书》成书于秦未统一六国之前，反映了战国后期秦国的社会状况。与此可成对照的是云梦睡虎地十一号秦墓出土的《日书》（以下简称《睡简》）。② 该墓主葬于秦始皇三十年（前217），《日书》是流行于民间的选择时日吉凶的数术书，因此其内容写定时间大大早于始皇三十年，它所反映的当是战国后期的社会状况。

两地秦墓出土《日书》都反映了战国后期社会状况，但一出土于南部，为楚故地，一出土于邽邑，自春秋起即为秦地，因而称呼有所不同，前者绝无"黔首"一称，后者则有三见。为便于分析，兹抄录《放简》有关简文，并摘抄《睡简》相关文字。

《放甲》13 简："建日，良日矣，可为啬夫，可以祝祠，可以畜六生，不可入黔首。"

《睡简》743 简："建日，良日也，可以为啬夫，可以祠，利枣不利莫，可以入人。"

《放甲》16 简："平日，可取妻、祝祠、赐客，可以入黔首，作事吉。"

《睡简》746 简："平日，可以取妻、入人、起事。"

《放乙》214 简："凡黔首行远役，毋以甲子、戊辰、丙申，不死必亡。"

《睡简》856—859 简："行。凡且有大行、远行，……毋以正月上旬午、二月上旬亥、……十二月上旬酉。凡是日……有为而禺（遇）雨，命日央番至，不出三月必有死、亡，……凡民将

---

① 李学勤：《放马滩简中的志怪故事》，《文物》1990 年第 4 期。

② 《云梦睡虎地秦墓》编写组：《云梦睡虎地秦墓》，文物出版社 1981 年版。本文所引云梦《日书》简文均据此。

行，……"

《睡简》860—862 简："归行。……凡四门之日，行之欻也，以行不吉。入正月七日、入二月四日、……入十二月卅日，凡此日，以归死、行亡。"

《放甲》两简属"建除"章，与《睡简》"秦除"章有关条文大致相同，惟前者称"黔首"者，后者均称"人"。与《放乙》214 简内容相类之《睡简》有"行""归行"两章，《放乙》之行者是"黔首"，《睡简》或未明确叙述行者身份，或曰行者为"民"。由此亦可见，"黔首"是秦统一六国之前秦地的特有称呼。

二 "黔首"是地位较低的一个社会阶层

"黔首"不仅是一种地域性的称呼，也是其流行地区一个特定社会阶层的称呼，这一点从文献中"黔首"与"民"两称并行可见端倪。下面先摘抄有关文献资料。

《吕氏春秋·振乱》："天子既绝，贤者废伏，世主恣行，与民相离，黔首无所告愬。"

《吕氏春秋·怀宠》："故说义而王公大人益好理矣，士民黔首益行义矣。……故兵入于敌之境，则民知所庇矣，黔首知不死矣。"

《吕氏春秋·爱类》："今可以王齐王，而寿黔首之命，免民之死，是以石代爱子头也。"

《礼记·祭义》："明命鬼神，以为黔首则，百众以畏，万民以服。"

《史记·始皇本纪》引贾谊《过秦论》："坠名城，杀豪俊，收天下之兵聚之咸阳，销锋铸镰，以为金人十二，以弱黔首之民。"

由上引资料可见："黔首"与"民"两种称呼的内涵显然有所差别，

并非完全相同。当然，由于不同场合下"民"的含义有所变化，因而"黔首"与"民"两概念间的差别也有变化。当"民"用以表示特定的社会阶层时，它与"黔首"成为全异的两个概念，这表现为《吕氏春秋》诸篇中"黔首"与"民"的对举；当"民"用以泛指没有官职等较高政治地位的一般社会成员时，"黔首"则成为"民"的一部分，如《过秦论》所说的"黔首之民"。

从特定社会阶层的角度看，"民"在战国后期的秦国是指无爵平民。商鞅变法，"令民为什伍，而相牧司连坐"①，"伍"是秦国最基层的组织单位，而"士伍"是"伍"的基本成员。《汉旧仪》曰："无爵为士伍"，《史记·淮南衡山列传》注引如淳曰："律：'有罪失官爵称士伍'"，可见"士伍"无爵。士伍的身份地位可由云梦秦简窥见：有家室财产，有牛，可占有臣妾，可参战并依据所夺敌人首级请求封赏，可作为某官员的私吏，也可作为某个有相当爵位者的家吏。② 据此可知，战国后期秦国的"民"具有独立的身份，具有当时一般自由民的全权，显然，他们不能被买卖。

而"黔首"则截然不同，他们可以被买卖，人身依附于他人，因而并非全权自由民，社会地位较狭义的"民"更为低下。《放甲》"建除"建日条有"不可入黔首"，平日条有"可以入黔首"，所谓"入黔首"即买入黔首。秦国《日书》谈到"出""入"物品或人口时，其含义就是卖出或买入，《睡简》有明确证据，如 775 简"利以出货，不可入"，822 简"申不可出货，午不可入货，货必后绝"，839 简"毋以申出入臣妾、马牛、货材"等等。"黔首"既然可以买卖，则至少在他们身上存在着一定程度的人身依附关系。有人可能反驳说，这是作为平民的"黔首"因破产饥饿而自卖或卖妻子儿女，故在买入时仍以"黔首"称之。仅就《放甲》而言，此说似乎可通，但结合《放乙》214 简则难

---

① 《史记》卷 68《商君列传》，中华书局 1959 年标点本，第 2230 页。
② 《封诊式》，载睡虎地秦墓竹简整理小组编《睡虎地秦墓竹简》，文物出版社 1978 年版，第 249、254、249、259、253、257、256、260 页。

以理解。其曰，甲子等日使"黔首行远役"，"不死必亡"，这显然是"黔首"主人的口气，"黔首"的死去和逃亡对他都是损失，而对"黔首"本人，死非吉事，但逃亡亦非凶事。站在逃亡者立场说话的《睡简》"亡日""亡者"两章口气就截然不同，其曰："正月七日、二月旬四日、……十二月二旬，凡以此往亡必得，不得必死"（1044—1047简），这条简文明显是为逃亡者趋吉避凶而专门设置的，提醒逃亡者不要在凶日出逃，否则会被捕获或死去。因此，"黔首"并非全权自由民。当然，同是人身不自由的社会成员，其中又有不同类别，"黔首"只是其中一类，《放甲》20简"可以……入人奴妾"，《放乙》158简曰"臣妾作"，247简曰"人臣妾乃田"等等，这里的"人奴妾""臣妾""人臣妾"之类当与"黔首"在社会地位上又有差别。

由于史料缺乏，我们尚无法全面描述"黔首"的社会地位，但由其人身依附于他人、可以被买卖来看，他处于比狭义概念的"民"更低的社会等级上，是社会地位较低的一个阶层。

三 "更名民曰黔首"的含义

要把握"更名民曰黔首"的确切含义，必须了解秦统一六国之后的治民政策，而要了解秦统一后的治民政策，就必须回溯商鞅变法所确立的治民政策。

商鞅的治民政策有两个基本点，一是以严刑酷法治理秦民，目的是"制民""弱民"，一是区别对待秦民与非秦之民，目的是"徕民"。

商鞅为了富国强兵，将"制民""弱民"作为治民的基本出发点。《商君书·弱民》曰："民弱国强，民强国弱，故有道之国，务在弱民"，《画策》曰："能制天下者，必先制其民"，"能胜强敌者，必先胜其民"，"故胜民之本在制民"。这就是说，国家要强盛，就必须削弱人民；国君要制服天下，首先必须控制、制伏人民。如何"弱民"呢？商鞅认为，"民乐生安佚，死难难正"，贪生怕死，喜欢安逸，针对于此，"政作民之所恶，民弱"（《商君书·弱民》）①，即时时用死亡、痛苦这些人民所憎恶的东西威胁他们，使之如临深渊，他们才能怯弱而服法。如何"制民"呢？商鞅认为，"民本，法也，故善治者塞民以法"（《商君书·画策》），法度是"制民"的根本，善治国者必须以法制民。而要实现有效的法治，最好是用治理"奸民"的手段去治民，"以良民治，必乱至削，以奸民治，必治至强"，"用善则民亲其亲，任奸则民亲其制"（《商君书·说民》）。以治理善民的办法治国，则国家混乱以至削弱，民众就会互相包庇，以治理奸民的办法治国，则国家安定以至强大，民众就会遵守法制。将国家置于民众的对立面，试图通过"制民""弱民"来"强国"，把民众统统视之为"奸民"，则其治民必然是严刑酷法，轻罪重罚，如刘向所说："内刻刀锯之刑，外深鈇钺之诛，步过六尺者有罚，弃灰于道者被刑。"② 这种治民政策势必使犯法者日多，被刑者日众，所谓"断狱岁以千万数"，"赭衣半道"③，失去自由者自然亦日多。战国后期秦国出现的一定程度上失去自由的"黔首"阶层，似乎与这种情况有一定关系。

为了解决秦国地广人稀、劳动力缺乏的问题，商鞅又确定了招诱三晋之民来秦国从事农耕的"徕民"政策。三晋"土狭而民众"，秦国则"谷土不能处（什）二""而民不西者，秦士戚而民苦也"。为了"徕民"，商鞅采取了区别对待秦民和非秦之民的政策，优待外来移民，与外来移民相比，秦民则处于更低的社会地位。外来移民享受的优惠待遇主要有如下一些。一、"利其田宅"，即授予他们较好的土地和房屋。二、"使复之三世，无知军事"，即免除移民三代的徭役兵役，不去当兵打仗，形成"以故秦事敌，而使新民作本"的局面。三、十年免征赋

① 本篇有"乌获举千钧之重""唐蔑死于垂涉"等语，显然并非商鞅所作，但笔者认为其反映了商鞅思想，故仍以商鞅观点述之。本文所引《商君书》其他文字亦有类似情况，不再赘言。

② 刘向：《新序》，《史记》卷68《商君列传》《集解》引，中华书局1959年标点本，第2238页。

③ 《汉书》卷24上《食货志上》，中华书局1962年标点本，第1137页。

税，"秦四竟之内，陵阪丘隰，不起十年征"①。四、刑事处罚中予以优待。云梦秦简《法律答问》有一条曰："'邦客与主人斗，以兵刃、投（殳）梃、拳指伤人，挈以布。'可（何）谓'挈'？挈布入公，如赀布，入赍钱如律。"外来移民与故秦人争斗，以器械或空手伤人，仅罚以布，此处罚明显轻于故秦人。《法律答问》曰：士伍斗，"拔剑伐，斩人发结"，"当完为城旦"；以针、鉥、锥相斗，"当赀二甲"，若又伤人，"当黥为城旦"②。秦人互斗，若斩人发结或伤人，则处以城旦徒刑，或附加肉刑，远重于赀布。据秦律，"钱十一当一布"，即一布值十一钱，而"日居八钱，公食者日居六钱"③，即以劳役抵偿官府债务者，每劳作一日可抵 8 钱，由官府提供饭食，也可抵 6 钱，由此可见赀布处罚之轻。这种政策秦王嬴政时似仍执行，据《史记·秦始皇本纪》："十二年，文信侯不韦死，窃葬。其舍人临者，晋人也逐出之；秦人六百石以上夺爵，迁；五百石以下不临，迁，勿夺爵。"对三晋移民和秦人仍区别对待。对移民和秦民的区别对待以及秦民社会地位的相对低下，似乎也是"黔首"一称仅仅流行于战国后期秦国的一个原因。

　　商鞅政策的持续执行使秦国国力急剧增强，至公元前 221 年，秦王嬴政"续六世之余烈，振长策而御宇内，吞二周而亡诸侯，履至尊而制六合"④，统一了天下。空前的成功使他头脑发热，得意忘形，便继续执行已经获得成功的商鞅治理秦民的政策，而且推广到所有新统治地区，取消"故秦""秦人"与"新民""邦客"的区别，对统一后的全国人民施以严刑酷法、暴治苛政，竭力挤榨民力，多方"虏使其民"⑤，试图以此维持国家的稳定，表示皇帝之无限权威，保证秦祚之"至于万世"。

① 本段所述均据《商君书·徕民》。
② 《法律答问》，载睡虎地秦墓竹简整理小组编《睡虎地秦墓竹简》，文物出版社 1978 年版，第 189、187、188 页。
③ 《秦律十八种》，载睡虎地秦墓竹简整理小组编《睡虎地秦墓竹简》，文物出版社 1978 年版，第 56、84 页。
④ 贾谊：《过秦论》，《史记·秦始皇本纪》引，中华书局 1959 年标点本，第 280 页。
⑤ 《史记》卷 83《鲁仲连列传》，中华书局 1959 年标点本，第 2461 页。

上述这些，正是"更名民曰黔首"的基本背景和内容。

商鞅治理秦民的政策之所以成功，与战国后期的社会条件有关。"诸侯力政，强侵弱，众暴寡，兵革不休，士民罢敝，……元元之民冀得安其性命，莫不虚心而仰上。"① 人民希望统一，企求免除兵革之苦，故尚能忍受这种治民政策，然天下统一之后依旧推行这种政策，自然就要受到人民的强烈反对。这是秦王朝迅速崩溃、二世而亡的最主要原因。关于这一点，汉人看得很清楚。贾谊说："秦离战国而王天下，其道不易，其政不改，是其所以取之守之者无异也，孤独而有之，故其亡可立而待。"② 陆贾为刘邦总结秦亡教训时说："事逾烦，天下逾乱，法逾滋而奸逾炽，兵马益设而敌人逾多，秦非不欲为治，然失之者，乃举措暴众而用刑太极故也。"③ 他还明确向刘邦警告说："居马上得之，宁可以马上治之乎?"④ 要求他区别战时政策与平时政策。刘向也说："孝公……用卫鞅之过言，法严而酷，刑深而必，守之以公。当时取强，…… 其患渐流，至始皇赤衣塞路，群盗满山，卒以乱亡。"⑤

根据以上讨论，笔者认为，我们应当将"更名民曰黔首"看作秦统一六国后对商鞅治民政策的沿用，看作切实实行了的一项重要政治措施，只有这样，才能较好理解这个政策，恰当把握秦代形势，充分认识到秦二世而亡正是战时治民政策持续执行的结果。汉初政治家接受了秦的教训，大幅度调整治民政策，方使刘氏统治得以维持数百年。

当然，除了上述治民政策内容而外，"更名民曰黔首"也具有将原来流行于秦地一隅的称呼推及全国的内容。与"一法度衡石丈尺，车同

---

① 贾谊:《过秦论》,《史记·秦始皇本纪》引, 中华书局 1959 年标点本, 第 283 页。
② 贾谊:《过秦论》,《史记·秦始皇本纪》引, 中华书局 1959 年标点本, 第 283 页。
③ 陆贾:《新语》卷上《无为》, 文渊阁《四库全书》, 台湾商务印书馆 1983 年影印本, 第 695 册第 375 页下栏。
④ 《史记》卷 97《郦生陆贾列传》, 中华书局 1959 年标点本, 第 2699 页。
⑤ 刘向:《新序》卷 9《善谋》, 文渊阁《四库全书》, 台湾商务印书馆 1983 年影印本, 第 696 册, 第 251 页下栏。

轨，书同文字"① 一样，这是将秦国的政治经济文化制度推向全国，含有促进和巩固统一的政治意义。不过，相比来说这只是很次要的一个方面。

（原载《兰州大学学报》1992 年第 2 期）

---

① 《史记》卷6《秦始皇本纪》，中华书局 1959 年标点本，第 239 页。

从人口状况看统万城周围
环境的历史变迁

——统万城考察札记一则

关于统万城遗址周围自然环境的变迁，学者们进行了很多研究和讨论，笔者未对此进行过专门研究，本无权置喙。但有幸实地考察，又翻阅史书，发现有一些材料尚待进一步研究利用，故作如下陈述。

统万城的荒废、毛乌素沙漠的形成和发展，其主导性因素是什么？许多研究者认为，人类的过度开发是罪魁祸首，但讨论中对这一点并没有提出非常有力的直接证据。要使这一论点成立，需要证明统万城附近地区人口总量及人口密度的变化与环境的变化密切相关，而且，应当说明历史上的人口密度确实已给当地环境造成重大压力。邓辉等曾著文讨论过这一问题，[①] 他们认为从西汉到北宋初，统万城地区人口一直维持在较高水平，过度耕垦和放牧使草原变成了沙地。笔者认为，邓辉等人文章中的历史人口数据推导有一些问题，需要重新研究，而这些数据的修正必然影响其结论的成立。一是对所讨论人口数量的行政地理界限没有明确确定，因此有些数据是否具有可比性就成为疑问，例如文中将西汉奢延县等同于后来的岩绿县或朔方县就有待论证，如果我们对照一下谭其骧先生主编的《中国历史地图集》中的相关部分，以各个治所估计其县界，似乎汉奢延县可以囊括唐夏州人口稠密的整个中南部，夏州全部辖县朔方、宁朔、德静、长

---

① 邓辉、夏正楷、王瑽瑜：《从统万城的兴废看人类活动对生态环境脆弱地区的影响》，《中国历史地理论丛》2001 年第 2 辑。

泽治所均在其范围之内。又如，将历史上一个县（甚至大于一个县）的人口总量与现在内蒙古乌审旗纳林河乡的人口总量作比较，其可比性肯定要大打折扣，由此得出的现代人口数字"要远远低于西汉、十六国、北魏、唐代和北宋的人口数字"的结论就很难成立了。二是将依据本地资源进行生产并在本地生活的人口，与并非在本地进行生产且其生活资料也未必来自本地的政治性居民混为一谈，例如所述大夏时期人口为 4 万，其中 3 万为军队"步骑"人口，1 万为"夏王、公、卿、将、校及诸母、后妃、姊妹、宫人"，均非生产性人口。另外，对农业人口和畜牧业人口的区分也比较勉强，例如说宋代蕃户为畜牧业人口，亦有武断之嫌，宋代夏州一带的党项人，"生户"大概仍保持游牧生活，但"熟户"与汉人杂居，大概有许多已经以农业为生，正是有这种农业基础，党项人后来才能在兴、灵两州（今银川平原地区）大兴农业。

涉及统万城附近地区人口状况的统计资料很少，如果只考虑依据本地资源进行生产并生活于此地的人口，目前可以找到如下一些：

1. 《隋书》卷二十九《地理志上》："朔方郡，统县三，户一万一千六百七十三。岩绿，宁朔，长泽。"

2. 《旧唐书》卷三十八《地理志一》：夏州"领县四（德静、岩绿、宁朔、长泽——引者注），户二千三百二十三，口一万二百八十六。天宝，户九千二百一十三，口五万三千一百四"。

另有八个"寄在"羁縻府。寄在朔方县者六："云中都督府"，"户一千四百三十，口五千六百八十一"。"呼延州都督府"，"户一百五十五，口六百五"。"桑乾都督府"，"户二百七十四，口一千三百二十三"。"安化州都督府"，"户四百八十三，口二千五十三"。"宁朔州都督府"，"户三百七十四，口二千二十七"。"仆固州都督府"，"户一百二十二，口六百七十三"。寄在宁朔县者二："定襄都督府"，"户四百六十，口一千四百六十三"。"达浑都督府"，"户一百二十四，口四百九十五"。（以上八府总计 3422 户，14320 口）

3. 《新唐书》卷三十七《地理志一》"夏州朔方郡，……户九千二百一十三，口五万三千一十四。县三：朔方、德静、宁朔。"

4.《通典》卷一七三《州郡三》"朔方郡","户七千五百十六，口四万二千四百十七。""领县四：朔方、宁朔、长泽、德静。"

5.《元和郡县图志》卷四：夏州，"开元户六千一百三十二，乡二十。元和户三千一百，乡八。""管县四：朔方、德静、宁朔、长泽。""州境东西二百一十五里，南北七十里。"

6.《太平寰宇记》卷三十七：夏州"元领县四，今三：朔方、宁朔、德静，一县割出，长泽入宥州。……唐开元户九千二百，皇朝管汉户二千九十六，蕃户一万九千二百九十。""州境：东西二百一十五里，南北七百五十里。"

上述资料可列表1如下：

表1　　　　　　隋至宋初统万城附近地区人口状况统计表

时间	领县名	户数	口数	资料来源
隋（大业年间）	岩绿、宁朔、长泽	11673	58365（以每户5口计）	《隋书》
唐初（贞观年间）	德静、岩绿、宁朔、长泽	2323	10286	《旧唐书》
唐中期（开元年间）	朔方、德静、宁朔、长泽	6132	30660（以每户5口计）	《元和郡县图志》
唐中期（开元年间）	朔方、宁朔、德静、长泽	9200	46000（以每户5口计）	《太平寰宇记》
唐中期（天宝年间）	德静、朔方、宁朔、长泽	7516	42417	《通典》
唐中期（天宝年间）	德静、朔方、宁朔、长泽	9213＋3422＝12635	53104＋14320＝67424	《旧唐书》
唐中期（天宝年间）	朔方、德静、宁朔	9213	53014	《新唐书》
唐后期（元和年间）	朔方、德静、宁朔、长泽	3100	15500（以每户5口计）	《元和郡县图志》
宋初（约太平兴国年间）	朔方、宁朔、德静	2096＋19290＝21386	106930（以每户5口计）	《太平寰宇记》

关于历史时期统万城附近的环境变迁，目前通行的描述是：赫连勃勃时代，"这一带是水碧山青的绿洲。魏灭夏后，这里成为牧场。唐初为农业区，唐末以后，植被遭到严重破坏，于是底沙泛起成流沙。至北宋末，这里已是一片沙漠。具有六百年历史的统万城，从此沦为废墟，湮没在一望无垠的毛乌素沙漠里"。"吸取毁林造成严重恶果的历史教训，是具有重要的现实意义的。"① 但是，这种描述与前述人口资料有明显抵触之处。

牧场变为农田必然提高单位面积土地的人口承载力，应当表现为人口的增长，但唐中期开元天宝年间与隋相比，夏州人口并没有明显的增长过程。目前所见数据并不统一，最多者是新旧《唐书》为 9213 户，《太平寰宇记》所记类似，但《通典》所记为 7516 户，《元和郡县图志》所记为 6132 户，原因为何，无法知晓。按最高数计，由隋 11673 户变为 9213 户，减少 2460 户，减少数占原户数的 20%，而且依《旧唐书》《元和郡县图志》《通典》和《太平寰宇记》唐中期夏州比隋还多含德静一县，② 如果《隋书》未将德静县人口包含在内，则减少人口更多。即使按照《旧唐书》所述，加上"寄在"的 8 个羁縻府，人口方超出隋代 962 户，但所超不及 10%。若按最低数计，则由隋 11673 户变为 6132 户，减少 5541 户，几近一半。如果再以贞观年间人口与隋相比，则减少 9530 户，达 80%。因此，如果说夏州地区有一个由游牧区变为农业区的过程，那么这个过程可能并不在唐初。另外，不论这种转变何时开始，唐中期与隋相比，本地区人口明显减少，至少可以说没有明显的增多，因此，环境压力应当是减轻了而非加重，如果认为人类过度开发造成了统万城附近环境恶化，那么此时环境应当有所改善而不是恶化。

唐后期夏州人口，仅《元和郡县图志》有记载，为 3100 户，甚少，

① 白寿彝：《中国通史》，上海人民出版社 1995 年版，第 44 页。
② 《旧唐书》卷 38《地理志一》，中华书局 1975 年标点本，第 1414 页："德静，隋县。"可见隋已有德静县，《隋书》所记朔方郡人口有可能包含德静县人口，也有可能不计在内。

其原因在该书中似可找到某种解释。书中所记唐开元天宝年间和元和年间夏州人口变化情况见下表，为便于分析，对照列出全国和关内道相关数据。[①]

表2　　唐开元天宝年间与元和年间夏州及关内道和全国人口变化表

	元和年间户数	开元天宝年间户数	减少率（%）
夏州	3100	6132	49
关内道	283778	710352	60
全国	2368775	7417185	68

据上表数据，唐后期人口减少是全国普遍现象，但夏州人口减少率较低，为49%，与此成为对照，全国68%，关内道是60%。安史之乱及其后的全国性战乱，经济的衰退，均田制崩溃后人口统计的失实，均导致户籍人口减少，这是唐后期人口减少的基本原因，并非夏州独有现象，因此，这种人口减少与当地环境变化没有直接关系，不能做出某种因果联系的推论。到宋初，据《太平寰宇记》夏州仅统三县，长泽县被割出，但人口达21386户，为已知数据中最高，达到唐代人口最多时的两倍，而领县又比唐少一县。既然唐代人们的过度垦殖和放牧已经给环境造成巨大压力，人类的破坏活动导致唐末以后流沙盛起，宋初怎么还能容纳比唐中期还要多出一倍的人口呢？

那么，统万城地区又如何从宋初这一人口数量高峰期突然走向衰落呢？原因显然并非流沙等环境因素，而是政治因素。994年，宋为了削弱李继迁，防止党项"据城自雄"，下诏废毁夏州城，移民于银、绥二州。996年，陕北发生大地震，"潼关西至灵州、夏州、环、庆等州地震，城郭庐舍多坏"[②]，震灾又使统万城地区遭到某种损坏。但即便如此，997年，统万城似乎仍具有重要地位，宋对李继迁"授夏州刺史，

① 梁方仲：《中国历代户口、田地、田赋统计》，上海人民出版社1980年版，第96页。
② 《宋史》卷67《五行志五》，中华书局1977年标点本，第1483页。

充定难军节度使、夏银绥宥静等州观察处置押蕃落等使"[1]。直到 1003 年，李继迁占领灵州并改为西平府，将政权中心由夏州迁往西平，同时将大量人口迁移至银川平原地区，夏州方逐渐衰落。

除上述之外，还可以通过估算人口密度做出某些推测。

关于夏州辖境，谭其骧先生主编的《中国历史地图集》隋、唐部分均只标出一部分边界，无法据此进行计算。文献中只有两个数据，《元和郡县图志》记为东西 215 里，南北 70 里，《太平寰宇记》分别记为 215 里和 750 里。前者所记南北 70 里显然字有脱漏，当以《太平寰宇记》数据进行计算。唐尺大约 0.31 米，为计算方便，姑且以今尺计之，即唐 1 里相当今 0.5 千米。以南北和东西两个长度作为夏州辖地的轴线进行估算，则长方形面积最大，为 40312.5 平方千米，菱形面积最小，为 20156.25 平方千米，取其中数 30000 平方千米，[2] 可以得到如下一些估算数据。

唐中期按最高值《旧唐书》所记口数 67424 人计算，夏州人口密度为 2.24 人/平方千米；按最低值《元和郡县图志》所记户数 6132 户计算，每户平均以 5 人计，则夏州人口密度为 1.02 人/平方千米；稳妥起见，取平均数，人口密度为 1.63 人/平方千米。作为对照，此时唐全国人口密度为 13.80 人/平方千米，被属之关内道为 3.45 人/平方千米，相邻之京畿道为 46.41 人/平方千米。[3] 宋初夏州只有户数统计，无口数统计，据梁方仲先生统计，北宋崇宁元年（1102）全国户均人口 2.34 人，与夏州有关之永兴军户均人口 2.78 人，[4] 此数显然偏低，目前宋史学者多认为此仅为男口，一户口数当在 5 口。依此计算，则宋初夏州人口密

---

① 《宋史》卷 485《夏国传上》，中华书局 1977 年标点本，第 13984 页。

② 薛平拴据谭其骧《中国历史地图集》，用方格求积法求出隋朔方郡、唐夏州属今陕西省部分面积为 12134 平方千米（薛平拴：《陕西历史人口地理》，人民出版社 2001 年版，第 77、98 页）。直观谭图，隋朔方郡、唐夏州属今陕西省部分大约占其不足一半，故上述估计可以考虑。另外，即使面积有若干出入，对总的平均数据也不会有太大影响。

③ 梁方仲：《中国历代户口、田地、田赋统计》，上海人民出版社 1980 年版，第 114 页。

④ 梁方仲：《中国历代户口、田地、田赋统计》，上海人民出版社 1980 年版，第 152、154 页。

度为 3.56 人/平方千米，与唐中期关内道人口密度相当。

作为对照，还可以列出统万城所在之靖边县清代的人口密度数据。目前尚无清代准确县境面积数据，但其与今天没有太大变化，姑且以今全县面积 5088 平方千米估算。乾隆年间有"编户"6535 户，以每户 5 口计，总人口为 32675 人，人口密度 6.42 人/平方千米。道光三年（1823）全县人口 74800 人，人口密度 14.70 人/平方千米。[①] 当然，以今之靖边县一县人口密度与隋唐夏州全境相比，必然有一定误差，但从中至少可以看到基本的发展趋势。

由上述计算结果可以形成两个初步看法。一、夏州人口密度一直处于一个较低的水平，直至清后期方有较大上升。二、从唐至清，生产力发展水平并无大的变化，但人口密度从 1.63 人/平方千米上升到接近 14.70 人/平方千米，几近十倍。自清道光至新中国成立初一百余年，本地区仍是农牧业社会，人口密度虽有波动，但大致仍维持在此水平，如靖边县 1949 年人口密度为 15.43 人/平方千米。如果说，在这一人口密度下人类仍然可以生存，那么唐、宋时代夏州人口密度显然在环境可以承受的范围之内。

基于此，笔者以为人类过度开发导致统万城周围地区环境恶化的观点是应当重新推敲的。进入现代社会，人口迅速增长，工业化进程加快，导致了对自然资源越来越多的过度开发，从而引起越来越严重的环境问题，在环境变迁诸因子中，人类活动所起的作用越来越大，在某些方面或地区，甚至成为主导因子，并进而使保护环境成为经济与社会发展必须具有的前提。但是，在进入工业化社会之前，人类活动在自然环境变迁诸因子中所起作用甚为有限，过高估计，必然引起认识上的偏差。以统万城而言，该城本身就建筑在原生的细沙之上，建筑与细沙之间并无土壤间隔，[②] 表明此地本来就是沙漠地带。这里还可以举出另一

---

① 靖边县地方志编纂委员会：《靖边县志》，陕西人民出版社 1993 年版，第 29—31、69 页。

② 邢福来：《统万城遗址考古发掘的新收获》，《中国历史地理论丛》2003 年专辑《走向世界的沙漠古都——统万城》，2003 年。

个更早的例证，即神木大保当汉城。该城大约建于西汉中晚期，弃于东汉中期，在考古发掘中发现了一些很能说明问题的现象。该城在墙基处理时底部铺垫黄沙土，城墙的夯层与夯层之间也铺垫了一层沙子，汉代生活遗存中同样包含大量沙粒，墓葬填土中含沙量超过生土含沙比例，城外壕沟中的九层汉代堆积，黄沙与淤泥间隔分布。① 这些都说明，这一地区早在汉代就是沙漠或沙漠边缘地带，时有大风带来沙粒，或铺于墙基之下，或布于夯层之间，或混于生活遗存之中。当然，笔者以上陈述，并非要说明这一整个地区在历史上一直是处于恶劣的沙漠环境之中，某些时期气候可能温暖湿润，环境好转，某些地区也可能水草丰美，别成绿洲。看今天的统万城遗址，台地上的统万城没于沙漠之中，台地下的红柳河边水稻葱葱。观历史上的楼兰古国，曾经水草肥美，是西域重要国家，以至人们以"不破楼兰终不还"表达其志向，今天却已没于层层黄沙之中。这种种差别，种种变迁，主导的因素不是人，而是大自然本身。

（原载《中国历史地理论丛》2004 年第 3 期）

---

① 孙周勇：《大保当汉代聚落的考古学观察》，《文博》1999 年第 6 期。

中国古代奴婢性质问题的
模糊数学分析

本文仅仅是将模糊数学方法引入史学分析的一个尝试，与其说为了得出或验证某个史学结论，不如说为了探索史学研究运用数学方法的可行性，之所以选择中国古代奴婢性质问题作为分析对象，一是它较宜于进行模糊数学分析，二是它曾作为中国古史分期讨论中的重大问题之一，有较高史学价值。笔者数学和史学知识都很有限，恳请识者批评指教。

一

在 50 年代的中国古史分期问题讨论中，两汉奴婢是否严格意义上的奴隶，成为学者们激烈争论的问题之一，翦伯赞认为，"两汉的官私奴婢不是奴隶社会的奴隶"，[①] 王思治等人则认为，两汉奴婢就是奴隶社会的奴隶。与此类似，斯巴达的"黑劳士"（Helots，又译作希洛、希洛特、赫罗泰等）是奴隶还是农奴？什么是划分奴隶和农奴的首要标志？这些问题也引起学者们的激烈讨论。尽管讨论中各不同派别所持基本前提都是斯大林对奴隶和农奴所作定义，但至今仍未得到统一结论，这说明历史事物本身的复杂与多样，它们相对于斯大林的定义呈现出模糊性，因此，模糊数学方法可以成为分析、解决这个问题的一种方法。

---

①　翦伯赞：《关于两汉的官私奴婢问题》，《历史研究》1954 年第 4 期。

上述问题可以转化为一个模糊聚类问题,即将斯大林的定义、中国古代奴婢以及类似历史事物视为同一集合中的不同元素,根据每一元素的各种因素的模糊属性,运用模糊聚类方法对其进行不同水平的分类,观察各元素间的类似程度,也可以转化为一个相似比较问题,即将斯大林所下奴隶定义作为固定样品,运用相似优先比方法,判定中国古代奴婢等历史事物与固定样品的相似程度。

进行模糊聚类分析的基本程序如下:

1. 确定有限论域 X。即确定作为分析对象的各有关元素 A_0、A_1、……A_n,$X = \{A_k\}$,($k = 0$,1,……n)。

2. 确定用以分析各元素间关系的有限因素 C_1、C_2、……C_m。

3. 测定各元素在诸因素上的具体数值,对其进行标准化处理,得出各元素在诸因素上的隶属度。

4. 根据各元素在诸因素上的隶属度进行标定,得出各元素间的模糊关系矩阵。

5. 用矩阵方法或最大树方法等取 λ 值不同时的 λ 截集,确定论域在不同水平上的分类。

6. 用动态聚类图表示上述分类结果。

进行相似优先比分析的基本程序如下:

步骤 1、2、3 同上述程序 1、2、3。

4. 选取固定样品 $A_p \in \{A_k\}$。即在论域中选取一元素作为固定样品。

5. 计算在不同因素上各元素相对固定样品的相似优先比,建立诸因素上的各元素相似优先比模糊关系矩阵。

6. 对上述各矩阵分别按不同水平取 λ 截集,得出各元素在同一因素上的相似程度顺序。

7. 加权计算每一元素在诸因素上的序数总和,排列出各元素与固定样品的相似程度顺序。

二

考虑到各种条件，论域拟确定如下：

A_0：斯大林所作奴隶定义。

A_1：斯大林所作农奴定义。

A_2：秦隶臣妾（官奴婢）与奴、臣妾（私奴婢）。

A_3：两汉奴婢。

A_4：唐代奴婢。

A_5：斯巴达"黑劳士"。

A_6：古雅典、罗马奴隶。

A_7：近代美国黑奴。

中国古代奴婢取秦、汉、唐三朝，是由于当时奴婢成为社会重要组成部分，且资料较为集中。选取斯巴达"黑劳士"，是因为它在中国古史分期讨论中曾作为重要对象。为减少计算工作量，域外类似历史事物仅选取古雅典、罗马奴隶和近代美国黑奴。

用以分析论域中各元素间关系的因素拟依据斯大林的定义来确定。斯大林说：

"在奴隶占有制度下，生产关系的基础是奴隶主占有生产资料和占有生产工作者，这些生产工作者就是奴隶主可以把他们当作牲畜来买卖屠杀的奴隶。"

"在封建制度下，生产关系的基础是封建主占有生产资料和不完全地占有生产工作者——农奴，封建主已经不能屠杀农奴，但是可以买卖农奴。……农奴有自己的经济、自己的生产工具，具有为耕种土地并从自己收成中拿出一部分实物缴给封建主所必需的某种劳动兴趣。"[1]

据此，用以分析的因素拟定为如下四项：

---

[1] 斯大林：《论辩证唯物主义和历史唯物主义》，载《列宁主义问题》，人民出版社 1964 年版，第 650—651 页。

C_1：不占有生产资料。

C_2：人身被占有，无独立人格。

C_3：可以买卖。

C_4：可以屠杀。

各元素在上述因素上的隶属度的确定采用五级评定法，即全有或全无该因素时隶属度为 1 或 0，有较多部分、有部分、有较少部分该因素时，隶属度分别为 0.75、0.5、0.25。

下面，试评定论域中各元素在诸因素上的隶属度。需要说明一点，由于隶属度的确定常常带有主观性，许多时候是由专家评定来决定的，而历史事物量化程度极为有限，因此其隶属度的确定就带有更大的主观性，笔者不能例外，下述评定数值仍需推敲。

先看 C_1：不占有生产资料。

A_0：奴隶不占有任何生产资料，其隶属度评定为 1。

A_1：农奴有自己的生产工具，有自己的经济，在一定程度上占有土地，如列宁所说，地主将土地"分给农奴"，以现代语言来说，这是"一种工资形式"，[1] 因此，农奴在相当程度上占有生产资料，隶属度评定为 0.5。

A_2：据云梦秦简，秦律规定，隶臣妾在"禀衣"时，须根据不同情况缴纳不同数量的冬夏衣钱，隶臣有妻，其妻不论是更隶妾还是自由人，官府均向其收取衣服；隶臣妾为官府服役，则由官府发给一定数量粮食，若不服役，则不发给粮食。[2] 另外由云梦秦简可见，隶臣妾及私家臣妾多有家室子女。以上事实说明秦官私臣妾往往有家室、私有财产和自己的经济，至少当占有少量生产资料，故隶属度评定为 0.75。

A_3：两汉奴婢占有生产资料情况缺乏史料，但出土买地券似可说明

---

① 列宁：《19 世纪末俄国的土地问题》，《列宁全集》第 17 卷，人民出版社 1988 年版，第 61 页。

② 《秦律十八种》，载睡虎地秦墓竹简整理小组编《睡虎地秦墓竹简》，文物出版社 1978 年版，第 67—68、87、49 页。

问题。《孙成买地券》记"大奴孙成"购买了价值一万五千钱的"一"田，[①]《徐胜买地券》记"大奴徐胜"买得价值二万五千钱的"一町"田，[②] 这说明汉代奴婢中至少有少数人具有较完整的土地私有权。与此相应，有自己的生产工具和自己经济的奴婢当更多，故隶属度评定为0.5。

A_4：《唐律疏议》中有奴婢"自赎免贱"之说，[③] 有奴婢间发生"相侵财物者"如何处理的律文；[④] 规定"奴婢应征赃赎者，皆征……奴婢，不合征主"，[⑤] 说明唐奴婢有私有财产，数量可达到自赎其身。吐鲁番文书中有奴婢佃田的记载，[⑥] 说明唐奴婢中已有人具备自己的独立经济，他们至少有一定数量的生产工具。除国家授予他们每五人一亩园宅地外，吐鲁番文书中可见奴婢占田的现象，[⑦] 文献中亦可见类似现象，如"崔觐……乃以田宅家财分给奴婢，令各为生业"，[⑧] 又如会昌五年中书门下奏曰：江淮间若干寺庙已破废，奴婢"皆自营生"，其中有的"已输纳"租税。[⑨] 据以上情况，隶属度亦评定为0.5。

① 《东汉建宁四年雒阳县孙成买田铅券》，载张传玺《中国历代契约粹编》上册，北京大学出版社2014年版，第46页。
② 鲁波：《汉代徐胜买地铅券简介》，《文物》1972年第5期。以上孙成、徐胜买地券是实际土地买卖的凭证还是明器，学者看法不一，但即使是明器，也表明现实中存在类似现象。
③ 《唐律疏议》卷12《户婚》，文渊阁《四库全书》，台湾商务印书馆1983年影印本，第672册，第161页下栏。
④ 《唐律疏议》卷22《斗讼》，文渊阁《四库全书》，台湾商务印书馆1983年影印本，第672册，第271页上栏。
⑤ 《唐律疏议》卷6《名例》，文渊阁《四库全书》，台湾商务印书馆1983年影印本，第672册，第100页下栏。
⑥ 大谷文书2845号："县令田贰亩，佃人奴集聚，……康倚山田贰亩，佃人奴集聚"，见《敦煌学译文集》，甘肃人民出版社1985年版，第18—19页。
⑦ 大谷文书1229号："一段壹亩（簿田）城东廿里柳中县界，东至渠，西奴典保，南至道，北至道"，（《敦煌学译文集》，甘肃人民出版社1985年版，第182页）由此可见名为典保的奴占有一块土地。奴集聚与奴典保之"奴"，有学者以为是姓，并非奴婢身份的表示，笔者从日本学者周藤吉之说，"奴"并非姓。理由有三：一、吐鲁番文书中未见有姓"奴"者；二、吐鲁番及其他地区所见唐代户籍类文书中的"奴某""婢某"均表示奴婢身份；三、吐鲁番佃人文书中，并非总是完整写有佃人姓名，也有写为"佃人僧某""佃人万寿寺"者。
⑧ 《旧唐书》卷192《隐逸传·崔觐》，中华书局1975年标点本，第5134页。
⑨ 王溥：《唐会要》卷86《奴婢》，中华书局1955年版，第1572页。

A_5：黑劳士被固着于国家授予单个斯巴达公民的份地上，为其耕作，份地主人不得私自索取超过规定的收获物，"在按规定向主人交纳份地上的部分收成后，他们有一定权利积聚财产"[①]。可见黑劳士有一定的独立经济，至少占有少量生产资料，故隶属度评定为 0.75。

A_6：没有自己的经济，不占有任何生产资料，隶属度评定为 1。

A_7：同 A_6，隶属度亦评定为 1。

再看 C_2：人身被占有，无独立人格。

A_0：完全具备此种因素，隶属度评定为 1。

A_1：农奴被不完全占有，隶属度评定为 0.5。

A_2：秦律中有关隶臣妾及私家臣妾的法律条文很多。秦简《封诊式》中，《告臣》记"某里士伍甲"将其"臣"缚诣官府，请求卖与官府并"斩以为城旦"；《黥妾》记"某里五大夫乙"使其吏将其"妾"缚诣官府，请求官府"黥劓之"。[②] 可见秦官私臣妾人身固然为主人所占有，但并非完全彻底，惩罚性处置必须经过官府，故隶属度评定为 0.75。

A_3：两汉奴婢人身为主人占有，但对其惩罚性处置亦受国家种种限制。西汉时私杀奴婢是犯罪行为，虽贵为诸侯、丞相亦不能免。[③] 王莽称"置奴婢之市"为"逆天心，悖人伦"，禁止奴婢买卖，[④] 东汉刘秀则屡颁赦免奴婢、限制买卖奴婢的法令。可见两汉奴婢人身被占有亦非完全彻底，隶属度仍评定为 0.75。

A_4：《唐律疏议》中关于奴婢的法律条文数量大且十分细密，说明主人对奴婢的处置处于国家严密管制之下。主人对奴婢人身的占有受到很大限制，如《唐律》规定："同主奴婢自相杀，主求免者，听减死一

---

① ［苏联］И. М. 贾可诺夫：《古代早期的奴隶、希洛人和农奴》，载中国世界古代史研究会编《世界古代史研究》，北京大学出版社 1982 年版，第 143 页。

② 《封诊式》，载睡虎地秦墓竹简整理小组编《睡虎地秦墓竹简》，文物出版社 1978 年版，第 259 页、260—261 页。

③ 见《汉书·景十三王传》《赵广汉传》等。

④ 《汉书》卷 99 中《王莽传中》，中华书局 1962 年标点本，第 4110 页。

等"，主人的请求只能得到些微实现；对无明确处罚条文的奴婢犯罪行为，《唐律》规定"各准良人之法"①；吐鲁番文书中所见"奴集聚"以独立身份租佃土地，也说明奴婢已有相当程度独立人格。因此，隶属度评定为 0.5。

A_5：黑劳士属于国家，占有其人身之公民个人"不能自由处置他们（如杀、卖等）"②，也"不得私自索取超过规定的收获物"③，可见黑劳士有一定程度独立人格，主人对其人身的占有受到很大限制，故隶属度评定为 0.5。

A_6：奴隶主可以随意处置奴隶，隶属度评定为 1。

A_7：主人对黑奴的处置也受到国家法律的干预，各蓄奴州均制定有针对黑奴的法典和法律，对犯罪奴隶处以各种刑罚；当主人杀死黑奴时，法庭通常会作出主人无罪的判决，但并不排除判处主人有罪的可能。因此，隶属度评定为 0.75。

再看 C_3：可以买卖。

A_0：可以买卖，隶属度评定为 1。

A_1：可以买卖，隶属度亦评定为 1。

A_2：云梦秦简《日书》有买卖臣妾（或称"人民"）的大量记载，且未见限制买卖臣妾的法律或史实，故隶属度评定为 1。

A_3：王莽时曾禁止奴婢买卖，刘秀则颁布"卖人法""略人法"等限制奴婢买卖的法令，可见两汉并非一直可以自由买卖奴婢，故隶属度评定为 0.75。

A_4：《唐律》规定："诸略人、略卖人为奴婢者，绞"④，"诸妄认良

---

① 《唐律疏义》卷6《名例》，文渊阁《四库全书》，台湾商务印书馆 1983 年影印本，第 672 册，第 100 页上栏。

② 郭沫若：《奴隶制时代》，人民出版社 1973 年版，第 131—132 页。

③ 周一良、吴于廑主编：《世界通史（上古部分）》，人民出版社 1973 年版，第 177 页。

④ 《唐律疏义》卷20《贼盗》，文渊阁《四库全书》，台湾商务印书馆 1983 年影印本，第 672 册，第 248 页上栏。

人为奴婢者，以略人论减一等"[1]。中唐以后，唐政府十数次颁布诏敕，禁止在边地掠卖奴婢。[2] 另外，奴婢市场亦受严格管制，"买卖奴婢，皆须两市署出公券，仍经本县长吏引检正身，……问父母见在处，分明立文券，并关牒太府寺"[3]。可见唐代奴婢买卖亦受一定限制，隶属度评定为 0.75。

A_5：斯巴达公民无权买卖黑劳士，当然这并不排除国家买卖黑劳士的可能性，故隶属度评定为 0.25。

A_6：可以自由买卖，隶属度评定为 1。

A_7：在各蓄奴州可以自由买卖，隶属度亦评定为 1。

最后看 C_4：可以屠杀。

A_0：可以屠杀，隶属度评定为 1。

A_1：不能屠杀，隶属度评定为 0。

A_2：《史记·田儋列传》记秦末之田儋缚奴至官府，"欲谒杀奴"，服虔注曰："古杀奴婢，皆当告官。"《秦律》中亦有"擅杀"臣妾之称，[4] 可见秦时杀害奴婢须告官征得同意。但这种制度的实施并不彻底，如果"臣妾告主"擅杀臣妾，则官府不予受理。[5] 隶属度评定为 0.5。

A_3；两汉私杀奴婢为违法行为，违者处罚亦严厉。《史记》《汉书》屡见贵族因杀害奴婢而获罪者，如汉初平干缪王因"贼杀奴婢"及遗令以"奴婢从死"，被除国；[6] 武帝时邵侯顺因杀人及奴而获罪；[7] 宣帝时将陵侯史子回之妻因绞杀奴婢被"论弃市"；[8] 王莽之子杀奴，莽令其自

① 《唐律疏义》卷25《诈伪》，文渊阁《四库全书》，台湾商务印书馆 1983 年影印本，第 672 册，第 310 页下栏。

② 王溥：《唐会要》卷86《奴婢》，中华书局 1955 年版，第 1570—1571 页。

③ 李晔：《改元天复赦文》，《全唐文》卷 92，清嘉庆内府刊本。

④ 《法律答问》，载睡虎地秦墓竹简整理小组编《睡虎地秦墓竹简》，文物出版社 1978 年版，第 195 页。

⑤ 《法律答问》，载睡虎地秦墓竹简整理小组编《睡虎地秦墓竹简》，文物出版社 1978 年版，第 196 页。

⑥ 《汉书》卷 53《景十三王传》，中华书局 1962 年标点本，第 2421 页。

⑦ 《汉书》卷 15 上《王子侯表上》，中华书局 1962 年标点本，第 453 页。

⑧ 《史记》卷 20《建元以来诸侯年表》，中华书局 1959 年标点本，第 1065 页。

杀以抵罪;① 等等。东汉刘秀又再次诏令:"天地之性人为贵,其杀奴婢不得减罪。"② 因上述史实,隶属度评定为 0.25。

A_4:《唐律》规定:"诸奴婢有罪,其主不请官司而杀者,杖一百,无罪而杀者,徒一年",杀害奴婢须由官府定罪并实施;③ 若"良人"杀害他人奴婢,处以"流三千里"重罚;若"强盗"杀伤他人奴婢,"亦同良人之坐",按杀伤"良人"治罪。④ 因此隶属度亦评定为 0.25。

A_5:公民个人不能自由杀害黑劳士,杀害黑劳士须由国家机构埃弗尔司(Ephors)决定并实施。⑤ 隶属度评定为 0.25。

A_6:主人可随意杀害奴隶,隶属度评为 1。

A_7:南部各蓄奴州经常发生奴隶主处死奴隶的事,法院有时也过问此类事件,但通常判奴隶主无罪,"因为除非自卫,奴隶主不会杀死自己的奴隶。"⑥ 隶属度评定为 0.75。

以上所评定各元素在诸因素上的隶属度可列表如下:

	A0	A1	A2	A3	A4	A5	A6	A7
C1	1	0.5	0.75	0.5	0.5	0.75	1	1
C2	1	0.5	0.75	0.75	0.5	0.5	1	0.75
C3	1	1	1	0.75	0.75	0.25	1	1
C4	1	0	0.5	0.25	0.25	0.25	1	0.75

三

以上评定所得数据均在〔0,1〕闭区间之内,故不再需要标准化处

① 《汉书》卷99上《王莽传上》,中华书局1962年标点本,第4043页。
② 《后汉书》卷1下《光武帝纪下》,中华书局1965年标点本,第57页。
③ 《唐律疏义》卷22《斗讼》,文渊阁《四库全书》,台湾商务印书馆1983年影印本,第672册,第271页下栏。
④ 《唐律疏义》卷19《贼盗》,文渊阁《四库全书》,台湾商务印书馆1983年影印本,第672册,第241页上栏。
⑤ 郭沫若:《奴隶制时代》,人民出版社1973年版,第132页。
⑥ 唐陶华:《美国历史上的黑人奴隶制》,上海人民出版社1980年版,第12页。

理，可直接进行标定，即计算论域中两两元素之间的相似程度数值 r_{ij}。

本文采取绝对值减数方法进行标定，即：

$$\begin{cases} r_{ij} = 1 & （当 i = j 时）\\ r_{ij} = \dfrac{M}{\sum_{k=1}^{m} | X_{ki} - X_{kj} |} & （当 i \neq j 时）\end{cases}$$

式中 i、j 为论域中元素序号，k 为所测定因素序号，m 为因素个数，X_{ki} 即元素 A_i 在因素 C_k 上的标准化数值，X_{kj} 类似。M 是一个适当选取的数，可使 $0 \leq r_{ij} \leq 1$，本文选取 $M = \dfrac{1}{5}$。依此公式计算所得 r_{ij} 即元素 A_i 与 A_j 的相似程度数值，如：

$r_{44} = 1$

$r_{34} = 1 - \dfrac{1}{5} \times (|0.5 - 0.5| + |0.75 - 0.5| + |0.75 - 0.75| + |0.25 - 0.25|) = 0.95$。

即 A4 与其自身的相似程度为 1，A_3 与 A_4 的相似程度为 0.95。根据计算所得 r_{ij} 数值，便可得到模糊关系矩阵 $\underset{\sim}{R} = (r_{ij})$, ($i = 0,1,\cdots\cdots7; j = 0,1,\cdots\cdots7$)：

	A0	A1	A2	A3	A4	A5	A6	A7
A0	1	0.6	0.8	0.65	0.6	0.55	1	0.9
A1	0.6	1	0.8	0.85	0.9	0.75	0.6	0.7
A2	0.8	0.8	1	0.85	0.8	0.75	0.8	0.9
A3	0.65	0.85	0.85	1	0.95	0.8	0.65	0.75
A4	0.6	0.9	0.8	0.95	1	0.85	0.6	0.7
A5	0.55	0.75	0.75	0.8	0.85	1	0.55	0.65
A6	1	0.6	0.8	0.65	0.6	0.55	1	0.9
A7	0.9	0.7	0.9	0.75	0.7	0.65	0.9	1

矩阵中任何一个数字都表示其所在行、列二元素间的相似程度数值。

上述矩阵中 $r_{ij} = r_{ji}$，即该矩阵满足对称性；$i = j$ 时 $r_{ij} = 1$，即该矩阵满足自反性，但它不能直接满足传递性，例如 $r_{20} = 0.8$，$r_{21} = 0.8$，而 $r_{01} = 0.6$，因此，它是论域 X 上的模糊相似关系而非模糊等价关系，故不能直接用矩阵方法进行模糊聚类分析。运用最大树方法进行聚类分析，可画出如下最大树图：

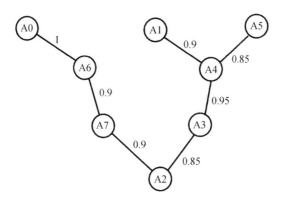

对此取 λ 值不同时的 λ 截集以确定分类，可得如下动态聚类图：

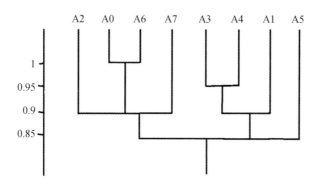

据上述动态聚类图，当取 $\lambda \leqslant 0.85$ 时，论域 X 全部元素聚为一类；当取 $\lambda = 0.9$ 时，论域被分为三类，$\{A_0, A_2, A_6, A_7\}$，$\{A_1, A_3, A_4\}$，$\{A_5\}$；当取 $\lambda = 0.95$ 时，论域被分为六类，$\{A_0, A_6\}$，$\{A_3, A_4\}$，$\{A_1\}$，$\{A_2\}$，$\{A_5\}$，$\{A_7\}$；当取 $\lambda = 1$ 时，论域被分为七类，即除 A_0、A_6 成为一类外，其余六元素均自成一类。

　　根据以上模糊聚类分析的结果，如果必须着眼于奴隶和农奴两个概念来看待论域各元素，那么汉唐奴婢属于农奴的范畴，秦代官私臣妾与古雅典罗马奴隶、近代美国黑奴同属奴隶范畴，其中古雅典罗马奴隶最贴近斯大林的定义，其余则稍远，而斯巴达"黑劳士"则游离于斯大林定义的奴隶与农奴之外，成为独立的一类。

四

　　若对论域进行相似优先比分析，则首先需要以第二节所得各元素在诸因素上的隶属度为基础，选定固定样品 A_p。本文主要研究论域诸元素是否斯大林定义的奴隶的问题，故固定样品选定为 A_0。论域其他元素相对 A_0 在各因素上的相似优先比则以汉明距离求出，即：

$$r_{ij} = \frac{|X_0 - X_j|}{|X_0 - X_i| + |X_0 - X_j|}$$

　　式中 r_{ij} 表示 A_i 相对于 A_j 的相似优先比，X_0、X_i、X_j 表示 A_0、A_i、A_j 在同一因素上的隶属度。例如在 C_1 因素上，A_2 相对 A_3 和 A_3 相对 A_2 的相似优先比分别为：

$$R_{23} = \frac{|1 - 0.5|}{|1 - 0.75| + |1 - 0.5|} = 0.67, \quad r_{32} = \frac{|1 - 0.75|}{|1 - 0.5| + |1 - 0.75|} = 0.33。$$

　　可见 A_2 比 A_3 更相似于 A_0。用类似方法计算出有关 C_1 的所有 r_{ij}，就得到如下模糊关系矩阵：

$$R_{\underset{\sim}{C1}} = \begin{array}{c} \\ A_1 \\ A_2 \\ A_3 \\ A_4 \\ A_5 \\ A_6 \\ A_7 \end{array} \begin{array}{ccccccc} A_1 & A_2 & A_3 & A_4 & A_5 & A_6 & A_7 \\ \left[\begin{array}{ccccccc} 0 & 0.33 & 0.5 & 0.5 & 0.33 & 0 & 0 \\ 0.67 & 0 & 0.67 & 0.67 & 0.5 & 0 & 0 \\ 0.5 & 0.33 & 0 & 0.5 & 0.33 & 0 & 0 \\ 0.5 & 0.33 & 0.5 & 0 & 0.33 & 0 & 0 \\ 0.67 & 0.5 & 0.67 & 0.67 & 0 & 0 & 0 \\ 1 & 1 & 1 & 1 & 1 & 0 & 0.5 \\ 1 & 1 & 1 & 1 & 1 & 0.5 & 0 \end{array}\right] \end{array}$$

同理，对于因素 C_2、C_3、C_4 也可计算出相似优先比模糊关系矩阵。

$$
R_{\underset{\sim}{C2}} = \begin{array}{c} \\ A_1 \\ A_2 \\ A_3 \\ A_4 \\ A_5 \\ A_6 \\ A_7 \end{array}
\begin{array}{ccccccc} A_1 & A_2 & A_3 & A_4 & A_5 & A_6 & A_7 \end{array}
\left[\begin{array}{ccccccc}
0 & 0.33 & 0.33 & 0.5 & 0.5 & 0 & 0.33 \\
0.67 & 0 & 0.5 & 0.67 & 0.67 & 0 & 0.5 \\
0.67 & 0.5 & 0 & 0.67 & 0.67 & 0 & 0.5 \\
0.5 & 0.33 & 0.33 & 0 & 0.5 & 0 & 0.33 \\
0.5 & 0.33 & 0.33 & 0.5 & 0 & 0 & 0.33 \\
1 & 1 & 1 & 1 & 1 & 0 & 1 \\
0.67 & 0.5 & 0.5 & 0.67 & 0.67 & 0 & 0
\end{array}\right]
$$

$$
R_{\underset{\sim}{C3}} = \begin{array}{c} \\ A_1 \\ A_2 \\ A_3 \\ A_4 \\ A_5 \\ A_6 \\ A_7 \end{array}
\begin{array}{ccccccc} A_1 & A_2 & A_3 & A_4 & A_5 & A_6 & A_7 \end{array}
\left[\begin{array}{ccccccc}
0 & 0.5 & 1 & 1 & 1 & 0.5 & 0.5 \\
0.5 & 0 & 1 & 1 & 1 & 0.5 & 0.5 \\
0 & 0 & 0 & 0.5 & 0.75 & 0 & 0 \\
0 & 0 & 0.5 & 0 & 0.75 & 0 & 0 \\
0 & 0 & 0.25 & 0.25 & 0 & 0 & 0 \\
0.5 & 0.5 & 1 & 1 & 1 & 0 & 0.5 \\
0.5 & 0.5 & 1 & 1 & 1 & 0.5 & 0
\end{array}\right]
$$

$$
R_{\underset{\sim}{C4}} = \begin{array}{c} \\ A_1 \\ A_2 \\ A_3 \\ A_4 \\ A_5 \\ A_6 \\ A_7 \end{array}
\begin{array}{ccccccc} A_1 & A_2 & A_3 & A_4 & A_5 & A_6 & A_7 \end{array}
\left[\begin{array}{ccccccc}
0 & 0.33 & 0.43 & 0.43 & 0.43 & 0 & 0.2 \\
0.67 & 0 & 0.6 & 0.6 & 0.6 & 0 & 0.33 \\
0.57 & 0.4 & 0 & 0.5 & 0.5 & 0 & 0.25 \\
0.57 & 0.4 & 0.5 & 0 & 0.5 & 0 & 0.25 \\
0.57 & 0.4 & 0.5 & 0.5 & 0 & 0 & 0.25 \\
1 & 1 & 1 & 1 & 1 & 0 & 1 \\
0.8 & 0.67 & 0.75 & 0.75 & 0.75 & 0 & 0
\end{array}\right]
$$

对以上模糊关系矩阵根据实际情况由大到小取定 λ 值，得出 λ 截集，作出相应矩阵 R_λ，然后按全行（除去矩阵左上角至右下角对角线数值）都是 1 出现的先后，排出诸元素相似程度大小顺序，并赋予顺序号。以 R_{C1} 为例，当取 $\lambda = 0.5$ 时，可得矩阵：

$$
R_{\lambda = 0.5} = \begin{array}{c} \\ A_1 \\ A_2 \\ A_3 \\ A_4 \\ A_5 \\ A_6 \\ A_7 \end{array} \begin{array}{ccccccc} A_1 & A_2 & A_3 & A_4 & A_5 & A_6 & A_7 \\ \left[\begin{array}{ccccccc} 0 & 0 & 1 & 1 & 0 & 0 & 0 \\ 1 & 0 & 1 & 1 & 1 & 0 & 0 \\ 1 & 0 & 0 & 1 & 0 & 0 & 0 \\ 1 & 0 & 1 & 0 & 0 & 0 & 0 \\ 1 & 1 & 1 & 1 & 0 & 0 & 0 \\ 1 & 1 & 1 & 1 & 1 & 0 & 1 \\ 1 & 1 & 1 & 1 & 1 & 1 & 0 \end{array}\right] \end{array}
$$

可见 A_6、A_7 两行首先出现全行是 1 的情况，说明 A_6、A_7，与 A_0 最相似，顺序号同编为 1，然后在 $R_{\lambda = 0.5}$ 中删去 A_6、A_7 的行与列，仍取 $\lambda = 0.5$，又得矩阵：

$$
R_{\lambda = 0.5} = \begin{array}{c} \\ A_1 \\ A_2 \\ A_3 \\ A_4 \\ A_5 \end{array} \begin{array}{ccccc} A_1 & A_2 & A_3 & A_4 & A_5 \\ \left[\begin{array}{ccccc} 0 & 0 & 1 & 1 & 0 \\ 1 & 0 & 1 & 1 & 1 \\ 1 & 0 & 0 & 1 & 0 \\ 1 & 0 & 1 & 0 & 0 \\ 1 & 1 & 1 & 1 & 0 \end{array}\right] \end{array}
$$

此时 A_2、A_5 与 A_0 最相似，顺序号同编为 2。同理又取 $\lambda = 0.3$，得矩阵：

$$\begin{array}{c} \begin{matrix} A_1 & A_3 & A_4 \end{matrix} \\ R_{\lambda=0.3} = \begin{matrix} A_1 \\ A_3 \\ A_4 \end{matrix} \begin{bmatrix} 0 & 1 & 1 \\ 1 & 0 & 1 \\ 1 & 1 & 0 \end{bmatrix} \end{array}$$

说明 A_1、A_3、A_4 与 A_0 同等相似，顺序号编为 3。

用类似方法，同样可得在因素 C_2、C_3、C_4 上各元素与 A_0 的相似程度顺序号，所有顺序号见下表：

	A_1	A_2	A_3	A_4	A_5	A_6	A_7
C_1	3	2	3	3	2	1	1
C_2	3	2	2	3	3	1	2
C_3	1	1	2	2	3	1	1
C_4	5	3	4	4	4	1	2
总和	12	8	11	12	12	4	6

上述序数总和是在平权条件下的计算结果，即假定各因素权数均为 1 所得结果。论域中某一元素序数总和越小，则与 A_0 相似程度越高，反之则相似程度越低，从高到低排列顺序为：1、A_6，2、A_7，3、A_2，4、A_3，5、A_1、A_4、A_5，。即：古雅典罗马奴隶与斯大林定义的奴隶最相似，近代美国黑奴次之，秦代官私臣妾又次之，两汉奴婢再次之，斯大林定义的农奴、唐代奴婢、"黑劳士"相似程度最低。这个结论与运用模糊聚类方法所得结论大体上是统一的。

五

以上结论自然大可商榷，问题主要存在于下述环节：一、作为判定论域中各元素相似程度重要依据的诸个因素的确定是否合理；二、各元素在诸因素上的隶属度的确定是否合理；三、各因素权数的确定是否合理。这些环节都还需要进一步深入研究。如果能组织较多学者，确定较为合理的诸判定因素，赋予其恰当的权数，同时使隶属度数值有更多层次，并取经过统计学处理的众多学者所判定的隶属度，数据处理则运用电子计算机，那么最后结论必然更趋合理，也更加符合客观实际情况。

尽管结论仍有待推敲，但已经给了我们几点启示：一、如果仅仅从奴隶与农奴差别的角度来观察，秦代臣妾与汉唐奴婢是截然不同的；二、简单地以斯大林定义的奴隶和农奴两个概念去涵盖前资本主义阶级社会主要的被压迫被剥削阶级，这远远不够，后者中的有些类型游离于奴隶和农奴概念之外；三、同样为奴隶或农奴概念所涵盖的历史事物，它们接近于概念的相似程度有着层次上的差别。上述启示也给我们一个基本认识：数学方法可以应用于史学研究，这不仅使史学研究更加准确，也有可能使之得出一些定性分析所不曾注意到的新结果。

（原载《河北师院学报》1993 年第 4 期）

也谈模糊数学在考古学研究中的应用

——对王迅同志论文的几点补充意见

王迅同志《模糊数学在考古学研究中的应用》① 介绍了模糊数学的模糊聚类方法，并用以分析了山东兖州、烟台、潍坊、菏泽、安徽六安、江苏北部六个地区晚于龙山早于商代的文化遗存（以下分别简称兖、烟、潍、荷、六、苏）的分类问题，笔者读后深受启发，同时感到需要进一步改进和完善。现陈述笔者补充意见如下。

一 关于相似系数的确定方法

模糊数学并非把本来精确的数学变得模糊、不精确、不确定，而是用精确的数学方法去研究相对一定概念来说呈现模糊性的客观事物，例如某男性身高 1.7 米，我们不能完全肯定或否定他是"高个子"，他对于"高个子"概念便呈现模糊性。这样，用以描述事物模糊性的隶属度、相似系数等等便成为运用模糊数学方法的关键所在，因为此后的分析是以隶属度等数值为基础的精确数学计算，并不存在模糊之处，所以隶属度等数值合理与否便直接决定了结论的合理与否。事物的模糊性是相对一定概念存在的，而概念是人把握客观事物的一种思维形式，因此隶属度、相似系数等数值的确定一般都带有某种主观性，很多时候是采取专家主观评定的方式，所以，能否减少主观性在隶属度等数值确定中

---

① 王迅：《模糊数学在考古学研究中的应用》，《考古与文物》1989 年第 1 期。

的作用，也就意味着能否使结论更加合理。

王迅同志在运用模糊数学方法时，对荷、兖等每两者间的相似系数采取了笼统的直接判定法，列举其间相同与不同之处后即直接给予一个相似系数值，这固然不失为一种方法，但过于粗糙。一方面，某一地区某一时代的文化遗存一般包含若干具体的文化遗存，它们在时空及内涵上必然存在一定差异，以其整体作为一个比较分类的对象时，应当首先将其中诸具体文化遗存进行统计学或模糊数学处理，形成其整体形象，然后再作为一个对象置入比较分类过程中，这样可以适当减少主观因素所起的作用。另一方面，任何一种考古文化都由多种内容组成，如陶器、石器，其他遗物遗迹等，笼统比较两种考古文化，得出其相似系数，容易包含更多主观因素，加剧学者间分歧。如果能将有关考古文化内涵根据实际情况区分为若干比较因素，如分为陶器、石器、遗迹等，或再细分为罐、盆、豆、盘、石刀、蚌镰、装饰用品、居住遗址等，同时在各因素上确定某种参照标准（可以是研究对象内外的某种实物，也可以是主观确定的某种理想化物体，但应与研究对象有较密切的联系或相似关系），逐个考察每一文化遗存在各因素上相对参照标准的隶属度，然后选取适当方法（如欧几里得距离法、绝对值倒数法、相关系数法等）进行标定，即根据每两个文化遗存在诸因素上的隶属度计算出其间的相似系数，从而构成包括有关全部对象的模糊关系矩阵，再以此为基础进行模糊聚类分析。在这个过程中，由于对对象内涵做了划分，因而隶属度的确定较为客观，容易取得多数学者的一致意见。下面试举例对此方法予以说明。

我们以荷、兖、潍为比较分类对象，以陶器、石器、居住遗址、葬式为比较因素，在诸因素上确定具体参照标准后，各对象隶属度如下表（以下数值纯系假设，并非实际研究结果）：

	陶器	石器	居住遗址	葬式
菏	0.6	0.5	0.8	0.6
兖	0.9	0.4	0.9	0.7
潍	1	0.3	0.9	0.5

然后选用绝对值倒数法进行标定，公式为：

$$\begin{cases} r_{ij} = 1 & (当\ i = j\ 时) \\ r_{ij} = \dfrac{M}{\sum_{k=1}^{m} |X_{ki} - X_{kj}|} & (当\ i \neq j\ 时) \end{cases}$$

式中 r_{ij} 表示 i 与 j 的相似系数，k 表示比较因素，i、j 表示被分类对象，m 表示比较因素的个数，M 是适当选取的一个数，可使 $0 < r_{ij} < 1$，此处取 $M = \dfrac{1}{5}$。例如：

$$r_{菏菏} = 1$$

$$r_{菏兖} = \frac{1}{5} \div (|0.6 - 0.9| + |0.5 - 0.4| + |0.8 - 0.9| + |0.6 - 0.7|)$$

$$= 0.33$$

即菏与菏的相似系数为 1，菏与兖的相似系数为 0.33. 用同样方法便可构成如下模糊关系矩阵：

$$R = \begin{array}{c} \\ 菏 \\ 兖 \\ 潍 \end{array} \begin{array}{ccc} 菏 & 兖 & 潍 \\ \begin{bmatrix} 1 & 0.33 & 0.25 \\ 0.33 & 1 & 0.5 \\ 0.25 & 0.5 & 1 \end{bmatrix} \end{array}$$

此矩阵便可成为进行模糊聚类分析的基础。

考虑到上述两个方面之后必然大大增加计算工作量，但为了提高结论的合理、准确程度，这是必须的，而且模糊数学的运用往往与电子计算机联系在一起，如果使用电子计算机，则计算方面便不成问题。

二 模糊聚类应当有不同层次

一般情况下，运用模糊数学方法进行聚类所得到的并非单一的分类结果，而是表现为多层次的分类结果，有如生物分类，在"种"这一层次有虎、猫、大猩猩、长臂猿等分类结果，在"目"这一层次则有食肉目、灵长目等分类结果。王迅同志在聚类分析过程中，对模糊等价关系 R_3，只取 $\lambda = 0.7$ 时截集，从而得出结论，菏、兖、潍、烟、苏同属一种文化，即岳石文化，而六属另一种文化。这种结论由于丢失了 R_3 所包含的一部分信息而成为可商榷的。

对 R_3 进行模糊聚类可以得到四个水平的分类结果。当取 $\lambda > 0.9$ 时，R_3 成为单位模糊矩阵 1，即矩阵中除左上角至右下角对角线各元素为 1 外，其余皆为 0，表示菏、兖等六者各成一类。当取 $\lambda < 0.3$ 时，R_3 成为全称模糊矩阵 E，即矩阵中所有元素均为 1，表示菏、兖等六者统属于同一类。当 $0.9 \geqslant \lambda > 0.7$ 时，R_3 变为 $R_{\lambda 1}$。

$$R_{\lambda 1} = \begin{bmatrix} 1 & 0 & 0 & 0 & 0 & 0 \\ 0 & 1 & 1 & 0 & 0 & 0 \\ 0 & 1 & 1 & 0 & 0 & 0 \\ 0 & 0 & 0 & 1 & 0 & 0 \\ 0 & 0 & 0 & 0 & 1 & 0 \\ 0 & 0 & 0 & 0 & 0 & 1 \end{bmatrix}$$

表示除菏、潍同属于一类外，其余自成一类。当 $0.7 \geqslant \lambda > 0.3$ 时，R_3 变为 $R_{\lambda 2}$。

$$R_{\lambda 2} = \begin{bmatrix} 1 & 1 & 1 & 1 & 0 & 1 \\ 1 & 1 & 1 & 1 & 0 & 1 \\ 1 & 1 & 1 & 1 & 0 & 1 \\ 1 & 1 & 1 & 1 & 0 & 1 \\ 0 & 0 & 0 & 0 & 1 & 0 \\ 1 & 1 & 1 & 1 & 0 & 1 \end{bmatrix}$$

表示除六自成一类外，其余同属于一类。以上多层次分类结果可用动态聚类图清楚表示出来：

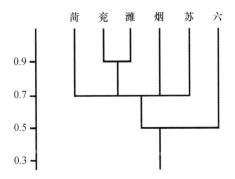

上述多层次聚类结果告诉我们，在一定的聚类标准之下，六与菏、兖等可以归属于同一考古文化类型之内，在又一种特定标准之下，则王迅同志归类于岳石文化的菏、兖等五者中亦可区分为不同的类型。

三 利用非等价模糊关系亦可直接进行聚类

王迅同志认为只有模糊等价关系方可进行分类，因此，非等价模糊关系必须通过自合成改造为模糊等价关系，笔者以为这种说法不够准确。利用模糊关系进行分类的方法有许多种，如矩阵方法、编网方法、最大树方法等等。王迅同志运用的是矩阵方法，它要求将非等价模糊关系改造为模糊等价关系，但这种改造工作往往比较麻烦，工作量较大，在含有几个元素的集合上的模糊关系，最多时需要自合成 $n-2$ 次，当 n 的数值较大时，则改造工作几乎为人力所无法承担。运用其他一些方法则不用改造即可进入聚类过程，例如根据王迅同志得出的 R，运用最大树方法可得如下最大树图：

$$
R = 菏 \begin{array}{c} 菏\quad 兖\ 潍\ 烟\quad 六\ 苏 \end{array} \begin{bmatrix} 1 & 0.6 & 0.7 & 0.5 & 0.2 & 0.3 \\ 0.6 & 1 & 0.9 & 0.7 & 0.3 & 0.6 \\ 0.7 & 0.9 & 1 & 0.7 & 0.2 & 0.6 \\ 0.5 & 0.7 & 0.7 & 1 & 0.3 & 0.7 \\ 0.2 & 0.3 & 0.2 & 0.3 & 1 & 0.2 \\ 0.3 & 0.6 & 0.6 & 0.7 & 0.2 & 1 \end{bmatrix}
$$

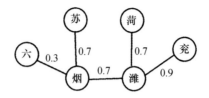

对此最大树取 λ 值不同时的截集，所得多层次分类结果与前述用矩阵方法所得结果完全相同。最大树方法在许多模糊数学著作中都可查到，为避免冗繁，此不再赘述。

模糊数学诞生至今不过 25 年，但它与电子计算机相结合，已经在自然科学和社会科学许多领域展现出广阔的应用前景，考古学研究涉及数量庞大而又呈现模糊性的事物，运用模糊数学方法必然有利于其进步，解决某些用传统方法难以解决的问题，得出一些新结论，使考古学研究更加精确。

（原载《史前研究》辑刊 1990—1991 年）

数字化时代汉字古籍的管理与利用

一 纸本时代的局限性

中华文化是世界上最伟大的文化之一，在人类历史进程中扮演了十分重要的角色，而汉字古籍就是这一文化的基本载体，使之得以在数千年的历史进程中传承、扩散、发展、壮大。

在这个漫长的历史进程中，汉字古籍主要以纸本的形式存在，纸本载体为文化的传承做出了巨大的贡献，但以今天的眼光来看，纸本时代，特别是古代，文献的制作、管理、传播和利用有许多局限性，大致可以总结为六难。

得书难。在印刷术产生之前，书籍是一种奢侈品，只有少数人才能利用。汉代学者王充，"家贫无书，常游洛阳市肆，阅所卖书，一见辄能诵忆，遂博通众流百家之言"①。因家贫无力购书，只能蹭书看。印刷术产生之后，书籍成本大大降低，更多的人可以得到书籍，但即使在这个时期，书籍仍然是贵重物品，特别是一些珍稀书籍，一般人很难得到。清代叶德辉有《藏书十约》，特别说明其书籍"不轻借抄"："非有书可以互抄之友，不轻借抄。非真同志著书之人，不轻借阅。舟车行笥，其书无副本者，不得轻携。远客来观，一主一宾，一书童相随，仆

---

① 《后汉书》卷49《王充传》，中华书局1965年标点本，第1629页。

从不得丛入藏书之室。"① 到现代，即使在公立图书馆中，一些珍稀古籍仍然很难看到，更难复制。

藏书难。在纸本书时代，藏书也非易事。黄宗羲《天一阁藏书记》曰："尝叹读书难，藏书尤难，藏之久而不散，则难之难矣！"他说：藏书"非好之与有力者不能。""二者正复难兼。"爱好者未必有钱，而有钱者之好"多在狗马声色"。已有藏书的结局也大多不佳，"古今书籍之厄，不可胜计"。他列举了许多实例，或遇火焚水淹，或是人亡书散。②国家图书馆的藏书情况要好一些，但遇战乱，或改朝换代，藏书大多会受到巨大损失。

传书难。早期书籍书写于简牍布帛之上，非常不易，因此口传是一重要途径，《尚书》后来有今古文之争，这是一个重要原因。印刷术产生之后，印制书籍仍然费用高昂。李时珍《本草纲目》完成后，先是试图通过书商出版，未能成功，又献给朝廷，希望借助国家力量传布于世，也未成功，直到他逝世三年之后，书商胡承龙才将其刻版印行。

编书难。古代编书耗时、耗力、耗费资金，非常不易，特别是一些大部头的汇编书籍。《四库全书》的整理出版，凭借国家的力量，由纪晓岚等360多位学者编撰，3800多人抄写，费时十三年方才编成。这是中国古代最大的一部丛书，但其中收入不过3500多种文献，大约7.5亿字。

用书难。在纸本书时代，对文献的利用都建立在大量阅读的基础上，把握内容主要靠记忆，辅助以卡片、笔记之类，只是到近代，才有引得一类工具书可资利用，因此老一代成名学者往往都以博览群书、记忆力超群而著称。陈寅恪先生晚年失明，凭记忆引用大量史料而完成80万字的《柳如是别传》，在今天学者中是难以想象的。

改书难。文献在流传过程中，总会发生各种各样的错误，鲁鱼亥

① 叶德辉：《藏书十约》，叶启倬编《郋园先生全书》，民国二十四年长沙中国古书刻印社汇印本。
② 黄宗羲：《天一阁藏书记》，载阮元等《天一阁书目》卷首，清嘉庆十三年阮氏文选楼刻本。

豕，而且流传时间越长，错误积累越多，但在纸本书时代，书已成形，除了改版，则无法修正错误，只能附加勘误表或校勘记。《明实录》500册，校勘记就有21册。

近代印刷技术发展大大改善了条件，但上述六难并没有根本性变化。数字化是人类历史上的一次重大革命，开创了人类历史的新阶段。对于汉字古籍来说，数字化所导致的革命尤为巨大，开辟了其制作、管理、传播和利用的全新时代，当然也从根本上为解决上述六难奠定了基础。

二 汉字古籍的重新定义

在数字化时代，由于手段的革新，人们管理古籍的能力大大提高，在这种情况下，就需要重新审视汉字古籍的定义，从而使管理工作形成更为合理的规范。

传统古籍管理是图书馆工作的组成部分，因此古籍定义以图书馆工作为基础，着眼于馆藏图书的管理，并且更多考虑了实际操作的方便，一般将古籍定义为1911年前中国境内抄写或印制的书册。这个定义对于馆藏图书来说是恰当的，具有很强的可操作性，但是从广义文献的角度看，它有如下一些缺陷。

一是种类狭窄。只着眼于传世书册，排除了甲骨文、金文、石刻、敦煌文献等考古文献和舆图、书札、字画、契约、文告等传世文献。目前最权威的古籍目录书籍《中国古籍总目》，就只"著录已经编摹并传抄刻印成书"的甲骨、铭文、碑刻、竹简、木牍、帛书、敦煌遗书、金石拓本、舆图、书札、字画、鱼鳞册、实钞、契约、诰命、文告等等文献，而所有"原件均不著录"①，这样，大量文献就被排除在外。这种状况对学术研究形成了一定的障碍，例如研究《尚书》，只研究今古文等

---

① 中国古籍总目编纂委员会编：《中国古籍总目·史部》，中华书局、上海古籍出版社2009年版，第5页。

各种传世版本显然不够，还应当研究石刻本、敦煌卷子本、《遂公盨》（又名豳公盨、燹公盨）等金文版本。又例如，研究明清贵州社会基层的经济和文化活动，未成书册的"清水江文书"可能具有更大的价值。

二是时段僵死。以政治变化的阶段作为文献时段区分的依据，把最后一个古代王朝清朝的灭亡作为截止日期，这就排除了许多形成于其后但应当属于古籍的文献。现代编纂者发现了这个界定的局限性，做了适当修正，例如《中国古籍总目》就收录了"部分成书或传抄刻印于民国时期，内容关涉中国古代学术文化，采用传统著述方式，并具有古典装祯形式者（如丛书、方志、族谱等）"①，但这种修正似乎在实际工作中还没有普遍推行。

三是区域狭小。以现今政治疆域作为古籍收录区域，局限于大陆和港澳台，排除了其他地区。但在历史上，中华文化的传播、影响并不局限于中国境内，至少在日本、朝鲜、越南都曾经是主流文化，输入了大量中国古籍，除以各种方式翻刻外，还形成了一些双语古籍。另外，当地作者也留下了许多汉字古籍，这些古籍从内容到形式都属于广义中华文化的范畴，因而也应当收入汉字古籍之中。

四是局限于书册。完全以书册作为管理的基本单位，不能完整反映文献的全貌，忽视了其中包含的独立文献，从而给文献利用带来障碍。例如，传统古籍目录系统将《八旗丛书》之类丛书作为一个单位来看待，从而忽略了其中收入的清唐英《陶冶图说》、纳兰成德《渌水亭杂识》等单独文献，而这些文献由于未成单册，大多并不见于古籍文献目录。又例如《玉函山房辑佚书》，其中收录的许多文献在多种古籍目录书中都未记载。

---

① 中国古籍总目编纂委员会编：《中国古籍总目·史部》，中华书局、上海古籍出版社2009年版，第5页。

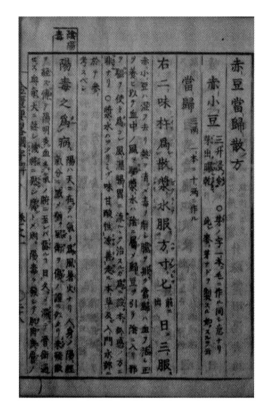

日文注解《金匮要略》

中朝文对照《论语》

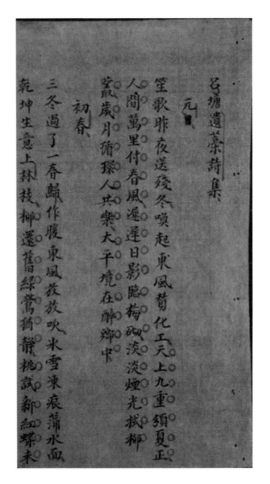

越南蔡顺《吕塘遗稿》

　　传统古籍定义，立足点是图书管理，目的是如何方便地管理图书，而并非从古籍利用者角度出发，以最大限度方便古籍利用为目的。当然，这是由纸本书时代的工作条件所决定的，古籍管理对象就是图书馆所收藏的纸本书册，这些书册自然而然成为古籍概念的外延。另外，汉字古籍数量庞大，以传统手段管理非常困难，只好尽量降低工作难度，将古籍限定在一个比较狭窄的范围内。近年来古籍研究最重要的成果《中国古籍总目》，从1992年开始编纂，2009年完成，2013年才全部出版，历时20余年，动员了数十所图书馆的几百位专家学者，如此耗时耗力，原因之一就是它只使用了传统手段。

在数字化时代，利用全新的数字手段管理和利用古籍，就必须对汉字古籍定义做出适当调整，新定义的立足点不是管理好纸本书册，而是要以读者为中心，为读者的研究和学习服务，使读者能够尽可能全面地利用古籍文献。因此，新定义不能局限在书册上，而必须以文献作为基本单位，书册是一个文献单位，书册中收录的单独文献也是一个文献单位，不仅如此，以非书册形式表现出来的文献，例如金文、甲骨文、敦煌卷子、民间文书等，以图画形式表现出来的文献，例如书画、舆图等，同样是一个文献单位。在内容上，则应当以文化作为依据，凡以文字或图形表现出来、采用了旧有表现形式、涉及广义中华传统文化者，均应属于汉字古籍。

按照这个定义来考虑，则传统定义的各种局限性均可解除。

就种类来说，凡用传统表达形式、内容涉及中华文化者，均应囊括在汉字古籍范畴之内，除了以书册为基本形式的各种传世文献，金文、甲骨、石刻、敦煌卷子、明清档案、民间文书、书画、舆图等等，均应包含在内。

就时间来说，则不止于 1911 年，而应当包括民国甚至民国以后的短暂时期。

就国别来说，不限于中国境内，而应当扩大到整个汉字文化圈，包含形成于各国的各种双语文献。

就管理单位来说，则应以文献作为基本单位，书册是一个文献单位，书册中的单独文献、非书册形式的其他文献，同样是一个文献单位。

三 汉字古籍数字化系统的基本设计

以数字化为基本手段，在新的条件下管理和利用汉字古籍，这是一个系统工程，它的设计应当以使用者的需求为主要依据。除了必须有功能强大的基础平台而外，就内容来说，至少应当包含四个基本的子系统：目录数据库、图版数据库、全文数据库、高级服务平台。这四个子系统分别具有不同的职能。

（一）目录数据库

它应当遵循文献目录学的基本规则，按照前述的汉字古籍扩大定义，不分类型、地域、时段，将所有汉字古籍收录其中。其目的是让使用者可以极便捷地知道有哪些汉字古籍，可以通过文献名、作者、分类、版本、子目等多种渠道进行检索查询。

现在各图书馆一般都有相应的数字化古籍目录，但大多局限于本馆。也曾经有一些联合数字目录，例如台湾地区有全岛 77 所图书馆的联合古籍目录，但这并非全部汉字古籍。目前最重要的古籍目录成果是《中国古籍总目》，但它只收录了书册，成果本身是纸本，只提供了书名和著者两个索引，而且检字方法是四角号码，这对于目前多数人来说，使用是极为不便的。自 2007 年开始，文化部组织开展了全国古籍普查工作，对各类图书馆以及部分私人收藏的古籍进行普查登记，并建立了数字化的普查登记平台，据说这项工作将于 2020 年完成，届时将会形成一个非常完整的数字化古籍目录，给读者提供极大的方便。不过，工作方案明确规定"其他特种文献，如甲骨、简牍、帛书、金石拓片、舆图等，暂不列入这次普查范围"①，多少有些遗憾。

我们认为，新的古籍目录应当是数字化的数据库，它应当收录前述重新定义的全部汉字古籍，当然，为了管理方便，可以且应当采用分库管理的模式，在传世文献目录数据库之外，再建立甲骨文献、金文文献、石刻文献、敦煌文献、明清档案、书画文献、舆图文献等等目录数据分库，总合成为一个完整的汉字古籍文献目录数据库。

这个目录数据库应当是竭泽而渔，将所有汉字古籍文献收录其中，各种信息完整无误。但是，汉字古籍浩如烟海，分散世界各处，搜集完

---

① 文化部：《文化部关于印发〈全国古籍普查工作方案〉等文件的通知》，文社图发〔2007〕31 号。

整并非易事；另外，确定某些文献的目录还存在许多难题，有些非常不好解决；已经成形的纸本或数字化的目录也有许多错误，亟待改正。因此，这个目录数据库应当是一个动态的数据库，可以不断增补修正，日臻完善。

（二）图版数据库

它应当具有传统纸本图书馆的全部功能，而且更加方便，使用者根据目录数据库检索到的文献，从这里就应当得到图版原件。文献图版文件应当具有纸本书册的基本功能，可以阅读、折页、添加标记注释等等，同时又具有数字文献的各种优点，例如查询便捷，携带方便、可大量存储等。

原则上说，图版数据库应当与目录数据库相配合，最终实现竭泽而渔，但图版数据库的制作比目录数据库更加困难，只能在一个动态的过程中日臻完善。

（三）全文数据库

它的目的，是让使用者可以对古籍文献进行深度检索，并通过信息技术的运用，在更加广泛的意义上对文献加以利用。因此，如果说目录和图版数据库与传统纸本图书馆关系密切，比较相似，那么全文数据库就完全超出了图书馆的原有概念，成为一种全新的信息资源。

全文数据库有不同的类型，最简单的是单字标引的全文数据库，目前汉字古籍全文数据库基本上都是这种类型，但最好的是语料库，其功能大大优于前者。例如对于"鼠大食稼""白衣大食"两类史料，"大食"的性质、含义截然不同，在单字标引的数据库中不能区分，检索中会产生许多冗余信息，但在语料库中却可以很好区分，前者分为"大""食"两个词，后者为"大食"一个词。语料库还可以分为词法级、句法级、语义级等不同级别，但即使是最低级的进行了词标引的词法级语料库，它的功能也大大高于单字标引的全文数据库，为古籍数据利用的智能化提供了重要基础，使史料考证、论文写作等工作的自动化成为可能。但是，由于现代汉语的自动词切分问题至今没有很好解决，古代汉语的自动词切分甚至还没有进入实质性研究阶段，古籍语料库的制作就只好靠人工标注，由于这个原因，目前在世界范围内，真正成规模的汉字古籍语料库，只有台湾地区"中央"研究院历史语言研究所制作的"古汉语语料库"，169 万字，而且还是在词法级。如果古代汉语的自动词切分问题能够解决，汉字古籍能够形成不同级别的语料库，那么古籍利用将会发生根本性的变革。

按理想的结果来说，应当将所有汉字古籍都制作为全文数据库，但实际上很难做到，主要原因有二。一是成本极高，例如台湾地区"中央"研究院最早制作《二十五史》全文数据库时，用现代印刷的中华书局标点本为底本，其成本是一个字新台币 1 元。现在随着 OCR 等技术的发展，成本大幅降低，但所需费用仍然十分庞大。二是差错率较高，其原因一在于古籍本身，有些字本身就难以判定，例如在《四库全书》《明实录》等文献中，己、巳、已三字很多时候书写完全一样，只有根据上下文才可判断，OCR 等技术毫无用武之地；另外，合格负责任的校对人员缺乏也是原因之一。

（四）高级服务平台

在目录数据库、图版数据库、全文数据库基础上，还应当建立起相应的高级服务平台，使以汉字古籍为基础的各种研究工作实现一定程度的自动化。我们认为，主要可以从下述一些方面做工作。

在文献校勘方面，数字化可以大有作为。最基础的校勘是对校，我们出于工作需要，曾经制作了具有类似功能的软件工具，100 万字的文献，如果有 3 个版本，可在 30 秒内完成对校，并自动生成校勘记。

在文字考证方面，定字、定音、训诂等工作都有可能实现不同程度的辅助自动化。我们曾进行过模拟研究，确定了其基本的工作流程。在全文数据库中，把涉及某一个字或几个字的所有内容摘取出来，按照研究者选择的某种规则进行排序比较，就可以为研究人员的判定提供完整的基础性数据。我们做过实验，例如：《论语》卷八《季氏第十六》有：

"丘也闻有国有家者，不患寡而患不均，不患贫而患不安"一句，细推敲其文义不通，以"不患贫"进行检索，发现《春秋繁露》卷八有"孔子曰不患贫而患不均"一句，由此判定传世《论语》为错简，正确文字应当是："丘也闻有国有家者，不患贫而患不均，不患寡而患不安。"

在史实考证方面，由于其工作基础是充分把握相关史料，然后进行排比、对照、分析，只要有充分的全文数据库，也可以实现某种意义上的自动化。我们曾做过模拟实验，现举例如下。中学语文课文有《乐羊子妻》一篇，需考证：乐羊子是否战国时乐羊？此"子"是否类如"孔子"之"子"为男子尊称？检索含有"乐羊子"全部资料，知其始于《后汉书》，相关事件主要有：乐羊子拾遗金、弃学，乐羊子母盗鸡，乐羊子妻予以劝诫等。检索所有包含"乐羊"但不包含"乐羊子"的资料，知其始于《战国策》，相关事件主要有：为魏国大将，攻中山国，食子肉之羹等。除《东周列国志》将此二人事迹混为一谈，其余均明确区分，根据此特征组合，相关文献资料可明确分为两类，参考此分类结果可得结论："乐羊子"非"乐羊"，此"子"为姓名一部分，而非男子尊称。

在史学论文写作方面，我们认为，论文初稿自动写作机是有可能实现的。史学论文写作的基础，是充分把握相关史料，并对史料进行恰当的分类、排比、归纳，而只要有了充分的全文数据库，这些工作都有条件实现一定程度的自动化。我们曾经做过设想，如果要写秦始皇功过得失的论文，只要通过全文数据库，把所有涉及他言行的材料收集起来，按照政治、经济、文化、军事等方面进行罗列，论文基础也就有了。不过在这方面，除了充分的全文数据库，还需要建立起充分的关联词库，否则目的也无法实现，例如，如果我们没有建立起秦始皇与嬴政、始皇帝、始皇、赵政、秦异人之子等词汇的等同关系，资料搜集就必然会有缺漏，论文写作自动化也会失败。

在研究成果交流方面，这个系统应当提供一种更方便直接的交流方式，即在任何一个文献的相关位置，用户都可以发表自己的看法，供他

人了解，并可进行一定的讨论，由于与文献的相关位置直接关联，因此
交流会更加直接、集中，效果也会更好。

对于涉及汉字古籍的相关研究进行大数据分析，这个平台也能够有
所作为。由于用户对上述各个数据库的使用，自动生成了一套大数据，
分析这些数据，便可对涉及汉字古籍的整个学界的动向做出把握，使用
者关注什么文献、关注哪些词汇，这些关注在不同类型的使用者那里又
有哪些区别，有什么时间或地域的特征，等等，从而可以清晰了解整个
学界的情况。

平台的高级服务功能不止于上述，只要能建成充分的数据库，学者
们有什么需求，这个平台便可以建立起相应的服务功能，从而节约学者
们宝贵的时间与精力。

四　汉字古籍数字化系统的技术要求

在技术方面，汉字古籍数字化系统应当能够很好满足使用者的各种
需求，包括现在尚未提出但将来有可能提出的需求，同时具有充分的前
瞻性，在技术环境发生各种变化时仍然能够顺利运营。根据多年的研究
和实践经验，我们认为应当把握如下三个原则。

一是必须执行国际标准。由于数字化环境变化迅速，在很短的时间
内，软硬件都有可能发生巨大变化，遵循国际标准，就能保证整个系统
在变化的环境中顺利实现兼容，能够长期延续使用。另外，坚持国际标
准，就能得到最好的软硬件支撑，当使用中产生新的需求时，也能迅速
完成新的软硬件建设。在这些标准中，比较重要的有：编码字符集必须
遵循 UCS/Unicode 标准，数据库结构必须遵循通用数据库标准，图片、
文本等也必须使用国际标准允许的通用格式。在文献数字化领域，因为
不遵循国际标准、不采用通用格式，从而使自己数据库的发展和使用受
到巨大限制的实例，以前有，今天仍然有。

二是应当为使用者提供尽可能完善的服务。从使用环境来说，不管
使用者所在何处、软硬件环境如何，只要能连上网络，就应当能得到比

所有实体图书馆都更为完善的服务。从操作流程和界面来说，则必须适应对计算机所知甚少的一般文史研究和学习人员，各种操作均可以方便、快捷、"傻瓜化"地执行。

三是必须创造能让众多人员参加数据库建设的条件，在一个动态过程中逐步完善。汉字古籍数字化系统是个庞大的系统工程，靠少数人或少数机构很难完成，必须动员所有使用者共同参与建设，并使他们乐于参与，发挥各自具有的长处，促使数据库日臻健全和完善。为实现这个目标，系统平台应当允许使用者对数据库进行修改，而且实际操作要便捷、"傻瓜化"。

五　我们的实际进展

在将近二十年的时间里，我们致力于汉字古籍数字化，进行了多方位的探索，在上述四个基本子系统领域都进行过尝试，并取得了一些阶段性成果。基于这些经验和成果，我们形成了一个完整的汉字古籍数字化系统的建设方案，并计划在《汉籍数字图书馆》中逐步实施。

正在建设的《汉籍数字图书馆》分为 1 个主库和 8 个专库，主库为传世文献库，专库为甲骨文献、金文文献、石刻文献、敦煌文献、明清档案、书画文献、舆图文献、中医药文献数据库，除中医药文献数据库与其他数据库内容互相重合外，其余数据库内容各自独立，每个数据库的建设都按照目录数据库、图版数据库、全文数据库三个层次逐步进行，目前进展较大的是传世文献数据库、敦煌文献数据库和中医药文献数据库。

传世文献目录数据库已基本完成。我们采取了与最新古籍目录研究成果《中国古籍总目》对照进行的办法，先根据我们已有的数字古籍建立起一个目录数据库，然后与《中国古籍总目》进行比对，二者只要在文献名、作者、子目、卷数等等任何一方面存在差别，即按照不同文献来处理，这样形成了三个目录数据分库：二者完全一致的文献、《中国古籍总目》收入而我们尚无原件的文献、我们有原件而《中国古籍总目》尚未收入的文献。在 2.0 版本中，收入图版的文献共有 64745 种，包含在子目中且与其不重复的文献有 22959 种，二者合计 87704 种，其中有 63440 种与《中国古籍总目》一致，24264 种与其不一致。《中国古籍总目》总计收入文献 177107 种，我们尚无原件的有 113667 种。这三个目录分库合并之后，总计为 201371 种。

传世文献目录数据库之所以与《中国古籍总目》出现较大的差距，主要有如下几个原因。首先，由于二者关于汉字古籍的定义不同，涵盖范围自然有差距。其次，在具体工作中，我们发现二者有许多细小的差异，例如二者文献名相同，但卷数不同，或文献名相同，子目有差别，在这种情况下，我们采取了比较谨慎的处理方法，将二者并列共存，以待在将来的动态过程中逐渐修正错误，不致因为我们的武断而损失文献信息，最大限度降低出现错误的概率。再次，我们收录汉字古籍以用户需求为基本目标，而用户需要尽可能充分的文献，因此在古籍与非古籍的界定上，采取了比较宽松的标准，可收可不收的均予收入，从而使收入文献数有所增加。当然，《中国古籍总目》确实也有遗漏和差错，这也是产生差距的原因。

传世文献数据库中，目录数据库和图版数据库合为一体。我们采用了文献、版本、印本、文件四级管理体系。在文献和版本层面，具有目录数据库的全部内容，在这里可以通过多种检索方式充分了解汉字古籍的全部目录信息，诸如文献名、作者、时期、分类、子目、版本等等。而在印本和文件层面，则只涉及已经入库数字原件的文献。之所以设计印本层面，是因为同一个版本的文献，可以有多种印本表现形式，主要有两种情况。一是数字原件有着不同的形成过程，或来源于不同的图书馆，或有彩色、灰度和黑白等不同格式。二是来源于不同的现代汇编丛书，例如同一版本文献被上海版《丛书集成续编》、台北版《丛书集成续编》、《续修四库全书》、《四库未收书辑刊》等汇编丛书同时收入，那么从这些丛书中剪切出来的文献原件便成为不同的印本。

我们广泛收入不同印本，主要有两点考虑。一是收藏于不同图书馆的古籍原件，可能完好程度各不相同，翻拍汇编丛书中的文献原件，完好和清晰程度也各不相同，为避免使用中可能遇到的缺失，需要将这些印本都收集起来。二是数字原件在制作、保存过程中，可能会出现各种差错、缺失、损坏，多种印本并存，可以大大降低使用风险。这样做，表面看会形成数据重复，影响使用，但由于计算机存储、网速等技术条件改善极快，因此这种重复对使用不会形成任何障碍，相反，会给用户提供最为安全的使用环境。

在 2.0 版本中，传世文献图版数据库共收入 102870 个版本、116671 个印本，约 6400 余万页，按文件计算，共 307803 个文件，数据量 7.4T，这些文件对应于文献、版本、印本。图版文件底本采用国际标准 PDF 格式，可以单页浏览，也可全本下载使用，在众多 PDF 阅览器中，可以任意浏览，放大缩小。如果使用 Acrobat Reader 11.0 以上版本的阅览器，还可以添加标记、注释，这些标记和注释是可检索的，在某种意义上，它比纸本书阅读使用更为方便。传世文献目录和图版数据库网络访问地址为 http：//www.hanjilibrary.cn/，其中的图版数据库又改造为微信版，可用手机检索浏览，其公众号为 hanjilibrary，二维码为：

我们收录的古籍图版有相当一部分来源于网络，为图书馆或其他机构、个人所制作，有一些文件剪切自现代汇编影印丛书，我们专门请相关法律专家进行过界定和论证，所有的使用都严格限定在法律允许的范围之内。在这里，我们要对所有汇编影印丛书的编纂者，数字图版的制作者表示深深的感谢，他们的工作为我们建设一个完整的汉字古籍数字化系统奠定了重要基础，为后人留下了重要的精神财富。

现有传世文献图版数据库只是一个初步成果，按种类计，不到全部汉字古籍的40%，但如果按版本计，则不足30%，我们计划以每年增加2T以上数据的速度，不断扩充图版数据库，与此同时进一步完善目录数据库。

传世文献全文数据库计划在图版数据库较为完善时实施，第一步是将以前所做的全文数据库资源14亿字导入其中，然后继续扩大代码文本数据。

各专库建设也在逐步进行中，已初步完成敦煌文献数据库和中医药文献数据库。

敦煌文献数据库已完成1.0版本，入库文献涉及编号72513个，不同印本97046个，收入图片文件517022个，所有图片既可在线浏览简图，也可下载高清图片察看。为了给研究提供最充分的资料，所收录文献并不局限于藏经洞，而是收入了所有发现于敦煌莫高窟，以文字、图画甚至实物为表现形式，反映了中国古代文化，且在相关的收藏机构或著作中有确切编号的资料。另外，对于没有对应图版的"空号"、"存目"等编号，我们也收录其中。网络访问地址为 http：//dunhuang. HanjiLibrary. com。

中医药文献数据库已完成1.0版本，目录数据库收录文献约22731种，图版数据库已收入文献原件4914种，约470万页，数据量约1T。网络访问地址为 http：//zhongyiyao. HanjiLibrary. com。

其他专库进展情况如下。

甲骨文献数据库：已准备好有字甲骨片图版60000余件，这些图版大多具有两个不同印本，刻辞释文代码文本也已大致准备就绪，适合甲骨文的数据库架构也已确定，待整理好目录系统、完成入库后即可提供服务。

金文文献数据库：已准备好有铭青铜器图版近17000件，大多具有三个不同印本，部分铭文释文代码文本已准备就绪，适合金文的数据库架构也已确定，待整理好目录系统、完成入库后即可提供服务。

石刻文献数据库：已准备好石刻照片及拓片图版约60000件，传世石刻类文献约1200种，这些文献收录的石刻文字约15000篇。目前适合石刻文献的数据库架构已经确定，已整理好目录的照片及拓片17938件，待完成入库工作后即可提供首期服务。

明清档案数据库：已准备好图版文件约 50000 件，后续工作将择机开始。

书画文献数据库：已准备好图版文件约 80000 件，后续工作将择机开始。

舆图文献数据库：已准备好图版文件约 3000 件，后续工作将择机开始。

我们的工作遇到的困难层层叠叠，特别是没有外来项目经费，捉襟见肘，虽然竭尽全力，力争使之品质完善，但实际上仍然存在许多缺陷、差错和瑕疵，对于这些问题，我们只能"惕惕愧不已"。另外，为了使这项工作能够继续下去，必须尽快形成产品，投放市场，以回收资金支撑后续工作，由于这个原因，有一些工作还没做完，只能在后续版本中逐步完善。例如，为了纠正数据库中的差错，我们特别设计了一套改错系统，任何人经过注册之后，都可以方便快捷地修改数据库中的信息，同时，我们还尝试研究建立一套报偿办法，给所有对数据库进行了良性、有效修改的劳动给予一定的回报。遗憾的是，这套改错系统还没能完成。好在平台的基本架构已经搭建起来，海量的数据已经入库，缺陷和差错可以在后续的动态过程中逐步改正。

我们的理想，是让所有希望使用汉字古籍的人士，即使处于穷乡僻壤，只要能联上互联网，就能得到比任何图书馆都更为完善的服务，能够得到全部汉字古籍的目录、图版和可深度检索利用的代码文本，能够得到越来越完善的各种自动化服务，真正实现"身居陋室、坐拥书城"，节约他们珍贵的时间和精力，为学术做出更多的奉献，为学习、工作和生活提供更多的方便。我们期盼所有学界同仁、所有使用者、所有感兴趣者，能帮助我们，改正差错，完善系统，增添资源，使之日臻完善。希望凭借众人的力量，再经过若干年的努力，能给后人留下一个比较完善的汉字古籍数字化系统。

（原载《刘光华、李蔚先生八五华寿纪念文集》，兰州大学出版社 2021 年版）

汉籍数字化规范刍议

社会信息化过程的加快，使汉籍数字化成为中国典籍研究发展基本趋势之一。目前、这一工作处于相对无序状态，制作者往往根据自己的条件和需要进行制作，缺乏合理的统一规范，这就有可能在将来因前瞻性思考不足而出现损失。笔者试图根据自己实际从事汉籍数字化工作的经验教训，并借助海内外其他经验教训，提出初步工作规范，以作为讨论的基础。

一　数字化形式规范

汉籍数字化有两种基本形式。一是图形方式，即通过扫描，将汉籍原本转变为电脑图形文件。此方式改变汉籍载体，大大降低了存储成本与空间，且完整保留汉籍原貌。缺点是不能对汉籍内容进行全面管理和检索，使用不便，且文件体积较大，不利存储和传输。二是文本方式，即通过人工输入或 OCR 自动识别，将汉籍内容转变为文字代码。其优点是可实现全文检索和管理，使用便利，文件体积小，利于存储和传输。缺点是，在目前计算机编码字集条件下，存在缺字问题，另外由于校对不精等原因，容易出现差错。

汉籍数字化的目的是充分利用计算机技术，实现对其内容的全面管理和检索，因此，应以文本形式作为规范形式，而辅之以汉籍图形。条件许可时，应实现两者并存，即以文本形式为基本使用形式，当需要察看原书时，可随意调用图形文件。

二 版本选择与校对规范

汉籍往往有多种版本，不同版本有时各有优劣，鉴于计算机存储能力和检索速度迅速提高，应确定多版本并存的版本选择规范，即，一汉籍有价值的多种版本，应并存于最终完成的汉籍全文数据库中。在实际制作过程中，限于经费等原因，应按版本优劣顺序逐渐输入部分或全部，版本是否有价值、优劣顺序如何应由有关学者确定。

文本校对是目前出版业相对薄弱的一个环节，汉籍数字化也不例外。对这一问题，除开始制作时就确定严格的校对程序外，应发挥计算机技术的长处，确立汉籍动态全文数据库，并建立用户与制作者的反馈机制。发现问题，及时反馈，随时维护修改，使其日臻完善，差错率降到最低水平。

三 汉字处理规范

由于计算机编码空间的限制，汉字编码字集狭小曾是汉籍数字化的最大障碍。近年来，汉字编码有突破性进展，全汉字编码指日可待。1993 年，国际标准 ISO/IEC 10646.1[①] 被正式批准，确定了高达 21 亿多个码位的编码空间，由于其采用 4 字节编码方案，西方国家多不倾向使用。1996 年又确定了 UTF – 16 转换格式，以基本多文种平面（BMP）为基础，以双字节为基本表达方式，可有 110 多万个码位，编码空间已有充分保证。[②] 此标准在技术上已无任何障碍，Windows 2000 及其配套软件都支持这一格式。

与此同时，1993 年批准的"中日韩统一汉字"（CJK）编入 20902

---

① 国际标准化组织：ISO/IEC 10646.1《信息技术：UCS – 通用多八位编码字符集：体系结构与基本多文种平面》，1993 年。

② 傅永和、张轴材、毛永刚、王晓明：《ISO/IEC 10646/Unicode 的新进展与中文编码》，中国中文信息学会第四届理事会第一次会议暨学术研讨会，北京，1997 年 3 月。

个汉字，1998 年批准的"中日韩统一汉字扩充字集 A"（CJK – A）编入
6582 个汉字，同时还编入了"康熙部首及中日韩部首补充"330 个。
"中日韩统一汉字扩充字集 B"（CJK – B）的制订已基本完成，其中编入
40749 个汉字，以上总计 68563 字，至此，《康熙字典》《汉语大字典》
所收汉字（含偏旁部首）全部囊括其中，已可基本满足汉籍数字化实际
需求。"中日韩统一汉字扩充字集 C"（CJK – C）现已开始搜集字源，
等这一字集完成，全汉字标准的今体字部分大概会最终完成。[①] 与此相
应的工业标准 Unicode 也在陆续颁布，软件也必然随之更新。鉴于这一
背景，应确立如下汉字处理规范：

（1）汉籍数字化文本应以全汉字编码字集为最终标准，尽量保留原
字形，除规范异写字外不轻做改动。当需要标准简体字本时，可通过文
本转换来解决。

（2）目前应积极靠拢国际标准 UCS，当此标准尚未完全实用化时，
应选取最靠近的过渡标准，如 GBK 标准。

（3）缺字采用造字或组字方式，以便在适当时机过渡为全汉字字集
编码。目前条件下，应采用组字作为过渡方式，以使汉籍信息有最好的
通用性，避免造字空间不足的障碍，同时避免占用用户造字空间。

（4）着手编制各种古文字编码字集并建立相应字库，如甲骨文、两
周金文、战国文字等，在适当时候补入全汉字编码字集。

（5）进一步研究异写字、异体字、繁简字、缺笔避讳字等变体字的
编码处理方式，在此基础上提出相应处理规范，一方面，应使全汉字字
集编码中异写字尽可能减少，另一方面，又尽可能多地保留汉籍原有信
息。原则上，除异写字之外，均应设法保留。

四　数据库处理规范

鉴于中文文献、特别是古籍的自动切分词问题无论从理论还是实践

---

① 高天助：《ISO 10646 与 Unicode 标准发展现状》，电子古籍中的文字问题研讨会，台
北，1999 年 7 月。

都还未解决，短期内尚难突破，因此应以单字标引的全文数据库作为汉籍数据库基本规范。在此基础上，应确立如下规范。

（1）尽量保留原汉籍版式方面的信息，诸如书、卷、段、大小字、表格、插图、出土文献的编号和特殊标志等等。凡可能时，均应建立汉籍原形图片库，并使数字化文本内容与之形成细致的链接关系。

（2）检索中采用关联字技术，以防止各种原因导致的漏检。所谓关联字技术，即在检索一字时，同时检索与其等义的繁简字、异体字等，如检索"历"，应能同时检索"歷""厤""曆"等字。

（3）逐步建立专业词库，以适应有关方面研究需求。首先可考虑建立人名、地名等词库。

（4）动员学术界关注古汉语切分词问题研究，以求最终实现汉籍的自动词标引，减少检索中的冗余信息。

五　数字化工作管理规范

除上述技术性规范外，管理方面也应确立一些规范，它们对汉籍数字化发展至关重要。其主要应包括如下方面：

（1）最大可能沟通海内外数字化汉籍制作机构或个人，互通情报，协调关系，资源共享，避免重复建设所造成的损失。

（2）充分利用传统出版业产生的汉籍数字化资源。由于电脑排版的普及，纸本汉籍出版的同时，产生了大量电脑排版文件，这一副产品应视为国家资源，与煤炭、石油、人力一样，不允许随意废弃，由国家设立专门机构收藏保存，在适当时候予以利用。利用过程中保证出版者及著作权人的合法权益。

（3）正确处理与传统出版业的关系。数字化汉籍往往会使用近期点校出版的古籍作为底本，因而必然与传统出版业发生利益冲突，法律规定对汉籍数字化并不有利。恰当处理这一关系应注意两个方面，一是鼓励并促使传统出版业积极进入数字化汉籍领域，在二者的结合中获取更大的社会效益和经济效益。一是在著作权法的基础上，对数字化汉籍使用底本确定合理的缴纳报酬比例，避免由于底本垄断而阻碍汉籍数字化进程。

（4）大力培育合法用户群。通过大力宣传推广，改善检索、阅览等操作环境，尽快扩大汉籍数据库，从而造成一个相对广泛的合法用户群体。他们将成为汉籍数字化发展的基础，同时又会提出新的需求，使之进一步发展完善。

（5）设立全国性领导机构。在迅速到来的信息化社会中，汉籍数字化在文化、政治以及经济方面都具有重要意义，谁处于领先地位，谁就将对中华文化具有更大的发言权，台湾地区很早就开始了汉籍数字化工作，自 1999 年底又开始计划全地区性的"典藏数位化计划"，他们的计划清楚地显示了这一动向。为更好地展开汉籍数字化工作，有必要设立全国性领导机构，其职能主要应包括：一、组织研究汉籍数字化在信息化社会中的地位、作用和意义。二、组织总结海内外有关经验教训，确立工作规范。三、组织协调全国汉籍数字化实际工作。四、与海外有关机构建立联系，进行合作。五、广泛宣传动员，使全社会关心这一工作，以尽快使大陆成为汉籍数字化中心。

（原载《中国典籍与文化》2001 年第 4 期）

我眼中的赵俪生先生

2005 年 12 月 11 日，山东大学王学典先生等来访，为撰写赵俪生先生传记搜集素材，我谈了下面两点看法，大致意思如下：

如果要对赵俪生先生做一个总体评价，我认为他是"四有"之人：有理想、有个性、有才华、有建树。

所谓"有理想"，并不仅仅指他早年参加"一二·九"运动、直接奔赴抗日前线，而是说他在任何时期，都有自己的精神追求。这种精神追求并不因各种实际利害而左右，更不会为了一些物欲而蝇营狗苟。为了自己的理想，他可以举门旗、上吕梁、离延安、批郭老。在物欲横流的今天，这样的理想追求，具有这种理想追求的人，应当说是越来越少了。

所谓"有个性"，是说赵先生具有一种与世俗风气很不一样的近乎童稚的率真个性。想自己认为该想的，说自己认为该说的，做自己认为该做的，没有遮遮掩掩，没有"委曲求全"，从不看别人脸色，真痛快！这种个性给赵先生带来过不少麻烦，但相对而言，现在许多人的处世方式是不是太累了一些？

所谓"有才华"，几乎不用我说，凡接触过赵先生音容文字者，无不有此感觉。开阔的视野、灵敏的思想、纷华的文笔、精彩的讲授。这种才华甚至表现在相貌上，精神矍铄，仪表堂堂。记得 20 世纪 80 年代初，在去昆明的火车上，赵先生的言谈举止吸引了同一软卧包间的一位香港商人，他非要请赵先生吃一餐，赵先生悄悄与我商量，可不可以吃？我说不吃白不吃。结果香港商人很满意，而我也借机陪赵先生美餐一顿。

所谓"有建树"，众所周知，在农民战争史、土地制度史、古代思想文化史等诸多方面，赵先生都有独到的建树。但我认为赵先生更重要的建树，是在学术研究的方法和风格上。学术并不只是表现为数量众多的本本篇篇，而是表现为一种思想、一种方法、一种传统、一种风格。赵先生主张多研究一些社会历史的大问题、少做一些搜搜抠抠小问题研究的思想，重视理论的史学研究方法，甚至所谓"打一枪换一个地方"的学术研究风格，都是赵先生对学术的建树。这种建树，对于现今学界尤显珍贵。

以上述"四有"与今之一般学人比较，有才华者很多，有建树而非仅有篇篇本本者虽少亦有，然有理想、有个性者越来越少，而且横流的物欲、"务实"的风气，正在加剧这一种趋势，这实在绝非好事，更非学界福音。

所谈的第二个方面，是赵先生与社会环境的关系问题。

我建议王学典先生的撰写更多从这个角度，这样作品才更具有社会意义。我提议他们注意刘海军先生《束星北档案》一书。束星北，一个极有才华、极为聪明、很有可能获得诺贝尔奖的天才，诺贝尔奖得主李政道就是因听了他的课而从学化工改为学物理。束星北，一个具有非常特殊个性的学者，因个性而与周围环境和社会发生了极为严重的冲突，历尽艰难，甚至挣扎在死亡线上。天才被改造得睡梦中突发灵感，似睡非睡中写出来的却是检讨与自我批判。这不只是束先生的悲哀，更是社会的悲哀、历史的悲哀。就束先生个人而言，"性格即命运"，但也正是有了这种个性，束星北才成其为束星北。刘海军先生说：一个"物化"的追求感官满足的时代，个性化的生活本身就是坚守。我想，应当有更多这样的"坚守"者。

由于比较特殊的个性，由于这种个性所必然带来的长处和短处，赵俪生先生与周围环境发生过较多的冲突，让一些人不愉快，赵先生本人也深受其害。这里没有必要、实际上也无法具体评判这些冲突的是是非非，只想说说如何看待有特殊个性的人与社会环境的关系问题。

当然，赵先生性格中的一些东西并不值得提倡，特别是对青年学子。我也特别反对某些学人，本事还没有练出来多少，先学着有"脾气"，似乎有了"脾气"就有了学问，"脾气"越大学问也越大。问题在于，性格基本上是天生的，"江山易改，禀性难移"，因此，我们不能强求赵先生改变性格，那么，这里只能要求社会改变对待这些具有特殊性格的人的态度。

农村有句俗话："匠人都有犟脾气"，是说一些有特殊本事的人往往有比较特殊的性格。纵观人类精神世界的发展历史，杰出的科学家、艺术家、文人学士，但凡才气逼人者，往往性格与众不同，甚至古怪到难以为世所容。且不说梵高、李白，就是爱因斯坦，也不是被人视为一个古怪、乖僻的人吗？然而，也正是这些特殊性格的人，他们毫不顾忌社会的反对，以自己认为正确的方式生活和思考，从而为社会贡献出巨大的精神财富。社会不能没有他们提供的精神财富，因此就不能不容许他们的正常存在。所以，对赵先生来说，要求他改变性格是没有道理的，我们只能要求社会、学界发扬宽容精神。社会既要允许善于与人相处的人生存，也要允许不善与人相处的人生存。学界既要允许专精于某一方向或某一段、"死守老营盘"的学者存在，也要允许"打一枪换一个地方"的学者存在。社会必须是一个多元化的宽容社会，只要不违犯法律，形形色色各种个性的人都应当能够正常生存。学界也必须是一个多元化的宽容学界，只要不违反基本的学术道德规则，各种学术路子、风格、思想的学者都应当能够充分自由地按自己的方式进行学术研究，发表自己的学术见解。中国学术发展的迟缓，有各种各样的原因，其中学界和社会的宽容精神不足，是一个十分重要的原因。

我反对你的观点，但我誓死捍卫你说话的权利。我讨厌你的性格，不愿意和你打任何交道，但我誓死捍卫你特殊个性在社会上的生存权利。我不赞成你的学术风格和路子，但我誓死捍卫你特殊风格和路子在学界的展示权力。让个性张扬起来吧，让学界和社会都更加宽容吧，学术将更有希望，社会将更有希望。在这样的条件下，我们这片土地上，才有可能产生出诺贝尔奖得主，产生出比较多的真正的人文知识分子。

（原载《社会科学论坛》2008 年第 2 期）

附录：赵俪生先生墨宝两幅

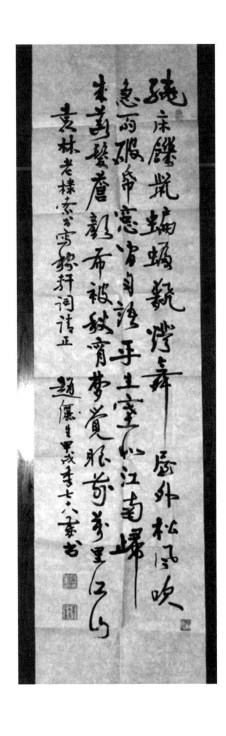

生产资料生产优先增长并非客观规律

苏联社会主义经济建设史上的重大失误之一，就是很长时间内，生产资料生产发展过快而生活资料生产发展过慢，以及由此产生的高积累政策。究其思想根源，在于认为存在着生产资料生产优先增长（或表述为生产资料生产增长更快）的规律。对此国内曾进行过两次大规模讨论，但一直未得定论。今天继续研究不仅有益于总结历史经验，对我国社会经济的正确宏观控制来说也具有一定的意义。

一

最早提出生产资料生产优先增长规律的是列宁，他在《论所谓市场问题》中列出图式进行了计算，而后得到结论："这样我们看到，增长最快的是制造生产资料的生产资料生产，其次是制造消费资料的生产资料生产，最慢的是消费资料生产。"① 但是，由于数学推导本身存在的疏忽，他的结论实际上已包含在假定的前提之中，本质上是同义反复。

列宁的扩大再生产图式沿用了马克思《资本论》中第一个图式的起始条件，在第一年的积累中，它假定两部类积累资本的有机构成分别由4 和 2 提升到 9 与 5，并假定第 I 部类积累率为 50%，即积累量为 500。推算出第 II 部类应积累 60，即积累率为 8%，第 I 部类发展速度大大高于第 II 部类。其图式为：

---

① 列宁：《论所谓市场问题》，《列宁全集》第 1 卷，人民出版社 1955 年版，第 71 页。

Ⅰ （4000＋450）c＋（1000＋50）v＋（500）m＝6000

Ⅱ （1500＋50）c＋（750＋10）v＋（690）m＝3000

如果我们不改变列宁图式的其他条件。仅将第Ⅰ部类积累率由50%降为10%，即积累量为100，按照列宁的方法推算，则可得到完全不同的结论。推演过程如下：

Ⅰ （1000v＋900m）＝Ⅱ1900c

Ⅱ （1500c＋400m）

积累：Ⅱ480m＝400c＋80v

积累：Ⅰ100m＝90c＋10v

积累：Ⅱ12m＝10c＋2v

图式为：

Ⅰ （4000＋90）c＋（1000＋10）v＋（900）m＝6000

Ⅱ （1500＋410）c＋（750＋82）v＋（258）m＝3000

这样，第Ⅱ部类积累量由60猛增为492，积累率由8%上升为65.6%，大大超过第Ⅰ部类，社会总积累量也由560上升为592。当然，还可以改变第Ⅰ部类积累率的假设数值，按列宁的方法推算出两部类积累率相同的图式来，若假定第Ⅰ部类积累率为$\frac{20}{61} \approx 32.8\%$，则第Ⅱ部类积累率完全相同（为节约篇幅，略去推算过程），其图式为：

Ⅰ （$4000＋295\frac{5}{61}$）c＋（$1000＋32\frac{48}{61}$）v＋（$672\frac{8}{61}$）m＝6000

Ⅱ （$1500＋204\frac{56}{61}$）c＋（$750＋40\frac{60}{61}$）v＋（$504\frac{6}{61}$）m＝3000

从上述例证可见，列宁图式中第Ⅰ部类比第Ⅱ部类发展更快，只是因为假设条件中第Ⅰ部类有较高的积累率。如果将第Ⅰ部类积累率降低到一定程度，第Ⅱ部类积累率就会超过第Ⅰ部类，从而发展速度快于后者。如果选定恰当数值作为第Ⅰ部类的积累率，还可使两部类积累率相等，发展速度相同。可见，列宁由推算而得出的结论实际上隐含在所假定的前提条件之中，并非客观规律。

二

从根本上说，两大部类之间的关系表现在他们的产品交换上。只要扩大再生产过程是平衡的，那么第 I 部类用于生活消费的产品价值必然与第 II 部类用于补偿和追加生产资料的产品价值相等，用公式表示为：

$$\mathrm{I}\ (v + \Delta v + \frac{m}{x})\ =\ \mathrm{II}\ (c + \Delta c) \tag{1}$$

式中 Δc、Δv 分别表示积累的不变资本和可变资本。如果我们按照列宁的图式，假定两部类积累资本的有机构成均处于变化之中，分别用 I p、II p 表示，并用 I $\Delta\Sigma$、II $\Delta\Sigma$ 分别表示两部类的积累量，即：

$$\mathrm{I}\,p = \frac{\mathrm{I}\,\Delta c}{\mathrm{I}\,\Delta v}、\quad \mathrm{II}\,p = \frac{\mathrm{II}\,\Delta c}{\mathrm{II}\,\Delta v}$$

$$\mathrm{I}\,\Delta\Sigma = \mathrm{I}\,\Delta c + \mathrm{I}\,\Delta v、\quad \mathrm{II}\,\Delta\Sigma = \mathrm{II}\,\Delta c + \mathrm{II}\,\Delta v$$

则可有如下推演：

$$\mathrm{I}\,\Delta\Sigma = \mathrm{I}\,\Delta c + \mathrm{I}\,\Delta v = \mathrm{I}\,\Delta c + \frac{1}{\mathrm{I}\,p}\,\mathrm{I}\,\Delta c = \frac{\mathrm{I}\,p + 1}{\mathrm{I}\,p}\,\mathrm{I}\,\Delta c$$

即

$$\mathrm{I}\,\Delta c = \frac{\mathrm{I}\,p}{\mathrm{I}\,p + 1}\,\mathrm{I}\,\Delta\Sigma$$

同理，$\mathrm{II}\,\Delta c = \dfrac{\mathrm{II}\,p}{\mathrm{II}\,p + 1}\,\mathrm{II}\,\Delta\Sigma$

又，$\mathrm{I}\ (v + \Delta v + \frac{m}{x})\ =\ \mathrm{I}\ (v + m)\ -\ \mathrm{I}\,\Delta c$

据公式（1）可得：

$$\mathrm{I}\ (v + m)\ -\ \frac{\mathrm{I}\,p}{\mathrm{I}\,p + 1}\,\mathrm{I}\,\Delta\Sigma = \mathrm{II}\,c + \frac{\mathrm{II}\,p}{\mathrm{II}\,p + 1}\,\mathrm{II}\,\Delta\Sigma$$

即：

$$\mathrm{I}\,\Delta\Sigma = \frac{\mathrm{I}\,p}{\mathrm{I}\,p + 1}\ (\mathrm{I}\,v + \mathrm{I}\,m - \mathrm{II}\,c)\ -\ \frac{\mathrm{II}\,p\ (\mathrm{I}\,p + 1)}{\mathrm{I}\,p\ (\mathrm{II}\,p + 1)}\,\mathrm{II}\,\Delta\Sigma \tag{2}$$

$$\mathrm{II}\,\Delta\Sigma = \frac{\mathrm{II}\,p}{\mathrm{II}\,p + 1}\ (\mathrm{I}\,v + \mathrm{I}\,m - \mathrm{II}\,c)\ -\ \frac{\mathrm{I}\,p\ (\mathrm{II}\,p + 1)}{\mathrm{II}\,p\ (\mathrm{I}\,p + 1)}\,\mathrm{I}\,\Delta\Sigma \tag{3}$$

由公式（2）、公式（3）可知，两大部类积累量之间存在着定量的相关关系，确定了某一部类的积累量，便可依据公式求得另一部类的积累量，它们互为条件，互相制约。

由于 I p > 0，II p > 0，微分式（2）、式（3）可得：

$$\frac{d \, \mathrm{I} \, \Delta \Sigma}{d \, \mathrm{II} \, \Delta \Sigma} = - \frac{\mathrm{II} \, p \, (\mathrm{I} \, p + 1)}{\mathrm{I} \, p \, (\mathrm{II} \, p + 1)} < 0 \qquad (4)$$

这说明两大部类积累量间呈反向变动，一部类积累量增加，则另一部类积累量减少，反之亦然，不存在某一部位是否占据主导地位的问题。以列宁图式的第一年为例，其中 I v = 1000，I m = 1000，II c = 1500，I p = 9，II p = 5，列宁假定第 I 部类积累 500，推算出第 II 部类应积累 60。分别以这两个积累量为起点，据公式（2）、公式（3）可推导出同样结果。

$$\mathrm{II} \, \Delta \Sigma = \frac{5+1}{5} \, (1000 + 1000 - 1500) \; - \frac{9 \, (5+1)}{5 \, (9+1)} \times 500 = 60$$

$$\mathrm{I} \, \Delta \Sigma = \frac{9}{9+1} \, (1000 + 1000 - 1500) \; - \frac{5 \, (9+1)}{9 \, (5+1)} \times 60 = 500$$

如果将第 I 部类积累量由 500 减少为 100，则：

$$\mathrm{II} \, \Delta \Sigma = \frac{5+1}{5} \, (1000 + 1000 - 1500) \; - \frac{9 \, (5+1)}{5 \, (9+1)} \times 100 = 492$$

如果将第 II 部类积累量由 60 增加为 492，则：

$$\mathrm{I} \, \Delta \Sigma = \frac{9}{9+1} \, (1000 + 1000 - 1500) \; - \frac{5 \, (9+1)}{9 \, (5+1)} \times 492 = 100$$

与前面按列宁方法进行推算的结果完全一致。

上述推演证明，两部类之间存在着确定的相关关系，它们的发展对比状况与从哪一部类开始积累无关，某一部类增长较快，只是由于开始时对该部类确定了较高的积累率，或对另一部率确定了较低的积累率，结论存在于前提之中，因此，并不存在所谓生产资料生产优先增长的规律。

三

列宁说，从马克思的扩大再生产图式中不能得出第 I 部类比第 II 部类占优势的结论，因为该图式并未注意技术进步，即资本有机构成的提高，"如果把这种变化纳入公式中，那一定是生产资料比消费品增长的更快"①。然而，这个结论并不能成立。

首先，技术进步并非必然导致资本有机构成的提高，我们知道，资本中生产资料与劳动力之数量比是资本的技术构成，毫无疑问，技术进步必然导致资本技术构成的提高。例如随着技术进步，一个纺织工日纺纱量可由 10 公斤增至 100 公斤，一个织布工日织布量可由 100 米增至 1000 米，等等，由此与每个劳动力相结合的生产资料，如棉花，棉纱，机器等数量必然增加。尽管从根本上来说，资本技术构成是决定资本有机构成的重要基础，但资本技术构成毕竟不等于资本有机构成，与一个劳动力相结合的生产资料数量的增长，并不意味着其价值数量也同样增长。从较大范围和较长时间来看，技术进步是普遍的和综合的，它所造成的劳动生产率的提高，必然导致大范围内单件产品所包含的社会必要劳动时间的减少，从而价值随之降低。而一部门生产品价值降低就可能意味着相关联的另一些部门生产资料价值的降低，如上述例子中的织布工，人均结合棉纱量增长为 10 倍，但由于纺纱也同样有技术进步，这些棉纱的价值增长比例必然低于 10 倍。如果相关联的两个部门资本技术构成增长比例相同，由此而来的劳动生产率增长比例也相同，那么，仅就这个范围而言，以一部门产品作为自己生产资料的另一部门内劳动力人均结合生产资料价值量增长必然为零。用上述举例可作不太精确的说明，纺纱、织布两部门劳动力人均结合生产资料（棉花、棉纱）量均增长了十倍，劳动生产率也提高了十倍，单位产品（棉纱、棉布）所包含的社会必要劳动时间降低为原来的十分之一，这样，与一个织布工结合的棉纱量尽管增长为 10 倍，但其中包含的社会必要劳动时间并未增长，因而价值量并未增加。就整个社会而言，社会总产品的使用价值因技术进步会有巨大增长，一般也表现为总价格的巨大增长，而社会总产品价值的增长则与技术进步无关，它取决于社会必要劳动时间总量的增

---

① 列宁：《论所谓市场问题》，《列宁全集》第 1 卷，人民出版社 1955 年版，第 69 页。

加。例如一个社会由于技术进步，产品总价格由 1 亿美元增长为 10 亿美元，但都是包含着 1 万人年的社会必要劳动时间，那么其总价值并没有发生变化，劳动力人均结合生产资料价值量也不会变化。如果社会所有行业资本技术构成增长比例相同，那么循环关联的结果便是各行业劳动力人均结合生产资料价值量增长为零，与此同时，如果劳动力价值不变，那么资本有机构成就会维持原状。而从劳动力方面来看，由于工人运动以及其他诸多社会因素的影响，劳动力价值有逐渐提高的趋势，这也阻碍了资本有机构成的提高。由于缺乏恰当的统计资料，尚无法全面分析资本主义国家资本有机构成的变化情况，但个别部门的统计资料可作为注解，如美国制造业固定资本（建筑物、设备价格总和）与可变资本（职工工资与薪金总额）的比率指数，若以 1929 年为 100。则 1939年为 93.2，1949 年为 84.6，1959 年为 89.7，1969 年为 88.0，1979 年为 109.4。① 这些数据似可说明，在技术进步条件下，资本有机构成并非一直在提高。

其次，即使假定资本有机构成处于持续增长之中，也无法得到生产资料生产优先增长的结论。本文第一节已举例说明，在列宁所假定的资本有机构成迅速提高的条件下，只要适当降低第 I 部类的积累率，第 II部类发展速度便会高于第 I 部类。在第二节中，公式（4）说明，无论两部类积累资本有机构成取何数值，其积累资本都呈反向变动，公式（2）、公式（3）则明显表示出，只要适当降低某一部类积累率，另一部类便会得到更高的积累率而发展更快。

显然技术进步并不必然导致第 I 部类优先发展。两部类生产间的关系是相互关系，不存在谁主谁次的问题，谁发展更快取决于对哪一部类确定了较高的积累率，而这又受制于多种因素的复杂综合作用，特别是各种社会因素（如各阶级力量对比状况、国家对社会经济的控制调节等等）的作用。仅仅从扩大再生产中两部类间的关系来说，无论技术进步如何迅猛，也不可能使某一部类无条件处于优先增长的地位。

---

① 高峰：《马克思的资本有机构成理论与现实》，《中国社会科学》1983 年第 2 期。

四

生产资料生产优先发展的结论又导致了高积累的实际经济政策，这种政策在苏联和中国以往经济建设中所带来的危害是显而易见的。从实物上来说，积累的对象是第Ⅰ部类产品，消费的对象是第Ⅱ部类产品，因此积累与消费的关系和两大部类生产之间的关系是同一问题的不同表现形式。为了更深入论证生产资料生产优先增长并非客观规律，有必要再分析一下积累与消费的关系。

我们用 $\Delta\Sigma$ 表示社会总积累量，根据公式（2）、公式（3）可得：

$$\Delta\Sigma = Ⅰ\Delta\Sigma + Ⅱ\Delta\Sigma$$

$$= Ⅰ\Delta\Sigma + \frac{Ⅱp+1}{Ⅱp}（Ⅰv + Ⅰm - Ⅱc）- \frac{Ⅰp（Ⅱp+1）}{Ⅱp（Ⅰp+1）}Ⅰ\Delta\Sigma$$

$$= \frac{Ⅱp+1}{Ⅱp}（Ⅰv + Ⅰm - Ⅱc）+ \frac{Ⅱp - Ⅰp}{Ⅱp（Ⅰp+1）}Ⅰ\Delta\Sigma \qquad (5)$$

同理，

$$\Delta\Sigma = \frac{Ⅰp+1}{Ⅰp}（Ⅰv + Ⅰm - Ⅱc）+ \frac{Ⅰp - Ⅱp}{Ⅰp（Ⅱp+1）}Ⅱ\Delta\Sigma \qquad (6)$$

这表明，社会总积累量与任何一个部类的积累量之间都存在着确定的相关关系，通过公式（2）、公式（3）、公式（5）、公式（6），在社会总积累量、两大部类积累量这三个量中，只要确定了任何一个量，都可计算求得另外两个量。

如果根据许多国家的经济现实，假定第Ⅰ部类积累资本有机构成大于第Ⅱ部类，即Ⅰp > Ⅱp，则微分公式（5）、公式（6）可得：

$$\frac{d\Delta\Sigma}{dⅠ\Delta\Sigma} = \frac{Ⅱp - Ⅰp}{Ⅱp（Ⅰp+1）} < 0$$

$$\frac{d\Delta\Sigma}{dⅡ\Delta\Sigma} = \frac{Ⅰp - Ⅱp}{Ⅰp（Ⅱp+1）} > 0$$

即 $\Delta\Sigma$ 与Ⅰ$\Delta\Sigma$ 呈反向变动，与Ⅱ$\Delta\Sigma$ 呈同向变动。这就是说，在Ⅰp > Ⅱp 的条件下，由于两部类生产间相关关系的制约，当社会增大总积累率，降低社会消费增长率时，则必须减少第Ⅰ部类的积累，增加第Ⅱ部类的积累，以使生活资料生产更快发展，为此后提高消费奠定物质基础；当社会降低积累率，提高消费增长率时，则必须减少第Ⅱ部类的积累，增加第Ⅰ部类的积累，以使生产资料生产更快发展，为此后增加社会积累创造物质条件。以第一节所列图式为例，在列宁图式的第一年中，社会总积累量为560，它分配于两大部类为500和60，当我们将社会总积累量提高到592时，第Ⅰ部类积累量由500减为100，第Ⅱ部类积累量则由60增为492。以上分析表明，在两大部类相关关系的制约之下，社会积累量的大小制约着其投入方向，从而调节着社会积累与消费之间的关系，使之达到某种平衡，这种平衡又从一个方面体现了两大部类生产之间的辩证关系。一个时期内优先发展生产资料生产，却意味着本期内社会积累率的下降和消费增长量的上升，意味着下一时期有条件更快发展生活资料生产；一个时期内优先发展生活资料生产，却意味着本期内社会积累率的上升和消费增长量的下降，意味着下一时期可以更快发展生产资料生产。社会的高积累必须使生活资料生产更快发展，而高消费则必须使生产资料生产更快发展。在这种相互关联的辩证关系中，任何一部类都不存在优先发展的必然性。生产资料生产优先发展当然也并非客观规律。

上述结论还可指导我们观察社会积累的实际状况，在第Ⅰ部类积累资本有机构成大于第Ⅱ部类的情况下，只要扩大再生产是平衡的，而第Ⅰ部类积累较多，第Ⅱ部类积累较少，则社会实际积累量较少。如果社会总积累率较高，但第Ⅰ部类积累率偏高，第Ⅱ部类积累率偏低，这说明这个再生产过程是不平衡的，其中必然存在大量有形或无形的浪费。

五

在符合上述积累与消费辩证关系的条件下，人们是否可以无限制地提高或降低社会总积累率？是否可以在一定时期内无限制地优先发展某一部类呢？下面我们从以上研究出发，再探讨一下第Ⅰ部类积累资本有机构成大于第Ⅱ部类条件下社会总积累量的限界问题。

正常的平衡的社会扩大再生产要求两大部类资本都有所积累，或至少一部类积累，另一部类维持原状，即 $Ⅰ\Delta\Sigma \geqslant 0$、$Ⅱ\Delta\Sigma \geqslant 0$。根据公式（5）、公式（6），当 $Ⅰp \neq Ⅱp$ 时，可得到如下不等式组：

$$\begin{cases} Ⅰ\Delta\Sigma = \dfrac{Ⅱp（Ⅰp+1）}{Ⅱp-Ⅰp}\Delta\Sigma - \dfrac{（Ⅰp+1）（Ⅱp+1）}{Ⅱp-Ⅰp} \\ \qquad\qquad （Ⅰv+Ⅰm-Ⅱc）\geqslant 0 \\ Ⅱ\Delta\Sigma = \dfrac{ⅠP（Ⅱp+1）}{ⅠP-Ⅱp}\Delta\Sigma - \dfrac{（Ⅱp+1）（ⅠP+1）}{ⅠP-Ⅱp} \\ \qquad\qquad （Ⅰv+Ⅰm-Ⅱc）\geqslant 0 \end{cases}$$

当 $Ⅰp > Ⅱp$ 时，得解：

$$\frac{Ⅱp+1}{Ⅱp}（Ⅰv+Ⅰm-Ⅱc）\geqslant \Delta\Sigma \geqslant \frac{ⅠP+1}{ⅠP}（Ⅰv+Ⅰm-Ⅱc）$$

这表明，社会总积累量存在着具有确定数值的上下两个限界。以马克思《资本论》第一个图式的第一年为例，其中 $Ⅰv = 1000$，$Ⅰm = 1000$，$Ⅱc = 1500$，$Ⅰp = 4$，$Ⅱp = 2$，由此可求得其总积累量上下限界为：$750 \geqslant \Delta\Sigma \geqslant 625$。马克思所推算社会总积累量为 650，在此限界之内。如果社会总积累量脱出这个限界，马上会因生产资料不足或过剩而使扩大再生产难以平衡实现。例如，假定社会总积累量为 600。即使全部投入积累资本有机构成较高的第Ⅰ部类，也只能积累不变资本 $600 \times \dfrac{4}{4+1} = 480$，而社会可供积累生产资料价值量为 $1000 + 1000 - 1500 = 500$，这就剩余 20 的生产资料无处使用；若假定社会总积累量为 780，即使全部投入积累资本有机构成较低的第Ⅱ部类，需追加生产资料价值量仍达 $780 \times \dfrac{2}{2+1} = 520$，而社会只能提供 500，尚缺 20。这两种情况都使扩大再生产无法平衡实现。

根据前节所述，生产资料生产优先发展，意味着社会积累量较少，生活资料生产优先发展，则意味着社会积累量较多，本节则证明了，社会总积累量的增长与降低都存在着具有确定数值的上下限界。这就表明，在社会扩大再生产中，不仅任何一个部类都不存在优先发展的必然性，而且当社会决定在某一时期内优先发展某一部类时，其发展规模也只能在一定的限度之内。

总括上述，生产资料生产优先增长并非客观规律，两大部类间存在着某种确定的相关关系，在这个关系的制约下，任何一部类都不具备优先发展的必然性，技术进步对此并不发生决定性影响；两大部类相关关系制约着社会总积累量的变化限界，而社会总积累量又制约着社会积累的投入方向，它们的综合作用使社会只能在一定限度内决定某一时期优先发展某一部类的规模。由于资本主义国家有关统计资料的缺乏，也由于篇幅限制，本文不再从现实经济过程的角度讨论以上结论。

本文的讨论以资本主义生产为对象，但如果对其中一些概念和量值予以重新规定，则也适用于社会主义社会。

（1984 年 1 月 15 日完稿，未发表）

论社会扩大再生产中两大部类的相关关系

众所周知，社会扩大再生产中两大部类间的关系，是马克思主义政治经济学十分重视的一个课题，对它的研究，具有重要的理论和现实意义，60 年代以来，有关论著非常多，但至今未获得比较一致的看法。这就使我们有必要反省：在提出问题和解决问题的方式上，以往的研究是否存在需要改进的地方？

本文试图依据马克思有关基本理论，运用数学方法，通过定量分析，探求能表现社会扩大再生产中两大部类相关关系的数学通式，[①] 并从社会总积累如何分配于两大部类这一角度，观察社会总积累状况与两大部类积累状况三者间的相关关系，需要说明，本文所论仅为外延的扩大再生产。不当之处，敬祈教正。

一

近年来，有些同志讨论了用于扩大再生产的积累应从哪一部类开始的问题。他们的看法大致有三种：第一种，积累应从第 I 部类开始；第二种，积累应从第 II 部类开始；第三种，资本主义条件下积累从第 I 部

[①] 有一些学者试图为马克思和列宁的扩大再生产图式提供数学模型，如 B. C. 涅姆钦诺夫《经济数学方法和模型》（商务印书馆 1983 年版）第六章"马克思和列宁的扩大再生产图式"，奥斯卡·兰格《经济控制论导论》（中国社会科学出版社 1982 年版）第二章"再生产理论的控制论模型"，等等，但他们都没有明确研究扩大再生产中两大部类间的相关关系问题。

类开始，社会主义条件下积累必须从第 II 部类开始。① 我认为，如果不考虑这些意见在经济学上的一些具体理由，仅从抽象的量值关系分析，那么，这种讨论没有意义，理由如下。

1. 从一个部类开始确定积累率所得到的扩大再生产图式，也可以从确定另一部类积累率同样得到，两种方法完全等效。

以马克思《资本论》中第一个图式的第一年为例。马克思假定第 I 部类积累率为 50%，推演得到如下图式；

$$I \quad (4000+400) \ c + (1000+100) \ v + (500) \ m = 6000$$
$$积累率 50\%$$
$$II \quad (1500+100) \ c + (750+50) \ v + (600) \ m = 3000$$
$$积累率 20\%$$

如果我们反过来，从第 II 部类开始积累，假定其积累率为 20%，即积累量为 $750 \times 20\% = 150$，则它积累不变资本 $150 \times \dfrac{2}{2+1} = 100$。可变资本 $150 \times \dfrac{1}{2+1} = 50$。这样，社会总产品中生产资料的价值量，抛去两大部类不变资本的补偿部分，再除掉第 II 部类的不变资本积累，尚余 $6000 - 4000 - 1500 - 100 = 400$，只要扩大再生产是平衡的，这部分生产资料就只能由第 I 部类作为自己的不变资本积累，随之，它应积累可变资本 $400 \times \dfrac{1}{4} = 100$，所得结果与马克思的图式完全相同。

2. 一个部类积累率高低，与是否从它开始积累无关，而取决于开始确定的那一部类积累率的高低，结论寓身于前提之中。

以列宁《论所谓市场问题》中图式的第一年为例。列宁假定第 1 部类积累率为 50%，并提高积累资本的有机构成，第 I 部类由 4 提高到 9，第 II 部类由 2 提高到 5，推算得到如下图式：

$$I \quad (4000+450) \ c + (1000+50) \ v + (500) \ m = 6000$$

---

① 党校政治经济学教材联合编写组：《社会主义经济理论若干问题争论》，新华出版社 1984 年版，第 305—307 页。

积累率 50%

Ⅱ（1500＋50）c ＋（750＋10）v ＋（690）m ＝3000

积累率 8%

如果我们将第Ⅰ部类积累率降低为 20%，即积累量为 $1000 \times 20\% = 200$，则其积累不变资本 $200 \times \frac{9}{9+1} = 180$，可变资本 $200 \times \frac{1}{9+1} = 20$，剩余价值生活消费部分为 $1000 - 200 = 800$。第Ⅰ部类向第Ⅱ部类交换的产品价值为 $1000 + 20 + 800 = 1820$，为此，第Ⅱ部类需积累不变资本 $1820 - 1500 = 320$，相应积累可变资本 $320 \times \frac{1}{5} = 64$。图式为：

Ⅰ（4000＋180）c ＋（1000＋20）v ＋（800）m ＝6000

积累率 20%

Ⅱ（1500＋320）c ＋（750＋64）v ＋（366）m ＝3000

积累率 51.2%

第Ⅱ部类积累量为 $320 + 64 = 384$，积累率为 $384 \div 750 = 51.2\%$，均高于第Ⅰ部类。显然，这是由于起始时对第Ⅰ部类确定了较低的积累率的缘故。

如果我们从第Ⅱ部类开始积累，假定其积累率为 8%，即积累量为 $750 \times 8\% = 60$，则它积累不变资本 $60 \times \frac{5}{5+1} = 50$、可变资本 $60 \times \frac{1}{5+1} = 10$。如上述，第Ⅰ部类应积累不变资本 $6000 - 4000 - 150 - 50 = 450$、可变资本 $450 \times \frac{1}{9} = 50$。所得结果与列宁的图式完全相同。第Ⅰ部类积累量为 $450 + 50 = 500$，积累率为 $500 \div 1000 = 50\%$，均高于第Ⅱ部类。同样，这是由于起始时对第Ⅱ部类确定了较低的积累率的结果。

由上述可见，在社会扩大再生产中，两大部类间有某种可以定量的相关关系，那么，能不能求出表现这个相关关系的一般数学通式呢？

二

社会扩大再生产中两大部类间的相关关系，从根本上说，表现在它们之间的产品交换上，即，任何一个扩大再生产周期，只要它是平衡的，那么，第 I 部类用于生活消费的产品价值，可以通过等价交换第 II 部类产品得到充分实现，第 II 部类用于补偿和追加生产资料的产品价值，也可以通过等价交换第 I 部类产品而得到充分实现。这也就是说，两大部类之间必须交换的产品的价值量相等，用公式表示，为：

$$\text{I } (v + \Delta v + \frac{m}{x}) = \text{II } (c + \Delta c) \tag{1}$$

式中 Δc、Δv 分别表示积累的不变资本与可变资本。

这个公式是社会扩大再生产的基本公式，表现了扩大再生产的基本条件，$\text{I } (v + m) > \text{II} c$、$\text{II } (c + m - \frac{m}{x}) > \text{I } (v + \frac{m}{x})$ 等等公式，都可以从它推导出来。对此，有同志已作了详细论证，[①] 此不赘述。这个公式可以在马克思和列宁的图式中得到充分验证。它也包容了简单再生产的基本公式，当两大部类积累量均为零，即 $\text{I}\Delta v = 0$、$\text{II }\Delta v = 0$ 时，原公式蜕变为 $\text{I } (v + m) = \text{II} c$。

三

根据上述基本公式，可以得出两大部类不变资本积累量间的相关关系。

由于 $m = \frac{m}{x} + \Delta c + \Delta v$，即 $\Delta v + \frac{m}{x} = m - \Delta c$，因而公式（1）可变为：

$$\text{I } (v + m - \Delta c) = \text{II } (c + \Delta c),$$

即 $\qquad \text{I}\Delta c + \text{II }\Delta c = \text{I } (v + m) - \text{II} c \tag{2}$

或 $\qquad \text{I}\Delta c + \text{II }\Delta c = \text{I } (c + v + m) - \text{I} c - \text{II} c \tag{3}$

这就是说，两大部类不变资本积累量之和，应等于第 I 部类可变资本与剩余价值的和减去补偿第 II 部类不变资本后的剩余部分，也等于第

---

① 张熏华：《论扩大再生产平衡条件的基本公式》，《经济研究》1979 年第 10 期。

Ⅰ部类补偿完两大部类生产资料消耗之后的剩余产品价值，即社会全部可供积累的生产资料价值量。在任何一个扩大再生产周期中，积累之前，第Ⅰ部类总产品价值量、两大部类需补偿不变资本都是确定的，因而，不论两大部类不变资本积累发生什么变化，只要扩大再生产是平衡的，其总和必然是一个定值。例如，在马克思第一个图式的第一年中，社会可供积累总生产资料价值量为 Ⅰ（v＋m） － Ⅱc＝1000＋1000－1500＝500，两大部类不变资本积累量之和为 IΔc＋Ⅱ Δc＝400＋100＝500，两者完全相同。列宁的图式未改变马克思图式的起始条件，因而两大部类不变资本积累量之和也符合这个定值，IΔc＋Ⅱ Δc＝450＋50＝500。当然，不同的生产周期，积累前两大部类总产品价值构成不尽相同，因而社会不变资本总积累量也不尽相同，但在任何一个周期之内，它的确是定值。本文下述量值关系与此相同，都局限于一个扩大再生产周期之内，不涉及连续的数个周期。

这个规律反过来看更清楚。当上一周期生产终结时，社会可供积累总生产资料价值量、即第Ⅰ部类补偿完两大部类生产资料消耗后剩余产品的价值量是确定的，它的实物形态是生产资料，因而只能以不变资本的形式成为积累。只要再生产是平衡的，它就必须不多不少全部积累为不变资本。因此，两大部类不变资本积累量之和只能与它相等，成为一个定值。

由于这个规律，两大部类不变资本积累量互为条件，互相制约，两者呈反向变动。这种关系是相关关系，不存在某一部类是否占据主导地位的问题。

四

如果我们分别确定了两大部类积累资本的有机构成 Ⅰ P、Ⅱ P，并用 Ⅰ ΔΣ、Ⅱ ΔΣ 分别表示两大部类的积累量，即：

$$IP = \frac{I \Delta c}{I \Delta v}, \quad II P = \frac{II \Delta c}{II \Delta v}。$$

$$I\Delta \sum = I\Delta c + I\Delta v, \quad II \Delta \sum = II \Delta c + II \Delta v。$$

由于 IP≠0，ⅡP≠0，可有如下推演。

因为 $I\Delta c + I\Delta v = I\Delta\sum$ ，$\dfrac{I\Delta c}{I\Delta v} = IP$。

所以 $I\Delta\sum = I\Delta c + \dfrac{1}{Ip}\times I\Delta c$，即 $I\Delta c = \dfrac{Ip}{Ip+1}\times I\Delta\sum$。

同理，$Ⅱ\Delta c = \dfrac{Ⅱp}{Ⅱp+1}\times Ⅱ\Delta\sum$。

代入公式（2），$\dfrac{Ip}{Ip+1}I\Delta\sum + \dfrac{Ⅱp}{Ⅱp+1}Ⅱ\Delta\sum = Iv + Im - Ⅱc$

即：$I\Delta\sum = \dfrac{Ip}{Ip+1}(Iv+Im-Ⅱc) - \dfrac{Ⅱp(Ip+1)}{Ip(Ⅱp+1)}Ⅱ\Delta\sum$（4）

$Ⅱ\Delta\sum = \dfrac{Ⅱp}{Ⅱp+1}(Iv+Im-Ⅱc) - \dfrac{Ip(Ⅱp+1)}{Ⅱp(Ip+1)}I\Delta\sum$　（5）

这两个公式，表现了两大部类积累量之间的定量的相关关系。确定了某一部类的积累量，便可根据这两个公式求得另一部类的积累量，它们互为条件，互相制约。

由于 IP>0，ⅡP>0，微分公式（4）有：

$$\frac{dI\Delta\sum}{dⅡ\Delta\sum} = -\frac{Ⅱp(Ip+1)}{Ip(Ⅱp+1)}<0$$

这说明，两大部类积累量间也呈反向变动，一部类积累量增加或减少，则另一部类也相应减少或增加。它们之间的关系是相关关系，不存在某一部类是否占据主导地位的问题。

例如，在列宁图式的第一年中，Iv=1000，Im=1000，Ⅱc=1500，IP=9，ⅡP=5。列宁假定第I部类积累500，推算第Ⅱ部类应积累60，我们分别以这两个数据为推算起点，根据公式（4）、（5）可以得到同样结果。

$$Ⅱ\Delta\sum = \frac{5+1}{5}(1000+1000-1500) - \frac{9(5+1)}{5(9+1)}\times500 = 60$$

$$I\Delta\sum = \frac{9}{9+1}(1000+1000-1500) - \frac{5(9+1)}{9(5+1)}\times60 = 500$$

如果将第I部类积累量由500降为100，则：

$$Ⅱ\Delta\sum = \frac{5+1}{5}(1000+1000-1500) - \frac{9(5+1)}{5(9+1)}\times100 = 492$$

第Ⅱ部类积累量由 60 猛增为 492。两大部类的积累构成为：

$$\text{Ⅰ}\Delta c = 100 \times \frac{9}{9+1} = 90, \quad \text{Ⅰ}\Delta v = 100 \times \frac{1}{9+1} = 10,$$

$$\text{Ⅱ}\Delta c = 492 \times \frac{5}{5+1} = 410, \quad \text{Ⅱ}\Delta v = 492 \times \frac{1}{5+1} = 82。$$

图式为：

$$\text{Ⅰ}\ (4000 + 90)\ c + (1000 + 10)\ v + (900)\ m = 6000$$

积累率 10%

$$\text{Ⅱ}\ (1500 + 410)\ c + (750 + 82)\ v + (258)\ m = 3000$$

积累率 65.6%

按列宁的方法推算也完全成立。

两大部类积累量间存在定量相关关系的规律同样很好理解。在两部类积累资本的有机构成已定条件下，确定了某一部类的积累量，也就确定了它的不变资本积累量，反之亦然，根据两大部类不变资本积累量之和为一定值的规律，一个部类不变资本积累量的确定，就等于确定了另一部类不变资本积累量，从而也就确定了该部类的总积累量。

五

从上述可知，社会扩大再生产中两大部类间有定量的相关关系。由于社会总积累量即两大部类积累量之和，因此，某一部类积累量的确定，也就同时确定了另一部类积累量和社会总积累量，确定了扩大再生产的整个图式。那么，这个过程是否可逆呢？这就需要探讨一下社会总积累如何被分配于两大部类。

我们以 $\Delta\Sigma$ 表示社会总积累量，即 $\Delta\Sigma = \text{Ⅰ}\Delta\Sigma + \text{Ⅱ}\Delta\Sigma$。为书写简便，令：

$$\frac{\text{Ⅰ}p+1}{\text{Ⅰ}p}\ (\text{Ⅰ}v + \text{Ⅰ}m - \text{Ⅱ}c) = A, \quad \frac{\text{Ⅱ}p\ (\text{Ⅰ}p+1)}{\text{Ⅰ}p\ (\text{Ⅱ}p+1)} = B \qquad (6)$$

由于 $\text{Ⅰ}V + \text{Ⅰ}m > \text{Ⅱ}c$，$\text{Ⅰ}P > 0$，$\text{Ⅱ}P > 0$，所以 $A > 0$，$B > 0$。据公式 (6)，将公式 (4) 简写为 $\text{Ⅰ}\Delta\Sigma = A - B\text{Ⅱ}\Delta\Sigma$，则得方程组：

$$\begin{cases} \Delta\Sigma = \mathrm{I}\,\Delta\Sigma + \mathrm{II}\,\Delta\Sigma \\ \mathrm{I}\,\Delta\Sigma = A - B\,\mathrm{II}\,\Delta\Sigma \end{cases} \tag{7}$$

当 B≠1 时，解得：

$$\mathrm{I}\,\Delta\Sigma = \frac{A - B\Delta\Sigma}{1 - B}, \qquad \mathrm{II}\,\Delta\Sigma = \frac{\Delta\Sigma - A}{1 - B} \tag{8}$$

这说明，当 B≠1 时，如果确定了社会总积累量，就可以随之确定两大部类的积累量，从而确定整个扩大再生产图式。当 B = 1 时，如果 $\Delta\Sigma \neq A$，方程无解，若 $\Delta\Sigma = A$，则成为不定方程：

$$\mathrm{I}\,\Delta\Sigma + \mathrm{II}\,\Delta\Sigma = \Delta\Sigma = A \tag{9}$$

这种情况，我们后面单独分析。

由于 $B = \dfrac{\mathrm{II}p\,(\mathrm{I}p+1)}{\mathrm{I}p\,(\mathrm{II}p+1)}$，IP > 0，ⅡP > 0，因此有：

当 B < 1 时，IP > ⅡP；当 B = 1 时，IP = ⅡP；当 B > 1 时，IP < ⅡP。反之亦成立，对公式（8）微分可得：

$$\frac{d\,\mathrm{I}\,\Delta\Sigma}{d\Delta\Sigma} = -\frac{B}{1-B} = \frac{B}{B-1},$$

$$\frac{d\,\mathrm{II}\,\Delta\Sigma}{d\Delta\Sigma} = \frac{1}{1-B},$$

这表明，当第Ⅰ部类积累资本的有机构成大于第Ⅱ部类时，B < 1，$\dfrac{B}{B-1}$ < 0，则第Ⅰ部类积累量随社会总积累量呈反向变动；同时，$\dfrac{1}{1-B}$ > 0，则第Ⅱ部类积累量随社会总积累量呈同向变动。当 IP < ⅡP 时[①]，B > 1，$\dfrac{B}{B-1}$ > 0，

_____

① 从农业和工业的对比状况看，第Ⅱ部类资本有机构成高于第Ⅰ部类在许多国家已成为事实。如美国 1956—1958 年间，每一百工作小时占用生产资料量，在农业为 800 美元，在非农业仅 470 美元。联邦德国 1959—1960 年间，每个农业劳动者占用资本（不包含土地，但包括牲畜）为 19640 西德马克，同期每个工业劳动者占用资本仅 11700 西德马克。英国 1960 年每个劳动者占用资本量，农业相当于工业的三倍。南斯拉夫每个劳动者占用生产资料量，1952 年时农业还只相当于工业的五分之二，1971 年时已高于工业约 5%。（苏绍智《关于农业现代化特点的一些材料》，《经济研究》1978 年第 10 期）。这种资本有机构成对比状况，必然在积累资本的有机构成对比状况上表现出来。

$\dfrac{1}{1-B}<0$，则 $\mathrm{I}\,\Delta\Sigma$ 随 $\Delta\Sigma$ 呈同向变动，$\mathrm{II}\,\Delta\Sigma$ 随 $\Delta\Sigma$ 呈反向变动。

以列宁图式的第一年为例，$\mathrm{I}\,\mathrm{p}=9$，$\mathrm{II}\,\mathrm{p}=5$，$\mathrm{I}\,\mathrm{p}>\mathrm{II}\,\mathrm{p}$，

$$A=\frac{9+1}{9}\ (1000+1000-1500)\ =\frac{5000}{9},\ B=\frac{5}{9}\frac{(9+1)}{(5+1)}=\frac{25}{27}$$

当社会总积累量为 $500+60=560$ 时，

$$\mathrm{I}\,\Delta\Sigma=\frac{\dfrac{5000}{9}-\dfrac{25}{27}\times560}{1-\dfrac{25}{27}}=500,\quad \mathrm{II}\,\Delta\Sigma=\frac{560-\dfrac{5000}{9}}{1-\dfrac{25}{27}}=60$$

与列宁的推演结果完全相符。如果将社会总积累量增加到 592，则：

$$\mathrm{I}\,\Delta\Sigma=\frac{\dfrac{5000}{9}-\dfrac{25}{27}\times592}{1-\dfrac{25}{27}}=100,\quad \mathrm{II}\,\Delta\Sigma=\frac{592-\dfrac{5000}{9}}{1-\dfrac{25}{27}}=492$$

第 I 部类积累量由 500 降为 100，第 II 部类积累量由 60 增为 492。与我们前面所举的例子统一。

这种相关关系也可以反过来理解。当 $\mathrm{IP}>\mathrm{IIP}$ 时，如果 $\mathrm{I}\Delta\Sigma$ 变动，则 $\Delta\Sigma$、$\mathrm{II}\Delta\Sigma$ 均随之呈反向变动，若 $\mathrm{II}\Delta\Sigma$ 变动，则 $\Delta\Sigma$ 随之呈同向变动，$\mathrm{I}\Delta\Sigma$ 随之呈反向变动。当 $\mathrm{IP}<\mathrm{IIP}$ 时，情况相反，此不赘述。以上述所举列宁图式为例，$\mathrm{IP}>\mathrm{IIP}$，当 $\mathrm{I}\Delta\Sigma$ 为 500 时，$\Delta\Sigma$ 为 560，$\mathrm{II}\Delta\Sigma$ 公为 60，若将 $\mathrm{I}\Delta\Sigma$ 降低为 100，则 $\Delta\Sigma$ 上升为 592，$\mathrm{II}\Delta\Sigma$ 上升为 492。

由上述分析可见，当 $\mathrm{IP}\neq\mathrm{IIP}$ 时，社会总积累量、两大部类积累量三者之间有确定的相关关系，只要积累前两大部类总产品价值构成已经确定，两大部类积累资本的有机构成也已确定，那么，规定了三者中的任何一个量，都直接限定了另外两个量，从而确定了整个扩大再生产图式。在这三个量中，如上述，社会总积累量与积累资本有机构成较低部类的积累量呈同向变动，而与积累资本有机构成较高部类的积累量呈反向变动。

这种变动规律也很好理解。我们知道，积累相同的不变资本，在积

累资本有机构成较高的部类所形成的积累量，要低于积累资本有机构成较低的部类。例如在马克思第一个图式中，同样积累不变资本 100，在第 Ⅰ 部类形成积累量 $100 \times \frac{4+1}{4} = 125$，而在第 Ⅱ 部类为 $100 \times \frac{2+1}{2} = 150$。在一个扩大再生产周期中，由于社会总不变资本积累量为定值，因而要使社会总积累量增大，就必须在积累资本有机构成较低的部类增加积累，减少积累资本有机构成较高部类的积累；相反，若要减少社会总积累量，就须减少积累资本有机构成较低部类的积累，而增加另一部类的积累。

当 $IP > ⅡP$、$B < 1$、$\frac{A}{B} > A$ 时，$\Delta\Sigma$、$I\Delta\Sigma$、$Ⅱ\Delta\Sigma$ 三者间的相关关系，可用图 1 表示。

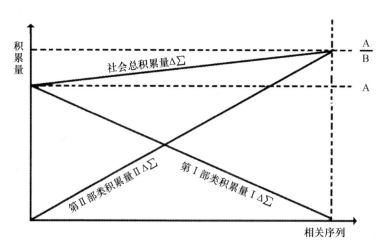

图1　社会总积累量、两大部类积累量三者间相关关系示意图（IP > ⅡP）

当 $IP < ⅡP$、$B > 1$、$\frac{A}{B} < A$ 时，$\Delta\Sigma$、$I\Delta\Sigma$、$Ⅱ\Delta\Sigma$ 三者间的相关关系，可用图 2 表示。

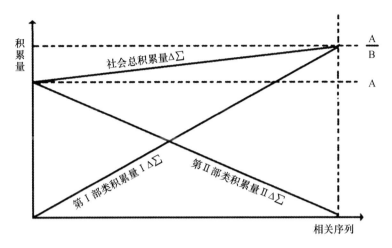

图 2　社会总积累量、两大部类积累量三者间相关关系示意图（IP < ⅡP）

以上，我们分析了 IP ≠ ⅡP 时 Δ∑、IΔ∑、ⅡΔ∑ 三者间的相关关系，下面讨论 IP = ⅡP 时这三者间的关系。据公式（9），Δ∑ = A，即这时社会总积累量为定值，脱出这个定值，则扩大再生产无法平衡地实现。在此条件下，公式（7）为不定方程，IΔ∑、ⅡΔ∑ 可以有无数组解，这表明社会总积累量可按任何比例分配于两大部类。

以马克思的第二个图式为例。马克思假定两大部类积累资本的有机构成均为 5（具体推算中由于舍去小数而使数据略有出入），在第一年中，第 I 部类积累 500，推算出第 Ⅱ 部类积累量为 184，两部类共积累 684，图式为：

$$I \quad (5000 + 417) \, c + (1000 + 83) \, v + (500) \, m = 7000$$

积累率 50%

$$Ⅱ \quad (1430 + 153) \, c + (285 + 31) \, v + (101) \, m = 2000$$

积累率 64.56%

据公式（9），这个图式的总积累量为定值，$\Delta\sum = A = \dfrac{5+1}{5} \times (1000 + 1000 - 1430) = 684$，与马克思推算的数值相同。将它任意分配于两大部类，例如第 I 部类积累 600，第 Ⅱ 部类积累 84，扩大再生产依然平衡。图式为：

$$I（5000+500）c+（1000+100）v+（400）m=7000$$

积累率60%

$$II（1430+70）c+（285+14）v+（201）m=2000$$

积累率29.47%

当 IP = IIP 时，$\Delta\Sigma$、$I\Delta\Sigma$、$II\Delta\Sigma$ 三者间的相关关系，可用图3表示。

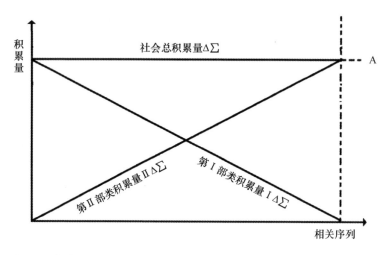

图3　社会总积累量、两大部类积累量三者间相关关系示意图（IP = IIP）

六

两大部类的相关关系，必然受到一些有关因素的制约。从公式（4）、公式（5）可见，这些因素分为两组。一组是 Iv、Im、IIc，即第 I 部类的可变资本、剩余价值，第 II 部类的不变资本。一组是 IP、IP，即两大部类积累资本的有机构成。

第一组因素以 Iv + Im − IIc 的形态表现出来，是积累前社会可供积累的总生产资料价值量。它是先期于积累的存在，在确定积累状况时已成为不容改变的事实。但如果比较其它因素相同的一些扩大再生产周期，则两大部类积累量都随 $Iv + Im - IIc$ 而呈同向变动。

第二组因素是两大部类积累资本的有机构成，其数值大小，既为科学技术发展水平所决定，也被一些社会因素所制约，因而可变度大，给两大部类相关关系以积极影响。

当 $IP = IIP$ 时，$\Delta\Sigma$、$I\Delta\Sigma$、$I\Delta\Sigma$ 三者间的相关关系，可用图 3 表示。

当 $IP \neq IIP$、且 $I\Delta\Sigma > 0$、$II\Delta\Sigma > 0$ 时，由于 $IP > 0$，$IIP > 0$，微分公式（4）、（5）可得：

$$\frac{\partial I\Delta\Sigma}{\partial Ip} = -\frac{1}{Ip^2}\left(Iv + Im - IIc - \frac{IIp}{IIp+1}II\Delta\Sigma\right) < 0。①$$

$$\frac{\partial I\Delta\Sigma}{\partial IIp} = -\frac{Ip+1}{Ip\,(IIp+1)^2}II\Delta\Sigma < 0。$$

$$\frac{\partial II\Delta\Sigma}{\partial Ip} = -\frac{IIp+1}{IIp\,(Ip+1)^2}I\Delta\Sigma < 0。$$

$$\frac{\partial II\Delta\Sigma}{\partial IIp} = -\frac{1}{IIp^2}\left(Iv + Im - IIc - \frac{Ip}{Ip+1}I\Delta\Sigma\right) < 0。②$$

这表明，$I\Delta\Sigma$、$II\Delta\Sigma$ 均随 IP、IIP 呈反向变动。再根据两大部类的相关关系，我们可以得到结论，随着 IP、IIP 的提高，如果某一部类积累量不变，则另一部类积累量减少，社会总积累量降低。这就意味着，随着社会积累资本有机构成的提高，社会总积累率呈现下降的趋势。

以马克思第一个图式为例。第一年两大部类分别积累 500、150，社会总积累量为 650。如果将 IP 由 4 提高到 5，IIP 由 2 提高到 3，第 I 部类积累量仍为 500，则图式变为：

---

① 因为 $\dfrac{IIp}{IIp+1}II\Delta\Sigma = IIc$，据公式（2），$Iv + Im - IIc - IIc = Ic$，所以 $\dfrac{\partial I\Delta\Sigma}{\partial Ip} = -\dfrac{1}{Ip^2}Ic < 0$。

② 因为 $\dfrac{Ip}{Ip+1}I\Delta\Sigma = Ic$，据公式（2），$Iv + Im - IIc - Ic = IIc$，所以 $\dfrac{\partial II\Delta\Sigma}{\partial IIp} = -\dfrac{1}{IIp^2}IIc < 0$。

$$\text{I} \quad (4000 + 416\frac{2}{3}) \ c + (1000 + 83\frac{1}{3}) \ v + (500) \ m = 6000$$

积累率 50%

$$\text{II} \quad (1500 + 83\frac{1}{3}) \ c + (750 + 27\frac{7}{9}) \ v + (638\frac{8}{9}) \ m = 3000$$

积累率 14.81%

II $\Delta \sum$ 由 150 减为 $111\frac{1}{9}$，$\Delta \sum$ 由 650 降为 $611\frac{1}{9}$。若第 II 部类积累量仍为 150，则图式变为：

$$\text{I} \quad (4000 + 387\frac{1}{2}) \ c + (1000 + 77\frac{1}{2}) \ v + (535) \ m = 6000$$

积累率 46.5%

$$\text{II} \quad (1500 + 112\frac{1}{2}) \ c + (750 + 37\frac{1}{2}) \ v + (600) \ m = 3000$$

积累率 20%

I $\Delta \sum$ 由 500 降为 465，$\Delta \sum$ 由 650 减为 615。

七

综上所述，社会扩大再生产的基本公式是 I $(v + \Delta v + \frac{m}{x})$ = II $(c + \Delta c)$，从这个公式可以推知，两大部类间存在着确定的相关关系，即，在一个扩大再生产周期之内，它们的不变资本积累量之和为一定值，它们的积累量之间有确定的量值关系，两者互为条件，互相制约。在这个基础上，两大部类积累量与社会总积累量三者间也存在着相关关系，这种关系是定量的，所有这些相关关系，都受到积累前社会可供积累的总生产资料价值量、两大部类积累资本的有机构成这两组因素的制约。

两大部类之间存在着相关关系，这一点早已为马克思所指出。马克思说："就象第 I 部类必须用它的剩余产品为第 II 部类提供追加的不变资本一样，第Ⅱ部类也要在这个意义上为第Ⅰ部类提供追加的可变资本。"① 两大部类相关关系的充分实现，同时就意味着两大部类的发展是平衡的，两大部类之间必须保持一定的平衡关系，这是社会扩大再生产充分实现的根本条件，也是马克思扩大再生产理论的中心思想。② 因此，无论是在理论上研究社会扩大再生产，还是在实践上考虑农、轻、重的发展比例、积累与消费的比例等等，都应当把社会扩大再生产中两大部类的相关关系作为一个基本的出发点。

（原载《兰州大学学报》1987 年第 3 期）

---

① 马克思：《资本论》第 2 卷，载《马克思恩格斯全集》第 24 卷，人民出版社 2006 年版，第 584 页。
② 在马克思的扩大再生产理论中，不存在两大部类谁主谁次的问题，也不可能推导出哪一部类必定优先发展的结论。从理论上讲，任何一个部类都有条件优先发展，某个具体扩大再生产周期中某一部类优先发展，取决于起始时的规定，与两大部类之间的关系毫不相干。

试论积累与消费的合理比例

对社会经济活动进行正确的宏观控制，需要解决一系列理论问题，社会总积累与总消费的合理比例问题便是其中之一。以经验来处理这个问题，难免出现积累率过高或消费增长过快的弊病，历史已经证明了这一点。本文试图以马克思的再生产理论为基本依据，从社会扩大再生产中两大部类相关关系对积累与消费关系的制约入手，在量值上确定社会总积累与总消费的合理比例。

一　社会扩大再生产中两大部类的相关关系

拙文《论社会扩大再生产中两大部类的相关关系》[1] 已经得到如下结论：

1. 在平衡的社会扩大再生产的任何一个周期中，两大部类资本积累量间存在相关关系，它们互为条件，互相制约，二者呈反向变动，其量值关系为：

$$\mathrm{I}\,\Delta\Sigma = \frac{\mathrm{I}\,p}{\mathrm{I}\,p+1}\,(\mathrm{I}\,v + \mathrm{I}\,m - \mathrm{II}\,c) - \frac{\mathrm{II}\,p\,(\mathrm{I}\,p+1)}{\mathrm{I}\,p\,(\mathrm{II}\,p+1)}\,\mathrm{II}\,\Delta\Sigma \quad (1)$$

$$\mathrm{II}\,\Delta\Sigma = \frac{\mathrm{II}\,p}{\mathrm{II}\,p+1}\,(\mathrm{I}\,v + \mathrm{I}\,m - \mathrm{II}\,c) - \frac{\mathrm{I}\,p\,(\mathrm{II}\,p+1)}{\mathrm{II}\,p\,(\mathrm{I}\,p+1)}\,\mathrm{I}\,\Delta\Sigma \quad (2)$$

2. 在平衡的社会扩大再生产的任何一个周期中，社会总积累量与两

---

① 袁林：《论社会扩大再生产中两大部类的相关关系》，《兰州大学学报》1987 年第 3 期。

大部类积累量之间存在着相关关系，它们互为条件，互相制约。其量值关系为：

$$\mathrm{I}\Delta\Sigma = \frac{A - B\Delta\Sigma}{1-B}, \quad \mathrm{II}\Delta\Sigma = \frac{\Delta\Sigma - A}{1-B}, \quad (B \neq 1, \text{即 I} p \neq \mathrm{II} p)。 \quad (3)$$

$$\mathrm{I}\Delta\Sigma + \mathrm{II}\Delta\Sigma = \Delta\Sigma = A, \quad (B = 1, \text{即 I} p = \mathrm{II} p)。 \quad (4)$$

上述公式中罗马数字与拉丁字母的含义如下：

Ⅰ、Ⅱ、——分别表示两大部类。不加罗马数字者表示有关数值的社会总量。

c、v、m、——分别表示不变资本、可变资本、剩余价值。

$\Delta\Sigma$、Δc、Δv、——分别表示总积累量、不变资本积累量、可变资本积累量。

P、——积累资本的有机构成，即 $P = \dfrac{\Delta c}{\Delta v}$。

A、B、——算式简写，$A = \dfrac{\mathrm{I} p + 1}{\mathrm{I} p}$（$\mathrm{I} v + \mathrm{I} m - \mathrm{II} c$），$B = \dfrac{\mathrm{II} p\,(\mathrm{I} p + 1)}{\mathrm{I} p\,(\mathrm{II} p + 1)}$。

当 I P > II P 时，B < 1；当 I P = II P 时，B = 1；当 I P < II P 时，B > 1。反之亦然。

因 I P > 0、II P > 0，故 B > 0。

为节约篇幅，这里将以上结论直接用为推论的起点，不再重复推演和论证。

二　社会总积累量的最高与最低限界

根据上述结论，可以在量值上求出社会总积累量的最高与最低限界。

正常的平衡的社会扩大再生产要求两大部类资本都有所积累，或至少一部类积累，一部类维持原状，即 I$\Delta\Sigma$ ≥ 0、II$\Delta\Sigma$ ≥ 0. 根据式（3），当 I P ≠ II P、即 B ≠ 1 时，有不等式组：

$$\begin{cases} \dfrac{A - B\Delta\Sigma}{1 - B} \geqslant 0 \\[3mm] \dfrac{\Delta\Sigma - A}{1 - B} \geqslant 0 \end{cases}$$

它有两组解：

$$\text{当 I P > II P 时，B < 1 时，} A \leqslant \Delta\Sigma \leqslant \dfrac{A}{B}. \tag{5}$$

$$\text{当 I P < II P 时，B > 1 时，} \dfrac{A}{B} \leqslant \Delta\Sigma \leqslant A. \tag{6}$$

这表明，在正常的平衡的社会扩大再生产过程中，社会总积累量存在着上下两个限界。

以马克思《资本论》中第一个图式的第一年为例：

I （4000＋400）c ＋ （1000＋100）v ＋ （500）m ＝ 6000.

II （1500＋100）c ＋ （750＋50）v ＋ （600）m ＝ 3000.

其中 Iv ＝ 1000，Im ＝ 1000，II c ＝ 1500，IP ＝ 4，II P ＝ 2，I P > II P。由此可得：

$$A = \dfrac{4 + 1}{4}(1000 + 1000 - 1500) = 625.$$

$$\dfrac{A}{B} = \dfrac{4 + 1}{4}(1000 + 1000 - 1500) \div \dfrac{2(4 + 1)}{4(2 + 1)} = 750$$

即 $625 \leqslant \Delta\Sigma \leqslant 750$。

社会总积累量在此限界之内，扩大再生产方有可能平衡实现，马克思所推算的总积累量为 650，在此限界之内。如果社会总积累量脱出这个限界，马上会因生产资料不足或过剩而使扩大再生产难以平衡实现。例如，假定社会总积累量为 600，即使将它全部投入积累资本有机构较高的第 I 部类，也只能积累不变资本 $600 \times \dfrac{4}{4 + 1} = 480$，而社会可供积累生产资料价值量为 1000＋1000－1500 ＝ 500，这就剩余 20 的生产资料无处使用；若假定社会总积累量为 780，即使全部投入积累资本有机构成较低的第 II 部类，需追加的生产资料价值量仍达 $780 \times \dfrac{2}{2 + 1} = 520$，而社会只能提供 500，尚缺 20。这两种情况都破坏了两大部类间的平衡关系，使扩大再生产无法实现。

社会总积累量限界的经济意义何在呢？我们知道，一定的生产资料 Δc 所能形成的积累量为：

$$\Delta c + \Delta v = \Delta c + \Delta c \div \frac{\Delta c}{\Delta v} = \Delta c + \frac{1}{p}\Delta c = \frac{p+1}{p}\Delta c。$$

而社会总积累量两个限界据第一节所述，其数值为：

$$A = \frac{\mathrm{I}\,p+1}{\mathrm{I}\,p}\;(\mathrm{I}\,v + \mathrm{I}\,m - \mathrm{II}\,c) \tag{7}$$

$$\frac{A}{B} = \frac{\mathrm{I}\,p+1}{\mathrm{I}\,p}\;(\mathrm{I}\,v + \mathrm{I}\,m - \mathrm{II}\,c)\div\frac{\mathrm{II}\,p\,(\mathrm{I}\,p+1)}{\mathrm{I}\,p\,(\mathrm{II}\,p+1)} = \frac{\mathrm{II}\,p+1}{\mathrm{II}\,p}$$

$$(\mathrm{I}\,v + \mathrm{I}\,m - \mathrm{II}\,c) \tag{8}$$

式中 Iv + Im − Ⅱc 是社会可供积累的总生产资料价值量，从而，社会总积累量的两个限界，实即社会可供积累总生产资料全部投入某一部类所能形成的积累量。这就是说，公式（5）、（6）的经济含义是：当积累之前社会可供积累总生产资料价值量已经确定时，如果将它全部积累于积累资本有机构成较低的部类，则产生最大的社会总积累量；若将它全部积累于积累资本有机构成较高的部类，则社会总积累量最小；如果将它分配积累于两大部类，则社会总积累量处于这两个量之间。

以上讨论了 IP ≠ ⅡP、即 B ≠ 1 时社会总积累量的限界问题。当 ⅠP = ⅡP、即 B = 1 时，据公式（4），$A\sum = A = \frac{A}{B}$，即这时社会总积累量的上下限界合并为一，成为定值，脱出这个定值，社会扩大再生产就无法平衡实现。以马克思《资本论》中第二个图式的第一年为例：

Ⅰ （5000 + 417）c + （1000 + 83）v + （500）m = 7000

Ⅱ （1430 + 153）c + （285 + 31）v + （101）m = 2000

式中 Iv = 1000，Im = 1000，Ⅱc = 1430，IP = ⅡP = 5（具体推算中因舍去小数而使数值略有出入）。由此可得：$A = \frac{5+1}{5} \times$ （1000 + 1000 − 1430）= 684。马克思推算的总积累量为 500 + 184 = 684，二者完全相

符。若总积累量脱出这个定值，社会扩大再生产同样会因生产资料过剩或不足而无法平衡实现。例如，假定社会总积累量为 660，无论以怎样的比例积累于两大部类，都只能积累不变资本 $660 \times \frac{5}{5+1} = 550$，而社会可供积累总生产资料价值量为 $1000 + 1000 - 1430 = 570$，尚余 20 无处使用；假定社会总积累量为 708，不管怎样积累，需积累不变资本 $708 \times \frac{5}{5+1} = 590$，而社会只能提供 570，尚缺 20。这两种情况都破坏了两大部类间的平衡关系，使扩大再生产无法实现。

总括上述，社会扩大再生产中的总积累在量值上有严格的限定，它只能在此限界内变化，否则就会破坏两大部类的平衡关系，使扩大再生产不能顺利实现。

三　制约社会总积累量限界的两组因素

从公式（7）（8）可见，社会总积累量的上下限界受到两组因素的制约。

第一组因素是 Ⅰv、Ⅰm、Ⅱc，它以 Ⅰv + Ⅰm − Ⅱc 的形式表现出来，是积累前社会可供积累的总生产资料价值量。它是先期于积累的存在，在确定积累状况时已成为不容改变的事实，但如果比较其它因素相同的一些扩大再生产周期，假定它是连续变量，则微分式（7）、（8）可得：

$$\frac{\partial A}{\partial(\,\mathrm{I}\,v + \mathrm{I}\,m - \mathrm{II}\,c)} = \frac{\mathrm{I}\,p + 1}{\mathrm{I}\,p} > 0,$$

$$\frac{\partial \dfrac{A}{B}}{\partial(\,\mathrm{I}\,v + \mathrm{I}\,m - \mathrm{II}\,c)} = \frac{\mathrm{II}\,p + 1}{\mathrm{II}\,p} > 0$$

这表明，社会总积累量的两个限界都与可供积累总生产资料价值量呈同向变动，即后者越大，两个限界越高，后者越小，两个限界越低。

第二组因素是 ⅠP、ⅡP，即两大部类积累资本的有机构成，其数值大小既为科学技术发展水平所决定，也被一些社会因素所制约，因而可变动度大，给社会总积累的限界以积极影响。我们假定ⅠP、ⅡP也是连续变量，则微分式（7）、（8）可得：

$$\frac{\partial A}{\partial\,Ⅰp} = -\frac{1}{Ⅰp^2}\,(\,Ⅰv + Ⅰm - Ⅱc\,)\ <0,$$

$$\frac{\partial\dfrac{A}{B}}{\partial\,Ⅱp} = -\frac{1}{Ⅱp^2}\,(\,Ⅰv + Ⅰm - Ⅱc\,)\ <0$$

这说明，社会总积累量的两个限界与相应部类积累资本有机构成呈反向变动。也就是说，随着两大部类积累资本有机构成的提高，社会总积累量的相应限界呈现下降趋势。

据公式（7）、（8），还可有如下推算：

$$A - \frac{A}{B} = \frac{Ⅰp+1}{Ⅰp}\,(\,Ⅰv + Ⅰm - Ⅱc\,)\ -\frac{Ⅱp+1}{Ⅱp}\,(\,Ⅰv + Ⅰm - Ⅱc\,)\ =$$

$$\frac{Ⅱp - Ⅰp}{Ⅰp\,Ⅱp}\,(\,Ⅰv + Ⅰm - Ⅱc\,)$$

对此微分可得：

$$\frac{\partial(A - \dfrac{A}{B})}{\partial(\,Ⅱp - Ⅰp\,)} = \frac{1}{Ⅰp\,Ⅱp}\,(\,Ⅰv + Ⅰm - Ⅱc\,)\ >0$$

这表明 $A - \dfrac{A}{B}$ 与ⅡP－ⅠP呈同向变动，即，两大部类积累资本有机构成之间的数值差别越大，社会总积累量两个限界间的数值差距也就越大，社会总积累量的可变动范围也就越大，反之亦然。当ⅠP＝ⅡP时，

$$A = \frac{Ⅰp+1}{Ⅰp}\,(\,Ⅰv + Ⅰm - Ⅱc\,)\ = \frac{Ⅱp+1}{Ⅱp}\,(\,Ⅰv + Ⅰm - Ⅱc\,)\ = \frac{A}{B}$$

即两个限界合并为一，这种情况是社会总积累量两个限界差距缩小的极限状态。

四　社会总积累的数量大小对该积累投入方向的制约

拙文《论社会扩大再生产中两大部类的相关关系》已经得出结论：由于两大部类相关关系的制约，在社会可供积累总生产资料价值量与两

大部类积累资本有机构成已定的条件下，只要两部类积累资本有机构成不相同，那么社会总积累量一经确定，也就确定了两大部类各自应有的积累量（见公式3）。当第Ⅰ部类积累资本有机构成大于第Ⅱ部类，即ⅠP＞ⅡP、B＜1时，第Ⅰ部类积累量IΔ∑与社会总积累量Δ∑呈反向变动，第Ⅱ部类积累量ⅡΔ∑与社会总积累量Δ∑呈同向变动；当ⅠP＜ⅡP、即B＞1时，IΔ∑与Δ∑呈同向变动，ⅡΔ∑与Δ∑呈反向变动；当ⅠP＝ⅡP、即B＝1时，Δ∑可以任意分配于两大部类。根据上述结论，在ⅠP≠ⅡP的条件下，当我们在社会总积累量限界之内确定了社会总积累量，也就等于确定了社会总积累的投向比例，即确定了生产资料生产和生活资料生产的具体扩大规模，从而决定了下一周期末确定积累数量时的基础和条件。

　　限于篇幅，这里只讨论ⅠP＞ⅡP时社会总积累量对该积累投向比例的制约。如上述，当ⅠP＞ⅡP时，Δ∑与IΔ∑呈反向变动，而与ⅡΔ∑呈同向变动，其间相关关系如图：

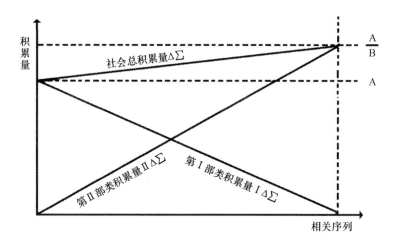

　　这就是说，在ⅠP＞ⅡP的条件下，当社会提高积累率，降低消费增长率时，就必须增加第Ⅱ部类的积累，以使生活资料生产更快发展，为以后提高消费奠定物质基础；当社会提高消费增长率，降低积累率，就必须将更多的积累投入生产资料生产，为以后增加积累创造物质条

件。这里正好表现出积累与消费的辩证法，它们不仅互为前提，也互为结果。

我们以马克思《资本论》中第一个图式的第一年为例来加以说明。该图式中 I P = 4 > II P = 2，总积累量为 650，其中第 I 部类积累 500，第 II 部类积累 150。如果将总积累量提高到 730，据公式（3）可有如下推算：

$$A = \frac{4+1}{4}(1000+1000-1500) = 625, \quad B = \frac{2(4+1)}{4(2+1)} = \frac{5}{6}$$

$$I\Delta\Sigma = \frac{625 - \frac{5}{6} \times 730}{1 - \frac{5}{6}} = 100, \quad II\Delta\Sigma = \frac{730 - 625}{1 - \frac{5}{6}} = 630$$

图式为：

I　（4000 + 80）c +（1000 + 20）v +（900）m = 6000

II　（1500 + 420）c +（750 + 210）v +（120）m = 3000

按马克思的方法进行验算，此图式完全平衡。如果将总积累量降低到 630，则有：

$$I\Delta\Sigma = \frac{625 - \frac{5}{6} \times 630}{1 - \frac{5}{6}} = 600, \quad II\Delta\Sigma = \frac{630 - 625}{1 - \frac{5}{6}} = 30$$

图式为：

I　（4000 + 480）c +（1000 + 120）v +（400）m = 6000

II　（1500 + 20）c +（750 + 10）v +（720）m = 3000.

此图式也完全平衡。在上述例证中，当社会总积累量由 650 增加到 730 时，第 I 部类积累量由 500 下降为 100，第 II 部类积累量由 150 上升为 630；当社会总积累量由 650 减少到 630 时，第 I 部类积累量由 500 上升为 600，第 II 部类积累量则由 150 下降为 30。

五　关于社会总积累率的下降趋势

社会总积累量有上下限界，社会总积累率必然也有上下限界。据第二节所述，有：

当 $I_P > II_P$ 时，$\dfrac{I_p + 1}{I_p}$（$I_v + I_m - II_c$）$\leqslant \Delta\Sigma \leqslant \dfrac{II_p + 1}{II_p}$（$I_v + I_m - II_c$）。我们用社会总剩余价值 $I_m + II_m$ 除以上述不等式，用 L 表示社会总积累率，即 $L = \dfrac{\Delta\Sigma}{I_m + II_m}$，则有：

当 $I_P > II_P$ 时，$\dfrac{I_p + 1}{I_p} \times \dfrac{I_v + I_m - II_c}{I_m + II_m} \leqslant L \leqslant \dfrac{II_p + 1}{II_p} \times \dfrac{I_v + I_m - II_c}{I_m + II_m}$

同理：

当 $I_P = II_P$ 时，$\dfrac{I_p + 1}{I_p} \times \dfrac{I_v + I_m - II_c}{I_m + II_m} = L = \dfrac{II_p + 1}{II_p} \times \dfrac{I_v + I_m - II_c}{I_m + II_m}$

当 $I_P < II_P$ 时，$\dfrac{I_p + 1}{I_p} \times \dfrac{I_v + I_m - II_c}{I_m + II_m} \geqslant L \geqslant \dfrac{II_p + 1}{II_p} \times \dfrac{I_v + I_m - II_c}{I_m + II_m}$

上述便是社会总积累率的上下限界。对此二限界微分，有：

$$\frac{\partial\left(\dfrac{I_p + 1}{I_p} \times \dfrac{I_v + I_m - II_c}{I_m + II_m}\right)}{\partial\left(\dfrac{I_v + I_m - II_c}{I_m + II_m}\right)} = \frac{I_p + 1}{I_p} > 0,$$

$$\frac{\partial\left(\dfrac{II_P + 1}{II_P} \times \dfrac{I_v + I_m - II_c}{I_m + II_m}\right)}{\partial\left(\dfrac{I_v + I_m - II_c}{I_m + II_m}\right)} = \frac{II_P + 1}{II_P} > 0$$

$$\frac{\partial\left(\dfrac{I_p + 1}{I_p} \times \dfrac{I_v + I_m - II_c}{I_m + II_m}\right)}{\partial\, I_p} = -\frac{1}{I_p^2} \times \frac{I_v + I_m - II_c}{I_m + II_m} < 0,$$

$$\frac{\partial\left(\dfrac{II_P + 1}{II_P} \times \dfrac{I_v + I_m - II_c}{I_m + II_m}\right)}{\partial\, II_P} = -\frac{1}{II_p^2} \times \frac{I_v + I_m - II_c}{I_m + II_m} < 0$$

这就是说，社会总积累率的两个限界随 $\dfrac{I_v + I_m - II_c}{I_m + II_m}$、即社会可供积累总生产资料价值量在总剩余价值中所占比重的增加而升高，随相应部类积累资本有机构成的提高而降低。以马克思的第一个图式和列宁的图式为例。在马克思第一个图式中，可供积累总生产资料价值量在总剩余价值中所占比重第一年为 0.2857（保留四位小数，下同），此后各年为 0.3158，社会总积累率随之由 0，3714 上升为 0.4168，第二年以后前者不变，后者也保持定值。列宁图式的第一年未改变马克思图式的其它条件，仅将两部类积累资本的有机构成分别由 4 和 2 提高为 9 和 5，结果社会总积累率山 0.3714 下降为 0.2857。如果我们假设可供积累总生产资料价值量在总剩余价值中所占比重保持定值，如马克思第一个图式中的第二年以后各年那样，就可以说，由科学技术发展、生产力水平提高所导致的积累资本有机构成的提高，必然使社会总积累率呈现下降趋势，而不是相反。

六 用上述结论观察我国建设实践

综上所述，在社会扩大再生产中，由于两大部类相关关系的制约，社会总积累量存在着确定的上下两个限界；在两大部类积累资本有机构成不相等的条件下，社会总积累量的数值大小直接限定了其投入两大部类的合理比例；随着两大部类积累资本有机构成的提高，社会总积累率呈现下降趋势。显然，符合上述规律的积累与消费的比例才是合理的。

以上讨论以资本主义生产为对象，但如果对其中一些概念和量值予以新的规定，则它也完全适合于社会主义社会，然而，由于目前还无法得到可以按两部类生产理论予以处理的统计数据，因此还不可能将上述结论与我国社会主义建设实践进行对应的定量研究，不过，这些结论仍可指导我们进行粗略的定性的观察。

关于社会总积累量或总积累率存在上下两个限界的结论，已为经济学家们所承认，虽然他们认为，"经济学家还没有找出决定积累率的准确数量的依据"，"目前很难从理论上和数量关系上证明某种积累率是最佳的"①，但根据建国三十年来的经验教训，他们都认为积累率既不可过

①　孙尚清：《前进中的中国经济》，河北人民出版社 1983 年版，第 73 页。

高，也不可过低，应当有上下两个限界，有人认为以 26%—29% 为宜，[①]
有人认为以 20%—30% 为宜，[②] 有人认为以 25% 上下为宜，[③] 等等。经
验有很高的价值，但它并不能最后解决问题。显然，设法将目前统计数
据改造得可以适应于本文公式，或将本文公式改造得可以适应目前的统
计数据，以求得社会总积累量上下限界的确定数值，这是必需的，但有
待今后的努力。

关于第 I 部类积累资本有机构成大于第 II 部类情况下社会总积累量
值对该积累投入方向制约的结论，则可使我们更清楚认识我国社会主义
建设中的某些失误。解放以来，我国投入第 I 部类的积累量大大高于第
II 部类，从而在 1949—1978 年间，重工业总产值增长了 90.6 倍，而轻
工业总产值增长了 19.8 倍，农业总产值只增长了 2.4 倍。根据拙文结
论，在平衡的扩大再生产过程中，当社会总积累量较少时，投入第 I 部
类的积累较多，投入第 II 部类的积累较少，反之亦然，即当第 I 部类积
累量较多而第 II 部类积累量较少时，社会总积累量亦较少。这就说明，
我国解放以来实际有效的积累率并不高。但是，统计数字却表示出很高
的积累率：1953—1981 年间平均积累率为 29%，除"一五"和三年调
整时期外，大部分年份的积累率在 30% 以上，最高竟达 43.8%。总积累
率偏高，而第 I 部类积累率又大大高于第 II 部类，则社会扩大再生产显
然是不平衡的，其中必然存在大量有形或无形的浪费。积累效益差是我
国经济建设中的重大弊病之一，而高积累率之下两部类的不平衡发展，
则是其重要原因之一。在今后的经济建设中，必须充分注意社会总积累
的投向问题，如果降低积累率，增大消费率，就必须将更多的积累投入
第 I 部类，以更快提高生产资料的生产能力，为此后增加积累创造物质
条件；如果提高积累率，降低消费率，则必须将更多的积累投入第 II 部
类，以更快发展消费资料生产，为今后提高消费奠定物质基础。只有恰

---

① 刘国光主编：《中国经济发展战略问题研究》，上海人民出版社 1984 年版，第 56、
406 页。

② 苏星：《社会主义生产的理论与实践》，上海人民出版社 1987 年版，第 39 页。

③ 孙尚清：《前进中的中国经济》，河北人民出版社 1983 年版，第 73 页。

当地处理了积累资本的投向问题，才能使社会扩大再生产平衡，从而也才能使社会积累产生较佳的效益。

社会总积累率存在一个合理的变动范围，而随着积累资本有机构成的提高，社会总积累率又呈现下降趋势，这就意味着我们不可能找出一个适应许多年份的统一的最佳积累率，而只能根据具体情况计算出某个年份或某个时期的合理积累率限界，然后考虑其他多种因素，在此限界内确定一个较为恰当的积累率。

如何确定较为恰当、合理的积累率，是我国社会主义经济理论与建设实践面临的一个重大课题，本文仅是引玉之砖，希望能有更多同仁研究这个课题，以取得突破性进展。

（原载《兰州大学学报》1989 年第 2 期）

两大部类的积累规模及
增长速度是互相决定的

——与刘熙钧同志商榷

在《两大部类之间的积累规模和增长速度的相互关系新解》[①] 一文中，刘熙钧同志对社会扩大再生产问题作了许多有益的探讨，但该文的基本出发点是：在社会扩大再生产中，第一部类是决定性的，第一部类的积累率决定了第二部类积累率，决定了两大部类的增长速度，决定了一定条件下两大部类平行等速发展的现象。笔者认为，这种观点不能成立，因为结论存在于前提之中，以第一部类积累状况作为研究起点，必然得出第一部类具有决定意义的结论，如果变换研究起点与观察角度，则结论也会发生变化。两大部类之间的关系是一种相关关系，二者互相决定着对方，无条件地强调某一部类的作用都会陷入片面性之中。下面试述笔者的观点，希望得到刘熙钧同志和其他同志的指正。

一　第二部类的积累状况也决定着第一部类的积累状况

刘熙钧同志论证第一部类的决定作用有两个基本理由：1. 生产的实现必须有生产资料和劳动力两个条件的结合，资本主义社会劳动力的增加不成问题，因此第二部类的积累规模就取决于第一部类能为它提供多

---

① 刘熙钧：《两大部类之间的积累规模和增长速度的相互关系新解》，《厦门大学学报》1989 年第 1 期。

少生产资料；二、第一部类的积累规模一经确定，便决定了第二部类的积累规模。以第一部类积累状况作为研究起点，这两条理由成立，但如果以第二部类积累状况作为研究起点，则情况完全不同。

首先，资本主义经济是市场经济，其生产发展规模不仅决定于社会能提供多少生产资料和劳动力，也取决于社会能提供多大的市场，也就是说，社会生产状况不仅取决于生产能力，也取决于消费能力。以马克思《资本论》中第一个图式的第一年为例，他假定第一部类积累率为50%，推算出只能向第二部类提供100的生产资料，使之只能积累150，即积累率为20%，但如果社会消费能力增长有限，第二部类只需积累10%，即75，所需生产资料仅为50，那么，第一部类提供的生产资料就余50无处使用，为此，社会再生产就只能打破原有平衡状况，通过缩减第一部类生产来实现新的平衡，这是资本主义生产中经常可以看到的现象。关于消费对生产的决定作用，马克思说得很清楚："没有消费，也就没有生产"，"因为产品只是在消费中才成为现实的产品"，因为"消费创出生产的动力"，"创造出在生产中作为决定目的的东西而发生作用的对象"①。

其次，只要社会扩大再生产是平衡的，第二部类的积累规模同样决定了第一部类的积累规模，仍以马克思第一个图式的第一年为例，如果我们先确定第二部类积累率为40%，即积累量为300，其中生产资料为200，这样，第二部类总共需要生产资料1500 + 200 = 1700，因而第一部类只能将1000 + 1000 - 1700 = 300的生产资料用于自身积累，相应积累可变资本75，总积累量375，积累率37.5%。

可见，第一部类从提供生产资料的角度决定着第二部类，第二部类则从提供生产资料消费市场的角度决定着第一部类，二者是互相决定的。

---

① 马克思：《经济学手稿（1857—1858 年）》，载《马克思恩格斯全集》第 46 卷上册，人民出版社 2006 年版，第 28—29 页。

二　两大部类之间的关系是相关关系

两大部类之间最根本的关系是其间的产品交换关系，可用公式表示如下：

$$I\,V + I\,\frac{m}{x} + I\,\Delta V = II\,C + II\,\Delta C \tag{1}$$

只要社会扩大再生产是平衡的，就有这个相等关系式，而这个关系式成立，则社会扩大再生产也就是平衡的。

由于 $I\,\dfrac{m}{x} + I\,\Delta v = I\,m - I\,\Delta c$，代入公式（1）则有：

$$I\,\Delta c = (I\,v + I\,m - II\,c) - II\,\Delta c,$$

$$\text{或}\; II\,\Delta c = (I\,v + I\,m - II\,c) - I\,\Delta c \tag{2}$$

即在上年社会总产品价值构成的基础上，任何一部类的不变资本积累量都决定了另一部类的不变资本积累量。如在马克思第一个图式的第一年中，第一部类不变资本积累量 400 决定了第二部类积累不变资本 1000 + 1000 - 1500 - 400 = 100，而第二部类不变资本积累量 100 也决定了第一部类积累不变资本 1000 + 1000 - 1500 - 100 = 400，二者是互相决定的。

如果用 $I\,b$、$II\,b$ 分别表示两大部类积累资本的有机构成，即 $I\,b = \dfrac{I\,\Delta c}{I\,\Delta v}$、$II\,b = \dfrac{II\,\Delta c}{II\,\Delta v}$，用 $I\,\Delta\Sigma$、$II\,\Delta\Sigma$ 分别表示两大部类总积累量，则可有如下推演：

$$I\,\Delta\Sigma = I\,\Delta c + I\,\Delta v = I\,\Delta c + \frac{1}{I\,b} \times I\,\Delta c = \frac{I\,b + 1}{I\,b} \times I\,\Delta c,$$

$$\text{即}\; I\,\Delta c = \frac{I\,b}{I\,b + 1} \times I\,\Delta\Sigma。$$

同理，$II\,\Delta c = \dfrac{II\,b}{II\,b + 1} \times II\,\Delta\Sigma$，代入公式（2），得：

$$I\,\Delta\Sigma = \frac{I\,b + 1}{I\,b}\,(I\,v + I\,m - II\,c) - \frac{II\,b\,(I\,b + 1)}{I\,b\,(II\,b + 1)}\,II\,\Delta\Sigma$$

或 $\mathrm{II}\,\Delta\sum = \dfrac{\mathrm{II}\,b+1}{\mathrm{II}\,b}\,(\,\mathrm{I}\,v + \mathrm{I}\,m - \mathrm{II}\,c\,) - \dfrac{\mathrm{I}\,b\,(\,\mathrm{II}\,b+1)}{\mathrm{II}\,b\,(\,\mathrm{I}\,b+1)}\,\mathrm{I}\,\Delta\sum$ （3）

即任何一部类的总积累量都决定了另一部类的总积累量。以列宁《论所谓市场问题》中图式的第一年为例，他将两大部类积累资本的有机构成分别由 4、2 提高到 9、5，确定第一部类积累率为 50%，即积累量为 500，推算出第二部类积累量为 60，积累率为 8%。如果我们反过来从第二部类开始积累，确定其积累量为 60，用前一节叙述过的方法，必然得出第一部类积累量为 500，这两种相反的过程均可用公式（3）表示出来：

$$\mathrm{II}\,\Delta\sum = \frac{5+1}{5}\,(\,1000+1000-1500\,) - \frac{9\,(5+1)}{5\,(9+1)}\times 500 = 60$$

$$\mathrm{I}\,\Delta\sum = \frac{9}{9+1}\,(\,1000+1000-1500\,) - \frac{5\,(9+1)}{9\,(5+1)}\times 60 = 500$$

如果用 $\mathrm{I}\,a'$、$\mathrm{II}\,a'$ 分别表示两大部类积累率，即 $\mathrm{I}\,\Delta\sum = \mathrm{I}\,m \times \mathrm{I}\,a'$，$\mathrm{II}\,\Delta\sum = \mathrm{II}\,m \times \mathrm{II}\,a'$，代入公式（3）可得：

$$\mathrm{I}\,a' = \frac{\mathrm{I}\,b+1}{\mathrm{I}\,b \times \mathrm{I}\,m}\,(\,\mathrm{I}\,v + \mathrm{I}\,m - \mathrm{II}\,c\,) -$$

$$\frac{(\,\mathrm{I}\,b+1)\times \mathrm{II}\,b \times \mathrm{II}\,m}{(\,\mathrm{II}\,b+1)\times \mathrm{I}\,b \times \mathrm{I}\,m}\times \mathrm{II}\,a'$$

$$\text{或，}\quad \mathrm{II}\,a' = \frac{\mathrm{II}\,b+1}{\mathrm{II}\,b \times \mathrm{II}\,m}\,(\,\mathrm{I}\,v + \mathrm{I}\,m - \mathrm{II}\,c\,) -$$

$$\frac{(\,\mathrm{II}\,b+1)\times \mathrm{I}\,b \times \mathrm{I}\,m}{(\,\mathrm{I}\,b+1)\times \mathrm{II}\,b \times \mathrm{II}\,m}\times \mathrm{I}\,a' \qquad (4)$$

即任何一部类的积累率都决定了另一部类的积累率。以列宁图式第一年两大部类积累率 50% 和 8% 分别作为计算起点，有：

$$\mathrm{I}\,a' = \frac{9+1}{9\times 1000}\times(\,1000+1000-1500\,) -$$

$$\frac{(9+1)\times 5 \times 750}{(5+1)\times 9 \times 1000}\times 8\% = 50\%$$

$$\mathrm{II}\,a' = \frac{5+1}{5\times 750}\times(\,1000+1000-1500\,) -$$

$$\frac{(5+1)\times 9 \times 1000}{(9+1)\times 5 \times 750}\times 50\% = 8\%$$

二者完全等效。当两大部类资本有机构成不变，且剩余价值率恒为 100% 时，$Ib \times Im = Ib \times Iv = Ic$，同理 $IIb \times IIm = IIc$，因而公式（4）可变为：

$$Ia' = \frac{Ib+1}{Ic}(Iv + Im - IIc) - \frac{(Ib+1) \times IIc}{(IIb+1) \times Ic} \times IIa'$$

$$\text{或} \quad IIa' = \frac{IIb+1}{IIc}(Iv + Im - IIc) - \frac{(IIb+1) \times Ic}{(Ib+1) \times IIc} \times Ia' \quad (5)$$

如果用 Ig'、IIg' 分别表示两大部类的总资本增长率，用 IB、IIB 表示原有资本的有机构成，假定剩余价值恒为 100%，则有：

$$Ig' = \frac{I\Delta\Sigma}{Ic + Iv} = \frac{Ia' \times Im}{(IB+1) \times Iv} = \frac{Ia' \times Iv}{(IB+1) \times Iv} = \frac{Ia'}{IB+1},$$

$$\text{即} \quad Ia' = (IB+1) \, Ig'$$

同理，$IIa' = (IIB+1) \, IIg'$，代入公式（4）可得：

$$Ig' = \frac{Ib+1}{(IB+1) \times Ib \times Im}(Iv + Im - IIc) -$$

$$\frac{(Ib+1) \times (IIB+1) \times IIb \times IIm}{(IIb+1) \times (IB+1) \times Ib \times Im} \times IIg'$$

$$\text{或} \quad IIg' = \frac{IIb+1}{(IIB+1) \times IIb \times IIm}(Iv + Im - IIc) -$$

$$\frac{(IIb+1) \times (IB+1) \times Ib \times Im}{(Ib+1) \times (IIB+1) \times IIb \times IIm} \times Ig' \quad (6)$$

即任何一部类的总资本增长率都决定了另一部类的总资本增长率。仍以列宁图式第一年为例，其中两部类总资本增长率分别为 $\dfrac{500}{4000+1000} = 10\%$、$\dfrac{60}{1500+750} = 2.6\%$，当我们分别以这两个数据作为推算起点，则二者亦完全等效：

$$Ig' = \frac{9+1}{(4+1) \times 9 \times 1000} \times (1000 + 1000 - 1500) -$$

$$\frac{(9+1) \times (2+1) \times 5 \times 750}{(5+1) \times (4+1) \times 9 \times 1000} \times 2.6\% = 10\%$$

$$IIg' = \frac{5+1}{(2+1) \times 5 \times 750} \times (1000 + 1000 - 1500) -$$

$$\frac{(5+1) \times (4+1) \times 9 \times 1000}{(9+1) \times (2+1) \times 5 \times 750} \times 10\% = 2.6\%$$

当积累资本有机构成与原资本有机构成不同时，两大部类各自的资本增长率、不变资本增长率、可变资本增长率、剩余价值增长率、总产值增长率并不相同，但应用与上述类似的方法，同样可以求出两大部类有关增长率之间的相关关系式，确定了任何一部类某一增长率的数值，便由此决定了另一部类相关增长率的数值，任何一部类都不能处于无条件的决定地位。

当两大部类资本有机构成保持不变时，即 $Ib = IB$、$IIb = IIB$ 时，各部类的有关元素增长率相同，均为 g'。因为 $m = v$，即 $Ib \times Im = Ic$、$IIb \times IIm = IIc$，所以公式（6）在这种情况下变为：

$$I g' = \frac{Iv + Im - IIc}{Ic} - \frac{IIc}{Ic} \times IIg',$$

$$\text{或 } IIg' = \frac{Iv + Im - IIc}{IIc} - \frac{Ic}{IIc} \times Ig' \qquad (7)$$

以刘熙钧同志按第一部类积累率为 40% 时所推算的图式的第一年为例，两大部类增长率分别为 8% 和 12%，以此分别作为推算起点，二者依然等效：

$$I g' = \frac{1000 + 1000 - 1500}{4000} - \frac{1500}{4000} \times 12\% = 8\%$$

$$II g' = \frac{1000 + 1000 - 1500}{1500} - \frac{4000}{1500} \times 8\% = 12\%$$

以上推演说明，在平衡的社会扩大再生产中，无论资本有机构成有无变化，两大部类的不变资本积累量、总积累量、积累率以及诸有关元素的增长率之间的关系都是相关关系，二者是互相决定的，确定了其中一个，便因而决定了另外一个，任何一部类都不具备无条件的决定性。

另外，以上的若干组相关关系式还为我们提供了一种方法，可用以求得某一年中合乎某种比例的两大部类相关元素的数值。例如在列宁图式的第一年中，要使两大部类积累率相同，便可通过公式（4）求得其数值。令 $IIa' = Ia'$，代入式（4）第一式，得到方程：

$$\mathrm{I}\,a' = \frac{9+1}{9\times1000}\times(1000+1000-1500) - \frac{(9+1)}{(5+1)}\frac{\times5\times750}{\times9\times1000}\times\mathrm{I}\,a'$$

$$\text{解得 } \mathrm{I}\,a' = \mathrm{II}\,a' = \frac{20}{61} = 32.79\%$$

新图式为：

I （4000+295.08）c+（1000+32.79）v+（672.13）m=6000

II （1500+204.92）c+（750+40.98）v+（504.10）m=3000

三 两大部类平行发展的根源在于其间的相关关系

刘熙钧同志以马克思《资本论》中第一个图式为例，以不同的第一部类积累率作为推算起点，通过推演说明，在资本有机构成及剩余价值率不变的条件下，如果历年第一部类积累率不变，则从第二年开始两大部类以相同的增长率发展，这种平行等速增长的现象及其增长率是由第一部类所决定的。两大部类等速平行增长的现象确实存在，但它并非由第一部类单方面决定，其根源在于两大部类之间的相关关系。下面叙述理由。

任何一个作为社会扩大再生产历史前提的上一年总产品价值构成，都可以看成是某一个两大部类平行发展的再生产过程的结果，因此，如果不改变这一过程原有的两大部类积累率，那么它将仍然按照其原有的平行增长率继续增长下去。在这种情况下．平行增长现象、平行增长率和两大部类积累率的确定数值都是先期的存在，它由原社会总产品价值构成所决定，而这个构成必须符合上节所述各相关关系式，它才是平衡的，同时今后也必须符合这些相关关系式，才能使社会扩大再生产平衡地平行发展下去。由于两大部类相关关系式体现的是两大部类之间互相决定的相关关系，因此，由两大部类相关关系制约的各种量值既可以说由第一部类所决定，也可以说由第二部类所决定。下面用数学推演具体说明。

设定某一社会总产品价值构成是一个两大部类平行增长的扩大再生

产的结果，由于资本有机构成不变，剩余价值率恒为 100%，故根据公式（7）可有如下推演：

令 $Ig' = IIg'$，代入公式（7）得方程

$$Ig' = \frac{Iv + Im - IIc}{Ic} - \frac{IIc}{Ic} \times Ig'$$

解方程得： $\qquad Ig' = IIg' = \frac{Iv + Im - IIc}{Ic + IIc} \qquad\qquad (8)$

因： $\quad Ig' = \frac{I\Delta\Sigma}{Ic + Iv} = \frac{Ia' \times Im}{(Ib + 1) \times Iv} = \frac{Ia' \times Iv}{(Ib + 1) \times Iv} = \frac{Ia'}{Ib + 1}$,

同理，

$$IIg' = \frac{IIa'}{IIb + 1} \qquad\qquad (9)$$

代入公式（8）可得：

$$Ia' = (Ib + 1) \times \frac{Iv + Im - IIc}{Ic + IIc},$$

$$IIa' = (IIb + 1) \times \frac{Iv + Im - IIc}{Ic + IIc} \qquad\qquad (10)$$

因 $Ig' = IIg'$，即 $\dfrac{Ia'}{Ib + 1} = \dfrac{IIa'}{IIb + 1}$,

故 $Ia' : IIa' = (Ib + 1) : (IIb + 1) \qquad\qquad (11)$

以马克思第一个图式的发端式为例，其数值分别为：

$$Ig' = IIg' = \frac{1000 + 1000 - 1500}{4000 + 1500} = \frac{1}{11} = 9.09\%$$

$$Ia' = (4 + 1) \times \frac{1000 + 1000 - 1500}{4000 + 1500} = \frac{5}{11} = 45.45\%$$

$$IIa' = (2 + 1) \times \frac{1000 + 1000 - 1500}{4000 + 1500} = \frac{3}{11} = 27.27\%$$

$$Ia' : IIa' = \frac{5}{11} : \frac{3}{11} = 5 : 3 = (4 + 1) : (2 + 1)$$

只要符合以上数据，无论从确定第一部类积累率开始，还是从确定第二部类积累率开始，无论展望未来的社会扩大再生产过程，还是回顾已往的社会扩大再生产结果，两大部类都是按 1/11 的增长率平行发展

的，如下表所示：

年份	部类	资本量 （c＋v）	不变资本 量（c）	可变资本 量（v）	产值 （c＋v＋m）	积累量 （Δ∑）	积累率 （％）	增长率 （％）
前十年	Ⅰ	2284.9	1827.95	456.99	2741.92	207.72	45.45	
	Ⅱ	1028.22	685.48	342.74	1370.96	93.47	27.27	
前九年	Ⅰ	2492.65	1994.12	498.53	2991.18	226.60	45.45	9.09
	Ⅱ	1121.69	747.80	373.90	1495.60	101.97	27.27	9.09
…	…	…	…	…	…	…	…	…
前三年	Ⅰ	4201.39	3361.11	840.28	5041.67	381.91	45.45	9.09
	Ⅱ	1809.63	1260.42	630.21	2520.83	171.83	27.27	9.09
前二年	Ⅰ	4533.33	3666.67	916.67	5500.00	416.67	45.45	9.09
	Ⅱ	2062.50	1375.00	687.50	2750.00	187.50	27.27	9.09
前一年	Ⅰ	5000	4000	1000	6000	454.55	45.45	9.09
	Ⅱ	2250	1500	750	3000	204.55	27.27	9.09
第一年	Ⅰ	5454.55	4363.64	1090.91	6545.45	495.87	45.45	9.09
	Ⅱ	2454.55	1636.36	818.18	3272.73	223.14	27.27	9.09
第二年	Ⅰ	5950.41	4760.33	1190.08	7140.49	540.95	45.45	9.09
	Ⅱ	2677.69	1785.12	892.56	3570.25	243.43	27.27	9.09
第三年	Ⅰ	6491.36	5193.09	1298.27	7789.63	590.12	45.45	9.09
	Ⅱ	2911.11	1947.41	973.70	3894.81	265.56	27.27	9.09
…	…	…	…	…	…	…	…	…
第九年	Ⅰ	10941.24	8753.00	2188.25	13129.49	9994.66	45.45	9.09
	Ⅱ	4923.56	3282.37	1641.19	6564.75	447.60	27.27	9.09
第十年	Ⅰ	11935.90	9548.72	2387.18	14323.08	1085.08	45.45	9.09
	Ⅱ	5371.16	3580.77	1790.39	7161.54	488.29	27.27	9.09

说明：

一、积累量指本年度总产品价值中用于下年度积累的量值，即下年度资本增加额。

二、增长率即本年度资本量、不变资本量、可变资本量、产值、积累量相对上年同类量值的增长率。

三、由于四舍五入，故上表数值小数点后可能略有出入。

当我们像刘熙钧同志那样，将第一部类积累率确定为 40%、50%、60% 等来进行推算时，由于与上述第一部类积累率不同，因而两部类增长率也就不同，这实际上是通过改变积累率而打破了原有的平行增长状况。这个过程可以通过先确定第一部类积累率来完成，也可以通过先确定第二部类积累率来完成，两大部类积累率依然是互相决定的。以刘熙钧同志所举第一图式为例，他先确定第一部类积累率为 40% 推算出第二部类积累率为 36%，两部类增长率分别为 8%、12%，如果我们先确定第二部类积累率为 36%，推演结果完全相同。据公式（5）、（9）有：

$$\mathrm{I}\,a' = \frac{4+1}{4000}\,(1000 + 1000 - 1500)\ -\frac{(4+1)\ \times 1500}{(2+1)\ \times 4000}\times 36\% = 40\%$$

$$\mathrm{I}\,g' = \frac{40\%}{4+1} = 8\%\,,\quad \mathrm{II}\,g' = \frac{36\%}{2+1} = 12\%$$

打破原有平行增长过程后所形成的社会总产品价值构成，又可以看作某一两大部类平行发展过程的结果，从而可以用前面已经叙述过的方法，求得其本身所具有的确定的平行增长率和两大部类各自的积累率，当然，新的两大部类平行增长过程中第一部类积累率必定与打破原平行增长过程时的第一部类积累率相同，但这并不能说明第一部类具有决定作用，因为通过恰当确定第二部类积累率可以达到相同的结果。

首先，如前所述，在打破原平行增长过程时，只要符合公式（5），即只要社会扩大再生产是平衡的，那么无论先确定哪一部类的积累率，结果都相同，是等效的。例如在马克思第一个图式的发端式的基础上，若先确定第一部类积累率为 40%、50%、60%，则第二部类积累率必然为 36%、20%、4%，若先确定 $\mathrm{II}\,a'$ 为 36%、20%、4%，则 $\mathrm{I}\,a'$ 只能是 40%、50%、60%。第二部类具有与第一部类相同的决定性。

其次，亦如前所述，在新的两大部类平行增长过程中，其增长率及两大部类各自的积累率，均由打破原平行增长过程后所形成的社会总产品价值构成所决定，具有确定数值，就两大部类的地位而言，这些数值既可以说是由第一部类积累率决定的，也可以说是由第二部类积累率决定的，二者具有相同的决定性。

下面，用数学推演予以说明，并得出求得有关数据的一般通式。推演中的脚码 0 表示发端年度，也即原平行增长过程的最后一个年度，脚码 1、2 等表示此后各年度。

若从先确定第一部类积累率为 $\mathrm{I}\,a_1'$ 开始，有：

$$\mathrm{I}\,c_1 = \mathrm{I}\,c_0 + \frac{\mathrm{I}\,b}{\mathrm{I}\,b+1} \times \mathrm{I}\,\Delta\Sigma_0 = \mathrm{I}\,c_0 + \frac{\mathrm{I}\,b}{\mathrm{I}\,b+1} \times \mathrm{I}\,m_0 \times \mathrm{I}\,a_1' =$$

$$\mathrm{I}\,b \times \mathrm{I}\,v_0 + \frac{\mathrm{I}\,b}{\mathrm{I}\,b+1} \times \mathrm{I}\,v_0 \times \mathrm{I}\,a_1'$$

$$\mathrm{I}\,v_1 = \mathrm{I}\,m_1 = \frac{1}{\mathrm{I}\,b} \times \mathrm{I}\,c_1 = \mathrm{I}\,v_0 + \frac{1}{\mathrm{I}\,b+1} \times \mathrm{I}\,v_0 \times \mathrm{I}\,a_1'$$

$$\mathrm{II}\,c_1 = \mathrm{II}\,c_0 + \frac{\mathrm{II}\,b}{\mathrm{II}\,b+1} \times \mathrm{II}\,\Delta\Sigma_0 = \mathrm{II}\,c_0 + \frac{\mathrm{II}\,b}{\mathrm{II}\,b+1} \times$$

$$\left[\frac{\mathrm{II}\,b+1}{\mathrm{II}\,b}\left(\mathrm{I}\,v_0 + \mathrm{I}\,m_0 - \mathrm{II}\,c_0\right) - \frac{\mathrm{I}\,p\,(\mathrm{I}\,p+1)}{\mathrm{I}\,p\,(\mathrm{I}\,p+1)}\,\mathrm{I}\,\Delta\Sigma_0\right] =$$

$$\mathrm{II}\,c_0 + \mathrm{I}\,v_0 + \mathrm{I}\,m_0 - \mathrm{II}\,c_0 - \frac{\mathrm{I}\,b}{\mathrm{I}\,b+1} \times \mathrm{I}\,m_0 \times \mathrm{I}\,a_1' =$$

$$2\,\mathrm{I}\,v_0 - \frac{\mathrm{I}\,b}{\mathrm{I}\,b+1} \times \mathrm{I}\,v_0 \times \mathrm{I}\,a_1'$$

代入公式（10）、（8），求得新的平行增长过程的有关数据：

$$\mathrm{I}\,a_2' = \left(\mathrm{I}\,b+1\right) \times \frac{\mathrm{I}\,v_1 + \mathrm{I}\,m_1 - \mathrm{II}\,c_1}{\mathrm{I}\,c_1 + \mathrm{II}\,c_1} = \left(\mathrm{I}\,b+1\right) \times$$

$$\frac{2\,\mathrm{I}\,v_0 + \dfrac{2}{\mathrm{I}\,b+1} \times \mathrm{I}\,v_0 \times \mathrm{I}\,a_1' - 2\,\mathrm{I}\,v_0 + \dfrac{\mathrm{I}\,b}{\mathrm{I}\,b+1} \times \mathrm{I}\,v_0 \times \mathrm{I}\,a_1'}{\mathrm{I}\,b \times \mathrm{I}\,v_0 + \dfrac{\mathrm{I}\,b}{\mathrm{I}\,b+1} \times \mathrm{I}\,v_0 \times \mathrm{I}\,a_1' + 2\,\mathrm{I}\,v_0 - \dfrac{\mathrm{I}\,b}{\mathrm{I}\,b+1} \times \mathrm{I}\,v_0 \times \mathrm{I}\,a_1'} = \mathrm{I}\,a_1'$$

同理可得：

$$\mathrm{II}\,a_2' = \frac{\mathrm{II}\,b+1}{\mathrm{I}\,b+1} \times \mathrm{I}\,a_1', \quad \mathrm{I}\,g_2' = \mathrm{II}\,g_2' = \frac{1}{\mathrm{I}\,b+1} \times \mathrm{I}\,a_1' \qquad (12)$$

在发端式社会总产品价值构成的基础上，通过确定第一部类积累率，得到了使两大部类可以持续平行发展的两大部类各自的积累率及平行增长率，数值与刘熙钧同志所举图例完全一致。以其第三个图式为例，他先确定 $\mathrm{I}\,a_1'$ 为 60%，得出新平行增长过程的 $\mathrm{I}\,a_2'$、$\mathrm{II}\,a_2'$、$\mathrm{I}\,g_2' = \mathrm{II}\,g_2'$ 分别为 60%、36%、12%，据公式（12）可得相同数据：

$$\mathrm{I}\,a_2' = \mathrm{I}\,a_1' = 60\%\;,\quad \mathrm{II}\,a_2' = \frac{2+1}{4+1}\times 60\% = 36\%\;,$$

$$\mathrm{I}\,g_2' = \mathrm{II}\,g_2' = \frac{1}{4+1}\times 60\% = 12\%$$

如果先确定了第二部类积累率为 $\mathrm{II}\,a_1'$，按上述类似方法可以求得：

$$\mathrm{I}\,a_2' = （\mathrm{I}\,b+1）\times\left[\frac{2}{\mathrm{I}\,b}-\frac{\mathrm{II}\,c_0}{\mathrm{I}\,c_0}-\frac{\mathrm{II}\,c_0}{（\mathrm{II}\,b+1）\times\mathrm{I}\,c_0}\times\mathrm{II}\,a_1'\right]$$

$$\mathrm{II}\,a_2' = （\mathrm{II}\,b+1）\times\left[\frac{2}{\mathrm{I}\,b}-\frac{\mathrm{II}\,c_0}{\mathrm{I}\,c_0}-\frac{\mathrm{II}\,c_0}{（\mathrm{II}\,b+1）\times\mathrm{I}\,c_0}\times\mathrm{II}\,a_1'\right]$$

$$\mathrm{I}\,g_2' = \mathrm{II}\,g_2' = \frac{2}{\mathrm{I}\,b}-\frac{\mathrm{II}\,c_0}{\mathrm{I}\,c_0}-\frac{\mathrm{II}\,c_0}{（\mathrm{II}\,b+1）\times\mathrm{I}\,c_0}\times\mathrm{II}\,a_1' \qquad(13)$$

同样，在发端式社会总产品价值构成的基础上，通过确定第二部类积累率，也得到了使两大部类可以持续平行发展的两大部类各自的积累率及平行增长率，数值亦与刘熙钧同志的图例完全一致。仍以其第三图式为例，先确定 $\mathrm{II}\,a_1'$ 为 4%，则有：

$$\mathrm{I}\,a_2' = （4+1）\times\left[\frac{2}{4}-\frac{1500}{4000}-\frac{1500}{（2+1）\times 4000}\times 4\%\right]=60\%$$

$$\mathrm{II}\,a_2' = （2+1）\times\left[\frac{2}{4}-\frac{1500}{4000}-\frac{1500}{（2+1）\times 4000}\times 4\%\right]=36\%$$

$$\mathrm{I}\,g_2' = \mathrm{II}\,g_2' = \frac{2}{4}-\frac{1500}{4000}-\frac{1500}{（2+1）\times 4000}\times 4\% = 12\%$$

公式（12）、（13）是完全等价的两组公式，只要将公式（5）第一式代入公式（12），便可得到公式（13），将公式（5）第二式代入公式（13），则可得到公式（12），为避冗赘，本文不再列出换算过程。这种可变换性也正说明两大部类之间的关系是相关的，互相决定着对方。

四　当价值转化为生产价格、两大部类平行增长与相同积累率并存时，其增长率与积累率由两大部类相关关系所决定

刘熙钧同志通过举例和数学推演说明，在资本有机构成和剩余价值

率不变的条件下，当产品价值转化为生产价格时，两大部类之间就有平行增长与相同积累率并存的可能性，笔者同意这种观点，其实在上述条件下，只要恰当确定了两大部类积累率或增长率中的任何一个数值，这种并存是必然的。刘熙钧同志已经证明，在任何一个年度内，两大部类之间积累率相同则增长率相同，增长率相同积累率亦相同；在平行增长的若干年度内，两大部类的积累率不变则增长率不变，增长率不变积累率亦不变。问题就在于对任何一个社会扩大再生产的发端式来说，是否存在上述的恰当数值，回答是肯定的。

我们用 P 表示利润，P' 表示平均利润率，Pa' 表示在利润基础上的积累率，Pg' 表资本和产值的增长率，① 以 P、Pa' 分别取代公式（4）中的 m、a'，就可以通过这个相关关系式，求得价值转化为生产价格、两大部类平行增长与相同积累率并存时的有关恰当数值。

令 I pa' = II pa'，即使两大部类积累率相同，据公式（4）可有方程：

$$\mathrm{I}\,pa' = \frac{\mathrm{I}\,b+1}{\mathrm{I}\,b \times \mathrm{I}\,p} \times (\mathrm{I}\,v + \mathrm{I}\,p - \mathrm{II}\,c) -$$

$$\frac{(\mathrm{I}\,b+1) \times \mathrm{II}\,b \times \mathrm{II}\,p}{(\mathrm{II}\,b+1) \times \mathrm{I}\,b \times \mathrm{I}\,p} \times \mathrm{I}\,pa'$$

解得：

$$\mathrm{I}\,pa' = \mathrm{II}\,pa' = \frac{(\mathrm{I}\,b+1) \times (\mathrm{II}\,b+1) \times (\mathrm{I}\,v + \mathrm{I}\,p - \mathrm{II}\,c)}{(\mathrm{II}\,b+1) \times \mathrm{I}\,b \times \mathrm{I}\,p + (\mathrm{I}\,b+1) \times \mathrm{II}\,b \times \mathrm{II}\,p}$$

$$\mathrm{I}\,pg' = \frac{\mathrm{I}\,\Delta\Sigma}{\mathrm{I}\,c + \mathrm{I}\,v} = \frac{\mathrm{I}\,p \times \mathrm{I}\,pa'}{\mathrm{I}\,c + \mathrm{I}\,v} = p' \times \mathrm{I}\,pa' = p' \times \mathrm{II}\,pa' = \mathrm{II}\,pg' \quad (14)$$

以刘熙钧同志第一图式为例，其中 $p' = 24.05\%$，I $p = 1322.78$，II $p = 577.22$，据公式（14）有：

---

① 当资本有机构成不变时，每一部类资本与产值增长率相同，价值转化为生产价格时亦如此。下面以第一部类为例予以证明：I 资本增长率 $= \dfrac{\mathrm{I}\,\Delta\Sigma}{\mathrm{I}\,c + \mathrm{I}\,v} = \dfrac{\mathrm{I}\,p \times \mathrm{I}\,pa'}{\mathrm{I}\,c + \mathrm{I}\,v} = p' \times \mathrm{I}\,pa'$

I 产值增长率 $= \dfrac{\mathrm{I}\,\Delta\Sigma + \mathrm{I}\,\Delta p}{\mathrm{I}\,c + \mathrm{I}\,v + \mathrm{I}\,p} = \dfrac{\mathrm{I}\,\Delta\Sigma + p' \times \mathrm{I}\,\Delta\Sigma}{\frac{1}{p'} \times \mathrm{I}\,p + \mathrm{I}\,p} = \dfrac{(p'+1) \times \mathrm{I}\,p \times \mathrm{I}\,pa'}{\frac{p'+1}{p'} \times \mathrm{I}\,p} = p' \times \mathrm{I}\,pa'$

$$I\,pa' = II\,pa' =$$

$$\frac{(4+1)\ \times\ (2+1)\ \times\ (1100+1322.78-1600)}{(2+1)\ \times 4 \times 1322.78 + (4+1)\ \times 2 \times 577.22} = 57.02\%$$

$$I\,pg' = II\,pg' = 24.05\% \times 57.02\% = 13.71\%$$

与刘熙钧同志推算结果完全一致。

在产品价值转化为生产价格的条件下，对任何一个社会扩大再生产的发端式来说，都可以根据公式（14）求得两大部类积累率与增长率的恰当数值，因此它必定可以实现两大部类的平行增长与相同积累率的并存，而有关的恰当数值则完全为两大部类相关关系所决定，不以人的意志为转移。

总之，两大部类之间的关系是相关关系，二者是互相决定的。片面强调第一部类的决定作用在理论上难以成立，在实践中则会导致相当程度的失误，中国及苏联几十年的建设历程已经证明了这一点。

（原载《厦门大学学报》1990 年第 2 期）

再论两大部类积累规模及增长速度的互相决定关系

——再与刘熙钧同志商榷

备注：本文沿用了刘熙钧同志规定的一些符号，为方便阅读，特介绍其含义如下：

a：总积累量；Ia、IIa：两大部类积累量。

a'：总积累率；Ia'、IIa'：两大部类积累率。

Ib、IIb：两大部类积累资本的有机构成。

g'：社会资本总增长率。

刘熙钧同志《再论两大部类的积累率与增长率的互相关系问题》[①]（以下简称《问题》）一文，对拙文《两大部类的积累规模及增长速度是互相决定的》[②]（以下简称《互相决定》）做了反批评，由于我们所讨论的两大部类关系问题已成为政治经济学中众所瞩目的难点之一，而且具有很高的理论与实践价值，因此笔者不得不进一步阐述、论证自己的观点，并回答刘熙钧同志的诘难，其目的不在于争夺是非高下，而是试图引起更多同志的兴趣与关心，以使研究能得以深化。

---

① 刘熙钧：《再论两大部类的积累率与增长率的互相关系问题》，《厦门大学学报》1990年第4期。

② 袁林：《两大部类的积累规模及增长速度是互相决定的》，《厦门大学学报》1990年第2期。

一 马克思如何看待生产与消费的关系

两大部类生产之间的关系本质上是生产与消费的关系，或者说生产与消费的关系从根本上规定了两大部类生产之间的关系。笔者认为，生产决定消费，消费决定生产，这是马克思一贯的思想。拙文《互相决定》曾引马克思《〈政治经济学批判〉导言》予以简略说明。生产与消费的互相决定关系，从根本上规定了两大部类生产之间互相决定关系。刘熙钧同志则认为，生产在生产、交换、分配、消费四环节中是起支配或决定作用的，其他三者只是反作用于生产，他在《问题》中也引马克思《导言》文字论证自己的观点，同时反驳笔者。既然生产决定着消费，消费只是反作用于生产，那么，第Ⅰ部类生产状况决定着第Ⅱ部类生产状况，后者仅仅反作用于前者，就成为顺理成章的推论了。为使问题更加清晰，有必要再简略探讨一下马克思关于生产与消费关系的思想。

刘熙钧同志所引《导言》该段文字其实很集中地反映了马克思关于生产与消费关系的思想，但可惜的是他没有完整抄录引文，同时因混淆了两个不同的"生产"概念而误解了引文。为了更好讨论，下面先全文抄录该段的引文。

> 我们得到的结论并不是说，生产、分配、交换、消费是同一的东西，而是说，它们构成一个总体的各个环节、一个统一体内部的差别。生产既支配着与其他要素相对而言的生产自身，也支配着其他要素。过程总是从生产重新开始。交换和消费不能是起支配作用的东西，这是不言而喻的。分配，作为产品的分配，也是这样。而作为生产要素的分配，它本身就是生产的一个要素。因此，一定的生产决定一定的消费、分配、交换和这些不同要素相互间的一定关系。当然，生产就其单方面形式来说也决定于其他要素。例如，当市场扩大，即交换范围扩大时，生产的规模也就增大，生产也就分

得更细。随着分配的变动，例如，随着资本的集中，随着城乡人口的不同的分配等等，生产也就发生变动。最后，消费的需要决定着生产。不同要素之间存在着相互作用。每一个有机整体都是这样。①

马克思在这里使用了两个"生产"概念。一个是狭义的"生产"，即"与其他要素相对而言的生产"，"就其单方面形式来说"的"生产"，它仅指人们通过劳动改变物质形态、得到新型产品的过程。狭义"生产"与消费、交换、分配相对立，是同等并列的存在。另一个是广义的"生产"，即由生产（狭义）、分配、交换、消费四个环节构成的"一个有机整体""一个统一体"，"支配着"狭义的"生产"。它是指生产品从开始形成到最后通过消费而完成的整个过程。在马克思看来，生产品只通过生产（狭义）形成自己的形态，还不算最后完成，还不成为现实的产品，"产品在消费中才得到最后完成"，"产品只是在消费中才成为现实的产品"，他还举例说，"一条铁路，如果没有通车，不被磨损，不被消费，它只是可能性的铁路，不是现实的铁路"②。由于生产品必须经过生产（狭义）、分配、交换、消费四个环节才最后完成，成为现实的产品，因而这四个环节便成为广义生产的要素。正是由于广义生产的这种含义，马克思才说："生产既支配着与其他要素相对而言的生产自身"③，这当然不是毫无意义地说生产支配着生产自身，而是说广义的生产过程支配着作为其环节之一的狭义生产。正是在这个意义上，马克思把消费、交换、分配称为生产的要素，他说，"消费，作为必需，作为需要，本身就是生产活动的一个内在要素"④，"交换当然也就作为

① 马克思：《经济学手稿（1857—1858年）》，载《马克思恩格斯全集》第46卷上册，人民出版社2006年版，第36—37页。
② 马克思：《经济学手稿（1857—1858年）》，载《马克思恩格斯全集》第46卷上册，人民出版社2006年版，第28页。
③ 马克思：《经济学手稿（1857—1858年）》，载《马克思恩格斯全集》第46卷上册，人民出版社2006年版，第36页。
④ 马克思：《经济学手稿（1857—1858年）》，载《马克思恩格斯全集》第46卷上册，人民出版社2006年版，第31页。

生产的要素包含在生产之内"①，分配与生产的关系"显然是属于生产本身内部的问题"②。就广义的"生产"而言，生产支配、决定着其中的四个要素以及它们之间的关系，这一点毫无疑问，但如果抛开广义"生产"概念，则生产、分配、交换、消费这些"不同要素之间存在着相互作用"③。狭义生产作为广义生产过程的新起点决定着其他要素，同时"也决定于其他要素"④，交换和分配的变动决定着生产的变动，"最后，消费的需要决定着生产"⑤。显然，刘熙钧同志误解了自己的引文，因为我们的讨论实际上严格局限于狭义的"生产"概念，所以他的反驳不能成立。

在《导言》中，马克思详细论述了生产（狭义）与消费的相互决定关系，明确说："没有生产，就没有消费，但是，没有消费，也就没有生产。"⑥ 他指出，生产与消费的同一性表现在三个方面：第一，他们表现为"直接的同一性，生产是消费，消费是生产"；第二，"他们相互依存"，"互不可缺"，"每一方表现为对方的手段，以对方为媒介"；第三，"两者的每一方由于自己的实现才创造对方，把自己当做对方创造出来"，消费最后"使产品成为产品"，"使生产者成为生产者"，而生产则创造出一定的消费方式、消费动力和消费能力。⑦ 在马克思看来，生产生产着消费，消费生产着生产，两者互为前提和决定条件。消费生

---

① 马克思：《经济学手稿（1857—1858 年）》，载《马克思恩格斯全集》第 46 卷上册，人民出版社 2006 年版，第 36 页。

② 马克思：《经济学手稿（1857—1858 年）》，载《马克思恩格斯全集》第 46 卷上册，人民出版社 2006 年版，第 34 页。

③ 马克思：《经济学手稿（1857—1858 年）》，载《马克思恩格斯全集》第 46 卷上册，人民出版社 2006 年版，第 37 页。

④ 马克思：《经济学手稿（1857—1858 年）》，载《马克思恩格斯全集》第 46 卷上册，人民出版社 2006 年版，第 37 页。

⑤ 马克思：《经济学手稿（1857—1858 年）》，载《马克思恩格斯全集》第 46 卷上册，人民出版社 2006 年版，第 37 页。

⑥ 马克思：《经济学手稿（1857—1858 年）》，载《马克思恩格斯全集》第 46 卷上册，人民出版社 2006 年版，第 28 页。

⑦ 马克思：《经济学手稿（1857—1858 年）》，载《马克思恩格斯全集》第 46 卷上册，人民出版社 2006 年版，第 30—31 页。

产着生产表现在两方面。一，由于"产品之所以是产品，不是它作为物化了的活动，而只是作为活动着的主体的对象"，因此"产品只是在消费中才成为现实的产品"，才"最后完成"，不被消费的产品只是可能性的产品，不具有现实意义。二，由于"没有需要，就没有生产"，而"消费创造出新的生产的需要，因而创造出生产的观念上的内在动机，后者是生产的前提"，消费不仅"创造出生产的动力"，"也创造出在生产中作为决定目的的东西而发生作用的对象"①。同样，生产也生产着消费，"它生产出消费的对象、消费的方式和消费的动力"②。由上述可见，马克思从来不认为生产（狭义）具有单方面的决定作用，不认为消费只能从属于生产，反作用于生产，而是认为生产与消费之间存在着同一性，存在着对等的互相决定的关系。马克思的这个思想，应当成为我们探讨两大部类之间关系的一个基本出发点。

二　决定第 I 部类积累率的重要因素

刘熙钧同志认为，两大部类之间的互相交换可用 I（$v + \Delta v + \frac{m}{x}$）→ II（$c + \Delta c$）表示，这就是说，I a'（积累率）决定 I（$v + \Delta v + \frac{m}{x}$），后者再决定 II（$c + \Delta c$），而后由 II Δc 决定 II Δv，从而决定了 II a（积累量）、II $\frac{m}{x}$、II a'。他将此作为政治经济学的常识，其实这个所谓"常识"正是笔者与刘熙钧同志讨论的关键所在，刘熙钧同志的整个推论不过是它的扩展，既然 I a' 是决定一切相关量值的起点，那么 I a' 的决定作用当然就毋庸置喙了，这里仍然是结论存在于前提之中。尽管刘熙钧同志也说，确定 I a' 时应该考虑市场需求状况，但他始终认为这只

① 马克思:《经济学手稿（1857—1858 年）》，载《马克思恩格斯全集》第 46 卷上册，人民出版社 2006 年版，第 28—29 页。
② 马克思:《经济学手稿（1857—1858 年）》，载《马克思恩格斯全集》第 46 卷上册，人民出版社 2006 年版，第 30 页。

是一个次要因素，而且在推演有关公式时并未予以些许考虑。这个观点与马克思关于生产与消费关系的思想当然并不统一。

在《互相决定》中笔者已说过，两大部类之间的关系从根本上说是其间的产品交换关系。其含义是说，第Ⅰ部类用于生活消费的产品价值，必须通过等价交换第Ⅱ部类产品得以完全实现，第Ⅱ部类用于补偿和追加生产资料的产品价值，必须通过等价交换第Ⅰ部类产品得以完全实现，这样，社会扩大再生产才有可能实现。两大部类之间的交换既然是两者都必须进行的等价交换，那么交换双方的作用就只能是相互的和对等的，不可能分出主次前后，通常用公式 Ⅰ（$v + \Delta v + \frac{m}{x}$）= Ⅱ（$c + \Delta c$）表示这种关系，用等号连接两大部类必须向对方交换的产品价值，正表明两者的位置是可以互换的。如果谈决定作用的话就只能是相互决定，第Ⅰ部类从生产资料方面决定着第Ⅱ部类，第Ⅱ部类从生活资料方面决定着第Ⅰ部类，没有必需数量的生产资料，不管哪一部类，都会因补偿及追加的不变资本得不到保证而实现不了扩大再生产，同样，没有必需数量的生活资料，任何一个部类也会因可变资本及资本家消费部分得不到保证而实现不了扩大再生产，这里没有主次之分。

由于两大部类之间存在的互相决定关系，当我们按照刘熙钧同志的观点，把Ⅰa′作为考察问题的起点时，就会发现，Ⅰa′并非可以随意确定的量值，它不仅被第Ⅰ部类生产状况所决定，也被第Ⅱ部类生产状况所决定。下面先举两例。

例一，起点公式为：

$$Ⅰ\ 4000c + 1000v + 1000m = 6000$$

$$Ⅱ\ 1800c + 900v + 900m = 3600$$

如果确定Ⅰa′为50%，则第Ⅰ部类可向第Ⅱ部类提供的生产资料价值量仅为 Ⅰ（$v + \Delta v + \frac{m}{x}$）= 1000 + 100 + 500 = 1600，不足以维持第Ⅱ部类的简单再生产，反过来，假如第Ⅱ部类至少必须维持简单再生产，那么第Ⅰ部类就必须缩减积累规模，改变Ⅰa′数值。

例二，起点公式为：

$$I\ 4000c + 1000v + 1000m = 6000$$
$$II\ 1500c + 750v + 750m = 3000$$

如果已知根据社会需要第 II 部类只需积累 90，即 II $\Delta c = 60$，II $\Delta v = 30$，则必须向第 I 部类交换的产品价值为 II（$c + \Delta c$）$= 1500 + 60 = 1560$，这时若仍确定 I a' 为 50%，那么第 I 部类需从第 II 部类获得的产品价值为 1600，这超出了后者的承受能力，由此前者也会因缺乏生活资料而不能充分实现可变资本的积累，因而不能实现扩大再生产。在这种情况下，要使社会扩大生产得以实现，就必须增加第 I 部类的积累，使 I a' 提高为 55%，从而使其向第 II 部类索取的产品价值降为 $1000 + 110 + 450 = 1560$，与第 II 部类所能够提供的产品价值相等。

显然，I a' 首先被扩大再生产之前社会总产品的价值构成所限定，其集中表现是被 I（$v + m$）$-$ II c、即可供积累的剩余生产资料价值量所限定，I a' 所导致的第 I 部类不变资本积累必须在此限度以内，且与 I a' 相应的两部类不变资本积累总量必须与之相等。决定了这一限定条件的不仅是 I（$v + m$），不仅是第 I 部类的生产状况，还有 II c，即第 II 部类的生产状况，它们的差额才构成这一限定条件，我们不能说其中哪一部类更具决定性。其次，I a' 的数值又为第 II 部类的需求、也即第 II 部类所能够向第 I 部类提供的生活资料价值量所决定，第 I 部类所能得到的生活资料价值量决定着其可变资本的积累状况，从而决定了其总积累率，也即 I a'。

当然，以上的分析思路同样适用于 II a'，II a' 数值的确定又反过来为第 I 部类生产及积累状况所决定。笔者反对将第 I 部类积累率置于无条件的优先决定地位，并非想犯同样的错误，将第 II 部类积累率也置于这样的地位，而只是说明，由于生产与消费的辩证关系所导致的两大部类之间的相关关系，两大部类生产状况是互相决定的。所谓互相决定，就是说两大部类只有在平衡条件下才能实现各自的积累，从而实现整个社会的扩大再生产，任何一部类都没有单方面的决定权。而所谓平衡，则是说两大部类之间的交换能够等价地、充分地得以实现。

三 从社会总积累看两大部类的互相决定作用

社会的扩大再生产不仅表现为两大部类各自的积累量或积累率，而且表现为社会的总积累量或积累率。社会总积累状况反映了积累与消费或者说生产与消费的关系，当然也就反映了两大部类之间的关系，这里我们通过对社会总积累的考察，再来看看两大部类的相互决定作用。[①]

拙文《互相决定》已得到关系式：

$$I\Delta\Sigma = \frac{Ib+1}{Ib}(Iv+Im-IIc) - \frac{IIb(Ib+1)}{Ib(IIb+1)}II\Delta\Sigma \quad (1)$$

$$II\Delta\Sigma = \frac{IIb+1}{IIb}(Iv+Im-IIc) - \frac{Ib(IIb+1)}{IIb(Ib+1)}I\Delta\Sigma \quad (2)$$

我们用 $\Delta\Sigma$ 表示社会总积累量，为书写方便，令 $\frac{Ib+1}{Ib}$ （$Iv+$

$Im-IIc$） $=A$，$\frac{IIb(Ib+1)}{Ib(IIb+1)}=B$，根据公式1可得方程组：

$$\begin{cases} \Delta\Sigma = I\Delta\Sigma + II\Delta\Sigma \\ I\Delta\Sigma = A - BII\Delta\Sigma \end{cases} \quad (3)$$

公式（1）与公式（2）等价，用公式（2）推导所得方程组相同。当 $B\neq1$ 时，解方程组得：

$$I\Delta\Sigma = \frac{A-B\Delta\Sigma}{1-B}, \quad II\Delta\Sigma = \frac{\Delta\Sigma - A}{1-B} \quad (4)$$

若假定 $Ib > IIb$，即第 I 部类积累资本有机构成高于第 II 部类，因 $Ib>0$、$IIb>0$，故 $0<B<1$，[②] 微分公式（1）、（2）、（4），可得：

$$\frac{\partial I\Delta\Sigma}{\partial II\Delta\Sigma} = -B < 0 \quad (5)$$

---

① 参见袁林《论社会扩大再生产中两大部类的相关关系》、《试论积累与消费的合理比例》，《兰州大学学报》1987 年第 3 期、1989 年第 2 期。因拙文已有讨论，故本节仅简略叙述。

② 推演过程为：$Ib > IIb > 0$；$0 < \frac{1}{Ib} < \frac{1}{IIb}$；$0 < \frac{1}{Ib}+1 < \frac{1}{IIb}+1$；$0 < \frac{Ib+1}{Ib} < \frac{IIb+1}{IIb}$；$0 < \frac{IIb(Ib+1)}{Ib(IIb+1)} < 1$；$\frac{IIb(Ib+1)}{Ib(IIb+1)} = B$；$0 < B < 1$。

$$\frac{\partial\,\mathrm{I}\,\Delta\Sigma}{\partial\Delta\Sigma} = -\frac{1}{1-B} < 0 \tag{6}$$

$$\frac{\partial\,\mathrm{II}\,\Delta\Sigma}{\partial\Delta\Sigma} = \frac{1}{1-B} > 0 \tag{7}$$

据公式（1）、（2）、（4）可知，两大部类积累量 $\mathrm{I}\,\Delta\Sigma$、$\mathrm{II}\,\Delta\Sigma$ 与社会总积累量 $\Delta\Sigma$ 三者之间存在着确定的相互关系，确定了其中任何一个量，另外两个量随之即被确定。由公式（5）、（6）、（7）又可知，$\mathrm{I}\,\Delta\Sigma$ 与 $\mathrm{II}\,\Delta\Sigma$、$\mathrm{I}\,\Delta\Sigma$ 与 $\Delta\Sigma$ 呈反向变动，$\mathrm{II}\,\Delta\Sigma$ 与 $\Delta\Sigma$ 呈同向变动，这就在 $\mathrm{I}\,b > \mathrm{II}\,b$ 的条件下，给我们一个含义丰富的结论。从社会总积累角度看，如果提高积累率，降低消费率，就必须将总积累更多的投入第 II 部类，以更快发展生活资料生产，为以后提高消费奠定物质基础；如果提高消费率，降低积累率，就必须将总积累更多地投入第 I 部类，以更快提高生产资料生产能力，为以后更多的积累创造物质条件。从第 I 部类角度看，如果要使自己积累的更多，就必须降低社会总积累率和第 II 部类的积累率，即提高社会消费率，同时使生活资料生产发展较慢；如果降低了自己的积累率，则社会总积累率和第 II 部类积累率都必须提高，在降低社会消费率的同时更快发展生活资料生产。从第 II 部类角度看，提高自己的积累率，就必须提高社会总积累率，降低消费率，同时使第 I 部类发展较慢，从而限定自己今后的积累规模；若降低自己的积累率，则必须提高社会消费率，降低积累率，同时使第 I 部类发展更快，为以后扩大积累准备生产资料。上述辩证关系符合马克思关于生产与消费互相决定的一贯思想。

为了更清楚表述以上关系，下面举例说明。起点图式为：

$$\mathrm{I}\ 4000c + 1000v + 1000m = 6000$$
$$\mathrm{II}\ 1500c + 750v + 750m = 3000$$

$\mathrm{I}\,b = 4$，$\mathrm{II}\,b = 2$，则 $A = \dfrac{4+1}{4}\,(1000 + 1000 - 1500) = 625$，$B = \dfrac{2\,(4+1)}{4\,(2+1)} = \dfrac{5}{6}$，如果假定社会总积累量为 650，则：

$$\text{I}\,\Delta\sum = \frac{625 - \frac{5}{6}\times 650}{1-\frac{5}{6}} = 500, \quad \text{II}\,\Delta\sum = \frac{650-625}{1-\frac{5}{6}} = 150$$

若将社会总积累量提高到 710，则：

$$\text{I}\,\Delta\sum = \frac{625 - \frac{5}{6}\times 710}{1-\frac{5}{6}} = 200, \quad \text{II}\,\Delta\sum = \frac{710-625}{1-\frac{5}{6}} = 510$$

$\text{I}\,\Delta\sum$ 由 500 降为 200，$\text{II}\,\Delta\sum$ 由 150 增为 510。以上数据按照刘熙钧同志的推演方法同样可以得到。从这些数据的变化中，读者可以自行观察社会总积累状况和两大部类积累状况三者之间的辩证关系。

那么社会总积累量或总积累率是否可以无限制地变化呢？当然不是，由于生产与消费辩证关系的制约，社会总积累量存在着上下两个限界。下面予以证明。

正常的社会扩大再生产需要两大部类资本都有所积累，或至少一部类积累，另一部类维持原状，即 $\text{I}\,\Delta\sum \geq 0$，$\text{II}\,\Delta\sum \geq 0$，同时若设定 $\text{I}\,b > \text{II}\,b$，即 $0 < B < 1$，则据公式 4 可得如下不等式组：

$$\begin{cases} \dfrac{A - B\Delta\sum}{1-B} \geq 0 \\ \dfrac{\Delta\sum - A}{1-B} \geq 0 \end{cases}$$

解得： $$A \leq \Delta\sum \leq \frac{A}{B}$$

即：

$$\frac{\text{I}\,b+1}{\text{I}\,b}(\text{I}\,v+\text{I}\,m-\text{II}\,c) \leq \Delta\sum \leq \frac{\text{II}\,b+1}{\text{II}\,b}(\text{I}\,v+\text{I}\,m-\text{II}\,c) \quad (8)$$

这就是社会总积累量的上下限界，不论如何确定社会总积累率或两大部类的积累率，其积累总量都不能超出这个限界。以前举图式为例：

$$\frac{\text{I}\,b+1}{\text{I}\,b}(\text{I}\,v+\text{I}\,m-\text{II}\,c) = \frac{4+1}{4}(1000+1000-1500) = 625$$

$$\frac{\text{II}\,b+1}{\text{II}\,b}(\text{I}\,v+\text{I}\,m-\text{II}\,c) = \frac{2+1}{2}(1000+1000-1500) = 750$$

即 $625 \leq \Delta\sum \leq 750$，不论我们如何确定社会总积累率 a′ 以及 I a′、II a′，其积累总量不会低于 625，也不会高于 750。也可以反过来说，生产与消费辩证关系所决定的社会总积累状况的上下限界，既限定了 a′，也限定了 I a′、II a′。这就意味着，在确定两大部类积累率的时候，既必须保持一定数量的积累，又必须保证一定数量的消费。由于 $\Delta\sum$ 通过一定转换可演变为 a′ 或社会总增长率 g′，因此公式（8）也可变换为表示 a′ 或 g′ 上下限界的公式，为避冗赘，此不再罗列。

随着生产条件的变化，社会总积累状况的限界也会发生变化。由公式 8 可见，决定其变化的因素有两组，一是 I b、II b，一是（I v + I m − II c）。对这两个限界分别微分则有：

$$\frac{\partial A}{\partial\ I\,b} = -\frac{1}{I\,b^2}\ (I\,v + I\,m - II\,c)\ < 0$$

$$\frac{\partial \frac{A}{B}}{\partial\ II\,b} = -\frac{1}{II\,b^2}\ (I\,v + I\,m - II\,c)\ < 0$$

$$\frac{\partial A}{\partial\ (I\,v + I\,m - II\,c)} = \frac{I\,b+1}{I\,b} > 0$$

$$\frac{\partial \frac{A}{B}}{\partial\ (I\,v + I\,m - II\,c)} = \frac{II\,b+1}{II\,b} > 0$$

由此可知，社会总积累状况的上下限界随 I b、II b 的增高而降低，随（I v + I m − II c）的增大而提高。

那么，上一年度社会总积累状况对下一年度积累量限界会带来什么影响呢？为节约篇幅，这里不再作公式推演，仅举例说明。本节曾举例说明社会总积累量变化时其分配于两大部类的积累量的变化，在这个例子中，起点条件不变，当总积累量为 650 时，则 $I\,\Delta v = \frac{1}{4+1} \times 500 = 100$，$II\,\Delta c = \frac{2}{2+1} \times 150 = 100$，扩大再生产实现后则有 I v = 1000 + 100 = 1100，I m = I v = 1100，II c = 1500 + 100 = 1600，由此可推得：

$$A = \frac{4+1}{4} \times (1100 + 1100 - 1600) = 750$$

$$\frac{A}{B} = \frac{2+1}{2}（1100 + 1100 - 1600）= 900$$

即社会总积累新的上下限界为：$750 \leq \Delta \sum \leq 900$。

当总积累量增加为 710 时，$I \Delta v = \frac{1}{4+1} \times 200 = 40$，$II \Delta c = \frac{2}{2+1} \times$ $510 = 340$，扩大再生产实现后则有 $I v = 1000 + 40 = 1040$，$I m = I v = 1040$，$II c = 1500 + 340 = 1840$，由此可推得：

$$A = \frac{4+1}{4} \times（1040 + 1040 - 1840）= 300$$

$$\frac{A}{B} = \frac{2+1}{2} \times（1040 + 1040 - 1840）= 360$$

即社会总积累新的上下限界为：$300 \leq \Delta \sum \leq 360$。

这两种情况下，前一年的起点状况相同，由此可见，当第Ⅰ部类积累较多，相对而言第Ⅱ部类积累及社会总积累较少时，下一年度积累限界提高，这就意味着应当增大社会总积累率，从而导致第Ⅱ部类积累有较大增加，第Ⅰ部类积累增长相对缓慢；当第Ⅰ部类积累较少，相对来说第Ⅱ部类及社会总积累较多时，下一年度积累限界降低，这就意味着应当降低社会总积累率，由此导致第Ⅱ部类积累增长缓慢，而第Ⅰ部类积累增长更为迅速。

第Ⅰ部类与第Ⅱ部类、积累与消费，就是这样联结成一个复杂的辩证关系网，就每一对矛盾来说，双方互为存在的依据、实现的前提，双方既决定着对方，又为对方所决定。

四 再析两大部类的平行发展问题

刘熙钧同志探讨了两大部类在剩余价值率、资本有机构成以及第Ⅰ部类积累率不变条件下的平行增长问题，并试图予以推广，筚路蓝缕，功不可没，但其中许多问题仍有待继续推敲。

（一）关于两大部类积累率的确定

在刘熙钧同志的推论中，$I a'$ 是无前提地随意确定的，由此决定了

Ⅱa′的数值，这当然并不妥当。前面已经分析过，第Ⅱ部类的需求状况、社会总的积累与消费状况都直接决定着Ⅰa′的数值，自然，Ⅱa′的数值同样为第Ⅰ部类的需求状况和社会总的积累与消费状况所决定，这个前提是不能忽略的。即使为了分析问题的方便，将这些前提暂时搁置一边，那也应当分析两大部类积累率的数量限界问题。根据前面的讨论，可有如下推演。

因 $ⅠΔ\sum = Ⅰa′ \times Ⅰm$，据公式4可得：

$$\Delta\sum = \frac{A - (1 - B) \times ⅠΔ\sum}{B} = \frac{A - (1 - B) \times Ⅰa′ \times Ⅰm}{B}$$

代入公式（8）得：

$$A \leqslant \frac{A - (1 - B) \times Ⅰa′ \times Ⅰm}{B} \leqslant \frac{A}{B}$$

因本文讨论范围为 $Ⅰb > Ⅱb$，即 $0 < B < 1$，

故解得：

$$\frac{A}{Ⅰm} \geqslant Ⅰa′ \geqslant 0 \tag{9}$$

同时得：

$$\frac{A}{B \times Ⅱm} \geqslant Ⅱa′ \geqslant 0 \tag{10}$$

公式（9）、（10）即两大部类积累率的数量限界。以刘熙钧同志所举图式为例：

$$\frac{A}{Ⅰm} = \frac{1}{1000} \times \frac{4 + 1}{4} \times （1000 + 1000 - 1500） = 62.5\%$$

$$\frac{A}{B \times Ⅱm} = \frac{1}{750} \times \frac{2 + 1}{2} \times （1000 + 1000 - 1500） = 100\%$$

即：$62.5\% \geqslant Ⅰa′ \geqslant 0\%$，$100\% \geqslant Ⅱa′ \geqslant 0$。

两大部类的积累率不能超出这个限界。例如，若将第Ⅰ部类积累率确定为70%，则社会扩大再生产不能实现。

（二）关于扩大再生产的起点

扩大再生产的起点必须具备两个充分必要的前提，即 $Ⅰ（v + m） > Ⅱc$，$Ⅱ（c + m - \frac{m}{x}） > Ⅰ（v + \frac{m}{x}）$，刘熙钧同志也承认这些前

提。这就是说，扩大再生产的起点既受到第Ⅰ部类相对于第Ⅱ部类状况的决定，又受到第Ⅱ部类相对于第Ⅰ部类状况的决定。但刘熙钧同志却忽略了后一前提，他在《问题》中为了进一步证明Ⅰa′的决定作用，提出，如果将发端式中第Ⅱ部类产品价值总额予以变动，那么在Ⅰa′不变条件下所形成的第二年的平行增长型发端式并不发生变化。这仍然是从第Ⅰ部类出发对第Ⅱ部类的强行规定，由于他不考虑第Ⅱ部类的实际状况，因而未必能实现。下面举例说明。

例一，我们按刘熙钧同志的举例，不改变其他条件，仅将第Ⅱ部类总产品价值由 3000 降为 2000，即：

$$Ⅰ\ 4000c + 1000v + 1000m = 6000$$

$$Ⅱ\ 1000c + 500v + 500m = 2000$$

要实现Ⅰa′＝50%，第Ⅰ部类必须从第Ⅱ部类获取 1000 + 100 + 500 = 1600 的生活资料，为承担此索取，第Ⅱ部类必须积累不变资本 1600 − 1000 = 600，相应积累可变资本 300，总积累量 900，但第Ⅱ部类最多只能提供 500 的积累，故无法应对第Ⅰ部类的索取，从而第Ⅰ部类实现不了 50% 的积累率，所谓平行增长型发端式也就不能形成。

例二，起点图式使用刘熙钧同志的举例，即：

$$Ⅰ\ 4000c + 1000v + 1000m = 6000$$

$$Ⅱ\ 1400c + 700v + 700m = 2800$$

如果第Ⅱ部类资本家必须消费 600，即社会只需要其积累 100，那么他只能向第Ⅰ部类提供生活资料 $1400 + \dfrac{2}{2+1} \times 100 = 1467$，不能满足第Ⅰ部类的索取，从而Ⅰa′＝50% 无法兑现，所谓平行增长型发端式也形成不了。

上述两例中，Ⅰa′＝50% 不能实现，原因在于不能满足Ⅱ（ c + m − $\dfrac{m}{x}$ ）＞Ⅰ（ v + $\dfrac{m}{x}$ ）的条件。例一中，Ⅱ$\dfrac{m}{x}$ 只能是大于零，即使设定其为 0，略去不计，Ⅱ（ c + m − $\dfrac{m}{x}$ ）最多为 1000 + 500 = 1500，而Ⅰ（ v +

$\dfrac{m}{x}$) $=1000+500=1500$，显然无法满足第 I 部类的需求。例二中，最

优条件下，II（$c+m-\dfrac{m}{x}$）$=1400+700-600=1500$，同样无法满足第

I 部类 1500 的需求。其实，刘熙钧同志的这个观点只不过表述了第 I
部类单方面的需求和愿望：为实现 I $a'=50\%$，第 I 部类必须获得 1600
的生活资料，第 II 部类不管实际状况和需求如何，都必须使自己的不变
资本总额度达到 1600，以适应第 I 部类的需求。这种单方面的强制恐怕
难以称之为规律，因其并不合理，所以也未必能够实现。

（三）关于平行增长的发端式

对此，笔者采取了与刘熙钧同志不同的思路，看来并未获得他的
理解，因此还需要再做些解释。刘熙钧同志是以任意图式作为起点，
又以任一 I a' 为先决条件，通过一年积累得出平均增长的发端式。笔
者则直接进入问题，考察任意图式本身是否就可以成为平行增长的发
端式。扩大再生产的前提图式并不是凭空产生的，它本身就是一个结
果，可以是平行增长的结果，也可以是非平行增长的结果，甚至可以
是简单再生产通过资本原始积累而产生的结果，它们以同一的形式表
现出来，因而我们可以不加区别地等效地将其视为平行增长过程的结
果，这并非改变原有事实，而只具有方法论的意义。既然它可以看做
平行增长的结果，那么只要按其能够实现平行增长的 I a'、II a' 积累，
它仍将平行增长下去。在此思路下便可求得该图式直接成为平行增长
发端式的条件：

$$I\,a' = (\,I\,b+1\,) \times \dfrac{I\,v + I\,m - II\,c}{I\,c + II\,c}$$

$$II\,a' = (\,II\,b+1\,) \times \dfrac{I\,v + I\,m - II\,c}{I\,c + II\,c} \qquad (11)$$

按此数值不仅可以推算任意图式为发端式的平行增长状况，还可以
逆推假设的该图式以往的平行增长过程。刘熙钧同志通过人为确定 I a'，
改变两大部类已有的对比状况，从而获得在 I a' 条件下的平行增长发端

式，笔者则使任一图式直接成为平行增长发端式，所以这并未改变命题，而只是使问题更加简明，结论涵盖面更大，因为刘熙钧同志通过一年扩大再生产后获得的平行增长发端式，包含在笔者所考察的所有类型之中，只是其中的一种特殊形态。

（四）关于 I a′与 I a$_0$′、II a′与 II a$_0$′之间的关系①

在《互相决定》中，笔者已经证明，在 I b、II b 不变且剩余价值率恒为 100% 的条件下，只要能够实现公式（11），任一扩大再生产图式都可以直接作为发端式平行增长下去。那么，公式（11）的经济学含义何在呢？公式中组成部分之一为 $\dfrac{I v + I m - II c}{I c + II c}$，其中 I c + II c 是已有生产资料总量，I v + I m − II c 是可供积累并且必须积累的生产资料总量，因此，这个组成部分表示了平均的不变资本增长率。由于 I b、II b 不变，$\dfrac{m}{v} = 100\%$，所以公式（11）可有如下推演：

$$I\,a' = \frac{I v + I m - II c}{I c + II c} \times \frac{I c + I v}{I m} = \frac{I v + I m - II c}{I c + II c} \times$$

$$(I c + I v) \div I m$$

同理，$II\,a' = \dfrac{I v + I m - II c}{I c + II c} \times (II c + II v) \div II m$

这就是说，如果每一部类都按照平均的不变资本增长率确定其资本增长量也即积累量，并由此确定自己的积累率，那就必然使两大部类平行地按照不变资本平均增长率增长下去。对于任一扩大再生产图式来说，不变资本平均增长率是确定的和唯一的，因而公式（11）中的 I a′、II a′也是确定的和唯一的，不按此积累率，两大部类平行增长就不可能实现。既然任何一个扩大再生产图式都可以在符合公式（11）的条件下成为平行增长的发端式，同时它又是一个扩大再生产（不论是否平行增长）的结果，那么公式（11）中的 I a′与使该图式得以形成的

_____

① 以下用脚码 0 表示前一年的有关数据。

$I\,a_0'$ 之间有什么关系呢？刘熙钧同志用实例说明 $I\,a' = I\,a_0'$，笔者用数学推演证明了 $I\,a' = I\,a_0'$，但这都是正向的考察，下面我们再做一下逆向的考察，并由此探寻其经济学意义。

对于任一扩大再生产图式的前一年来说，都有 $II\,\Delta c = I\,v_0 + I\,m_0 - II\,c_0 - I\,\Delta c$，因此该图式的不变资本平均增长率可有如下推演：

$$\frac{I\,v + I\,m - II\,c}{I\,c + II\,c} = \frac{I\,v_0 + I\,\Delta v + I\,m_0 + I\,\Delta m - II\,c_0 - II\,\Delta c}{I\,c_0 + I\,\Delta c + II\,c_0 - II\,\Delta c} =$$

$$\frac{I\,v_0 + I\,\Delta v + I\,m_0 + I\,\Delta m - II\,c_0 - (I\,v_0 + I\,m_0 - II\,c_0 - I\,\Delta c)}{I\,c_0 + I\,\Delta c + II\,c_0 + (I\,v_0 + I\,m_0 - II\,c_0 - I\,\Delta c)} =$$

$$\frac{I\,\Delta c + I\,\Delta v + I\,\Delta m}{I\,c_0 + I\,v_0 + I\,m_0} \qquad (12)$$

这就是说，本年度的不变资本平均增长率与前一年度第 I 部类总产值增长率相同。其原因可由公式（12）清楚看出，一是 $I\,c + II\,c = I\,c_0 + I\,v_0 + I\,m_0$，即本年度用于补偿不变资本的生产资料总量，必须与上年度第 I 部类的总产品相等，一是 $I\,v + I\,m - II\,c = I\,\Delta c + I\,\Delta v + I\,\Delta m$，即本年度不变资本积累总量必须与上年度第 I 部类总价值增长量相同，而这两条是任何扩大再生产都必须实现的。由此便必然导致 $I\,a' = I\,a_0'$。

$$I\,a' = \frac{I\,v + I\,m - II\,c}{I\,c + II\,c} \times (I\,b + 1) = \frac{I\,\Delta c + I\,\Delta v + I\,\Delta m}{I\,c_0 + I\,v_0 + I\,m_0} \times$$

$$(I\,c_0 + I\,v_0) \div I\,m_0 = I\,a_0'$$

因此，当我们正向考察时，平行增长条件下本年度的 $I\,a'$ 必须与 $I\,a_0'$ 相同，由于 $I\,a_0'$ 是已定的事实，因而 $I\,a'$ 也就是确定的和唯一的；如果我们反向进行考察，那么一个扩大再生产图式要直接平行增长，就必须有符合公式（11）的 $I\,a'$，$I\,a'$ 是确定的和唯一的，而这一图式形成过程中的 $I\,a_0'$ 必然与 $I\,a'$ 相同，因此也是确定的和唯一的。道理其实很简单，当这一图式作为事实存在的时候，$I\,a_0'$ 也已经是既定事实。

那么，符合公式（11）的 $II\,a'$ 与 $II\,a_0'$ 之间的关系又是怎样的呢？笔者在《互相决定》中已经推得：

$$\text{II} a' = (\text{II} b + 1) \times \left(\frac{2}{\text{I} b} - \frac{\text{II} c0}{\text{I} c0} \right) - \frac{\text{II} c0}{\text{I} c0} \times \text{II} a_0' \qquad (13)$$

由此亦可得：

$$\text{II} a_0' = (\text{II} b + 1) \times \left(\frac{2}{\text{I} b} \times \frac{\text{I} c0}{\text{II} c0} - 1 \right) - \frac{\text{I} c0}{\text{II} c0} \times \text{II} a' \qquad (14)$$

显然，$\text{II} a'$ 与 $\text{II} a_0'$ 之间的数量关系比较复杂，一般情况下二者并不相同。如果我们令 $\text{II} a' = \text{II} a_0'$，那么由公式（13）或公式（14）可解得：

$$\text{II} a' = \text{II} a_0' = \left(\frac{(\text{II} b + 1) \times \left(\frac{2}{\text{I} b} \times \text{I} c_0 - \text{II} c_0 \right)}{\text{I} c_0 + \text{II} c_0} \right.$$

只有在这种条件下，$\text{II} a'$ 才能与 $\text{II} a_0'$ 相等。例如就刘熙钧同志所举

起点图式而言，只有当 $\text{II} a_0' = \dfrac{(2+1) \times \left(\frac{2}{4} \times 4000 - 1500 \right)}{4000 + 1500} = 27.3\%$

时，$\text{II} a'$ 才与 $\text{II} a_0'$ 相等，即以该图式直接作为平行增长发端式。其增长过程笔者在《互相决定》中已用表列出，此不再赘言。由于 $\text{II} a'$ 与 $\text{II} a_0'$ 在绝大多数情况下并不相等，因此，主观地确定 $\text{II} a_0'$ 并持续贯彻下去，当然不一定能获得平行增长的结果。任何一个平行增长的扩大再生产发端式，不论它是如何形成的，由于两大部类相关关系的限定，$\text{I} a'$、$\text{II} a'$ 必须符合公式（11）的规定，$\text{I} a'$ 不符合不行，$\text{II} a'$ 不符合同样不行。当然，由于两大部类生产的具体特点，$\text{I} a'$ 与 $\text{I} a_0'$ 关系和 $\text{II} a'$ 与 $\text{II} a_0'$ 的关系呈现了不同的特点和内容。

（五）关于实践效果

由于实践者的偏差，实践结果当然不能完全等同于理论结论，但二者之间应当有大概的、粗略的一致。改革以前所有社会主义国家都以优先发展生产资料生产作为计划经济的指导方针，同时无一例外地带来了生活资料短缺的后果，而按照刘熙钧同志的结论，只要从优先发展生产资料生产出发，以此需要确定了 $\text{I} a_0'$，那么从第二年开始两部类就会平行增长下去，不可能造成较长时间的生活资料短缺。遗憾的是，刘熙钧

同志的结论和实践结果二者之间几乎是完全对立的，这种情况下，除了检讨我们自己的理论结论之外别无他法，难道能将一切责任或主要责任都推到实践者身上吗？

（1991 年 6 月 25 日完稿，未发表）

应当加强灾害历史学研究

对于减灾来说，最有效最经济的手段莫过于预防，而预防的前提是预测。如果我们对即将发生的灾害能有准确的预测，在此基础上采取相应的措施，那么灾害的成灾程度必然大大降低，甚至不成灾。遗憾的是，由于自然灾害本身的特殊性，迄今为止，人类对其发生发展的机制、成因、规律等等了解还很不充分，无法作出准确的预测预报。在这种情况下，除了进一步深入开展自然灾害的机制研究而外，还应当求助于统计的研究，即通过对历史上发生过的各种自然灾害时空分布、灾害程度及特征、相关因素等等内容的研究，寻找出其发生发展的统计规律，在此基础上对未来灾害作出具有一定概率性的预测预报，也就是说，应当加强灾害历史学的研究。当然，灾害历史学研究与灾害机制研究并不矛盾，前者为后者提供了更丰富的素材和思路，从而促进其更深入地发展。统计的研究和机制的研究结合起来，必然会大大提高我们把握未来灾害的能力，更有效地进行减灾工作。

具体来说，灾害历史学的任务可大致确定如下：

1. 搜集完整、系统的历史灾害资料，予以适当的加工整理，按照时间、地区、灾类、灾况、资料来源等项内容，建立可以很方便调取的历史灾害资料库，为各学科进行灾害机制研究提供资料和历史依据。

2. 对灾害史料进行统计学研究。

（1）把握一定地区内各种程度、各种类型的灾害在时间分布上的统计规律，如频次分布状况、阶段分布状况。在此基础上寻找到其发展变化的时间周期，一方面通过顺时外推，为未来灾害的预测预报服务，另一方面，为进一步研究灾害物理的、地质的、大气的、化学的、生物的等等机制提供线索和依据。

（2）把握各种类型灾害在不同地区累加的分布差异，找到灾害在空间分布上的统计规律，特别是对某种灾害的高发地区作出明确的界定，以此为现实的经济区划、经济决策以及具体建设项目的布点服务，同时也为灾害的各种机制研究提供线索和依据。

（3）通过对一定地区灾害史料的整理分析，把握该地区各类灾害的极限状态，并对其进行较细致深入的个案研究，从而为该地区经济建设决策提供依据。例如，修建水库，必须考虑本地区曾经发生过的最大洪水灾害，设计核电站，必须能够抵御本地区曾发生过的最大地震灾害，等等。

3. 通过研究历史上人类所采取过的减灾措施，分析其利弊得失，总结其经验教训，为现实工作中制定减灾措施提供借鉴和依据。

4. 搜集历史上人类对于灾害所提出的各种理论、思想、方法、对策，对之进行汇总、整理、分析、研究，挖掘其中合理内容，为现实的灾害学研究提供思想素材，从中得到有益的启示、线索和借鉴。

在进行灾害历史学研究方面，我国具有得天独厚的优越条件。我国是一个文明古国，历史记载与历史研究的传统源远流长，历史文献浩如烟海，其中蕴藏着极其丰富的灾害史料，记载又相对集中，便于采撷。主要从两方面被载入史籍，一方面，由于受儒家"天人合一"思想的影响，历代王朝对灾异现象都十分注意。他们认为："国家将有失道之败，而天乃先出灾害以谴告之，不知自省，又出怪异以警惧之，尚不知变，而伤败乃至"①，把灾异的降临看作上天对自己行政错误的警告，因而详细加以记载。历代正史中大都有《五行志》或《灾异志》《灵征志》，地方志中大多有《祥异志》《灾祥志》《灾异志》等等，典志体史书中也有《灾祥略》《物异考》等等，均属此类记载，其中有大量的灾害史料。另一方面，由于自然灾害对社会经济影响巨大，历代王朝对赈灾救

① 《汉书》卷56《董仲舒传》，中华书局1962年标点本，第2498页。

荒都十分注意，把它作为民政工作的重要内容，称之为"荒政"，因此许多自然灾害通过这个渠道被记载了下来。正史本纪、历朝实录、典志体史书中的荒政篇目以及各朝奏章上谕之类档案等等，其中就包含了大量的灾害史料。当然，除此之外，其他历史文献中也有大量灾害史料，只是稍显分散而已。中国历史文献中的灾害史料是一笔宝贵财富，急待我们去开发、利用，为现实的减灾工作服务。

灾害历史学研究可以从多方面来进行，但基础性的工作是资料工作，没有这个基础，其他工作很难进行。在这一方面，我国地震科学工作者和有关历史科学工作者已经做了有意义的工作，他们花费了数年时间，广泛搜集挖掘地震史料，整理编辑出版了《中国地震历史资料汇编》和各省、市、自治区地震历史资料汇编，在此基础上研究完成了"全国地震烈度区划图"，为地震灾害的预防和预测研究、为经济建设决策做出了贡献。

笔者以为，目前应当加强灾害历史学研究，而其中最紧要、最迫切的任务是搜集完整的灾害史料。经过考订和整理，按照适当的模式，建立起可以很方便地进行调取、分析、研究的资料库，公开出版，供有关研究人员使用。为达到这一目标，笔者建议，在中国国际减灾十年委员会领导下建立专门的领导机构，规划、协调历史灾害资料的搜集与整理工作，避免重复劳动和遗漏，同时设立专项基金，专门用于灾害史料的搜集、整理、出版。这样，在不太长的时间内就可以建立中国历史灾害资料库，有了完整、系统的历史灾害资料，统计的研究便可以全面展开，机制的研究也可以更深入地进行，由此推动灾害预测、预报、预防工作达到一个新的水平。

（原载《中国减灾》1994 年第 3 期）

历史灾荒定量研究与谱分析方法

我国是自然灾害高发地区，自古至今，连绵不断，成为制约经济与社会发展的重要因素，其中旱灾影响最大。本文试图以陕西历史旱灾作为对象，探讨历史灾荒定量研究的方法和途径，同时介绍一下对计量史学研究具有重要意义的谱分析方法。

一　历史灾荒研究所面临的问题

灾荒历史学是一门新兴学科。我国历史上灾荒频繁，文献记载数量庞大，如何研究，在方法上还有待探索。如果只用传统史学方法，搜集整理资料，予以恰当描述，固然具有相当的学术价值，但仅止于此，所得只不过是一堆资料和现象。科学研究的目的是以理性认识把握现象，揭示现象的发生机制，从而把握其规律性，历史灾荒研究也不应脱离这一目标。

由于科学发展水平的限制，自然灾害发生机制目前尚不能充分把握，无法通过机制去把握其规律性。然而，文献中大量保留下来的史料却为定量研究提供了相当的便利。尽管我们不知道发生机制，或者不能充分把握其发生机制，但通过研究现象的各种数量之间关系，有可能发现某种统计性规律，特别是发生周期，从而为机制的研究提供另一方面的线索和依据。这种方法不失为研究历史灾荒较好的途径。

按照这一途径，用定量方法研究历史灾荒，面临三大难点：

首先，涉及灾荒的历史文献数量庞大，如何从其中搜集出相当分散的灾荒史料并予以规范化加工。

其次，灾荒史料一般定量内容稀缺，描述模糊，如何确定一种合理、恰当的方法，将其转化为可以进行数学分析的量化数据。

最后，如何找到恰当的数理统计模型，用以描述和分析这些量化数据。

上述三个难点中，第一个属于传统史学方法解决的问题，第二个更多属于处理技巧，第三个则是关键。笔者以为，除了采用一般统计学方法而外，谱分析是一个比较有力的工具。下面试予介绍。

二　谱分析原理

事物规律性的一个基本表现，就是相同条件下现象的重复出现，相同的条件以及复现的现象往往都与时间存在关联，从而表现为周期性。因此，现象的周期性可以说是事物规律性的一个重要表现，在大多数情况下，这是一个可以用精确数值加以表示的量。但是，事物是复杂的，我们所看到的一个现象，实质上是多个现象的综合，因而，现象的周期性大多表现为多种周期的叠加，外观不呈现明显的周期性，像噪声声波图谱一样。

对于外观表现为无周期而实际是叠加周期的现象，通过分析，寻找到其中隐含的一个个简单周期，这一过程，就是谱分析。

从数学角度，谱分析的含义是，设定对象是一个周期振动的量，它可用一定的函数加以描述，而这样的振动往往是由若干个简谐振动叠加而成，从中确定出各个简谐振动分量的过程称为谱分析。

历史灾荒研究对象量化后所得数据表现为一个离散的时间序列。所谓离散，即不连续，不像声波或地震波能形成连续的波形图。所谓时间序列，即每一个量与相应时间点有一一对应关系。对时间序列的谱分析在数学上已有比较成熟的方法，这种方法又被称为"频域分析"。

对时间序列的谱分析中，最重要的统计量是：

$$I(\omega) = |\sum_{t=1}^{T} X(t) e^{ie\omega}|^2/T$$

当时间序列含有确定的周期分量时，通过 I（ω）的极大值点，就可以寻找到这些分量的周期。[1]

从本质上说，对时间序列的谱分析方法，其基础是随机过程理论和数理统计学方法，因此，小部分数据的缺失并不会对总体结论发生根本性影响，只是随着数据缺失的增加，结论置信度会有所降低。由于这一特点，谱分析方法特别适合于对历史灾荒类对象的研究，因为这类对象的数据缺失是必然的，而且数量肯定不少。例如，历史上规模较小、或发生较早的自然灾害很多失于记载。

三 谱分析计算步骤

时间序列的谱分析具体计算步骤如下。[2]

1. 将原数据序列 f_1、f_2、……f_n进行距平化和标准化，得到新数据系列 X_1、X_2、……X_n，其计算公式为：

$$X_i = \frac{f_i - \bar{f}}{\sigma f} (i = 1, 2, \cdots\cdots, n)$$

式中，

$$\bar{f} = \frac{1}{n} \sum_{i=1}^{n} f_i, \quad \sigma f = \sqrt{\frac{1}{n} \sum_{i=1}^{n} (f_i - \bar{f})^2}$$

2. 确定最大时延 m 的值。一般认为 m 值应在 n/10 至 n/3 之间。

3. 计算自相关函数 R（τ），公式为：

$$R(\tau) = \frac{1}{n - \tau} \sum_{i=1}^{n-\tau} X_i X_{i+\tau} (\tau = 0, 1, 2\cdots\cdots, m)$$

---

[1] 中国大百科全书出版社编辑部编：《中国大百科全书·数学》，"时间序列分析"条、"谱综合"条，中国大百科全书出版社 1988 年版。

[2] 黄忠恕：《波谱分析方法及其在水文气象学中的应用》，气象出版社 1983 年版，第 65—75 页。

4. 计算粗估谱 $E(k)$，公式为：

$$E(k) = \frac{1}{m}\left[R(0) + 2\sum_{\tau=1}^{m-1} R(\tau)\cos\frac{k\pi}{m}\tau + R(m)\cos k\pi \right] (k = 0,1,2,\cdots\cdots m)$$

5. 计算精细谱 $\widetilde{E}(k)$，有多种方法，本人曾使用汉宁（Hanning）光滑系数，公式为：

$$\widetilde{E}(0) = 0.50E(0) + 0.50E(1)$$

$$\widetilde{E}(k) = 0.25E(k-1) + 0.50E(k) + 0.25E(k+1)(1 \leqslant k \leqslant m)$$

$$\widetilde{E}(m) = 0.50E(m-1) + 0.50E(m)$$

6. 找到谱密度极大值 $E(k)$ 处的波数 k（条件许可时，采用 $\widetilde{E}(k)$ 数据则更好），并计算出相应周期数值 T_k，公式为：

$$T_k = 2m/k$$

7. 对所得周期 T_k 进行显著性检验，其具体步骤如下。

（1）计算谱估计自由度 V，公式为：

$$V = \frac{2n - \frac{3}{2}m}{m}$$

（2）根据需要确定置信度 $1-\alpha$，由此得到显著水平 α。

（3）当落后一个时刻的自相关系数 $r(1)$ 为负数值或较少的正数值时，随机过程为"白噪声"过程，其谱密度为常数：

$$\bar{E} = \frac{1}{2m}[E(0) + E(m)] + \frac{1}{m}\sum_{k=1}^{m-1} E(k)$$

落后一个时刻的自相关系数 $r(1)$ 的计算公式为：

$$r(1) = R(1)/R(0)$$

（4）当落后一个时刻的自相关系数 $r(1)$ 为较大正数值时，随机过程为"红噪声"过程，其平均谱估计 $\bar{E}(k)$ 的计算公式为：

$$\bar{E}(k) = \bar{E}\left[\frac{1 - r^2(1)}{1 + r^2(1) - 2r(1)\cos\frac{k\pi}{m}} \right]$$

（5）计算显著性水平为 α 的"红噪声"谱密度上限 $RE(k)$，其公式为：

$$RE\ (k)\ =\ \bar{E}\ (k)\ \frac{X_\alpha^2}{V}$$

式中 V 为谱估计自由度，X_α^2 为 α 显著水平的 X^2 分布，可通过查表获得。

（6）检验具有极大值的谱密度 E（k）是否显著，其依据为下述公式：

$$E(k) > RE(k) = \bar{E}(k)\frac{X_\alpha^2}{V}$$

凡符合此公式者说明谱密度 E（k）在 α 显著性水平是显著的，与此频率相应的周期在 α 显著性水平也是显著的。

8. 如果需要更直观地观察计算结果，可将计算结果绘制为相应的谱估计图。

四 历史灾荒定量研究实例

笔者在对陕西历史旱灾进行定量研究的时候，针对历史灾荒研究三大难点，分步进行了如下工作。

1. 资料搜集整理

原始资料的搜集与加工整理，其方法属传统史学，主要包含如下内容。

搜集史料。广泛搜集各种史料，力争尽可能完整。

分析史料。对史料中可能出现的假报、隐瞒、夸大、缩小、错记、抄误等，运用文献学方法及自然科学相关知识予以分析，适当进行修正。

整理史料。按照公元纪年、现代行政区划，确定灾荒史料四要素：灾时、灾区、灾况、资料来源。并对灾况记述适当加工，以避免文字过于冗赘。

编排史料。分灾年、灾区、灾况、资料来源四项，以年为时间单位和序列基准,将史料编排为时间序列的资料系统。

2. 灾荒史料的量化

鉴于灾荒史料一般缺少定量内容,描述模糊,很难根据描述本身予以量化,笔者建立了"以灾区大小为基本依据,灾情奇重者适当加等"的等级式量化方法。其具体实施步骤如下:

A. 对明确记载了灾区的史料进行打分式量化,分值依据其面积估定。下为陕西灾区量化分值表:

陕西 100								
陕北 33		关中 34					陕南 33	
榆林地区	延安地区	宝鸡市	咸阳市	西安市	铜川市	渭南地区	汉中地区	安康地区	商洛地区
16	17	9	8	5	3	9	11	11	11

B. 对灾区记载不很明确者,根据不同情况确定一些处理原则。

a. 确定灾区为某地区某部者,如"渭南地区北部",以该地区分值的 1/2 计。

b. 确定灾区为某县者,大致以一县 1 分计。

c. 若灾区为某县之某部分,则仍以该县为单位计,不再细分。

d. 对灾区记载不明确,但肯定、或可能包含陕西某地区的史料,如西汉文帝前元九年春,"大旱"(《汉书·文帝本纪》),唐德宗贞元十年,"自春不雨,至于六月"(《新唐书·德宗本纪》),根据具体情况按相应地区总分的 20% 或 10% 计分,个别资料依记述适当提高。

e. 对多灾并述的资料,如清道光五年"宁羌等七州县水灾、旱灾"(《续修陕西通志稿》),则根据具体情况予以判定,按全灾区或其 1/2、1/3 计分。

C. 根据所得量化分值,确定各年灾荒级别,其具体标准为:0 级,无灾;1 级,≤10 分;2 级,11—20 分;3 级,20—30 分;4 级,30—50 分;5 级,>50 分。对个别灾情极重的灾害予以加等处理,5 级加等后即为 6 级。

D. 经过上述处理，形成陕西历史旱灾等级年表（为避冗赘，具体处理过程从略，年表也仅示意列出一部分）：

年代	0	1	2	3	4	5	6	7	8	9
580	2	0	2	2	5	0	4	0	0	0
590	0	0	0	0	5	2	0	0	0	0
600	0	0	0	0	0	0	0	0	0	0
610	0	0	2	0	0	0	0	2	0	0
~		~				~				
1930	6	5	4	5	2	2	1	4	1	4
1940	5	4	1	1	4	5	1	1	0	0
1950	5	5	4	4	3	2	0	5	0	2
1960	5	3	1	0	0	4	4	0	0	5
1970	1	4	5	0	4	0	3	4	2	5

3. 一般统计学分析

得到上述陕西旱灾量化年表，可以很方便地进行一般统计学分析。

A. 旱灾频次分布研究。可得下表：

时期	两汉 425 年 （前 206—219）		魏晋南北朝 361 年 （220—580）		隋唐五代 379 年 （581—959）		宋辽金元 408 年 （960—1367）		明 276 年 （1368—1643）		清民国 305 年 （1644—1948）	
项目	次数	比例	次数	比例	次数	比例	次数	比例	次数	比例	次数	比例
陕西	83	5.12	71	5.08	151	2.51	150	2.72	162	1.70	189	1.62

由上述数据，可以得到两个结论：

（1）旱灾频繁，隋至元大致是五年两旱，明清民国则是三年两旱。

（2）旱灾呈增长趋势，从平均 5 年发生 1 次增长到约 1.5 年发生 1 次。

B. 重大旱灾次数分布研究。我们将 4 级及其以上确定为重大旱灾，可得下表（隋代以前资料缺失较多，故略去）：

时期	隋唐五代 379 年 (581—959)			宋辽金元 408 年 (960—1367)			明 276 年 (1368—1643)			清民国 305 年 (1644—1948)		
项目	次数	年次比例	灾次比例	次数	年次比例	灾次比例	次数	年次比例	灾次比例	次数	年次比例	灾次比例
陕西	36	10.24	4.08	46	8.87	3.26	93	3.00	1.76	45	6.93	4.30

由此可得结论：

（1）重大旱灾出现频率较高，除去明代，大约 7 – 10 年发生 1 次。就其在旱灾中所占比例而言，大约 3、4 次旱灾中就有 1 次重大旱灾。

（2）重大旱灾呈增长趋势，从宋代以前的大约 10 年出现 1 次，发展到清代约 7 年出现 1 次。

（3）明代重大旱灾出现频次奇高，约 3 年出现 1 次，3 次旱灾中有 2 次，其中原因为何，结论本身是否有偏差，尚待研究。

4. 旱灾阶段性研究

将量化数据时间序列用坐标图显示，直观判断，可以发现某些时期大旱灾较多且较集中，形成旱灾高发期。隋至民国陕西共有 40 个旱灾高发期，平均 34.23 年有 1 个，若以明清民国时期计，旱灾高发期有 22 个，平均 26.45 年有 1 个。也就是说，大约每百年有 3—4 个旱灾高发期，并呈现增长趋势。

5. 谱分析

根据等级式量化史料所得陕西旱灾量化数据时间序列，应用本文第三节所述谱分析计算步骤，使用计算机计算，可得下述波数峰值。由于陕西历史旱灾研究中原始数据时间序列较长，故本计算最大时延 m 取 n/10。另外，明代以前相对明清民国资料完整性较差，故本分析用 580—1979 年、1370—1979 年两个时段进行了计算。其结果如下：

580—1979 年陕西旱灾谱分析周期表

置信度	99%	95%						90%					
波数	115	5	62	68	84	90	106	83—84	89—90	97	106—107	114—115	128
周期（年）	2.43	56.00	4.52	4.12	3.33	3.11	2.64	3.37—3.33	3.15—3.11	2.89	2.64—2.62	2.46—2.43	2.19

置信度	80%									
波数	25	70	73	77	86	89—91	96—97	105—107	111	127—128
周期（年）	11.20	4.00	3.84	3.64	3.26	3.15—3.08	2.92—2.89	2.67—2.62	2.52	2.20—2.19

另外，波数 51、54 处谱密度极大值虽未达到 80% 置信限，但较接近，值得注意，其对应周期为 5.49 年、5.19 年。

1370—1979 年陕西旱灾谱分析周期表

置信度	99%		95%	90%		80%		
波数	36	50	30	36—37	46	11	30—31	56
周期（年）	3.39	2.44	4.07	3.39—3.30	2.65	11.09	4.07—3.94	2.18

另外，波数 23、34 处谱密度极大值接近 80% 置信限，值得注意，其对应周期为 5.30 年、3.59 年。

根据以上计算结果，我们可以得出陕西历史旱灾发生的几个较显著统计周期，并有可能结合自然科学相关知识予以一定解释。

1. 准 3 年周期。即大致为 3 年，在 2—4 年之间的变化周期。其表现相当显著。西北气象工作者根据现代观测资料发现了这一规律，认为其在兰州附近表现最为突出，在整个西北都有表现，并据此进行了较为成功的预报。有学者进一步指出，其机制可能与青藏高原地面温度场、海温、副热带高压强弱的准三年周期有关。[1]

2. 准 5 年周期。在接近 5 年的地方，有置信度达 95% 的谱密度极大

---

[1]　白肇烨、徐国昌等：《中国西北天气》，气象出版社 1988 年版，第 158—162 页。

值，在接近 80% 置信度处，有 5 年多的谱密度极大值，这说明准 5 年统计周期存在。其机制尚不清楚，太阳黑子有 5.7 年的次明显周期，[①] 是否相关，有待研究。

3. 11 年周期。置信度达到 80%，比较显著。这也正是太阳黑子活动的一个最显著周期，众所周知，太阳黑子活动与气候变化有密切的直接关系，[②] 这当是这一周期的机制所在。

4. 56 年周期。置信度高达 95% 以上，说明该周期非常可信。其形成机制尚不清楚。有学者指出，地球自转速度有 52 年变化周期，且地球自转速度与西风速度（西风指数）成负相关关系。[③] 大气运动中也有 50 多年的变化周期，如，1 月赤道低压南界和 1 月西伯利亚高压北界有 53 年变化周期，长江中下游年降水量有 53 年变化周期，这些现象与该周期是否相关，还有待进一步研究。

以上关于陕西历史旱灾的定量研究结论尚须通过机制研究进一步深化和修正，但所使用方法对许多历史现象可能是有效的，可以尝试对其他历史现象进行深入的定量分析。

（原题《陕西历史旱灾定量研究与谱分析方法》，载《黄土高原地区历史环境与治理对策会议文集》，《中国历史地理论丛》增刊，2001 年 6 月。收入本文集时做了较大修改）

---

① 盛承禹等：《中国气候总论》，科学出版社 1986 年版，第 341 页。
② 张家承等：《气候变迁及其原因》，科学出版社 1976 年版，第 96—102 页。
③ 彭公炳、陆巍：《气候演变与地球自转速度不均性的几个问题》，地理学会气候学术会议报告，1980 年。转引自张家诚、林之光《中国气候》，上海科学技术出版社 1985 年版。

陕西历史旱灾发生规律研究

在尚未充分把握灾害发生机制之前，根据历史灾害事实，运用统计方法探寻灾害发生统计规律，是进行灾害预测研究的一条重要而有效的途径。笔者曾花费 6 年时间搜集西北灾荒史料，试图找到西北各类灾害发生的统计规律，现将其中有关陕西历史旱灾的研究结果公布出来，以供参考。

一 陕西旱灾史料量化处理

（一）陕西旱灾史料量化处理方法

为对历史文献中的陕西旱灾资料进行统计分析，笔者根据"以灾区大小为基本依据、灾情奇重者适当加等"的原则，以年为时间单位，将其转化为等级式量化资料。具体方法如下：

1. 对明确记载了旱灾灾区的资料进行打分式量化，其具体量值见表 1。对于确定灾区为某地区某部者，如"渭南地区东部"，以该地区分值的 1/2 计。对于确定灾区仅为某县者，大致以一县 1 分计。若灾区为某县中某一地区，则不再做进一步划分，仍以该县为计分单位。

表1　　　　　　　　　　陕西灾区量化分值表（总分100）

陕北33		关中34					陕南33		
榆林地区	延安地区	宝鸡市	咸阳市	西安市	铜川市	渭南地区	汉中地区	安康地区	商洛地区
16	17	9	8	5	3	9	11	11	11

2. 对灾区不明确但肯定包含陕西某地或可能包含陕西某地者，根据具体情况按相应地区总分的20%或10%计分，个别资料适当提高。

3. 对多灾并述的资料，如曰某地区"旱、水、雹、霜灾"，根据具体情况予以判定，按全灾区或其1/2、1/3计分。

4. 根据上述量化分值，确定各年的旱灾级别。其具体标准如下：A（个别地区灾年）：≤10；B（局部旱灾年）：11—20；C（中等旱灾年）：21—30；D（大旱灾年）：31—50；E（特大旱灾年）：>50。

5. 对少数灾情极重的旱灾年予以加等处理，即将原等级改为高一等。E级加等后为F（毁灭性大旱灾年）。

（二）陕西旱灾史料量化处理结果

由于资料完整性的差异，笔者对西汉以前资料未作定量分析，西汉—隋资料只作了频次分析，隋以后资料作了频次、阶段和周期分析。为节约篇幅，并与上述情况相适应，这里仅仅抄录出隋—民国时期（580—1949）量化资料，并依据《中国近五百年旱涝分布图集》补足1950—1979年量化资料。具体量化资料见表2。

表2　　　　　　　陕西旱灾等级年表（580—1979）

年代	0	1	2	3	4	5	6	7	8	9
580	B_0		B_0	B_0	E		D			
590					E	B_0				
600										
610				B_0				B_0		
620	B	B_0			E			A	D	D
630	B_0								B_0	B_0
640				B_0						B_0
650	D	B_0	B_0	B_0	B_0					B_0
660					B_0			B_0	B	D
670	D	B_0	D			B_0			B_0	
680	D	D	E		B_0			E		B_0

续表

年代	0	1	2	3	4	5	6	7	8	9
690	B_0			B_0				B_0		
700	E		E	B_0		B_0	B	B_0		D
710			B_0	B_0	D	B_0	D		B_0	B_0
720					A					
730		B		B_0			B_0			
740								B_0		
750	E			D		B_0	A		B_0	B_0
760			D	D		D	E	B_0		
770		B_0	B_0	C	C			B_0		
780	B_0		B_0		B_0	D				
790	D				B_0	B_0	B_0	D	B_0	B_0
800				D	D					B_0
810		D	B_0	A	D	B_0				
820	B_0		B_0				D	D		A
830			D	B_0	A	C	B_0	B	D	B_0
840	B_0					B_0	B_0	B_0		
850	B_0				B_0			B_0		
860										B_0
870	B_0				B_0		B			
880	B_0									
890				B_0						
900	B	B_0				B	B_0		A_0	
910		A_0	A_0							
920				A_0	A_0	A_0	A_0	A_0	A_0	A_0
930	A_0	A_0		A_0	A_0	A_0	A_0	A_0		
940			A	F^+			A_0		A_0	B
950			A_0							
960	A_0	A_0	E		A		A		E	
970	A				E	D		E		
980										
990	D	C	E	B						

续表

年代	0	1	2	3	4	5	6	7	8	9
1000			A	A				A	A	E
1010	A	B						E	E	
1020	B				A_0	E		E	A_0	
1030		A_0		A_0				A_0		
1040		A_0	A_0	E		A_0	A_0	A_0		A_0
1050	A_0		A_0	A_0		A_0		A		
1060	A	A	A_0		A_0	A_0		E	A_0	A_0
1070	E	A_0	A	A_0	E		E	A_0		E
1080	E		A_0	A_0		A	A_0	A_0	E	A_0
1090	A_0			A_0	A_0			A_0		A_0
1100								A		
1110					A_0					
1120				A						D
1130										
1140	A_0	A_0	E	E			A			
1150										
1160	A	D			A_0					A_0
1170		E	A_0				E			E
1180	D			B	C	C				
1190	A_0	A	A_0	A			B	C		A_0
1200	A_0	C	A_0	A_0	A_0	A_0			A_0	
1210	A_0	E	E	E		A_0	E		A_0	A_0
1220	A_0	A	A_0	A		E	E		A_0	
1230										
1240										
1250										
1260							D		C	
1270			A							
1280									C	C
1290						E				
1300			E	E	A	A	C	C		

年代	0	1	2	3	4	5	6	7	8	9
1310		E								
1320		E		A	A		D	D	E	E
1330		B	D				E			
1340		A						A		
1350									A	A
1360										B_0
1370	B_0	E	A	D		A		A		
1380				B	D					
1390										
1400				B_0		A			A	A
1410						A			B_0	
1420		B_0				B_0	C	B	E	B_0
1430					E			E	E	D
1440	B_0	B_0	E		D_0	D		D	E	
1450	C	E	B_0	D	E	D				B_0
1460		E	D	B_0		D				B_0
1470	B_0	B_0	B_0	E	D_0			B_0		B_0
1480		D	E	E	E^+	F^+	E	D	E	E
1490	D			E	E	D	E	E	E	B_0
1500	D	E			B_0	E	E	A		D
1510	C	E	A		D		C			
1520	D	D_0	D				B_0		E_0^+	E
1530		E	D_0	D		D		A	B_0	E
1540		D	D			E		D	E	B
1550	E	D	E	D_0		E		D		
1560	E	A	E			B			B_0	E
1570			D	B				A	B_0	A
1580	A		F^+	D	D	A	E	D_0	E	
1590	B_0	B^+						D		A
1600	D	E^+			B_0		A		D	E
1610	B	B_0	B_0	B_0	B_0	B_0	E	B_0		A

续表

年代	0	1	2	3	4	5	6	7	8	9
1620		A					D	C_0	E	F^+
1630	E	E	D	E	C_0	B^+	B	E	D	B_0
1640	F^+	C^+		E	A		B_0		A	
1650		A	A			A	A	B	A	
1660	A	A		A	A	B		A		A
1670			A		A		A	A		C
1680	A			A	B	A			A	B
1690	A	F^+	D		A					
1700	D	D		A			A		A	A
1710	A									A
1720	D	F^+	B		A				B	
1730			B	A	A			C	C	A
1740	A				A		C^+	C		
1750	C	A	E			A		A	D	E
1760			B	A	A	B				
1770	B_0			B_0	B_0		A	A	B_0	
1780			A	B	A	B_0			B	
1790			C	A	B_0	B	A	A		
1800	D	B	A	A	B	D	A	A		C
1810	D	A		E	D					
1820	A			A		A			A	D
1830	A	A	A	C	A	B_0	D	B	A	A
1840	B			B	B		D	A	A	
1850	B_0				A		B	D		A
1860			D				D	E	B	A
1870	E	D	A			A	B_0	F^+	E	E
1880	A	B_0		E	E		B_0		B_0	
1890		B_0	D	B	E		C			C
1900	F^+	E			E		A	B	B	A
1910	A		A	A	A	A	B_0	B	A	A
1920	B_0	A	B_0	B_0	C	C	A	A	F^+	F^+

年代	0	1	2	3	4	5	6	7	8	9
1930	F^+	E	D	E	B_0	B_0	A	D	A	D
1940	E	D	A	A	D	E	A	A		
1950	E	E	D	D	C	B		E		B
1960	E	C	A			D	D			E
1970	A	D	E		D			C	D	B	E

注：脚码$_0$表示原资料灾区不明确，角码$^+$表示已作加等处理。

二 陕西历史旱灾统计分析

（一）频次分析结论

由于西汉以前陕西旱灾记载甚少，故本文频次分析自西汉始，至民国结束，分6个时期，所得数据见表3。

表3　　　　　　　　　陕西旱灾次数分布表

	时期	两汉 425 年（前206—219）	魏晋南北朝361 年（220—580）	隋唐五代 379 年（581—959）	宋辽金元 408 年（960—1367）	明 276 年（1368—1643）	清民国 305 年（1644—1948）	合计 2155 年（前206—1949）
旱灾总数统计	次数	83	71	151	150	162	189	806
	间隔（年）	5.12	5.08	2.51	2.72	1.70	1.62	2.67
其中大旱灾（D、E、F）统计	次数	6	7	36	46	93	45	233
	间隔（年）	70.83	51.57	10.24	8.87	3.00	6.93	9.25
	占旱灾总数比例（%）	7.23	9.86	4.08	3.26	1.76	4.3	28.91

从表3所列数据可以得到下述结论。

（1）陕西旱灾非常频繁。若统计西汉至民国时期旱灾年数，平均约3年（2.67年）中就有1年发生旱灾。若统计隋至民国时期旱灾年数，平均约2年（2.10年）中有1年发生旱灾。若统计明至民国时期旱灾年数，则平均约1.5年（1.66年）中就有1个旱灾发生年，可以说三年两旱。

（2）陕西重大旱灾多。以西汉至民国时期计，大旱灾以上旱灾年（D、E、F）占旱灾年总数的28.91%，平均9.25年中有1年。若以隋至民国时期计，大旱灾以上旱灾年占总数的33.74%，达到1/3，平均5.22年中有1年。若以明至民国时期计，大旱灾以上旱灾年已占总数的39.32%，接近2/5，平均4.22年中有1年，也就是说，十年中有两年半发生大旱。

（3）陕西旱灾发生呈增长趋势。从表3可清楚看到，旱灾发生年平均时间间隔越来越短，即发生频率越来越高，呈明显增长趋势。大旱灾以上旱灾年发生情况除明代以外，也呈明显增长趋势。这种趋势是气候变化趋势的反映，还是因人口的增长、人类活动对自然界影响增强而造成的结果，抑或二者兼而有之，还有待进一步研究。

（二）阶段分析结论

陕西旱灾的发生有较明显的阶段性。笔者将隋至民国时期旱灾等级量化资料绘图表示，以一定时期内有一个以上特大、毁灭性大旱灾年（E、F）为最低标准，直观加以判定，寻找到45个相对显著的旱灾高发阶段（表4）。平均30.44年中有1个，也就是说，平均每100年有3个旱灾高发阶段。平均每个旱灾高发阶段中有毁灭性大旱灾年（F）0.27个，特大旱灾年（E）2.47个，大旱灾年（D）2.18个。如果仅仅统计明、清、民国时期，则582年中共有26个旱灾高发阶段，平均22.38年中有1个。即平均每100年有4个旱灾高发阶段，平均每个高发阶段中有0.42个F、2.50个E、2.38个D。

表4　　　　　陕西旱灾高发阶段时间分布表（580—1949）

序号	1	2	3	4	5	6	7	8	9
时间	584—684	624—629	680—687	700—702	750—753	762—766	943	962—977	990—992
序号	10	11	12	13	14	15	16	17	18
时间	1009—1027	1043	1067—1080	1088	1142—1143	1171—1180	1211—1216	1225—1226	1295—1311
序号	19	20	21	22	23	24	25	26	27
时间	1321—1336	1371—1373	1428—1442	1447—1455	1461—1465	1473—1474	1481—1490	1493—1501	1505—1514
序号	28	29	30	31	32	33	34	35	36
时间	1528—1535	1539—1555	1558—1562	1569—1572	1582—1588	1600—1616	1626—1633	1637—1643	1691—1692
序号	37	38	39	40	41	42	43	44	45
时间	1720—1721	1750—1759	1810—1814	1866—1871	1877—1884	1892—1894	1900—1904	1928—1933	1937—1945

（三）周期分析结论

对于表2所列资料，笔者运用功率谱方法作了计算（最大时延 m 确定为 n/10）。由于明以前资料较此后资料完整性稍差，故笔者又将明以后（1370—1979）资料抽出另作了计算。两种计算结果见表5、表6。

表5　　　　　　陕西旱灾周期表（580—1979）

置信度	99%	95%						90%					
波数	115	5	62	68	84	90	106	83—84	89—90	97	106—107	114—115	128
周期（年）	2.43	56.00	4.52	4.12	3.33	3.11	2.64	3.37—3.33	3.15—3.11	2.89	2.64—2.62	2.46—2.43	2.19
置信度	80%												
波数	25	70	73	77	86	89—91		96—97		105—107		111	127—128
周期（年）	11.20	4.00	3.84	3.64	3.26	3.15—3.08		2.92—2.89		2.67—2.62		2.52	2.20—2.19

注：另外，波数为51、54处的谱密度极大值比较突出，接近80%置信限，值得注意，其对应周期分别为5.49年、5.19年。

表6   陕西旱灾周期表（1370—1979）

置信度	99%		95%	90%		80%		
波数	36	50	30	36—37	46	11	30—31	56
周期（年）	3.39	2.44	4.07	3.39—3.30	2.65	11.09	4.07—3.94	2.18

注：另外，波数为23处的谱密度极大值刚刚达到80%值信限，波数为34处的谱密度极大值接近80%置信限，值得注意，其对应周期分别为5.30年、3.59年。

根据上述计算结果，陕西旱灾有如下几个较明显的变化周期。

（1）准3年周期。即大致为3年，在2—4年之间的变化周期。这个周期在陕西表现相当显著，且早已为西北气象工作者所注意到。有学者曾分析过这个周期的机制，认为它可能与青藏高原温度场、海温、副热带高压强弱的准3年周期有关。

（2）5年周期。这个周期在陕西表现不很显著，未能达到或刚刚达到80%置信限，但在两种情况计算中，5年周期左右均出现较突出的谱密度极大值。西北气象工作者的研究曾得出陕北、陇东及山西旱灾存在准5年周期的结论。其形成机制还有待研究。

（3）11年周期。这个周期在陕西表现比较显著，超出80%置信限。西北气象工作者研究认为，西北存在10—13年的旱涝周期。11年正是太阳黑子活动的一个最显著周期，陕西旱灾11年周期当与此有联系。

（4）56年周期。这个周期在陕西表现非常突出，超出95%置信限。西北气象工作者已经发现，关中、陕北、陇东存在着50年的干旱发生周期。50多年的变化周期在大气和地球运动中都存在。例如，1月赤道低压南界和1月西伯利亚高压北界有53年变化周期，长江中下游年降水量有53年变化周期，地球自转速度有52年的变化周期等等。这些现象在机制上是否有联系，应予以进一步研究。

（四）讨论

上述对陕西历史旱灾所作频次、阶段、周期分析的结论，是对其统计规律的研究结论，它可以指导我们在统计意义或概率意义上对未来旱灾作出预测。当然，运用功率谱方法计算所得周期能否用于预测，学者中也还有不同看法。如么枕生先生认为，功率谱方法计算所得周期为叠加周期，不能用于预测，这方面还有待进一步研究。

参考文献

1. 黄忠恕：《波谱分析方法及其在水文气象学中的应用》，气象出版社 1983 年版，第 65—75 页。

2. 中央气象局气象科学研究院：《中国近五百年旱涝分布图集》，地图出版社 1981 年版。

3. 白肇烨、徐国昌等，《中国西北天气》，气象出版社 1988 年版，第 158—162 页。

4. 钱林清主编：《黄土高原气候》，气象出版社 1991 年版。

5. 么枕生：《功率谱分析中的气候周期是叠加周期》，么枕生主编：《气候学研究——统计气候学》，气象出版社 1991 年版。

（原载《灾害学》1993 年第 4 期）

甘宁青历史旱灾发生规律研究

在尚未充分把握灾害发生机制之前，根据历史灾害事实，运用统计方法探寻灾害发生统计规律，是进行灾害预测研究的一条重要而有效的途径。笔者曾花费 6 年时间搜集西北灾荒史料，试图找到西北各类灾害发生的统计规律，现将其中有关甘宁青地区历史旱灾的研究结果公布出来，以供批评。

本文涉及地区为甘肃省、宁夏回族自治区和青海省东部农业地区，简称甘宁青地区，之所以取此地理范围，是因为 1928 年分省之前，甘宁青地区一直是被作为一个行政地区或一个行政地区的组成部分。

一　甘宁青旱灾史料量化处理

（一）甘宁青旱灾史料量化处理方法

笔者从正史、实录、方志、档案及其他资料共 400 余种文献中，搜集到先秦至民国时期甘宁青旱灾史料 2000 余条。为对此进行统计分析，笔者根据"以灾区大小为基本依据、灾情奇重者适当加等"的原则，以年为时间单位，将其转化为等级式量化资料。具体方法如下。

1. 对明确记载了旱灾灾区的资料进行打分式量化，其具体量值见表 1。对于确定灾区为某地区某部者，如"定西地区北部"，以该地区分值的 1/2 计。对于确定灾区仅为某县者，大致以一县 1 分计。若灾区为某县中某一地区，则不再做进一步划分，仍以该县为计分单位。

表1   甘宁青灾区量化分值表（总分100）

甘肃	74	陇东	12	庆阳地区	6
				平凉地区	6
		陇南	12	天水市	6
				陇南地区	6
		陇中	26	定西地区（含白银市）	9
				兰州市	5
				临夏地区	5
				甘南地区	7
		河西	24	武威地区（含金昌市）	8
				张掖地区	7
				酒泉地区（含嘉峪关市）	9
宁夏	14	宁北	8	石嘴山市	2
				银川市	2
				银南地区	4
		宁南	6	固原地区	6
青海	12	海东	12	海东地区（含西宁市）	8
				黄南地区	4

2. 对灾区不明确但肯定包含甘宁青某地区或可能包含甘宁青某地区的资料，根据具体情况按相应地区总分的20%或10%计分，个别资料适当提高。

3. 对多灾并述的资料，如曰某地区"旱、水、雹、霜灾"，根据具体情况予以判定，按全灾区或其1/2、1/3计分。

4. 根据上述量化分值，确定各年的旱灾级别。其具体标准如下：

A（个别地区旱灾年）：≤10；B（局部旱灾年）：11—20；C（中等旱灾年）：21—30；D（大旱灾年）：31—50；E（特大旱灾年）：≥50。

5. 对少数灾情极重的旱灾年予以加等处理，即将原等级改为高一等级。E级加等后为F（毁灭性大旱灾年）。

（二）甘宁青旱灾史料量化处理结果

由于资料完整、详略程度的差异，笔者分不同时段作了不同形式的分析，西汉以前资料未作定量分析，西汉—隋资料只作了频次分析，隋以后资料作了频次、阶段和周期分析，为节约篇幅，并与上述情况相适应，这里仅仅抄录出隋—民国时期（580—1949）量化资料，并依据《中国近五百年旱涝分布图集》补足1950—1979年量化资料。具体量化资料见表2。

表2 　　　　　　　　　　**甘宁青旱灾等级年表**

年代	0	1	2	3	4	5	6	7	8	9
580	A_0		A_0	A_0	D					
590					D	A_0				
600										
610			A_0					A_0		
620	A	A_0			D					A_0
630	A_0								A_0	A_0
640				A_0						A_0
650	A_0	A_0	A_0	A_0	A_0					A_0
660					A_0			A_0	A_0	
670		A_0				A_0		A_0		
680			D			A_0		D		A_0
690	A_0				A_0		A_0			
700	D		D	A_0		A_0	A_0			A_0
710			A_0	A_0		A_0			A_0	A_0
720										
730				A_0			A_0			
740										
750	D					A_0		A_0	A_0	A_0
760				A		A	D	A_0		
770		A_0	A_0					A_0		

续表

年代	0	1	2	3	4	5	6	7	8	9
780	A_0		A_0		A_0	E				
790					A_0	A_0	A_0	A_0	A_0	A_0
800										A_0
810			A_0			A_0				
820	A_0		A_0							
830				A_0			A_0		A_0	A_0
840	A_0					A_0	A_0	A_0		
850	A_0				A_0				$_0 A_0$	
860										A_0
870	A_0				A_0					
880	A_0									
890				A_0						
900		A_0			F^+	A_0				A_0
910		A_0	A_0							
920				A_0	A_0	A_0	A_0	A_0	A_0	A_0
930	A_0	A_0		A_0	A_0	A_0	A_0	A_0		
940		E^+					A_0		A_0	A
950			A_0							
960	A_0	A_0	E		A				E	
970					E			A		
980										
990		A	E							
1000									D	E
1010	A							E	E	
1020					A_0	E		E	A_0	
1030		A_0		A_0				A_0		
1040		D	D	E		A_0	A_0	A_0		A_0
1050	A_0		A_0	A_0		A_0				
1060			A_0		A_0	A_0		E	A_0	A_0
1070	E	A_0		A_0	E	B	E	A_0		E_0
1080	E		A_0	A_0			A_0	A_0	E	A_0

续表

年代	0	1	2	3	4	5	6	7	8	9
1090	A_0			A_0	A_0			A_0		A_0
1100			B					E		
1110					A_0					
1120				E						
1130			A							
1140	A_0	A_0	E	E						
1150										
1160	A				A_0					A_0
1170		D	A_0		A		E			D
1180	A_0			A_0	A	A				
1190	A_0	A	A_0				A_0	A_0		A_0
1200	A_0	B	A_0	A_0	A_0	A_0		A_0		
1210	A_0	D	D	D	A_0	A_0	D		A_0	A_0
1220	A_0	A_0	A_0	D		D	E		A_0	
1230										
1240										
1250										
1260										
1270										
1280									A	
1290						B				
1300			D						A	
1310		D		A		A				
1320			A	A	A	A			D	D
1330	A	A			A		D			
1340										
1350										
1360										B_0
1370	B_0	B_0	B	B					A	
1380				B_0						
1390										

续表

年代	0	1	2	3	4	5	6	7	8	9
1400				B_0					D	D
1410									B_0	
1420		B_0				B_0	C	B_0	D	B_0
1430					E		B	B	D	B_0
1440	B_0	B_0	E	A	B_0	B_0			B	
1450	A	B_0	B_0	A	D	E				D
1460	C		B_0	B_0		B_0	A	A	F^+	C
1470	B_0	B_0	B_0	C	D_0			B_0	C	B_0
1480		B_0	E	E	B_0	F^+	E	E	E	D
1490	B_0	A		E	E	D	E	A	E	B_0
1500	B_0	D			B_0	B	B		A	
1510		D	D				C	C		C
1520	D	B_0	B_0			B_0		D	F^+	E
1530	A	E	B_0	B		A			B_0	E
1540		D	D	D	B	D		C	E	B
1550	E		B	B_0		B	B			
1560	A		E		E	A			E	B
1570									B_0	
1580		A	F^+	E	D	A	E	C	A	A
1590	B_0	B^+		A						
1600					B_0				B_0	E
1610		B_0	B_0	B_0	B_0	B_0	E	B_0		A
1620					A			B_0	E	E^+
1630	A	B		B_0	B_0	B^+	A	D	B_0	B_0
1640	F^+	C^+		B						A
1650						A	B	B		
1660						A	C	E	A	
1670		A						A		
1680				A	B	A	A		A	A
1690	A		A		A			A		
1700		D	A		A				A	

续表

年代	0	1	2	3	4	5	6	7	8	9
1710		A	A	C	C	C			A	B
1720	D	D	A	A		A		A	A	A
1730					A	B	A	B	A	
1740	C	A		A		D		C		C
1750	D			C	A	A		A	E	E
1760			E	D	E	D	B	D	D	D
1770	D	E	D	A	B	D	E	E	E	A
1780	E	B				A	A	B	B	A
1790			B		A	B	C	B		A
1800	D	E	A	A	A	D		A	A	A
1810	E			A	B	B	A	C	C	
1820		E		A	E	A	C	B		C
1830		D	B	B	D	E	D	D	C	C
1840	C		D	C	D	D	B	D	C	A
1850	A	B	C	C	A	C	B	C		
1860	B	A	A		B	A		A	E	
1870	A	A	A		A		A	E	C	
1880					A			A		
1890	A	B	C			A	A	A		E	D
1900	B	D	A		A	A		A	C	E
1910	A		A		A	A	A			A
1920			B^+	A	E	A	D	C_0	F^+	F^+
1930	D	B_0	D	B	B	A	B	A	B_0	B
1940	C	D	D	B	B	E	E	E	B	A
1950	A	B	D	D	D	A	D	E		B
1960	E	A	E	D		E	C		A	E
1970	A	E	E	A	E	B		A	A	A

注：脚码0表示原资料灾区不明确，角码+表示已作加等处理。

二 甘宁青历史旱灾统计分析

(一) 频次分析结论

由于西汉以前甘宁青地区旱灾记载甚少,故本文频次分析自西汉始,至民国结束,分6个时期。所得数据见表3。

表3   甘宁青地区旱灾次数分布表

	时期	两汉 425年 (前206—219)	魏晋南北朝 361年 (220—580)	隋唐五代 379年 (581—959)	宋辽金元 408年 (960—1367)	明 276年 (1368—1643)	清民国 305年 (1644—1948)	合计 2155年 (前206—1949)
旱灾总数统计	次数	80	68	117	127	154	203	749
	间隔 (年)	5.31	5.31	3.24	3.21	1.79	1.51	2.88
其中大旱灾 (D、E、F) 统计	次数	3	3	12	40	51	55	164
	间隔 (年)	142.67	120.33	31.58	10.20	5.41	5.56	13.14
	占旱灾总数比例 (%)	3.75	4.41	10.26	31.75	33.12	27.09	21.90

从表3所列数据可以得到下述结论。

1. 甘宁青地区旱灾非常频繁。若统计西汉至民国年间旱灾次数,平均约3年(2.88年)中就有1年发生旱灾。若统计隋至民国时期旱灾次数,平均约2年(2.28年)中有1年发生旱灾。若统计明至民国时期旱灾次数,则平均约1年半(1.63年)中就有一个旱灾发生年,可以说三年两旱。

2. 甘宁青地区重大旱灾多。以西汉至民国时期计,大旱灾(D)、特大旱灾（E）、毁灭性大旱灾（F）年占旱灾年总数的 21.90%，平均 13.14 年中就有 1 年。若以隋至民国时期计，大旱灾以上旱灾年（D、E、F）占总数的 26.29%，平均 8.66 年中有 1 年。若以明至民国时期计，大旱灾以上旱灾年已占总数的 29.69%，接近 1/3，平均 5.49 年中有 1 年，可以说十年中必有两年大旱。

3. 甘宁青地区旱灾发生呈增长趋势。从表 3 可清楚看到，无论就旱灾年总次数而言，还是从大旱灾以上旱灾年发生次数看，其平均时间间隔都是越来越短，也就是说，发生频率越来越高，呈明显增长趋势。这种趋势是气候变化趋势的反映，还是因人口的增长、人类活动对自然界影响增强而造成的结果，抑或二者兼而有之，还有待进一步研究。

（二）阶段分析结论

甘宁青地区旱灾的发生有较明显的阶段性。笔者将隋至民国时期旱灾等级量化资料绘图表示，以较短时间内有 3 个以上大旱灾年（D）或者有一个以上特大、毁灭性大旱灾年（E、F）为最低标准，直观加以判定，寻找到 37 个相对显著的旱灾高发阶段，平均 37.03 年中有一个，也就是说，平均每百年有 3 个旱灾年高发阶段。平均每个旱灾高发阶段中有毁灭性大旱灾年（F）0.22 个、特大旱灾年（E）2.00 个、大旱灾年（D）2.03 个。如果仅仅统计明、清、民国时期，则 582 年中共有 23 个旱灾高发阶段，平均 25.30 年中有一个，即平均每百年有 4 个旱灾高发阶段，平均每个旱灾高发阶段中有 0.30 个 F、2.13 个 E、2.13 个 D。

表 4　　　甘宁青地区旱灾高发阶段时间分布表（580—1949）

序号	1	2	3	4	5	6	7	8	9
时间	785	904	943	962—974	992	1008—1027	1041—1043	1067—1088	1107
序号	10	11	12	13	14	15	16	17	18
时间	1123	1142—1143	1171—1179	1211—1216	1328—1336	1434—1442	1454—1459	1468	1482—1489

续表

序号	19	20	21	22	23	24	25	26	27
时间	1493—1498	1501—1512	1527—1531	1539—1550	1562—1568	1582—1586	1609—1616	1628—1629	1637—1640
序号	28	29	30	31	32	33	34	35	36	37
时间	1667	1758—1780	1800—1810	1821—1824	1831—1847	1868—1877	1898—1901	1909	1924—1932	1941—1947

（三）周期分析结论

对于表2所列资料，笔者运用功率谱方法作了计算（最大时延 m 确定为 n/10）。由于明以前资料较此后资料完整性稍差，故笔者又将明以后（1370—1979）资料抽出另作了计算。两种计算结果见表4、表5。根据上述计算结果，甘宁青地区旱灾有如下几个较明显的变化周期。

表4　　　　　　　　甘宁青地区旱灾周期表（580—1979）

置信度	99%				95%							
波数	90	109	120	137	59	66	84	92—93	95	112	118	120—121
周期（年）	3.11	2.57	2.33	2.04	4.75	4.24	3.33	3.04—3.01	2.95	2.50	2.37	2.33—2.31
置信度	90%					80%				
波数	64	95—96	99	103—104	115	137—138	77	83—84	98—100	103—105	130
周期（年）	4.38	2.95—2.92	2.83	2.72—2.69	2.43	2.04—2.03	3.64	3.37—3.33	2.86—2.80	2.72—2.67	2.12

注：另外，波数为25、34、57、69、73处的谱密度极大值比较突出，接近80%置信限，值得注意，即对应周期分别为11.20年、8.24年、4.91年、4.06年、3.84年。

表5　　　　　　　　甘宁青地区旱灾周期表（1370—1979）

置信度（%）	95					90	80		
波数	26	28—29	36	41	45	48	40—41	47—48	59
周期（年）	4.69	4.36—4.21	3.39	2.98	2.71	2.54	3.05—2.98	2.60—2.54	2.07

注：另外，波数为4、8、11处的谱密度极大值比较突出，接近80%置信限，应予注意，其对应周期分别为30.50年、15.25年、11.09年。

1. 准 3 年周期

即大致为 3 年、在 2—4 年之间的变化周期。这个周期在甘宁青地区表现相当显著。甘肃中部早就流传着"三年一小旱"的说法。西北气象工作者在 60 年代初就发现了这一规律，并据此进行了比较成功的预报。有学者进一步指出了这个周期的机制，认为它可能与青藏高原温度场、海温、副热带高压强弱的准 3 年周期有关。

2. 4 年半周期

这个周期在甘宁青地区相当显著。西北气象工作者的研究曾得出陕北、陇东及山西旱涝变化存在准 5 年周期的结论。其形成机制还有待研究。

3. 8 年周期

在甘宁青地区表现不很显著，未能达到 80% 置信限，但在两种情况的计算中，8 年周期左右均出现较突出的谱密度极大值，接近 80% 置信限。这个周期可能与地极移动 7—8 年周期以及由此引起的大气压力、平均海平面高度 7—8 年变化周期有联系。

4. 11 年周期

在甘宁青地区表现不很显著，未能达到 80% 置信限，但两种情况计算中 11 年周期均出现比较突出的谱密度极大值，接近 80% 置信限。西北气象工作者研究认为，西北存在 10—13 年的旱涝周期。11 年正是太阳黑子活动的一个最显著周期、甘宁青旱灾 11 年周期当与此有联系。

5. 准 15 年和准 30 年周期

这两个周期表现均不很显著，未能达到 80% 置信限，虽然在两种情况的计算中，15 年和 30 年周期均出现谱密度极大值，但在 580—1979 年的周期计算中，谱密度极值距 80% 置信限稍远，只是在 1370—1979 年的周期计算中，方比较接近 80% 置信限，这两个周期是否存在，如果存在其机制为何，均有待继续研究。

（四）余论

上述对甘宁青地区历史旱灾所作频次、阶段、周期分析的结论，是对其统计规律的研究结论，它可以指导我们在统计意义或概率意义上对未来旱灾作出预测。当然，运用功率谱方法计算所得周期能否用于预测，学者之中也还有不同看法，如么枕生先生认为，功率谱方法计算所得周期为叠加周期，不能用于预测，这方面还有待于进一步研究。

参考文献

1. 黄忠恕：《波谱分析方法及其在水文气象学中的应用》，气象出版社 1983 年版，第 65—75 页。

2. 中央气象局气象科学研究院：《中国近五百年旱涝分布图集》，地图出版社 1981 年版。

3. 白肇烨、徐国昌等：《中国西北天气》，气象出版社 1988 年版，第 158—162 页。

4. 么枕生：《功率谱分析中的气候周期是叠加周期》，么枕生主编：《气候学研究——统计气候学》，气象出版社 1991 年版。

[原载《兰州大学学报（自然科学版）》1994 年第 2 期]

陕西历史水涝灾害发生规律研究

陕西地处西北，旱灾是主要灾害，但水涝灾害发生频率也相当高，其造成的损失不容忽视。笔者广泛搜集陕西历史水涝灾害史料，进行系统加工整理，予以适当量化，并采用数理统计方法进行计算，形成了一些规律性认识。这些认识有助于加深对陕西环境历史变迁的理解，如果把这些认识与自然科学相应学科的机制研究相结合，对现实的防灾减灾工作也具有一定价值。

一 类型特征

陕西降水相对贫乏，气候比较干燥，又处于河流中上游地区，因此水涝灾害具有自己的特征。统计隋至民国（581—1948）资料，在可以判定类别的水涝灾害中，以年为单位计算，各大时期各种类型水涝灾害年数及比例如表1。（说明：如果某一灾害年中同时存在不同类型的水涝灾害，则其计值总和为1，例如，某年同时发生局部暴雨洪水型水灾和河溢型水灾，则各按0.5计。）

表1   陕西已知类型水涝灾害年类别分布表

时期	项目	总计	雨水型涝灾	局部暴雨洪水型水灾	河溢型水灾	大面积暴雨洪水型水灾
隋唐五代	年数	63	26	27.5	8.5	1
379 年	平均间隔（年）	6.0	14.6	13.8	44.6	379
（581—959）	总数比例（%）	100	41.3	43.7	13.5	1.6
宋辽金元	年数	48	10	20.5	16.5	1
408 年	平均间隔（年）	8.5	40.8	19.9	24.7	408
（960—1367）	总数比例（%）	100	20.8	42.7	34.4	2.1
明	年数	112	25	52.5	34.5	0
276 年	平均间隔（年）	2.5	11.0	5.3	8	
（1368—1643）	总数比例（%）	100	22.3	46.9	30.8	0
清民国	年数	236	32	143.5	58.5	2
305 年	平均间隔（年）	1.3	9.5	2.1	5.2	152.5
（1644—1948）	总数比例（%）	100	13.6	60.8	24.8	0.8
总计	年数	459	93	244	118	4
	平均间隔（年）	3.0	14.7	5.6	11.6	342
	总数比例（%）	100	20.3	53.2	25.7	0.9

根据上表及所搜集原始资料，可以得到如下一些结论：

1. 水涝灾害中，涝灾所占比例大大低于水灾。以上表统计，则涝灾型水涝灾害年与非涝灾型水涝灾害年之比为 93：366，仅占总数的 20.3%。若只看清民国时期，则二者之比为 32：204，仅占总数的 13.6%。

2. 涝灾中，绝大多数是雨水型涝灾，长期霖雨，致使成灾，洪水型涝灾只占很小部分，一般涉及面积很小，多是黄河、渭河等河流沿岸小面积耕地。

3. 水灾中，暴雨洪水型水灾占大多数，其次为河溢性水灾，且后者成因多与暴雨有关。水灾年中，暴雨洪水型水灾年与河溢性水灾年之比为 248：118，暴雨洪水型水灾年占水灾年总数的 67.8%。若只看清民国时期，二者之比为 145.5：58.5，暴雨洪水型水灾年占水灾年总数的 71.3%。

4. 暴雨洪水型水灾中，局部暴雨洪水型水灾占绝大多数。暴雨洪水型水灾年中，局部水灾年与大面积水灾年之比为 244：4，占总数的 98.4%。陕西山区较多，其中不少地区地形陡峭、地表松散堆积物比较丰富，因而部分暴雨洪水型水灾同时也是泥石流型水灾。

5. 就灾区大小而言，陕西水涝灾害绝大多数是局部的。隋至民国 1368 年中，可直接判明灾区的水涝灾害发生年 445 年，大面积以上水涝灾害年（灾区达到全省面积 30% 以上）仅 57 年，占 12.8%，而个别地区和局部地区水涝灾害年（灾区占全省面积 20% 以下）达 366 年，占总数的 82.2%。其中个别地区水涝灾害年（灾区占全省面积 10% 以下）达 295 年，占到总数的 66.3%。

6. 陕西水涝灾害虽绝大多数是局部的，但由于灾害突发性强，灾害强度大，人们对水灾预防不充分，成灾往往比较严重，造成大批人员伤亡和财产损失，动辄溺死数十、数百甚至数千人，损坏房屋数百、数千间。

7. 陕西雨季比较集中，相应，暴雨期也比较集中，因而水涝灾害呈现明显的季节分布，有三种类型。

（1）水涝灾害集中于 7、8 两月中。陕北地区属此种类型。因年降水 50% 左右集中于这两个月，暴雨日数也集中于这两个月，因此水涝灾害绝大多数发生于这两个月。

（2）水涝灾害集中于 7、8、9 三个月中。关中地区属此种类型。因年降水 50% 左右集中于这三个月，暴雨日数也集中于此，故水涝灾害绝大多数发生于这三个月。由于关中地区处于较明显的双峰型雨型区，8 月相对 7、9 月雨量为小，因而水涝灾害在这三个月中也呈现驼峰型分布。

（3）水涝灾害分散于 4—10 月七个月中，其中 6—9 月四个月较为多发。陕南地区属此种类型。这一地区年降水量较大，春、夏、秋三季月降水量差距相对较小，因而造成水涝灾害分布较为分散。

二 频次特征

统计隋至民国（581—1948）资料，以年为计算单位，可得各大时期水涝灾害年年数分布及比例表（表2），为便于比较，附录同期旱灾年年数分布及比例表（表3）。

表2 陕西水涝灾害年年数分布及比例表

时期	隋唐五代 379 年 (581—959)		宋辽金元 408 年 (960—1367)		明 276 年 (1368—1643)		清民国 305 年 (1644—1948)		隋—民国总计 1368 年 (581—1948)	
项目	年数	比例	年数	比例	年数	比例	年数	比例	年数	比例
数据	86	4.41	48	8.50	112	2.46	236	1.29	482	2.84

表3 陕西旱灾年年数分布及比例表

时期	隋唐五代 379 年 (581—959)		宋辽金元 408 年 (960—1367)		明 276 年 (1368—1643)		清民国 305 年 (1644—1948)		隋—民国总计 1368 年 (581—1948)	
项目	年数	比例	年数	比例	年数	比例	年数	比例	年数	比例
数据	151	2.51	150	2.72	162	1.70	189	1.61	652	2.10

根据表1、表2，并与旱灾相对照，可以得到如下几个结论：

1. 与旱灾同样，陕西水涝灾害发生也十分频繁。隋至民国1368年中，水涝灾害发生年多达482年，占总年数的35.2%，平均每2.84年中有一个水涝灾害发生年。与此对照，旱灾发生年为652年，占总年数的47.7%，平均每2.10年有一个旱灾发生年，二者相比，后者发生频率只超过前者35.3%，约三分之一。若分时期比较，明代以前水涝灾害年发生频率大大低于旱灾，明代逐渐接近，清民国时期则超过旱灾。

2. 与旱灾相同，水涝灾害年发生频率呈明显增长趋势，从平均

4.41 年有 1 个灾害年，增长到平均每 1.29 年有 1 个灾害年。依据表 1 所列数据，增长最快的是局部暴雨洪水型水灾，发生平均间隔从 13.8 年增长到 2.1 年，其次是河溢型水灾，发生平均间隔从 44.6 年增长为 5.2 年。

3. 与旱灾相同，水涝灾害发生年频率的高低，与人类经济开发活动有一定相关关系。在水旱灾害频率逐渐增长的过程中，宋辽金元时期却呈现下降趋势，而这一时期恰恰是陕西经济发展相对落后的时期。其间原因，有可能是人类活动对自然环境影响减少的结果，也有可能因经济发展落后，人口密度降低，相同的气象条件造成的灾害后果大为减轻。

4. 水涝灾害与旱灾同年发生的比例相当高。在隋至民国 1368 年中，同时发生旱灾和水涝灾害的年份多达 288 年，占总年数的 21.0%。与此对照，只有水涝灾害而无旱灾的年份是 196 年，占总年数的 14.3%，只相当于前者的 68%。只有旱灾而无水涝灾害的年份是 362 年，占总年数的 26.4%，只超过水旱灾并发年数 5.4 个百分点。

三 周期特征

将陕西历史水涝灾害资料进行量化处理，并采用谱分析方法进行计算，得出了如下一些谱密度峰值。由于资料完整性差异，计算工作分两种情况进行，一是 580—1949 年共 1370 年的资料，一是 1370—1949 共 580 年的资料。计算结果见表 4。

表 4　　　　　　　　陕西水涝灾害周期表（580—1949）

置信度 99%		置信度 95%		置信度 90%		置信度 80%	
波数	周期（年）	波数	周期（年）	波数	周期（年）	波数	周期（年）
96—97	2.92—2.89	66	4.24	73	3.84	64	4.38
117	2.39	96—99	2.92—2.83	84	3.33	78	3.59

续表

置信度99%		置信度95%		置信度90%		置信度80%	
波数	周期（年）	波数	周期（年）	波数	周期（年）	波数	周期（年）
131	2.14	109	2.57	92	3.04	92—93	3.04—3.01
		135	2.07	96—101	2.92—2.77	122	2.30
				116—117	2.48—2.39		
				131—132	2.14—2.12		
				138	2.03		

另外，波数为 5、13、26、44、55、62 处的谱密度极大值比较突出，接近 80% 置信限，值得注意，其对应周期分别为 56.00 年、21.54 年、10.77 年、6.36 年、5.09 年、4.52 年。

表5　　　　　陕西水涝灾害周期表（1370—1979）

置信度99%		置信度95%		置信度90%		置信度80%	
波数	周期（年）	波数	周期（年）	波数	周期（年）	波数	周期（年）
42	2.90	42—43	2.90—2.84	40	3.05	32	3.81
51	2.39	48	2.54	53	2.30	34	3.59
		57	2.14			55	2.22
						60	2.03

另外，波数为 5、16、24、29 处的谱密度极大值相当突出，已接近 80% 置信限，应予以注意，其对应周期分别为 24.40 年、7.63 年、5.08 年、4.21 年。

根据上述计算结果，陕西水涝灾害有如下几个相对明显的发生周期。

1. 准 3 年周期

即在 2—4 年之间，大致为 3 年的发生周期，相当显著。陕西旱灾有准 3 年周期，水涝灾害与之统一，其机制可能也是统一的。有学者指出，西北地区降水量有准 3 年周期，其可能与青藏高原温度场、海温、副热带高压强弱的准 3 年周期振动有关。①

2. 4 至 5 年周期

在较长时段的计算中，4.24 年谱密度峰值置信度高达 99%，相当显著。在两种时段的计算中，有 4.52、5.08、5.09 年峰值接近 80% 置信限，不很显著。这一周期与陕西旱灾的准 5 年周期大致统一，其机制为何，尚有待探寻。

3. 准 7 年周期

即处于 6 年多至 7 年多之间，大致为 7 年的变化周期。该周期表现不很显著，未能达到 80% 置信限，但谱密度在此附近均出现极大值。这个周期如果存在，其机制可能与地极移动 7—8 年周期，以及由此引起的大气压力、平均海平面高度 7—8 年的变化周期有关。

4. 11 年周期

表现不很显著，虽出现谱密度极大值，但未达到 80% 置信限。这一周期可能存在，与陕西旱灾的准 11 年周期相统一。太阳黑子与大气运动有密切的直接关系，② 而大气运动是水涝灾害形成的最主要原因，因此，其机制当源自太阳黑子活动的 11 年周期。

5. 准 22 年周期

不很显著，未达到 80% 置信限，且在两个时段的计算中出现点也有差别，分别为 21.54 年和 24.40 年。这个周期如果存在，其机制应当与太阳黑子活动的 22 年双周期密切相关。

6. 56 年周期

不很显著，未达到 80% 置信限。陕西旱灾有 56 年的发生周期，二

---

① 白肇烨、徐国昌等：《中国西北天气》，气象出版社 1988 年版，第 158—162 页。
② 张家承等：《气候变迁及其原因》，科学出版社 1976 年版，第 96—102 页。

者统一。其形成机制尚不清楚。地球自转速度有 52 年变化周期，且地球自转速度与西风速度（西风指数）成负相关关系，[1] 水涝灾害 56 年周期可能与此有关。

四　阶段特征

将陕西水涝灾害等级年表资料用坐标图表示，以水涝灾害面积超过全省面积 30% 的灾害年为基本标志，直观判断，可以发现某些时期大面积灾害年较多且较集中，形成水涝灾害高发期。自隋至民国 1368 年中，大致有 27 个水涝灾害高发阶段，平均每 50.7 年有一个。其发生时间如表 6。

表6　　　　　　　　　陕西水涝灾害高发阶段表

编号	1	2	3	4	5	6	7	8	9
时间（年）	618—624	728—734	751—763	777	816—830	850	895	991—994	1099
编号	10	11	12	13	14	15	16	17	18
时间（年）	1186—1205	1324—1333	1416	1436—1439	1452	1459—1465	1482—1485	1502—1803	1523—1532
编号	19	20	21	22	23	24	25	26	27
时间（年）	1549	1617	1647—1662	1679—1680	1801—1813	1832—1836	1867—1868	1889—1910	1925—1948

与旱灾相比较，同期旱灾高发期有 40 个，平均 34.20 年有 1 个，大致每有三个旱灾高发阶段，即有两个水涝灾害高发阶段。

需要说明，这里的水涝灾害高发阶段主要依据发生灾害的面积来观察，它说明发生过大面积的大量降水，但不一定必然造成大量人员伤亡

---

① 彭公炳、陆巍：《气候演变与地球自转速度不均性的几个问题》，地理学会气候学术会议报告，1980 年。转引自张家诚、林之光《中国气候》，上海科学技术出版社 1985 年版。

和财产损失,许多时候局部暴雨洪水型水灾造成的人员伤亡和财产损失更大。

五 地区特征

凡水涝灾害灾区记载明确者,以年为时间单位,按陕北、关中、陕南三个地区分别考察,其发生年数分布及比例情况如表7。

表7 **陕西水涝灾害分地区年数分布及比例表**

时期	隋唐五代 379年 (581—959)			宋辽金元 408年 (960—1367)			明 276年 (1368—1643)			清民国 305年 (1644—1948)			隋—民国总计 1368年 (581—1948)		
项目	年数	平均间隔(年)	总数比例(%)	年数	平均间隔(年)	总数比例(%)	年数	平均间隔(年)	总数比例(%)	年数	平均间隔(年)	总数比例(%)	年数	平均间隔(年)	总数比例(%)
陕北	5	75.8	7.7	9	45.3	17.3	41	6.7	30.1	96	3.2	21.8	151	9.1	21.8
关中	55	6.9	84.6	24	17.0	46.2	42	6.6	30.9	194	1.6	44.1	315	4.3	45.4
陕南	5	75.8	7.7	19	21.5	36.5	53	5.2	39.0	150	2.0	34.1	227	6.0	32.8

根据表7可以得到如下一些结果。

1. 水涝灾害发生频率高低与年降水量大小有关,但并非完全相关,其他一些因素也起作用。陕西年降水量由南向北逐渐减少,但水涝灾害发生年数却并非依此由南向北逐渐减少,而是在关中地区呈现了最高值。

2. 水涝灾害发生频率高低与人类活动强度密切相关。关中地区经济较为发展,相应水涝灾害发生频率较高。关中在隋唐五代是经济高度发展地区,相应水涝灾害发生频率相当高,而到宋辽金元时期经济相对衰落,相应水涝灾害发生频率明显下降。其原因,有可能是人类活动改变自然环境程度减轻的结果,也有可能是因经济发展程度不同而导致的人口密度不同,使相同的气象条件造成了不同的灾害后果。

3. 各个地区,水涝灾害年发生频率都呈现明显的增长趋势。但关中隋唐五代时期高于此后宋辽金元时期和明时期，这与关中地区经济发展状况相适应。

（原载《中国历史地理论丛》2002年第1辑）

陕西历史饥荒发生频率与特征研究

陕西自古以来自然灾害频繁，再加上人为因素，屡屡造成饥荒，严重制约了经济与社会发展。今天，从浩如烟海的历史资料中查清饥荒史实，并进而搜寻其发生规律，无论对于史学研究、还是对于现实经济建设，都具有重要意义。

一 资料搜集与整理加工

陕西饥荒历史资料数量众多而又分散。笔者力争尽可能完整地广泛搜集各种史料，然后按照公元纪年、现代行政区划，确定了灾荒史料四要素：灾时、灾区、灾况、资料来源。最后以年为时间单位和序列基准，将史料编排为时间序列的资料系统。

对于大量的饥荒史料进行定量研究，最适当的方法是数理统计，但其前提是有系统的量化数据。鉴于灾荒史料一般缺少定量内容，描述模糊，很难根据描述本身予以量化，笔者建立了"以灾区大小为基本依据，灾情奇重者适当加等"的等级式量化方法。其具体实施步骤如下：

1. 对明确记载了灾区的史料进行打分式量化，分值依据其面积估定（见表1）。

表1 　　　　　　　　　　陕西灾区量化分值表

陕西 100									
陕北 33		关中 34					陕南 33		
榆林地区	延安地区	宝鸡市	咸阳市	西安市	铜川市	渭南地区	汉中地区	安康地区	商洛地区
16	17	9	8	5	3	9	11	11	11

2. 对灾区记载不很明确者，根据不同情况确定一些处理原则。

A. 确定灾区为某地区某部者，如"渭南地区北部"，以该地区分值的 1/2 计。

B. 确定灾区为某县者，大致以一县 1 分计。

C. 若灾区为某县之某部分，则仍以该县为单位计，不再细分。

D. 对灾区记载不明确，但肯定或可能包含陕西某地区的史料，如唐中宗"景龙二年春，饥。三年三月，饥"①。根据具体情况按相应地区总分的 20% 或 10% 计分，个别资料依记述适当提高。

3. 根据所得量化分值，确定各年灾荒级别，其具体标准为：0 级，无饥荒；A 级，≤10 分；B 级，11—20 分；C 级，20—30 分；D 级，30—50 分；E 级，＞50 分。对个别灾情极重的饥荒予以加等处理，E 级加等后即为 F 级。

通过上述史料搜集、分析加工、整理编排、等级量化全过程，形成了下列陕西历史饥荒等级式年表。鉴于元以前资料残缺较多，故本文仅列出 1270—1949 年饥荒年表。

表2 　　　　　　陕西历史饥荒等级式年表（1270—1949）

年代\年份	0	1	2	3	4	5	6	7	8	9
1270		B_0								

---

① 《新唐书》卷 35《五行志二》，中华书局 1975 年标点本，第 898 页。

续表

年代＼年份	0	1	2	3	4	5	6	7	8	9
1280									C	C
1290						C	B_0			
1300				B_0			C	E		
1310		B_0			D	C				
1320		C	E	A	E	E	C	E	E	F^+
1330	E	B	B_0							
1340		A				A	B_0			
1350									A	D
1360										D
1370		E		D		A				
1380										
1390			B_0							
1400							B_0			
1410		A	A	A	A		D		B_0	
1420		C_0				B_0		B_0	B_0	B
1430				A	D			E	E	D
1440	D		E	A	B_0	E^+	A			
1450		D	A							
1460	D		B	D	D				D	B_0
1470	D		B_0	B_0	B_0				B_0	B_0
1480			B_0		F^+	E^+	E^+	E	A	E
1490										B_0
1500					B_0	D	E	A		
1510	C		A	B_0	E		B_0			
1520		B					B_0		E	E
1530	E	B_0	B_0	A	E			A		
1540	A		B		C		D		B	D
1550		A		C^+	B		D	A		
1560						A			B_0	E
1570	B		D	A	B	A		B		B

续表

年代＼年份	0	1	2	3	4	5	6	7	8	9
1580			F^+	D	A	B	C	B	B_0	
1590	A	A	A	B	B			B		A
1600	A	E^+					A		D	D
1610	B_0	B_0	B_0	B_0	B_0	C	A	B	B_0	A
1620	D	A				D	A	B	E	F^+
1630	D	D	E^+	E^+	E	B	B	B	D	C
1640	F^+	C^+	B	E	B	B		E	A	A
1650	A					B				
1660						A				A
1670				B						A
1680	B				A	A				
1690	A	E	D		A		B		A	
1700	A		A	A			A			A
1710										
1720	E	D	A							
1730			A		A	A	A	D	D	A
1740	A			A		A		B	C	
1750	B_0		D				B	A	D	E
1760	B		A			B				A
1770		A							A	
1780		B_0		B	B		A	A		
1790			B	A			A		C	
1800	C	A	A		B	E	D		A	
1810	A	A			B	B			A	
1820	A			A	A	A		A		
1830	B_0	A	B	A		A	A	A	A	A
1840		A		A	A		A			A
1850	A		A					A		
1860				A	A	A			A	
1870								F^+	A	

续表

年代 \\ 年份	0	1	2	3	4	5	6	7	8	9
1880			A		B		A	A		A
1890	A	A	D	A	A	C	A	A	B	B
1900	E			A	A	B				
1910	A			A		E				A
1920	A	D	A				B	A	F^{+}	F^{+}
1930	E	B	B	A				B_0		
1940	E	D	E	A					D	

注：脚码$_0$表示原资料灾区不明确，角码$^{+}$表示已作加等处理。

二　频次分析

统计自西汉至民国时期（前206—1948）资料，以年为计算单位，陕西各大时期饥荒年年数及比例见表3。

表3　　　　　　　　陕西饥荒发生年数分布及比例表

时期	西汉—隋823年（公元前206—617）		唐—南宋（金）652年（618—1270）		元97年（1271—1367）		明276年（1368—1643）		清民国305年（1644—1948）		元明清民国总计678年（1271—1948）	
项目	年数	比例	年数	比例	年数	比例	年数	比例	年数	比例	年数	比例
	56	14.70	131	4.98	28	3.46	141	1.96	140	2.18	309	2.19

另外，为观察各历史时期饥荒严重程度，又以饥荒地区面积大小为标志，统计得出陕西饥荒发生年数类别分布及比例表（表4），其中"大饥荒年"指饥荒地区面积占全省30%以上，即前述D级、E级、F级饥荒年，"个别和局部地区饥荒年"指饥荒地区面积占全省20%以下，即前述A级、B级饥荒年。

表 4   陕西饥荒发生年数类别分布及比例表

时期	元 97 年 (1271—1367)			明 276 年 (1368—1643)			清民国 305 年 (1644—1948)			元明清民国 总计 678 年 (1271—1948)		
项目	年数	年数比例	总数比例	年数	年数比例	总数比例	年数	年数比例	总数比例	年数	年数比例	总数比例
总计	28	3.46	100	141	1.96	100	140	2.18	100	309	2.19	100
大饥荒年	10	9.70	35.7	51	5.41	36.2	24	12.71	17.1	85	7.98	27.5
个别和局部地区饥荒年	10	9.70	35.7	81	3.41	57.4	113	2.70	80.7	204	3.32	66.0

根据表 3、表 4，可以得到如下一些结论：

1. 频繁性。统计元至民国时期数据，总年数与饥荒发生年数之比达到 2.19，可以说，平均每两年中就有一年发生饥荒。

2. 严重性。统计元至民国时期数据，大饥荒年 85 年，平均每 7.98 年中就有一年，占到饥荒发生年总数的 27.5%。这些大饥荒年后果都十分严重，例如 1928—1930 年大饥荒，据官方统计数字，饥荒前后相比，陕西（不包括西安、榆林）人口减少 94 万余人。

3. 局部性。统计数字说明，多数饥荒年是个别地区（占全省面积 10% 以下）和局部地区（占全省面积 10—20%）的。元至民国时期，此类饥荒年共计 204 年，占饥荒年总数的 66.0%。

4. 增长性。根据表 3，陕西历史饥荒发生呈现明显的增长趋势。西汉至隋资料残缺程度较大，从唐开始计算，由早期的平均每 4.98 年发生一年，增长到平均每 2.18 年发生一年。这种增长趋势与陕西历史气象类灾害、虫灾的增长趋势相一致。

三　周期分析

根据表 2 所列 1270—1949 年等级式量化数据，笔者运用谱分析方法求取了其发生周期。计算结果如下表。

表5　　　　陕西历史饥荒发生周期表（1270—1949）

置信度	99%			95%	90%			80%						
波数	6	66	68	55	37	52	59	9	37—38	46	51—52	54—55	57—59	62
周期（年）	22.67	2.06	2	2.47	3.68	2.62	2.31	15.11	3.68—3.58	2.96	2.67—2.62	2.52—2.47	2.42—2.31	2.19

另外，波数为21、31、34处的谱密度极大值比较突出，接近80%置信限，值得注意，其对应周期分别为6.48年、4.39年、4.00年。

根据上述计算结果，陕西历史饥荒有如下几个比较明显的发生周期。

1. 准3年周期

即在2—4年之间，大致为3年的变化周期，表现相当显著。这个周期与陕西干旱、水涝、冰雹、霜雪冻、风沙等气象类灾害的准3年周期相统一，也与陕西虫类灾害的准3年周期相统一，这些灾害显然是饥荒准3年周期形成的基本原因。气象类灾害准3年周期的发生机制可能与青藏高原地面温度场、海温、副热带高压强弱的准3年周期有关。而虫类灾害的发生又与气象条件密切相关，因此，这一周期的最终原因可能在于大气运动的准3年周期。

2. 准7年周期

陕西饥荒有一个6.48年的发生周期，不很显著，未能达到80%置信限。在各种自然灾害中，水涝灾害在7年左右有两个峰值，6.36年和7.63年，冰雹有6.80年峰值，风沙有5.91年峰值，虫灾有7.56年峰值，但这些峰值表现都不很显著，未能达到80%置信限，饥荒准7年周期如果存在，当与这些灾害周期有密切关系。

3. 15年周期

该周期表现比较显著，达到80%置信限。其发生原因为何，与哪些灾害因素有关，尚有待研究。

4. 22 年周期

该周期表现非常显著，达到99%置信限，波长为22.67年。陕西气象类灾害和虫灾都有11年的发生周期（干旱灾害11.20年、水涝灾害10.77年、冰雹灾害12.36年、霜雪冻灾害10.46年、风沙11.33年，以上波长峰值均接近80%置信限，不很显著，虫灾有10.46年周期，达到99%置信限，非常显著），另外，水涝灾害有21.54年周期，不很显著，但接近80%置信限，这些，当是饥荒22年周期形成的基本原因。太阳黑子有11年单周期和22年双周期，太阳黑子活动对地球大气的巨大影响众所周知，而虫灾又直接与气象条件相关联，因此，太阳黑子运动周期当是陕西饥荒22年周期的最根本原因。

四 阶段分析

用坐标图表示陕西饥荒等级年表资料，以大面积以上饥荒年（D级以上）为基本标志，直观判断，可以发现某些时期大面积饥荒年较多且较集中，形成饥荒高发期。以资料较充分的元至民国678年来观察，大致有23个饥荒高发阶段，平均每29.47年中有一个。其发生时间如表6。

表6   **陕西饥荒高发阶段表**

编号	1	2	3	4	5	6	7	8
时间（年）	1306—1307	1321—1330	1369—1373	1434—1445	1460—1470	1484—1489	1505—1514	1528—1534
编号	9	10	11	12	13	14	15	16
时间（年）	1544—1556	1569—1572	1582—1583	1601	1628—1634	1638—1647	1691—1692	1720—1721

编号	17	18	19	20	21	22	23
时间（年）	1752—1759	1805—1806	1877	1900	1915	1928—1930	1940—1942

就饥荒高发阶段与各种自然灾害高发阶段之间相关关系而言，与旱灾相关程度最高。统计绘图并直观观察，同期陕西旱灾高发阶段也是 23 个，平均发生时间间隔相同。

五 极限状态

要把握历史饥荒发生规律，还必须了解其极限状态，即把握其在最严重时会达到什么程度。

在上述饥荒高发阶段中，就目前所见资料，最严重的是第 13、14 两个阶段，两个阶段在某种程度也可视为一个连续过程，因为自 1628 至 1647 年，除 1646 年未见饥荒记载外，年年都有饥荒。在这 20 年中，F 级饥荒有 2 年，E 级饥荒有 6 年，D 级饥荒有 3 年。其中最严重的是 1640 年，"秋，全陕大旱，饥。十月，粟价腾踊，日贵一日，斗米三钱。至次年春，十倍其值，绝粜罢市，木皮石面皆食尽，父子夫妇相割啖，道殣相望，十死八九"[1]。这一时期陕西饥荒面积大，持续时间长，程度相当严重，就地区而言，以陕北为最重。明末农民大起义始发并发展于陕西，严重饥荒是重要原因。

鉴于现有明末饥荒史料中定量内容较少，多为大范围定性描述，因此，本文再对程度稍轻但定量资料较多的 1928—1930 年（民国十七至十九年）饥荒做一些描述，以求更准确地把握陕西饥荒极限状态。

1928 年（民国十七年），陕西"自春徂秋，滴雨未沾，井泉涸竭，泾、渭、汉、褒诸水，平时皆通舟楫，今年夏间断流，车马可由河道通行，多年老树大半枯萎，三道夏秋收成统计不到二成"，再加上"历年捐派过重"，"人民无钱买粮"，"树皮草根采掘已尽，赤野千里，树多赤身枯槁，遍野苍凉，不忍目睹"[2]。个别地方同时发生雹灾和蝗灾，更加重了灾情。1929 年（民国十八年），旱灾奇重，"夏秋颗粒无收，种麦

---

① 贾汉复修，李楷纂：《陕西通志》卷 30《祥异》，康熙六年刻本。
② 陕西省赈务委员会：《民国十七年赈灾汇刊》，1928 年。

又复失时，兵燹之后，继此凶荒，赤地千里，青草毫无，弃家逃亡，所在皆是，呼号成群，流离载道，劫粮夺食，时有所闻"。据当年调查，"非急赈不能生活者已超过六百万口"①。饥荒造成人口大量减少，目前所见两个数字。一曰离村人口在 200 万左右，"十七年至十九年之西北大灾荒，据陕西省赈务委员会事后调查所得，则三十七县妇女于灾荒期中，离村者共达一百余万，其中被贩卖者达三十余万人，迁逃者七十余万。……若再加农村男子，则陕西大灾荒中离村人口当在二百万左右，占全省人口六分之一"。另一数字称减少百万人，"据陕西官方调查，全省五十八县，十九年灾后较灾前之十七年，两年人口差数（除西安、榆林外），……总共减少九十四万四千七百一十九人，几减少一百万人。其中除一部分死亡者外，其余大部分流移他乡。灾情较重之县份，如武功人口从十八万减至九万余人，扶风人口从十六万减至十万余人，岐山人口从十七万减至十三万人"②。

（原载《陕西师范大学学报》2002 年第 5 期）

---

① 陕西省赈务委员会：《民国十八年陕西赈务汇刊》，1929 年。
② 邓云特：《中国救荒史》，商务印书馆 1937 年版，第 131 页。

甘宁青历史饥荒统计规律研究

近七八年来，笔者从事西北灾荒历史研究，试图从历史资料中找到西北地区各类自然灾害及饥荒的统计规律，现将其中有关甘宁青地区历史饥荒的研究结果公布出来，以求识者教正，这些结论可能有助于现实的经济预测和决策。

本文涉及地区为甘肃省、宁夏回族自治区和青海省东部农业地区，简称甘宁青地区。

一　史料量化处理

笔者从正史、实录、方志、档案及其他资料中，搜集到先秦至民国甘宁青地区饥荒史料2000余条。为对此进行统计学分析，笔者设立了"以饥荒地区大小为基本依据、饥荒奇重者适当加等"的标准，以年为时间单位，将其转化为等级式量化数据。具体方法如下。

1. 对明确记载了饥荒地区的史料进行打分式量化，具体量值见表1。对于确定饥荒地区为表1所列某地区某部分者，如"固原地区北部"，以该地区分值1/2计。对于确定饥荒地区仅为某县者，大致以一县1分计。若饥荒地区为某县中某一地区，则不再做进一步划分，仍以该县为计分单位。

表1 甘宁青饥荒地区量化分值表（总分100）

甘肃	74	陇东	12	庆阳地区	6
				平凉地区	6
		陇南	12	天水市	6
				陇南地区	6
		陇中	26	定西地区（含白银市）	9
				兰州市	5
				临夏地区	5
				甘南地区	7
		河西	24	武威地区（含金昌市）	8
				张掖地区	7
				酒泉地区（含嘉峪关市）	9
宁夏	14	宁北	8	石嘴山市	2
				银川市	2
				银南地区	4
		宁南	6	固原地区	6
青海	12	海东	12	海东地区（含西宁市）	8
				黄南地区	4

2. 对饥荒地区不明确但肯定包含或可能包含甘宁青某地区的资料，根据具体情况按相应地区的20%或10%计分，个别资料适当提高。

3. 根据上述量化分值，确定各年的饥荒级别。其具体标准如下：

A（个别地点饥荒年）：≤10。B（局部饥荒年）：11—20。C（中等饥荒年）：21—30。D（大饥荒年）：31—50。E（特大饥荒年）：>50。

4. 对少数饥荒情况极为严重的饥荒年予以加等处理，即将原等级改为高一等级。E级加等后为F（毁灭性大饥荒年）。

由于元代以前史料相对粗略，而且完整性较差，因此本文对春秋—金的量化资料只作了频次分析，元以后饥荒史料相对充分，本文对其作了频次、阶段、周期分析，为节约篇幅，并与上述情况相适应，这里仅仅抄录出元—民国（1270—1949年）的量化数据（见表2）。

表2   **甘宁青历史饥荒等级年表**

年代	0	1	2	3	4	5	6	7	8	9
1270		A								A
1280	A	A				B	A		B	A
1290	B				B	A	B			
1300				B					A	
1310		A_0	B	C			B	A	B	D
1320	A	A	D	A	D	C	B	A	D	D
1330	E	A	B	A	A	A				
1340					A	A	A_0			
1350										
1360										B_0
1370		C								
1380										
1390			B_0							
1400							B_0			
1410	B	A			A				B_0	
1420		C_0				B_0	C	B_0	C	
1430					A		B	B	D	A
1440	B		E	A	B_0	E				
1450		B								
1460			B				A	A	E	B_0
1470	B		B_0	B_0	B_0	A			B_0	B_0
1480			B_0		C^+	E	C	D		D
1490					B					B_0
1500	−				C		B		A	
1510		A	A	B_0	D		B_0			
1520		D					B_0	A	E	D
1530	B_0	B	B_0		E	A		A	B	A
1540				A		A	A	B	C	C
1550	A			C^+		B	C^+			
1560			A	A		C^+			C	B
1570	B_0						A			

续表

年代	0	1	2	3	4	5	6	7	8	9
1580	A		F^+	F^+	C^+		D	B	B	A
1590	C	A		A	A					
1600	A	B_0	A	A	A					A
1610	B_0	B_0	B_0	B_0	B_0	B_0	A		B	
1620	A							B^+	E	F^+
1630	B	B	B^+	B_0	E	B	B	A	D	B
1640	F^+	C^+		C^+				A		
1650		A								
1660			A				A	E	E	D
1670										
1680	A				A				A	A
1690	A		B	A						
1700		B	A	B						
1710		A	A	B	B		A			A
1720	E	D		A	A			A	A	
1730	A					A	A	A	A	A
1740	C	D	A	C	D	B	A	B	B	B
1750	A	D	D	D	C	C	C	C	E	E
1760	D	B	E	D	E	E	C	D	D	D
1770	E	E	E	B	A	E	E	C	E	E
1780	D	A				B		B		
1790	A	A					C			A
1800	A	E	A	A	B	C	A		C	A
1810	C	A	A							
1820	A		B	A	D	A	A	B		B
1830			A		A	C	A	A	A	
1840			A				A			
1850		A	A					A		
1860	A	A	A			A	A	A	E	B
1870	A			A	A	A		B	B	A
1880					A	A	C	A	A	A

年代	0	1	2	3	4	5	6	7	8	9
1890	A	A	A	A		A		A	A	B
1900	A	B	A	B	A	A	A	A	A	D
1910								A		
1920			A		A	A	B	A	F$^+$	F$^+$
1930	F$^+$		A	A	B	A	C	D$^+$		
1940	A	B	B	B$_0$	B$_0$	E	E	A	A	

注：脚码$_0$表示原史料饥荒区域不明确，符号$^+$表示已作加等处理。

二 频次分析

甘宁青地区目前所见最早饥荒记载是秦穆公十四年（前646）"冬，秦饥，使乞籴于晋"，（《左传·僖公十四年》）未记载具体饥荒状况和灾区，当时秦基本辖境为今陕西关中和甘肃天水市，推断为全境饥荒。此后至1270年（金）共1916年，文献所见甘宁青地区饥荒发生年数频次分布状况如表3。

表3　公元前646年——公元1270年甘宁青饥荒年数频次分布表

时期	春秋—秦439年（前646—前207）	两汉426年（前206—219）	魏晋南北朝361年（220—580）	隋唐五代379年（581—959）	宋金西夏311年（960—1270）	合计1916年（前646—1270）
饥荒年数	5	10	16	12	58	101
平均间隔（年）	87.80	42.60	22.56	31.58	5.36	18.97

元—民国共679年，文献所见甘宁青地区饥荒发生年数频次分布情况如表4。

表4   1271——1949 年甘宁青地区饥荒年数频次分布表

时期	饥荒年数	平均间隔（年）	其中大面积以上饥荒年（DEF）			个别地点和局部饥荒年（AB）		无饥荒年	
			年数	平均间隔（年）	占饥荒年总数比例（%）	年数	占饥荒年总数比例（%）	年数	占总年数比例（%）
元97年（1271—1367）	40	2.43	6	16.17	15.0	32	80.0	57	58.8
明276年（1368—1643）	125	2.21	20	13.80	16.0	88	70.4	151	54.7
清268年（1644—1911）	153	1.75	32	8.38	20.9	107	69.9	115	42.9
民国38年（1912—1949）	24	1.58	6	6.33	25.0	17	70.8	14	36.8
合计679年（1271—1949）	342	1.99	64	10.61	18.7	244	71.3	337	49.6

元代之前与元代以后频次分析数据差距较大，主要原因大概是元代之前许多饥荒史实未能留下文字记载，另外，部分史料仅记载某年发生饥荒，但未指明饥荒地区，无法予以处理，可能也是一个原因。

根据表3、表4所列频次分析数据，可以得到如下一些结论。

1. 甘宁青地区饥荒发生非常频繁。以元至民国时期计，平均约2年（1.99年）中就有1年发生饥荒。若只看清朝民国时期，平均约3年中有2年发生饥荒（1.75年、1.58年）。这种频繁程度与旱灾、水涝灾害、雹灾高度相关，与霜雪冻灾害和虫灾也有密切关系。元至民国时期有关灾害发生年平均间隔为：旱灾，1.81年；水涝灾害，2.19年；雹灾，2.38年，霜雪冻灾害，3.99年，虫灾，7.54年。清朝民国时期则为：旱灾，1.51年；水涝灾害，1.39年；雹灾，1.40年；霜雪冻灾害，2.55年；虫灾，5.37年。

2. 甘宁青地区重大饥荒年比较多。统计元至民国时期，大饥荒年以上饥荒年（D、E、F）占饥荒年总数的18.7%，平均约10（10.61）年中有一年。若仅统计清朝民国时期，则大饥荒以上饥荒年（D、E、F）占总数的21.5%，平均8.05年中有一年。这种情况与旱灾高度相关。元至民国时期，甘宁青地区共有大旱灾以上旱灾年（D、E、F）112年，占旱灾年总数的29.9%，平均6.06年中有一年。若统计清朝民国时期，则大旱灾以上旱灾年共55年，占旱灾年总数的27.1%，平均5.56年中有一年。可以说每两次大旱灾以上旱灾年必伴随一次大饥荒以上饥荒年。

3. 甘宁青地区饥荒发生呈增长趋势。从表3可见，春秋至金甘宁青地区饥荒发生年平均间隔越来越短，从87.80年降到5.36年。当然，这中间大概也包含有历史饥荒记载残缺的因素，越早资料缺失可能性越大。从表4可见，元至民国饥荒年平均间隔从2.43年降到1.58年，大饥荒以上饥荒年平均间隔从16.17年降到6.33年，与此相应，无饥荒年占总年数比例则从58.8%降到36.8%。上述数据说明，甘宁青地区饥荒发生频率越来越高，呈明显增长趋势。甘宁青地区旱灾、水涝灾害、雹灾、霜雪冻灾害、风沙灾害及虫灾都呈现明显增长趋势，它们给农业生产以重大影响，应当是饥荒呈增长趋势的基本原因。上述自然灾害中，虫灾对农业生产影响度稍低，且虫灾发生受到气象条件的严格制约，因此，气象类灾害的增长趋势是造成这种状况的主导原因。而气象类灾害的增长趋势是气候变化趋势的反映，还是人口的增长、人类活动对自然界影响增强所成的结果，抑或二者兼而有之，还有待进一步研究。

三　阶段分析

甘宁青地区饥荒发生有一定的阶段性，即经过一个饥荒低发阶段后，会进入饥荒高发阶段，这时严重饥荒频繁发生，而后又转入低发阶段，二者循环交替。笔者将元至民国时期饥荒发生年等级量化资料绘图表示，以较短时间内有3个以上大饥荒年（D），或者有1个以上特大、毁灭性大饥荒年（E、F）为最低标准，直观加以判定，寻找到22个相对显著的饥荒高发阶段（见表5），平均30.86年中有1个，也就是说，平均每百年有3个饥荒高发阶段，这与旱灾高发阶段大体对应。这22个饥荒高发阶段中，第16、17、18高发阶段（1762—1780年）原始史料主要来自《清实录》，方志也有少量记载，但涉及地区较小，而《清实录》中资料来源主要是地方官员的报告。乾隆四十六年（1781），清廷以"累年捏灾冒赈"罪，处死陕甘总督勒尔谨、甘肃布政使王廷赞等数十人，可见这一时期饥荒记载多有假报内容，至少也有夸大之处，但由于捏报灾情具体内容无从查寻，且方志中又有饥荒记载，不能说这一时期全无饥荒，故暂且按原史料处理，修正工作留待以后更深入的研究。好在这一时期较短，即便有虚假内容，对总体的统计分析影响也不很大。

表5　　　甘宁青地区饥荒高发阶段时间分布表（1271—1949）

编号	1	2	3	4	5	6	7	8
时间	1319—1325	1328—1330	1438—1445	1468	1484—1489	1528—1529	1534	1582—1586
序号	9	10	11	12	13	14	15	
时间	1628—1629	1634	1638—1641	1667—1669	1720—1721	1751—1753	1758—1760	
序号	16	17	18	19	20	21	22	
时间	1762—1765	1767—1772	1775—1780	1801	1868	1928—1930	1945—1946	

四　周期分析

经过等级式量化处理的历史饥荒资料，表现为一个单变量离散时间序列，寻找其中隐含的周期性在数学上已有比较成熟的方法，这就是谱分析（Spectral Analysis）。笔者采用其中的功率谱方法，[1] 最大时延取 n/10，对表 2 所列数据用计算机进行了计算，从粗估谱中得到如下一些较显著的谱密度极大值处的波数与周期数据（见表 6）。为节约篇幅，具体计算步骤及公式略去。

表 6　　　　　　甘宁青地区历史饥荒周期表（1271—1949）

置信度 99%		置信度 95%		置信度 90%		置信度 80%	
波数	周期（年）	波数	周期（年）	波数	周期（年）	波数	周期（年）
1	136.00	39	3.49	34	4.00	16	8.50
55	2.47	49	2.76	66	2.06	24	5.67
64	2.13	55—56	2.47—2.43	68	2.00	45	3.02
		58	2.34			52	2.62
		60	2.27			63—66	2.16—2.06

另外，波数为 5、20、31 处的谱密度极大值比较突出，接近 80% 置信限，其对应周期分别为 27.20 年、6.80 年、4.39 年。

根据上述计算结果，甘宁青地区历史饥荒有以下几个比较明显的周期。

1. 准 3 年周期

即在 2—4 年之间，大致为 3 年的变化周期，它相当显著。这一周期与本地区干旱、水涝、冰雹、霜雪冻、风沙等气象灾害以及虫灾的准 3 年周期相统一，它们显然是饥荒准 3 年周期形成的直接原因。这些灾害中，虫灾受到气象条件严格制约，而气象类灾害中旱灾对农业生产威胁最大，是造成饥荒的主要原因。甘肃中部早就流传着"三年两头旱""三年一小旱"的民谚。西北气象科学工作者早在 60 年代就发现了甘肃中部地区降水量有准 3 年的变化周期，并据此进行了比较成功的预报。有学者进一步指出了这一降水量变化周期的发生机制，认为可能与 100

---

① 计算方法依据黄忠恕《波谱分析方法及其在水文气象学中的应用》，气象出版社 1983 年版，第 66—75 页。

百帕南亚高压、青藏高原温度、北半球温度、海温的准 3 年周期振动有关。[①] 甘宁青地区饥荒准 3 年周期大概可由这些振动中得到根本解释。

2. 准 5 年周期

即在 4 至 6 年之间的变化周期，表现比较显著。有两个峰值，一在 5.67 年，达到 80% 置信限，一在 4.39 年，接近 80% 置信限。甘宁青地区气象类灾害和虫灾都有准 5 年或 4—5 年的变化周期，它们应当是饥荒准 5 年周期形成的基本原因，至于这些灾害周期形成的机制，还有待进一步研究。

3. 7—8 年周期

粗估谱在 6.80 年、8.50 年两处出现极大值，前者不很显著，未能达到 80% 置信限，后者相对显著，但亦未能达到 90% 置信限。本地区旱灾和风沙灾害有一个 8 年周期，水涝、冰雹、霜雪冻灾害有 6—7 年周期，表现都不甚显著，它们当是导致饥荒 7—8 年周期的基本原因。至于这些灾害周期形成的机制可能与地极移动 7—8 年的周期以及由此引起的大气压力、平均海平面高度 7—8 年的变化周期有关。

4. 27 年周期

表现不甚显著，未能达到 80% 置信限，其机制为何，还有待进一步研究。

5. 136 年周期

表现非常显著，置信度高达 99%，但其机制为何，亦有待进一步研究。

五　余论

以上对甘宁青地区历史饥荒所作的频次、阶段、周期分析，是对其统计规律的研究，结论有助于我们从整体上把握这一地区的历史饥荒状况。由于气象类灾害和虫灾等直接影响农业生产的自然灾害是饥荒形成

---

① 参见白肇烨、徐国昌等《中国西北天气》，气象出版社 1988 年版，第 158—162 页。

的基本原因，因此，把握住甘宁青地区历史饥荒统计规律，就等于在很大程度上掌握了这些灾害综合效应的统计规律。在中国古代社会，饥荒对社会经济活动产生过极为重要的影响，掌握饥荒统计规律，也有助于更深入地解释诸如物价变动、人口增减、经济兴衰等历史现象的变迁规律。

饥荒是一种社会现象，历史饥荒资料一般很少具有明确的定量内容，但是适当地量化处理，有关史料便可以转化为一个离散数列，由此便可以用数学方法进行定量的分析与研究。许多社会历史现象与饥荒是类似的，那么也就可以用类似的方法进行类似的定量研究，例如，对中国历史上曾经发生过的社会动乱予以等级式量化处理，然后再用适当的数学方法进行分析，就有可能得到一些新的结论和研究线索。

计量史学在我国刚刚起步，针对中国历史具体问题所作的计量研究就更为罕见，这是一片荆棘遍野的处女地。本文的研究只是进入这块土地的一个尝试，方法和手段都处于摸索阶段，还有待继续改进。如果能有更多的人来这里垦荒耕作，这片土地一定会繁花似锦，硕果累累。

（原载《兰州大学学报》1996 年第 4 期）

解释光波粒二象性的一个思路

　　在当中学生的时候，对光波粒二象性有一个新的解释思路，即光是光粒子的螺旋状运动，自以为它更加简明和直观，但后来从事历史学专业，未能继续，最近读相关文献，感觉光波粒二象性似乎仍躲在神秘的帷幕之后，难以理解，故将此思路予以清理，形成此文，以求物理专业人士审核推演，看是否有合理可取之处，若能抛砖引玉，则为幸事。

　　一、光的波粒二象性根本原因在于光粒子以螺旋状运动，即沿一直线中轴等半径螺旋运动。因其实体为粒子，故呈现粒子性。因其运动轨迹为螺旋状，故表现波动性。

　　二、1 秒之内光粒子运动的螺旋数量，即光的频率，两螺旋之间的距离即其波长。其展开示意图如下：

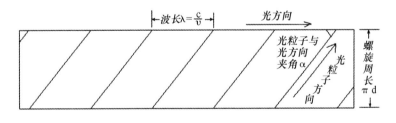

光粒子运动展开图

　　三、参照光粒子运动展开图，光粒子速度 V 为：

$$V = v \sqrt{(\pi d)^2 + \left(\frac{c}{v}\right)^2} = \sqrt{\pi^2 d^2 v^2 + c^2}$$

　　式中，v：频率，d：光粒子螺旋直径，c：光速。

可见，光粒子运动速度与频率成正相关，频率越高，速度越大，反之亦然。因 $\upsilon > 1$，故光粒子运动速度 V 恒大于光速。由于光粒子与光同时到达受体，其能量、信息的传递并未超过光速，因此并不违反相对论的基本原则。

四、如果通过光粒子螺旋中轴做一平面 0 平面，以光粒子与 0 平面的距离为函数值，则光粒子运动函数是典型的正弦波。因其函数值由光粒子的位置所决定，故属于横波，而其位相又直接在光粒子位置上表现出来，即光粒子和螺旋中轴的连线与 0 平面的夹角。

五、设光粒子质量为 m，则有：

$$动量\ p = m\sqrt{\pi^2 d^2 \upsilon^2 + c^2},$$

$$能量\ E = \frac{1}{2}m\left(\pi^2 d^2 \upsilon^2 + c^2\right)。$$

可见，光粒子的动量和能量都与频率呈正相关。据"三"，频率与光粒子速度为正相关，故动量、能量与频率的正相关关系由光粒子速度得到解释，频率越高，光粒子速度越大，故其动量和能量都越大，反之亦然。

六、据爱因斯坦，光量子能量 $E = h\upsilon$，则可对光粒子质量 m 和光螺旋直径 d 做出估算。

$$E = h\upsilon = \frac{1}{2}m\left(\pi^2 d^2 \upsilon^2 + c^2\right)$$

$$d = \sqrt{\frac{2h\upsilon - mc^2}{m\pi^2 \upsilon^2}} = \sqrt{\frac{2h}{m\pi^2 \upsilon} - \frac{c^2}{\pi^2 \upsilon^2}}$$

因 $d > 0$，故 $\dfrac{2h}{m\pi^2 \upsilon} > \dfrac{c^2}{\pi^2 \upsilon^2}$

由此求得 $0 < m < \dfrac{2h\upsilon}{c^2} = 1.47 \times 10^{-50} kg \cdot s \times \upsilon$

以红、紫两光为例，频率分别取 $4 \times 10^{14} s^{-1}$ 和 $7 \times 10^{14} s^{-1}$，则可求得光粒子质量范围：

红光：$0 < m < 5.88 \times 10^{-36} kg$

紫光：$0 < m < 1.03 \times 10^{-35} kg$

频率越高，求得光粒子质量范围越大，反之则范围较小，但并不说明光粒子质量与频率有什么关系。据上数值，可见光的光粒子质量最高限约为电子质量的十万分之一。

如果我们在上述范围取一个值、例如 3×10^{-36}kg 进行估算，则红光的光粒子螺旋直径为 2.33×10^{-7}m，紫光的光粒子螺旋直径为 2.12×10^{-7}m。由此可见，光粒子螺旋直径与频率成负相关，随频率增高而缩小，随频率降低而增大。

量子力学已经发现，频率越高、波长越短、能量越大的光，其粒子性越显著，而频率越低、波长越长、能量越低的光则波动性越显著。此现象可由光螺旋直径随频率提高而缩小得到解释。另外，光粒子螺旋直径决定了光学显微镜的最大分辨率，等于或小于此数值的物像差别，光学显微镜便无法分辨，故此量值当为相应波长光学显微镜的分辨极限。通过波长更小、频率更高的光，如紫外线、X 射线等，能够得到更大的分辨率，可以用频率越高则光粒子螺旋直径越小进行解释。

七、光粒子运动方向与光方向之间夹角 α 正弦为：

$$\sin\alpha = \frac{\pi d}{\sqrt{(\pi d)^2 + (\frac{c}{v})^2}}$$

$$即 \sin^2\alpha = \frac{v^2 \pi^2 d^2}{v^2 \pi^2 d^2 + c^2} = 1 - \frac{c_2}{v^2 \pi^2 d^2 + c^2}$$

可见，随着频率的增高，光粒子与光运动方向的夹角变大，反之则夹角变小。

因 $0 < \frac{c^2}{v^2 \pi^2 d^2 + c^2} < 1$，故 $0 < \sin^2\alpha < 1$，即光粒子运动方向与光方向恒有夹角。

也以红、紫两光为例，频率分别取 4×10^{14}s^{-1} 和 7×10^{14}s^{-1}，光粒子螺旋直径分别取"六"所估算的 2.33×10^{-7}m、2.12×10^{-7}m，则 $\sin\alpha$ 分别为 0.699 和 0.841，即光粒子与光运动方向夹角在红光为 $44°18'$，在紫光为 $57°12'$。

八、光粒子螺旋状运动的根源在于其释放者电子的某种圆周类运动，二者间由此产生一定的同一性，这种同一性使电子只能吸收或释放一定频率光粒子的现象得到解释。据"三""七"，随光粒子频率的变化，其速度、螺旋直径都发生变化，因此，不同频率光粒子的轨迹曲率或角速度各有不同，这种轨迹曲率或角速度与相关电子的圆周类运动应当有某种匹配关系，如果达不到这一水平，二者无法匹配，则电子不能吸收或释放光粒子。

光粒子螺旋状运动的特征量值集中表现在螺旋直径上，其与电子的大小及运动轨迹参数等等之间应当有某种定量关联。

由于光粒子运动螺旋与电子运动状况直接相关，因此，正、负电子所释放的光粒子运动状态应当有区别，例如可以设想其螺旋方向不同，一为顺时针螺旋，一为逆时针螺旋。

电子的能级变化也可以这样解释，电子吸收、释放一个或多个光粒子，故导致电子质量、能量、动量都发生变化。由此也可以推断，电子具有内部结构，是一个复合体，光粒子是其组成部分。

九、如果不考虑被吸收这种情况，则光在新媒质界面有两种基本表现，一是反射，一是穿透。其状况取决于两个因素，一是光粒子到达媒质界面时的方向，一是新媒质上光粒子可以穿透的空格大小、形状及分布。如果光粒子运动方向正好可以进入媒质空格，则形成穿透，否则便成为反射。

光粒子到达媒质界面的方向又由两个因素决定。

首先是光线即光粒子螺旋中轴与媒质界面法线的夹角，一般来说，夹角越小越容易穿透，夹角为0°即垂直时最容易，反之则不易穿透。可以设想，媒质表层空格平铺于界面上，垂直于界面，则光粒子比较容易进入空格，有一定夹角时，对光线来说空格侧身相应，接收面变小。当光线与法线夹角变大到一定程度，从光线角度已观察不到空格，因而光粒子无法进入空格，由此形成全反射。

其次是光粒子方向与光线方向的夹角大小，夹角越小，光粒子方向与光线方向越一致，则越容易进入空格而穿透，反之则不易穿透。据"四"，光粒子和光运动方向的夹角与频率正相关，频率越高，夹角越大，反之则夹角变小，因此，频率越低、波长越大的光粒子越容易穿透，反之则不易穿透。另外据"七"，频率降低使光粒子螺旋直径变大，能够接触更大的媒质界面，从而进入空格的概率增大，也提高了穿透率。

媒质的状况则与其结构直接相关，一般来说，密度越大，空格越小，光粒子越不容易穿透，反之亦然。另外，媒质结构越规则（如晶体），则空格排列越整齐，光粒子越容易穿透。

无论多大频率的光与怎样的媒质界面相遇，光粒子不可能全部进入媒质空格，因而凡有光粒子穿透的现象，就必然同时有反射现象。

十、由于光粒子螺旋有一定直径，因此，当光粒子螺旋直径大于媒质空格或螺旋中轴未能对准媒质空格或角度有所偏差，光粒子即使进入空格，也必然与空格壁发生碰撞，受到一定阻力。光粒子以螺旋状运动，就整个螺旋来看，阻力发生于螺旋上的一个点，由此使螺旋受力不平衡，光粒子螺旋中轴因此发生偏折，从而形成折射。折射之后的光粒子只能以适合这种空格的姿态运动，或压缩波长，或增大波长，由于频率不变，由此便形成光速的变化。光粒子无碰撞穿透一个空格可以理解为前述状态的极限状态，即所受阻力趋于 0，从而中轴偏折亦趋于 0。

不同频率光线与不同媒质之间发生的光折射率不同，可由光粒子螺旋状态的不同，媒质空格大小、形状及分布的不同得到解释。例如，自然白光通过棱镜发生色散，表明对于同一媒质，波长越大，折射率越小，此现象可由"九"所述波长越大越易穿透媒质、阻力越小得到解释。如果对媒质空格分布状况和光粒子螺旋运动状况能有更精细的了解，则可准确知道碰撞点光粒子受力情况，从而可以准确计算光线的折射度，并解释相应的光学现象。

十一、光粒子螺旋状运动也可以很好解释光的偏振。如"五"所述，当我们将光粒子螺旋状运动描述为波的时候，其位相直接以光粒子位置表现出来，即表现为光粒子和螺旋中轴的连线与 0 平面的夹角。虽然光螺旋中轴相同的光粒子在媒质表面分布为一个圆，但每一个光粒子在这个圆上的位置并不相同，表现为不同位相，从而呈现不同角度的偏振。如果追根溯源，可以设想，当光粒子脱离电子开始以螺旋状运动时，其可能的起点表现为垂直于光螺旋中轴的一个圆，确定圆上一点为初相，则光粒子初始的可能位相是 0—2π 中的任何一个值，因此在不加区分时，光不表现出偏振，但如果我们只选出了初始位相为某一定值的光粒子，例如用偏振片进行过滤，则过滤出来的光只具有一定的位相，从而成为偏振光。

十二、关于光的衍射，则可用"十"所述类似原理予以解释，下面以窄缝衍射为例进行说明。发生衍射的前提是窄缝尺寸要足够小，这样，当光粒子螺旋通过窄缝时，必然会有一部分光粒子与窄缝边缘发生碰撞，而窄缝结构类似于折射时的媒质空格，从而使光粒子螺旋受力不均而发生折射。这种折射与穿透媒质的折射有所不同，后者情况下如果媒质空格大小、形状及分布有一定规律性，则所有光粒子都按照一定的折射率折射，从而形成光线整体的一致折射，而穿过窄缝的光粒子由于位相差异，情况各有不同，有可能不与窄缝边缘发生碰撞、有可能发生一次碰撞，也有可能发生多次碰撞，由此形成不折射、一次折射及多次折射等不同情况。由于碰撞次数的不同，不同光粒子有可能发生整倍数于基础折射率的折射，从而在背景像屏上留下不同的条状光纹。观察衍射光图，由于不发生碰撞或一次碰撞的光粒子最多，因而中间的光带最宽也最亮，二次碰撞的光粒子要少一些，故旁边的光带次亮，依此类推，形成逐渐暗淡的光带。衍射的本质仍然是折射，自然白光在经过衍射之后，不仅出现条状光纹，而且发生与棱镜类似的色散，则证明衍射与折射并无本质不同。正由于此，依据衍射原理所制作的光栅，可以和棱镜一样用为分光工具。小孔衍射、小障碍物衍射与此原理相同，不再赘述。

对于衍射的这种解释，也可以用以说明迈克尔孙—莫雷实验，不论光线经过怎样的反射和长短不同的路径，由于没有经过折射类型的光粒子与媒质的碰撞，故光粒子螺旋直径、频率、波长等特征都没有变化，因而不会发生衍射现象。

十三、解释了光的衍射，光的干涉就很好解释了，其根源仍然在于折射。以双缝干涉为例，其任何一个窄缝都会导致衍射，形成条状光纹，由于进入双缝的光来自同一光源，频率、波长及位相等完全相同，由此两个衍射图景形成叠加，只要双缝间距适当，背景像屏位置合适，就会形成有一定规律的光干涉条纹。

以上是这一思路的基本内容。由于没有受过系统的物理专业训练，故表述中未能予以更细致准确地计算推演，从而也未能提出相应的验证假设，另外还有可能出现外行话，恳请物理专业人士批评指正。

（2007 年 1 月 18 日完稿，未发表）

【备注】：光是光粒子的螺旋状运动，这个思路最早产生于 1966 年，当时笔者是高中一年级学生，在一次听报告时玩圆珠笔中的弹簧，突然冒出了这个想法。2007 年，在文献阅读中，感觉光的波粒二象性仍然没有得到充分合理的解释，于是重拾 40 多年前的想法，再行推演，形成此文。笔者早年对物理学和数学极感兴趣，但因为"文化大革命"，后来所学专业是历史学，因此物理学知识非常欠缺，初编个人文集时，此篇被剔除在外，因为怕闹笑话。后来反复考虑，决定还是收录此文，主要理由是可以作为自己认识论观点的一个参考例证。花甲之后，总结了自己关于认识论的一些观点，写成著作《人类认识新探——认识是人的一种生存方式》，其中基本观点是，外部世界信息无限，人类接收、处理信息的能力有限，因此只能化繁为简，以"映射"的方式，用人脑中的简单信息对应于复杂的外部世界，以满足自己的生存需求。因此，人脑中的世界与外部世界并不相同，只是具有一种对应关系。人的生存决定了人的认识，因而必然使之具有个性特色和不确定性，也就是说，对于相同的外部世界，其实可以形成并不相同的认识结果。认识结果的正确与否最终只能依据价值性判定，即人的实践活动，而为了更好服务于实践，必须符合奥卡姆剃刀原则，即使之尽量简化。笔者解释光波粒二象性的思路，一方面，可以作为一种与他人并不相同的认识结果，从认识论上来说有存在的可能，另一方面，笔者认为它是最简化的，可能更有利于从理论上把握光这一客观对象。当然，隔行如隔山，直到今天，我仍然无法确定此文是不是一个笑话，但它毕竟是我人生旅途中的一个足迹，我想，把它保留下来，我的行程记录会更完整一些。其实，有笑话的人生才是更真实、更可爱的人生。

附录　袁林学术成果目录

一　独自著作3部

《西北灾荒史》，甘肃人民出版社1994年版。

《两周土地制度新论》，东北师范大学出版社2000年版。

《人类认识新探——认识是人的一种生存方式》，人民出版社2013年版。

二　独自译作1部

[日] 白川静：《西周史略》，徐喜辰校，三秦出版社1992年版。

三　主编著作1部

《早期国家政治制度研究》，科学出版社2015年版。

四　参加著作编写6部

《中国古代史研究入门》，朱绍侯主编，河南人民出版社1989年版。

《历代职官小辞典》，刘光华主编，甘肃人民出版社1989年版。

《中国历史研究专题述评》，景有泉主编，黑龙江人民出版社1990年版。

《中国古代史研读要览》，胡凡主编，黑龙江人民出版社1990年版。

《古籍整理概论》，黄永年著，上海书店出版社2001年版。

《黄河人》，刘光华、楼劲主编，甘肃人民出版社2001年版。

五　学术论译文及相关文章63篇

《历史分期问题与社会分类方法》，兰州大学《学生论文辑刊》（哲学社会科学），1981年5月。

《"大禹治水"新解》，《兰州大学学报（中国古代史论文辑刊)》，

1983 年 1 月；收入张舜徽主编《大学生毕业论文选评》，湖南教育出版社 1984 年版。

《战国授田制试论》，《社会科学（甘肃）》1983 年第 6 期；收入中国人民大学编报刊复印资料《先秦秦汉史》1984 年第 1 期，《经济史》1984 年第 1 期。

《〈汉书·西域传〉研究》，译文，《西北史地》1983 年第 3 期。

《生产资料生产优先增长并非客观规律》，未发表，1984 年 1 月 15 日完稿。

《海外研究中国伊斯兰教论著简介》，译文，《宁夏社会科学通讯》1984 年第 8 期。

《明末内蒙古土默特人之进入青海》，译文，《西北史地》1986 年第 1 期。

《当代西方史学研究简介》，《宁夏社会科学通讯》1986 年第 10 期。

《论社会扩大再生产中两大部类的相关关系》，《兰州大学学报》1987 年第 3 期。

《从战国授田制看所谓“井田制”》，《历史教学》1987 年第 8 期；收入中国人民大学编报刊复印资料《经济史》1987 年第 11 期。

《“使黔首自实田”新解》，《天津师大学报》1987 年第 5 期；收入中国人民大学编报刊复印资料《先秦秦汉史》1987 年第 12 期。

《也论规律》，未发表，1988 年 6 月 15 日完稿。

《五种社会形态说的逻辑缺陷与马克思恩格斯的社会形态演化思想》，《史学理论》1988 年第 3 期；收入赵吉惠主编《19—20 世纪新史论选粹》，三秦出版社 1991 年版。

《第一部以金文为基本史料的西周史》，《先秦史研究动态》1988 年第 2 期。

《日本史学界 1985 年先秦史研究概况》，编译，《先秦史研究动态》1988 年第 2 期。

《所有制起源的探讨》，《经济科学》1989 年第 2 期。

《重农抑商政策的一种特殊形态——〈管子·侈靡篇〉经济思想试

探》，《人文杂志》1989 年第 5 期。

《试论积累与消费的合理比例》，《兰州大学学报》1989 年第 2 期。

《〈管子〉所反映的土地制度》，《管子学刊》1989 年第 4 期；收入中国人民大学编报刊复印资料《经济史》1990 年第 3 期。

《〈管子〉商业思想的基调是抑商》，《中国经济史研究》1990 年第 1 期。

《两大部类的积累规模及增长速度是互相决定的》，《厦门大学学报》1990 年第 2 期。

《敦煌第六十一窟〈五台山图〉研究》，译文，《敦煌学辑刊》1990 年第 1 期。

《历史学家赵俪生教授》，《社科纵横》1990 年第 5 期。

《说"史"》，《兰州大学学报》1991 年第 2 期。

《再论两大部类积累规模及增长速度的互相决定关系》，未发表，1991 年 6 月 25 日完稿。

《亚细亚生产方式问题讨论的回顾与展望》，《社科纵横》1991 年第 1 期；收入中国人民大学编报刊复印资料《历史学》1991 年第 5 期。

《也谈模糊数学在考古学中的应用》，《史前研究》1990—1991 年辑刊。

《〈管子〉、商鞅两大学派经济思想比较研究》，《管子学刊》1992 年第 1 期；收入中国人民大学编报刊复印资料《经济史》1992 年第 5 期。

《析"更名民曰黔首"》，《兰州大学学报》1992 年第 2 期。

《秦"为田律"农田规划制度再释》，《历史研究》1992 年第 4 期。

《析"阡陌封埒"》，《河南大学学报》1992 年第 4 期。

《论原始社会的主要发展动因》，《兰州大学学报》1993 年第 2 期。

《中国古代奴婢性质问题的模糊数学分析》，《河北师院学报》1993 年第 3 期；收入中国人民大学编报刊复印资料《历史学》1993 年第 11 期。

《陕西历史旱灾统计规律研究》，《灾害学》1993 年第 4 期。

《析"田"》，《贵州大学学报》1993 年第 4 期；收入《西周史论文集》，陕西人民教育出版社 1993 年版。

《历史研究中的三重主客体关系》，《社科纵横》1994 年第 2 期。

《甘、宁、青历史旱灾研究》，《开发研究》1994 年第 2 期。

《甘宁青历史旱灾发生规律研究》，《兰州大学学报（自然科学版）》1994 年第 2 期。

《应当加强灾害历史学研究》，《中国减灾》1994 年第 3 期。

《甘宁青历史饥荒统计规律研究》，《兰州大学学报》1996 年第 4 期。

《论商鞅田制》，《赵俪生先生八十寿辰学术论文集》，山东大学出版社 1996 年版。

《"爰田（辕田）"新解》，《中国农史》1998 年第 3 期。

《所有制的起源与本质》，《兰州大学学报》2000 年第 5 期。

《中国古代史研究数字化文献资源与利用》，《中国史研究动态》2000 年第 12 期；收入中国人民大学编报刊复印资料《历史学》2001 年第 4 期。

《论前资本主义公社的本质特征》，《陕西师范大学学报》2001 年第 1 期。

《陕西历史旱灾定量研究与谱分析方法》，《中国历史地理论丛》增刊《黄土高原地区历史环境与治理对策会议文集》，2001 年 6 月。

《汉籍数字化规范刍议》，《中国典籍与文化》2001 年第 4 期。

《陕西历史水涝灾害发生规律研究》，《中国历史地理论丛》2002 年第 1 辑。

《陕西历史饥荒统计规律研究》，《陕西师范大学学报》2002 年第 5 期。

《周秦社会与文化研究暨纪念中国先秦史学会成立二十周年学术研讨会综述》，《中国史研究动态》2003 年第 4 期。

《从人口状况看统万城周围环境的历史变迁》，《中国历史地理论丛》2004 年第 3 期。

《中国古代"抑商"政策研究的几个问题》，《陕西师范大学学报》2004 年第 4 期；收入中国人民大学编报刊复印资料《经济史》2004 年第 5 期。

《论"历史研究"》,《陕西师范大学学报》2005 年第 6 期。

《论国家在中国古代社会经济结构中的地位和作用》,《陕西师范大学学报》2006 年第 6 期。

《解释光波粒二象性的一个思路》,未发表,2007 年 1 月 18 日完稿。

《我眼中的赵俪生先生》,《社会科学论坛》2008 年 2 月上半月期。

《小农经济是战国秦汉商品经济繁盛的主要基础》,《兰州大学学报》2008 年第 4 期。

《西汉国家与私商的博弈》,《陕西师大学报》2008 年第 5 期。

《中国传统史学的宗教职能及其对自身的影响》,《文史哲》2009 年第 4 期;收入中国人民大学编报刊复印资料《历史学》2009 年第 11 期。

《历史视野下的公有制》,未发表,2019 年 1 月 30 日完稿。

《经世致用,关注现实》,闵祥鹏主编《黎元为先——中国灾害史研究的历程、现状和未来》,生活·读书·新知三联书店 2020 年版。

《数字化时代汉字古籍的管理与利用》,载沈祯云、陈志刚主编《刘光华先生、李蔚先生八五华寿纪念文集》,兰州大学出版社 2021 年版。

《唐宋社会经济结构变革》,《唐史论丛》第 33 辑,2021 年 9 月。

五　主持完成历史文献数据库 2 项

《汉籍全文检索系统》,1997 年开始主持制作,2004 年改进为 4.20 版,因盗版,无力为继,工作终止。最后版本共收入文史哲类古籍文献 11 亿字,其中简体字本收入文献 2159 种、7.4 亿字,繁简双体本 9 种、3.9 亿字。

《汉籍数字图书馆》,2008 年开始主持制作,目前正在进行第三期建设,已建成 1 个主库和 2 个专库;传世文献库收入目录 201371 条,古籍图版约 6400 余万页,数据量 7.4T;敦煌文献库已入库编号 72513 条,图版文件 517022 个,数据量 1T;中医药文献库收入目录 22731 条,古籍图版约 470 万页,数据量 1T。

六　学术成果获国家级奖励 2 项("全国精神文明建设'五个一工程'奖"、"中国图书奖"),省级奖励 6 项。